Otto Hermann Pesch

DAS ZWEITE VATIKANISCHE KONZIL

Otto Hermann Pesch

Das Zweite Vatikanische Konzil (1962–1965)

Vorgeschichte
Verlauf – Ergebnisse
Nachgeschichte

echter

Die Deutsche Bibliothek – CIP-Einheitsaufnahme

Pesch, Otto Hermann:
Das Zweite Vatikanische Konzil : (1962–1965) ; Vorgeschichte
– Verlauf – Ergebnisse – Nachgeschichte / Otto Hermann
Pesch. – Würzburg : Echter, 1993
   ISBN 3-429-01533-2
NE: Concilium Vaticanum < 02, 1962–1965 >

Mitglied der Verlagsgruppe »engagement«

© 1993 Echter Verlag Würzburg
Umschlag: Ernst Loew
Gesamtherstellung: Echter Würzburg
Fränkische Gesellschaftsdruckerei und Verlag GmbH
ISBN 3-429-01533-2

*Dem Fachbereich Katholische Theologie
der Universität Mainz
zugeeignet,
voll dankbarer Freude
über die Verleihung der Würde eines
Ehrendoktors*

Inhalt

Statt eines Vorwortes: Standortbestimmung 15

Erstes Kapitel:
»... EINE EINGEBUNG WIE EINE BLUME«
Die Vorgeschichte des Zweiten Vatikanischen Konzils 21

I. Ein fast spontaner Einfall 21
  1. Veränderung in der Kirche? 21
  2. »... von einer großen Idee erleuchtet« 22

II. Was ist ein Konzil? 24
  1. Die kirchenrechtliche Lage 24
  2. Zum Vergleich 27
  3. Der Sinn eines Konzils 29
  4. Die Vollmacht des Konzils 31

III. Das unvollendete Erste Vatikanische Konzil (1869/70) .. 35
  1. Das Programm des Konzils 35
  2. Die Beschlüsse und der Abbruch des Konzils 36

IV. Päpstliche Zentralregierung 38
  1. Stil und Form des Kirchenregiments 38
  2. Enzykliken und Instruktionen 40

V. Johannes XXIII. 41
  1. Pius XII. und Johannes XXIII. 41
  2. Das Paradox des Papstes Johannes 42

VI. Die Ankündigung des Konzils 43
  1. Konzilspläne 43
  2. Die Konzilsidee Johannes' XXIII. 45
  3. Die Ankündigung 46
  Leseempfehlungen 48

Zweites Kapitel:
»MIT HERZHAFTEM SCHWUNG«
Vorbereitung des Konzils – gegen allen Widerstand 50

I. Widerstand – nicht nur in der römischen Kurie 50

1. Gehorsam nach Ermessen? 50
2. Stimmen der Kritik 52

II. Zielsetzung – gegen viele Erwartungen und
Befürchtungen 55
1. Ein Dammbruch der Erwartungen 55
2. Kein Unionskonzil 57
3. Was also sollte das Ziel des Konzils sein? 59
4. Ein »Pastoralkonzil« 63

III. Die äußere Vorbereitung – ein Kampf mit dem Teufel
im Detail 65
1. Technische Probleme 65
2. Die Vorbereitungskommissionen 66
3. Die »Schemata« 69
4. Die Geschäftsordnung 71

IV. Die Eröffnung – die Stunde Johannes' XXIII. 75
Leseempfehlungen 77

Drittes Kapitel:
»WIR SIND EIN KONZIL –
UND KEINE SCHULJUNGEN«
Der Verlauf des Konzils 78

I. Das äußere Ergebnis vorweg 78

II. Der Verlauf des Konzils 82
1. Für und wider das Latein 82
2. Konzil und Presse 85
3. Die »Beobachter« 88
4. Die erste Tagungsperiode: 11. Oktober – 8. Dezember 1962 . 89
5. Die Tagesordnung des Konzils 91
6. Die zweite Tagungsperiode:
   29. September – 4. Dezember 1963 94
7. Die dritte Tagungsperiode:
   14. September – 21. November 1964 95
8. Die vierte Tagungsperiode: 14. September – 8. Dezember 1965 96

III. Skandale und Krisen 97
1. Vorzeichen 97
2. Die »Nota praevia explicativa« zur Kirchenkonstitution ... 99

3. Der »schwarze Donnerstag«: 19. November 1964 100
4. Die Motive des Papstes 101

IV. Der Abschluß 102
Leseempfehlungen 103

Viertes Kapitel:
»LATEIN FÜR TOURISTEN UND GASTARBEITER«
Die Liturgiereform 105

I. Das sichtbarste und dauerhafteste Reformwerk
des Konzils 105

II. Die Liturgische Bewegung – Vorgeschichte
der Liturgiereform 108
1. Liturgie vor dem Konzil 108
2. Die Liturgische Bewegung 112
3. Ein Sonntag vor dem Konzil 114

III. Die Entstehung der Liturgiekonstitution 116
1. Die Vorarbeiten 116
2. Die Abstimmungen 117

IV. Schwerpunkte der Liturgiekonstitution 119
1. Die Muttersprache in der Liturgie 119
2. Die theologische Grundlage 121

V. Die Folgen – und ein Urteil 122
1. Folgen 122
2. Ein Urteil 125
3. Ein ungelöstes Problem 127

VI. Stellungnahme zu einer umstrittenen Maßnahme
von Papst Johannes Paul II. 128
Leseempfehlungen 130

Fünftes Kapitel:
DIE VOLKSANGEHÖRIGEN WERDEN ZUM VOLK
Das Verständnis von der Kirche 132

I. Kirchenbilder 132
1. Von der Hierarchie zum Volk 132

2. Von der Väterzeit bis zur Reformation 133
3. Von der Reformationszeit bis zum Vorabend des Konzils . . 135

II. Der Kampf um das Kirchenverständnis des Konzils 138
   1. Das Präludium der Liturgiekonstitution 138
   2. Der erste Entwurf von 1962 138
   3. Atemberaubende Kritik 141
   4. Eine notwendige Ehrenrettung 144
   5. Der zweite Entwurf und die endgültige Fassung 146

III. Schwerpunkte der konziliaren Lehre von der Kirche . . . 148
   Exkurs: Regeln zur Interpretation kirchenamtlicher Texte
   – und insbesondere des Zweiten Vatikanischen Konzils . . 148
   1. Tradition und Traditionen 149
   2. Kompromisse 150
   3. Neues als Hinzufügung 154
   4. Die Vorgeschichte(n) kennen 154
   5. Das ganze Konzil – in »gespaltener« Interpretation 157
   6. Geist und Buchstabe 160
   A. Kirche als »Sakrament« 161
      1. »Mysterium« der Kirche 161
      2. Der Katechismusbegriff »Sakrament« 164
      3. Der theologische und pastorale Impuls 166
      4. Die Funktion der These 171
   B. Kirche als »Volk Gottes« 173
      1. Priestertum aller Getauften 173
      2. »Volk Gottes« oder »Leib Christi«? 174
      3. Das Volk Gottes und die Völker 179
      4. Die Getauften als Priester 180
      5. »Glaubenssinn« und Lehramt 183
   C. Kirche als Communio 186
      1. Eine heimliche Leitidee des Konzils 186
      2. Gemeinschaft mit Gott 186
      3. Die Kirche als Communio 188
   D. Maria und die Kirche 192
      1. Ohne Streit geht es nicht 192
      2. Der nüchterne Text 195
   E. Evangelische Kritik 196
      1. Zwei repräsentative evangelische Stellungnahmen 197
      2. Versuch einer Antwort 200
      3. Vergebung für die Kirche? 203
   F. Die Laien 204
   Leseempfehlungen 206

Sechstes Kapitel:
»ELEMENTE« WERDEN ZUR KIRCHE
Die ökumenische Einheit der Kirche 209

I. Das ökumenischste aller Konzilien 209
   1. Ein ökumenischer Privatbrief 209
   2. Die Entstehung des Ökumenismusdekretes 211

II. Das Konzil über die Einheit der Kirche 213
   1. Rückblick auf die Kirchenkonstitution 213
   2. Das Ökumenismusdekret 215
   3. »Subsistit in Ecclesia catholica« 219
   4. Die »rechtmäßigen Verschiedenheiten« 224
   5. »Hierarchie der Wahrheiten« 224
   6. »Voll eingegliedert« und »verbunden« 225
   7. Ökumenismus der Bekehrung 227

III. Zukunft der Ökumene? 230
   1. Einheit ist nicht »machbar« 230
   2. »Kirchen und kirchliche Gemeinschaften« 232
   Leseempfehlungen 236

Siebtes Kapitel:
»BEFREIT UNS VON DIESEN KNÖPFEN UND
BÄNDERN, DIE KEINER WILL!«
Amt und Hierarchie nach den Texten des Konzils 238

I. Vorgeschichte 239
   1. Vom Apostelnachfolger zum Mitglied
      des Bischofskollegiums 239
   2. Klarsichtige Debatten 243

II. Die »hierarchische« Verfassung der Kirche 244
   1. »Hierarchie« 244
   2. »Hierarchische« Verfassung der Kirche 245
   3. Das 3. Kapitel der Kirchenkonstitution 248
   4. Das Dekret über die Hirtenaufgabe der Bischöfe 256
   5. Die Bischofskonferenz 260
   6. Priester und Diakone 263

III. Hochachtung vor einem unmöglichen Amt 266
   Leseempfehlungen 269

Achtes Kapitel:
»DIESES SCHEMA GEFÄLLT MIR NICHT«
Schrift, Tradition, Lehramt, Theologie 271

I. Das Lehramt über der Schrift? 271

II. Die Vorgeschichte der Offenbarungskonstitution 272
   1. Ein vorweggenommenes Urteil 272
   2. Das Vorspiel: Die »Bibelbewegung« 274
   3. Die »historisch-kritische Bibelauslegung« 275
   4. »Tradition« 279
   5. Zur Entstehung der Konstitution 281

III. Was ist herausgekommen? 283
   1. Die wichtigsten Aussagen der Offenbarungskonstitution . . . 283
   2. Die Freiheit der Theologie 286
   Leseempfehlungen 290

Neuntes Kapitel:
»PERFIDI JUDAEI«?
Kirche, Israel und die Religionen 291

I. Ein Karfreitag vor dem Konzil 291

II. Die Vorgeschichte der Erklärung
über die nichtchristlichen Religionen 292
   1. Johannes XXIII. und die Juden 292
   2. Initiativen im Vorfeld 293
   3. Die zentralen Anliegen 293

III. Die Leidensgeschichte des Textes 294
   1. Vom Auftrag bis zum Erstentwurf 294
   2. Die sogenannte Wardi-Affäre 296
   3. Vom Ökumenismusdekret zur Erklärung 297
   4. Ausweitung zur Religionenerklärung 301

IV. Zum Inhalt der Erklärung 303
   1. Kirche und nicht-christliche Religionen 303
   2. Kirche und Judenheit 305
   3. Kirche und Religionsfreiheit 306
   Leseempfehlungen 308

Zehntes Kapitel:
»DIE ARCHE NOAH«
Die Kirche in der Welt von heute 311

I. Ein Zielkonflikt 311
II. Die Zeit vor dem Konzil 313
   1. Der sogenannte Text 1 313
   2. Dialog ohne Dialogpartner? 317
   3. Päpstliche Initiativen 319
   4. Der Durchbruch 320

III. Problemknoten der Textgeschichte 321
   1. Viele Köche verderben nicht den Brei 321
   2. Die Textvorlagen 322
   3. Eine Initiative aus dem Ökumenischen Rat der Kirchen ... 323
   4. Problemknotenpunkte 325
   5. Die beiden Plenardebatten 328

IV. Schwerpunkte der Pastoralkonstitution –
exemplarisch 332
   1. Der Aufbau der Konstitution 333
   2. Der Atheismus 334
   3. Ehe und Familie 335
   4. Kirche und Staat 339
   5. Krieg und Frieden 342

V. Eine kurze Würdigung 348
   Leseempfehlungen 349

Elftes Kapitel:
»DIE DRITTE EPOCHE DER KIRCHENGESCHICHTE«
Die bleibende Bedeutung des
Zweiten Vatikanischen Konzils 351

I. Rückblick in ernüchterter Hoffnung 351
   1. Drei Stimmen 351
   2. Dauerhafte Ergebnisse 354
   3. Ambivalente Ergebnisse 356

II. Die bleibende Bedeutung
des Zweiten Vatikanischen Konzils 359
  1. Eine theologische Grundinterpretation 359
  2. Eine theologische Grundaufgabe 360

III. Die Zeit nach dem Konzil 361
  1. »Restauration«? 361
  2. Nur »Restauration«? 374

IV. Bleibende Aufgaben aus den Impulsen des Konzils 377
  1. Antwort auf den Atheismus 377
  2. Inkulturation der Liturgie 378
  3. Kollegialität der Bischöfe 378
  4. Revidierbares Reden 379

V. Ein Drittes Vatikanisches Konzil? 379

VI. Ein Traum von der Kirche 381
  Leseempfehlungen 382

Anmerkungen 385

Abkürzungen 423

Personenverzeichnis 427

Sachverzeichnis 433

Verzeichnis der zitierten oder erwähnten Konzilstexte 441

Statt eines Vorwortes:

Standortbestimmung

An der VIII. Ordentlichen Generalversammlung der Bischofssynode, die im Oktober 1990 in Rom stattfand, nahmen insgesamt 238 Mitglieder teil. Nur 12 von ihnen haben noch das ganze Zweite Vatikanische Konzil (1962–1965) mitgemacht. Dies berichtet der Mainzer Bischof und Vorsitzende der Deutschen Bischofskonferenz, Karl Lehmann, in einem Rundbrief, den er gleich nach Abschluß der Synode unter dem Datum des 30.10.1990 an die Priesterkandidaten, Diakone, Priester und Weihbischöfe im Bistum Mainz schrieb.

Die heute 40jährigen – auch natürlich die 40jährigen Theologinnen und Theologen – haben das Konzil im günstigsten Fall als Medienereignis ihrer Schulzeit im Gedächtnis, vielleicht zuzüglich einiger schwacher Erinnerungen an halbverstandene Erläuterungen aus dem Religionsunterricht. Für die heute 30jährigen, erst recht für die Studierenden der Theologie, ist das Konzil ein Datum aus dem (Kirchen-)Geschichtsbuch. Zu runden Jahrestagen – 25 Jahre nach seinem Beginn, 20 Jahre nach seinem Abschluß – finden Tagungen statt, erscheinen Sammelwerke mit Rückblicken und Bilanzen, wird eine Sondersynode gehalten wie 1985. Ansonsten ist das Konzil in der breiten Öffentlichkeit vom Vergessen bedroht. Im Leben der gegenwärtigen Kirche, erst recht im Handeln des (höheren) kirchlichen Amtes erinnert wenig daran, daß die heutige Kirche aus den Impulsen und von den Aufbrüchen des Jahrhundertereignisses lebt, das das Konzil tatsächlich darstellt.

Das ist zwar teilweise trügerischer Augenschein – wegen der vielen, durch das Konzil eingeleiteten Selbstverständlichkeiten, deren geradezu revolutionäre Bedeutung im Vergleich zur Vorkonzilszeit wir heute kaum noch spüren. Auch ist das Konzil in der jüngeren Theologie – der Theologie der 40- bis 30jährigen – der selbstverständliche Ausgangspunkt und der Maßstab des Denkens und Urteilens. Aber das prägt nicht sozusagen das »Lebensgefühl« der Kirche auf breiter Front – noch nicht. Anderseits wird von interessierter Seite, nicht nur von Amtsträgern, viel getan, um das Konzil tatsächlich vergessen zu lassen, und der innerkirchliche Zeitgeist spielt dabei teilweise mit.

Um diesen Zustand ändern zu helfen, wurde dieses Buch geschrieben. 50 Jahre veranschlagen kundige Kirchenhistoriker aus geschichtlicher Erfahrung für die »Rezeption« eines Konzils, also für seine bewußte Umsetzung in lebendige Kirchenwirklichkeit. Wir haben also noch etwas Zeit – genau gezählt bis zum Jahre 2015. Daher muß als erstes dafür gesorgt werden, daß das Konzil im Gedächtnis bleibt – nicht nur in der Fachtheologie, sondern auch im »Glaubenssinn der Gläubigen«. Kurz vor der Schwelle zum dritten Jahrtausend muß vor dem Blick stehen, wo die Kirche in der Mitte des 20. Jahrhunderts schon einmal stand und sich auf den Weg in neue Zeiten und Räume mit Hoffnungen machte, von denen zur Zeit nur noch ein schwacher Abglanz geblieben ist.

Zwei mehr äußerliche Gründe kommen hinzu. Die Zeitzeugen sterben aus. Nur noch 12 Konzilsväter auf der Bischofssynode. Die Konzilstheologen, die faktisch die Texte erarbeitet haben, sind großenteils schon tot oder doch nicht mehr in der Lage, ein Buch über das Konzil zu schreiben. Ich selbst bin sozusagen Zeitzeuge zweiter Ordnung. Für mich ist der Umbruch des Konzils Teil meiner Studienzeit – zur Zeit seiner Vorbereitung und Durchführung war ich in der Schlußphase meines Grundstudiums und nachfolgend bei der Erarbeitung meiner Dissertation. Im Jahr des Konzilsabschlusses begann ich meine Lehrtätigkeit. Aber auch diese Zeitzeugen zweiter Ordnung sind nicht mehr die Jüngsten. In 10 Jahren wird man über das Konzil kaum noch aus lebendiger biographischer Erfahrung, sondern nur noch aufgrund von Aktenstudium und Quellenauswertung schreiben können – wie etwa über das Erste Vatikanische Konzil oder das Konzil von Trient. Etwas von der »Atmosphäre« dieses Geschehens einzufangen und zu vermitteln - ohne Scheu auch vor dem Anekdotischen -, das wird dann kaum noch möglich sein. Gerade dann aber wird man es um so mehr wissen wollen. Deshalb mußte dieses Buch jetzt geschrieben werden – obwohl man vielleicht erst in zehn Jahren ganzen Gewinn davon haben mag.

Ein zweiter Grund: Es gibt natürlich schon eine ganze Bibliothek von Konzilsliteratur zu allen Einzelfragen der vom Konzil behandelten Themen. Aber es gibt keine neuere Gesamtdarstellung. Es gibt nur die älteren zusammenfassenden Darstellungen in der Neuauflage der »Kleinen Konziliengeschichte« von Hubert Jedin und die etwas ausführlichere Darstellung im VII. Band des »Handbuchs der Kirchengeschichte« vom selben Autor. Dazu jüngst die entsprechenden Abschnitte in dem Sammelwerk von Giuseppe Alberigo. Dabei sind gerade in den letzten Jahren Quellentexte und Akten zugänglich geworden, die tatsächlich neues Licht auf Einzelvorgänge beim Konzil werfen und zu einer neuen Gesamtdarstellung von etwas ausführlicherem Zuschnitt motivieren. Auch darum mußte dieses Buch, wenn überhaupt, dann jetzt geschrieben werden.

Entstanden ist es aus Vorlesungen »für Hörer aller Fachbereiche«, die ich in einem zweimaligen Durchgang im Sommersemester 1985 und im Wintersemester 1990/91 an der Universität Hamburg gehalten habe. Für das Buch wurde das Manuskript überarbeitet und dabei stark erweitert. Es ist auch so immer noch nicht eine »Gesamtdarstellung« in einem quantitativen Sinne, sondern konzentriert sich auf die theologischen Schwerpunkte. Kein Rezensent möge mich also behelligen zum Beispiel mit dem Vorwurf, ich hätte die missionarische Dimension der Kirche vernachlässigt, weil ich kein eigenes Kapitel über das Dekret über die Missionstätigkeit der Kirche habe; oder die Pädagogik sei mir unwichtig, weil ich nicht thematisch vom Dekret über die christliche Erziehung handle, usw. Geblieben ist die Zielrichtung auf ein größeres interessiertes Publikum und darum das Bemühen um Allgemeinverständlichkeit. Dabei leitet mich kein »Forscherehrgeiz«. Für die Darstellung des Ablaufs und der Textgeschichte fuße ich völlig auf den Ergebnissen der Forschungen anderer – worauf an Ort und Stelle hingewiesen wird. Für die theologische Interpretation der Texte stehe ich allerdings selber gerade, für Einzelinterpretationen nehme ich verschiedentlich auch »Urheberrecht« in Anspruch – und sage dann auch, wo ich anderen Interpreten nicht zustimme. Immer aber bleibt es dabei: Mein Hauptinteresse sind nicht irgendwelche Subtilitäten, sondern der Versuch, lebendige Erinnerung wachzuhalten – koste es auch hier und dort den eher holzschnittartigen Überblick anstelle der Feinarbeit eines Kupferstichs.

Einige technische Hinweise. Am liebsten wäre es mir, man würde das Buch mit einer Ausgabe der Konzilstexte zur Linken lesen und immer gleich nachschlagen, wenn auf Texte verwiesen wird. Da ich das nicht voraussetzen kann, habe ich in dringenden Fällen doch nicht auf Zitate verzichtet – sie sind dann abgesetzt und, um Platz zu sparen, kleiner gedruckt. Trotzdem sei noch einmal dringlich darauf hingewiesen: Es geht nicht ohne die Mühe des Nachschlagens.

Um die Absicht allgemeinverständlicher Darstellung so unübersehbar wie möglich zu machen, habe ich den Anmerkungsapparat auf das Wesentliche beschränkt: Belege und gelegentlich Literaturangaben im Sinne eines Querverweises für spezielle Interessen. Am Ende jedes Kapitels folgen »Leseempfehlungen« zu den Themen des vorangehenden Kapitels. Auch diese sind streng ausgewählt, vor allem wiederum unter dem Gesichtspunkt der Allgemeinverständlichkeit sowie unter dem, daß sie selbst weitere gediegene Literaturangaben bieten. Anmerkungen und Leseempfehlungen im Verein mit dem Personenverzeichnis erübrigen ein eigenes Literaturverzeichnis.

Ebenfalls aus Gründen der Allgemeinverständlichkeit werden die Konzilsdokumente nicht mit den in der Fachliteratur üblichen Anfangsbuchstaben der ersten beiden Worte des lateinischen Urtextes zitiert (z. B. LG für »Lumen gentium« = Kirchenkonstitution), sondern mit einem Kurztitel, z. B. Offenbarungskonstitution. Andere Abkürzungen stehen im Abkürzungsverzeichnis.

Ich habe am Ende dieser Standortbestimmung zu danken. Zunächst den Hörerinnen und Hörern der Vorlesungen für ihre anregenden Rückfragen, die sich auf die Endredaktion des Textes ausgewirkt haben. Sodann verschiedenen »Interviewpartnern«, die damals dabei waren und bei denen ich mich zur Bestätigung nach einigen Einzelheiten erkundigt habe zur Kontrolle der Mitteilungen in der Literatur. Darüber hinaus einigen Kollegen für »heiße Literaturtips«, wo ich nicht so fachkundig bin, unter anderen Hansjakob Becker in Mainz für Kapitel 4, Johannes Brosseder für Kapitel 9.
Meiner treuen Mitarbeiterin Alexandra Hector danke ich für effiziente Hilfe bei der Fahnenkorrektur. Sie zeichnet großenteils auch für die Erstellung der Register verantwortlich – und alle Kundigen wissen, wieviel Dank solche Arbeit verdient.
In besonderer Weise habe ich wieder einmal Frau Frauke Müller zu danken, die in ihrer Freizeit mir mit Ihrer Schreibkunst am Computer zur Verfügung stand – und allen Ernstes behauptet, das Manuskript zu schreiben habe ihr »aufgrund des Inhalts« viel Spaß gemacht. Außer mir selbst war sie lange Zeit die einzige, die an das Buch »geglaubt« hat.
In noch einmal besonderer Weise gilt mein Dank dem Echter Verlag in Würzburg für den Mut zum Risiko, dieses Buch zu veröffent-

lichen. Er tut es in von mir vermittelter voller Kenntnis der Tatsache, daß die Verlage, mit denen ich gewöhnlich und seit langem in vollem Einvernehmen zusammenarbeite, die Betreuung dieses Buches trotz Wertschätzung des Manuskriptes abgelehnt haben aus dem erklärten Grunde, ein Konzilsbuch lasse sich heute auf dem Buchmarkt nicht durchsetzen. Ich wünsche mir und dem Echter Verlag, daß sich das als Fehleinschätzung erweist, die andere am Ende bereuen werden. Ich wünsche mir aber vor allem, daß das Buch dazu beiträgt, die Kirche zuzurüsten für den Eintritt in die, mit dem Konzilstheologen Karl Rahner zu reden, »dritte Epoche der Kirchengeschichte«.

Hamburg, den 8. Dezember 1992,
30 Jahre nach dem Abschluß
der ersten Tagungsperiode
des Zweiten Vatikanischen Konzils
unter Papst Johannes XXIII.

Otto Hermann Pesch

Erstes Kapitel

»... eine Eingebung wie eine Blume«

Die Vorgeschichte des Zweiten Vatikanischen Konzils

I. EIN FAST SPONTANER EINFALL

1. *Veränderung in der Kirche?*

Mitten im protestantischen Niedersachsen, auf dem Gebiet der riesigen katholischen Diaspora-Diözese Osnabrück, zu der – zur Zeit noch – auch Hamburg, Schleswig-Holstein und Mecklenburg-Vorpommern gehören, liegt aufgrund verwickelter historischer Zusammenhänge eine Enklave der Diözese Münster, das katholische Südoldenburg. Der Sitz eines dafür zuständigen eigenen Generalvikariates, heute unter der Leitung eines Regionalbischofs, ist die kleine Stadt Vechta. Und während sonst der norddeutsche Diaspora-Katholizismus eher aus Ängstlichkeit »konservativ« und Veränderungen abhold ist – eine Ängstlichkeit, die mit der teilweise extremen Minderheitssituation der Katholiken in Norddeutschland zusammenhängt (zum Beispiel nur 0,3% in Schleswig-Holstein) –, sind die Südoldenburger Katholiken zumeist konservativ aus knochentiefer Überzeugung. Von einem solchen Südoldenburger Katholiken, einem Bauern, geht seit der Zeit des Zweiten Vatikanischen Konzils ein in der ganzen deutschen Kirche viel erzählter Scherz um, der wohl erfunden, aber glänzend erfunden ist: »Laßt die in Rom beschließen, was sie wollen, ich bleibe katholisch!« (Wer dessen kundig ist, muß sich diesen Satz auf plattdeutsch rezitieren!). Der Scherz kennzeichnet – und deshalb ist er so treffend – die insgesamt größte Herausforderung, die das Konzil für die bis dahin selbstverständliche katholische Mentalität bedeutete und auch 30 Jahre danach immer noch bedeutet: daß sich in der Kirche etwas ändern darf, kann, ja soll, und zwar auf allen Gebieten, von der Liturgie über das Kirchenrecht bis hin zur Theologie und der Interpretation der verbindlichen kirchlichen Lehre. Daß sich *nichts* ändern darf – es sei denn, die Änderung rückt das Unveränderliche noch deutlicher ins Licht, verstärkt seine Festigkeit, fördert seine öffentliche Geltung –, das galt für die erdrückende Mehrheit der Katholiken als eben *das* Katholische. Und wiederum rückt das unser Witz grell ins Licht: Selbst von dorther, wo doch diese erdrückende Mehrheit der Katholiken den Felsengrund aller Unveränderlichkeit erblickt, von »Rom« aus, darf und kann nichts verändert werden. Sonst muß man notfalls ohne und gegen Rom »katholisch« bleiben. Der Witz ist, wie wir wissen, inzwischen bittere Wirklichkeit geworden in der Bewegung des im März 1991 verstorbenen französischen Alterzbischofs Lefebvre. Seitdem er, um sein Werk fortzusetzen, trotz aller Bemühungen und trotz größtmöglichen Entgegenkommens der römischen Kurie sich nicht davon abhalten ließ, Bischöfe zu weihen, ist, kirchenrechtlich beurteilt, seine Bewegung im »Schisma«, von der Kirche Roms »abgespalten«, eine Gegenkirche.[1]

2. »... *von einer großen Idee erleuchtet*«

Wie konnte es unter solchen Umständen überhaupt zum Konzil kommen? Aus sorgfältigen Veröffentlichungen vor allem des letzten Jahrzehnts, die auf der Auswertung von veröffentlichten und unveröffentlichten Quellen sowie auf der Befragung von Zeugen beruhen, wissen wir inzwischen Genaueres darüber, wie der Konzilsplan bei Papst Johannes XXIII. reifte, und auch, daß es dazu schon vor seinem Amtsantritt Vorstufen gab, an die er *nicht* anknüpfte. Am Ende dieses Kapitels wird darauf zurückzukommen sein. Aber wie man es auch dreht und wendet, es war dennoch eine fast spontane Idee des Papstes, und ohne sie wäre das Konzil nicht zustande gekommen, schon gar nicht *dieses* Konzil. Im Gegenteil, zum damaligen Zeitpunkt lag den Männern an der römischen Kurie nichts ferner, und schon gar nicht gab es eine breite innerkirchliche öffentliche Meinung, die so etwas gefordert hätte.
Eine *fast* spontane Idee! Folgen wir zwei Rückblicken des Papstes in einer Ansprache an Pilger aus Venedig vom 8. Mai 1962 und einer Tagebucheintragung vom 15. September 1962, dann war es sogar eine *völlig* spontane Idee. Sie sei ihm gekommen in einem mit Recht berühmt gewordenen und später viel diskutierten Gespräch am 20. Januar 1959. An jenem Tag, einem Dienstag, um 9 Uhr, knapp drei Monate nach seiner Wahl, hatte der Papst wie üblich seine Lagebesprechung mit Kardinalstaatssekretär Tardini.
Domenico Tardini war zusammen mit Giovanni Battista Montini, dem späteren Papst Paul VI., unter Pius XII. im Rang eines einfachen Prälaten (Monsignore) als Unterstaatssekretär tätig. Die beiden machten die gesamte Arbeit als »sostituti« (etwa: »geschäftsführende Stellvertreter«), denn Pius XII., selber unter Pius XI. Kardinalstaatssekretär, ließ diesen Posten unbesetzt, um selbst alle von diesem Amt zu treffenden Entscheidungen zu fällen. Gegen Ende seines Pontifikates überwarf sich der Papst mit Montini, beförderte ihn, wie das üblich ist, Zum Erzbischof von Mailand, erhob ihn

aber nicht zum Kardinal. Johannes XXIII. machte den anderen »sostituto«, Tardini, sofort zum Kardinal und ernannte ihn zum Kardinalstaatssekretär mit der vollen Verantwortung dieses Amtes. Seine Begründung: »Es laufen mir hier schon zuviele ›sostituti‹ herum!«
Mit Tardini also hatte der Papst an jenem Morgen die routinemäßige Morgenkonferenz. Wie es der Papst später schildert, besprach man die Lage der Weltkirche. Was Mitglieder und Einfluß angeht, war sie in der Neuzeit nie mächtiger gewesen als unter Pius XII. Aber sie war ein Fremdkörper in einer gewandelten Welt geworden, respektiert, aber unverstanden und ungeliebt. Ein Drittel der Menschheit lebte unter bewußt atheistischen Regimen. Die Zahl der praktizierenden Katholiken in den traditionell christlichen Ländern: höchstens 30%. In Italien, einschließlich Rom (2–3% praktizierende Katholiken!), und in Frankreich weite Landstriche vollkommen entchristlicht – eine Situation, die in dem berühmten Roman »Tagebuch eines Landpfarrers« von Georges Bernanos zum damals viel gelesenen Literaturdokument geworden ist. In den Entwicklungsländern eine wachsende Kluft zwischen Klerus und Volk – der entfernte Hintergrund der heutigen »Theologie der Befreiung«. Und auch dort, wo die Kirche nicht verfolgt wurde, wuchs, von der Wissenschaft bis zur Kunst, vom Lebensstil bis zu den ethischen Überzeugungen, eine vom Christentum sich abkehrende Kultur. Diese Kultur gewann auch in der Kirche an Faszinationskraft. Auch Katholiken wollten, nach zwei Jahrhunderten vergeblicher Abwehr, in Denken und Fühlen moderne Menschen sein dürfen. Darum gab es zwar, anders als etwa im 16. oder 19. Jahrhundert, keine öffentliche Stimmung für ein Konzil in der Kirche – solches hielt eigentlich niemand mehr für möglich –, wohl aber eine Stimmung für Reform, Dezentralisierung, Versöhnung mit einer Welt, gegen die die Kirche lange Zeit zu Unrecht Generalangriffe geführt hatte, Überdruß an einem kirchlichen Druck, der bisher das ganze Leben der Katholiken erfaßte.
Darüber also sprach man an jenem Morgen. »Plötzlich«, so beschreibt es Johannes 1962, »entsprang in Uns eine Eingebung wie eine Blume, die in einem unerwarteten Frühling blüht. Unsere Seele wurde von einer großen Idee erleuchtet ... Ein Wort, feierlich und verpflichtend, formte sich auf Unseren Lippen. Unsere Stimme drückte es zum erstenmal aus – Konzil!« Wir wissen heute, daß der Papst in dieser Schilderung den Inhalt einer ganzen Reihe von Gesprächen mit seinem Kardinalstaatssekretär, den er ja fast jeden Tag traf, zusammendrängt – aber in dieser Zusammenfassung kommt deutlich ans Licht, welche Absichten und Perspektiven den

Papst bei seinem Konzilsplan leiteten: Die Kirche sollte endlich eine helfende Antwort geben auf die Probleme der modernen Welt – und aufhören, sich gegen sie einzuigeln.

Auch die Fortsetzung des Berichtes ist, wie wir inzwischen wissen, nicht die reine historische Wahrheit, sondern spricht eher für die taktvolle Großmut des Papstes: »Um die Wahrheit zu sagen, Wir fürchteten, daß wir Verwirrung, wenn nicht Entsetzen ausgelöst hatten... Aber auf dem Gesicht des Kardinals zeigte sich ein klarer Ausdruck. Seine Zustimmung war unmittelbar und frohlockend, das erste sichere Zeichen des Willens des Herrn.« Das dürfte kaum so gewesen sein. Im Gegenteil, die Historiker sind sich bis heute nicht schlüssig, ob nicht Tardini in der Folgezeit ernsthaft versucht hat, durch eine Art »Dienst nach Vorschrift« die Konzilsvorbereitungen zu verzögern in der Erwartung, ein Tod des Papstes in absehbarer Zeit werde den Plan ohnehin erledigen. Denkbar, sogar sehr wahrscheinlich ist, daß Tardini sofort begriffen hatte, Johannes werde durch nichts mehr von dieser »Eingebung« abzubringen sein, und daraufhin die Flucht nach vorn in seine bekannte knurrende Ergebenheit und korrekte Dienstbereitschaft antrat. Etliche Zeugen berichten von ihm, daß er häufiger augenrollend und stöhnend von »dem da oben« sprach. Das bezog sich auf die Arbeitsräume des Papstes im vierten Stock des Vatikanpalastes, wo der Papst wieder einmal mit seiner unwiderstehlichen Art den Kardinal zu etwas veranlaßt hatte, was diesem Unbehagen bereitete. Der Papst hörte natürlich davon – und erklärte dem Kardinal unter vier Augen: »Caro Tardini, lassen Sie mich eins richtigstellen: ›Der da oben‹ ist Gott der Herr über uns alle. Ich bin nur ›der da oben im vierten Stock‹. Bitte, bringen Sie die Rangordnung nicht durcheinander!«

II. WAS IST EIN KONZIL?

Bevor wir auf die Vorgeschichte des Zweiten Vatikanischen Konzils eingehen, müssen wir kurz klären, was überhaupt ein Konzil ist. Das ist nämlich keineswegs so selbstverständlich klar, wie es aussehen mag, und wo Klarheit herrscht, ist sie doch nicht so problemlos, daß sich Rückfragen erübrigten.

1. Die kirchenrechtliche Lage

Für das Zweite Vatikanische Konzil maßgebend waren damals die Bestimmungen des *Codex Iuris Canonici* von 1917.[2] Diese schreiben in can. 222–229 in Kombination die Ordnung des Trienter Konzils (1545–1563) und des Ersten Vatikanischen Konzils (1869/70) fest – die des Ersten Vatikanischen Konzils, was die entscheidenden Gewichte, die des Trienter Konzils, was den Teilnehmerkreis und die Verfahrensform betrifft. Die genannten canones stehen im II. Buch des CIC »De personis«, dort im 1. Teil »De clericis«, 2. Abschnitt »De clericis in specie«, dessen »Titulus VII« »De suprema potestate« handelt, und zwar zuerst vom römischen Bischof, dann vom Ökumenischen Konzil, gefolgt von den Kardinälen und der römischen Kurie. Die Reihenfolge ist demnach klar eine Rangfolge.

Das Kirchenrecht gibt keine Definition, keine Wesensbestimmung des Konzils, diese kann allerdings aufgrund der Einzelbestimmungen zusammengestellt werden. Demnach könnte man folgendermaßen sagen: *Das ökumenische Konzil ist die Versammlung aller höheren Jurisdiktionsträger der Kirche zu dem Zwecke, zusammen mit und unter dem Papst die höchste Lehr- und Gesetzgebungsvollmacht auszuüben.* Mit »Jurisdiktionsträger« ist der Kreis der stimmberechtigten Mitglieder benannt (can. 223): Es sind alle regierenden Patriarchen, Primaten (der Erzbischof von Warschau etwa ist »Primas« von Polen, der Erzbischof von Salzburg führt immer noch den Ehrentitel »Primas von Deutschland«), Metropoliten, Erzbischöfe, Bischöfe, Äbte sowie die Vorgesetzten der sogenannten Personalprälaturen (das umstrittene Opus Dei ist heute eine solche), die leitenden Äbte (Abtprimas) der Mönchskongregationen (Benediktiner, Zisterzienser u. a.) und die Generaloberen der exemten, das heißt unmittelbar Rom und nicht den Bischöfen unterstehenden Orden (wie zum Beispiel der Franziskaner, Dominikaner, Jesuiten, Redemptoristen u. a.). Theologen und Experten haben nur beratende Stimme – obwohl sie für ihre Bischöfe die Hauptlast der Arbeit an den Texten tragen und ihr Einfluß somit groß, wenn nicht gar in der Sache entscheidend ist.

Zusammen mit dem Papst übt das Konzil die höchste Vollmacht in der Gesamtkirche aus (can. 228 § 1). Das Konzil ist also nach dem Kirchenrecht nicht etwa nur ein Beratungsgremium des Papstes, erst recht nicht eine Versammlung, wo man gemeinsam etwas verabredet, was dann aber die einzelnen Mitglieder kraft eigener Vollmacht in die Tat umsetzen (wie etwa bei einer internationalen Politikerkonferenz). Das Konzil ist als solches – als Gremium, nicht als Summe aller Bischöfe –, Träger der obersten und universalen kirchlichen Vollmacht. Mit anderen Worten: Es ist kollektiver Amtsträger – immerhin eine Warnung, allzu vorschnell von der »monarchischen Struktur« der römisch-katholischen Kirche zu sprechen.

Aber – und um auf dem Erdboden zu bleiben –: Definitive Verpflichtungskraft haben Konzilsbeschlüsse nur, wenn sie vom Papst bestätigt und auf seine Anordnung veröffentlicht wurden (can. 228). Es gibt daher auch keine Appellation vom Papst an das Ökumenische Konzil (can. 228 § 2). Nur der Papst kann darum ein Konzil einberufen (can. 222 § 1). Er oder sein Beauftragter präsidiert ihm. Er allein legt die zu behandelnden Themen und deren Reihenfolge fest. Er kann das Konzil verlegen, unterbrechen und auflösen. Die Konzilsteilnehmer können Beratungsgegenstände vorschlagen, aber nur, wenn der Präsident sie genehmigt, werden sie beraten (can. 226).

Mit einem Wort: Das Konzil, das *mit* dem Papst Träger der höchsten kirchlichen Vollmacht ist, steht zugleich *unter* dem Papst. Es gibt kein Konzil gegen den Papst, es gibt keinen Konzilsbeschluß gegen das Votum des Papstes. Aber es kann sehr wohl einen Papst gegen das Konzil geben und päpstlichen Einspruch gegen Konzilsbeschlüsse, zumindest ihre Nichtbeachtung durch den Papst. All dies hat sich auf dem Zweiten Vatikanischen Konzil auch ausgewirkt. Der Papst hat Themen, die das Konzil gewünscht hatte, zu behandeln verboten – jeweils zur Freude der einen, zur Enttäuschung und zum Zorn der anderen. Durch ihn oder in seinem Namen wurden Formulierungen durchgedrückt, die das Konzil eigentlich nicht wollte – wiederum zur Freude der einen, zur Enttäuschung der anderen. Von all dem wird noch die Rede sein.

Die beiden noch nicht erwähnten canones betreffen schon Verfahrensfragen. Jedes Konzilsmitglied ist zur Teilnahme verpflichtet – und kann sich nur aufgrund glaubwürdiger Behinderung durch einen »Procurator« vertreten lassen, allerdings nur in der Beratung; bei Abstimmungen geht die Stimme des Abwesenden auf jeden Fall verloren (can. 224 §§ 1–2). Kein Teilnehmer darf ohne Genehmigung des Präsidenten vorzeitig abreisen (can. 225). Diese beiden canones speichern historische Skandale und suchen ihrer Wiederholung vorzubeugen.

Wie um die absolute Unterordnung des Konzils unter den Papst noch einmal zu bekräftigen, schreibt can. 229, der letzte canon über das Konzil, vor, beim Tod des Papstes während des Konzils sei das Konzil automatisch abgebrochen, es sei denn, der neue Papst befiehlt seine Fortführung.

Nach der ersten Sitzungsperiode des Konzils starb Papst Johannes XXIII. Die Freunde des Konzils haben damals gezittert, ob der neue Papst das Konzil fortführen werde. Sie atmeten auf, als die Wahl des Erzbischofs von Mailand und Kardinals Giovanni Battista Montini als Paul VI. bekannt wurde. Denn damit war klar: Der

Nachfolge-Wunschkandidat Johannes' XXIII. würde weitermachen.

Soweit also die Orts- und Funktionsbestimmung eines Konzils im ganzen der kirchlichen Verfassung nach damaligem Kirchenrecht. Zur weiteren Klärung mögen einige naheliegende Vergleiche dienen.

2. Zum Vergleich

a) Auf den ersten Blick sind wir vielleicht geneigt zu sagen, ein Konzil sei so etwas wie ein Parlament der Gesamtkirche. In der Tat hat man schon auf dem Ersten und dann wiederum auf dem Zweiten Vatikanischen Konzil die Methoden parlamentarischer Verhandlung angewandt: Plenar- und Ausschußsitzungen, Änderungsanträge (*Modi*), mehrere Lesungen, Abstimmung, Protokoll durch Berufsstenografen usw. Aber ein Konzil ist alles andere als ein Parlament. Denn:

– Es besteht nicht aus gewählten, sondern aus geborenen Mitgliedern – die wiederum ihre »Geburt«, nämlich ihr kirchliches Amt, nur sehr eingeschränkt einem Wahlverfahren verdanken (eigentlich nur bei den höheren Ordensoberen, bei den Bischöfen in der Mehrzahl überhaupt nicht).

– Es steuert nicht beständig die Geschicke der Kirche, sondern tritt nur in großen Abständen zusammen, die oft nach Jahrhunderten zählen. Es wird nur einberufen bei ganz außergewöhnlichen Anlässen.

– Es hat, wie wir beim Blick auf das Kirchenrecht gesehen haben, keine Macht jenseits der Grenzen, die der Papst als sein Präsident ihm zieht. Umgekehrt hat der Papst alle Vollmachten faktisch auch ohne ein Konzil – wenngleich nicht schlechthin unabhängig von den Bischöfen der ganzen Welt.

– Das Konzil wählt nicht einmal seinen obersten Präsidenten, auch nicht, wenn dieser während eines laufenden Konzils stirbt. Vielmehr wird der Papst vom Kollegium der Kardinäle gewählt. Diese Tradition reicht in die Zeit zurück, als der Papst in erster Linie Bischof von Rom war und die Kardinäle ursprünglich die Pfarrer der römischen Kirchengemeinden. Dieses Wahlverfahren ist heute Gegenstand der Diskussion.[3] Doch Tatsache ist und wird es auf absehbare Zeit bleiben: Die Versammlung, die nach theologischer Theorie und kirchlichem Recht die Gesamtkirche repräsentiert, wählt keineswegs, auch nicht durch delegierte Wahlmänner, den obersten Bischof der Gesamtkirche.

– Der gewichtigste Unterschied zu einem Parlament aber liegt jenseits des Juristischen. Ein Parlament hat seine Vollmacht auf Zeit durch das Volk, das es durch Wahl zu seinem Repräsentanten macht. Ein Konzil hat seine Vollmacht dadurch, daß hier diejenigen beisammen sind, die auf der ganzen Welt nach gläubigem Verständnis durch Christus selbst in ihr Amt gerufen wurden. Sie sind darum auch nicht in erster Linie dem Kirchenvolk verantwortlich, sondern Christus, der freilich durch den Heiligen Geist auch im Kirchenvolk spricht. Und ohne dies und den dadurch erzeugten Druck – theologisch freundlich ausgedrückt: durch das Wirksamwerden der Gnadengaben des Heiligen Geistes –, käme wohl nie ein Konzil zustande und wäre nie ein Papst zu motivieren, eines einzuberufen. Denn, ganz nüchtern betrachtet, ist ja ein Konzil für einen Papst, der nach dem Kirchenrecht seine obersten Vollmachten nach gebührender Beratung auch allein wahrnehmen könnte, zunächst einmal eine Erschwerung seiner Amtsgeschäfte. Erst recht gilt das für den »Apparat« der Kurie.

b) Ein Konzil ist aber auch nicht zu vergleichen mit einer Vollversammlung des Weltrates der Kirchen oder wie er auch heißt: des Ökumenischen Rates der Kirchen (abgekürzt: ÖRK). Denn:
– Der ÖRK ist keine Kirche und will es nicht sein. Er ist ein Beratungsgremium von Kirchen – »die Kirchen in fortlaufender Beratung«, wie der frühere Generalsekretär Visser t' Hooft es formuliert hat.[4] Beschlüsse binden darum die Mitglieder nur, soweit sie ihnen zustimmen, und um die Zustimmung zu erreichen, muß man die Beschlüsse entsprechend gestalten. Keine Kirche kann eine Schwesterkirche überfahren.
– Im ÖRK stimmen *Kirchen* ab, nicht Einzelpersonen – daher die faire, aber umstrittene Quotenregel, die jede Stimme nach der Zahl der betreffenden Kirchenglieder gewichtet. Im Konzil dagegen stimmt jeder Bischof für sich selbst ab, als von Christus ins Lehr- und Leitungsamt Berufener, nicht als Sprecher seiner Kirche.
– Selbstverständlich bestimmt nicht der Generalsekretär des ÖRK die Tagesordnung, sondern er setzt auf die Tagesordnung, was die Gliedkirchen zu verhandeln wünschen – was zwar theologischen und kirchenpolitischen Einfluß des Generalsekretärs nicht ausschließt, wohl aber einen rechtswirksamen.
– Und um auch dies zu erwähnen: Selbstverständlich kann jedes Mitglied beziehungsweise jede Gliedkirche jederzeit den ÖRK beziehungsweise eine seiner Vollversammlungen unter Protest verlassen. Ein Konzilsvater kann nach dem geltenden Kirchenrecht *nicht* ohne Erlaubnis des Papstes vom Konzil abreisen.
– Und selbstverständlich wird der Generalsekretär gewählt, wenn auch nicht von der Vollversammlung, sondern vom sog. Exekutivrat.

c) Ein Konzil funktioniert auch nicht wie die Vereinten Nationen – einmal abgesehen von den verschiedenen Themenbereichen:
– Augenfälligster Unterschied ist wiederum das demokratische Prinzip »von unten nach oben«: Alle Ämter werden gewählt, die Tagesordnung wird von den Mitgliedern vorgegeben, Tagesordnungspunkte zu unterdrücken ist nicht juristisch möglich, sondern höchstens mit politischer Manipulation.
– Die Delegierten stimmen weisungsgebunden für ihre Länder ab, wie im ÖRK – nur nicht nach einer Quotenregel, was bekanntlich inzwischen ein Grundproblem für die Wirksamkeit von UNO-Beschlüssen ist.
– Selbstverständlich ist sowohl Auszug als auch Ausschluß aus den Vereinten Nationen möglich, wie ja überhaupt die Mitgliedschaft in den Vereinten Nationen freiwillig ist: es gibt keine geborenen Mitglieder. Aber selbst

ein Papst kann keinen residierenden Bischof vom Konzil ausschließen, es sei denn, er verurteile ihn zuvor formgerecht wegen Irrlehre oder Ungehorsam im Amt.

– Die augenfälligste Gemeinsamkeit zwischen Konzil und Vereinten Nationen, anders als beim ÖRK, ist, daß beide, im Rahmen schnell erreichter Grenzen, die rechtlich festliegen, Macht ausüben und die Exekutive der Mitglieder binden können – rechtlich jedenfalls, denn beide Mal ist ein großer Spielraum passiven Widerstandes gegeben. Anders ausgedrückt: Im Rahmen der geltenden Regeln bedürfen die Beschlüsse keiner Ratifikation und keiner Annahme (Rezeption) durch die Betroffenen, faktisch aber weithin doch.

3. Der Sinn eines Konzils

Wir werden also sagen müssen: Ein Konzil ist, nach den geltenden Rechtsnormen, eine ziemlich einzigartige Veranstaltung. Ihre Einzigartigkeit liegt, immer noch nach dem damals geltenden Kirchenrecht, in ihrer *machtlosen Vollmacht*. Man staunt bei einfältiger, an historische Zusammenhänge nicht denkender Lektüre über die geradezu unschuldige Naivität, mit der das Kirchenrecht von 1917 scheinbar problemlos unmittelbar hintereinander, unvermittelt, folgende Regeln zusammenstellt: Verpflichtungskraft der Beschlüsse erst aufgrund der Bestätigung durch den Papst – höchste Vollmacht des Konzils über die Gesamtkirche – keine Appellation vom Papst an das Konzil. Natürlich ist das *keine* Naivität – was dann freilich fast unwiderstehlich zu der leicht zynischen Vermutung führt: Man konnte sich im Kirchenrecht nur so ungeschützt ausdrücken, weil man sicher war, nach der Dogmatisierung des päpstlichen Primates 1870 würde nie wieder ein Konzil notwendig sein. Es darf als ausgeschlossen gelten, daß die intelligenten Redaktoren des CIC 1917 die spannungsvollen Sätze so stehengelassen hätten, wenn sie erwartet hätten, daß diese Spannung je noch einmal auszuhalten gewesen wäre. Konsequent hat denn auch das neue Kirchenrecht, der CIC 1983, die Stellung des Konzils gegenüber dem Papst subtil abgeschwächt und die des Papstes und der Kurie entsprechend gestärkt – weil man ja nach dem Zweiten Vatikanischen Konzil wieder mit einem Konzil rechnen muß. Aber darauf müssen wir im Schlußkapitel zurückkommen, wenn wir von den Wirkungen des Konzils zu reden haben.

Nach der geltenden Rechtslage, aufgrund deren das Konzil zustande kam, ist es, rundheraus gesagt, so, daß das Konzil die *Komplettierung* des Papstamtes ist zum Zwecke der *Darstellung* der weltweiten Einheit der Kirche. Der *Darstellung*, wohlgemerkt! Denn der *Sache* und der *Wirksamkeit* nach ist die Einheit der Kirche – wir klammern jetzt alle in diesem Zusammenhang heute lebhaft diskutierten Probleme einmal ein – im Papstamt repräsentiert und gesichert. Zwar bleibt der Papst in die Kirche eingebunden. Er steht nicht außerhalb der Kirche und dieser etwa gegenüber. Das hat auch das Erste Vatikanische Konzil weder dogmatisiert noch gemeint, und das ist auch nicht der Sinn der Formel, daß die »Kathedralentscheidungen« des Papstes »aus sich selbst, nicht aufgrund der Zustimmung der Kirche« (*ex sese, non ex consensu ecclesiae*) unveränderlich (*irreformabiles*) sind.⁵ Man darf solches dem Ersten Vatikanischen Konzil nicht unterstellen – ohne daß wir hier in Einzelheiten eintreten können. Daraus folgt, daß der Papst nicht ohne Kontakt mit den Bischöfen handeln kann, und es gibt seit langem institutionalisierte Formen dieses ständigen Kontaktes. Der Papst könnte zum Beispiel keine Glaubenslehre verkünden, wenn die Mehrheit der Bischöfe ihm sagt, diese Lehre sei im Glaubensbewußtsein ihrer Ortskirchen nicht gegeben. Und er kann auch auf Dauer keine Gesetze gesamtkirchlich durchhalten, wenn die Mehrheit der Bischöfe der Welt ihm klarmachen, daß sie nicht durchführbar sind. Die evangelischerseits immer noch anzutreffende Vorstellung, der Papst könne der Gesamtkirche auferlegen, was immer er wolle, ist trotz aller augenscheinlichen Bestätigungen, gelinde gesagt, weltfremd. *Aber*: Um als oberster Bischof der Gesamtkirche, und damit als Garant und Repräsentant der Einheit der Kirche, sein Amt und *zugleich* seine Einbindung in die Gesamtkirche wahrzunehmen, muß der Papst kein Konzil einberufen. Er kann den nötigen Kontakt mit den Bischöfen der Welt auch auf andere und – mit Verlaub – billigere Weise herstellen und aufrechterhalten. Zur *Demonstration* dieser Einheit und dieser Kommunikation mit der Gesamtkirche aber ist nichts geeigneter als das Konzil. Ohne Beeinträchtigung seiner obersten Kompetenz wird hier die Einbindung des päpstlichen Amtes in die Gesamtkirche sichtbar und anschaulich.

Hier nun doch eine historische Zwischenbemerkung zum Ersten Vatikanischen Konzil. Die Bischöfe sind auch nach dessen Lehre nicht etwa Beamte des Papstes, sondern Leiter ihrer Bistümer kraft eigenen Rechtes, das heißt kraft der *unmittelbaren* Bevollmächtigung durch Christus, wie sie der katholische Glaube im Bischofsamt als gegeben versteht. Bismarck hatte – aus durchsichtigem politischen Interesse an der politischen Diskriminierung der Katholiken – nach dem Ersten Vatikanischen Konzil öffentlich erklärt, nun sei ja klar, daß die Bischöfe nichts weiter als Befehlsempfänger einer ausländischen Macht seien. Darauf haben die deutschen Bischöfe damals in einem berühmten Brief dargelegt, daß der Papst auch als Papst »Bischof von Rom, nicht Bischof irgendeiner anderen Stadt oder Diözese, nicht Bischof von Köln oder Breslau usw.« ist.⁶ »Kraft derselben göttlichen Einsetzung, worauf das Papsttum beruht, besteht auch der Episkopat; auch er hat seine Rechte und Pflichten vermöge der von Gott selbst getroffenen Anordnung, welche zu ändern der Papst weder das Recht noch die Macht hat. Es ist also ein völliges Mißverständnis der Vatikanischen Beschlüsse, wenn man glaubt, durch dieselben sei ›die bischöfliche Jurisdiktion in der päpstlichen aufgegangen‹, der Papst sei ›im Princip an die Stelle jedes einzelnen Bischofs getreten‹, die Bischöfe seien nur noch »Werkzeuge des Papstes, seine Beamten ohne eigene Verantwortlichkeit‹«.⁷ Papst Pius IX. hat diese Stellungnahme im gleichen Jahr 1875 ausdrücklich bestätigt.⁸

Diese Einheit der Gesamtkirche durch die Versammlung und die Beschlüsse derer, die auch in verbindlicher Gemeinschaft mit dem Nachfolger Petri kraft *eigener* Vollmacht ihre Teilkirchen leiten, wird also anschaulich, bekommt einen besonderen Akzent im Konzil – und so wird das Amt des Papstes auch sichtbar in seinen Zusammenhängen und Rückbindungen dargestellt, die ohne Konzil dem Auge eher entgehen und die Vorstellung von der Kirche als absoluter Monarchie begünstigen. Dies ist der Sinn der hier vertretenen These, nach geltendem Kirchenrecht sei das Konzil die Komplettierung des Papstamtes zum Zwecke der Darstellung der Strukturen kirchlicher Einheit.

Soll diese These, sozusagen in einem Arrangement mit der »normativen Kraft des Faktischen«, als leicht ironische Herabstufung des Konzils gehört werden? Die Konzilsväter haben es nicht so empfunden. In der Konstitution über die Kirche heißt es in Art. 22 (letzter Abschnitt): »Insofern dieses Kollegium [der Bischöfe] aus vielen zusammengesetzt ist, *stellt* es die Vielfalt und Universalität des Gottesvolkes, insofern es unter einem Haupt versammelt ist, die Einheit der Herde Christi *dar*. In diesem Kollegium wirken die Bischöfe, unter treuer Wahrung des primatialen Vorrangs ihres Hauptes, in *eigener Vollmacht* zum Besten ihrer Gläubigen, ja der ganzen Kirche ... Die höchste Gewalt über die ganze Kirche, die dieses Kollegium besitzt, wird *in feierlicher Weise* im ökumenischen Konzil ausgeübt.« Im übrigen sind wir mit den offenen Fragen noch nicht am Ende.

4. Die Vollmacht des Konzils

Das bisher Gesagte kennzeichnet die Lage nach dem geltenden Kirchenrecht. Die offene Frage ist, ob das so sein muß, und diese Frage wird bedrängend, wenn die im Kirchenrecht selbst eingebaute latente Spannung dadurch zu einer offenen Spannung wird, daß entgegen aller Erwartung doch wieder ein Konzil zusammentritt. Die schlichte Frage ist: *Woher* hat ein Konzil seine Vollmacht? Wüßte man dies, dann wüßte man auch, *welche* Vollmacht das Konzil hat, eventuell über die Grenzen des geltenden Kirchenrechtes hinaus. Diese Frage weist zurück in die Geschichte der Konzilien – gemeint sind jetzt immer Konzilien mit dem Anspruch, »ökumenische« Konzilien zu sein, also solche, die die gesamte Christenheit vertreten und binden wollen.

Diese Frage ist nun alles andere als geklärt. Die gängige Antwort der katholischen Dogmatik lautet: Ein Konzil hat seine Vollmacht (*suprema potestas in ecclesia universali*) aufgrund der Tatsache, daß hier die Gesamtheit der von Christus eingesetzten Bischöfe beschließt – und die Oberhoheit des Papstes ergibt sich aus dem von Christus gestifteten Petrusamt. Aber dabei bleiben zwei Fragen noch unbeantwortet, einmal: Warum hat nicht nur der einzelne Bischof oder auch eine Mehrzahl von ihnen, sondern in besonderer Weise die Bischofsversammlung als *Gremium* die oberste Vollmacht, was sich ja daran zeigt, daß auch die unterlegene Minderheit sich den Beschlüssen beugen muß und sich nicht auf die Einsetzung des einzelnen Bischofs durch Christus zurückziehen kann? Eine göttliche Einsetzung des Konzils ist jedenfalls nie behauptet worden (und kann auch nicht aus einem biblischen Text wie Apg 15 erschlossen werden). Warum hat dann im Zweifelsfall das Konzil einen rechtmäßigen Vorrang vor dem einzelnen Bischof? Und die andere Frage: Woher die päpstliche Oberhoheit über das Konzil? Sie war in der Geschichte der Konzilien alles andere als selbstverständlich, vor allem nicht in den dogmatisch so wichtigen Konzilien der ganzen Christenheit, den ersten acht Konzilien bis zum Vierten Konzil von Konstantinopel (869/70). Diese Konzilien fanden alle im Osten statt, ihre Beschlüsse wurden als Reichsgesetze des oströmischen Kaisers verkündet. Für ihre Anerkennung im Westen war zwar die Zustimmung des römischen Bischofs unerläßlich. Dennoch war die abendländische Kirche bei diesen Konzilien nur schwach vertreten oder fiel sogar ganz aus, zum Beispiel bei dem so wichtigen Konzil von Konstantinopel 381.

Des Rätsels Lösung liegt darin, daß in der Tat Konzil nicht gleich Konzil war und ist. Eine verbindliche kirchenamtliche Stellungnahme dazu gibt es nicht. In der katholischen Kirchengeschichtsschreibung ist heute die Zählung von 21 ökumenischen Konzilien (mit Einschluß des Zweiten Vatikanischen Konzils) üblich, aber diese Zählung geht auf die durch Papst Pius V. im 16. Jahrhundert veranlaßte »Editio Romana« der bis dahin abgelaufenen Konzilien zurück. Der hochangesehene, 1981 verstorbene katholische Kir-

chenhistoriker Hubert Jedin unterscheidet fünf Typen von Konzilien und knüpft dabei an Reflexionen schon der mittelalterlichen Theologie darüber an, welche Konzilien als »ökumenisch« zu gelten haben.[9] Welches sind diese fünf Typen?
a) Die ersten acht Konzilien. Ihr ökumenischer Charakter steht außer Frage, da Ost- und Westkirche beteiligt waren, die Westkirche sie zumindest übernommen hat. Kennzeichen dieser Konzilien war: Sie waren *Reichssynoden,* vom Kaiser einberufen. Unter kaiserlicher Ordnung, auch zuweilen unter kaiserlichem Druck verhandelten die Bischöfe und beschlossen in den strittigen Fragen. Ihre Beschlüsse wurden als Reichsgesetze verkündet.
b) Päpstliche Generalkonzilien. Sie beginnen mit dem Ersten Laterankonzil 1123. Ihre Kennzeichen: Berufung durch den Papst, ohne Teilnahme der Ostkirche, aber mit (nicht-stimmberechtigter) Teilnahme auch von Vertretern der weltlichen Macht. Die theologische Thematik wurde ausgedehnt auch auf Fragen des Verhältnisses zwischen Kirche und weltlicher Macht. Sie sind Repräsentation der (westlichen!) einen Christenheit, des *Corpus Christianum.*
c) Die sogenannten Reformkonzilien, eine Frucht des Konziliarismus und des Großen Abendländischen Schismas (1378–1417). Es gab ihrer nur zwei: das Konzil von Konstanz (1414–1418) und das konfliktreiche Konzilsunternehmen von Basel-Ferrara-Florenz-Rom (1431–1445). Das Konstanzer Konzil war wieder durch den König einberufen, das Konzil von Basel durch den Papst, der es auch verlegte. Die Grundidee der Reformkonzilien war: Das Konzil soll eine ständige, regelmäßig tagende Einrichtung werden, und zwar mit Kontrollfunktionen gegenüber dem Papst. Das konnten die Päpste, die dem ersten der Reformkonzilien ihre wiedergewonnene Macht verdankten, schließlich abwehren. Auf die Gründe können wir hier nicht eingehen. Jedenfalls war das Fünfte Laterankonzil zur Zeit des jungen Luther (1512–1517) wieder ein päpstliches Generalkonzil wie im Mittelalter. Für die Reformkonzilien war entscheidend: Sie haben sich ausdrücklich so verstanden, daß sie ihre Vollmacht unmittelbar von Gott hatten und *deshalb* befugt waren, über dem Papst zu stehen.
d) Das Konzil von Trient (1545–1563) war der Form nach ein echtes Papstkonzil – vom Papst einberufen, wenn auch nicht ohne vielseitigen Druck, vor allem von seiten des Kaisers. Es hatte erstmals fast schon die Form und Verfahrensweise eines heutigen Konzils. Von den mittelalterlichen Konzilien unterscheidet es sich dadurch, daß zwar auch noch die Repräsentanten der Fürsten eingeladen waren, einschließlich der zur Reformation übergetretenen, aber dennoch nur noch über Fragen von Dogma und Kirchenreform verhandelt

wurde. Die Tatsache, daß die Einberufungsbulle des Papstes dem Konzil auch noch die Aufgabe der Friedensstiftung stellte, diese aber nicht behandelt wurde, zeigt, daß mit Trient die Zeit der Konzilien, die das *Corpus Christianum* repräsentierten, vorbei war.
e) *Das Erste Vatikanische Konzil* war nach Form und Thema gleichsam ein Papstkonzil in Potenz. An die inzwischen säkularisierten und religiös neutralen Staaten erging selbstverständlich keine Einladung mehr. Wohl aber erging eine solche an die orthodoxen Kirchen des Ostens, die diese Einladung natürlich sofort ablehnten. Auch die protestantischen Kirchen wurden nicht eingeladen – welche denn auch? Einen ÖRK und konfessionelle Weltbünde als Gesprächspartner wie heute gab es noch nicht. Die protestantischen Kirchen wurden schlicht und einfach aufgefordert, in die »eine Herde Christi« zurückzukehren. Die Papstgebundenheit des Konzils zeigte sich besonders darin, daß der Papst (Pius IX.) ständig schon bei der Ausarbeitung der Vorlagen intervenierte und den Sitzungen auch persönlich präsidierte. Mit dem Ersten Vatikanischen Konzil ist endgültig die kirchenrechtlich festgelegte Superiorität des Papstes über das Konzil auch faktisch erreicht. Und das oben erwähnte Verbot der Abreise im Kirchenrecht soll nun auch ein für allemal einem Skandal wie dem vor der Schlußabstimmung einen Riegel vorschieben, nämlich der demonstrativen Abreise von 88 Bischöfen, womit die Unselbstverständlichkeit dieser päpstlichen Superiorität vor aller Welt verdeutlicht worden war.
Dieser Durchgang durch die Problematik der Konzilsfrage sollte klarstellen: Das Zweite Vatikanische Konzil begann seine Arbeit unter einer theologischen und rechtlichen Vorgabe, die tiefe Narben der Kirchengeschichte an sich trägt. Die katholische Theologie ist denn auch weise genug, festzustellen: Die Frage nach dem Wesen und der Vollmacht eines Konzils ist natürlich nur im Rahmen des jeweiligen Verständnisses der Kirche von sich selbst zu beantworten. Mit dieser Feststellung sind unsinnige Konstruktionen vom Tisch wie etwa die, die Verbindlichkeit zum Beispiel des Konzils von Nikaia (325), des ersten ökumenischen Konzils der Kirchengeschichte überhaupt, hänge an dem Nachweis, daß der Papst es förmlich approbiert habe. Eine solche Frage war damals überhaupt nicht akut. Steht es aber so, hangt die Antwort auf die Frage nach der Vollmacht eines Konzils tatsächlich sozusagen vom Bewußtseinsstand der Kirche ab, wird man dann nicht schließen müssen: Auch die gegenwärtige kirchenrechtliche Lage ist eine solche, die nicht das letzte Wort zur Sache sein muß?
Zweierlei steht jedenfalls fest: In der geltenden Rechtslage konnte das Konzil sich *gegen* den Papst beziehungsweise dessen Auffassun-

gen und die seiner Kurie nur mit der Kraft des Argumentes durchsetzen, nicht rechtlich. Und: Es war unvermeidlich, daß die seit dem Ersten Vatikanischen Konzil endgültig totgeglaubten Anfragen des spätmittelalterlichen Konziliarismus sich anläßlich des Zweiten Vatikanischen Konzils mehr als nur versteckt wieder neu anmeldeten. Damit sind wir bei der Frage nach der Vorgeschichte des Konzils, auf die wir einen kurzen Blick richten müssen.

III. Das unvollendete Erste Vatikanische Konzil (1869/70)

1. Das Programm des Konzils

Die Vorgeschichte des Zweiten Vatikanischen Konzils beginnt mit einem Konzil, das niemals formell beendet wurde: dem Ersten Vatikanischen Konzil. Von diesem ist vor allem bekannt, daß es den universalen Jurisdiktionsprimat des Papstes und, darin eingebettet, die Unfehlbarkeit seines Lehramtes in Glaubens- und Sittenfragen bei feierlichen Lehrentscheidungen dogmatisiert (»definiert«) hat. Das ist richtig und falsch zugleich. Das Konzil hatte sich ein umfassendes Problempaket zur Aufgabe gestellt, als es am 8. Dezember 1869 feierlich eröffnet wurde, und niemand konnte damals ahnen, daß man gut sieben Monate später, am 18. Juli 1870, faktisch mit dem Konzil schon wieder am Ende war.

Daß man ein umfassendes Programm anvisierte, zeigen folgende Tatsachen: Seit 1864 wurden zunächst aus der Kurie, dann aus dem Weltepiskopat Gutachten angefordert, was man auf dem Konzil behandeln solle. Fünf verschiedene Kommissionen arbeiteten seit 1867 an den Beschlußvorlagen für die Konzilsberatungen. Nach Beginn des Konzils gab es vier Deputationen, die die Änderungsanträge ausführten und die verbesserten Vorlagen ausfertigten, eine für Glaubensfragen, eine für Disziplinar- und Ordnungsangelegenheiten, eine für die orientalischen unierten Kirchen und eine für die Missionen – ein Zeichen, wie weit das Themenspektrum reichte. Die Ankündigung des Konzils verschärfte die Gegensätze im katholischen Kirchenvolk. Auf der einen Seite »liberale Katholiken«, vor allem in Frankreich, Deutschland und in der Donaumonarchie: Sie strebten nach einer sachgerechten Versöhnung zwischen Kirche und moderner Welt. Auf der anderen Seite die sogenannten »Ultramontanen«, vor allem in Italien, aber mit starken Gruppen auch in England, Frankreich und Deutschland: Sie ließen sich in ihrer Papstbegeisterung oft bis an die Grenze der Blasphemie hinreißen

(Umdichtung von Christushymnen auf den Papst!), in jedem Fall standen sie bedingungslos hinter dem sog. *Syllabus* Pius' IX. von 1874, einer Liste der »Irrtümer des Jahrhunderts« (*Errores saeculi*), in der neben nach wie vor Bedenkenswertem so ungefähr alles vorkommt, was wir heute nicht nur selbstverständlich, sondern auch erhaltenswert, ja verteidigenswert finden, von der Religionsfreiheit bis zur Versöhnung der Kirche mit der weltlichen Welt, von der Freiheit vernünftigen Fragens bis zum Sozialismus und zur Demokratie. Die »Ultramontanen« ergriffen diesen *Syllabus* als die Magna Charta für ihr Verhältnis zur modernen Welt. Da es gelang, alle Konsultoren, die bei der Vorbereitung der Beschlußvorlagen mitwirkten, aus den Anhängern des *Syllabus* zu berufen, und da manche Bischöfe den in Rom günstig aufgenommenen Wunsch äußerten, den *Syllabus* zur Grundlage der Konzilsberatungen zu machen, wird schon dadurch hinlänglich das umfassende Programm des Konzils deutlich. Dies wird schließlich auch dadurch bekräftigt, daß die dogmatischen Entscheidungen über Papst und Unfehlbarkeit nur deshalb verabschiedet wurden, weil man sie, ahnungslos hinsichtlich der nächsten Zukunft und doch wie in einem untrüglichen Instinkt, auf der Tagesordnung vorzog. Damit kommen wir zu jenem engeren Zusammenhang, der für das Zweite Vatikanische Konzil bedeutsam werden sollte.

2. Die Beschlüsse und der Abbruch des Konzils

Nach heftiger Kritik am ersten Entwurf und gründlicher Überarbeitung wurde am 24. April 1870 die Dogmatische Konstitution *Dei Filius* (»Der Sohn Gottes«) über den Glauben im Verhältnis zur Vernunft, ein zentrales Thema der Theologie jener Zeit, angenommen und vom Papst veröffentlicht.[10] Dann sollte die Beratung einer ebenso umfassenden weiteren Konstitution über die Kirche folgen. Aber seit Januar 1870 hatte eine Gruppe von extremen Anhängern der Majorität eine Petition an den Papst organisiert, er möge die dogmatische Entscheidung über die Unfehlbarkeit des päpstlichen Lehramtes auf die Tagesordnung setzen. Trotz heftiger Interventionen der Minorität entsprach der Papst diesem Wunsch. Der Vorlage *De Ecclesia* (»Über die Kirche«), die schon am 21. Januar an die Väter ausgeteilt worden war, fügte er am 1. März ein *Caput addendum de Romani Pontificis infallibilitate* (»Anzufügendes Kapitel über die Unfehlbarkeit des römischen Bischofs«) an, das als solches schon aus der Vorbereitungsarbeit des Jahres 1869 stammte.
Am 27. April schließlich geschah der entscheidende Schritt: Auf nochmaliges Drängen der »Infallibilisten« entschied der Papst, daß

der Teil über den Papst aus der Gesamtvorlage *De Ecclesia* herausgelöst, zu einer eigenen Konstitution ausgearbeitet und vor allen anderen Kapiteln der Vorlage vorab debattiert werden sollte. Das Ergebnis ist die Konstitution *Pastor Aeternus* über den Primat des Papstes, die unter den bekannten und vielberaunten Umständen – ein gewaltiges Gewitter machte die Verlesung unhörbar für alle, die nicht dicht neben dem Rednerpult standen – am 18. Juli 1870 verabschiedet und vom präsidierenden Papst sofort bestätigt wurde. Es war die vierte Sitzung des Konzils.

Nur dem Umstand dieser Vorverlegung und Herauslösung aus dem Gesamtdokument »verdanken« wir also das Papstdogma von 1870.

Nach der Sitzung allgemeiner Aufbruch aus dem heißen römischen Sommer in den Urlaub – in Erwartung des Wiederbeginns der Konzilsarbeit am 11. November 1870. Nur gut 100 Konzilsväter blieben in Rom und berieten weiter in den zuständigen Gremien – zu einer feierlichen, beschlußfassenden Sitzung kam es nicht mehr. Der deutsch-französische Krieg brach aus, die italienische Regierung nutzte ihn zur Annektierung des Kirchenstaates, die italienischen Truppen rückten am 20. September in Rom ein, der Papst wurde der sprichwörtliche »Gefangene im Vatikan« – der heutige Kirchenstaat »Città del Vaticano« wurde ja erst 1929 gegründet.

Damit wird der Zusammenhang mit dem Zweiten Vatikanischen Konzil deutlich. Das erste Konzil blieb ein Torso. Anders als beim Abschluß in Trient haben die Konzilsväter nie die Gesamtheit der Dekrete unterschrieben – was allerdings angesichts der päpstlichen Bestätigung wenig bedeutet. Wichtiger ist die sachliche Unvollständigkeit: Wir bekamen eine isolierte Lehre vom Papstamt aufgrund vorverlegter Beschlußfassung ohne die Einfügung in eine ganzheitliche Lehre von der Kirche. Das spiegelt sich auch im Zusammenbruch des Widerstandes der Gegner des Dogmas. Einerseits mußten sie nicht in Katastrophenstimmung verfallen, denn die »Maximalisten« waren in den Beratungen nicht durchgekommen – eine gemäßigte Linie hatte sich, gelegentlich sehr zum Ärger des Papstes, durchgesetzt. Für weitere Gegengewichte hoffte man auf die Fortsetzung des Konzils, wenn die übrige Lehre von der Kirche beraten werden sollte, vor allem die genauere Fassung des Verhältnisses zwischen Episkopat und Papst. In welche Richtung dies gegangen wäre, zeigt die Stellungnahme der deutschen Bischöfe gegenüber Bismarck, die wir schon erwähnten.

Der deutsch-französische Krieg aber verhinderte, daß die Minorität untereinander Kontakt aufnehmen und halten konnte; sie war ja vor allem in Frankreich, Deutschland und Österreich zu finden. Die Ereignisse in Rom schließlich machten eine Wiederaufnahme des

Konzils im November undenkbar. Schon am 20. Oktober – unter damaligen Verkehrsverhältnissen also zum letztmöglichen Zeitpunkt – vertagte der Papst das Konzil *sine die*, also auf unbestimmte Zeit.

Seitdem ist von Zeit zu Zeit immer wieder einmal die Frage nach einer Fortsetzung und einem formellen Abschluß des Ersten Vatikanischen Konzils gestellt worden – um so utopischer, je größer der zeitliche Abstand wurde. Aber bei allen Kundigen geriet die Ankündigung des Zweiten Vatikanischen Konzils sofort in diese Optik. Allerdings nicht bei den Repräsentanten der Kurie. Das wird deutlich durch einen kurzen Blick auf die Zeit zwischen den Konzilien.

IV. Päpstliche Zentralregierung

1. Stil und Form des Kirchenregimentes

Es ist kaum besonders boshaft, wenn man sagt: Das Interesse an einer Fortsetzung des Ersten Vatikanischen Konzils mußte und konnte an der römischen Kurie nicht besonders groß sein. Ein zentralistischer Stil des Kirchenregimentes durch Lehrverkündigung, Lehrzucht (Verurteilung von Theologen mit abweichenden Lehrmeinungen) und gesamtkirchliche gesetzliche Regelungen hatte sich schon in den Jahrzehnten vor dem Konzil im Zuge der Erholung der Kirche nach der napoleonischen Zeit durchgesetzt. Nun hatte er die denkbar beste dogmatische Absicherung erhalten.

Das ist ganz einfach zu verstehen. Dreh- und Angelpunkt des vatikanischen Dogmas – und wenn man es genau nimmt: seine ganze, bis heute nachwirkende innere theologische Problematik – ist die darin festgeschriebene »Verrechtlichung« der verbindlichen Glaubenslehre, ihre Ausgestaltung zur rechtlich durchsetzbaren Vorschrift. Es wird oft gesagt, das Erste Vatikanische Konzil habe die »Unfehlbarkeit« päpstlicher Lehrentscheidungen dogmatisiert. Das ist unkorrekt ausgedrückt. »Unfehlbar« sind nach dem Wortlaut des Textes nicht die verkündeten Sätze, vielmehr die Instanz, die sie erläßt: der Papst bei bestimmten feierlichen Lehrentscheidungsakten. Die Sätze selbst sind nicht unfehlbar, sondern, so wörtlich der Text, *irreformabiles*, nicht umgestaltungsfähig und -bedürftig, also rechtlich nicht angreifbar. Die sofort einsetzende Interpretation der vatikanischen Definition durch die dem Dogma natürlich zustimmende katholische Dogmatik, klassisch etwa durch Matthias Joseph Scheeben in seiner Dogmatik von 1872[11], stellen denn auch heraus, und zwar als Vorzug, was evangelische Interpreten nur schockieren kann: daß der »Kathedralspruch« des Papstes *Rechtskraft* habe und inneren wie äußeren *Gehorsam* fordere. Entscheidend ist nun dies: Wenn schon die feierlichen Lehrentscheidungen in Gesetzesform ergehen, dann kann es nicht unsachgemäß sein, wenn auch sonst lehramtliche Stellungnahmen in rechtsförmiger Gestalt erfolgen, wenn schon nicht in der Form von Gesetzen *(canones),* so doch wenigstens in der Form von Rechtsverordnungen. Sie haben jedenfalls immer Folgen, die mit kirchenrechtlichen oder gar staatskirchenrechtlichen Mitteln durchgesetzt werden können – eine Appellation dagegen gibt es nicht. Eine ohnehin nach 1870 die Grenzen des Dogmas nicht strikt einhaltende Lehramtsausübung *braucht* also gar nicht formell *ex cathedra* zu sprechen. Sie kann Widerspruch einfach durch die normale juristische Effizienz ihrer Stellungnahmen verhindern.

Nach diesem Grundmuster hat »Rom« zwischen den beiden Konzilien die Kirche regiert. Nichts von einigem Belang überließ Rom den Teilkirchen, disziplinäre Angelegenheiten wurden zentral geregelt – bald durch das 1917 neu kodifizierte Kirchenrecht, das selbstverständlich das Erste Vatikanische Konzil in Rechtsnormen umsetzte.[12] Lehrprobleme unter Theologen von eher regionalem Gewicht, wie etwa die Diskussion um die Thesen der sogenannten »Modernisten«, zog Rom an sich – und machte sie dadurch erst gesamtkirchlich öffentlich. Die Nuntiaturen – dort wo Konkordate und diplomatische Beziehungen erreicht werden konnten – wurden zu Überwachungsorganen der Ortskirchen, und nur sehr kraftvolle Bischofspersönlichkeiten konnten sich erlauben, den Nuntien ins Angesicht zu widerstehen. In all dem bildete sich eine Praxis heraus, die man, kirchenrechtlich gedeckt, nur so charakterisieren kann: Die ganze römische Kurie, jeder Entscheidungsträger einer römischen Behörde, partizipiert praktisch am Jurisdiktionsprimat des Papstes und gar an der Unfehlbarkeit seines Lehramtes.

Darin offenbart sich das innere Problem: Der Papst kann ja in der Tat nicht alles persönlich entscheiden. Aber nur ihm persönlich spricht das Dogma Primat und unfehlbares Lehramt zu. Das schließt natürlich Zuarbeit nicht aus, wohl aber selbständige, in eigenem Recht begründete Entscheidungen der Behörden *im Bereich der Primatialvollmacht des Papstes,* obwohl solche Entscheidungen faktisch unvermeidlich sind. Die Folge in der Praxis: eine maximalistische Auslegung des Dogmas von 1870, die für viele Katholiken Anlaß zu dem Stoßseufzer wird: Wir wären ja froh, wenn »Rom« sich erst einmal strikt an das Dogma von 1870 und die dort gezogenen Grenzen hielte – dann wäre immer noch genug, worüber gesprochen werden müßte. Nun seien nur noch wenige Details zu den

Hauptmitteln dieses Kirchenregiments erwähnt, an denen dann die Brisanz des Zweiten Vatikanischen Konzils deutlich wird.

2. Enzykliken und Instruktionen

Erst nach dem Ersten Vatikanischen Konzil wird das Mittel des päpstlichen Rundschreibens, der »Enzyklika«, zum ordentlichen Mittel der päpstlichen Lehrverkündigung ausgebaut. Über alles, wozu man früher ein Konzil einberufen hätte, und über noch vieles mehr äußert sich der Papst jetzt in Form von Enzykliken. Theologische Fragen (zum Beispiel im Zusammenhang des Modernismus, des Kirchenverständnisses, der Methoden der Bibelauslegung, später der sogenannten »Nouvelle théologie«), soziale Fragen (»Sozialenzykliken« der Päpste Leo XIII., Pius XI.), Bildungsfragen, politische Fragen (*Vigilanti cura* Pius' XI. gegen die Nationalsozialisten), liturgische Fragen, Frömmigkeitsfragen (marianische Enzykliken), Kirchenmusik – die Zahl der Enzykliken steigt sprunghaft an. Fast von gleichem Gewicht sind die »Instruktionen«, vor allem die der Kongregation für die Glaubenslehre (gewöhnlich »Glaubenskongregation« genannt), die damals noch *Sanctum Officium* hieß – Dokumente, die stets persönlich vom Papst gebilligt werden müssen.

Nun könnte man sagen: Enzykliken, Instruktionen und ähnliche Lehrschreiben sind keine Äußerungen des unfehlbaren Lehramtes, die Diskussion darf also mit Fug und Recht weitergehen. Doch hat Pius XII. mit dieser Vorstellung aufgeräumt in der Enzyklika *Humani generis*, die den berühmten »Enzyklikenparagraphen« enthält. Dieser besagt: Wenn die Päpste in den Enzykliken zu Fragen Stellung nehmen, die bisher der freien Diskussion unterlagen, so seien diese Fragen nach dem Willen eben dieser Päpste fortan der freien Diskussion entzogen. Denn auch hier gelte: »Wer euch hört, der hört mich« (Lk 10,16), und darum verfange hier das Argument nicht, es handle sich ja nicht um eine unfehlbare Lehrentscheidung.[13]

Damit war allerdings eine Grenze überschritten, und wieder zeigt sich eine Linie hin zum Zweiten Vatikanischen Konzil. Wäre nämlich dieser Enzyklikenparagraph befolgt worden, so hätte es kein Zweites Vatikanisches Konzil geben können. Denn dort wurden Beschlüsse gefaßt, die klar über das hinausgingen, was in sachlich gewichtigen Enzykliken Pius' XII. ausgesagt ist. Das war nur möglich, weil man verbotenerweise doch weiter diskutiert hatte – freilich damals noch hinter dicken Ledertüren, von denen man heute noch beziehungsweise inzwischen sagen kann, welche Räume von

ihnen abgedichtet wurden – vor allem, wenn es um ökumenische Themen ging.[14]
Damit sind wir nun bei der unmittelbaren Vorgeschichte des Zweiten Vatikanischen Konzils.

V. Johannes XXIII.

Es fällt schwer, hier nicht ausführlich und anschaulich zu werden, aber wir müssen uns bezwingen. Einiges über diesen großen Papst wird im Verlauf unseres weiteren Berichtes noch zur Sprache kommen.

1. Pius XII. und Johannes XXIII.

In den frühen Morgenstunden des 9. Oktober 1958 starb Papst Pius XII. Ich erinnere mich noch genau: Ein Kommilitone, der Frühnachrichten gehört hatte, kam zu mir und sagte mit ehrfürchtig gedämpfter Stimme: »Der Heilige Vater ist tot!«
Nichts beleuchtet besser, wie dieser Mann für uns katholische Theologiestudenten damals der Inbegriff der Kirche war: der manchmal ungeliebten, manchmal als Bedrückung empfundenen, aber mächtigen, geachteten Kirche, der wir trotz allem gehorsam zu dienen gesonnen waren. Wir Theologiestudenten konnten daher damals begreifen, daß *nicht-katholische* Zeitgenossen sich an der Kirche ärgerten, sie haßten, sie in Literatur und Kunst mit ihrem Spott überzogen, aber wir konnten nicht begreifen, daß es *Katholiken*, sogar Theologen gab, die sich bitter über den diktatorischen Regierungsstil des Papstes beklagten. Wer würde ihm nachfolgen, und wie würde die Kirche ohne einen Pius XII. aussehen?
Es wurde ein spannendes Konklave ohne Favoriten. Erst allmählich schälte sich die Stimmenmehrheit für den Patriarchen von Venedig, den gelernten Kirchenhistoriker (Spezialgebiet: Theologie der Kirchenväter) und langjährigen Diplomaten der Kurie in schwierigen Ländern wie etwa der Türkei heraus: für Angelo Roncalli, der den Namen Johannes XXIII. wählte.
Ein größerer Gegensatz zu Pius XII. ließ sich nicht denken: der Bauernsohn aus einem norditalienischen Dorf bei Bergamo – Nachfolger des Römers aus alter Familie; der schwergewichtige Mann, der einmal meinte, die Träger der »Sedia gestatoria« müßten bei ihm Sonderzulage bekommen – Nachfolger des hageren Pius; der Mann, der sich heimlich aus dem Vatikan schlich, um ohne Protokoll mit einfachen Menschen in Rom zu sprechen – Nachfolger ei-

ner geradezu mythischen Königsgestalt; der Mann, der von sich sagte: »Sie werden sich an mein Auftreten gewöhnen wie an das eines einfachen Gemeindepfarrers« – Nachfolger dessen, der die Einsamkeit über alles liebte und vor dem die Gärtner davonstoben, wenn er in den Vatikanischen Gärten seinen Spaziergang machte; der Mann, der selbst im Konklave nach der Papstwahl sich einen Witz nicht verkneifen konnte (»Alle Päpste mit Namen Johannes hatten ein kurzes Pontifikat«) – Nachfolger eines Papstes, dem jede schlichte Ansprache bei einer Audienz zu einer lehramtlichen Erklärung geriet, die alle Theologen der katholischen Welt in die Pflicht nahm und auch nehmen *sollte*.

Über Nacht veränderte der neue Papst das Gesicht der Kirche – nicht durch Lehr- und Disziplinarentscheidungen, sondern durch seine Menschlichkeit. Plötzlich gab es Papstwitze und Papstanekdoten – und zwar nicht hinter vorgehaltener Hand! (»Welchen Whisky trinkt der Papst? Antwort: Johnny Walker). Der Papst war immer eine Illustriertenstory wert. Der Papst lud seinen letzten Besucher am Vormittag unvorbereitet zum Mittagessen ein. Kurz: Der Papst überzeugte – und dies, obwohl er im wesentlichen das Protokoll beibehielt, die unförmige Tiara trug, die erst sein Nachfolger ablegte, sich auch in weniger offiziellen Ansprachen des «Wir» bediente, einfach weil er dachte, das müsse so sein und das müsse er gegen sein Gefühl lernen; er, der nicht im Traum daran dachte, die Kirche etwa im Sinne von Hans Küng – der ihn so sehr verehrt – zu reformieren; und der diplomatische Fehler machte, die ihm niemand übelnahm; der sich auf der Sedia gestatoria tragen ließ; der sich in seinen geistlichen Äußerungen, festgehalten vor allem in dem schon erwähnten «geistlichen Tagebuch», so ausdrückte, wie es uns nur noch als vollkommen fern und fremd erscheinen kann, weil es die klerikale Frömmigkeit des 19. Jahrhunderts war.

Dieser Mann also leitete nun die Kirche – und hatte, wie eingangs vermerkt, den »Einfall« des Konzils. Es wurde das Werk, auf das, aus der Rückschau betrachtet, sein ganzes Leben zulief, sein Lebenswerk.

2. Das Paradox des Papstes Johannes

Gestalt und Werk Papst Johannes' XXIII. sind ein theologisches und kirchenpolitisches Paradox, fast ein Widerspruch. Die Spannungspole seines Wesens und seines Werkes sind zusammengehalten allein durch seine einzigartige Persönlichkeit, die allen bedenkbaren theoretischen Widersprüchen hohnspricht.

Der Mann, der nach kirchlicher Herkunft, theologischer Ausbildung und persönlicher Frömmigkeit ganz und gar ein katholischer Priester des ausgehenden 19. und des beginnenden 20. Jahrhunderts in Europa, in Italien war, wollte die Katholiken, wie er in der Pfingstansprache vom 5. Juni 1960 sagte, zu »Bürgern der ganzen Welt« machen, so wie ja auch die ganze Welt gemeint sei, wenn wir Jesus als Erlöser der Welt verehren. Der Mann, der als junger Priester am Tag nach seiner Priesterweihe in einem »Gefühl völliger Hingabe« den Vorsatz, ja »den heiligen Schwur« faßte, »dem Stuhl des heiligen Petrus die Treue zu halten«, und der als Papst nicht den geringsten Zweifel aufkommen ließ, daß er seine Primatsvollmachten kannte und sie mit niemandem teilen würde, berief ein Konzil ein, das nach seiner Absicht frei und spontan wirken und die Kirche von der Struktur der zentralistisch regierten »vollkommenen Gesellschaft« zur *communio*, zur Gemeinschaft von Teilkirchen hinüberführen sollte. Der Mann, der als Wahlspruch seines Priesterlebens hatte, den Willen Gottes zu erkennen und zu tun, der sein Papstamt unter den Wahlspruch *oboedientia et pax*, »Gehorsam und Frieden« stellte und dabei niemals von einer reformatorischen Sorge um »Werkgerechtigkeit« angefochten wurde, weil er wohl nie eine Zeile aus evangelischer Theologie gelesen hat, schuf die Grundlage des zwischenkirchlichen Dialogs und einer ökumenischen Theologie, von der beide heute noch leben. Wenn es allein seine Persönlichkeit ist, die dieses Paradox als lebbar erscheinen ließ, dann bedeutet das: Auf der theoretischen, theologischen, dogmatischen, kirchenpolitischen Ebene ist die Spannung gar nicht auszugleichen. Nur die größere Macht einer überzeugenden und glaubwürdigen Menschlichkeit vermag dies. Was aber haben wir damit gesagt! Ist Johannes das lebendige katholische Gegenstück für Dietrich Bonhoeffers Erfahrung, daß er sich als Christ oft unter »Religionslosen«, die also *keine* theoretisch-theologischen Probleme haben, wohler fühlte als unter Christen?
Aber wir müssen das Portrait Johannes' XXIII. hier abbrechen und das übrige je nach Interesse der Lektüre der vorliegenden Biographien überlassen.

VI. Die Ankündigung des Konzils

1. Konzilspläne

Wie schon dargestellt, hat Johannes XXIII. in späteren Rückblicken den Konzilsplan als eine plötzliche Eingebung hingestellt – ihm zuteil geworden am Tag vor dem berühmten Gespräch mit Kardinalstaatssekretär Tardini am 20. Januar 1959. Darauf haben sich die älteren biographischen Darstellungen verlassen. Heute wissen wir aufgrund neu erschlossener Quellen, daß der Papst damit Gedankenschritte und Aktivitäten aus den vorausgehenden Monaten im Rückblick zusammenzog. Ihm stellte sich, wie sein Biograph Peter Hebblethwaite formuliert, »der entscheidende Augenblick« als »Augenblick der Entscheidung« dar.[15] Entscheidend freilich war der Augenblick schon: Der inzwischen ausgereifte und sogar mit engsten Vertrauten schon besprochene Konzilsplan mußte nun mit seinem bisher noch nicht informierten wichtigsten Mitarbeiter besprochen werden. Nur wenn der Staatssekretär sich »an die Spitze der Bewegung« setzte, war der zu erwartende Widerstand der Kurie zu überwinden. Deshalb behält das Gespräch vom 20. Januar 1959 seine historische Bedeutung für das Zustandekommen des Konzils.

Es war dennoch nicht das Datum der Entscheidung. Gewiß können wir nicht sagen, daß etwa Johannes XXIII. sozusagen mit einem fertigen Konzilsplan im Kopf am Tag seiner Krönung in den Petersdom eingezogen sei. Noch weniger wäre die Vorstellung erlaubt, Angelo Roncalli habe seit langem einen solchen Plan erwogen, an seiner Förderung gearbeitet und dann ganz unerwartet als Papst die Chance bekommen, ihn durchzuführen. Ein Konzil »lag nicht in der Luft«. Im Gegenteil, alle Ausführungen über das Konzil in den Handbüchern der Dogmatik und den Traktaten der Lehre von der Kirche behandelten das Thema »Konzil« mit dem Unterton einer rein theoretischen Möglichkeit – und Anekdoten, dieser oder jener Theologe hege als Traum seines Lebens, einmal Konzilstheologe werden zu können, wurden als Fälle von Wirklichkeitsverlust kolportiert.

Und doch lagen tatsächlich Konzilspläne in den Geheimfächern der vatikanischen Behörden. Schon Pius XI. hatte an eine abschließende Fortsetzung des Ersten Vatikanischen Konzils gedacht, das Projekt aber wegen der damit verbundenen Schwierigkeiten ziemlich bald wieder fallengelassen. Der Papst aber, der geradezu als Gipfel einer papalistischen Entwicklung auf der Grundlage des Ersten Vatikanischen Konzils betrachtet werden kann, einer Entwicklung, die ein künftiges Konzil überflüssig erscheinen ließ, nämlich Pius XII., hatte von Beginn seiner Amtszeit an ein Konzilsprojekt im Auge und gab Vorarbeiten dazu in Auftrag. Sie wurden natürlich nur in Kreisen der päpstlichen Diplomatie bekannt und drangen nicht an die Öffentlichkeit. Die Lektüre dieser Vorarbeiten hat dann aber auch Pius XII. ziemlich bald über die zu erwartenden

Schwierigkeiten aufgeklärt, so daß er den Plan nicht weiter verfolgte. Immerhin erklärt es sich daher, daß ausgerechnet der Chef des damaligen *Sanctum Officium*, Kardinal Alfredo Ottaviani, noch im Konklave, aus dem Johannes als Papst hervorging, das Stichwort »Konzil« fallen ließ. Gleiches tat wenig später in einem Gespräch der Erzbischof von Palermo, Kardinal Ruffini. So wird verständlich, daß gerade diese beiden Konzilsväter, die zur konsequent konservativen Gruppe zu zählen sind und auf dem Konzil zu bremsen versuchten, wo sie nur konnten, später doch für sich das Verdienst in Anspruch nahmen, Papst Johannes auf die Idee eines Konzils gebracht zu haben. Aber warum bremsten sie, wenn sie doch für das Konzil waren?

Nun, der geheime Inhalt der Vorarbeiten ging in zwei Ereignisse des Pontifikates Pius' XII. ein, die, wie wir heute wissen, gewissermaßen ein Ersatz für das nicht zustande kommende Konzil werden sollten und darum deutlich machen, welch ein Konzil es geworden wäre: 1950 veröffentliche Pius XII. die Enzyklika *Humani generis* – eine Abrechnung mit allen theologischen Strömungen des vergangenen Halbjahrhunderts und mitten darin der Enzyklikenparagraph, von dem gerade die Rede war. Desgleichen verkündete Papst Pius XII. am 1. November 1950 das Dogma von der leiblichen Aufnahme Mariens in den Himmel[16], das damals bekanntlich ein großer Rückschlag für die gerade begonnenen Bemühungen um eine ökumenische Öffnung der Kirche wurde. Ein Konzil unter Pius XII. hätte die Inhalte von *Humani generis* festgeschrieben und als krönenden Abschluß dann das Mariendogma verkündet. Daß genau dies tatsächlich zu erwarten gewesen wäre, zeigt auch die Tatsache, daß die Entwürfe zu dogmatischen Themen, die zur Eröffnung des Zweiten Vatikanischen Konzils vorlagen und, wie noch zu zeigen sein wird, maßgeblich die Handschrift der römischen Kurie trugen, in einem Drittel der Anmerkungen auf *Humani generis* verwiesen, ferner Sätze aus dem Ersten Vatikanischen Konzil und aus den Antimodernismusdokumenten der Jahrhundertwende enthielten. Mit einem Wort: Es wäre ein doktrinales und defensives Konzil geworden.

2. Die Konzilsidee Johannes' XXIII.

Papst Johannes hat kurz nach seinem Amtsantritt die Vorarbeiten aus der Pius-Zeit gelesen – und wußte ohne langes Nachdenken: *Dieses* Konzil würde er *nicht* einberufen. Die genaue Präzision seiner Idee vom Konzil entwickelte sich erst in den folgenden Jahren.

Ausgereift tritt sie uns eigentlich erst gegenüber in der Eröffnungsrede, auf die wir am Ende des folgenden Kapitels zurückkommen müssen. Ja, aufgrund der neu erschlossenen Quellen ist inzwischen eindeutig: Die Beschlüsse, die das Konzil tatsächlich gefaßt hat, sind keineswegs die, mit denen Papst Johannes gerechnet hatte – die er freilich auch, nach allem, was wir wissen, nie verhindert hätte. Von Anfang an aber ist klar: »Sein« Konzil sollte nicht vorwiegend Fragen der Lehre und der Disziplin klären, sondern sich um das Zeugnis der Kirche in der modernen Welt kümmern. Es sollte ein, wie er selbst bald es nannte, »pastorales«, ein »seelsorgliches« Konzil sein. Damit wird der Grund des Widerstandes deutlich, der bald gegen den Konzilsplan begann. Es war nicht unbedingt ein Widerstand gegen den Konzilsplan als solchen, sondern gegen eine Konzilsidee, die sich jedenfalls von den bereits geleisteten Vorarbeiten der Männer an der Kurie konzessionslos abkehrte. In jedem Fall ist die Frage, welche *Absicht* Johannes mit dem Konzil verfolgte, wichtiger als die biographischen Fragen, wie er überhaupt auf die Idee kam, ein Konzil abzuhalten – eine Frage, die inzwischen einigermaßen geklärt ist. Der Frage nach den Absichten des Papstes aber werden wir noch häufiger wiederbegegnen.

Doch nun war zunächst die Frage: »Wie sag ich's meinem Kinde?« – d. h. denen, die bald die Hauptlast der Vorbereitungsarbeit würden tragen müssen, den Männern an der römischen Kurie? Im Januar 1959 hatte Papst Johannes seinen unverrückbaren Entschluß gefaßt. Einigen wenigen Vertrauten hatte er schon seine Absichten eröffnet. Auf Diskretion war nicht unbegrenzt Verlaß – zumal auch der Papst selbst Mühe hatte, daß ihm das Herz nicht auf die Zunge geriet. Also rief er die in Rom anwesenden Kardinäle – siebzehn an der Zahl – für Sonntag, den 25. Januar 1959 zu einer Besprechung zusammen, die im Anschluß an eine Messe in der Abteikirche St. Paul vor den Mauern (San Paolo fuori le mura) stattfinden sollte.

3. Die Ankündigung

Die Sache war zunächst nicht auffällig. St. Paul vor den Mauern war seit seiner römischen Studienzeit eine der Lieblingskirchen von Papst Johannes. Außerdem erschien der Besuch als Abschluß der obligatorischen Besuche in den römischen Hauptkirchen, die jeder neue Papst zu absolvieren hatte.

Nach der Messe zog sich der Papst mit den Kardinälen in den Kapitelsaal des zugehörigen Benediktinerklosters zurück und hielt ihnen eine Ansprache. Einige wenige Kardinäle waren vorinformiert, die anderen ahnten nicht, was kam. Alle versuchte der Papst zunächst

seinem Anliegen geneigt zu machen, indem er ihrer neuzeitkritischen, antimodernistischen und zum Teil auch militant antimarxistischen Grundstimmung seinen Tribut zollte.
»Wir wissen, daß sowohl viele freundliche und eifrig gestimmte, wie auch übelwollende und schwankende Kreise mit Spannung auf den neuen Papst schauen.« Er sprach weiter von seiner doppelten Verantwortung als Bischof von Rom und Hirte der Gesamtkirche und wies hin auf die Schwierigkeiten einer Stadt, die »im Laufe von vierzig Jahren zu einer völlig anderen Stadt geworden ist, als Wir sie in unserer Jugend kennengelernt haben ... Ein wahrer Bienenstock voller Menschen, aus dem ein ununterbrochenes Gesumm verworrener, aber nach Harmonie suchender Stimmen ertönt.« Auf der einen Seite sieht der Papst, daß die Gnade Christi noch wirkte und ihre Früchte der »geistigen Erhöhung, Rettung und Heiligkeit« erbrachte. Auf der anderen Seite richtet sich der Blick auf jene, die »menschliche Freiheit mißbrauchen und gefährden, den Glauben an Christus, den Sohn Gottes, verwerfen, den Erlöser der Welt und Gründer der Kirche, indem sie sich ganz den sogenannten irdischen Gütern widmen, unter den Einflüsterungen dessen, den das Evangelium den Fürsten der Finsternis nennt, den Fürsten dieser Welt – wie Jesus selbst ihn in seiner Rede beim Letzten Abendmahl nennt –, der die Konfrontation und den Kampf gegen Wahrheit und Güte organisiert und die Teilung zwischen den zwei Städten des Heiligen Augustinus bestärkt und dabei auf immer seine Versuche verfolgt, Verwirrung zu säen, um sogar, wenn das möglich wäre, die Auserwählten zu täuschen und ihre Vernichtung herbeizuführen.«
All dies erweckte einen Entschluß »im Herzen des demütigen Priesters, den die offensichtliche Fügung der göttlichen Vorsehung, obgleich ganz unwürdig, zur Höhe des Papsttums geführt hat«.
Und dann fixierte Johannes die anwesenden siebzehn Kardinäle: »Ehrwürdige Brüder und geliebte Söhne! Gewiß ein wenig zitternd vor Bewegung, aber zugleich mit demütiger Entschlossenheit im festen Vorsatz sprechen Wir vor euch den Namen und das Vorhaben einer doppelten feierlichen Veranstaltung aus: einer Diözesansynode der Stadt Rom und eines Ökumenischen Konzils für die Gesamtkirche.«
So war es also heraus – und der Widerstand begann sofort. Einem Prälaten der Kurie, der in den nächsten Wochen, eingedenk der sechs Jahre Vorbereitungszeit für das Erste Vatikanische Konzil, einwandte, es sei unmöglich, schon 1963 ein Konzil zu organisieren, erwiderte Johannes: »Gut, dann werden wir es schon 1962 eröffnen.« Wie es dann auch geschah.

Leseempfehlungen

Zu II.: *Hubert Jedin,* Kleine Konziliengeschichte. Mit einem Bericht über das Zweite Vatikanische Konzil, Freiburg i.Br., 6. Auflage der Neuausgabe (Neuausgabe der 8. Auflage), 1990. Enthält, was der Titel besagt: einen instruktiven Überblick über die Geschichte aller Konzilien, geschrieben von einem der international ersten Fachleute für das Thema, zugleich einem tiefgläubigen Katholiken, der in dieser manchmal krausen Geschichte doch stets den Heiligen Geist am Werk sieht – und im nüchternen, fast trockenen Stil des unbestechlichen Historikers. Einen ähnlichen Überblick bietet das Gemeinschaftswerk von *Giuseppe Alberigo* (Hg.), Geschichte der Konzilien. Vom Nicaenum bis zum Vaticanum II, Düsseldorf 1993.

Zu III.: *C. Butler/Hugo Lang,* Das Vatikanische Konzil. Seine Geschichte von innen geschildert in Bischof Ullathornes Briefen (1933), München ²1961. Immer noch eine lebendige, aus katholischer Überzeugung und kritischer Sympathie geschriebene Darstellung.
Roger Aubert, Vaticanum I (Geschichte der ökumenischen Konzilien, Bd. XII), Mainz 1965. Frühere Darstellungen auf dem Stand der Forschung überholende Darstellung durch den bekannten belgischen Kirchenhistoriker; und natürlich jetzt *Alberigo,* a.a.O. Weil nur das Argument, nicht der empörte Aufschrei zählt, der damals laut wurde, sei auch hingewiesen auf die anschauliche und in der Würdigung unverblümte Darstellung von *August Bernhard Hasler,* Wie der Papst unfehlbar wurde. Macht und Ohnmacht eines Dogmas, München 1979.

Zu IV.: *Otto Hermann Pesch,* Bilanz der Diskussion um die vatikanische Primats- und Unfehlbarkeitsdiskussion (1979), in: ders., Dogmatik im Fragment. Gesammelte Studien, Mainz 1987, 206–252; *ders.,* Über die Verbindlichkeit päpstlicher Enzykliken (1968), a.a.O. 253–265. Beide Beiträge beruhen auf einer Durcharbeitung der Fachliteratur.
Aus evangelischer Sicht: *Walther von Loewenich,* Der moderne Katholizismus, Witten ⁴1959. Eine evangelische Darstellung und Würdigung, in der natürlich Kritik nicht fehlt, die aber doch mit solch lauterer Gerechtigkeit und mit intensiver Bemühung um Verstehen geschrieben ist, daß katholische Leserinnen und Leser sich darin wiedererkennen und keineswegs verzeichnet fühlen. Nach dem Konzil hat der Verfasser sein Buch überarbeitet. Seitdem liegt es unter dem Titel vor: Der moderne Katholizismus vor und nach dem Konzil, Witten ³1970.

Zu I., V.-VI.: *Lawrence Elliot.* Johannes XXIII. Papst der Güte, Papst des Friedens (1974), als Herdertaschenbuch 671 Freiburg i. Br. 1978. Mit journalistischer Darstellungskunst und Erzählfreude gestaltete Lebensbeschreibung des Papstes – auf der Basis der damals zugänglichen Quellen und Informationen, daher in Einzelheiten heute zu korrigieren.
Peter Hebblethwaite, Johannes XXIII. Das Leben des Angelo Roncalli (1984), Zürich 1986. Die große wissenschaftliche Biographie des Roncalli-

Papstes, unter Auswertung vieler neu erschlossener Quellen und daher ein nüchternes Gegengewicht gegen jeden »Johannes-Mythos«, der die wahre Größe dieses Papstes eher verkleinert statt steigert. Im übrigen allgemeinverständlich geschrieben und für Freunde solcher Biographien nicht weniger spannend als Elliot – dazu mit jener Prise trockener Ironie, die zu beherrschen man wohl Engländer sein muß.

Ludwig Kaufmann/Nikolaus Klein, Johannes XXIII. Prophetie im Vermächtnis, Fribourg (Schw.)/Brig 1990. Erschließung der neuesten Johannesforschung in Italien für den deutschen Sprachraum. Besonders wichtig wegen der Nachzeichnung der Entwicklung der Konzilsidee bei Johannes, wegen des textkritischen Vergleichs zwischen der ursprünglichen (italienischen) und der offiziellen (lateinischen) Fassung der Eröffnungsrede (beide vollständig abgedruckt, mit deutscher Übersetzung der italienischen Fassung), und wegen der Analyse des sog. »Vermächtnisses«, in dem sich das menschliche und geistliche Profil des Papstes ebenso bündelt wie sein im Konzil gipfelndes Lebenswerk.

Kurt Klinger, Ein Papst lacht. Anekdoten um Johannes XXIII. (Herdertaschenbuch 616), Freiburg i.Br. 1977. Ein Buch vom Charme einer menschlichen Kirche! Wer sich freilich auch der geistlichen Fremdartigkeit dieses Papstes aussetzen will, muß sein »Geistliches Tagebuch« lesen, deutsch zuerst erschienen Freiburg i.Br. 1964, 1965 schon in 9. Auflage, als Herdertaschenbuch 304/305 1968, mit einem Nachwort von *Hannah Arendt*: Der christliche Papst.

Zweites Kapitel

»Mit herzhaftem Schwung«

Vorbereitung des Konzils – gegen allen Widerstand

I. Widerstand – nicht nur in der Römischen Kurie

1. Gehorsam nach Ermessen?

Drei Monate nach Beginn hatte das Drama des neuen Pontifikats seinen Höhepunkt erreicht. Folgte nun, wie im klassischen Drama, das »tragische Moment«, das den katastrophalen Ausgang des Dramas vorankündigt? Man könnte es denken, wenn man die Reaktion der 17 Kardinäle bedenkt, die – außer Tardini und wenigen anderen – als erste von dem Plan des Papstes erfuhren. Johannes notiert später: »Menschlich hätten Wir erwarten können, daß die Kardinäle, nachdem sie Unsere Ankündigung gehört hatten, sich um Uns geschart hätten, um ihre Zustimmung und guten Wünsche auszudrücken. Statt dessen gab es« – der Papst kann von seiner wohlwollenden Interpretation nicht lassen – »ein frommes und eindrucksvolles Schweigen. Erklärungen folgten in den nächsten Tagen.« Und was für Erklärungen!

Achten wir aber zunächst einmal auf die ehernen Voraussetzungen unter der freundlichen Decke der päpstlichen Worte. Sie entsprechen genau der vorkonziliaren dogmatischen und kirchenrechtlichen Lage. »Wir hätten sofortige Zustimmung und gute Wünsche erwarten können«, sagt der Papst. Schließlich war ja klar, daß der Papst und er allein ein Konzil einberufen konnte – und nach dem Kirchenrecht alle Fäden in der Hand behielt, um das Ergebnis zu erzielen, das er wünschte, zumindest jedes unerwünschte Ergebnis zu verhindern. Klar war auch, daß die Kardinäle – aufgrund ihrer Berufung und ihres ausdrücklichen Versprechens, das sie bei der Verleihung des Purpurs leisten müssen – dem Papst zu unbedingtem Gehorsam verpflichtet waren.

Wir wissen auch aus anderen Äußerungen, daß der Papst ganz genau wußte, was der dogmatische und rechtliche Status seines Amtes war. Über die Kurienleute sagte er einmal: »Es sind eifrige Männer, aber nicht sie regieren die Kirche. Das Amt habe ich.« In der Sache konnte Johannes genauso unbedingt sein und seinen Willen ohne Wenn und Aber durchsetzen, wie sein Vorgänger – darüber darf die menschliche und manchmal elegante Art, wie er das tat, nicht hin-

wegtäuschen. Wenn er es einmal *nicht* tat, dann *wollte* er es nicht, war vielleicht sogar froh, es nicht wollen zu müssen – aber aus keinem anderen Grunde.
So auch beim Konzil. Ein »demokratisch« gesonnener Papst hätte das Unternehmen aufgeben müssen – zumindest sich weit mehr Zeit dafür nehmen müssen: so viel Zeit, bis, so hofften gewiß viele, sich das Problem durch seinen Tod würde erledigt haben. Der Papst war zu sensibel, um diese Spekulation nicht zu spüren. Auch war er Realist genug, deren Wahrheitsgehalt nicht zu verkennen – deshalb drückte er ja auch, gegen alle Hinweise auf die sechsjährige Vorbereitungszeit des Ersten Vatikanischen Konzils, so aufs Tempo. Aber er begegnete solcher Spekulation und dem davon genährten Widerstand durch eine lupenrein auf dem Boden des Ersten Vatikanischen Konzils bleibende Inanspruchnahme seiner päpstlichen Vollgewalt. Im August 1961, gut ein Jahr vor Eröffnung des Konzils, hat er dies einmal mit Worten ausgedrückt, die voll Ironie, Spott, aber auch beißender Kritik an den Gegnern des Konzilsplans wegen derer Inkonsequenz sind, von anderen den Gehorsam gegen das oberste Leitungsamt der Kirche zu verlangen, sich selbst mit diesem mitzumeinen, aber nach eigenem Ermessen Obstruktion zu treiben, wenn kurienintern Gehorsam verlangt wird: »Als die Kardinäle der Heiligen Römischen Kirche am 28. Oktober 1958 mich im Alter von 77 Jahren zum Oberhaupt der ganzen [!] Herde Christi erwählten, verbreitete sich die Meinung, ich würde ein Papst des provisorischen Übergangs sein. Und jetzt stehe ich bereits im vierten Jahre meines Pontifikats und habe ein gewaltiges Programm abzuwickeln, auf das die ganze Welt erwartungsvoll blickt. Was mich angeht, so halte ich mich an den heiligen Martin: ›Er fürchtete den Tod nicht, aber er weigerte sich nicht zu leben‹«.
Man kann also mit einer gewissen Paradoxie sagen: Johannes XXIII. hat das Konzil durchgesetzt, weil er als Papst hemmungslos von seinem Amt Gebrauch machte und allen »konziliaristischen Neigungen« von einer Teilung der Vollmacht abhold war. Um so wichtiger ist die Feststellung, daß auch und gerade gegenüber einem Johannes XXIII. die unbedingte Loyalität seiner Mitarbeiter nicht funktionierte, wo sie deren jeweils eigenen Vorstellungen nicht entsprach. Die Kritik an den Plänen des Papstes, ja das Entsetzen darüber wurde bald laut, und zwar auch öffentlich. Zumindest so öffentlich, daß der Papst davon erfuhr – und wenn es erst einmal so weit war, sickerte sie auch in die größere Öffentlichkeit. Hier einige Kostproben.

2. Stimmen der Kritik

Kardinal Siri, Erzbischof von Genua, einer der besonders veränderungsunwilligen Kirchenmänner der Zeit, der 1979 sogar um ein Haar noch Papst geworden wäre[1]: »Die Kirche wird 50 Jahre brauchen, um sich von den Irrwegen Johannes' XXIII. zu erholen.« Kardinal Spellman, Erzbischof von New York, war bei der Nachricht von der Ankündigung des Konzils am 25. Januar 1959 so schockiert, daß er sagte: »Ich glaube nicht, daß der Papst ein Konzil einberufen wollte, aber er wurde dazu von Leuten gedrängt, die seine Worte verdreht haben.« Welch ein Bild von dem neuen Papst spricht aus diesen Worten! Welch ein Beispiel aber auch, wie man die Worte des Papstes verdrehen kann, bis sie zur eigenen Auffassung passen.
Kardinal Lercaro, Erzbischof von Bologna, der später auf dem Konzil eine so wichtige und förderliche Rolle vor allem für die Liturgiereform spielte, ließ sich wie folgt vernehmen: »Wie kann er [der Papst] es wagen, nach 100 Jahren und nur 3 Monate nach seiner Wahl, ein Konzil einzuberufen? Papst Johannes ist vorschnell und impulsiv. Seine Unerfahrenheit und sein Mangel an Bildung führten ihn zu diesem Schritt, zu diesem Paradoxon. Ein Ereignis wie dieses wird seine ohnehin schon schwache Gesundheit ruinieren und das ganze Gebäude seiner angeblichen moralischen und theologischen Tugenden zusammenstürzen lassen.« Diese Worte sind zugleich ein Beispiel, wie in der Kritik neben den sachlichen Einwänden auch noch die nur mühsam gezügelte Verachtung für den Bauernjungen auf dem Papstthron mitschwang (»Mangel an Bildung«).
Selbst Giovanni Battista Montini, Erzbischof von Mailand, der später als Papst Paul VI. so energisch das Konzil weiterführen und zu Ende bringen sollte, rief am Abend jenes Ankündigungstages seinen alten Vertrauten, den Oratorianerpater Giulio Bevilacqua an mit den Worten: »Dieser heilige alte Knabe scheint nicht zu merken, in was für ein Hornissennest er da sticht.« Aber Bevilacqua gab die richtige Antwort: »Keine Sorge, Don Battista, lassen Sie nur, der Heilige Geist ist noch wach in der Kirche!«
Es kam auch Kritik in der »eleganten« Form, mit der man an der Kurie offenbar unverhohlene Kritik mit der Sorge um eine ungestörte weitere Karriere zu kombinieren versteht. Dazu ein Beispiel, das wegen seiner empörenden Absurdität vor dem Vergessen bewahrt werden muß. In der *Divinitas*, der Zeitschrift der Lateran-Universität in Rom (wo vor allem der diplomatische Nachwuchs der Kurie ausgebildet wird), erschien im Jahre 1962 ein Aufsatz mit

dem Titel (in deutscher Übersetzung): »Die Einheit des Glaubens und die Einung der Völker in der Lehre Papst Johannes' XXIII.«[2] Verfasser ist der (damalige) Prälat und Professor Dino Staffa. Der Autor nennt drei konstitutive Faktoren kirchlicher Einheit: den Thomismus, die juridische Struktur, konkretisiert im kirchlichen Gesetzbuch, dem *Codex Iuris Canonici*, und die lateinische Sprache. Denn die Geltung des Thomismus als kirchlicher Normaltheologie sei nicht nur »kulturbedingt« (gegen Vertreter einer damals sich von der Neuscholastik emanzipierenden Theologie); im CIC sei das römische Recht als Erbe der zivilisierten Welt aufbewahrt, und dadurch werde die göttlich-rechtliche Struktur der Kirche »präzis wie die Mathematik«; das Latein als Kirchensprache schließlich ist gewissermaßen die Aufhebung der babylonischen Sprachverwirrung. Keiner der drei Faktoren trifft auch nur auf die mit Rom unierten Ostkirchen zu – sie denken nicht daran, sich auf die Theologie des Thomas von Aquin auch nur im allgemeinsten Sinne festzulegen, sie sprechen weder in der Liturgie noch sonstwo Latein, und sie haben auch ein eigenes, vom CIC abweichendes Kirchenrecht, auf das eben dieser CIC ausdrücklich Rücksicht nimmt. Ganz zu schweigen davon, daß, wären dies wirklich konstitutive Faktoren der Einheit der Kirche, jede Art von Kirchengemeinschaft mit den nicht-unierten Ostkirchen und den Kirchen der Reformation für immer ausgeschlossen wäre. Ich weigere mich, anzunehmen, daß dem intelligenten Autor das nicht aufgefallen sein könnte. Ist es ihm aber bewußt, dann kann der Artikel nur als Versuch massiver Kritik an dem verstanden werden, was das kurze Zeit später – wir befinden uns im Jahre 1962 – beginnende Konzil mit Zustimmung des Papstes erkennbar vorhatte: Die Hervorhebung des Thomismus steht dann gegen den Willen, sich theologisch auf die Herausforderungen der Zeit einzulassen, die Hervorhebung des CIC und seiner »mathematischen Präzision« (die selbst konservative katholische Kirchenrechtler massiv bestreiten!)[3] soll den Plan seiner Revision torpedieren; die Hervorhebung des Lateins macht Front gegen Tendenzen einer Freigabe der Muttersprache in der Liturgie. Aber auch dies ist charakteristisch: Johannes XXIII. litt unter der Kritik und Verachtung seitens des »Apparates«, aber er reagierte nicht mit Gewalt, nur mit Entschiedenheit und Vertrauen in die gute Sache, ganz selten einmal mit sanftem Druck. Pius XII. hätte mit Eiseskälte ein paar Absetzungen und Kaltstellungen vorgenommen – und der Widerstand wäre schnell zusammengebrochen. Der Nachfolger verfolgte seine Pläne freilich auch mit schlitzohrigen diplomatischen Schachzügen, denen kein Widerstand gewachsen war. Einer bestand in den Kardinalsernennungen. Sie sind das ureigene Recht des Papstes, wo niemand ihm dreinreden kann – und damit für diesen die Möglichkeit, unverwechselbare Signale zu setzen. Johannes tat nun etwas ganz Revolutionäres. Papst Sixtus V. hatte 1586 festgelegt, das Kardinalskollegium solle siebzig Mitglieder nicht überschreiten – hinter solchen Zahlen stehen immer biblische Assoziationen, zum Beispiel die Erinnerung an die zweiundsiebzig von Jesus ausgesandten Jünger, oder an die zweiundsiebzig weisen Männer, die nach der Legende unabhängig voneinander die im Wortlaut gleiche, alte, vorchristliche griechische Übersetzung des Alten Testamentes hergestellt haben sollen. Beim Amtsantritt Johannes' XXIII. zählte das Kollegium nur zweiundfünfzig Kardinäle, zwölf davon waren über 80 Jahre alt. Zwei Wochen nach seiner Inthronisation kündigte der Papst für den 15. Dezember 1958 ein Konsistorium an – so nennt man die Versammlung aller Kardinäle –, in dem er die Ernennung von dreiundzwanzig neuen Kardinälen bekanntgeben wollte.

Wieder also war eine heilige, bislang immer beachtete Regel durchbrochen. Johannes wiederholte das noch mehrmals und »schuf« – *creatura* ist tatsächlich der offizielle Ausdruck für einen zum Kardinal Ernannten! – insgesamt fünfundfünfzig Kardinäle. Also offene Grenze nach oben. Paul VI. hat diese Linie fortgesetzt und ebenso wie sein Vorgänger damit Politik gemacht. Johannes berief den ersten Filipino ins Kollegium (Kardinal Santos), den ersten Schwarzafrikaner (Kardinal Rugambwa); den damals erst 45jährigen Bischof Döpfner von Berlin – später München – und, auch das eine Revolution, den ehemaligen Beichtvater Pius' XII., Rektor des päpstlichen Bibelinstitutes, den Jesuitenpater Augustin Bea, der nicht einmal Bischof war, es auch zunächst auf eigenen Wunsch nicht wurde, bis erst später Johannes dem Drängen nachgab und ihn zum Bischof weihte. Zwar gibt es keine zwingende Vorschrift, daß nur Bischöfe Kardinäle werden können, aber es ist eine alte Sitte, Kardinäle, die bei ihrer Ernennung nicht Bischöfe sind, gleichzeitig wenigstens zu sogenannten Titularbischöfen zu weihen, das heißt zu Bischöfen, deren Diözese nur noch dem Titel nach existiert, in der Realität aber untergegangen ist – vor allem in den Gebieten, in denen der Islam das Christentum abgelöst hat. Diese massive Internationalisierung und Erweiterung des Kardinalskollegiums war entscheidend für das Konzil. Denn der Einfluß der Kardinäle – es wurde ja jetzt fast selbstverständlich, daß jede Nationalkirche wenigstens einen Kardinal hatte – war naturgemäß auf dem Konzil sehr groß. Die Erweiterung und Internationalisierung machte die Kurienkardinäle endgültig zur Minderheit. Die Folgen sind eine Rechenfrage.

II. ZIELSETZUNG – GEGEN VIELE ERWARTUNGEN UND BEFÜRCHTUNGEN

1. Ein Dammbruch der Erwartungen

Es wird nun Zeit, näher zu bedenken, was Johannes mit dem Konzil überhaupt wollte. Der Widerstand gegen den Konzilsplan ist ja vor allem darin begründet, daß im Blick auf die traditionellen Gründe für ein Konzil diesmal gar kein Grund bestand, eines einzuberufen. Es gab keine Krise im Bereich der Lehre, die die feierliche Abwehr einer Irrlehre nötig gemacht hätte. Es gab keine Notwendigkeit, sich gegen eine äußere Bedrohung zusammenzuschließen (etwa wie im Spätmittelalter gegen die Türkengefahr). Es bestand keine Notwendigkeit, eine »Reform an Haupt und Gliedern« einzuleiten, denn die Lage der Kirche war ja in keiner Weise mehr vergleichbar mit der Lage bei den Reformkonzilien des 15. Jahrhunderts. Die Reformnotwendigkeiten aber, die es, wenn auch umstritten, anerkanntermaßen gab, waren sie nicht besser zu verwirklichen durch eine kluge, den Kontakt mit den Teilkirchen haltende zentrale Regierung als durch eine Mammutveranstaltung, bei der nur chaotische Diskussionen zu erwarten waren (wie es ja dann auch teilweise geschah)? Man kann in der Tat aus der Rückschau feststellen, was das Konzil, allen theoretischen Einwänden zum Trotz, gebracht hat: die Verdeutlichung, Komplettierung der Struktur der Kirche in der spannungsvollen Zuordnung zwischen Episkopat und Petrusamt – wie schon im vorausgehenden Kapitel dargestellt. Und: das schlagartig gewachsene und erlebte Bewußtsein der Kirche von sich selbst als Weltkirche – davon später mehr am Ende dieses Buches. Aber *vorher* hatte man nur die Erfahrungen der Kirchengeschichte und die kirchenrechtlichen und dogmatischen Vorgaben. Es bedurfte theologischer, rechtlicher und kirchenpolitischer Phantasie, sich eine konkrete Zielsetzung des Konzils vorzustellen, das mehr sein sollte als eine gigantische Show, und es überrascht nicht, daß die Mitglieder des Apparates die letzten waren, die das konnten und wollten. Aber der Weltepiskopat und das Kirchenvolk konnten es! Und dabei kommt es nun zu den ersten Spannungen – wie gar nicht anders zu erwarten.

Der Papst nämlich hatte die zündende Idee – und sie bleibt tatsächlich *seine* Idee, denn wie im 1. Kapitel gezeigt, war die Wirkung früherer Vorarbeiten und an ihn herangetragener Anregungen ja vor allem die, ein ganz anderes Konzil einzuberufen. Seine Frömmigkeit war bereit, sich auch gegen allzu menschliche Sorgen und Befürchtungen ganz der Führung des Heiligen Geistes anzuvertrauen, auf die er seine Idee ja konsequent immer zurückführte. Im Klartext: Er hatte keine Furcht vor den zu erwartenden Konflikten, sein Glaube wirkte sich dahin aus, daß sich die Führung des Heiligen Geistes *in* der Austragung der Konflikte durchsetzen würde. Der Vorwurf, er sei unbesonnen – positiv also: die Forderung, alles müsse vorher übersehbar und kalkulierbar sein und bleiben – konnte ihn nicht anfechten. *Aber:* Das bedeutete auch, wie schon angeklungen ist, daß der Papst keinesfalls von Anfang an eine sehr klare Vorstellung davon hatte, was das Konzil sollte und leisten konnte. Die Biographen sind sich in dem Urteil einig, daß zumindest in der ersten Phase der Vorbereitungsarbeit und teilweise bis in das Jahr der Konzilseröffnung die Äußerungen des Papstes zur Zielsetzung des Konzils eigenartig vage blieben – mit Folgen, die im nächsten Kapitel noch einmal zur Sprache kommen müssen. Anderseits löste die Konzilsidee in der Weltkirche, bei Theologen und Kirchenvolk, teilweise gefördert von den Bischöfen, einen Dammbruch angestauter Reformerwartungen aus, die von der Liturgiereform bis zur Neuverhandlung über dogmatische Aussagen, von der Kurienreform bis zu weitgehender Dezentralisierung, ja Demokratisierung der Kirche reichten. Eben dies veranlaßte den Papst zunehmend, klarzustellen was *nicht* in Frage kam, bei aller Freiheit der Diskussion, die zu gewährleisten er entschlossen war. Erst im Wechselspiel mit der Diskussion in der ganzen katholischen Welt wurde aber auch ihm selbst deutlicher, welche Ziele sich das Konzil setzen, welche Themen es sich vornehmen sollte, oder genauer: wie sich seine ursprüngliche intuitive Idee konkretisieren konnte und sollte.

Es darf hier der Wahrheit zuliebe und zur Ehre der deutschsprachigen Theologie nicht verschwiegen werden, daß in dieser Diskussion zwei Bücher eine Rolle spielten, weil sie das Interesse des Papstes und den Unmut, gelegentlich aber auch klammheimliche Freude der Kurie auslösten und überdies Einfluß in der kirchlichen Öffentlichkeit hatten. Das eine war das Buch des Paderborner Erzbischofs und späteren Kardinals Lorenz Jaeger mit dem Titel: »Das ökumenische Konzil, Kirche und Christentum«[4]. Das andere war das sogleich in mehrere Sprachen übersetzte und in den Medien intensiv diskutierte Buch des damals erst 32jährigen Hans Küng: »Konzil und Wiedervereinigung. Erneuerung als Ruf in die Einheit«[5]. Küng ging in seiner bekannten Offenherzigkeit indirekt geradezu so weit, dem Konzil eine Tagesordnung zu empfehlen, durch deren Behandlung man eine innerkirchliche Reform einleiten könne, die den begründeten Forderungen der Reformation entspreche: Anerkennung der Reformation als eines *religiösen* Ereignisses; intensivere Würdigung der Bedeutung der Bibel und deren verstärkter Ge-

brauch in Theologie und Gottesdienst; größere Volksnähe und Muttersprache in der Liturgie, Unterstreichung des »gemeinsamen Priestertums« aller Getauften; Dialog der Kirche mit anderen Kulturen; Befreiung des Papsttums aus politischen Bindungen und Verwicklungen; Reform der römischen Kurie und Abschaffung des »Index der verbotenen Bücher«. Die Vorschläge Küngs erwiesen sich geradezu als prophetisch: Zumindest in modifizierter Form sind alle sieben Forderungen in die Dokumente des Konzils eingegangen. »Nie wieder würde ein einzelner Theologe solchen Einfluß [auf das Konzil] haben.«[6]
Was also schälte sich im Laufe der Zeit als verbindliche Zielsetzung des Konzils heraus?

2. Kein Unionskonzil

Von vornherein hatte der Papst das Stichwort »*Ökumenisches* Konzil« geprägt: ein »Konzil für die Gesamtkirche« (Ankündigungsansprache). Aber diese »Gesamtkirche« war selbstverständlich die römisch-katholische Kirche und die mit ihr unierten Ostkirchen, nicht etwa die gesamte Christenheit. Wiederum zeigt sich der streng traditionelle Boden, auf dem der Papst verblieb. Als ob es nicht innerhalb und außerhalb der Kirche schon im Mittelalter – wir deuteten es an[7] – eine Diskussion gegeben hätte, derzufolge der Name »ökumenisch« den Konzilien vorbehalten bleiben müsse, welche die ganze Christenheit repräsentierten. Ungeachtet dessen versteht der Papst unter »ökumenischem« Konzil das, was das Kirchenrecht darunter versteht: das Konzil *der* Gesamtkirche, die nach ihrem Selbstverständnis als einzige aus den Spaltungen als die wahre Kirche Jesu Christi übriggeblieben ist – die römisch-katholische Westkirche.
Damit war sofort klar, daß das Zweite Vatikanische Konzil kein Unionskonzil im Stil der spätmittelalterlichen Konzilien (Lyon 1274, Ferrera-Florenz 1439–1442) werden sollte, bei denen Wiedervereinigungsverhandlungen mit den Ostkirchen geführt und sogar wenigstens für einen Augenblick erfolgreich abgeschlossen werden konnten. Der Papst war Realist genug, um zu wissen, daß 1959, anders als im Spätmittelalter und noch in Trient, die Einheit *der Kirche* durch Einigung *der Kirchen* nur ein Fernziel sein konnte. Anders als noch beim Ersten Vatikanischen Konzil erging daher keine formelle Einladung zur Teilnahme an die nicht-römischen Kirchen, nicht einmal an die von Rom getrennten Ostkirchen, mit denen der Papst seit seiner Zeit in Bulgarien, Griechenland und der Türkei so gute Kontakte hatte. Sie allein, kaum die Kirchen der Re-

formation, hatte er auch im Blick, wenn er dem Konzil *auch* die Suche nach der Einheit der Kirche zum Ziel setzte. Primär aber bezeichnete das Stichwort »Einheit« anfangs und auch später noch die innere Einheit, das heißt die Einmütigkeit der römisch-katholischen Kirche selbst, und dies als Voraussetzung und Mittel dazu, der Welt, zu der die Kirche sich öffnen sollte, ihre Botschaft um so glaubwürdiger auszurichten.

Das heißt allerdings nicht, die Überwindung der Spaltung der Christenheit in getrennte Kirchen sei für Johannes XXIII. nur ein Nebenthema gewesen. Das mochte für die führenden Leute an der Kurie zutreffen, von denen im übrigen niemand sachkundig genug für diese Fragestellung war, nicht aber für den Papst. Als im April 1959 endlich die Ankündigungsrede des Papstes in St. Paul vor den Mauern veröffentlicht wurde, las die Welt darin, das Konzil werde »die Erbauung und die Freude der Christen bedeuten ... eine neuerliche Einladung an die Gläubigen in getrennten Gemeinschaften, uns ebenfalls zu folgen, mit gutem Willen auf dieser Suche nach Einheit und Gnade«. Wirklich gesagt aber hatte der Papst am 25. Januar, sich souverän über die bis dahin gewohnten offiziellen Sprachregelungen hinwegsetzend: »... und eine *freundliche* und neuerliche Einladung an *unsere Brüder* der getrennten *christlichen Kirchen, mit uns an diesem Festmahl der Gnade und Brüderlichkeit teilzunehmen*, auf das so viele Seelen in jedem Winkel der Welt hoffen«. Die hier kursiv gedruckten Worte sind diejenigen, die die ängstlichen Übersetzer und Redakteure im Sinne des geltenden Kirchenrechts abgeschwächt haben.

Eine formelle Einladung war natürlich auch der ursprüngliche Text nicht, und auch in diesem blieb die Einheit der Kirche durch Aufhebung der Kirchenspaltung ein dem Hauptziel neuen Zeugnisses vor der Welt untergeordnetes Thema. Erst als in den folgenden beiden Jahren die öffentliche Diskussion in den traditionell deutlicher von den Kirchen der Reformation geprägten Ländern – Deutschland, Schweiz, Holland, Frankreich, USA – im produktiven Mißverständnis der päpstlichen Äußerungen das Thema der kirchlichen Einheit der Christenheit anmahnte und damit auch Echo in Rom fand, gewann dieses auch bei Papst Johannes an Gewicht. Dieses verstärkte sich dann beträchtlich, als er den Rektor des päpstlichen Bibelinstitutes, den schon erwähnten Jesuitenpater Augustin Bea zum Kardinal erhob und ihm die Wahrnehmung des ökumenischen Anliegens auf dem Konzil übertrug – wir werden darauf zurückkommen.

Erste öffentliche Klarheit ergab sich dann erst durch die Pressekonferenz des Kardinalstaatssekretärs Tardini am 30. Oktober 1959.

Dieser teilte mit, der Papst habe den Plan, die getrennten Kirchen zur Entsendung *amtlicher Beobachter* einzuladen. Das erwies sich in der Tat als eine gute Lösung. Sie verpflichtete die nicht-römischen Kirchen zu nichts, ersparte ihnen also lange und quälende interne Auseinandersetzungen; sie verpflichtete die Kirche Roms zu nichts, verhinderte also Spaltungen schon im Vorfeld des Konzils. Trotzdem gab der Status *amtlicher* Beobachter den Betroffenen als Repräsentanten ihrer *Kirchen* Einflußmöglichkeiten auch ohne Stimmrecht. Auch davon wird noch ausführlich zu reden sein.

3. Was also sollte das Ziel des Konzils sein?

Eine glaubwürdig berichtete und seitdem viel zitierte Anekdote erzählt, ein Besucher habe Johannes XXIII. gefragt, was er vom Konzil erwarte. Der Papst sei daraufhin an das Fenster seines Arbeitszimmers getreten, habe es geöffnet und gesagt: »Wir erwarten vom Konzil, daß es frische Luft hereinläßt.« Was soll, was darf die frische Luft ins Zimmer wehen?

Schon vor der Abreise von Venedig zum Konklave, aus dem er nicht mehr nach Venedig zurückkehren sollte, hatte er den Seminaristen seiner Diözese zugerufen: »Die Kirche ist jung, sie bleibt, wie stets in ihrer Geschichte, wandlungsfähig!« Ein programmatischer Satz! Wandel also sollte auf jeden Fall sein, und das war kein unbestimmtes Gefühl.

Pius XII. war von Haus aus Kirchenrechtler und Kuriendiplomat, nie in der Seelsorge tätig. Verständlich, wenn er »Wandel« nur als theologisch und kirchenpolitisch verantwortbare Anpassung an die Realitäten verstand und zuließ. Sein Lebensthema war, die Kirche, wie sie war, heil und notfalls mit Flexibilität durch die Gefahren der Zeit zu führen und, wenn möglich, ihr neue Wirkungsfelder zu erschließen. Johannes XXIII. war Professor für Kirchengeschichte gewesen – auch er weder Kaplan noch Pfarrer, wohl aber zwei Jahrzehnte in der übergemeindlichen und überregionalen Seelsorge tätig, die ihm reiche Erfahrungen verschaffte, sogar über die Grenzen seines Vaterlandes hinaus. Aus dieser Zeit stammt auch sein brennendes und bis zu seinem Tode anhaltendes Interesse an einer christlichen Antwort auf die »soziale Frage«, die damals trotz der »Sozialenzyklika« Leos XIII. *Rerum novarum* weitestgehend noch einer Lösung harrte. Anschließend war er zwanzig Jahre Kuriendiplomat in unterschiedlichen, immer aber schwierigen Missionen: zuerst auf dem Balkan und in der Türkei, zuletzt im Nachkriegs-Frankreich – wo er, zum Entsetzen der damaligen französischen Politiker, die deutschen Kriegsgefangenen ebenso besuchte wie die französischen Garnisonen, und wo er, sehr zum Unwillen Roms, die sogenannten »Arbeiterpriester« in Schutz nahm, solange er nur irgendwie konnte. Und schließlich, seit 1953, war er Erzbischof und Patriarch der sozial schwierigen Diözese Venedig. Für ihn war »Wandel« eine Selbstverständlichkeit, die ihm vertraut war sowohl aus der Geschichte der Kirche als auch aus der offenen Begegnung mit dem Glauben fremden oder fremdgewordenen Welten. Sein Amt als Papst trat Johannes an mit der nüchternen Überzeugung, der Glaube sei es der Welt schuldig, deren Fragen und Ängste nicht zurückzuweisen, sondern sie als die eigenen Fragen der Christen anzunehmen. Dafür prägte er dann den mit seinem Namen wohl für immer verbundenen und doch vieldeutigen Begriff des »aggiornamento«. Also »Anpassung«? So haben es die Gegner verstanden und Alarm geschlagen – so sehr, daß sich Freunde des Papstes rührend in Vorträgen und Aufsätzen bemühten, nachzuweisen, daß Johannes XXIII. gegenüber seinem Vorgänger nicht den Schatten eines Kurswechsels vollzogen habe. Aber gegen offenkundige Tatsachen helfen keine Nachweise. Und ginge es um »Anpassung«, so hätten die Gegner sogar recht, wenn sie Alarm schlugen. Was war gemeint?

»Aggiornamento« ist von Haus aus ein Wort aus der Kaufmannssprache. »Aggiornare« heißt, Bücher oder Register auf den neuesten Stand bringen. Solches ist bei Johannes XXIII. *auch* gemeint. Was in der Kirche menschliche Einrichtung ist, auch nach ganz traditionellem katholischen Verständnis, kann und muß der Zeit angepaßt werden. Wie wir inzwischen aus den neu herausgegebenen frühen Zeugnissen wissen – in der Ankündigungsrede war das nicht erwähnt worden –, hatte der Papst auf jeden Fall von Anfang an ein »aggiornamento« des Kirchenrechts im Sinn, also die tatsächlich dann später auch durchgeführte und 1983 eingeführte Revision des CIC. Paul VI. hat allerdings auf diesem Feld der Anpassung des Wandelbaren noch mehr getan als Johannes. Er hat die unförmige dreifache Krone, die Tiara abgelegt, die Schleppen der Kardinäle gekürzt, die Sedia gestatoria abgeschafft, die Organisationsstruktur der Kurie gestrafft u. a.m. Aber auch Johannes tat in dieser Hinsicht sogleich einiges. Zum Beispiel schaffte er den bis dahin üblichen Hofstil im Osservatore Romano (»Römischer Beobachter«, die offizielle Zeitung des Vatikans) ab (»Der erleuchtete Heilige Vater«, »Der Erwählte hat in seiner inspirierten und erhabenen Ansprache ...« »Wie wir von den erhabenen Lippen erfahren haben ...«), ebenso das dreimalige Knien der Mitarbeiter, wenn sie zur Besprechung beim Papst erschienen, dazu gravierende Dinge im Bereich der Liturgie und des Kirchenrechts.

Dennoch, »aggiornamento« ist im Sprachgebrauch des Papstes mehr. Es bedeutet vor allem innere Erneuerung der Kirche, und das kann nur heißen: Erneuerung und Verlebendigung des Glaubens und des Gemeinschaftslebens in der Kirche. Glaube und christliches Leben sollen eine Sache »des Tages«, eine Sache von heute werden und nicht eine mehr oder weniger schöne Tradition ohne prägende Kraft für Gegenwart und Zukunft. *Innere* Erneuerung aber, wenn sie nicht in bloßer Einschärfung des Überkommenen steckenbleiben soll, bedeutet durch sich selbst, daß Glaube und christliches Leben sich positiv in Beziehung zu der Welt setzen, in der beide sich abspielen. Der Glaube und die christliche Praxis können nur lebendig werden, wenn sie glaubhaft machen, daß sie eine Kraft und Perspektive für das Leben erschließen, das *jetzt* gelebt wird und das so ist, wie es ist, und nicht, wie die Kirche es gern möchte. Nicht aus Gründen einer schlechten Anpassung, gar einer »Überlebensstrategie«, sondern aus der inneren Notwendigkeit der Sache selbst ergibt sich der Weltbezug des Glaubens und die positive Hinwendung zu den Fragen der Zeit.

Nun ist gewiß kein Zweifel, daß dies nicht erst ein Gedanke Johannes' XXIII. war. Schließlich lebt jede lebendige Theologie und jede lebendige Kirchlichkeit von der konstruktiven Auseinandersetzung mit den Herausforderungen der Zeit. Und es wäre ein groteskes Unrecht, den Päpsten vor Johannes XXIII. vorzuwerfen, sie hätten kein Gefühl für die Zeichen der Zeit gehabt und darauf nicht reagiert. Das Gegenteil ist richtig, und zwar zumindest seit Leo XIII. Leider können wir hier darauf nicht eingehen. Dennoch besteht ein Unterschied, und den namhaft zu machen, ist zumindest im Sinne eines Gesamturteils *kein* Unrecht, mag dieses im Detail auch der Differenzierung bedürfen. In der, wie man sie schon genannt hat, »Pianischen Ära« ist die Begegnung mit der »Welt« und der »Zeit« vor allem *Konfrontation*, bei Johannes ist sie *Dialog*. Vor Johannes ist die Welt gegnerische, wenn nicht feindliche Herausforderung, der entgegengetreten werden muß und gegen die die Glieder der Kirche immun gemacht werden müssen durch klare Weisung, was sie als Christen in dieser Welt zu tun und zu lassen haben. Bei Johannes ist die Welt die fragende Welt, der die Kirche eine helfende Antwort schuldet. Darum ist *vor* Johannes die Kirche die *Societas perfecta*, die »vollkommene Gesellschaft«, die alles hat, was sie braucht, um sie selbst zu sein; die also der Welt etwas zu geben hat, der aber die Welt nichts zu geben hat, auch und erst recht nicht die anderen Kirchen. Mit Johannes ist erstmals der Gedanke nicht mehr geradezu obszön, daß die Kirche sich von der Welt infrage stellen lassen muß.

Eben hier aber kommt auch der Engpaß des päpstlichen Konzeptes von der Erneuerung der Kirche ins Licht, der dann auch auf dem Konzil Probleme schuf, die fast gar nicht zu bewältigen waren. Wenn die Kirche sich infrage stellen lassen muß von der Zeit, in der sie lebt und wirkt, dann gewiß auch im Hinblick auf ihre Verkündigung. So wie ihre Lebensformen, so *könnten* ja auch die Formen und Ausdrucksweisen ihrer Verkündigung, konkret also: ihres Dogmas nicht mehr »zeitgemäß« sein, also nicht mehr verstanden werden und darum in ihrem Anspruch, den Weg des menschlichen Heils zu eröffnen, gar nicht mehr *ankommen*. In einem ganz allgemeinen Sinne muß also auch die Verkündigung dem »aggiornamento« unterzogen werden. Aber wie macht man das?

Es ist völlig abwegig, anzunehmen, der Papst habe auch nur ein Jota eines definierten Dogmas zur Disposition stellen wollen und können. Um das auszuschließen, mußte er gar nicht Papst sein – es genügte, daß er ein Theologe und Kirchenmann *seiner* Generation mit einer perfekt neuscholastischen Ausbildung war. Theologisch war er also geprägt von der Grundvorstellung, daß die Glaubenswahrheit in Sätzen festgehalten werden kann, gegebenenfalls in feierlich dogmatisierten Sätzen, die als solche nie überholt werden können, die *irreformabiles* sind. Daß Worte, die einmal sachgemäß die Glaubenswahrheit zur Sprache brachten, in einer anderen Zeit schlicht dadurch die Sache verfehlen, daß kein Mensch außer ein paar Theologiehistorikern sie noch so versteht, wie sie damals gemeint waren, dieser Gedanke wäre Johannes XXIII. nie in den Sinn gekommen. Trotzdem war er Historiker genug, um zu wissen, daß es Wandel der Formulierung der Glaubenswahrheit in der Geschichte gegeben hat.

Um Wandel und Selbigkeit der Verkündigung und Lehre zusammenzubringen, hatte diese theologische Generation kein anderes Mittel als auch noch meine Generation zu ihrer Studentenzeit, nämlich nur die vage Unterscheidung eines festen »Kerns« von der wandelbaren »Einkleidung«, worunter man die Vielfalt der Reflexionsbegriffe verstand, in denen der feste Kern der Wahrheit weiterhin für das gläubige Verstehen entfaltet wurde. Um es an einem evangelisch-katholischen Streitthema zu veranschaulichen: Seit dem Trienter Konzil gilt es als fester »Kern« der katholischen Rechtfertigungslehre, daß nicht der »Glaube allein«, sondern die Einheit von »Glaube und Hoffnung und Liebe« den Menschen vor Gott rechtfertigt. Ob aber Glaube, Hoffnung und Liebe nun am sachgemäßesten als *habitus* beziehungsweise als »Qualität« oder aber eher als Bewegung in der Seele auszulegen sind, das gehört zur »Einkleidung«, darüber kann und muß diskutiert werden.

Nun ist heute (und manchen Theologen schon damals) klar, daß die Unterscheidung von Kern und Einkleidung im gekennzeichneten Sinne sprachphilosophisch und historisch völlig unzureichend ist, um das Problem von Selbigkeit und Wandel im Bereich der Lehrverkündigung in den Griff zu bekommen.[8] Was denn, wenn es gerade der *Kern* ist, der Verständnislosigkeit auslöst? Ist der sogenannte »Kern« jemals außerhalb von Sprachformen zu haben, das heißt außerhalb von »Einkleidungen«, die dann gar nicht so mühelos von ihm zu unterscheiden wären? Und weiter: Kann es nicht umgekehrt auch die Pflicht der Kirche geben, selbst *gegen* alle Verständnislosigkeit der Welt bei ihrem Wort zu bleiben? Gibt es nicht Worte der Glaubenssprache, auf die kein Christ verzichten kann, weil ausschließlich sie den mit ihnen gemeinten Glaubenssachverhalt transportieren? Und wenn ja, wo verlaufen die Grenzen zwischen rechtmäßig zu fordernder Anpassung um des Glaubenkönnens der Menschen willen und der Notwendigkeit, auch die »Torheit des Kreuzes« zu riskieren, ob gelegen oder ungelegen?

Hier versagt offenkundig der Begriff des »aggiornamento«, ja noch mehr, er führt fast zwangsläufig zu Unklarheiten, weil sich je nach Denkvoraussetzungen derer, die ihn hören, unterschiedliche Erwartungen und, umgekehrt, auch unterschiedliche Befürchtungen daran heften.

4. Ein »Pastoralkonzil«

Es ist klar, daß Papst Johannes diese Unklarheit nicht durch eine präzise Vorgabe beseitigen konnte. Und selbst wenn er es gekonnt hätte, hätte er es nicht tun dürfen, denn er hätte damit in einer gerade erst angelaufenen innerkirchlichen theologischen Diskussion vorzeitig Stellung bezogen und nur neue Widerstände provoziert. Doch die Art seiner Reaktion, genauer: die Vorgaben, die er nun tatsächlich machte, zeigen, daß er die unter seinen eigenen theologischen Voraussetzungen eigentlich gar nicht zulässige Problematik zumindest geahnt hat. Leute anderer Statur hätten sich darum auf das Risiko eines Konzils nicht eingelassen – und womöglich schwingt diese Sorge mit in den kritischen Stimmen, die wir zitiert haben. Es ist typisch, daß Johannes *diesen* Zweifel nicht hegte. Er reagierte anders. Er setzte dem Konzil primär eine *seelsorgliche* Aufgabe: ein »Pastoralkonzil«.

Damit schuf er tatsächlich fast einen neuen Konzilstyp. Denn ein Konzil ohne die Aufgabe, Lehr- und Rechtsstreitigkeiten beizulegen, hatte es noch nie gegeben. Ein Konzil zu dem Hauptzweck, daß die Weltkirche zusammenkommt, um mit möglichster Voll-

ständigkeit der Perspektiven zu beraten, was man zur bestmöglichen Verkündigung des christlichen Glaubens in der Welt tun könne – das war tatsächlich ein absolutes Novum. Dabei war klar, daß Wandel beschlossen werden sollte, wo er gar keinem theologischen Einspruch unterlag. Und was die Fragen der Lehre betraf, so hatte der Papst zwar selbst eine klare Meinung, wie sich noch zeigen soll; er traute sich aber auch als Papst nicht zu, im vorhinein den genauen Verlauf der unverrückbaren Grenzen zu kennen. So formulierte der Papst am 30. Juni 1959 bei der Eröffnungssitzung der Vor-Vorbereitungskommission des Konzils dessen Zielsetzung mit folgenden Worten: Die Kirche trachtet danach, »getreu den heiligen Grundsätzen, auf die sie sich stützt und der unwandelbaren [!] Lehre, die der göttliche Gründer ihr anvertraut hat ..., mit herzhaftem Schwunge ihr Leben und ihren Zusammenhalt wieder zu stärken, auch im Hinblick auf alle Gegebenheiten und Anforderungen des Tages.« Die Konsequenz: Er garantierte völlige Freiheit der Diskussion auf dem Konzil. Der Heilige Geist würde für Klarheit sorgen, und wenn nicht, dann konnte auch der Papst ihn nicht ersetzen – getreu dem Wort Papst Pius' XI.:»Es gibt drei Abschnitte in einem Konzil: den des Teufels, der die Papiere durcheinander zu bringen sucht, den des Menschen, der zur Verwirrung beiträgt; und den des Heiligen Geistes, der alles klärt«. Dieses, wie »Realisten« sagen mögen, »naiv fromme« Zutrauen zeigte sich dann in einigen erheblichen Einzelmaßnahmen beziehungsweise der Unterlassung von solchen.
Er ging zum Beispiel – obwohl doch nach Kirchenrecht Präsident des Konzils – nach der Eröffnung nicht mehr in die Konzilsaula bis zur Abschlußsitzung der ersten Tagungsperiode – und verfolgte lediglich die Debatten am Fernsehbildschirm. Insider berichten: Der Monitor lief den ganzen Tag, aber Johannes schaltete den Ton nur ein, wenn ihn ein Redner besonders interessierte. Oder: Als die von ihm selbst anberaumte römische Diözesanynode haarsträubend kleinliche Beschlüsse faßte und die Intentionen des Papstes sich überhaupt nicht zu Herzen nahm, war der Papst tief enttäuscht, aber er stellte die Beschlüsse nicht infrage, verteidigte sie sogar in der Öffentlichkeit. Wenn der Heilige Geist nicht verhindert, daß man keine anderen Sorgen hat, als daß es (wie schon vorher) Priestern verboten blieb, Kinos, Theater, Opern oder Pferderennen zu besuchen, das Fernsehen zuviel zu benutzen, sich in Bars und Restaurants sehen zu lassen oder mit einer Frau allein im Auto zu fahren, dann muß man eben warten, bis der Geist Gottes sich entschiedener bemerkbar macht.
Einmal allerdings griff er ein, als das Konzil anläßlich der Beratung

der Vorlage über die göttliche Offenbarung in seine erste Krise geriet.[9] Aber bezeichnenderweise hat der Papst hier seine kirchenrechtlichen Vollmachten nicht angewandt, um *sich* die Entscheidung vorzubehalten, sondern damit das *Konzil* – auf der Grundlage eines neuen Entwurfs – weiter diskutieren konnte. Der Papst als Schiedsrichter in einer hochrangigen Notlage – dieses Verständnis des Petrusamtes ist *ein* entscheidendes Element auch in der gegenwärtigen »progressiven« Diskussion um den Sinn des päpstlichen Amtes. Der Nachfolger Paul VI. war übrigens in dieser Hinsicht weit weniger zögerlich.

Damit ist nun das unmittelbare Thema dieses Kapitels angeklungen, das gleichwohl, nach dem Blick auf die Grundsatzfragen, nun knapper besprochen werden kann.

III. Die äussere Vorbereitung – ein Kampf mit dem Teufel im Detail

1. Technische Probleme

Stimmberechtigte Mitglieder des Konzils waren zum Zeitpunkt der Ankündigung insgesamt ca. 2750. Wie macht man Beratungssitzungen mit einer solchen Zahl? Jedes beliebige Photo von einer Plenarsitzung des Konzils macht fassungslos und läßt fragen, wie solches überhaupt funktionieren kann. Zum Vergleich: beim Ersten Vatikanischen Konzil waren es knapp 800 Väter. 1962 hieß das zunächst einmal: Einschließlich Begleitpersonal und Berater mußte in Rom für ca. 10000 Menschen Quartier gemacht werden. Natürlich nicht im Vatikan. Also mußten ca. 100 Busse angemietet werden, um die Väter jeweils zu den Sitzungen nach St. Peter und zurück zu bringen.

Konzilsaula war das Längsschiff von St. Peter nebst den Tribünen. Da die Wege zum Rednerpult sehr lang sind und somit Zu- und Abgang der Redner viel Zeit verbraucht hätten, waren bei jedem Block der Sitzordnung Mikrofone angebracht, von denen aus die Debattenbeiträge vorgetragen wurden. Die Lautsprecheranlage muß nach Ohrenzeugenberichten ausgezeichnet gewesen sein. Und nicht zu vergessen: In einem Nebenraum des rechten Seitenschiffs von St. Peter gab es während des Konzils eine Erfrischungstheke, die bald sprichwörtliche »Bar Jona« (in wortspielerischer Anknüpfung an den griechischen und lateinischen Text von Mt 16, 17[10]), an der manche Vorgänge des Konzils nicht unerheblich beeinflußt worden sein sollen.

2. Die Vorbereitungskommissionen

Am 17. Mai 1959 – also knapp vier Monate nach der Ankündigung des Konzils – bildete der Papst die *Commissio antepraeparatoria,* die »Vor-Vorbereitungskommission«, also das Gremium, das die Vorbereitungen des Konzils in Gang setzen sollte. In ihrem Namen forderte der Vorsitzende, Kardinal Tardini, die Bischöfe, Ordensoberen sowie die katholischen Universitäten und Fakultäten auf, Vorschläge für das Beratungsprogramm des Konzils einzureichen, sog. »Postulate«. 2821 Postulate gingen ein. Die – bald kurz so genannte – *Antepraeparatoria* sichtete das Material und reichte es den zuständigen kurialen Behörden weiter. Diese konnten ihrerseits Vorschläge (*Proposita*) machen und Anregungen (*Monita*) geben. Darüber wurde es 1960. Am 5. Juni dieses Jahres, es war der Vorabend von Pfingsten, leitete Johannes XXIII. mit dem *Motuproprio*[11] *Superno Dei nutu* die nähere Vorbereitung ein. Für das »Zweite Vatikanische Konzil« – jetzt heißt es erstmals offiziell so – werden zehn »vorbereitende Kommissionen« (*Commissiones praeparatoriae*) gebildet. Neun sind organisatorisch und dem Thema nach an die bestehenden römischen Behörden angelehnt. Sie sind mit folgenden Themenbereichen und Problemfeldern befaßt: Lehrfragen (Theologische Kommission), Bischöfe und Diözesanverwaltung, »Disziplin« (Lebensweise) von Klerus und Volk, Sakramentenpraxis, Studien und Schulen, Orden, Liturgie, Orientalische Kirchen, Missionen, Laienapostolat. Außer der Kommission für das Laienapostolat haben alle ihre Entsprechung in römischen Behörden. Der Papst ernannte demgemäß deren Leiter (»Präfekten«) zu Vorsitzenden der entsprechenden Vorbereitungskommissionen.
Die zehnte Kommission war die sogenannte Zentralkommission. Sie wurde am 16. Juni 1960 gebildet. Ihr gehörten an: die Vorsitzenden der neun Vorbereitungskommissionen (also identisch mit den Leitern der römischen Kongregationen) und die Vorsitzenden der nationalen und/oder regionalen Bischofskonferenzen. Die Mitgliederzahl der Zentralkommission stieg schließlich auf 102 Mitglieder und 29 Berater an – die Stärke eines größeren bundesdeutschen Landtags! Die Einzelkommissionen wurden ebenfalls durch immer neue Mitglieder erweitert. Ende 1961 waren auf diese Weise 827 Leute mit der Vorbereitung des Konzils beschäftigt, davon – anders als später beim Konzil – zwei Drittel Europäer.
Mit diesen Regelungen ist ein bedeutsamer Unterschied zu früheren Konzilien gegeben: Mitglieder der Vorbereitungskommissionen sind nicht nur Theologen und Kirchenrechtler, die auf dem Konzil kein Stimmrecht besitzen, sondern etwa zur Hälfte auch

Bischöfe und Ordensobere. Das Letztere ist zweifellos ein Vorteil: Künftige Konzilsväter können sich hier selbst schon sachkundig machen, sie sind damit von vornherein empfohlen für die auf dem Konzil später zu bildenden eigentlichen Konzilskommissionen. Als eindeutiger Nachteil erschien der andere Unterschied: die Anbindung an die Behörden der Kurie. Das unterwarf die Vorbereitungsarbeit dem starken Einfluß der Kurialbeamten, also derer, denen das Konzil gar nicht willkommen war und die unter dem durch viele Indizien erhärteten Verdacht standen, das Konzil verzögern und womöglich nach dem in absehbarer Zeit zu erwartenden Tod des Papstes ganz verhindern zu wollen. Der Start der Vorbereitungsarbeit ließ also zunächst nichts Gutes erwarten – und umgekehrt haben die Männer der Kurie diese Dominanz auch ungehemmt ausgenutzt.

Bis zur Stunde rätseln denn auch die Biographen daran herum, was Johannes XXIII. mit dieser Entscheidung beabsichtigt habe. Darum beginnt spätestens hier die Entscheidung zwischen dem »Johannes-Mythos« und dem schon erwähnten »Johannes-Paradox«. Der Mythos sagt: Niemand mag dem Papst zutrauen, daß er nicht vorhergesehen habe, was kommen würde und bald zu schildern sein wird – der nahezu totale Untergang der unter dem Einfluß der Kurie vorbereiteten Vorlagen. Hatte er einen katastrophalen Fehler begangen? Aber durch eine Art »dialektischen Umschlags« ist eben daraus später viel Gutes geworden. Darum möchte der Mythos Papst Johannes zutrauen, daß er auch dies vorausgesehen hat. Dann wäre seine Entscheidung, die Präfekten der römischen Kongregationen zu Vorsitzenden der Vorbereitungskommissionen zu ernennen, ein Schachzug von geradezu ausgekochter Bauernschläue gewesen.

Doch der Mythos muß wohl »entmythologisiert« werden. Die inzwischen zugänglichen Quellen lassen keinen Zweifel an folgenden Tatsachen: Der Papst hat die Entstehung der »Schemata« mit größter Aufmerksamkeit und Sympathie verfolgt. Aus den Randbemerkungen, die er in die Texte eintrug, spricht nicht nur genaue Lektüre, sondern eindeutige, zuweilen überschwenglich ausgedrückte Zufriedenheit. Da ist nicht die Spur einer Distanzierung von seinen engsten Mitarbeitern, die ja die Vorbereitungsarbeiten leiteten. Er war sich darum nach eigenen Äußerungen auch ganz sicher, daß diese Vorlagen die überwältigende Zustimmung des Weltepiskopates finden würden. Dies erklärt auch, warum der Papst noch zu Beginn des Konzils überzeugt war, dieses in nur einer Sitzungsperiode zum Abschluß bringen zu können. Deshalb wurden auch keinerlei Pläne gemacht, in welcher Reihenfolge die Arbeit an den geplanten

Dokumenten des Konzils auf mehrere Sitzungsperioden verteilt werden sollten – man erwartete nicht, daß sie nötig sein würden. Wenn es im Verhältnis des Papstes zum Konzil *einen* tragischen Moment geben sollte, dann mußte es der Augenblick sein, wo ihm klar würde, daß er selbst das Ende des Konzils nicht mehr erleben würde, weil die Vorlagen, mit denen er so zufrieden war, von der überwältigenden Mehrheit des Weltepiskopates gerade *nicht* angenommen wurden. Auf diesen tragischen Moment und seine Folgen ist im nächsten Kapitel zurückzukommen. Vorerst aber bringt dies alles das ganze »Johannes-Paradox« auf seine äußerste Zuspitzung. Wir haben am Ende des 1. Kapitels schon feststellen müssen, daß in Johannes XXIII. die Persönlichkeit stärker war als die Theorie. Trotzdem will es einem nicht in den Kopf, daß dieser welterfahrene, weitgereiste und gebildete Mann allen Ernstes glauben konnte, aus dem, was er in den Arbeitsergebnissen der Vorbereitungskommissionen gelesen hatte, wehe eben jene »frische Luft«, die er durch das Konzil in die Kirche einlassen wollte.

Doch auch das »Johannes-Paradox« hat nochmals eigene Widersprüchlichkeiten. Johannes tat nämlich noch etwas, was sein Biograph Peter Hebblethwaite als die wichtigste Personalentscheidung des Papstes bezeichnet[12]: Er gründete das »Sekretariat zur Förderung der Einheit der Christen«, kurz »Einheitssekretariat« genannt, und berief den schon genannten Jesuiten Augustin Bea unter Erhebung in den Kardinalsstand zu dessen Leiter. Da in den übrigen Vorbereitungskommissionen aufgrund der eingefahrenen Routine weder Interesse noch Sachverstand in bezug auf ökumenische Beziehungen der Kirche vorhanden war – kein Wunder, denn an der Kurie arbeiteten ganz überwiegend Italiener, und das evangelische Christentum gibt es in Italien praktisch nur in Gestalt der kleinen Kirche der Waldenser, die von sich aus vor allem auf Abgrenzung bedacht waren und sind –, konnte das ökumenische Anliegen auf dem Konzil nur dann einen Ort finden, wenn eine völlig neuartige, aus dem Rahmen der übrigen Kurienbehörden herausfallende Institution die Verantwortung dafür übernahm. Eben dies war Aufgabe des Einheitssekretariates. Protokollarisch stand es unter den »Kongregationen« – es war »nur« ein Sekretariat. Aber der Papst stattete es mit zusätzlichen Kompetenzen aus und unterließ jede seine Arbeitsfreiheit einschränkende Anbindung an eine der anderen Behörden.

Die Gründung des Einheitssekretariates – die übrigens auf eine Anregung von Kardinal Jaeger von Paderborn zurückgeht –, setzte ein deutliches Signal. Die nicht-römischen Kirchen sollten, soweit es sachlich und kirchenrechtlich möglich war, Gesprächspartner auf dem Konzil werden. In herzlichen und klaren Worten definierte der Papst in den genannten *Motuproprio* den Sinn des Einheitssekretariates: »Um auf besondere Weise Unsere Liebe und Unseren guten Willen gegenüber jenen zu zeigen, die Christi Namen tragen, aber von diesem Apostolischen Stuhl getrennt sind, und um ihnen zu ermöglichen, die Arbeit des Konzils zu verfolgen und bereitwilliger den Weg zu finden, jene Einheit zu erlangen, die Jesus von seinem himmlischen Vater erflehte, haben Wir dieses besondere Büro oder Sekretariat eingerichtet.« Die Ernennung Beas erwies sich als eine wahrhaft erleuchtete Wahl. Bea suchte sich an den Universitäten und Seminaren Fachleute für ökumenische Fragen aus der ganzen Welt. Da nach Lage der Dinge wenig Italiener unter ihnen waren, sprach man im Einheitssekretariat bald mehr Deutsch, Englisch und Französisch als Italienisch. Zum Unmut vieler an der Kurie wurde das Einheitssekretariat zum ersten Einfallstor für die »Fremden«, die man bislang aus den Vorbereitungskommissionen noch einigermaßen hatte fernhalten können. Und nicht nur die. Das Einheitssekretariat hatte ja die Aufgabe, den persönlichen und sachlichen Kontakt mit den nicht-katholischen Kirchen und deren Repräsentanten zu halten. Das gelang der überaus gewandten und liebenswürdigen Persönlichkeit Beas so vorzüglich, daß bald die Nicht-Katholiken im Einheitssekretariat ein und aus gingen. Die Folgen werden noch zur Sprache kommen. Kurzum, Hebblethwaite übertreibt nicht, wenn er feststellt, ohne Bea hätte Johannes XXIII. nicht das Konzil bekommen, das er haben wollte.[13] Bea »erzog« den Papst zum Ökumenismus. Aber: Was konnte sich der Papst ernsthaft vom Kontakt mit der nicht-katholischen Christenheit erhoffen, wenn er doch mit den Vorlagen so zufrieden war? Das Johannes-Paradox erreicht hier einen vorläufigen Höhepunkt – nur noch übertroffen von dem, was im folgenden Kapitel zu schildern sein wird. In einem Punkt allerdings kommen Mythos und Paradox zusammen: Nicht eine Minute war daran zu zweifeln, daß Johannes die Freiheit der Rede auf dem Konzil schützen würde. Er war bereit, sich von dem überraschen zu lassen, woran er noch nie gedacht hatte.

3. Die »Schemata«

»Schema« nennt man seit altersher die Beratungs- und Beschlußvorlagen für die Konzilsdebatten. Sie sind abgefaßt – ähnlich wie ein Gesetzentwurf – in der Form eines potentiellen Konzilsbeschlusses, und die Debatten drehen sich dann darum, diese Entwürfe abzuändern (durch sog. *Modi*, d. h.: Abänderungsanträge), zu verbessern

– oder auch ganz zurückzuweisen. Wer den Erstentwurf, also das »Schema« – ich sage im folgenden im gleichen Sinne auch »Vorlage« – macht, ist in einer starken Position: Er hat das Gesetz des Handelns, die anderen müssen *re*-agieren. Der Umstand, daß in den Vorbereitungskommissionen das Gesetz des Handelns bei den dominanten Vertretern der Kurie lag, ließ nun, wie schon angedeutet, viele nichts Gutes erwarten. Während jene die Auffassung verbreiteten, das Zweite Vatikanische Konzil werde das am besten vorbereitete Konzil der Kirchengeschichte, waren seit Herbst 1960 viele schon vom Konzil enttäuscht, bevor es begonnen hatte. Erst das Konzil selbst brachte den Umschlag. Ob der Papst genau dies kalkuliert hatte, ist, wie gezeigt, umstritten. Jedenfalls geschah folgendes:
Einerseits brachten die 2821 Postulate eine solche Materialflut, daß man nur darin ertrinken konnte. Anderseits ließ der Papst die Kommissionen ohne Direktiven – offenbar bewußt, jedoch wohl nicht, um sie im eigenen Saft schmoren zu lassen, sondern weil er ängstlich besorgt war, die Freiheit der Beratungen nicht zu stören. Die zwangsläufige Folge: Die Kommissionen erarbeiteten insgesamt 69 Vorlagen. Das hätte also, wären sie verabschiedet worden, 69 Konstitutionen, Dekrete und Erklärungen bedeutet. Die Zentralkommission, die die Vorlagen zu prüfen hatte, trat am 12. Juni 1961 erstmals und dann noch sechs weitere Male zusammen. Die 69 Schemata waren aufgrund der Voraussetzungen ihres Zustandekommens kein Vorstoß zu neuen Ufern, vielmehr eine Zusammenfassung päpstlicher Kundgebungen während der letzten Jahrzehnte und überhaupt eine Bestandsaufnahme der in Rom herrschenden Theologie und Praxis. Wie denn auch anders? Und Papst Johannes rechnete mit der Zustimmung des Konzils!
Aber eben diese Vorlagen wirkten nun wie ein Offenbarungseid. Ohne die Dominanz der Kurie wäre er nie erfolgt. So war das Konzil gezwungen, in der Stellungnahme zu den vorbereiteten Vorlagen darüber nachzudenken, wo die Weltkirche theologisch stand und stehen wollte.
Trotz aller Geheimhaltung nämlich sickerte in der Folgezeit vom Inhalt der vorbereiteten Vorlagen einiges durch. Vor allem aber: In der prüfenden Zentralkommission saßen ja auch bereits die Repräsentanten nationaler Kirchen und sahen, was sich da zusammenbraute. Die Zentralkommission war, wie man gesagt hat, ein »Konzil vor dem Konzil«. Niemand erwartete eine Revolution. Aber unüberhörbar wurden bald Stimmen aus dem Weltepiskopat vernehmlich: Alle durch die Weltentwicklung gestellten Probleme müßten vom Konzil angegangen werden (Botschaft der französischen Kar-

dinäle und Erzbischöfe vom 26. Oktober 1961). Die Kirche muß im wahren Sinne des Wortes universal werden (Kardinal Frings von Köln in Genua am 19. November 1961). Dezentralisation tut not (Kardinal Alfrink von Utrecht). Ein tieferes und weiteres ökumenisches Verständnis ist notwendig (Erzbischof Jaeger von Paderborn). Wesen und Funktion des Episkopates im Einklang mit dem Papsttum sowie ein vertieftes Selbstverständnis der Kirche seien die Aufgaben des Konzils; das werde die Kirche befähigen, auf die Erfordernisse der Zeit einzugehen (Kardinal Montini von Mailand). Mit all dem war klar: Der kuriale Kurs würde, wie schon in der Zentralkommission, so auch auf dem Konzil auf scharfen Gegenwind stoßen. Die, die beanspruchten, die Weltkirche zu repräsentieren und daher zu leiten, würden zu hören gezwungen sein, was die Weltkirche wirklich denkt. Und so ist denn kaum ein Schema, das die Vorbereitungskommissionen erarbeitet haben, auch nur zur Grundlage der Beratung auf dem Konzil geworden. Von den 17 Schemata der Kommission für die Disziplin von Klerus und Volk ist kein einziges in dieser Form vom Konzil verabschiedet worden. Von den sechs Schemata der Theologischen Kommission unter Kardinal Ottaviani, Chef des *Sanctum Officium* und einer der menschlich ehrenwertesten, aber theologisch unbeugsamsten Traditionalisten auf dem Konzil, wurden nur zwei vom Konzil angenommen – aber erst nach gründlichster Umarbeitung. Neun Schemata der Sakramentenkommission haben überhaupt keine Billigung des Konzils erlangt. Lediglich die Kommissionen für Liturgie, für das Ordenswesen und für das Laienapostolat legten nur je ein Schema vor, das immerhin den Ausgangspunkt für Konzilsbeschlüsse bildete. Andere Vorlagen wurden untereinander zusammengezogen – Einzelheiten später – und gingen so in Konzilstexte ein.

Kurzum, es war eine frustrierende Erfahrung für diejenigen, die immerhin ehrlich und intensiv jahrelang gearbeitet hatten. Die Arbeit war dennoch nicht umsonst – aber in einem dialektischen Sinne: Es wurde eine umfassende Materialsammlung darüber, wie man es *nicht* (mehr) machen durfte. An *diese* Vorarbeit anzuknüpfen lohnte denn doch für die Väter die Reise nach Rom.

4. Die Geschäftsordnung

Die intensive Arbeit des Jahres 1961 machte es möglich, daß das Konzil früher als erwartet, aber kaum später, als der Papst wohl von vornherein vorgehabt hatte, einberufen werden konnte. Am Weihnachtstag 1961 erließ der Papst die Konstitution *Humanae Salutis*, die das Konzil auf das folgende Jahr einberief. Die genaue Terminangabe folgte am 2. Februar 1962: Eröffnungstag sollte der 11. Oktober 1962 sein. Gleichzeitig wurden die mit Rom nicht unierten Kirchen durch das Einheitssekretariat eingeladen, *amtliche Beobachter* zu entsenden. Sie waren offizielle Vertreter der Kirchen ohne Stimmrecht, aber mit dem Recht der Teilnahme an allen Sitzungen und, was noch wichtiger ist: mit dem Recht der Einsicht in alle Vorlagen in allen deren Beratungsstadien. Über das Einheitssekretariat sollten sie dann Anregungen und Vorschläge zur Verbesserung der Textentwürfe geben können – die »Beobachter« hatten also faktisch den Status privilegierter Berater. Und der Papst sorgte bei Konzilsbeginn dafür, daß die Beobachter in der Konzilsaula die besten Plätze bekamen, nämlich auf einer Tribüne zur Linken des Präsidiums, also vom Hauptschiff aus gesehen rechts am Beginn des Querschiffs.

Eingeladen wurden ferner, aufgrund der Berufung durch den Papst (der sich natürlich beraten ließ) nicht-stimmberechtigte Sachverständige (sog. *Periti*), also Fachleute für die verschiedenen Themen des Konzils, darunter, im Unterschied zu den Vorbereitungskommissionen, auch Laien. Diese Fachleute haben faktisch unter der Vorgabe der Kommissionsmitglieder die Texte gemacht. Von der zweiten Sitzungsperiode an wurden auch *Auditores*, also »Hörer«, zugelassen, die an den Sitzungen teilnehmen, aber nicht das Wort ergreifen durften: eine Möglichkeit, Persönlichkeiten zu ehren, die man nicht zu *Periti* machen konnte. Von der dritten Sitzungsperiode an waren auch Frauen unter den *Auditores*.

Am 6. August 1962 gab der Papst dem Konzil eine Geschäftsordnung – die im Verlauf des Konzils mehrfach geändert wurde. Dazu kurz das folgende, damit Leserinnen und Leser sich den Ablauf einer Konzilsdebatte vorstellen können.[14]

Zunächst ist zu unterscheiden zwischen »Generalkongregation« und »Session«. Die Generalkongregation ist die Versammlung aller Konzilsväter zur *Beratung* und *Diskussion*. Session ist die feierliche Schlußversammlung mit der entscheidenden rechtsverbindlichen Abstimmung. Im Deutschen hat sich die Sprachregelung durchgesetzt, von »Sitzungsperioden« oder »Tagungsperioden« zu sprechen. Diese umfassen jeweils die Generalkongregationen (etwa: Vollversammlungen) mit den feierlichen Schlußsitzungen zusammen. Es gab insgesamt vier Sitzungsperioden des Zweiten Vatikanischen Konzils.

Neben den Vollversammlungen des Konzils vollzog sich die Arbeit in den Kommissionen. Aus den Vorbereitungskommissionen des Konzils, die allein vom Papst berufen worden waren, wurden zu

Beginn des Konzils genau entsprechende Konzilskommissionen gebildet mit der Aufgabe, die in der Debatte geforderten Änderungen (*Modi*) einzuarbeiten, die Textentwürfe neu zu redigieren, gegebenenfalls einen ganz neuen Text zu entwerfen. Diese Konzilskommissionen wurden nicht allein vom Papst zusammengestellt, sondern waren vom Konzil selbst, sozusagen als dessen erster Arbeitsgang, zu wählen, und zwar zu zwei Dritteln ihrer Mitglieder, während ein Drittel und der Vorsitzende vom Papst ernannt wurden. Jede Kommission sollte je 24 Mitglieder haben, also waren jeweils 16 zu wählen.

Die Leitung der Verhandlungen hatte ein Präsidium von zehn vom Papst ernannten Kardinälen. Das erwies sich später als zu schwerfällig. Schon vor Beginn der zweiten Tagungsperiode änderte man daher diese Konstruktion: Das Präsidium wurden auf zwölf Mitglieder erweitert, leitete aber fortan nicht mehr die Sitzungen, vielmehr taten dies reihum eine Gruppe von vier »Moderatoren«, darunter waren auch der deutsche Kardinal Döpfner von München und der Holländer Alfrink von Utrecht. Moderatoren und Präsidium bildeten fortan den sog. Präsidialrat. Diesem oblag formell die Vorlage der Texte an die Generalkongregation, nachdem sie in den Kommissionen vorlagereif redigiert worden waren.

Eine Beratungssitzung der Generalkongregation verlief nun folgendermaßen: Die vom Präsidium beziehungsweise vom Präsidialrat vorgelegten Textentwürfe wurden unter der Leitung des Moderators debattiert. Ein oder mehrere Berichterstatter aus den Kommissionen erläuterten die Vorlage. Dann konnten sich die Väter zu Wort melden und Änderungen vorschlagen oder Vorbehalte anmelden, gar für die Ablehnung der ganzen Vorlage plädieren. Dies geschah zumeist in einem Zweischritt: zuerst eine Generaldebatte über die Vorlage im ganzen, dann über deren einzelne Teile. Die Abstimmung erfolgte in umgekehrter Reihenfolge: erst über die Einzelteile, dann über das – gegebenenfalls abgeänderte – ganze Schema.

Wegen der riesigen Zahl der Väter wurde zur mündlichen Wortmeldung nur zugelassen, wer sich vorher schriftlich als Redner beim Präsidium angemeldet hatte. Spontaninterventionen waren also ausgeschlossen.

Die Redezeit wurde im übrigen auf 10 Minuten beschränkt, später auf 8 Minuten. Das wurde eisern durchgehalten – auch gegenüber den Kurienkardinälen, die anfangs glaubten, in dieser Hinsicht Sonderrechte in Anspruch nehmen zu können. Es gab gleich am Anfang des Konzils den spektakulären Fall, daß Kardinal Ottaviani, Vorsitzender der Theologischen Kommission, die Redezeit überschritt. Der Moderator Kardinal Alfrink erinnerte ihn an das Ende seiner Redezeit. Ottaviani redete ungerührt weiter. Als er nach 17 Minuten immer noch nicht geendet hatte, schaltete Kardinal Alfrink das Mikrofon ab. Ottaviani redete weiter, bis er merkte, daß niemand ihn mehr verstand. Die Väter klatschten Beifall für Kardinal Alfrink. Ottaviani ging mit hochrotem Kopf zu seinem Sitz zurück, erhob sich schließlich, verließ die Konzilsaula und kam zwei Wochen nicht wieder.

Außer der angemeldeten mündlichen Intervention hatten alle Konzilsväter das Recht, einfach schriftliche Änderungsanträge zu formulieren und den Kommissionen zu übergeben, die sie bei der Redaktionsarbeit zu berücksichtigen hatten. Entscheidend ist, daß Abstimmungen nur mit Zweidrittelmehrheit der anwesenden Väter zu Ende gebracht werden konnten. Die Debatte war notfalls so lange fortzusetzen, bis eine Zweidrittelmehrheit in der einen oder anderen Richtung erreicht war. Kampfabstimmungen mit der Gefahr nachfolgender passiver Obstruktion sollten also vermieden werden. Im Zusammenhang mit Vorgängen, auf die wir noch eingehen müssen, hat sich bald gezeigt, daß dieses Verfahren unpraktikabel war. Man änderte es dahin, daß zwar für die *Annahme* einer Vorlage Zweidrittelmehrheit erforderlich war, für die *Ablehnung* aber einfache Mehrheit genügte. 50 Väter genügten für das Recht, dem Moderator einen neuen Entwurf zu unterbreiten – das straffte die Redaktionsarbeit in den Kommissionen und verhinderte Manipulationen, Verzögerungstaktiken u.ä. Der Moderator hatte das Recht, mit einfacher Mehrheit das Ende der Debatte herbeizuführen – das verhinderte jede Versuchung zum »Filibustern«.

Ein Mangel, der sich immer wieder störend auswirkte, wurde nie beseitigt: Bei der Abstimmung über die Einzelteile einer Vorlage war nur Ja oder Nein möglich (*Placet* oder *Non placet*) Bei der Abstimmung über das Ganze aber war ein dreifaches Votum möglich: *Placet, Non placet,* und: *Placet iuxta modum* (»Ja mit Vorbehalt«), d. h.: Ja mit der Einschränkung, daß man bei einem nicht angenommenen Änderungsantrag (*Modus*) bleibt. Weil dieser Vorbehalt nur in der Abstimmung über das Ganze möglich war, blieb dann unklar, auf welchen Änderungsantrag sich der Vorbehalt bezog. Wäre man umgekehrt verfahren, also das dreifache Votum bei der Einzelabstimmung, dann hätte man bei der Endabstimmung jeweils sehen können, ob der einzelne Konzilsvater mit einem Einzelantrag die Zustimmung oder Ablehnung einer ganzen Vorlage verknüpfte, oder ob er trotz eines Vorbehaltes im Einzelnen dem Ganzen seine Zustimmung nicht verweigern wollte. Das Ergebnis wäre dann klarer gewesen. Es ist ein Glücksfall und bezeugt die intensive Sachbezogenheit der Konzilsberatungen, daß im Endergebnis alle Beschlüsse immer mit einer überwältigenden *uneingeschränkten* Mehrheit durchgingen. Man hat sich selbst also auch ohne den frustrierenden Zwang einer Geschäftsordnung unter die Nötigung zur Einigung gesetzt.

IV. Die Eröffnung – die Stunde Johannes' XXIII.

Die Eröffnungssitzung des Konzils am 11. Oktober 1962 ließ an Eindrucksstärke alles hinter sich, was für den Konzilsgeschichtler erinnerbar ist. 2540 stimmberechtigte Mitglieder, in Bischofstracht aller Riten mit Mitra beziehungsweise der entsprechenden Kopfbedeckung, zogen in St. Peter ein. Der Papst traf sich mit den Bischöfen in der sog. Benediktionsaula des Vatikans und ging zu Fuß mit ihnen auf den Petersplatz. Er trug – die Geste wurde sogleich verstanden – nicht die Tiara, sondern die Mitra: Er wollte als Bischof von Rom und »Kollege« der Brüder im Bischofsamt das Konzil eröffnen. Erst auf dem Petersplatz, auf dem Weg zum Portal, ließ er sich auf der Sedia gestatoria tragen, aus dem erklärten Grunde, damit die Tausende, die sich auf dem Petersplatz versammelt hatten, ihn sehen konnten, und wer je in solch einer Menge gestanden ist ohne einen Platz in der ersten Reihe, wird das begrüßen. Am Portal von St. Peter stieg der Papst wieder von der Sedia herunter und ging zu Fuß mit den Bischöfen auf seinen Platz, den Papstthron hinter dem Altar – mit dem Gesicht zum Volk, wie in St. Peter schon immer die Eucharistie gefeiert wurde.
Der Ritus einer Konzilseröffnung liegt seit dem Konzil von Vienne (1312) fest. Hymnus *Veni Creator Spiritus* (»Komm Schöpfer Geist«), Eucharistiefeier nach dem Formular vom Heiligen Geist, das heißt also nach der Liturgie des Pfingstfestes, zelebriert vom Dekan des Kardinalskollegiums, in diesem Fall vom französischen Kurienkardinal Tisserant, »Inthronisation« des Evangelienbuches auf dem vor dem Präsidententisch errichteten sogenannten »Konzilsaltar«, Ablegung des Glaubensbekenntnisses, Gesang des Evangeliums Mt 28,18–20 und Mt 16,13–18 in lateinischer, griechischer, altslawischer und – diesmal – arabischer Sprache.
Zur Stunde Johannes' XXIII. wurde die Eröffnung durch die Predigt des Papstes. Sie ist wiederum ein Schulbeispiel für das einen Mann des Apparates konsternierende Vertrauen auf die Führung des Heiligen Geistes auf dem ganz unübersehbaren Weg des Konzils, für die hemmungslose Inanspruchnahme seiner Kompetenz, seinen Willen zum Konzil auch durchzusetzen, und für die trotz al-

ler Freundlichkeit beißende Kritik an denen, die nichts unversucht gelassen hatten, das Konzil zu verhindern bzw., als es nicht mehr zu verhindern war, es von vornherein auf die Linie ihrer vorgefaßten Ansichten einzuschwören. Ein paar Zitate mögen dieses Kapitel daher beschließen. Wir wissen heute, daß der Papst diese Eröffnungsrede nicht nur in italienischer Fassung vollständig selbständig erarbeitet hat (»... vom ersten bis zum letzten Wort von mir ...«), sondern daß die daraus hergestellte lateinische offizielle Fassung in nicht wenigen Nuancen bedeutsame Abschwächungen des ursprünglichen Textes enthält.[15] Der geschichtlichen Wahrheit zuliebe müssen wir freilich hier aus der tatsächlich vorgetragenen offiziellen Fassung zitieren. Sie ist freilich deutlich genug.

»In der täglichen Ausübung Unseres Apostolischen Hirtenamtes geschieht es, daß bisweilen Stimmen solcher Personen Unser Ohr betrüben, die zwar von religiösem Eifer brennen, aber nicht genügend Sinn für die rechte Beurteilung der Dinge noch ein kluges Urteil walten lassen. Sie meinen nämlich, in den heutigen Verhältnissen der menschlichen Gesellschaft nur Untergang und Unheil zu erkennen. Sie reden unablässig davon, daß unsere Zeit im Vergleich zur Vergangenheit dauernd zum Schlechteren abgeglitten sei. Sie benehmen sich so, als hätten sie nichts aus der Geschichte gelernt, die eine Lehrmeisterin des Lebens ist, und als sei in den Zeiten früherer Konzilien, was die christliche Lehre, die Sitte und die Freiheit der Kirche betrifft, alles sauber und recht zugegangen. Wir aber sind völlig anderer Meinung als diese Unglückspropheten, die überall das Unheil voraussagen, als ob die Welt vor dem Untergang stünde.«
(Es wird berichtet, daß viele Konzilsväter dabei unwillkürlich in die Richtung von Kardinal Ottaviani und seiner Gesinnungsgenossen blickten).
»In der gegenwärtigen Entwicklung der menschlichen Ereignisse ... muß man viel eher einen verborgenen Plan der göttlichen Vorsehung anerkennen. Es ist vor allem nötig, daß die Kirche ihre Aufmerksamkeit nicht von dem Schatz der Wahrheit abwendet, den sie von den Vätern ererbt hat. Sodann muß sie auch der Gegenwart Rechnung tragen, die neue Umweltbedingungen und neue Lebensverhältnisse geschaffen und dem katholischen Apostolat neue Wege eröffnet hat ... Es ist auch nicht unsere Sache, gleichsam in erster Linie einige Hauptpunkte der kirchlichen Lehre zu behandeln ... und weitläufig zu wiederholen, denn Wir glauben, daß ihr diese Lehren kennt und sie eurem Geiste wohl vertraut sind. Denn für eine solche Disputation muß man kein Ökumenisches Konzil einberufen. Jetzt ist es wahrhaftig nötig, daß die gesamte christliche Lehre ohne Abstriche in der heutigen Zeit vor allem durch ein neues Bemühen angenommen werde ... Die Irrtümer erheben sich oft wie ein Morgennebel, den bald die Sonne verscheucht. In der Vergangenheit hat die Kirche zwar diese Irrtümer mit größter Strenge verdammt, heute möchte die Braut Christi dagegen lieber das Heilmittel der Barmherzigkeit anwenden, als die Waffe der Strenge erheben«. Leicht zu raten, wer hier gemeint ist. Vor den Augen des Papstes strahlt ein dreifaches Licht: »Die Einheit der Katholiken untereinander, die

als leuchtendes Beispiel ganz fest bewahrt werden muß, sodann die Einheit, die im Gebet und in den leidenschaftlichen Erwartungen der vom Apostolischen Stuhl getrennten Christen besteht, wieder mit uns vereint zu sein, und schließlich die Einheit der Hochachtung und Ehrfurcht gegenüber der katholischen Kirche, die ihr von anderen, noch nicht christlichen Religionen erwiesen wird. Die Gläubigen auf Erden beten unablässig zu Gott, ... daß eure Arbeit den Erwartungen und Bedürfnissen der verschiedenen Völker in höchstem Maß entspricht ... Erleuchtet vom Licht des Konzils, so vertrauen Wir fest, wird die Kirche an geistlichen Gütern zunehmen und, mit neuen Kräften von daher gestärkt, unerschrocken in die Zukunft schauen.«

Leseempfehlungen

Zu I.–III. siehe die am Ende des 1. Kapitels genannten Johannes-Biographien, in den Kapiteln, die die Vorbereitung des Konzils betreffen, vor allem *Hebblethwaite* und *Kaufmann/Klein*. Kurzinformation auch bei *Jedin* (siehe ebd. zu II.), 127–135. Die ausführlichste Darstellung sowohl der Vorbereitung des Konzils als auch der Geschichte der Texte findet sich in: Lexikon für Theologie und Kirche, Ergänzungsbände I–III: Das Zweite Vatikanische Konzil. Dokumente und Kommentare, Freiburg i. Br. 1966–1968 (LThK.E), hier: III, 610–726; und bei *Hubert Jedin*, Das Zweite Vatikanische Konzil, in: *ders.* (*Hg.*), Handbuch der Kirchengeschichte, Bd. VII.: Die Weltkirche im 20. Jahrhundert, Freiburg i. Br. 1979, 97–151, hier: 97–110.

Zu IV.: *Kaufmann/Klein* (s.o.), a.a.O. 107–150.

Drittes Kapitel

»Wir sind ein Konzil – und keine Schuljungen«

Der Verlauf des Konzils

I. Das äussere Ergebnis vorweg

Der Fleiß der Vorbereitungskommissionen hatte also 69 Vorlagen (Schemata) produziert. Ein Alptraum, wenn das alles vom Konzil behandelt und verabschiedet worden wäre – was ja, wir sahen es, Papst Johannes im Prinzip (schon) für die erste Sitzungsperiode erwartete! Ein Alptraum auch dann noch, wenn diese Vorlagen nicht so stark die Handschrift der römischen Kurialbehörden und ihrer Theologen getragen hätten. Verabschiedet wurden insgesamt 16 Dokumente – und dies nicht, weil man etwa mit dem großen Rest nicht fertig geworden wäre und anderseits das Konzil nicht mehr hätte fortsetzen können. Nein, die Zahl der endgültigen Dokumente ergibt sich durch bewußte Weglassung, Zusammenziehung, Schwerpunktsetzung, zuweilen sogar auch Erweiterung der Vorlagen. Als das Konzil am 8. Dezember 1965 feierlich abgeschlossen wurde, hatten die Konzilsväter genau das zustande gebracht, was sie aufgrund der Willensbildung auf dem Konzil auch hatten zustande bringen wollen. Natürlich ist das, was auf dem Konzil nicht (mehr) behandelt wurde, nicht einfach unter den Tisch gefallen. Manches wurde bewußt der nachkonziliaren Regelung überlassen. Das war nicht in jedem Falle gut, weil es damit zuletzt wieder der Kompetenz der Behörden an der römischen Kurie überlassen blieb, die nie ihren inneren und womöglich auch äußeren aktiven und passiven Widerstand gegen das Konzil aufgegeben hat. Doch gab es, anders als früher, jetzt Gegengewichte dazu – zumindest durften die Konzilsväter solches hoffen.

Die 16 Dokumente wurden in drei Rechtsformen verfaßt: Konstitution, Dekret, Erklärung. Die Reihenfolge ist zugleich eine solche des Gewichtes.

»Konstitution« ist eine alte Rechtsform kirchlicher Erlasse.[1] Ihr Vorbild ist der kaiserliche Erlaß im römischen Reich. Im Mittelalter ist eine »Konstitution« ein *Disziplinargesetz* eines allgemeinen Konzils, des Papstes oder seiner Behörden, besonders aber des Papstes (*Constitutio Apostolica*); so auch noch in CIC 1917, can. 884, wo auf eine »Konstitution« Papst Benedikts XIV. von 1741 Bezug genommen wird. Daneben bedeutet »Konstitution« aber auch, und das ebenfalls seit dem Mittelalter, ein Dokument, mit dem eine *dogmatische* Entscheidung formuliert wird. Das Zweite Konzil von Lyon, 1274, formulierte eine *Constitutio de summa Trinitate et fide catholica*.[2] Das Erste Vatikanische Konzil formulierte seine beiden dogmatischen Entscheidungen über den Glauben und über den päpstlichen Primat in der Form einer *Constitutio dogmatica*. Gleiches geschah, als Pius XII. 1950 in der *Constitutio Apostolica »Munificentissimus Deus«*[3] das Dogma von der leiblichen Aufnahme der Gottesmutter Maria in den Himmel verkündete.

Wir rühren hier also an ein Grundproblem römisch-katholischer Wirklichkeit: Das Schillern des Begriffes »Konstitution« zwischen Gesetz und Dogma macht die Übergänge zwischen Glaubensverkündigung und Recht fließend. Dogmatische Entscheidungen ergehen in der Form von Gesetzen nach altem römisch-rechtlichen Modell; disziplinäre Weisungen für das kirchliche (und individuellchristliche) Leben enthalten dogmatische Aussagen, die die rechtlichen Weisungen unangreifbar machen. Wie ist das Wort im Zweiten Vatikanischen Konzil gemeint?

Nun, es wird zunächst sehr selbstverständlich gebraucht als die herkömmliche Weise von Konzilsaussagen. Es gibt Konstitutionen mit hauptsächlich dogmatischem Inhalt (über die Kirche, über die Offenbarung), solche mit hauptsächlich disziplinärem Inhalt (über die Liturgie) und solche mit beidem (über die Kirche in der Welt von heute). Die genannten vier Konstitutionen sind auch schon die einzigen Texte des Konzils in dieser Form. Bedenkt man nun hinzu, daß es bei keinen dieser vier Texte anschließend die *canones* gibt, die nach alter Sitte in der Form einer Verwerfung die verbindliche kirchliche Lehre oder Weisung aussprechen (*Si quis dixerit ..., Si quis contradicere praesumpserit..., anathema sit,* »Wenn einer sagt ...«, »Wenn einer zu widersprechen sich herausnimmt ..., so sei er ausgeschlossen«), dann muß man urteilen: Der Begriff der »Konstitution« wird auf dem Zweiten Vatikanischen Konzil sehr offen gebraucht. Er bezeichnet die besonders ausführliche, zusammenhängende Darlegung einer Stellungnahme der Kirche zu einem bestimmten Problem, wobei je nach Thema mehr die lehrhafte Darlegung, die disziplinäre Anordnung und Weisung oder der seelsorgliche und ethische Appell das Übergewicht hat. Das Letztere ist neuartig und am eigenartigsten verwirklicht in der »Pastoralkonstitution« – sie heißt ja nicht von ungefähr so – »Über die Kirche in der Welt von heute«. Mit ihr ist ein sowohl von Papst Johannes als auch von der »progressiven« Mehrheit des Konzils von Anfang an verfochtenes Anliegen zum Zuge gekommen, statt neuer dogmatischer Abgrenzungen und Verurteilungen eine umfassende seelsorgliche

Äußerung des Konzils zu verabschieden, die deutlich macht, daß die Kirche die Zeit für vergangen hält, wo sie der Welt vor allem mit Ansprüchen, Abgrenzungen und Verurteilungen entgegentritt.[4] Die zweite Rechtsform der konziliaren Dokumente – die Mehrzahl – ist das »Dekret«. Es gibt neun »Dekrete« des Konzils: über die sozialen Kommunikationsmittel, die Ostkirchen, den Ökumenismus, die Hirtenaufgabe der Bischöfe, die Ausbildung der Priester, die zeitgemäße Erneuerung des Ordenslebens, das Laienapostolat, den Dienst und das Leben der Priester, die Missionstätigkeit der Kirche. Auch »Dekret« ist ein alter kirchenrechtlicher Begriff.[5] Er ist der technische Ausdruck für einen päpstlichen Erlaß (zum Beispiel das sog. *Decretum Gelasianum* – »Dekret des Papstes Gelasius«) oder auch eine Sammlung solcher päpstlicher Dekrete (*Decretum Gratiani* – »Dekret[en-Sammlung] des [Mönches und Kirchenrechtlers] Gratianus« im 12. Jahrhundert). Im Kirchenrecht ist »Dekret« vor allem der gesetzgeberische Erlaß oder die Verwaltungsverfügung des Papstes und der Kurienbehörden. Aber wie bei »Konstitution« kann »Dekret« in der Geschichte des Kirchenrechts und der Konzilien auch eine dogmatische Entscheidung bedeuten. Berühmtester Fall: das »Rechtfertigungsdekret« des Trienter Konzils. In Trient unterschied man ausdrücklich zwischen Dekreten *de fide* und Dekreten *de reformatione* (etwa über die Residenzpflicht der Bischöfe). In der Sprache des Zweiten Vatikanischen Konzils wäre das Trienter Rechtfertigungsdekret nach Inhalt und Umfang mit Sicherheit eine »Dogmatische Konstitution«. »Dekret« – das zeigt schon die Liste der neun Dekrete des Konzils – hat hier vorwiegend disziplinären Inhalt. Die Dekrete des Konzils sagen, wie eine Lebenswirklichkeit der Kirche neu geregelt und gestaltet werden soll. In einem Grundsatzteil wird dabei regelmäßig die dogmatische Grundlage knapp zusammengefaßt, woran sich die daraus begründeten Weisungen reformerischen Inhaltes anschließen. Im Vergleich zu den Konstitutionen sind die Dekrete zudem kürzer.

Die dritte Form der Konzilsbeschlüsse ist die »Erklärung« (*Declaratio*). Dieser Begriff ist neu.[6] Das Konzil verabschiedete drei »Erklärungen«: über die christliche Erziehung, über das Verhältnis der Kirche zu den nichtchristlichen Religionen, über die Religionsfreiheit. Die Themen zeigen: Das sind Äußerungen zu heiklen und umstrittenen Fragen. Es sind ferner Äußerungen zu Fragen, die nicht nur innerkirchliche Probleme, sondern das Außenverhältnis der Kirche betreffen. Außerdem sind die Erklärungen selbst im Vergleich zu den Dekreten im Regelfall noch einmal kürzer. Diese Beobachtungen – zusammen mit der turbulenten Entstehungsgeschichte dieser »Erklärungen« – führen zu dem Urteil: »Erklärungen« hat das Konzil dort veröffentlicht, wo es sich zwar zu Fragen äußert, die durchaus mit dem Selbstverständnis der Kirche zu tun haben, und wo auch Weisungen zu geben waren, wo es indes angezeigt war, sich so vorsichtig und überholbar wie möglich zu äußern, einerseits, um innerkirchliche Kontroversen nicht anzuheizen, anderseits, um außerhalb der Kirche keine ihr Wirken belastenden Mißverständnisse aufkommen zu lassen.

Zusammengefaßt also: Die Hauptaussagen und damit auch die thematischen Schwerpunkte des Konzils finden sich in den vier Konstitutionen. Diese geben denn auch dem Konzil seine unverwechselbare Signatur: die Konstitution über die göttliche Offenbarung als Ortsbestimmung von Glaube und Theologie in der Welt des modernen Geistes; daraufhin die Kirchenkonstitution als Darlegung des Kirchenverständnisses im Kontext lange vorbereiteter theologischer Einsichten. Die Kirche als »Volk Gottes« und Adressatin der Selbstmitteilung Gottes: das muß Folgen haben für ihren Gottesdienst, also ihr Innenleben (Liturgiekonstitution) und für ihren Dienst an der Welt, ihr Außenleben (Pastoralkonstitution).

Diesen Kernaussagen des Konzils ordnen sich die Dekrete reformerischen Inhalts zu, einschließlich der auch in ihnen noch einmal verhandelten Spezialfragen: Die Dekrete über die Priesterausbildung und über die Missionstätigkeit der Kirche gehören zum Themenbereich der Konstitution über die Offenbarung, die Dekrete über die Ostkirchen, den Ökumenismus, die Bischöfe, das Ordensleben, den Dienst der Priester gehören in den Themenbereich der Kirchenkonstitution, die Dekrete über die sozialen Kommunikationsmittel, das Laienapostolat sowie die Erklärung über christliche Erziehung gehören in den Bereich der Pastoralkonstitution. Die Erklärungen über die nicht-christlichen Religionen und über die Religionsfreiheit sind streng genommen Anhänge zur Konstitution über die Offenbarung. Daß der Liturgiekonstitution kein Dekret entspricht, liegt daran, daß die Ausführungsbestimmungen einerseits den Bischofskonferenzen, anderseits den nachkonziliaren weiteren Regelungen vorbehalten wurden.

Liest man nun heute die Texte – gleichviel, ob in Übersetzungen oder im lateinischen Urtext –, so kann man nur schwer wahrnehmen, unter welchen Konflikten sie entstanden sind. Bestenfalls bemerkt man gelegentlich eine unscharfe, um nicht zu sagen: ausweichende, verschleiernde Formulierung. Darum nun ein Blick auf den Verlauf des Konzils sowie auf einige exemplarische Krisen und Skandale. Weitere konfliktreiche Einzelheiten folgen dann bei der Besprechung der Sachthemen in den anschließenden Kapiteln.

II. Der Verlauf des Konzils

1. *Für und wider das Latein*

Wir müssen zunächst noch einmal in die Monate unmittelbar vor der Konzilseröffnung zurückschauen, um auf drei delikate Probleme hinzuweisen, die die Vorbereitungsarbeiten hinterlassen hatten und die die Außenwirkung des Konzils anfangs noch durchaus ins Zwielicht bringen konnten. Es geht um die Fragen des Lateinischen als Konzilssprache, um das Verhältnis zur Presse und um die »Beobachter« aus den nicht-katholischen Kirchen.

Trotz mancher Bedenken war am Ende relativ problemlos in der Geschäftsordnung festgelegt worden, Verhandlungssprache des Konzils solle Latein sein – *Verhandlungssprache*, nicht nur, was einigermaßen selbstverständlich war, Originalsprache der Beschlüsse. Man hatte erwartet, daß zumindest die Bischöfe aus den Missionsländern, vor allem die einheimischen Bischöfe aus den betreffenden Völkern, dagegen protestieren würden. Aber Protest und Befürwortung gingen quer durch die Nationalitäten. Kein Wunder, denn die einheimischen Bischöfe aus den Missionsländern hatten, damals noch, samt und sonders in Rom studiert, wo, damals noch, die Vorlesungen an den päpstlichen Universitäten selbstverständlich auf Lateinisch gehalten wurden. Sie waren also im Training. Anders stand es, auch wenn sie »konservativ« waren, um die Bischöfe etwa aus den USA oder selbst aus den romanischen Ländern (Italien, Spanien). Sie setzten sich sehr für das Latein ein, sprachen es aber sehr schlecht. Von Kardinal Spellman aus New York, einem der »konservativsten« Konzilsväter, wird berichtet, daß er einmal einen anderen in der Diskussion für sich zu sprechen bitten mußte, weil sein Latein von der Mehrzahl der Väter einfach nicht zu verstehen war.

Immerhin, das Latein als Verhandlungssprache erregte die Gemüter nicht über Gebühr. Groß aber wurde die Erregung bei einem Vorgang, der damals wie die Detonation einer Bombe empfunden wurde. In ungewöhnlich feierlicher Form unterschrieb der Papst am 22. Februar 1962 öffentlich in St. Peter die Enzyklika *Veterum Sapientia* (»Die Weisheit der Alten«). Diese Enzyklika war ein Lobpreis des Lateinischen als *der* Sprache der Kirche. Und deshalb schrieb das Lehrschreiben vor, in allen kirchlichen theologischen Fakultäten müßten (in Zukunft wieder) alle Vorlesungen in lateinischer Sprache gehalten werden, ausgenommen die Lehrveranstaltungen im Fach Praktische Theologie. »Es war gewiß das wirkungsloseste Dokument, das jemals von Papst Johannes herausgegeben wurde. Für den Rest des akademischen Jahres – kaum länger – übten angelsächsische Professoren mit schwerer Zunge ihr eingerostetes Latein an verwirrten und manchmal verständnislosen Studenten. Dies alles geschah im Namen des guten Papstes Johannes, der trotz seines liberalen Rufes jetzt dabei war, ›die Uhr zurückzustellen‹.«[7] Was der englische Biograph hier für die angelsächsischen Fakultäten berichtet, gilt auch für Deutschland. Die theologischen Fakultäten an den Universitäten, weil staatlich, waren daran nicht gebunden, ihre Studentinnen und Studenten haben darum nichts davon zu spüren bekommen. Wohl aber die bischöflichen Fakultäten und die theologischen Hochschulen der Orden. Um es klarzustellen: Ich habe selbst *gute* lateinische Vorlesungen gehört, die zu verstehen bei einigermaßen ordentlichem humanistischen Abitur und etwas Übung mit scholastischen Texten durchaus nicht schwer war. Ich habe selbst damals teilweise nach lateinisch geschriebenen Handbüchern das »Grundwissen« einzelner theologischer Fächer studiert. Ich habe an internationalen theologischen Tagungen teilgenommen, wo lateinisch verhandelt wurde – und keineswegs nur geschwiegen. Es ist also durchaus möglich. Aber was 1962 sozusagen über Nacht in kirchlichem Gehorsam tatsächlich probiert und nach kurzer Zeit mit augenzwinkernder Toleranz der zuständigen kirchlichen Oberen wieder abgebrochen wurde, war, auf gut bayerisch gesagt, eine einzige Gaudi.

Wir wissen heute, daß *Veterum Sapientia* im Auftrag von Kardinal Pizzardo, dem Präfekten der Kongregation für das katholische Unterrichtswesen, von Kardinal Antonio Bacci verfaßt wurde. Bacci war der bald bekannt werdende Latinist des Vatikans, dem die lateinische Endredaktion aller Konzilsbeschlüsse anvertraut war und der vor allem weltweit berühmt wurde durch seine Geschicklichkeit, mit der er für moderne, vor allem technische Begriffe lateinische Vokabeln erfand.[8] Solche Zuarbeit für den Papst bei der Abfassung amtlicher Äußerungen ist üblich. Angesichts der seltsamen Wirkungen, die ja absehbar waren, fragte sich allerdings mehr als einer, welchen Sinn die Vorschriften des Lehrschreibens denn wohl haben sollten.

Es lag nahe, daß das Gerücht aufkam, diese Enzyklika sei dem Papst aufgezwungen worden. Ja es wurde sogar eine Äußerung des Papstes kolportiert, er wundere sich selber, was er da unterschrieben habe. Aber das sind wirklich nur Gerüchte. Der Papst selbst hat sie heftig bestritten, wo immer sich ihm Gelegenheit dazu bot. Die Hintergründe der Enzyklika werden heller, wenn man einen anderen Zusammenhang beachtet. Die Vorbereitungskommission, die sich mit Fragen der Liturgie beschäftigte, war – wir werden im folgenden Kapitel davon zu reden haben – nicht nur fleißig, sondern auch besonders effizient. Und bald war es offenes Geheimnis, daß dem Konzil weitgehende Anträge zugunsten der Muttersprache im Gottesdienst vorgelegt werden würden. Dies bedeutete für alle Konservativen an der Kurie höchste Alarmstufe. Die Lage verschärfte sich durch einen geradezu providentiellen Vorgang. Am 22. Januar 1962 übergaben die Kommissionsmitglieder den fertigen Text der Liturgievorlage an den Kommissionsvorsitzenden, den alten Kardinal Gaetano Cicognani – übrigens der Bruder des Kardinals Amleto Cicognani, einem alten Vertrauten von Papst Johannes, der inzwischen, nach dem Tode von Kardinal Tardini, Kardinalstaatssekretär war. Etwas ängstlich, aber doch loyal gegenüber der von ihm präsidierten Kommission, unterschrieb Gaetano Cicognani am 1. Februar 1962 das Liturgieschema – und starb vier Tage später.

Hätte er nicht unterschrieben, die Liturgiekommission hätte ganz von vorne anfangen müssen. Nun aber war klar: Das reformfreudige Liturgieschema war auf seinem Weg in die Konzilsaula nicht mehr aufzuhalten. Da es zugleich die letzte noch ausstehende Vorlage war, konnte jetzt die offizielle Einberufung des Konzils für den 11. Oktober erfolgen. Drei Wochen danach erschien *Veterum Sapientia*. Der Papst persönlich schätzte das Latein, weil es die Sprache der »Alten Väter« war, aber er sprach es selbst keineswegs fließend und mußte in den Monaten vor Konzilsbeginn unter Anleitung von Mitarbeitern täglich zweimal »üben«. So muß man die Enzyklika verstehen als ein beruhigendes Zugeständnis an die Kräfte der Kurie, die die Vorschläge der Liturgiekommission für äußerst gefährlich hielten. Womit sie in ihrem Sinne, wie sich bald zeigen sollte, durchaus recht hatten.

Es ist unmöglich, an dieser Stelle darüber zu schweigen, daß die Vorgänge auch eine ironische Seite hatten. Die Hauptanwälte des Latein auf dem Konzil, die italienischen und viele amerikanische Bischöfe (der Herkunft nach oft Iren oder Polen), sprachen miserabel Latein, die Befürworter der Muttersprache aber, allen voran die deutschen und französischen Konzilsväter, sprachen ein glänzendes Latein – und fragten bei der Debatte über die Liturgiereform süffisant die Anwälte des Latein auf lateinisch, ob Jesus wohl Lateinisch gesprochen hätte. Vom Latein des Papstes aber ist eine Geschichte bekannt geworden, die der Kölner Erzbischof Kardinal Frings später vor dem Kölner Klerus erzählt hat. Der Papst empfing während des Konzils reihum die Bischöfe der verschiedenen Nationen, darunter auch die deutschen, und versuchte sie auf Lateinisch anzusprechen (Deutsch konnte er nicht). Dabei verhaspelte er sich

bald – und Kardinal Frings, damals Vorsitzender der Deutschen Bischofskonferenz, antwortete ihm in ciceronischem Latein: »Heiliger Vater, sonst dispensieren Sie uns! Heute dispensieren wir einmal Sie. Reden Sie ruhig italienisch!«
Was die lateinische Verhandlung auf dem Konzil betrifft, so klappte es im allgemeinen, da die Konzilsreden ja schriftlich vorbereitet wurden. Eine vorsorglich installierte Simultanübersetzungsanlage wurde niemals benutzt. Wer solches einmal bei einer internationalen theologischen Tagung mitgemacht hat, weiß, daß es auch keinen Zweck hat. So viele geschulte Theologen, die die jeweilige Fachterminologie beherrschen *und* zugleich brillante Dolmetscher sind, gibt es gar nicht. Bei politischen Verhandlungen tut man sich da leichter.

2. Konzil und Presse

Ein zweiter problembefrachteter Punkt war das Verhältnis zur Presse. Ein Ereignis wie das Konzil zieht natürlich die Weltpresse an – teilweise bis zu 1000 Journalisten, 1200 bei der Eröffnungsfeier. Es war klar, daß man ein Pressebüro haben müßte. Das wurde denn auch schon in der Vorbereitungsphase eingerichtet. Nur: Eine Institution, die alles Wichtige stets hinter verschlossenen Türen zu beraten und zu entscheiden gewohnt ist und bestenfalls das Mittel der gezielten Indiskretion einzusetzen weiß, hatte natürlich überhaupt keine Erfahrung und Übung im Umgang mit einer frei fragenden Presse. Außerdem: Zuständig war der bereits ernannte Generalsekretär der Vorbereitungskommissionen, später auch Generalsekretär des Konzils, Pericle Felici, ein geistvoller Mann, aber auch der Inbegriff eines Kurienbeamten und darum mit durchaus gebrochenem Verhältnis zu den Medien. Was im Vatikan geschah, ging nach seiner Meinung prinzipiell niemanden etwas an, sofern nicht die zuständigen Leute selbst geruhten, etwas davon öffentlich zu machen. So war er auch der Meinung, das Konzil sei eine rein innerkirchliche Angelegenheit und darum brauche von den Verhandlungen nichts nach draußen zu dringen. Erst wenn die Beschlüsse verabschiedet waren, hatte sich die Öffentlichkeit dafür zu interessieren. Nach diesen Grundsätzen versuchte Felici tatsächlich mit der Presse umzugehen.
Am 3. Dezember 1960 gab er die erste Pressekonferenz, in der zugleich die Einrichtung eines Konzilspressebüros angekündigt wurde. Originalton Felici:

Es ist erforderlich, daß »die Berichterstattung – abgesehen von aller Rhetorik und journalistischer Aufmachung, die nicht immer erforderlich, aber gelegentlich recht nützlich ist – im Wesentlichen bei Fragen des Glaubens und der Sitten exakt ist und der Lehre der Kirche vollauf entspricht. Die Lücken, die man in der nicht-katholischen oder einfachen Nachrichtenpresse hingehen läßt, können bei der katholischen Presse nicht geduldet werden. Darum ist der Kontakt mit den offiziellen oder wenigstens offiziösen Informationsorganen erforderlich. Ehe man eine sensationelle Neuigkeit weitergibt, muß man feststellen, was an ihr wahr ist ... Ich wünsche, daß sich alle daran halten und ihr Verlangen nach dem Überraschenden und Sensationellen beherrschen. Besser eine Minute später mit einer wahren Nachricht, als eine Minute früher mit einer falschen ...« Das Pressebüro »wird von Zeit zu Zeit [!] nützliche und wahre Informationen mitteilen, die nach Möglichkeit Ihren Bedürfnissen entsprechen werden. Ich erinnere Sie, meine Herren, an das lateinische Sprichwort: ›Von Freunden verlangt man nur Ehrenhaftes‹. Dringen Sie nicht in Dinge ein, die für Sie verschlossen und Ihnen verwehrt sind. Nur unter dieser Voraussetzung werden wir gute Freunde sein.«

Anschließend ermahnte Felici die Journalisten, ein integres Familienleben zu führen.

Am 21. Mai 1961 ließ sich Felici auf einer erneuten Pressekonferenz wie folgt vernehmen: Das Pressebüro werde »nach Bedarf« organisiert. »Der Bedarf ist heute begrenzt, und daher ist die Tätigkeit des Büros eine begrenzte. Die Öffentlichkeit und die Journalisten müssen sich gedulden. Und wenn auch der Papst oft erklärt hat, daß es äußerst wünschenswert ist, wenn die Gläubigen dem Konzil ein lebhaftes Interesse entgegenbringen, so darf man doch nicht vergessen, daß das Konzil ein Akt der höchsten Lehr- und Regierungsgewalt der Nachfolger der Apostel unter der Autorität des Papstes ist. Alle müssen zu diesen mit ehrfürchtigem Schweigen aufschauen und den Heiligen Geist bitten, sie zu erleuchten ...«

Die Empörung der Weltpresse über diesen Stil kann man sich ausmalen. Freilich, was eine richtige Journalistin und ein richtiger Journalist sind, werden vor solcher Arroganz nicht etwa kapitulieren, sondern sich erst recht zur Nachforschung ermuntert fühlen. Und es ist auch sattsam bekannt, wie solches abläuft.[9] Zum einen galt die strikte Geheimhaltung im Unterschied zur Auslandspresse offenbar nicht für die italienischen Zeitungen. Durch Vergleich mit den Mitteilungen (in und zwischen den Zeilen) im *l'Osservatore Romano*, der offiziellen Zeitung des Vatikan, ergänzt durch leicht herstellbare Kontakte zu Bischöfen und Kurienprälaten, die ihrerseits ein Interesse an der Verbreitung einer bestimmten Nachricht oder der Bewertung von Vorgängen hatten, konnte nun fast nach den Methoden geheimdienstlicher Auswertung eine durchaus muntere Berichterstattung über das Konzil vonstatten gehen.

So gab es zum Beispiel und vor allem einen geheimnisvollen amerikanischen Journalisten, der unter dem Pseudonym Xavier Rynne regelmäßig für die New Yorker Illustrierte »The New Yorker« schrieb und von sich behauptete, er verwende dabei überhaupt keine besonderen Insiderkenntnisse, vielmehr stütze er sich nur auf allgemein dem Publikum zugängliche Quellen.[10] 1984 prägte ein amerikanischer Journalist namens F.X. Murphy den Satz: »Jeder Journalist, der nicht fähig ist, ein vatikanisches Geheimnis zu knakken, nachdem er fleißig die italienische Presse gelesen, l'Osservatore Romano gründlich geprüft und an einem oder zwei Botschaftsempfängen teilgenommen hat, sollte seinen Beruf wechseln.«[11] Es gibt fast sichere Indizien, daß dieser Murphy mit jenem Xavier Rynne identisch ist!

Gottlob bekam die über Felici empörte Weltpresse aber auch bald hochoffizielle Schützenhilfe. Nur knapp zwei Monate nach Felicis erster Pressekonferenz, am 30. Januar 1961 hat sich der Wiener Erzbischof Kardinal König deutlich von Felici distanziert.

»Äußerlich erscheint das Konzil als eine Sache des Papstes und der Bischöfe; in Wirklichkeit ist es Sache der ganzen katholischen Kirche, das heißt aller Gläubigen. Von Ihnen, den katholischen Journalisten, hängt es zum guten Teil ab, ob es wirklich so sein wird ... Ich denke hier vor allem an Journalisten, die nicht in der katholischen Presse schreiben ... Es ist die Aufgabe der Journalisten, das öffentliche Gewissen der Katholiken zu sein. Wenn Sie etwas über das Konzil zu sagen haben, warten Sie nicht auf ein Wort des Bischofs, nicht auf Nachrichten aus Rom. Warnen Sie, wo Sie glauben, warnen zu müssen; gehen Sie mutig voran, wo Sie glauben, vorangehen zu müssen; informieren Sie, sooft sich eine Gelegenheit bietet, die Welt über das Konzil zu informieren. Wenn Sie das Konzil zu Ihrer Sache machen, dann wird auch das Konzil die Sache aller Christen werden. Reden Sie auch von allem, was die öffentliche Meinung und die Gläubigen vom Konzil erwarten.«

Und schließlich nahm der Papst selbst sich die Sache so zu Herzen, daß er am 24. Oktober 1961 – noch war das Konzil gar nicht formell einberufen oder auch nur ein Termin genannt – eine große Rede an die Auslandspresse hielt, worin er sein Verständnis für die Bedeutung der öffentlichen Meinung und die Probleme der Journalisten bekundete und einen weiteren Ausbau des Pressebüros versprach.

Es haperte trotzdem ständig – und den Journalisten blieb eben tatsächlich oft nichts anderes übrig, als sich »ihren« Bischof und/oder »ihren« *Peritus* warmzuhalten, bei dem sie gelegentlich die Ohren langmachen konnten. Eines der größten Rätsel des Konzils aber wird bleiben, wie ein Mann vom Schlage Felicis, der drauf und dran war, über die Journalisten die Stimmung der Welt gegen das Konzil aufzubringen, Sekretär des Konzils wurde und es auch nach dem Tode Johannes' XXIII. blieb. Vermutlich weil er ein außerordentlich fähiger Organisator war und den Apparat beherrschte, wofür man auch in Kauf nahm, daß er einen ungewöhnlichen Einfluß hinter den Kulissen ausübte. Von der zweiten Sitzungsperiode an wurden seine Zuständigkeiten und sein Einfluß allerdings beschnitten.

3. Die »Beobachter«

Die dritte bange Frage war: Wie würde es mit den »Beobachtern« aus den nicht-katholischen Kirchen gehen, die einzuladen der Papst gegen den Widerstand der Kurie durchgesetzt hatte?
Im Bereich der Kirchen der Reformation fand diese Einladung erstaunlicherweise besseres Gehör als bei den orthodoxen Ostkirchen. Mit viel diplomatischem Geschick, aber auch mit gelegentlichen Regungen von Selbstgerechtigkeit – nicht bei Papst Johannes, wohl aber bei hochrangigen Leuten an der Kurie und, in Wechselwirkung damit, bei den führenden Vertretern der nicht-römischen Kirchen – waren in den Jahren 1960–62 Kontakte aufgenommen worden. Das diplomatische und protokollarische Hin und Her mancher dieser Kontakte, das, vor allem gegenüber den orthodoxen Kirchen im Bereich des damaligen Ostblocks, auch die »hohe Politik« überhaupt unvermeidlich berührte, ist heute kaum noch verständlich. Wir sollten es uns aber zur Kenntnis bringen[12], um ermessen zu können, wieviel neues Vertrauen damals mit Erfolg aufgebaut wurde und sich bis heute erhalten hat – ein bedeutendes Gegengewicht gegen das heute auch realistisch zu verzeichnende neue Mißtrauen innerhalb und außerhalb der Kirche, ob »Rom« an den Beschlüssen des Zweiten Vatikanischen Konzils ernsthaft festhält.
Jedenfalls, schon am 2. Dezember 1960 hatte Erzbischof Fisher von Canterbury, das Oberhaupt der Anglikanischen Kirche, dem Papst einen Besuch abgestattet – nach manchen heute eigenartig wirkenden Manövern beiderseitiger Gesichtswahrung. Als Endergebnis dieser Kontaktaufnahme entsandten die Anglikaner drei offizielle Vertreter zum Konzil.
Die Evangelische Kirche in Deutschland (EKD) entsandte Professor Edmund Schlink aus Heidelberg, der Lutherische ebenso wie der Reformierte Weltbund sowie der Ökumenische Rat der Kirchen (ÖRK) sandten Vertreter.
Nur die Ostkirche reagierte zögernd. Das hat auch, wenn nicht vor allem politische Gründe. Das Moskauer Patriarchat wetterte heftig gegen die »Sirenen« aus dem Vatikan. Unter diesen Umständen konnte auch keine andere orthodoxe Kirche nach Rom gehen, ohne

der bedrängten russischen Kirche in den Rücken zu fallen. Wir müssen es uns versagen, an dieser Stelle all die meist geheimen, immer höchst prekären und vor der stramm antikommunistisch denkenden Kurie möglichst zu verbergenden Aktivitäten zu schildern, mit denen sich der Papst bemühte, einen persönlichen Kontakt und eine Vertrauensbasis zu Nikita Chruschtschow, dem damaligen ersten Mann im Kreml, herzustellen, ohne die westliche Welt mißtrauisch zu machen. Nicht zuletzt der Prälat Jan Willebrands, einer der engsten Mitarbeiter von Kardinal Bea und später dessen Nachfolger als Leiter des Einheitssekretariates, hat dabei äußerst geschickt agiert. Das hat sich wenig später wohl mit weltpolitischen Folgen bezahlt gemacht: Kurz nach Beginn des Konzils kam es zur »Kuba-Krise«, die die Welt an den Rand eines Atomkriegs brachte. Es war dann der heiße Draht des Papstes sowohl zu Chruschtschow als auch zu Präsident Kennedy, der nicht allein, aber in erheblichem Maße, wenn nicht entscheidend dazu beitrug, die Krise so beizulegen, daß die Führer beider Supermächte vor ihren Völkern und der Welt das Gesicht wahren konnten.

Was sich hier zeigte: daß der Papst in der Lage war, unparteiisch nichts als die Interessen und die Sehnsucht der Menschheit nach Frieden zu wahren, hatte vorher auch in der Beobachter-Frage schließlich geholfen. Es gelang, in Moskau deutlich zu machen, daß das Konzil in keiner Weise sich parteiisch oder gar mit Verurteilungen zu politischen Fragen äußern würde – obwohl bestimmte Kräfte auf dem Konzil dies durchaus gern getan hätten. So kam die große Überraschung: Buchstäblich am Vorabend der Konzilseröffnung traf die Nachricht ein, zwei Vertreter des Patriarchen Alexios seien nach Rom unterwegs. Es war der unmittelbare Erfolg einer Reise von Prälat Willebrands nach Moskau.

4. Die erste Tagungsperiode: 11. Oktober – 8. Dezember 1962

Wir kehren nun in die Konzilsaula zurück. Am Tag des Eröffnungsgottesdienstes wurde natürlich nicht gearbeitet. Die Arbeit begann am 13. Oktober mit der Wahl der Konzilskommissionen. Diese entsprachen vom Thema her den Vorbereitungskommissionen. Wie erinnerlich: Der Papst ernannte jeweils ein Drittel, zwei Drittel waren zu wählen. Dabei kam es nun gleich zum ersten (noch sanften!) Eklat, der dazu führte, daß die erste Arbeitssitzung schon nach nur zwanzig Minuten beendet wurde. Es wurden nämlich Wahlzettel ausgeteilt, auf denen je 16 Namen zu notieren waren. Aber welche? Die Kurienleute hatten sich in der Hoffnung auf die Unerfahrenheit und Vertrauensseligkeit all der »Neulinge«, der

»Fremden«, die da zusammengekommen waren, einen raffinierten Schachzug ausgedacht: Mit den Wahlzetteln wurden, unter dem Vorwand einer einfachen Information, eine Liste der Namen ausgeteilt, die in den entsprechenden Vorbereitungskommissionen schon Mitglieder waren – und wie man weiß, waren dort die Vertreter der kurialen Linie in der Mehrzahl.
Aber der Schuß ging nach hinten los. Der Widerstand kam sogleich von Mitgliedern des Präsidiums. Die Kardinäle Liénart (Lille) und Frings (Köln) eroberten sich, mit sanfter Gewalt gegen alle Versuche, ihnen die Wortmeldung zu verweigern, das Mikrofon und sagten ganz unschuldig, man kenne sich doch noch zu wenig, müsse sich erst kennenlernen. Darum solle man die Wahl um einige Tage verschieben, in der Zwischenzeit sollten die Bischöfe untereinander beraten. Brausender Beifall! Das war der Augenblick, wo der amerikanische Bischof Robert J. Dwyer sagte: »Wir merkten, daß wir ein Konzil waren – und keine Klasse von Schuljungen, die man zusammengetrommelt hatte.« Die Repräsentanten der Kurie aber waren vom ersten Tag an gewarnt, daß sich das Konzil nicht würde manipulieren lassen.
In den nächsten Tagen traten die nationalen und regionalen Bischofskonferenzen zusammen und stellten Wahllisten auf. Die erfolgreichste war die der mitteleuropäischen und französischen Kardinäle, weil sie die Sachkenner aus allen Teilen der Welt berücksichtigte und darum den Eindruck großer Fairneß hinterließ. Waren schon im Konzil selbst, anders als in den Vorbereitungskommissionen, nur noch die Hälfte aller Väter Europäer, so waren nun auch die für die Arbeit des Konzils entscheidenden Kommissionen vollkommen internationalisiert.
Im Verlauf der Tagungsperiode tagte die Generalkongregation 36mal, es gab 640 Konzilsreden und 33 Abstimmungen. Nacheinander wurden die wichtigsten vorbereiteten Vorlagen diskutiert: Liturgie, Offenbarung, Kommunikationsmittel, orientalische Kirchen, Kirche. Publikationsreif wurde nichts. Aber das ist – trotz der Enttäuschung vieler Katholiken über die »Uneinigkeit« auf dem Konzil – normal. Zwei Monate als »Warmlaufzeit« des Konzils sind wahrhaft nicht zuviel. Wichtiger war, daß das Konzil seine Form fand, daß die Väter die Mechanismen der Diskussion zu beherrschen, auch Hintergrundvorgänge zu durchschauen lernten. Überrumpeln konnte man die Väter nach der ersten Tagungsperiode nicht mehr.
Klar war allerdings auch geworden, daß man Prioritäten setzen, kürzen und zusammenziehen mußte, wenn Hoffnung auf konkrete Ergebnisse bestehen sollte. Dies gelang am Ende der Tagungspe-

riode mit Hilfe der am 6. Dezember 1962 eingesetzten Koordinierungskommission, der auch der Münchner Erzbischof und Kardinal Julius Döpfner angehörte und die engen Kontakt mit den Vätern hielt. Anfang Mai 1963 konnten neue Entwürfe an die Väter versandt werden, zu denen sie selbst schon beigetragen hatten.
An dieser Stelle müssen wir nun noch einmal auf einen Zusammenhang eingehen, der im vorausgehenden Kapitel schon anklang und der schicksalhaft für das Konzil wurde.

5. Die Tagesordnung des Konzils

Das zuletzt Gesagte klingt sehr selbstverständlich – und war es nach Lage der Dinge keineswegs. Kaum war das Konzil eröffnet, zeigte sich, daß es unter einem geradezu unbegreiflichen Mangel an Planung litt. Der Papst hatte keinerlei Zeitplan vorgegeben, nach dem die vielen Vorlagen zu diskutieren, zu bearbeiten und gar zu verabschieden waren, und er hatte einen solchen Zeitplan auch nicht in Auftrag gegeben. Das Präsidium, wir erwähnten es schon, zeigte sich wenig effizient. Alle an der Kurie aber, bis zum Papst, dachten, Weihnachten 1962 würde das Konzil längst vorbei sein. Nun aber biß man sich gleich in den ersten Diskussionsrunden am Thema »Liturgie« fest, die Wochen verrannen, eine Vorlage nach der anderen wurde mit dem Ziel gründlicher Neubearbeitung vom Konzil zurückgewiesen, die Vorstellung eines kurzen Konzils verlor jeglichen Realitätsgehalt.
Aber ein Konzept für die Fortführung schien es nicht zu geben. Was sich in der Rückschau als die völlig normale Warmlaufphase des Konzils anschaut, war in Wirklichkeit seine erste und gleich fundamentale Krise, in der nicht weniger als die Konzeption von der Aufgabe des Konzils selbst auf dem Spiel stand. Im Unterschied zu den Männern an der Kurie hatten nämlich die ausländischen Konzilsväter, zum Teil sogar die auswärtigen Konzilsväter in Italien, von Anfang an die Erwartung, daß es ein schwieriges und darum mehrere Sitzungsperioden beanspruchendes Konzil würde. Die Natur der Krise, die sich zwischen diesen beiden Konzepten vom Konzil entspann, und die Planlosigkeit, mit der man ihr begegnete, hat man sich lange nicht erklären können. Inzwischen kann man es, und wir müssen hier einmal mehr die Namen von zwei der wichtigsten Konzilsväter nennen.
Der erste ist Kardinal Suenens, der Erzbischof von Brüssel. Er hatte 1962 einen Hirtenbrief an seine Diözese geschrieben. Thema: Wie kann die Kirche den Fragen der Zeit begegnen? Der Hirtenbrief geriet zufällig unter die Augen des Papstes. Dieser dankte Suenens

und ließ ihn sein volles Einverständnis wissen. Zugleich erbat er von Suenens einen Bericht mit seinen Vorschlägen über Arbeit, Organisation und Ziele des Konzils. Suenens antwortete mit zwei Memoranden: einem, was das Konzil *nicht* sein solle, einem, was es sein und tun solle. Das zweite Memorandum machte auf Johannes solchen Eindruck, daß er dessen Gedanken zur Grundlinie einer Rede am 11. September 1962 machte – mit Fernwirkungen bis in die Eröffnungsrede. Konzeptioneller und organisatorischer Kern des Vorschlags von Suenens war, das Konzil solle seine Arbeit um die beiden Spannungspole gruppieren: Leben der Kirche nach innen (*ad intra*) – Leben der Kirche in den Beziehungen nach außen (*ad extra*). Das sollte später für die Arbeit an der Pastoralkonstitution »Über die Kirche in der Welt von heute« bedeutsam werden. Arbeitsorganisatorisch aber hat sich das zunächst nicht ausgewirkt. Kardinal Suenens freilich gehörte von da an zum engsten Freundes- und Beraterkreis des Papstes.

Der andere hier wieder einmal zu nennende Konzilsvater ist Kardinal Montini von Mailand. Erst 1983 wurde – durch eine von Kardinal Suenens dem Paul VI.-Archiv in Brescia übergebene Kopie, veröffentlicht im Osservatore Romano vom 26. Januar 1984 – ein Brief bekannt, den Kardinal Montini schon am 18. Oktober 1962, nur eine Woche nach Eröffnung des Konzils, auf dem Dienstwege an den Papst geschrieben hatte – in großer Sorge um den weiteren Verlauf des Konzils.[13] Er schlug vor, das Konzil solle sich auf *ein* Thema konzentrieren, und zwar auf das Thema »Kirche«, um damit endlich das Erste Vatikanische Konzil in eine lehramtliche Klärung des Selbstverständnisses der Kirche einzufügen. Montini hielt es darum gar nicht für gut, aus rein pragmatischen Gründen mit dem Thema »Liturgie« anzufangen, wie es gerade geschah – denn das bedeute ein Ausweichen vor der eigentlich dem Konzil gestellten Aufgabe und insoweit auch eine Irreführung der Weltöffentlichkeit. Das Thema Kirche aber sei dreifach zu klären: das Mysterium der Kirche, danach die Sendung der Kirche, also ihr Handeln, und schließlich die Beziehungen der Kirche zu anderen, nicht zu ihr gehörenden Menschengruppen. Insgesamt werde das Konzil dafür drei Sitzungsperioden brauchen. Man erkennt unschwer, daß damit sowohl die Themenschwerpunkte der vom Konzil verabschiedeten Texte umschrieben sind wie auch der weitere Ablauf des Konzils selbst. Daß es vier statt drei Tagungsperioden wurden, liegt daran, daß Montini im Oktober 1962 noch glaubte, man könne mit dem Thema »Kirche«, konkret also: mit der Kirchenkonstitution, noch in der ersten Tagungsperiode fertig werden.

Im November begriff Papst Johannes die Lage und bat Montini und

Suenens, vor dem Konzil vorzutragen, was sie ihm privat gesagt hatten. Suenens tat es in seiner groß angelegten Rede am 4. Dezember, Montini folgte am 5. mit der Entwicklung seiner Vorschläge zur Fortsetzung der Konzilsarbeit, wie er sie in seinem Brief im Oktober niedergelegt hatte. So wurde von hinten her die erste Tagungsperiode zur Einübung für die eigentlichen Aufgaben und Entscheidungen, die in den folgenden Jahren auf das Konzil warteten. Der Tag des päpstlichen Auftrags an Suenens und Montini muß der schmerzlichste im Pontifikat von Papst Johannes gewesen sein. Der Auftrag bedeutete Brief und Siegel unter die Einsicht, daß er das Konzil nicht mehr würde zu Ende führen können. In diesen Tagen hatte er von seinem Arzt definitiv erfahren, daß er nur noch wenige Monate zu leben hatte. Nun konnte er nur noch hoffen, daß Montini sein Nachfolger wurde. Die Eingeweihten wußten um diese Hoffnung. Und Montini war klug genug, in der Konzilsaula stumm zu bleiben – bis zum 5. Dezember. Papst Johannes aber verglich nun sein Verhältnis zum Konzil damit, daß es seine Aufgabe gewesen sei, ein großes, schweres Schiff vom Stapel laufen zu lassen. »Ein anderer wird die Aufgabe haben, es aus dem Meer zu holen.« Aber zunächst beschloß das Konzil die Sitzungsperiode, als ob nichts Einschneidendes bevorstünde.

Am 8. September 1963 sollte es also weitergehen. Aber am 3. Juni starb Johannes XXIII. – schon seit Monaten von der Krankheit gezeichnet, an der er sterben sollte. Nach dem Kirchenrecht war damit das Konzil suspendiert. Doch am 21. Juni – keine drei Wochen nach dem Tod von Papst Johannes –, nach nur zweitägigem Konklave und schon im sechsten Wahlgang, ganz ungewöhnlich schnell also, ging der Erzbischof von Mailand, Kardinal Montini, als Papst Paul VI. aus der Wahl hervor. Wie früher schon vermerkt: viele Katholiken in der Welt haben gezittert, ob das Konzil weitergehen würde.

Heute wissen wir, daß das Zittern grundlos war: Die Wahl fiel auf den Wunschkandidaten des Vorgängers, der selber noch dessen Konzeption für den Fortgang und die weitere Tagesordnung des Konzils akzeptiert hatte. Man hatte Montini als gemäßigten Progressisten gewählt – und diese Erwartungen erfüllte er, aber es waren nicht die Erwartungen der Kurie. Schon am Tag nach seiner Wahl kündigte er in einer Rundfunkbotschaft an, daß er das Konzil fortsetzen werde. Als neuer Termin wurde der 29. September festgesetzt. Eine ganze Reihe weiterer Äußerungen und Maßnahmen der folgenden Wochen machten seinen Kurs deutlich – wir können sie hier übergehen.

6. Die zweite Tagungsperiode: 29. September – 4. Dezember 1963

In der Eröffnungsrede erklärte der Papst, was er schon als Erzbischof von Mailand zu Protokoll gegeben hatte: Die Konstitution über die Kirche müsse den Hauptschwerpunkt der Session bilden. Weitere Ziele des Konzils seien die innere Erneuerung der Kirche, die Förderung der Einheit der Christen und die Frage nach der Kirche in der Welt von heute. Mit Nachdruck forderte der Papst die Klärung der Lehre vom Episkopat und seinem Verhältnis zum Petrusamt. »Daraus werden sich auch für Uns Richtlinien ergeben, aus denen Wir in der Ausübung Unserer Apostolischen Sendung lehrhaften und praktischen Nutzen ziehen werden.«
Man hat sich tatsächlich einen Monat lang mit dem Kirchenthema beschäftigt – die Vorlage war inzwischen gründlich umgearbeitet worden und wurde durch eine Abstimmung als Grundlage der weiteren Diskussion akzeptiert. Es folgten die Dekrete über das Bischofsamt und über den Ökumenismus – im logischen Anschluß an die Kirchenkonstitution. Das Ökumenismusschema enthielt noch die Abschnitte über die Juden sowie über die Religionsfreiheit. Beide stießen auf Widerstand aus verschiedenen Richtungen. Darum trennte man sie ab und stimmte nur über die ersten Kapitel des Dekretes ab. Letzte Abstimmungen gab es zum Dekret über die Kommunikationsmittel und über die Liturgie. Die Liturgiekonstitution und das Dekret über die sozialen Kommunikationsmittel wurden denn auch in der feierlichen Schlußsitzung am 4. Dezember 1963 verabschiedet, vom Papst approbiert und veröffentlicht. Dabei wandte der Papst erstmals eine neue Bestätigungsformel an, die ohne Beeinträchtigung des geltenden Kirchenrechts doch deutlich dem Gedanken der Kollegialität der Bischöfe in der Verantwortung für die Gesamtkirche entspricht – also jenem Gedanken, der im Streit mit den Beharrungskräften bei der Debatte über das Kirchenschema die meisten Schwierigkeiten machte. Der Papst nimmt hier die diesbezügliche Aussage der Kirchenkonstitution, die noch gar nicht verabschiedet war, vorweg. Die Formel, die von nun an bei allen Texten des Konzils angewendet wurde, lautet:

»Was in dieser Konstitution im Gesamten und im Einzelnen ausgesprochen ist, hat die Zustimmung der Väter gefunden. Und Wir, kraft der von Christus Uns übertragenen Apostolischen Vollmacht, billigen, beschließen und verordnen (*approbamus, decernimus ac statuimus*) es zusammen mit den Ehrwürdigen Vätern im Heiligen Geiste und gebieten zur Ehre Gottes die Veröffentlichung dessen, was so durch das Konzil verordnet ist. Rom, bei St. Peter (Datum). Ich, Paulus, Bischof der katholischen Kirche.«

Dann folgen die Unterschriften der Väter.

7. Die dritte Tagungsperiode: 14. September – 21. November 1964

Greifbares Ergebnis der Tagungsperiode sind die Verabschiedung der Konstitutionen über die Kirche und der Dekrete über den Ökumenismus und die Orientalischen (unierten) Kirchen. Zugleich ist diese Sitzungsperiode die Phase der großen Krise des Konzils. Und dies, obwohl äußerlich das Konzil auf Hochtouren läuft und zügig voran kommt. Schema um Schema – die Kürzungen, Zusammenziehungen, Weglassungen sind geleistet, das noch zu erledigende Programm »steht« – wird vorgelegt, nach dem in der Geschäftsordnung festgelegten Verfahren diskutiert und bearbeitet, also stets so, daß nach einer Generaldebatte darüber abgestimmt wird, ob das Schema als Grundlage der weiteren Arbeit angenommen wird, was nun immer geschieht. Danach wird es an die Kommission überwiesen zur Einarbeitung der *Modi*. Mit diesen wird es erneut vorgelegt und nun Abschnitt für Abschnitt zur Abstimmung gebracht. Die dabei erneut eingebrachten Abänderungsanträge werden wieder der Kommission übergeben und eingearbeitet und in der dann erstellten Endfassung zur Gesamtabstimmung ohne neue Debatte gestellt – mit der Möglichkeit, daß außer mit Ja oder Nein auch mit Vorbehalt abgestimmt werden kann. Die Gesamtabstimmung in der Generalkongregation hat den Charakter einer Probeabstimmung. Die »offizielle« Abstimmung erfolgt dann jeweils in der Schlußsitzung der Tagungsperiode.

Zuallermeist war es so, daß aufgrund der intensiven Arbeit bei der Gesamtabstimmung in der Generalkongregation die Nein-Stimmen eine verschwindende Minderheit, oft unter 20 waren. Die *Juxta-Modum*-Stimmen hielten sich in Grenzen, waren jedenfalls nie bedrohlich und wuchsen nur bei besonders umstrittenen Passagen gelegentlich zu mehreren Hundert. Bei der feierlichen »Session« sanken dann die Nein-Stimmen regelmäßig noch einmal. Man gestaltete die Tagungsperiode so, daß jeweils anstrengende Diskussionssitzungen zur Erholung abwechselten mit routinemäßigen Abstimmungssitzungen über die fertigen Texte beziehungsweise Teile von ihnen.

Lief also nicht alles glatt und – wie der Abschluß der Tagungsperiode zeigt – auch effizient? Nein, es lief keineswegs glatt – aber da wir darauf sogleich beim Blick auf die Krisen ohnehin zu sprechen kommen, sei erst noch die vierte Tagungsperiode hinzugenommen.

8. Die vierte Tagungsperiode: 14. September – 8. Dezember 1965

Erst fünf Texte von den insgesamt projektierten 16 waren vom Tisch – wenn auch solche von hohem sachlichem Gewicht. Aber schwierige und ebenfalls bedeutsame Texte standen noch aus. So gab es bei dieser Sitzungsperiode nicht, wie bei den vorausgehenden, die Verkündigung der Beschlüsse lediglich in der letzten, die Tagungsperiode beschließenden »Session«, vielmehr gab es insgesamt drei feierliche Sessionen. In der ersten, am 28. Oktober, konnten verabschiedet werden: die Dekrete über die Hirtenaufgabe der Bischöfe, die Priesterausbildung, die Erneuerung des Ordenslebens, die christliche Erziehung, die Erklärung über das Verhältnis der Kirche zu den nicht-christlichen Religionen. In der zweiten feierlichen Session, am 28. November, wurde die Konstitution über die Göttliche Offenbarung verabschiedet – jetzt erst, obwohl diese Vorlage unter den ersten gewesen war, die im Herbst 1962 beraten wurden – und das Dekret über das Laienapostolat. In der dritten feierlichen Session, am 7. Dezember, wurde definitiv abgestimmt über die Pastoralkonstitution über die Kirche in der Welt von heute – die längste Konstitution des Konzils und nach wie vor die umstrittenste –, über die Dekrete über Dienst und Leben der Priester, die Missionstätigkeit der Kirche und, endlich, über die Erklärung zur Religionsfreiheit. Die feierliche Schlußsitzung am 8. Dezember, die 9. feierliche Session des ganzen Konzils, verabschiedete keine Beschlüsse, sondern war ein Abschlußgottesdienst des Konzils.

Die Tagungsperiode verlief im Vergleich zur dritten ruhiger. Man stand unter Zeitdruck, denn diese Periode sollte die letzte sein. Die Hauptarbeit wurde jetzt in den Kommissionen geleistet, die die Texte auszufeilen hatten. Die Generalkongregationen waren vor allem mit Abstimmungen beschäftigt, denn die großen Diskussionen waren alle schon in der dritten Tagungsperiode gelaufen. Zugunsten der Kommissionsarbeit gab es denn auch mehrere Pausen zwischen den Generalkongregationen. So gelang es, Zug um Zug die Vorlagen abstimmungsreif zu machen – oft ein wenig nach dem Motto »Weg mit Schaden!«, das heißt, man hat verabschiedet, auch wenn mancher Wunsch offen geblieben war, dem durch weitere intensive Diskussion noch abzuhelfen gewesen wäre.

Auch wurde mehrfach ein Thema dem Papst oder nachkonziliaren Gremien zur weiteren Bearbeitung übergeben – aus sehr einleuchtenden Gründen, wie zum Beispiel im Fall der Revision des kirchlichen Gesetzbuches, aber auch mit problematischen Folgen, wie zum Beispiel im Fall der Vorlage über das Ehesakrament. Über viele Einzelheiten wird später bei den Sachthemen zu berichten sein.

III. SKANDALE UND KRISEN

Man hat gesagt, verglichen mit der Arbeit eines normalen Parlamentes sei die Arbeit des Konzils nicht nur äußerst effizient, sondern ausgesprochen ruhig gewesen. Presse und Fernsehen bekamen dennoch auch reichlich Sensationsfutter, hauptsächlich in der dritten Tagungsperiode. Der Grundvorgang war zumeist so: Die zahlenmäßig relativ kleine, aber einflußreiche, weil über den Apparat verfügende Minderheit der Kurienprälaten, Kurienkardinäle sowie konservativer Bischöfe merkte, daß sie sich nicht durchsetzen konnte – weder mit dem unter ihrem Einfluß entstandenen Entwurf noch bei den Beratungen über die Änderungen. Als alle Mittel und taktischen Schachzüge – zum Beispiel Abstimmungsvertagungen, verzögerte Vorlage der überarbeiteten Entwürfe aus angeblichem oder wirklichem Zeitmangel – nichts mehr halfen, steckte sich diese Gruppe hinter den Papst. Das war kirchenrechtlich korrekt, bedeutete aber eine Verachtung dessen, was sich als Auffassung des Weltepiskopates überwältigender Mehrheit erfreute. In mehreren Fällen hat der Papst dann persönlich interveniert zugunsten der kurialen Minderheit. Das führte dann zum Eklat, bei dem regelmäßig der Papst als der Verächter des Konzils erschien – auch in den Medien. Greifen wir nun exemplarisch einige solcher Eklats heraus.

1. Vorzeichen

Von einem ersten, milden, aber Freund und Gegner aufhorchen lassenden Eklat war schon die Rede: von der Vertagung der Wahl der Konzilskommissionen in der ersten Arbeitssitzung am 13. Oktober 1962, mit dem ein Manipulationsversuch der Kurie abgewehrt wurde.
Das zweite Vorzeichen ergab sich ebenfalls schon während der ersten Tagungsperiode, und auch dies ist schon einmal angeklungen: Man biß sich hoffnungslos fest in der Debatte um die Vorlage zum Thema »Offenbarung«. Die Frage war zu stellen, ob das vorliegende Schema der Vorbereitungskommission als Grundlage der Diskussion weiter benutzt werden sollte. Nach einem verwirrenden Hin und Her[14] stellte das Präsidium die Frage unklar und ungeschickt (oder, je nach Auffassung, besonders geschickt): Sollte das Schema *zurückgewiesen* werden? Eine hohe Mehrheit war dafür, aber es fehlten ca. 70 Stimmen zur Zwei-Drittel-Mehrheit. Die Frage war damit verneint – es mußte auf der alten Basis weitergehen. Hätte man gefragt, ob das Schema *beibehalten* werden solle, wäre das Gegenteil herausgekommen. Nun war vorauszusehen: Es

würde eine lähmende Debatte mit vielfältigen Versuchen des Feilschens und »Keilens« geben, eine große Verbitterung würde die Folge sein. Da griff Johannes XXIII. nach einer Nacht des Überlegens ein, zog von sich aus das Schema zurück und setzte eine Koordinierungskommission ein, die bis zur zweiten Sitzungsperiode ein neues Schema ausarbeiten sollte. Eine Vergiftung des Klimas war vermieden. Es dauerte dennoch bis zur letzten Tagungsperiode, bis die Offenbarungskonstitution verabschiedungsreif war. Das dritte Vorzeichen – schon in der zweiten Tagungsperiode, am 8. November 1963 – ist der Angriff von Kardinal Frings, Köln, auf die Verfahrensweisen des *Sanctum Officium*, wie die heutige »Kongregation für die Glaubenslehre« damals noch genannt wurde. »Die Verfahrensweise des *Sanctum Officium*«, führte Frings aus, »entspricht in vielen Fällen nicht mehr unserer Zeit, gereicht der Kirche zum Schaden und den Nicht-Katholiken zum Ärgernis. Die Aufgabe derer, die viele Jahre im Heiligen Officium zum Schutz der geoffenbarten Wahrheit arbeiten, ist sehr schwer und dornenreich, doch auch bei dieser Behörde darf kein wegen Glaubensfragen Angeklagter verurteilt oder gerichtet werden, ohne daß zuvor er oder sein Ordinarius (Bischof) gehört wurden; ohne daß er die Gründe kennt, die gegen ihn und seine Schriften angeführt werden; ohne daß ihm zuvor Gelegenheit gegeben wurde, sich zu verbessern.«[15] Kardinal Ottaviani, der Präfekt des *Sanctum Officium*, wies mit bebender Stimme die Anschuldigungen zurück, die »nur aus Unkenntnis, um nicht Schlimmeres zu sagen«, erhoben werden könnten, und betonte die Sorgfalt bei der Urteilsbildung in seiner Behörde. Die kann man nun wirklich nicht bestreiten – nur war das keine Antwort auf die Anklage des Kölner Kardinals. Papst Paul VI. gab sie, indem er am Ende der vierten Tagungsperiode das *Sanctum Officium* umstrukturierte, es dem Staatssekretariat unterstellte (es also seiner Allmacht als *Suprema Congregatio Sancti Officii* entkleidete) und ihm eine Verfahrensordnung bei Lehrzuchtverfahren gab. Diese läßt zwar immer noch Wünsche offen. Zum Beispiel hat ein Angeschuldigter nicht das Recht, sich selbst seinen *Relator pro autore*, also seinen »Rechtsanwalt« zu wählen, der wird vielmehr von der Kurie bestimmt wie ein Pflichtverteidiger. Auch sind die bisher in der Öffentlichkeit bekannt gewordenen Anhörungsverfahren bei Lehrkonflikten wenig geeignet, Vertrauen zu wecken. Dennoch hat diese Verfahrensordnung in vielen Punkten die Gegenvorstellungen von Kardinal Frings verwirklicht. Seitdem erfährt ein Gemaßregelter das jedenfalls nicht mehr, wie früher, aus der Zeitung.

2. Die »Nota praevia explicativa« zur Kirchenkonstitution

An sich war die Kirchenkonstitution nach Umarbeitung aufgrund der Beschlüsse der zweiten Tagungsperiode abstimmungsreif. Die beiden ersten Kapitel gingen auch glatt über die Bühne. Das heftig umkämpfte dritte Kapitel über die hierarchische Struktur der Kirche war in 39 Einzelabschnitte eingeteilt worden, über die einzeln mit Ja und Nein abgestimmt werden sollte. Hauptstreitpunkt war die dort entwickelte Lehre vom Kollegium der Bischöfe und seiner Mitverantwortung für die Gesamtkirche. Die kuriale Minderheit war dagegen, weil sie um die Primatialgewalt des Papstes fürchtete. Bei den entsprechenden Abstimmungen stiegen die Nein-Stimmen auf ca. 300: nach Lage der Dinge zeigte sich darin der harte Kern der Opposition. Korrekt wäre nun gewesen, sich zu fügen. Aber sie verfügten immer noch über einen weiteren Zug, wo für die Nicht-Kurialen alles gelaufen war. Nachdem sie auch in der Theologischen Kommission mit sinnändernden Anträgen nicht durchgekommen waren, steckten sie sich hinter den Papst. Am 14. November wurde den Vätern ein dickes Heft mit Änderungsvorschlägen für die noch zu behandelnden Kapitel 3–8 ausgehändigt, samt den Antworten der Theologischen Kommission darauf. Und siehe da: Das Heft begann mit einer *Nota praevia explicativa*, die jede Beeinträchtigung des päpstlichen Primates durch die im 3. Kapitel der werdenden Konstitution entwickelte Lehre vom Bischofskollegium ausschließt. Der Generalsekretär Felici teilte mit, diese »Vorbemerkung« habe zwar auch der Theologischen Kommission vorgelegen, käme aber von einer »höheren Autorität« – was nur der Papst sein konnte. Zweimal, am 16. und am 19. November, erklärte Felici, die *Nota* sei nicht Bestandteil des Textes, dieser aber in ihrem Sinne auszulegen – was ja wohl genügte.

Es war ein ausgemachter Skandal – kirchenrechtlich legal, aber nur heraufbeschworen, weil eine kleine Minderheit, die sonst vorgibt, die universale Kirche zu repräsentieren, sich dem nicht beugen wollte, was die universale Kirche öffentlich als ihre Glaubensüberzeugung bekundet hatte. Daran ändert auch die Tatsache nichts, daß es in der Sache keinen Widerspruch zwischen den Aussagen der Konstitution und der *Nota* gibt: Diese bedeutet denn doch in dem schwer auszubalancierenden Verhältnis von Bischöfen und Papst einen klaren Akzent – wenn der Papst sich ihn zunutze machen *will*. Wollte es der Papst?

3. Der »schwarze Donnerstag«: 19. November 1964

Etwas Ähnliches wie mit der *Nota praevia explicativa* geschah an diesem Tag auch mit dem Ökumenismusdekret unmittelbar vor der Verabschiedung durch die Schlußabstimmung. Nach dem 5. Oktober, wo die Neufassung vorgelegt worden war, gab es kaum Ablehnungen, aber ca. 2000 *Modi* zu sichten und einzuarbeiten. Am 20. November sollte die Schlußabstimmung sein – am 19. November war der überarbeitete Text immer noch nicht ausgeteilt. Generalsekretär Felici teilte mit, der Text sei »noch nicht fertig«, denn es seien wiederum auf Geheiß der ominösen »höheren Autorität« noch 19 Änderungen vorgenommen worden. Diese las er vor, und im Unterschied zur *Nota praevia* waren einige von ihnen eine, wenn auch nicht bedrohliche, Abschwächung des Textes – wir müssen später darauf zurückkommen.

Was war hinter den Kulissen geschehen? Der Papst hatte dem Vorsitzenden des Einheitssekretariates, Kardinal Bea, eine Liste mit 40 Textänderungen übersandt. Aus Zeitmangel konnte Bea die Änderungen nur einigen Mitgliedern aus seiner nächsten Umgebung vorlegen – und nur noch 19 in den Text einarbeiten, jene 19, die Felici vorgelesen hat. Wieder war also auf nicht geschäftsordnungsgemäßem Wege der Text geändert worden, die konservative Opposition hatte erneut gezeigt, was sie vom Konzil hielt.

Zum »schwarzen Donnerstag« aber wurde der Tag durch einen anderen Eklat. Das Dekret über die Religionsfreiheit war fertig, und die Abstimmung war noch für diese Sitzungsperiode vorgesehen. Es war abzusehen, wie sie ausgehen würde – einzige Möglichkeit der Gegner: Zeitgewinn. Eine Eingabe von etwa 200 spanischen und italienischen Bischöfen, den wichtigsten Gegnern der Erklärung, beantragte mehr Zeit zum Studium des Textes – also Vertagung auf die nächste Sitzungsperiode. Am 18. November kündigte Felici für den 19. November eine Abstimmung über den Vertagungsantrag an. Wiederum war klar, wie der ausgehen würde – nämlich negativ. Als kurz nach 11.00 Uhr am 19. November die Abstimmung stattfinden sollte, verkündete Kardinal Tisserant, sie sei vertagt – nach Rücksprache mit anderen Mitgliedern des Präsidiums.

St. Peter war ein Tollhaus. Die Väter, auch Mitglieder des Präsidiums, verließen ihre Plätze und standen in Gruppen diskutierend herum. Zum Glück war es die Stunde, in der die berühmte »Bar Jona« geöffnet wurde. Das gab den drei nordamerikanischen Kardinälen Meyer, Ritter und Léger Gelegenheit, eine Petition an den Papst aufzusetzen: »Mit aller Ehrfurcht, aber mit größter Dringlichkeit bitten wir, daß vor dem Ende dieser Sitzungsperiode des

Konzils über die Erklärung zur Religionsfreiheit abgestimmt wird, sonst verlieren wir das Vertrauen der christlichen und der nichtchristlichen Welt.« 441 Unterschriften kamen gleich an der Bar Jona zusammen, 1000 wurden es später. Es half nichts: Der Papst gab nur die Zusicherung, diese Erklärung als ersten Tagesordnungspunkt auf die Tagesordnung der vierten Sitzungsperiode zu setzen.

4. Die Motive des Papstes

Für alle diese Freiheitsbeschränkungen des Konzils wurde und wird gewöhnlich der Papst selbst, Paul VI., verantwortlich gemacht. Was waren seine Motive – denn juristisch und kirchenpolitisch verantwortlich war er ja in der Tat.

Es gibt nicht erst seit seinem Amtsantritt Hinweise genug, die zeigen, daß der Papst die Befürchtungen und Wünsche der konservativen Minderheit *nicht* teilte. Schon in dem früher erwähnten Brief an Papst Johannes XXIII. vom 18. Oktober 1962 ließ er keinen Zweifel daran, daß er die Lehre von der Kollegialität der Bischöfe bejahte, auch wenn selbstverständlich damit an den Beschlüssen des Ersten Vatikanischen Konzils über den Primat des Papstes nicht gerüttelt werden sollte. Diese Auffassung wiederholte er in der Eröffnungsansprache zur zweiten Tagungsperiode in aller Form. Auf einem Höhepunkt der kurialen Machenschaften hatte er Kardinal Ottaviani unter der Hand den Wink zukommen lassen, die Konzilskommissionen seien Organe des Konzils, nicht dessen Richter – also auch nicht die Theologische Kommission, deren Vorsitzender Ottaviani war. Noch viele solcher Indizien lassen sich anführen. Der Papst hielt sich öffentlich weithin bedeckt und deckte seine Mitarbeiter, im stillen aber suchte er der Linie der Konzils*mehrheit* zum Siege zu verhelfen.

Man muß also, will man gerecht sein, schließen, daß der Papst so handelte, wie er gehandelt hat, um zu verhindern, daß die kuriale Minderheit – mit der er ja anschließend zusammenarbeiten mußte – öffentlich in der Abstimmung durch die Mehrheit des Konzils bloßgestellt wurde. Das hat der Papst in der Tat erreicht – auch die Minderheit versöhnte sich mit den umstrittenen Texten und ermöglichte so bei den Schlußabstimmungen eine überwältigende Mehrheit. Anschließend an das Konzil hat der Papst energisch die Kurienreform betrieben, den Bischofsrat als ständige Einrichtung geschaffen und – nicht zuletzt – ungeahnt schnell die Liturgiereform durchgeführt und sogar erweitert.

Nach dem Zwischenfall mit der *Nota praevia* soll Kardinal Frings von Köln ernsthaft vorgeschlagen haben, abzureisen – wie die Minderheit auf dem Ersten Vatikanischen Konzil und trotz der Verbote des Kirchenrechts. Kardinal Döpfner, einer der Moderatoren, habe entgegnet: Wir können dem Papst nicht in den Rücken fallen. Sollte die Anekdote stimmen, dann hätte Döpfner das richtigere Urteil über die Motive des Papstes gehabt.

IV. Der Abschluss

Skandale wie die geschilderten – und bei den Sachthemen später noch zu schildernde – dürfen nicht den Blick dafür trüben, welche Arbeitsleistung das Konzil in den gut drei Jahren der vier Tagungsperioden erbracht hat. Wer einmal auch nur an einem *kleinen* Text in einem Gremium mitgearbeitet hat und das Verfahren kennt, wie *Modi* eingearbeitet werden, und wer gar federführend Verantwortung getragen hat, wie ein solcher Text von der ersten Fassung an bis zur wievielten immer wieder nach den gemeinsam beschlossenen Änderungsanträgen umgestaltet werden muß – und zwar so, daß er dann am Ende auch noch lesbar und logisch stimmig ist –, der kann trotz Skandale und »schwarzem Donnerstag« nur einen riesigen Respekt empfinden für die Leistung des Konzils, solche Texte zu erstellen, wie sie uns nun vorliegen – unter Bedingungen, die in der Kirchengeschichte ihresgleichen suchen.
So kann man den brausenden Beifall schon verstehen, als Generalsekretär Felici in der Generalkongregation vom 6. Dezember 1965 verkündete, diese, die 168. Generalkongregation, sei die letzte des Konzils. Am 7. Dezember, in der 9. feierlichen Session, geschah noch eine Sensation: Nach der Verabschiedung der letzten Dokumente des Konzils hoben der Papst und der anwesende Vertreter des Ökumenischen Patriarchen Athenagoras die gegenseitige Exkommunikation zwischen West- und Ostkirche von 1054 auf. Die römisch-katholische Kirche hat damit für die orthodoxen Ostkirchen – wohlgemerkt: für die nicht-unierten! – die Wiedereinführung der Kommuniongemeinschaft eröffnet. Die Ostkirche hat dies freilich bis heute nicht ratifiziert und schließt noch heute römische Katholiken von der Teilnahme am Abendmahl aus.
Am 8. Dezember 1962 fand schließlich ein großer Schlußgottesdienst des Konzils unter freiem Himmel auf dem Petersplatz statt. Paul VI. sagte in seiner Predigt: »Können wir sagen: daß wir Gott die Ehre gegeben, daß wir seine Erkenntnis und Liebe gesucht, daß wir Fortschritte gemacht haben in dem Bemühen, ihn zu betrachten, in der Sorgfalt, ihn zu ehren, in dem Bemühen, ihn den Menschen zu verkünden, die auf uns schauen als ihre Hirten und Lehrer

der Wege Gottes? Wir glauben in aller Schlichtheit: Das ist so. Schon deshalb, weil der Gedanke, aus dem das Konzil herauswuchs, zunächst und vor allem dieser war.«
Von verschiedenen Kardinälen werden Botschaften des Konzils an die Regierungen, an die Wissenschaftler, an die Künstler, an die Frauen, an die Arbeiter, an die Kranken, an die Leidenden wie an die Jugend verlesen, die sodann einem Vertreter je dieser Gruppen vom Papst persönlich überreicht werden. Die Fürbitten werden reihum in den Riten und Sprachen der Christenheit vorgetragen. Es war 13.20 Uhr MEZ, als der Papst das Konzil mit den Worten entließ: *Ite in pace Christi* – »Geht im Frieden Christi.«

Leseempfehlungen

Verständlicherweise konkurrierten kurz nach dem Konzil eine Menge von allgemeinverständlichen Darstellungen des Konzilsverlaufs miteinander, die heute alle vergriffen sind. Einzelne Theologen haben von Sitzungsperioden »Rückblicke« veröffentlicht. Das meiste davon ist heute veraltet, nicht zuletzt durch die Erschließung neuer Quellen und Hintergrundinformationen. Ich empfehle darum nur folgende, oft allerdings nur noch in Bibliotheken zu findende Veröffentlichungen:

Die Schlußkapitel bei *Hubert Jedin*, Kleine Konziliengeschichte und bei *Giuseppe Alberigo* (Hg.), Geschiche der Konzilien (siehe *Leseempfehlungen* am Ende des 1. Kapitels): Darstellung des Ablaufs mit wichtigen Literaturhinweisen; ausführliche Darstellung bei *Jedin*, Das Zweite Vatikanische Konzil (s. Leseempfehlungen zum 2. Kapitel), 110–151.

Spannend, weil mit den Mitteln journalistischer Kunst geschrieben, ist immer noch: *David Andreas Seeber*, Das Zweite Vaticanum. Konzil des Übergangs (Herder-Taschenbuch 260/261), Freiburg i. Br. 1966. Wo erreichbar, sind ferner – wegen der Bedeutung des Autors damals schon und heute erst recht – die vier kleinen Rückblicke von *Joseph Ratzinger* dringend zu empfehlen: Die erste Sitzungsperiode des Zweiten Vatikanischen Konzils, Köln 1963; Das Konzil auf dem Weg. Rückblick auf die zweite Sitzungsperiode, Köln 1964; Ergebnisse und Probleme der dritten Konzilsperiode, Köln 1965; Die letzte Sitzungsperiode des Konzils, Köln 1966. Ratzinger urteilt hier in vielen Einzelheiten anders als später.

Wer sozusagen einen Geschmack vom Konzil auf die Zunge bekommen will, suche nach *Mario von Galli/Bernhard Moosbrugger*, Das Konzil und seine Folgen, Luzern – Frankfurt am Main 1966. Das Buch ist eine Art kommentiertes Tagebuch des Konzils (einschließlich der Vorbereitungszeit), hervorragend zum einen wegen der Autoren – Mario von Galli kommentierte damals laufend im Rundfunk die Vorgänge auf dem Konzil und verfügt über viele Hintergrundinformationen –, zum anderen wegen des eindrucksvollen Fotomaterials von den Konzilssitzungen und den »Charakterköpfen« der prominenten Konzilsväter. Aus diesem Buch sind viele Zitate entnommen, die ich nicht weiter nachgewiesen habe.

Schließlich zwei wichtige Dokumentationen: *Yves Congar/Hans Küng/Daniel O'Hanlon* (Hg.), Konzilsreden, Einsiedeln 1964; enthält wichtige und berühmt gewordene Diskussionsbeiträge auf dem Konzil; *Johann Christoph Hampe* (Hg.), Die Autorität der Freiheit. Gegenwart des Konzils und Zukunft der Kirche im ökumenischen Disput, 3 Bde., München 1967; enthält, thematisch gegliedert, Konzilsreden und Kommentare bekannter Theologen, in denen sich die ganze, damals noch ungebrochene Hoffnung auf einen neuen (ökumenischen!) Weg der Kirche spiegelt.

Die Texte: Lateinischer Urtext und offizielle deutsche Übersetzung in LThK.E I-III (siehe *Leseempfehlungen* zum 2. Kapitel).

Nur der deutsche Text mit gründlichen Einführungen in: *Karl Rahner/Herbert Vorgrimler* (Hg.), Kleines Konzilskompendium. Sämtliche Texte des Zweiten Vatikanums mit Einführungen und ausführlichem Sachregister (Herderbücherei Bd. 270), Freiburg i. Br. 1966 (immer wieder neu aufgelegt).

Auswahlausgabe mit General- und Einzeleinführung bei *Theodor Schneider* (Hg.), Der verdrängte Aufbruch. Ein Konzils-Lesebuch, Mainz 1985.

Wer LThK.E nicht zur Hand hat und trotzdem nicht auf den lateinischen Text verzichten will, hat die Möglichkeit eines Kunstgriffs, indem er sich – am besten unter Ausnützung eines Rom-Aufenthaltes – die vatikanische Taschenbuchausgabe besorgt: *Sacrosanctum Oecumenicum Concilium Vaticanum II: Constitutiones, Decreta, Declarationes.* Cura et studio Secretariae Generalis Concilii Oecumenici Vaticani II, Romae, Typis Polyglottis Vaticanis 1974 = Editio anni 1966. In Kombination mit dem Konzilskompendium von *Rahner/Vorgrimler* ist das die billigste lateinisch-deutsche Textausgabe, die man haben kann.

Eine lateinisch-deutsche Auswahlausgabe liegt nun vor in: *Denzinger-Hünermann* (DH – siehe dazu das Abkürzungsverzeichnis), Nr. 4001–4359.

Viertes Kapitel

»Latein für Touristen und Gastarbeiter«

Die Liturgiereform

I. Das sichtbarste und dauerhafteste Reformwerk des Konzils

Unter dem Titel dieses Kapitels erschien 1967 in der Zeitschrift »Wort und Antwort« – herausgegeben von den Dominikanern im Studienhaus Walberberg – ein Beitrag des damaligen Dozenten für Liturgik, Maternus Einig. Er faßt, ein wenig journalistisch »aufgemacht«, einen der Einwände gegen das sichtbarste und dauerhafteste Reformwerk des Konzils zusammen, der schon während der Beratungen von konservativer Seite geäußert wurde: die Anschaulichkeit der Einheit der Kirche durch die nicht *nur* sprachlich, aber *besonders auch* sprachlich bis ins letzte weltweit festgelegte Liturgie, den weltweit einheitlichen offiziellen kirchlichen Gottesdienst – wozu nicht nur die Eucharistiefeier, sondern auch die anderen Sakramente sowie das Stundengebet der Priester und Ordensleute gehören.[1] Zugleich zeigt der zitierte Slogan, wie schnell solche Argumente, über die immerhin in den 60er Jahren noch ernsthaft nachgedacht wurde[2], veralten und an Gewicht verlieren. Anderseits wurde ich selbst noch vor nicht allzu langer Zeit mit eben diesem Argument auf höchstem Niveau konfrontiert: Ich wurde gebeten, in einem Vortrag dazu Stellung zu nehmen, ob nicht die Liturgiereform des Konzils eine verspätete Konzession der Kirche an den längst überholten Nationalismus des 19. Jahrhunderts sei!
Doch es gab ja nicht nur Probleme mit dem Latein – während der Vorbereitung des Konzils und danach.[3] Zwei viel erzählte Anekdoten beleuchten die Situation in der – für alle überraschend schnell gekommenen – Anfangsphase der Liturgiereform. »Was ist Liturgiereform?« Die Antwort auf diese Frage lautet: »Wenn man sonntags in einer fremden Kirche in die Sakristei kommt und fragt: ›Wie macht ihr es hier?‹«. Die andere Anekdote: Ein Priester verfilzt sich hoffnungslos im Lose-Blätter-Werk der provisorischen Texte der deutschen Liturgie auf dem Lesepult (jetzt wieder gut altkirchlich *Ambo* genannt), als er versucht, die Lesung des Sonntags zu finden. Des eingeschalteten Mikrofons für einen Augenblick vergessend, sagt er leise, aber für die ganze Gemeinde hörbar in die Lautsprecheranlage: »Sch...konzil!«

Der Lose-Blätter-Salat auf dem *Ambo* ist heute vorüber. Geblieben ist die inzwischen gefestigte Wirkung eines Reformwerkes, das andauert, während allenthalben auf den Gebieten, wo das Konzil sonst noch sich geäußert hat, nach Meinung vieler längst der Rückwärtsgang eingelegt wurde. Was nicht mehr zurückzudrehen ist:
a) Die Muttersprache in der Liturgie: Unsere Kinder gehen heute schon und unsere Enkel werden in 25 Jahren in ein lateinisches Choralamt gehen wie wir in einen ostkirchlichen Gottesdienst in griechischer oder altslawischer Sprache – beeindruckt, aber mit dem Gefühl: Das ist nicht *unser* Gottesdienst.

b) Das Bewußtsein, daß die *Gemeinde* Subjekt der Liturgie ist und der Liturge deren »Vorsitzender« und »Leiter«, nicht aber der solistische »Zelebrant« des Mysteriums vor der nur »beiwohnenden« Gemeinde.

c) Das korrespondierende neue Selbstverständnis des Priesters: Er steht der Gemeinde zwar durchaus gegenüber, ist nicht *nur* »Bruder unter (Schwestern und) Brüdern« oder gar Vollstrecker des Gemeindewillens. Aber er steht nicht mehr, »vermittelnd«, »zwischen« Gott, Christus und der Gemeinde. Er ist Verkünder des Evangeliums, von dem er genauso lebt wie die Gemeinde, und darum Diener, Verwalter, nicht Herr.

d) Die »neue Sachlichkeit« der Liturgie. Im Rückblick auf die Liturgiegeschichte kann man das Reformwerk des Konzils als die Wiederfreilegung der ursprünglichen römischen Liturgie und die Abtragung von Überlagerungen kennzeichnen, die im Laufe der Zeit vor allem durch fränkischen Einfluß zustande gekommen waren. Diese für Liturgiewissenschaftler ziemlich selbstverständliche Tatsache sei kurz erklärt. Im frühen Mittelalter setzte sich die römische Liturgie auch im »gallikanischen« Raum, also in Frankreich, Westdeutschland und den Niederlanden durch, aber die gallikanischen Traditionen wirkten sich dahin aus, daß die römische Liturgie sich mit deren Elementen anreicherte. Konkret waren diese Elemente vor allem Privatgebete des zelebrierenden Priesters, von diesem leise gebetet, etwa auf dem Weg von der Sakristei an den Altar, während der Gänge am Altar, während einiger Zeremonien (z. B. beim Altarkuß) usw. Nach und nach wurden diese Privatgebete fester und schließlich vorgeschriebener Teil des liturgischen Formulars und machten zunehmend die klare Grundstruktur der Liturgie undeutlich. Außerdem hatte sich nach und nach die Vorstellung verbreitet, die Liturgie der Messe sei eine Art dramatische Darstellung des Lebens und vor allem des Leidens, Sterbens und der Auferweckung Jesu. Auf diese Weise ließ sich ja auch dem »Volk« die unverstandene Liturgie leichter erklären – was dann, im Interesse der

Dramatik, zu weiter verdeutlichenden Zeremonien führte, die innerhalb des altkirchlich-römischen Verständnisses der Liturgie gar keinen Sinn ergeben.[4] Dies alles hat die Liturgiereform weithin zurückgenommen. Nach wie vor gibt es zwar »Privatgebete«, also durch den Priester leise gesprochene liturgische Texte. Nach wie vor gibt es »dramatische« Elemente in der Liturgie. Aber dies alles verunklart jetzt nicht mehr die für alle Mitfeiernden durchsichtige Struktur. Die Folge ist, auf den ersten Blick, eine größere Nüchternheit, weniger Zeremoniell, mehr Zwanglosigkeit. Auch mehr Raum für Spontaneität – ein Stich ins Herz für alle Freunde des liturgischen »Mysterienspiels«. Aber einmal abgesehen von mancher unnötigen Bilderstürmerei der ersten Jahre nach dem Konzil, die sich auch wieder gegeben hat, war die Vorstellung von der Liturgie als »Mysterienspiel« stets *das* große und verhängnisvolle Mißverständnis des christlichen Gottesdienstes. Ich sage dies ohne die leiseste Absicht einer Kritik am ostkirchlichen Verständnis der Liturgie, das die Liturgie gerade nicht als Mysterien*spiel*, sondern als Teilnahme der Feiernden am »Mysterium« der *himmlischen Liturgie* betrachtet. Hauptursachen jenes Mißverständnisses waren: die Entwicklung zum Klerikergottesdienst und der Ausschluß der Gemeinde von der liturgischen Mitwirkung seit dem frühen Mittelalter; die antireformatorische Verfestigung gerade dieses Klerikergottesdienstes gegen die Wiedergewinnung des Gemeindegottesdienstes in der Reformation – denn mit Luther fängt die Gemeinde wieder im Gottesdienst selbst zu singen an!

e) Die Leitung der Liturgie durch den Priester mit dem Gesicht zum Volk hin und infolgedessen (das vor allem) die Stellung des Altars in größtmöglicher Nähe zur Gemeinde als das Normale. Die Zelebration durch den Priester mit dem Rücken zum Volk ist deshalb nicht verboten, wird sich aber nicht mehr als Normalform durchsetzen.

f) Der Freiraum für größere Vielfalt der Formen, sei es durch größeres Angebot auszuwählender Texte, sei es durch Überlassung an die freie Gestaltung durch die liturgischen Akteure. Es heißt dann z. B. in den liturgischen Vorschriften, der Priester soll die Gemeinde »mit diesen oder ähnlichen Worten« (*his vel similibus verbis*) begrüßen, einladen usw., und das bedeutet dann: Der nachfolgende Text ist nur ein Vorschlag, keine Vorschrift.

g) Schließlich der Wegfall der Liturgie als Bühne für Selbstdarstellungen aus außerliturgischen Absichten. Das ist jetzt böse und in der Tat ein wenig bilderstürmerisch gesagt. Doch es ist bestimmt nicht falsch, festzustellen, daß die vorkonziliare Liturgie vor allem im Bereich der Kirchenmusik vielfältige Möglichkeiten bot, sich risikolos »zu produzieren« – das Publikum war nicht nur sicher, sondern auch ruhig. Und wo das auf hohem künstlerischem Niveau geschah, waren auch Kirchenbesucher mit der Partitur der »aufgeführten« Meßkomposition in der Hand so ungewöhnlich nicht. Manche Pfarrei, die es sich leisten konnte, bezahlte Musiker des örtlichen Philharmonischen Orchesters, damit der Kirchenchor und der Organist sich darstellen konnten. Selbstverständlich schaut niemand in die Gewissen, und niemand kann auseinanderrechnen, was zur Ehre Gottes und was zur je eigenen Ehre geschah. Aber der sofortige Widerstand großer Teile der Kirchenmusikerschaft gegen die Liturgiereform, die mangelnde Bereitschaft der Chöre, sich der Reform und Verbesserung des Gemeindegesangs zur Verfügung zu stellen, gibt zu denken.[5] Niemand bestreitet die künstlerische Armut der ersten Versuche neuer liturgischer Musik nach der Liturgiereform – das war bestenfalls gutes Kunstgewerbe, nicht Kunst, mit Fernwirkungen bis ins gegenwärtige Gesangbuch »Gotteslob«. Aber diese Armut war ja auch Folge der Verweigerung der wirklichen Künstler. Daß gerade die Liturgiereform als Chance ganz neuer kirchenmusikalischer Formen *mit* der Gemeinde begriffen und ergriffen wurde – etwa nach dem Vorbild der evangelischen Kirchenmusik in der Nach-Luther-Zeit –, das wird man nicht sagen können. Wenn nicht alles täuscht, zeichnet sich (erst) in jüngster Zeit eine Wende zum Besseren ab.[6] Auf Einzelheiten kommen wir noch zurück.

Doch nun, nach diesem Vorblick auf das Gesamtergebnis, müssen wir ein wenig auf Details eingehen.

II. Die liturgische Bewegung – Vorgeschichte der Liturgiereform

1. Liturgie vor dem Konzil

Wie war es vor dem Konzil? Dafür bekam man auf dem Konzil selbst noch hinreichend Anschauungsunterricht. Die Eröffnungsgottesdienste waren natürlich vorkonziliare Liturgie in aller Pracht: Lateinisches Pontifikalamt mit gregorianischem Proprium und mehrstimmigem Ordinarium – man hatte schließlich dafür die weltberühmte »Capella Sistina«. Aber die Eucharistiefeier, die jeweils die Generalkongregationen eröffnete, war nach Augen- und Ohrenzeugenberichten – soweit sie nicht einmal in einem nicht-lateinischen Ritus zelebriert wurde – trísteste vorkonziliare »Messe«: eine »stille« Messe, also leise vom Zelebranten (einem Konzilsvater) am

Altar »gelesen« – die Konzilsväter hatten ja in ihren Domizilien alle schon »privat« zelebriert –, dazu, simultan, gab es den Gesang des einen oder anderen Hymnus seitens des Chores. Es ist anzunehmen (wenn man Beobachtungen an deutschen Domen und bei ihren Domkapiteln übertragen darf), daß die anwesenden Konzilsväter dabei ihre Brevierpflichten erfüllten.
Auch eine andere Anekdote ist gut bezeugt und hinterläßt trotz ihres erfreulichen Anlasses gemischte Gefühle. Bei einem dieser Gottesdienste sang der Domchor von Aachen die »Hohe Messe in h-moll« von Johann Sebastian Bach. Es war das erstemal, daß dieses immerhin für den katholischen Gottesdienst an der Dresdner Hofkirche geschriebene Werk in St. Peter erklang. Aber nicht alle Konzilsväter wußten dies zu würdigen. Der unbestreitbaren Länge des Werkes wegen sollen etliche Konzilsväter nach dem Kyrie St. Peter verlassen haben.
Erst allmählich setzte sich auch auf dem Konzil eine Teilnahme der Bischöfe in der Form der sogenannten Gemeinschaftsmesse durch. Aber erst zur vierten Tagungsperiode – am Ende der *zweiten* Tagungsperiode war die Liturgiekonstitution verabschiedet worden! – feierte man die Eucharistie nach der reformierten Liturgie, die nicht zuletzt Papst Paul VI. energisch durchzuführen gesonnen war.
Und doch war die Liturgiereform das am längsten und intensivsten vorbereitete Projekt des Konzils. Nur deshalb konnte es auch – zur Freude und zum Erschrecken der betroffenen Kommissionsmitglieder – als erstes auf dem Konzil behandelt werden: zur Freude, weil das natürlich eine Anerkennung bereits geleisteter Vorarbeit war; zum Erschrecken, weil nun die Liturgiereform zum Exerzierplatz für die Warmlaufphase des Konzils wurde, auf dem sich die verschiedenen Meinungsgruppen des Konzils erstmals zu identifizieren lernten und Punkte zu sammeln versuchten. Es ist daher, nebenbei bemerkt, leider eine verschönernde Interpretation, wenn man gelegentlich gesagt hat, es sei bezeichnend für das Prioritätengefühl des Konzils, daß man mit der Liturgiereform begonnen habe. Die Wahrheit ist leider prosaischer, und kein Geringerer als Kardinal Montini, der spätere Papst Paul VI. und große Förderer der Liturgiereform, war in seinem Brief vom 18. Oktober 1962, von dem schon in anderem Zusammenhang die Rede war[7], ganz und gar dagegen, daß das Konzil vor der Beratung der Konstitution über die Kirche sich bereits mit der Konstitution über den Gottesdienst der Kirche befaßte. Doch nun der Reihe nach.
Die Liturgie vor dem Konzil, wie sie jahrhundertelang als Erkennungszeichen der römisch-katholischen Kirche und damit auch als

Identifikationsmöglichkeit für alle Katholiken im Verhältnis zu ihrer Kirche gefeiert wurde, ist das Ergebnis einer Liturgiereform durch Papst Pius V. im Jahre 1570 (Neuausgabe des *Missale Romanum*). Der gestrenge Dominikaner-Reformpapst versprach sich hier wie auch sonst bei der unerbittlichen Durchführung der Trienter Reformdekrete eine Besserung der Zustände von einer zentral alles bis ins einzelne festlegenden Regelung. Jetzt erst wurde eine damals noch bestehende Vielfalt auch der abendländischen Liturgien beendet und die römische Liturgie – in Messe, Stundengebet und bei den übrigen Sakramenten – bis in den letzten Winkel der römischen Kirche in allen Einzelheiten durchgesetzt. Einzige Ausnahme: Riten, die schon seit mehr als 200 Jahren bestanden, durften weiterbestehen. Davon profitierte – nicht von ungefähr – der Orden, aus dem Pius V. stammte, die Dominikaner, die bis zum Zweiten Vatikanischen Konzil eine eigene Form der Meßfeier hatten, dann aber notgedrungen nach demselben Prinzip auch die Mailänder Diözese mit der Tradition der sogenannten Ambrosianischen Liturgie – was dazu führte, daß der Erzbischof von Mailand, Kardinal Montini, in der ersten Sitzungsperiode des Konzils auch einmal eine Mailänder Liturgie zelebrieren durfte: Jetzt war ja Vielfalt plötzlich wieder gefragt!

Seit 1570 also war die Liturgie jener monolithische Block, jene von Anfang bis Ende geschlossene »heilige Handlung«, in die kein Eingriff erlaubt war, und in der noch der Abstand der ausgebreiteten Hände beim *Dominus vobiscum* (»Der Herr sei mit euch«) vorgeschrieben war. Zu schweigen von der Lautstärke, in der die Worte Christi im Einsetzungsbericht des Abendmahls allenfalls gesprochen werden durften: Nur die nächsten Umstehenden durften sie hören können – *propter mysterium* (»um des Geheimnisses willen«), lautete die Begründung.

Natürlich wußte jeder, der sich damit beschäftigte – zumindest also jeder Priester aufgrund seiner Ausbildung –, daß diese römische Liturgie einmal eine Liturgie mit verteilten Rollen war: Priestergebete, Chor, Gemeindegesang (*Ordinarium*), Lektor, Kantor, Diakon, Ministranten ... Und beim sogenannten »feierlichen Hochamt« wurde das auch noch ganz deutlich – mit der einen Ausnahme, daß dabei der Chor mit dem gegebenenfalls mehrstimmigen Gesang des *Ordinarium* (Kyrie, Gloria, Credo, Sanctus, Agnus Dei) auch den Part des Gemeindegesangs übernahm. Aber das »feierliche Hochamt« war selbst in großen Pfarreien mit mehreren Pfarrgeistlichen nur die Festtagsform, keineswegs die normale Sonntagsliturgie (Ausnahme: die Klöster). In der »normalen« Messe am Sonntag, erst recht am Werktag, übernahm der Priester alle Funktionen in

Personalunion. Dies führte zu der unter Katholiken üblichen Redeweise, daß der Priester »die Messe las«, das heißt, am Altar hintereinander das Formular buchstäblich »las«, leise, den liturgischen Vorschriften (»Rubriken«) gemäß teils halblaut (damit die Ministranten gegebenenfalls antworten konnten – die einzige übriggebliebene Rollenverteilung!), teils sogar flüsternd (vor allem den Kanon mit dem Einsetzungsbericht). Die Gemeinde »wohnte bei«, vernahm und verstand aber nichts.

Wie die Gläubigen »beschäftigen«? Es konnte nur so geschehen, daß sie »parallel« zum Tun des Priesters etwas taten oder zu tun aufgefordert wurden. Dafür bot sich an: privat beten (aus dem Gebetbuch, oder auch den Rosenkranz), gemeinsam privat beten (z. B. den Rosenkranz), Lieder singen. So ergaben sich vor dem Beginn der liturgischen Bewegung, von der sogleich zu reden sein wird, folgende »Normalformen« der Meßfeier:

– Das »feierliche Hochamt« (*missa sollemnis*): wie oben schon angedeutet.

– Das »einfache Hochamt« (*missa cantata*): ohne Diakon und Subdiakon, mit den vorgesehenen gesungenen Priestergebeten (Orationen, Präfation, Paternoster, Anstimmen des Gloria und des Credo), wenn möglich Chorgesang wie im feierlichen Hochamt. In gut ausgestatteten Gemeinden war das »einfache Hochamt« die normale Form des sonntäglichen Gemeindegottesdienstes. Die Gemeinde freilich blieb auch dabei weiterhin passiv und betete für sich – was auch immer.

– Die »Singmesse«, in Ländern, wo Liedgut vorhanden war, etwa in Deutschland, nicht aber z. B. in Frankreich und England: Der Priester »las« die Messe, das Volk sang, von der Orgel begleitet, Kirchenlieder, die so ausgesucht waren, daß sie halbwegs zu den gerade am Altar gelesenen Abschnitten der Liturgie paßten (zum Gloria also ein Loblied, zur Kommunionausteilung ein Eucharistielied usw.). Pro Messe benötigte man dafür 5–6 Lieder mit jeweils mehreren Strophen. Nur zum (unhörbar geflüsterten) Einsetzungsbericht (»Wandlung«) wurde das kontinuierliche Lieder-Singen unterbrochen.

– Die »stille Messe«: Der Priester las die Messe, die Gemeinde betete – ebenfalls still. Dies war die normale Form der Werktagsmesse – von heute aus empfunden eine geradezu gespenstische Veranstaltung. Sie hatte ihre Selbstverständlichkeit dadurch, daß die tägliche Privatmesse jedes Priesters seit Jahrhunderten selbstverständlich war. Die Werktagsmesse war praktisch die Privatmesse des Pfarrgeistlichen bei offenen Kirchentüren.

Hinter dieser Praxis stand – auch dies ein antireformatorisches Erbe

– eine extreme Ideologie vom »Opfercharakter« der Messe und von der entsprechenden Funktion des Priesters als »Opferpriester«. Dem entsprach, daß der Text des Hochgebetes (»Kanon«), in dem diese Ideologie den Opfercharakter der Messe verankert sah, lange Zeit wie ein Geheimdokument behandelt wurde: Er durfte den Gläubigen nicht mitgeteilt werden. Ich selbst habe noch ein altes Gebetbuch aus der Zeit der Jahrhundertwende in der Hand gehabt, in dem zwar schon die Meßtexte zweisprachig gedruckt waren, der Kanon aber ausgespart blieb, wobei die Herausgeber dazu anmerkten: Da der Kanon nur im Munde des Priesters opfernde Gewalt habe, werde er hier nicht in deutscher Übersetzung gebracht.

2. Die Liturgische Bewegung

Die Sonntagsliturgie – vor allem die Messe – ist die Gelegenheit, wo die Seelsorger aufgrund der Sonntagspflicht ihre Gemeinde, jedenfalls die praktizierenden Gemeindeglieder, so vollständig beisammen haben wie bei keiner anderen Gelegenheit – auch nicht bei sogenannten »Volksmissionen« oder »Fastenpredigten«. Das gilt sogar heute noch, wenn auch mit abnehmender Tendenz. So kann die Frage auf die Dauer nicht ausbleiben, ob diese erstarrte, tote Liturgie so bleiben kann; ob der Effekt einer Demonstration kirchlicher Einheit und Geschlossenheit die verschenkten seelsorglichen Chancen aufwiegt – denn die außerliturgischen »Andachten«, Vorläufer heutiger »Wortgottesdienste«, schufen da ja kein ausreichendes Gegengewicht.

Solche Überlegungen hatten schon seit dem 17. Jahrhundert in Frankreich, um die Wende des 18. Jahrhunderts besonders lebhaft im deutschen Raum zu Erneuerungsbestrebungen geführt, einschließlich verdeutschter liturgischer Texte. Die in Südwestdeutschland stärker als anderswo heimische »deutsche Vesper« ist ein Echo auf einen solchen Reformversuch: Er geht zurück auf den der Aufklärung verpflichteten, deshalb umstrittenen, aber von Grund auf seelsorglich und reformerisch gesonnenen Generalvikar und späteren Weihbischof Ignaz Heinrich von Wessenberg, gestorben 1860.

Im ganzen blieben diese Versuche ohne Erfolg – aber ihre theologischen Grundlagen verstärkten sich im 19. Jahrhundert trotz der Neuscholastik ungeahnt: neues Interesse für die Kirchenväter, für das Studium der Bibel, für die Geschichte des frühen Christentums, die Erneuerung der Orden nach der Säkularisation. Dies alles führte schon in den 80er Jahren des 19. Jahrhunderts zu einer liturgischen Erneuerung, die zunächst den Bestrebungen vom Anfang des Jahrhunderts zuwiderlief: Sie erneuerte die ursprüngliche Form der *lateinischen* Liturgie, vor allem den Gesang des gregorianischen Chorals – erschloß sie aber eben dadurch eigentlich nur den Gebildeten, einschließlich der ersten Versuche zweisprachiger Volksmeßbücher. Zudem war diese Erneuerung vor allem in Klöstern des Benediktiner-Ordens beheimatet: Solesmes in Frankreich (Père Guèranger), Beuron in Deutschland (Anselm Schott), seit 1913 auch und besonders Maria Laach (Ildefons Herwegen). Pius X. nahm 1903 diese Bestrebungen auf, gab ihnen gesamtkirchliche Bedeutung – Neuausgabe der Choralbücher, Reform der Rubriken und des Breviers – und zugleich eine seelsorgliche Ausrichtung. Daran anknüpfend geschah der eigentliche Durchbruch mit der berühmt gewordenen Rede des Benediktiners Lambert Beaudin auf dem Katholikentag in Mecheln 1909 (»Mechelner Ereignis«).

Von da an erfaßte die liturgische Bewegung weite kircheneifrige Kreise in Belgien, Holland, Frankreich und im deutschen Sprachraum. Entscheidend war dabei das Bündnis mit der katholischen Jugendbewegung, die die Ideen der liturgischen Bewegung in ihren Gottesdiensten verwirklichte und dafür warb – so daß, nicht zuletzt durch die vielen aus ihr hervorgehenden Priester, eine Generation später die liturgische Bewegung zum Allgemeingut der betreffenden Kirchen geworden war, jedenfalls überall da, wo man Wert darauf legte, »mit der Zeit zu gehen«. Man ging so sehr mit der Zeit, daß es in den 30er Jahren wegen einiger »Übertreibungen« – was man damals so empfand! – Unruhe in Rom gab. Die deutschen Bischöfe haben das klug abgefangen, indem sie einen »Liturgierat« mit angeschlossener Expertenkommission gründeten sowie die liturgische Bewegung zu ihrer eigenen Sache machten.

Das hinter der liturgischen Bewegung stehende Kirchenbild war dann schon 1943 durch die Enzyklika *Mystici Corporis* bestätigt worden. Nach dem Krieg kam es endlich zur internationalen Zusammenarbeit. Schon seit 1943 – man staunt heute, was mitten im Zweiten Weltkrieg noch alles möglich war – existierte in Paris das pastoralliturgische Institut, seit 1947 das Liturgische Institut in Trier. Ebenfalls 1947 veröffentlichte Papst Pius XII. die Enzyklika *Mediator Dei*, die die liturgische Bewegung als ihre *Magna Charta Libertatis* empfunden hat. Von da an war die liturgische Bewegung eine gesamtkirchliche Sache – also auch die Bestrebungen zur Erneuerung der Liturgie.

Auf bischöflicher wie gesamtkirchlicher Ebene folgte nun eine kleine Teilreform nach der anderen: Reform der Osterliturgie (sie durfte wieder in der Osternacht gefeiert werden statt sinnwidrigerweise am Karsamstagmorgen) 1951 und noch einmal 1956; Erlaubnis der Abendmesse am Sonntag; Lockerung und schließlich fast völlige Aufhebung der Vorschrift der eucharistischen Nüchternheit, das heißt des Verbotes, nach Mitternacht vor dem Morgen des Kommunionempfangs noch etwas zu essen oder zu trinken; Erlaubnis zum weitgehenden Gebrauch der Muttersprache bei den anderen Sakramenten, vor allem bei Taufe, Eheschließung und Krankensalbung (noch nicht beim Bußsakrament). Nur in der Enzyklika über die Kirchenmusik (1955) und der nachfolgenden Instruktion (1958) war der Widerstand der Kirchenmusiker zu spüren: aktive Teilnahme der Gemeinde – ja, aber bitte auf lateinisch, damit Choral und Orchestermesse nicht überprüft zu werden brauchten.

3. Ein Sonntag vor dem Konzil

Wie sah nun am Vorabend des Konzils und im Zeichen der Erfolge der liturgischen Bewegung die Liturgie aus?

– Das »feierliche Hochamt« (*missa sollemnis*) im schon beschriebenen Sinne blieb unangetastet. Nur wurde es mehr oder weniger selbstverständlich, daß die Gemeinde zumindest die kurzen Antworten auf die Aufrufe des Priesters mitsang (*Dominus vobiscum – Et cum spiritu tuo*: »Und mit deinem Geiste«, usw.). Nicht selten gelang es auch, der Gemeinde einfachere gregorianische Gesänge beizubringen, so daß es vorkommen mochte, daß der Kirchenchor großmütig auf das mehrstimmige Credo verzichtete und statt dessen im Wechsel mit der Gemeinde ein lateinisches gregorianisches Credo sang.

– Die »stille Messe« wurde mehr und mehr zur reinen Privatmesse des Priesters ohne Gemeinde. Auch am Werktag setzte sich, wenn irgend möglich, die wichtigste Errungenschaft der liturgischen Bewegung durch: die »Gemeinschaftsmesse«. Diese ist eine vollständig (durch einen oder mehrere Vorbeter) verdolmetschte Messe – während der Priester sie, an die Vorschriften gebunden, nach wie vor lateinisch »las«. Nur die »Antworten« wurden lateinisch von der Gemeinde gesprochen, wo sie im Hochamt gesungen wurden.

– Eine Abart der Gemeinschaftsmesse war die *missa recitata*: hier sprach der Priester alle Texte laut lateinisch, ausgenommen die, bei denen ihm Flüstern vorgeschrieben war, nämlich vor allem den Kanon, was man aber zunehmend nicht mehr so genau nahm. Diese Meßform war natürlich nur für Absolventen eines humanistischen Gymnasiums zumutbar – und daher der wöchentliche Lateintest für die katholische Gymnasialjugend,

– Die »Singmesse« im beschriebenen Sinne war der Ausweis einer Gemeinde, die hinter dem Mond lebte. In der Gemeinschaftsmesse wurde natürlich auch gesungen: an den Stellen, wo im lateinischen Hochamt gesungen wurde – nur jetzt deutsche Gesänge. Eine so gestaltete Meßfeier nannte man »deutsches Hochamt« – nach der Kirchenmusik-Enzyklika von 1955 gab das einige Schwierigkeiten, die aber auf dem Weg von Sondererlaubnissen beigelegt werden konnten. Selbstverständlich »las« der Priester derweil seinen vorgeschriebenen lateinischen Text. Er mußte das übrigens auch tun, wenn dieser auf *lateinisch* gesungen wurde – erst die Liturgiereform hat diese Doppelung offiziell beseitigt.

Neben der nach den Intentionen der liturgischen Bewegung erneuerten Messe pflegte man auch, soweit möglich, andere liturgische Gottesdienstformen – insbesondere Vesper und/oder Komplet. Da hier nur der Priester zum Latein verpflichtet war, war die »deutsche Vesper« oder »deutsche Komplet« (in einer Gestalt, die ganz ähnlich war wie noch heute die im Evangelischen Gesangbuch) bald Gemeingut der Jugendbewegung und eine beliebte samstägliche Gottesdienstform in »fortschrittlichen« Pfarreien. Um nicht in den Verdacht des liturgischen Rigorismus zu geraten, pflegten im übrigen gerade die von der liturgischen Bewegung beeinflußten Pfarrer ebenso auch die paraliturgischen Formen wie »Andacht« – das ist ein Gebetsgottesdienst vor der ausgestellten Monstranz mit der konsekrierten Hostie –, den Rosenkranz, die Maiandacht, den Herz-Jesu-Freitag, Novenen (neuntägige Gebetszyklen z. B. vor Pfingsten), den Kreuzweg ... – und die Wortführer der liturgischen Bewegung, wie etwa Romano Guardini, schrieben Bücher über den Kreuzweg, den Rosenkranz usw.

Und so sah vor dem Konzil ein Sonntag in einer katholischen Kirchengemeinde durchschnittlich aus:

7.00 Uhr (spätestens!) »Frühmesse« – meist gefeiert als »stille Messe« wie am Werktag und ohne Predigt. Besucht vor allem von den Müttern, die anschließend das Frühstück für die Familie machen müssen.

9.00 Uhr Kindermesse – genoß in der Gestaltung schon immer mildernde Umstände und größere Freiheiten.

10.30 Uhr »Hochamt«, außer an Festtagen gewöhnlich als »deutsches Hochamt«; offizieller Gemeindegottesdienst, mit Predigt. Klosterkirchen auf dem Territorium der Gemeinde durften aufgrund kirchenrechtlicher Vorschrift nicht zur selben Zeit ebenfalls ihren Hauptgottesdienst halten.

11.30 oder gar 12.00 Uhr »Spätmesse«, meist als Singmesse, mit Predigt, aber vor der Aufhebung der Nüchternheitsvorschriften oftmals ohne Kommunionausteilung, weil erfahrungsgemäß niemand zur Kommunion kam, da alle schon gefrühstückt hatten. Die »Spätmesse« wurde vor allem von den Langschläfern besucht, denen das ganze »liturgische Brimborium« ohnehin nur lästig und eine Marotte des Pfarrers war. Und Langschläfer gab es viele, denn der freie Samstag war zu dieser Zeit ja noch keineswegs selbstverständlich. 17.00 oder 18.00 Uhr »Andacht«, ca. eine halbe Stunde. Sie schloß mit dem »sakramentalen Segen«, also dem Segen mit der Monstranz und der konsekrierten Hostie. Seit Ende der 50er Jahre gab es statt der Andacht die Abendmesse und dafür am Vormittag eventuell eine Messe weniger. Die Versuche, die Abendmesse am Sonntag mit der Übung der Andacht zu verbinden, starben eines schnellen Todes – sie verlängerten ja zwangsläufig die Sache, und auch der Pfarrer will am Sonntag einmal Feierabend haben.

III. Die Entstehung der Liturgiekonstitution

Das Werden der Liturgiekonstitution, der Grundlage der Liturgiereform, ist nun rasch geschildert. Von den über 2800 »Postulaten«, die, wie im 2. Kapitel berichtet, auf die Anfrage des Staatssekretärs Tardini nach Verhandlungsthemen des Konzils in Rom eingingen, bezogen sich beinahe ein Viertel auf Fragen der Liturgie. Die zuständige Vorbereitungskommission war wie alle anderen der zuständigen römischen Behörde zugeordnet, in diesem Falle der Ritenkongregation. Deren Präfekt, Kardinal Gaetano Cicognani, ein erfahrener Kuriendiplomat, aber ohne Seelsorgserfahrung, war der Vorsitzende. Die endgültige Besetzung bestand aus 24 Bischöfen und 36 Konsultoren, dazu der für die Arbeit ungemein verdienstvolle Sekretär Annibale Bugnini, ein Mitglied des Lazaristenordens. Bugnini hat sich so intensiv erst für die Vorbereitung, dann für die Durchführung der Liturgiekonstitution eingesetzt, daß es selbst seinem Förderer Paul VI. nicht gelang, ihn vor allen innerkurialen Attacken zu schützen. 1975 gelang es sogar, ihn aus Rom zu entfernen und als apostolischen Delegaten nach Teheran abzuschieben. Er ist darob nicht verbittert, sondern hat die Zeit genutzt, uns sein kostbares, überaus informatives Buch über die Liturgiereform zu schreiben.

1. Die Vorarbeiten

Bei den ersten Ernennungen der Mitglieder der Vorbereitungskommission gelang es noch, deutsche und französische Teilnehmer fernzuhalten – also Bischöfe und Konsultoren aus den Ländern, in denen man die meisten Erfahrungen mit der liturgischen Bewegung hatte. Bei späteren Zusatzernennungen war das gottlob nicht mehr möglich. Während des Konzils hielt sich im übrigen alles, was Rang und Namen in der Liturgiewissenschaft hatte, in Rom auf, beeinflußte jede Phase der werdenden Konstitution und bereitete bereits die Übersetzungen sowie die Maßnahmen zu ihrer Durchführung vor. In drei mehrtägigen Konferenzen, unterbrochen durch die Arbeit von dreizehn Subkommissionen für die verschiedenen Detailfragen, gelang es, den endgültigen Entwurf fertigzustellen. Am 13. Januar 1962, neun Monate vor Eröffnung des Konzils, lag er vor. Wir haben schon geschildert, wie der Präsident der Kommission am 1. Februar 1962, fünf Tage vor seinem Tod, den Entwurf unterschrieb.[8] Kein Wunder also, daß man mit diesem Text die Verhandlungen anfing.

Was aber die Väter am 11. Oktober 1962 bei der Konzilseröffnung in die Hände bekamen, war – wieder einmal, beziehungsweise zeitlich zum erstenmal – nicht der von der Kommission verabschiedete Text, sondern ein auf Geheiß des neuen Präsidenten von einer geheim berufenen Arbeitsgruppe revidierter Text. Gewiß war die Substanz des Entwurfs nicht verändert. Aber wichtige konkretisierende Erklärungen waren weggefallen, Verfügungen zugunsten der Volkssprache waren abgeschwächt. Der Kommissionstext hatte z. B. gesagt, die Bischöfe beziehungsweise Bischofskonferenzen eines Sprachraums sollten über die Verwendung der Volkssprache in der Liturgie »bestimmen« (*statuere*); die Textänderung besagte, sie könnten Entsprechendes »vorschlagen« (*proponere*). Das entsprach einer vorangestellten *Nota* – nicht nur die Kirchenkonstitution bekam also eine solche beziehungsweise sollte eine solche bekommen –, die besagte: Die Konstitution wolle für eine Generalreform der Liturgie *normas generales et altiora principia*, »allgemeine Normen und übergeordnete Grundsätze«, vorlegen, die Ausführung werde dem Heiligen Stuhl überlassen. Am Beginn des Konzils war somit erneut klar – soweit es nicht durch die Enzyklika *Veterum sapientia* und die Umstände ihrer Veröffentlichung klar war –, daß es an der Kurie und auch im Weltepiskopat entschiedenen Widerstand gegen die Liturgiereform gab. Man verschanzte sich hinter dem formalen Argument: Das Konzil repräsentiert die Gesamtkirche, also auch die unierten Ostkirchen; also kann es nicht *allgemeine* Beschlüsse fassen, die nur *einen*, den lateinischen Ritus betreffen. Darum: nur allgemeine Prinzipien. Es ging trotzdem alles gut, zuletzt überraschend gut.

2. Die Abstimmungen

Am gefährlichsten war der Vorschlag, wegen der ausführlichen theologischen Grundlegung müsse die Vorlage an die Theologische Kommission überwiesen werden – die Nachfolgerin der ehemaligen Zentralkommission –, also an Kardinal Ottaviani. Jedem war klar, was das bedeutet hätte. In der Generaldebatte hatte Ottaviani denn auch schon klar gemacht, wo er stand – es war jene Rede, bei der

der Diskussionsleiter Kardinal Alfrink nach siebzehn Minuten das Mikrofon ausschaltete. Die Liturgie, so Ottaviani, ist »heiliger Boden«. Planen die Väter etwa eine »Revolution«? Es war jene biblische Anspielung, die die Befürworter der Reform mit der ebenfalls schon erwähnten Rückfrage konterten, ob denn Jesus Latein gesprochen habe. Das Wort vom »heiligen Boden« kennzeichnet die Gefühle der Ängstlichen: Die Liturgie ist – Liturgiegeschichte hin oder her – seit Pius V. *das* Bollwerk, das die römisch-katholische Kirche gegen das Eindringen fremder Einflüsse schützt, weil es die Kirche jederzeit identifizierbar macht und den Gläubigen konkret das Bewußtsein der Heiligkeit Gottes, der Kirche, ihres Glaubens und der Normen des christlichen Lebens erhält. Spätestens die nachkonziliaren Entwicklungen der Liturgiereform zeigen, daß man dieses Argument nicht leicht nehmen sollte. Es fragt sich nur, ob es noch sinnvoll war, in *dieser* Weise und in *diesen* Formen die Heiligkeit Gottes im Bewußtsein halten zu wollen.

Verglichen mit *diesem* Verständnis von »Heiligkeit«, ist allerdings sehr viel »Profanität« in die Liturgie eingezogen. Auch ist die Liturgie jetzt nicht mehr so leicht Identifikationsobjekt wie früher: In England (und in den USA) ist die katholische Eucharistiefeier kaum noch von einem anglikanischen, in Deutschland kaum noch von einem hochkirchlich-lutherischen Gottesdienst zu unterscheiden. Unter anderem die Liturgiereform hat uns ja auch Traditionalistenbewegungen eingebracht, die teils in der Kirche am äußersten rechten Rand (*Una voce*, »Bewegung für Papst und Kirche«, »Petrusbruderschaft«), teils schon außerhalb der Kirche agieren (die »Pius-Bruderschaft« des verstorbenen Alterzbischofs Lefebvre). Der Widerstand hat trotzdem die Reform nicht verhindern können.

Vom 22. Oktober bis zum 14. November 1962 hat man erstmalig über das Liturgieschema diskutiert – wie schon früher gesagt: als Introduktion der Konzilsberatungen überhaupt und darum mit hohem Einsatz, z. B. 29 Redner gleich an den ersten eineinhalb Tagen! Zur großen Überraschung aller gab es dennoch bei der Abstimmung am 14. November über die Frage, ob das Schema als Grundlage der weiteren Debatte gelten könne, nur 46 Nein-Stimmen – allerdings 180 *Modi*, also Arbeit für die Kommission. Diese geschah recht gründlich in der Pause bis zum Beginn der zweiten Tagungsperiode. In dieser stiegen bei den Einzelabstimmungen die *Juxtamodum*-Stimmen zum Teil so an, daß die Zweidrittelmehrheit für die Annahme unterschritten wurde. Also Geschäftsordnungsstreit: Ist das betreffende Kapitel damit abgelehnt – oder nur zur Weiterverbesserung zurückgewiesen? Die letztere Auffassung setzte sich durch. Zudem vereinfachte man (wie später auch noch einmal bei der Kirchenkonstitution) das Verfahren durch die Methode des *Quaesitum* (Befragung): Man hebt die besonders umstrittenen Knackpunkte heraus, interpretiert sie möglichst entgegenkommend für die Gegner und »fragt« dann, ob man *so* zustimmen *würde* – das erleichterte dann die Kommissionsarbeit. Nach diesem Verfahren war am 22. November 1963 die Gesamtabstimmung über das ganze Schema – und ging mit nur 19 Gegenstimmen bei 2158 Ja-Stimmen durch. Am 4. November in der öffentlichen Schluß-Session der zweiten Tagungsperiode folgte die Approbation durch den Papst und die feierliche Verkündigung.

IV. SCHWERPUNKTE DER LITURGIEKONSTITUTION

1. Die Muttersprache in der Liturgie

Die Liturgiekonstitution hat 130 Artikel – fast doppelt so viele wie die Kirchenkonstitution, obwohl der Text fast nur die Hälfte von deren Umfang hat. Das liegt daran, daß die Konstitution zum größten Teil aus lauter kurzen Einzelweisungen besteht, während die Kirchenkonstitution eine zusammenhängende Darstellung gibt. Die Einteilung ist fast zwangsläufig. Es gibt sieben Kapitel: allgemeine Grundsätze, Eucharistie, die übrigen Sakramente, das Stundengebet, das liturgische Jahr, Kirchenmusik, sakrale Kunst einschließlich liturgisches Gerät und Gewänder. Was sind nun die Schwerpunkte?

Man vereinfacht nicht unzulässig mit der Feststellung: Es gibt eigentlich, was die praktischen Weisungen betrifft, nur einen Schwerpunkt: die weitgehende Freigabe der Muttersprache in der Liturgie. Immer da, wo die Abänderungsanträge beunruhigend hohe Zahlen erreichten, betraf es Artikel, in denen es um die Aufhebung oder Lockerung der Pflicht zum lateinischen Text geht – und die Abänderungsanträge forderten abgeschwächte Formulierungen. Man hatte ja, wie gezeigt, schon im vorhinein nichts unversucht gelassen, dieses drohende »Verhängnis« aufzuhalten, übrigens auch außerhalb der Konzilsvorbereitung. 1960 erschien der neue *Codex* der liturgischen Vorschriften (*Codex rubricarum*), von Johannes XXIII. vorläufig in Kraft gesetzt ohne Präjudiz für das Konzil – von seinen Promotoren aber eindeutig als Versuch gemeint, die Liturgiereform überflüssig zu machen, z. B. durch Vereinfachungen und durch eine Korrektur des Festkalenders. 1961 und 1962 folgten offizielle Neuausgaben des lateinischen Meßbuchs und des Breviers.[9] 1961 erschien ebenfalls eine verbesserte Ausgabe des Pontifikale, also des liturgischen Buches für die bischöflichen liturgischen Amtshandlungen – wieder mit Reformen (z. B. des Ritus für die Kirchweihe) –, 1962 ein neugefaßter Ritus der Erwachsenentaufe. Brauchte man also die Liturgiereform überhaupt noch? Aber das Konzil ließ sich durch solche Versuche, vollendete Tatsachen zu schaffen, nicht die Hände binden. Es beschloß die Muttersprache. Wieder getilgt wurde die von gegnerischer Seite projektierte einschränkende Vorbemerkung. In Art. 36 dürfen die Bischofskonferenzen auch wieder »bestimmen« (*statuere*), und nicht nur »vorschlagen« – nur bedarf es der Approbation durch den Heiligen Stuhl, aber deren bedarf so etwas fast immer. Und die Genehmigung der Übersetzungen liturgischer Texte selber ist wieder Sache der Bischofskonferenzen – jedenfalls nach dem Wortlaut der Konstitution. Was ist nun im einzelnen muttersprachlich erlaubt?

a) In der empfindlichsten Frage, der der Verwendung der Muttersprache in der Meßfeier, war ohne einen Kompromiß nicht durchzukommen. So enthält der diesbezügliche Art. 36 eine dreifache Einschränkung: Der Gebrauch der lateinischen Sprache soll grundsätzlich erhalten bleiben (§ 1) – in welchem Ausmaß, wird nicht festgelegt. Mit anderen Worten: Den Gegnern wird die Fiktion zugestanden, daß Latein nach wie vor die offizielle liturgische Sprache der Westkirche ist.

Die Muttersprache wird in der Form einer doppelten Erlaubnis genehmigt: Es soll gestattet sein, ihr einen weiteren Raum zuzubilligen (§ 2). Es wird also erlaubt, zu erlauben. Schließlich soll sich die Muttersprache »besonders« in den Lesungen, Hinweisen (*Admonitiones*), Fürbitten, Gebeten (»Orationen«) und Gesängen (man denke an das deutsche Hochamt!) betätigen. Mit anderen Worten: Der Kanon ist tabu. Ich erinnere mich noch genau: Es hatte auch niemand im Traum damit gerechnet, daß sich das Konzil so weit schon vorwagen könnte. Ich weiß nicht, ob die Gegner der Reform damals glaubten, das Schlimmste abgewendet zu haben. Die Befürworter haben wahrscheinlich den formulierten Einschränkungen augenzwinkernd zugestimmt und auf das Schwergewicht der nun anlaufenden Entwicklung vertraut – und damit recht behalten.

b) Leichter tat man sich mit den übrigen Sakramenten. Da hatte ja Papst Pius XII schon vorgearbeitet. So steht denn auch Art. 63 in Spannung zu Art. 36: Dort nämlich wird nicht mehr zu erlauben erlaubt, sondern vorgeschrieben: Es *soll* der Muttersprache größerer Raum gewährt werden.

c) Zurückhaltender ist wiederum Art. 101: Kleriker sollen beim Stundengebet Latein sprechen. Gleiches gilt für die Priesterorden. Aber der zuständige Obere kann wiederum das muttersprachliche

Beten erlauben: den Klerikern zur Förderung eines besseren Vollzugs des Stundengebetes; den Ordensgemeinschaften von Nicht-Klerikern, vor allem den Frauen-Orden. Es gab nämlich tatsächlich Frauenklöster, in denen das Stundengebet lateinisch von Ordensangehörigen gebetet wurde, die kein Wort Latein verstanden.

2. Die theologische Grundlage

Die Muttersprache in der Liturgie ist die unmittelbare Konsequenz des Grundansatzes der Konstitution. Wird dieser angenommen, so ergeben sich nicht nur die Muttersprache, sondern so gut wie alle anderen Reformbestimmungen fast zwangsläufig. Der Grundansatz besteht in der Wiederentdeckung – beziehungsweise der Bestätigung der von der Theologie bereits geleisteten Wiederentdeckung – der *Liturgie als zusammenfassendem Verkündigungshandeln der Kirche*. Der Grundansatz bedeutet das Ende des Mysterienspiels – und das Ende eines Verständnisses von den Sakramenten als bloßen »Heilsmitteln«. Dies wiederum setzt das Kirchenbild des Konzils voraus, wie es noch zu erörtern sein wird – weshalb wir hier auf den theologischen Teil der Liturgiekonstitution noch nicht näher eingehen.

In der Liturgie ist jedenfalls alles beisammen, was christlichen Glauben ausmacht: die Botschaft vom Heilshandeln Gottes in Christus, der Glaube der Kirche und das Bekenntnis dazu; der Glaube des Einzelnen, öffentlich kundgetan im Empfang des Sakramentes, die Anmahnung der Konsequenzen für das Leben.[10] Deshalb kann das Konzil formulieren – der Spitzensatz der ganzen Konstitution –, die Liturgie bilde »Quelle und Höhepunkt des ganzen Tuns der Kirche« (Art. 10). Dann aber darf die Liturgie nicht länger ausschließlich Sache der Kleriker sein. Dann muß die Gemeinde »tätig teilnehmen« – *actuosa participatio*, dieser Begriff kommt immer wieder vor. Wenn aber »tätige Teilnahme«, dann muß die Gemeinde alles verstehen, und zwar unmittelbar, nicht durch einen Dolmetsch. Und mehr als das. Wenn Verständlichkeit, dann müssen die Zeremonien sich ändern. Lesungen gehören an das Pult – und wenn die Predigt die Lesung beziehungsweise das Evangelium auslegt, bleibt man am besten gleich dort. So wird die Kanzel, vor allem die reich ausgestalteten Kanzeln in den spätgotischen und Barockkirchen, zum unbenutzten Dekorationsstück. Der Altar muß näher ans Volk. In alten Kirchen werden also neue Altäre am Beginn des Kirchenschiffs aufgestellt – der Hochaltar bleibt Blickfang, wird aber funktionslos. Am Altar selbst sind keine Wege mehr nötig wie früher – dadurch fallen zahllose Zeremonien, Kniebeugen, Vernei-

gungen vor dem Tabernakel usw. weg. Weil die Liturgie wieder ein Geschehen mit verteilten Rollen ist – mit Einschränkungen selbst noch bei der einfachsten Werktagsmesse –, braucht der Priester nicht mehr eigens zu »lesen«, was z. B. die Gemeinde sagt oder singt, was die Lektorin oder der Lektor vorträgt, die Sprecherin oder der Sprecher der Fürbitten. Die Folge: Der Priester sitzt oder steht jetzt beim Wortgottesdienst nicht mehr am Altar, sondern auf einem dafür hinter dem Altar oder seitwärts vom Altar aufgestellten Sitz – fast schon wie auf einem kleinen Bischofsthron, was nachweislich manchen Pfarrer sehr mit der Liturgiereform zu versöhnen in der Lage war. Und vor allem: Es ist nur sinngemäß, wenn der Pfarrer beziehungsweise der »Zelebrant« seine Gemeinde bei der Eucharistiefeier ansieht, diese also »zum Volk hin« feiert.
Damit nicht genug. Wenn die Texte der Liturgie verstanden werden, so können viele von ihnen beim besten Willen nicht so bleiben, wie sie waren, weil sie aus einer nicht mehr nachvollziehbaren, ja inzwischen überwundenen Frömmigkeit stammen – z. B. Texte, die deutlich leib- und weltfeindliche Anschauungen widerspiegeln. Also schreibt das Konzil schon hier bei vielen Detailfragen nicht nur die Muttersprache, sondern auch die Anpassung der Liturgie selbst an die Notwendigkeiten der Kirche von heute vor, besonders im Blick auf die »Missionsländer«.

V. Die Folgen – und ein Urteil

1. Folgen

Wir haben schon sehr selbstverständlich zu den Auswirkungen der Konstitution hinübergelenkt, die auf dem Konzil selbst noch gar nicht beziehungsweise erst bei der letzten Tagungsperiode sichtbar wurden – nachdem am 7. März 1965 erste Durchführungsbestimmungen zur Liturgiereform in Kraft getreten waren. In der Tat: Der Text der Liturgiekonstitution liest sich vom 2. Kapitel an seitenweise wie ein minuziöses Vorschriftenwerk, dessen Sprengkraft man zunächst gar nicht merkt. Aber wer genügend Phantasie hatte, konnte sich schon damals vorstellen, was in den folgenden Jahren passieren würde – zumal ja die Beschlüsse des Konzils durch die Medien sofort bekannt wurden und die Gemeinden entsprechend voreingestellt oder auch vorgewarnt waren.
Die erste Folge: der schon erwähnte Lose-Blätter-Salat auf Altar und Ambo. Die liturgischen Kommissionen der Bistümer begannen sofort mit provisorischen Übersetzungen und provisorischen neuen

Texten. Die Bischöfe erließen Bestimmungen – z. B. welche Teile des *Ordinariums* durch ein deutsches Lied ersetzt werden konnten, ob *nach* dem Entlassungsgruß noch ein Lied zu singen sei oder nicht, usw. Dies alles verlief anfangs noch sehr uneinheitlich – zuzüglich der Freistil-Liturgie mancher Kapläne und Pfarrer, die es plötzlich für erlaubt hielten, ihren persönlichen Frömmigkeitsstil zum Maßstab der Liturgie zu machen.
Seit etwa 1970 ist diese Improvisationsphase ausgestanden – nach Ansicht mancher zu früh. Es kam aber, wie es kommen mußte: Die Phantasie versiegt nach einiger Zeit, wenn man sich für jeden Sonntag etwas Neues ausdenken muß. Dann beginnt man wieder dankbar zu sein, wenn es ein festes, bibliophil aufgemachtes »Meßbuch« gibt, in dem alles gut lesbar aufgeschrieben steht. Das ist im deutschen Sprachraum seit 1974 der Fall. Es bedeutet trotzdem keine Rückkehr zur vorkonziliaren Erstarrung, weil in den nun wieder geordneten Ritus der Meßfeier die Elemente der Spontaneität eingebaut sind. Im Klartext: Der Pfarrer kann, wenn er es denn darauf anlegt, im Sonntagsgottesdienst zuzüglich zur Predigt es noch auf vier weitere Kurzpredigten bringen, nämlich bei der Begrüßung, bei der Einleitung zu den Fürbitten, bei der meditativen Pause nach der Kommunion, bei den Ankündigungen (auf evangelisch: Abkündigungen) vor der Entlassung – und wenn er will, noch zur Einleitung des Friedensgrußes. Im übrigen sind natürlich im neuen Meßbuch alle neuen Texte drin, die in der lateinischen Neuordnung der Liturgie von Rom aus zum Ersatz alter Texte eingeführt wurden. Es wird ja leicht vergessen: Es gibt auch ein lateinisches Meßbuch mit der reformierten Liturgie, den sogenannten »lateinischen Prototyp«![11]
Eine wichtige Folge ist diese: Wie erwartet, hat die Muttersprache nicht vor dem Kanon (Hochgebet) haltgemacht. Die auf das Schwergewicht der Sache vertrauten, hatten recht behalten: Eine muttersprachlich-lateinische Mischliturgie, lateinische Texte eingerahmt von muttersprachlichen – das konnte nicht Normalität werden. Unerwartet schnell hat Rom daher auch den muttersprachlichen Kanon genehmigt und damit die vollständige muttersprachliche Liturgie. Anlaß war natürlich das Drängen mancher Bischofskonferenzen: den Vorreiter bildeten die Holländer. Aber ich weiß es noch, wir trauten damals, 1968, unseren Ohren nicht! Noch 1965 – besser: *schon* 1965 – hatte die bereits erwähnte römische Instruktion zur Durchführung der Liturgiekonstitution die Zulassung der Muttersprache weit über die Grenzen von Art. 36 der Liturgiekonstitution ausgedehnt. Die Muttersprache im Kanon aber hatte sich Rom strikt vorbehalten. 1968 aber kam auch dies – zugleich mit drei

neuen Hochgebetstexten unterschiedlicher Länge, die sich ganz an altkirchlichen Formularen orientieren und nun wahlweise neben dem alten römischen Hochgebet benutzt werden konnten, mit dem Erfolg, daß dieses letztere in der durchschnittlichen Gemeindepraxis so gut wie nicht mehr vorkommt.

Und schließlich: Die Liturgiereform brachte auch eine einschneidende Änderung der biblischen Lesungen in der Liturgie. Zuzüglich zur neutestamentlichen Lesung tritt – als Alternative oder auch Ergänzung, je nach Entscheidung des Gottesdienstleiters – eine alttestamentliche Lesung, so daß bei eifrigen Gemeinden jetzt drei Lesungen im Sonntagsgottesdienst üblich sind. Das ganze geschieht nun in einem Dreijahreszyklus, der so eingerichtet ist, daß die Gläubigen innerhalb von drei Jahren praktisch das gesamte Neue Testament und – vor allem im Werktagsgottesdienst – auch große Teile des Alten Testamentes hören können – und darüber gepredigt bekommen, denn seit dem Konzil ist die biblische Predigt im Sonntagsgottesdienst das Normale (die »Homilie«), während die früher häufigen »systematischen Predigten« (Predigt-Zyklen) hauptsächlich außerhalb der Messe angeboten werden.

Zugegeben, mit der neuen Leseordnung ist ein Stück ökumenischer Gemeinsamkeit aufgegeben, denn bis dahin war die liturgische Leseordnung in der römisch-katholischen und in den evangelischen Kirchen einigermaßen gleich. Um größere Vielfalt zu ermöglichen, hatte die evangelische Kirche jedoch – auf freiwilliger Basis, aber zumeist befolgt – seit langem noch eine zusätzliche Ordnung der »Predigttexte« eingerichtet, die dann unmittelbar vor der Predigt vom Prediger auf der Kanzel vorgelesen werden. Der ökumenische Preis für die durch die katholische Liturgiereform geschaffene neue Leseordnung scheint mir aber nicht zu hoch. Auch die evangelischen Kirchen werden sich ja angesichts des abnehmenden Interesses an den Bibelkreisen und der schwindenden Bibelkenntnisse selbst bei Konfirmanden fragen müssen, wo denn die Gläubigen noch einigermaßen umfassend mit dem Text der Bibel konfrontiert werden.

Und so sieht nun eine nachkonziliare sonntägliche Eucharistiefeier nicht nur einem anglikanischen Sonntagsgottesdienst, sondern auch einem in der liturgischen Hochform gefeierten lutherischen Sonntagsgottesdienst »verteufelt« ähnlich – und wurde auch nachweislich von ausländischen Katholiken schon verwechselt. Sogar die gregorianischen Melodien zu den liturgischen Gesangstexten klingen gleich – nur hat man sie dank neuerer sprachästhetischer und musikalischer Einsichten in Deutschland geschickter den deutschen Texten unterlegt, so daß sie sich leichter singen als nach dem Evangelischen Gesangbuch. Und vor allem: Im katholischen Gottesdienst geht es jetzt wesentlich zwangloser zu als im – ganz unlutherisch – steifen lutherischen Hoch-Gottesdienst. Es hat manchmal trotz allem eben doch auch seinen Vorteil, wenn man mit bedeutender Verspätung die Anliegen Luthers aufnimmt, die schon 1520 hätten verwirklicht werden können.[12]

2. *Ein Urteil*

a) Unsere Gemeinden haben mit überwältigender Mehrheit die Liturgiereform angenommen und wünschen sich grundsätzlich keinen anderen Gottesdienst mehr. Die »Feierlichkeit« muß darunter keineswegs leiden – es gibt sie aber nicht mehr ohne Beteiligung der ganzen Gemeinde. Dies alles beweist, daß die Reform den Nagel auf den Kopf getroffen hat – das hat sie letztlich so stark gemacht gegenüber der massiven Gegnerschaft, die sich sofort nach dem Konzil auf der ganzen Welt gegen die Liturgiereform erhob und heute nur noch in Gemeinschaftsformen von der Struktur einer Sekte anzutreffen ist. Außerhalb dieser Gruppen wünschen sich auch Freunde der alten Liturgie keineswegs wieder die total lateinische »gelesene« und teilweise verdolmetschte Messe zurück, und nur noch ein paar katholische Bildungsbürger wünschen sich die Rückkehr zur unverdolmetschten lateinischen Messe.

b) Die lateinische Messe bleibt in der Gemeindepraxis logischerweise auf solche Gelegenheiten beschränkt und wird dort auch nach Möglichkeit gepflegt, wo man die musikalischen Schätze der lateinischen Liturgietradition erhalten will (gregorianischer Choral, mehrstimmige Messen aller Stilepochen). Die Errungenschaften der Liturgiereform gibt man damit aber nicht preis: In jedem Fall singt das Volk die Akklamationen, wenn möglich Teile des *Ordinariums*. Eine »zünftige« lateinische Messe in einer katholischen Gemeinde sieht heute so aus: Einleitungsteil bis einschließlich Oration lateinisch mit den entsprechenden Gesängen. Dann folgt ein deutscher Block: Lesungen, Predigt, Credo (deutsch gesprochen oder lateinisch gesungen, gregorianisch oder mehrstimmig), Fürbitten – der Zwischengesang nach der Lesung kann als musikalische Meditation ruhig lateinisch bleiben. Nach den Fürbitten geht es lateinisch weiter – der Priester *singt* in diesem Fall auch das Hochgebet mit dem Einsetzungsbericht lateinisch. Zahlreiche Gemeinden sind – wie lange noch? – in der Lage, das Vaterunser lateinisch mit dem Priester zu singen.

Es setzt sich im übrigen die vernünftige Praxis durch, daß man ja nicht unbedingt eine mehrstimmige lateinische Messe *vollständig* singen muß. Die Gemeinde kann z. B. nach einem einfachen gregorianischen Formular Kyrie und Sanctus singen, der mehrstimmige Chor übernimmt Gloria und Agnus Dei – das Benedictus kann er zur Austeilung der Kommunion singen. Und da heute die Propriumsteile durch gleichsinnige andere Gesänge ausgetauscht werden können, hat der Chor immer noch Gelegenheit genug, zu zeigen, was er kann.

c) Die Liturgiereform hat erheblich zur »Entklerikalisierung« der Liturgie beigetragen – trotz des kleinen Bischofsthrons für den Pfarrer. Hauptgrund ist, daß die Gemeinde wieder ihren Part hat. Dies wird von weiteren Reformen flankiert: Lesungen und Fürbitten durch Gemeindemitglieder, Kommunionhelfer und Kommunion*helferinnen* (!), die bei der Austeilung der Kommunion helfen (mit Beauftragung durch den Bischof), Ministran*tinnen* (trotz anhaltender römischer Behinderungsversuche und inzwischen geltender kirchenrechtlicher Vorschrift), Handkommunion (seit 1969 von Rom erlaubt und von den deutschen Bischöfen sofort eingeführt, wobei es selbstverständlich allen Gläubigen frei steht, sich die Kommunion wie bisher auch auf die Zunge legen zu lassen), und schließlich der Empfang der Eucharistie unter beiderlei Gestalt, wo die Verhältnisse es zulassen, praktisch üblich beim Gottesdienst im kleineren Kreise (Trauungen, Jugendgottesdienste, Tagungen, Werktagsmesse, am Gründonnerstag oft für die ganze Gemeinde), gar nicht selten aber auch (ich selbst habe das so in den USA erlebt) jeden Sonntag.

d) Die Liturgiereform hat zur Dezentralisierung der Kirche beigetragen, trotz der weiterhin bestehenden Verpflichtung, die Bestätigung durch die römische Kurie einzuholen. Als Regionalautorität sind die Bischofskonferenzen erstmalig in der Liturgiekonstitution erwähnt. Neben dem Latein war denn auch die Sorge um die *volle* Zuständigkeit Roms und um den Vorrang des Klerus in der Liturgie der Haupthaftpunkt des Widerstandes gegen die Reform auf dem Konzil und nach dem Konzil. Das zeigt die Tatsache, daß bei den Bestimmungen, die diese beiden Punkte betrafen, regelmäßig auf dem Konzil die »Zustimmung unter Vorbehalt« sprunghaft anstieg. Kein Zweifel: Die Vertreter des Hergebrachten hatten und haben immer eine feine Nase für die Implikationen von Reformen. So kann ich nur von Herzen Karl Rahner zustimmen, wenn er am Ende seiner Einführung zur Liturgiekonstitution[13] sagt, die Liturgiereform brachte, was zahllose Katholiken seit langem ersehnt hatten – und doch war sie letztlich ein ganz unerwartetes Geschenk.

3. Ein ungelöstes Problem

Die Liturgiereform mag trotz allem, vor allem trotz der unsäglichen Arbeit derer, die sich um ihre Durchführung zu kümmern hatten, immer noch Wünsche offen gelassen haben. Der Widerstand, der teilweise Formen angenommen hat, die normale Vorstellungen von gut katholischem kirchlichem Gehorsam als kindliche Naivität erscheinen lassen, hat wohl doch die eine oder andere mutige Entscheidung, die in der Logik der Sache gelegen hätte, verhindert, hat Kompromisse erzwungen. Ein Grundproblem der Liturgiereform jedoch liegt nicht an der Oberfläche, und es hängt gerade mit der Stärke der Liturgiekonstitution und der auf ihrer Grundlage durchgeführten Reform zusammen.

Ein boshaftes Wort über die Liturgiewissenschaftler (besonders die deutschen) lautet: Sie denken und handeln nach dem Prinzip: »Weil es so alt ist, ist es so schön.« In der Tat hat die Liturgiereform sozusagen den *altkirchlichen* Gottesdienst wiederhergestellt, aber nicht die ganz offene Form des neutestamentlichen Gottesdienstes. Nun muß man dies Letztere überhaupt nicht tun. Aber die faktische Normativität der alten Kirche bei der Liturgiereform hat auch ihre Probleme. Denn die altkirchliche Liturgie ist in jedem Falle bereits ein Dokument dessen, was man die »Resazerdotalisierung« des kirchlichen Amtes nennt, also die »Neuverpriesterlichung«. Gemeint ist folgendes: Spätestens seit dem 4. Jahrhundert – also nicht von ungefähr seit der Zeit, wo das Christentum begann, Staatsreligion des römischen Reiches zu werden – nennt man die kirchlichen Amtsträger wieder »Priester«, wandelt sich, vereinfacht und etwas boshaft gesagt, der Gottesdienst von der Gemeindefeier zur »Liturgie«. Dem gegenüber hatte das Neue Testament ganz provozierend die kirchlichen Amtsträger mit »weltlichen« Namen gekennzeichnet: Der Bischof (*epískopos*) ist ein »Aufseher«, wörtlich: ein »Inspektor«; der Priester (*présbyter*) ist ein »Senior«, und der Diakon (*diákonos*) bedeutet einen Kellner, einen Tischdiener.

Die durch die Liturgiereform wiederhergestellten Gemeindegottesdienste sind die der alten Kirche mit, scharf gesagt, einer bestimmten *Rolle* der Gemeinde, aber doch nicht mit der Gemeinde als *Subjekt*. Die Folge: Eine liturgische Kreativität der *heutigen* Gemeinde ist eigentlich nicht vorgesehen. Gilt für die Liturgie Goethes Satz: »Weh dir, daß du ein Enkel bist«? Deshalb haben es Versuche, Liturgie ganz neu zu entwickeln, ungeheuer schwer. Schon die Hauseucharistie oder Tischeucharistie wird sehr mißtrauisch beobachtet. Das Postulat der Liturgiekonstitution, die Liturgie der modernen Welt anzupassen, vor allem in den Missionsländern, ist nur sehr un-

zureichend erfüllt worden. Wo »Volksliturgie« versucht wird (heute z. B. in Lateinamerika), steht sie sofort unter allerlei »basisdemokratischem« Verdacht. Versuche einer bodenständigen Gestaltung der Liturgie in Afrika und Asien mit ganz harmlosen Abweichungen vom römischen Prototyp blieben nach kurzer Experimentierphase stecken oder sind (zunächst) ängstlich abgewürgt worden.[14] Aber mit den Worten eines prominenten afrikanischen Theologen gesagt: »Es ist noch keine Afrikanisierung des Christentums, wenn ein Priester bei der Eucharistiefeier einen Häuptlingsschmuck aufsetzt!«[15]
Dabei könnte man gut und gern ohne Angst großzügig sein und Kreativität ermutigen. Die Tradition des jüdisch-christlich-altkirchlichen Gottesdienstes ist trotz aller klerikalen »Anreicherung« in der alten Kirche von solch überzeugender Logik, daß jeder christliche Gottesdienst, wollte man ihn ganz vom Nullpunkt aus entwerfen, nachweislich – Experimente haben es bewiesen – bei dem bekannten Grundmuster ankäme: Einleitung, Wortgottesdienst aus Lesung, Gebet, Gesang, Predigt, dann Abendmahlsgottesdienst mit dem Gedächtnis des Todes und der Auferstehung Christi, eingebettet in eine Gedächtnishandlung, Entlassung in den Alltag. Ob dies als Grundmuster nicht genügte, so daß dann das übrige noch mehr der neuschöpferischen Phantasie der Kirche überlassen werden dürfte unter der Leitung der jeweiligen regionalen Hierarchie?

VI. Stellungnahme zu einer umstrittenen Massnahme von Papst Johannes Paul II.

1985 hat Papst Johannes Paul II. im Zusammenhang mit den intensiven Bemühungen, eine Versöhnung mit dem suspendierten Alterzbischof Lefebvre und seinen Anhängern zu erreichen, gestattet, daß Priester unter bestimmten Bedingungen wieder die vorkonziliare Messe, also die Messe in der Form, wie sie Pius V. 1570 vorgeschrieben hatte, feiern dürfen. Der Verdacht, der Papst nehme (wieder einmal) ein Stück der Reformen des Zweiten Vatikanischen Konzils zurück, wurde natürlich sofort erhoben. Was steht dahinter?
Schon 1970 bei der definitiven Einführung des neuen Meßbuches hat Papst Paul VI. – fast auf den Tag genau 400 Jahre nach der Liturgiereform seines Vorgängers Pius V. – die alte, im Auftrag des Trienter Konzils vereinheitlichte Form der Messe abgeschafft – also nicht nur ihre Verpflichtung aufgehoben, sondern sie verboten. Ich

habe das immer für unklug gehalten, denn es war damals ja schon abzusehen, daß die Liturgiereform von den Gemeinden angenommen worden war. Eine Vorschrift an die Pfarrer, den Gemeinden nicht aus lauter Anhänglichkeit an die alte Liturgie die Früchte der Liturgiereform vorzuenthalten, hätte es gewiß auch getan. Die Folge des Verbotes aber war nicht zuletzt die Erstarkung der Lefebvre-Bewegung. Soviel ich habe in Erfahrung bringen können[16], ist die Maßnahme von 1985 eine ganz persönliche Entscheidung des Papstes. Sowohl die zuständigen Kurienbehörden als auch viele einflußreiche Mitglieder aus dem Weltepiskopat sollen den Papst gewarnt haben. Das formell von der Kongregation für den Gottesdienst ausgestellte Dokument läßt denn auch die Distanzierung durchblicken: Erst heißt es, das Problem sei zuallermeist in den Gemeinden keines mehr. Dann, wenig später aber: »Da es aber doch noch Probleme gibt ...«
Die Neuerlaubnis ist von lauter Einschränkungen umstellt: Nur mit Erlaubnis des Bischofs darf die alte Meßform benutzt werden; das Zugeständnis gilt nur für die Priester beziehungsweise Gruppen, die es beantragt haben, darf also niemandem aufgezwungen werden; es gilt nur an dem dafür genehmigten Ort (z. B. in einer bestimmten, vom Bischof zu benennenden Kirche); die Erlaubnis bezieht sich nur auf die Form des Meßbuches von 1962, also auf eine schon leicht reformierte Form der »Pianischen« Messe; und die alte Messe darf nur auf Latein gefeiert werden – es darf also keine Vermischung von Elementen der alten und der nachkonziliaren Liturgie nach persönlichem Gutdünken geben. Vor allem dieser letzte Punkt ist ein geeigneter Bewertungsmaßstab, denn ich glaube nicht, daß auch die »konservativen« Pfarrer *alle* Errungenschaften der Liturgiereform wieder missen möchten. Vor allem aber: Die vom Bischof zu erteilende Erlaubnis ist an die formelle Anerkennung der Rechtgläubigkeit der Liturgiereform des Zweiten Vatikanischen Konzils durch die Antragsteller gebunden. Der Vorwurf, die Liturgiereform enthalte Irrlehren, ist ja von seiten der Gegner bis heute nicht verstummt.
Das Ganze war also ein »Schachzug« des Papstes, eine Testfrage an die Lefebvre-Anhänger. Sie mußten jetzt Farbe bekennen, was sie *wirklich* wollten: ob es ihnen tatsächlich nur um die tridentinische Messe ging oder um die Verwerfung des ganzen Konzils. Und sie haben Farbe bekannt: Erzbischof Lefebvre hat sich *nicht* versöhnt bis zu seinem Tod im März 1991. Das Angebot an seine Anhänger zur Rückkehr in die Kirche enthält trotzdem nach wie vor ein Ausmaß an Entgegenkommen, von dem »Linksabweichler« in der Kirche nur träumen können.[17]

Was die Liturgiereform betrifft, so würde man wohl erst dann von einer Distanzierung des Papstes vom Konzil sprechen können, wenn er etwa auf einer seiner Auslandsreisen wieder nach der Pianischen Form die Eucharistie feiern würde. Kardinal Ratzinger hat es inzwischen bei der (nicht zur Lefebvre-Bruderschaft gehörenden, aber traditionalistischen) »Petrus-Bruderschaft« getan. Und bei zuständigen deutschen Verlagen liefen damals nach mir vorliegenden authentischen Informationen die Telefone heiß mit Anfragen, ob es noch alte Meßbücher zu erwerben gebe. Bis die Liturgiereform sich in Geist und Herz der *ganzen* Kirche durchgesetzt haben wird, muß man also doch wohl noch eine ganze Generation abwarten. Daß sie aber das dauerhafteste Werk des Konzils ist, läßt sich heute schon sagen.

Das gilt übrigens nicht zuletzt in ökumenischer Hinsicht. Wie wird man schon in naher Zukunft etwa im Hinblick auf das dornige Problem der Abendmahlsgemeinschaft katholischen Christinnen und Christen noch den fundamentalen Unterschied zwischen einer katholischen Eucharistiefeier und einem in der liturgischen Form gefeierten lutherischen Abendmahlsgottesdienst klar machen können, wenn die äußere Form so weitgehend gleich ist, wie sie es heute schon ist? Nicht nur in den USA, auch in Deutschland sind lutherische Pastoren berechtigt, im Abendmahlsgottesdienst unser zweites Hochgebet, das erste der drei neuen, zu benutzen.

Leseempfehlungen:

Routinemäßig weise ich hier und in den folgenden Kapiteln zunächst auf den entsprechenden Ergänzungsband zum Lexikon für Theologie und Kirche (LThK.E) hin – siehe *Leseempfehlungen* zum 2. Kapitel. Dort ist jeweils ausführlich die Vor- und Entstehungsgeschichte der besprochenen Dokumente dargestellt, gefolgt von einem Kommentar zum endgültigen Text. Obwohl die wenigsten Leserinnen und Leser diese Bände zur Hand haben dürften, weise ich auf sie hin, um meine wichtigste Quelle zu nennen. Hier also: LThK.E I (1966), 9–109.

Umfassend zu allen Abschnitten des Kapitels: *Annibale Bugnini*, Die Liturgie-Reform. 1948–1975. Zeugnis und Testament. Deutsche Ausgabe hg. von Johannes Wagner unter Mitarbeit von François Raas, Freiburg i.Br. 1988 (ital.: La riforma liturgica, Rom 1983). Im einzelnen knapper, im Blick auf weitere Zusammenhänge noch umfassender: *Hansjakob Becker/ Bernd Jochen Hilberath/Ulrich Willers* (Hg.), Gottesdienst – Kirche – Gesellschaft. Interdisziplinäre und ökumenische Standortbestimmungen nach

25 Jahren Liturgiereform (Pietas Liturgica Bd. 5), St. Ottilien 1991 (Geleitwort von Bischof Karl Lehmann, Erschließung der Absichten und Akzente des Werkes im Vorwort der Herausgeber). Beide Werke sind fachtheologisch, aber auch für Nicht-Theologen verständlich und eine unerschöpfliche Fundgrube für Hintergrundinformationen und Dokumentationen. Für die im engeren Sinne theologischen Zusammenhänge ist nach wie vor grundlegend: *Klemens Richter* (Hg.), Liturgie – ein vergessenes Thema der Theologie? (Quaestiones disputatae 107), Freiburg i.Br. ²1987.

Am Ende des 11. Kapitels sind in den *Leseempfehlungen* einige »Bilanz«-Bände aufgeführt, in denen im Blick auf die Themen des Konzils die heutige Lage beleuchtet wird. Wo es sich ergibt, wird hier und in den folgenden Kapiteln auf entsprechende Absätze in diesen Gemeinschaftswerken verwiesen, hier also auf: *Klemens Richter*, Liturgiereform als Mitte einer Erneuerung der Kirche, in: Klemens Richter (Hg.), Das Konzil war erst der Anfang, 53–74.

Ein meditativ einführendes kleines Buch sozusagen aus der Zeit der ersten Stunde der Liturgiereform, aber nach wie vor hilfreich, wenngleich wohl nur noch in Bibliotheken zu finden, ist: *Maternus Einig*, Der heutige Mensch und die Liturgie (Christliches Leben heute 3), Augsburg 1968. Eine ganz praktische Hilfe für die erneuerte Liturgie: *Richard Kliem*, Der Lektorendienst. Werkbuch, Freiburg i.Br. 1990 – wozu auch ein Videoband erwerbbar ist.

Ganz neu sprechen heute einige lange vor dem Konzil, aber wie für die Liturgiereform geschriebene kleine Bücher von *Romano Guardini*. In aktualisierter Neuausgabe liegen vor: Von heiligen Zeichen, Mainz 1966; Beten im Gottesdienst der Gemeinde, Mainz 1982.

Fünftes Kapitel
Die Volksangehörigen werden zum Volk
Das Verständnis von der Kirche

I. KIRCHENBILDER

1. Von der Hierarchie zum Volk

»Es weiß gottlob ein Kind von sieben Jahren, was die Kirche sei, nämlich die heiligen Gläubigen und die Schäflein, die ihres Hirten Stimme hören.«[1] Die Kirche »ist ein christlich heilig Volk, das da gläubt an Christum«[2].

»Gott hat es aber gefallen, die Menschen nicht einzeln, unabhängig von aller wechselseitigen Verbindung, zu heiligen und zu retten, sondern sie zu einem Volke zu machen, das ihn in Wahrheit anerkennen und ihm in Heiligkeit dienen soll... So hat er sich aus Juden und Heiden ein Volk berufen, das nicht dem Fleische nach, sondern im Geiste zur Einheit zusammenwachsen und das neue Gottesvolk bilden sollte. Die an Christus glauben, werden nämlich durch das Wort des lebendigen Gottes (vgl. 1 Petr 1,23) wiedergeboren nicht aus vergänglichem, sondern unvergänglichem Samen, nicht aus dem Fleische, sondern aus dem Wasser und dem Heiligen Geist (vgl. Joh 3,5–6), schließlich gemacht ›zu einem auserwählten Geschlecht, einem königlichen Priestertum ..., einem heiligen Stamm, einem Volk der Erwerbung‹ (1 Petr 2,9).«[3]

Es ist schon seltsam, wie lange es dauern mußte, bis ein Konzil der römisch-katholischen Kirche einen solch einfachen, solch biblischen Gedanken von der Kirche als dem gläubigen Volk Gottes aufnehmen und als Kernaussage über die Kirche hinstellen konnte, und zwar *ohne* im gleichen Atemzug von Amt und Hierarchie zu sprechen. Es ist auch seltsam, wie lange es gedauert hat, bis zum »Volk« auch und vornehmlich diejenigen gehören, die zum *laòs theoũ* zählen (zum Beispiel 1 Petr 2,10; Apg 18,10), also die *laikoí*, die »Laien« – bis also die Volksangehörigen endlich zum Volk werden.

Ist in der römisch-katholischen Kirche eine solche Sicht vom Volk her, das durch den geistgeschenkten Glauben heilig ist, für (weitere) Jahrhunderte dadurch blockiert gewesen, daß es gerade Luther war, der die Wesensbestimmung der Kirche so entschieden vom Volk der Glaubenden her vornahm? Daß Luther – unfreiwillig – fruchtbare Entwicklungen in der Kirche Roms blockiert hat, in-

dem er antireformatorische Abwehrreaktionen provozierte, ist auch sonst festzustellen. Im Zusammenhang der Liturgiereform war darauf schon hinzuweisen[4], und so sind wir mit der Unterstellung einer antireformatorischen Verengung wohl auch hier nicht weit von der Wahrheit. Luther freilich hatte allen Grund, seine neue und doch nur biblische Sicht der Kirche zu akzentuieren. »Gern haben sie's, daß man sie für die Kirche halte, wie Papst, Kardinäle, Bischöfe ...«[5] Die These war tatsächlich gängig, die Hierarchie sei die Kirche, die Gläubigen hätten nur Anteil an ihr.
Es war dies freilich eine These der *spätmittelalterlichen* Theologie. Daß die Tradition nicht gegen, sondern für Luther sprach, darüber belehrt heute jede Darstellung der Geschichte der Lehre von der Kirche.[6] Wir beschränken uns hier auf wenige Hinweise, die die Situation am Vorabend des Zweiten Vatikanischen Konzils profilieren. Von der Bibel war in den zitierten Texten schon die Rede – hier muß es damit sein Genügen haben.[7]

2. Von der Väterzeit bis zur Reformation

Die Zeit der Kirchenväter vor Kaiser Konstantin und dem Ende der Christenverfolgungen, aber auch noch das Kirchenbild bei Augustinus ist gekennzeichnet durch die Variation und interpretierende Vertiefung der biblischen Bilder. Die Wesensbestimmung der Kirche wird gegeben in Metaphern wie *mysterium* (im Sinne von: geoffenbarter Heilsplan Gottes), »Volk Gottes«, »Haus Gottes«, »Braut Christi« u.ä. Kennzeichnend ist: Man spricht vom Innengeheimnis der Kirche und muß nicht von Amt und Hierarchie sprechen – obwohl diese letztere doch bereits voll ausgebildet war und funktionierte, sogar einschließlich einer bestimmten Sonderstellung der Kirche von Rom, wenn auch noch nicht im Sinne des späteren (mittelalterlichen, neuzeitlichen) Papsttums.
Die vielberufene »Konstantinische Wende« bedeutete für das Kirchenbild wirklich eine *Wende.* Heinrich Fries hat sie im Anschluß an die Forschung auf den Begriff gebracht: Kirche als Imperium.[8] Dies ergab sich dadurch, daß die kirchlichen Ämter sich nach dem Modell der kaiserlich-römischen Ämter ausgestalteten, zum Teil regelrecht deren Funktionen und darum nicht von ungefähr auch deren Amtstracht übernahmen: Die rote Farbe der bischöflichen Amtsbekleidung geht zurück auf die rote Farbe der Amtstracht der kaiserlichen Beamten. Jetzt erst läuft die Entwicklung auf einen Primat des Amtes bei der Wesensbeschreibung der Kirche zu – verstärkt schon bald durch die auf Gelasius I. zurückgehende »Zwei-Schwerter-Theorie«, und seit dem viel beredeten *Dictatus Papae*

Papst Gregors VII. aus dem Jahre 1075 ist das »geistliche Schwert« in nicht mehr zu überbietender Weise dem Papsttum in die Hand gegeben. Die *Ecclesia Imperatrix et Domina* (die Kirche als Kaiserin und Herrin) wird *nun* zunehmend identisch mit der Hierarchie. Bei der Papstkrönung wird Jer 1,10 auf den Pontifex angewandt: »Ich gebe dir heute die Macht über die Völker und Reiche, um auszureißen und einzureißen, zu vernichten und zu zertrümmern, aufzubauen und einzupflanzen.« Gleiches gilt für 1 Kor 2,15 und 6,3: »Der geistliche Mensch urteilt über alles.« Titel, die bisher für die ganze Kirche beziehungsweise für alle Amtsträger galten, werden nun auf den Papst beschränkt: *Papa, Sedes Apostolica, Vicarius Christi, Mater Ecclesia* – und die »Mutter« Kirche ist am Ende die römische Bischofskirche, das heißt die Lateran-Basilika –, »Schiff der Kirche«, »Schiff Petri«, »mystischer Leib Christi« usw. Die Laien sind Untertanen der Hierarchie – und da das niemand so gern ist, empfindet man auf der Seite der Kleriker den Satz für ganz natürlich: »Clericis laicos infestos oppido tradit antiquitas« – »Seit uralter Zeit sind die Laien den Kleriker feind.« Yves Congar fragt dazu ironisch: Welche antiquitas? Die des hl. Paulus?[9] Der Satz steht immerhin in einer Konstitution Papst Bonifaz' VIII. (Regierungszeit: 1294–1303). Es verwundert nicht, wenn Luther dann später eine Abhandlung zu schreiben sich genötigt fühlte unter dem Titel: »Wider den falsch genannten geistlichen Stand des Papstes und der Bischöfe«[10].

Allerdings – der Vollständigkeit und der Gerechtigkeit wegen muß es hinzugefügt werden – verlief diese Entwicklung nicht ohne Gegenströmung. Da ist zum Beispiel im 12. Jahrhundert die Lehre des Abtes Joachim von Fiore vom kommenden Dritten Zeitalter der Heilsgeschichte, dem Zeitalter des Heiligen Geistes, das die Zeit der Kirche als Imperium ablösen werde. Diese Lehre wurde wie überhaupt die Trinitätslehre des Abtes Joachim von der Kirche zurückgewiesen, definitiv auf dem vierten Laterankonzil 1215. Trotz der Zurückweisung spielten seine Theorien aber später bei den Franziskanern eine bedeutende Rolle, weil einige radikale Theologen unter ihnen ihren Ordensgründer mit der vom Himmel gesandten Prophetenfigur identifizierten, die nach der Lehre Joachims das Zeitalter des Heiligen Geistes einläuten würde. Dieses zum Teil schwärmerische und am Ende auch in Gewalttätigkeiten ausartende Theorienkonglomerat spiegelt jedenfalls eine tiefe Unzufriedenheit an der imperialen Kirche und darin die tiefe Grundüberzeugung, daß die Kirche sich durch ein *geistliches* Geheimnis definiere und nicht durch ihre machtvolle äußere Erscheinung. Das Ideal einer Kirche der Armen, wie verformt und manchmal mißbraucht auch immer, war jedenfalls auch in der Zeit der Kirche als Imperium nie erloschen. Das gilt auch dann, wenn nur wenige – im späten Mittelalter wurden es mehr (Wilhelm von Ockham, Marsilius von Padua) – gedacht haben mögen, daß die imperiale Macht der Kirche auf Usurpation beruhe und eigentlich ein Unrecht gegenüber ihrem Wesen sei.

Von der Kirche als geistlicher Realität aber konnten auch Theologen reden, die über jeden Zweifel ihrer Treue zur Kirche erhaben waren und Joachims Thesen scharf ablehnten – etwa Thomas von Aquin.[11] In seinem Kommentar zum Glaubensbekenntnis – aus Predigten vor der »Studentengemeinde« in Neapel entstanden – kann er sagen: »Kirche ist dasselbe wie Versammlung (*congregatio*)« – Luther argumentiert in »Von den Konziliis und Kirchen« exakt genauso! –, »daher ist die heilige Kirche dasselbe wie die Versammlung der Gläubigen.«[12] Derselbe Thomas hat im übrigen – zur Zeit eines Papstes Innozenz IV., unter dem die Kaiser endgültig im Kampf mit dem Papsttum unterlagen – es nicht für nötig befunden, einen Traktat über die Kirche zu schreiben. Die Ekklesiologie (Lehre von der Kirche) aber, die aus seinen sonstigen Aussagen, besonders im Rahmen der Lehre vom Alten und Neuen Gesetz und von den Sakramenten herauszulösen ist, hat sich in der Forschung gleichzeitig den Vorwurf der »Spiritualisierung« (von seiten von Katholiken) wie den der »Verdinglichung« und des »Papalismus« (von evangelischer Seite) zugezogen.

3. Von der Reformationszeit bis zum Vorabend des Konzils

Der »Konziliarismus«[13], angetreten, den Niedergang des Papsttums und die große abendländische Kirchenspaltung zu beenden, war in bezug auf die Klerikalisierung der Kirche keine Hilfe. Er verlagerte nur die Gewichte innerhalb der Klerikerkirche, und es waren gerade auch seine Anhänger, denen die Auffassung selbstverständlich war, die Kirche sei wesenhaft identisch mit der Hierarchie.

So blieb es Luther vorbehalten, nicht nur im Blick auf notwendige Reformen wieder an frühmittelalterliche und hochmittelalterliche Forderungen anzuknüpfen – vor allem in seiner Schrift »An den christlichen Adel deutscher Nation von des christlichen Standes Besserung« (1520) –, sondern, vor allem, theologisch die Bibel nach dem wahren Wesen der Kirche zu befragen. Die Folgen auf katholischer Seite sind bekannt. Die Amts- und Papstkirche wird nun nicht nur faktisch-politisch und kirchenrechtlich, sondern auch theologisch festgeschrieben. Charakteristisch und durch ihre Einprägsamkeit folgenreich ist die berühmte Wesensbestimmung der Kirche

durch den Kontroverstheologen und Kardinal Robert Bellarmin an der Wende zum 17. Jahrhundert; sie ist direkt gegen das reformatorische (lutherische) Kirchenverständnis gerichtet: »Die Kirche ist die Vereinigung von Menschen, die durch das Bekenntnis desselben christlichen Glaubens und die Teilhabe an denselben Sakramenten zusammengebracht ist, unter der Leitung der rechtmäßigen Hirten und insbesondere des einen Stellvertreters Christi, des römischen Bischofs.«[14] Zwar wirkt auch hier, wie in der gesamten Überlieferung der Lehre von der Kirche Apg 2,42 nach: »Sie hielten an der Lehre der Apostel fest und an der Gemeinschaft, am Brechen des Brotes und an den Gebeten.« Das bedeutet: Kirche ist immer konstituiert durch verbindliches Bekenntnis, Gottesdienst und Gemeinschaftsleben. Aber die Zuspitzung in der Definition Bellarmins, nicht mehr einfach gedeckt durch Apg 2,42, ist ebenso eindeutig: Die Kirche ist nicht nur – was für Thomas noch voll ausreichte – durch Gemeinschaft in Glaubensbekenntnis und Sakrament bestimmt, sondern dadurch, daß jene unter dem legitimen Amt und »besonders« unter dem des römischen Bischofs lebt. Sie ist also definiert durch ihre juridische Verfassung und ihr Römischsein. Beides gehört als sichtbare Erscheinungsform der Kirche so sehr zu ihrem Wesen, daß niemand an dem Satz Anstoß nahm: Die Kirche ist so sichtbar und betastbar wie die Versammlung des Volkes von Rom oder das Königreich Frankreich oder die Republik Venedig. Jetzt erst wird »katholisch« zur Konfessionsbezeichnung, bei der man das »römisch« nicht mehr dazu setzen muß.[15]
Die Gerechtigkeit gebietet den Hinweis, daß die katholische Theologie der Folgezeit durchaus über die Definition Bellarmins hinauswuchs, vor allem in der katholischen »Tübinger Schule« des 19. Jahrhunderts mit ihrem Grundgedanken von der Kirche als einen lebendigen Organismus, in dem sich die Fleischwerdung des Wortes Gottes gewissermaßen in die Geschichte hinein fortsetzt. Daran konnte im 20. Jahrhundert eine neue Theologie der Kirche anknüpfen. Das Motto formulierte Romano Guardini in seinem Buch »Vom Sinn der Kirche«: »Die Kirche erwacht in den Seelen.«[16] Diese neue Theologie der Kirche besinnt sich zurück auf den Gedanken von der Kirche als Leib Christi. Ihre Orte sind die liturgische Bewegung, die Bibelbewegung, die (katholische) Jugendbewegung. Ihr Kultbuch war »Das Wesen des Katholizismus« von Karl Adam, dem Tübinger Dogmatiker.[17] In der gleichnamigen Enzyklika von Papst Pius XII. *Mystici Corporis* von 1943 erfuhr dieser Gedanke von der Kirche als Leib Christi höchste kirchenamtliche Bestätigung.
Aber: Das alles geschah *unter dem sicheren Dach* der Bellarminschen Definition – weit davon entfernt, die Bestimmung der Kirche vom

Amt her infrage zu stellen. Im Gegenteil, man gewinnt rückblickend den Eindruck, diese ganze neue Theologie der Kirche sei der – erfolgreiche! – Versuch, den Akzent zu verlagern von einer Realität der Kirche, an der nicht mehr zu rütteln war, zu ihrem Innengeheimnis, damit man es in dieser Realität wieder aushalten konnte. Umgekehrt hat Pius XII. in seiner Enzyklika den Gedanken des »Leibes« gerade auch dazu benutzt, die Amtsstruktur der Kirche aus dem Bild vom Leib abzuleiten. Wie *nötig* die theologische Neubesinnung war, spürten die Theologen, die unter den Päpsten nach dem Ersten Vatikanischen Konzil, was die Freiheit des kritischen Fragens anging, nichts zu lachen hatten. Menschlich und geistlich konnten sie die kurzen Zügel des Lehramtes, ja die direkte Überwachung (durch Spitzel!) nur ertragen in dem Wissen um ein tieferes Geheimnis der Kirche. Wie *erfolgreich* aber diese Neubesinnung war, zeigte die Kirchen- und Papstbegeisterung im katholischen Kirchenvolk, das von den Konflikten der Theologen – sie hat mehr als eine zerbrochene Existenz gekostet! – nichts ahnte.

Wie wenig die Neubesinnung auf das Geheimnis der Kirche aber dort schon durchschlug, wo es darauf angekommen wäre, zeigt das, was der *Codex Iuris Canonici* von 1917 über die Laien – also über das Volk Gottes! – zu sagen weiß. Nur *ein* grundlegender canon (682) bestimmt ihren theologischen Ort in der Kirche: Die Laien haben das Recht, von den Klerikern geistliche Güter und die Mittel zum Heil (die Sakramente) zu empfangen. Alles übrige sind nur Verbote und Verpflichtungen: Laien dürfen keine Klerikerkleidung tragen, das Amt des Predigers nicht »usurpieren«; sie haben den Klerikern je nach ihrem Rang die gebührende Ehrfurcht zu erweisen, dürfen Mitglieder von Bruderschaften werden und zuweilen an der Verwaltung der Kirchengüter teilnehmen. Das ist fast alles, was der *Codex* überhaupt über sie *sagt*. Im alten »Wetzer und Welte's Kirchenlexikon« von 1882–1901, dem Vorgänger des Lexikons für Theologie und Kirche, steht beim Stichwort »Laien« nur der Querverweis: »s. Clerus«.

Das also ist die Lage des »Volkes Gottes« vor dem Konzil. Ihr vorerst letztes Erkennungszeichen ist das schon zitierte arrogante Wort des Generalsekretärs des Konzils, Felici, auf der Pressekonferenz, wo er zwischen »lehrender« und »hörender« Kirche unterscheidet. Daß es hier doch zu einem konfliktreichen und in seinen Fernwirkungen noch gar nicht abzusehenden Wandel kam, verdankt sich einem Prozeß, der erst auf dem Konzil selbst in Gang kam. Darum werfen wir zuerst einen Blick auf einige charakteristische Einzelheiten aus der Entstehungsgeschichte der Kirchenkonstitution und der mit ihr sachlich verbundenen Dokumente.

II. Der Kampf um das Kirchenverständnis des Konzils

1. Das Präludium der Liturgiekonstitution

Wir haben im vorausgehenden Kapitel schon vermerkt, daß es nicht Planung, sondern allein äußere und umstrittene Umstände waren, die dazu führten, daß die Liturgiekonstitution als erstes Dokument beraten wurde. Um so bedeutsamer ist, daß sie, ohne Verabredung, schon in den vorbereiteten Entwürfen die zentralen Themen des konziliaren Kirchenverständnisses einläutet. Schon in der Einleitung spricht sie von der Kirche im Stil der späteren Kirchenkonstitution. In einer biblisch inspirierten Sprache wird das »Mysterium Christi und das eigentliche Wesen der wahren Kirche« angesprochen: zugleich göttlich und menschlich, unsichtbar und sichtbar, gegenwärtig und auf die Vollendung am Ende der Tage ausgerichtet. Durch die Teilnahme an der Liturgie werden die Gläubigen zum heiligen Tempel im Herrn, zur Wohnung Gottes im Geist auferbaut und sollen so Zeichen unter den Völkern sein. Die Artikel 5 und 26 verwenden schon ausdrücklich den später so bedeutsamen Begriff von der Kirche als »Sakrament«.

Solche Formulierungen haben zwar nicht nachweislich auf die Arbeit an der Kirchenkonstitution eingewirkt. Aber Konzilsväter, die die theologische Grundlegung der Liturgiereform auf dieser Linie durchsetzten, würden sich ja wohl im gleichen Sinne bei den Beratungen – und Konflikten – um die Kirchenkonstitution äußern. Nachdem das Liturgieschema erst einmal als Diskussionsgrundlage angenommen war, war auch klar, daß keine Vorlage zum Kirchenverständnis Aussicht auf Zustimmung hatte, die wieder im alten Stil nur juridisch-institutionell von der Kirche reden würde.

2. Der erste Entwurf von 1962

Die Kirchenkonstitution hat drei Stadien ihrer Erarbeitung durchlaufen, unter denen der Überschritt von der ersten zur zweiten Fassung der entscheidende ist. Der Schritt von der zweiten zur Endfassung ist hauptsächlich redaktioneller Art, was aber nicht heißt, daß hier nicht, nach der Entscheidungsschlacht, noch erbitterte Kämpfe um Auffangpositionen ausgetragen worden wären. Die Vorbereitungskommission *De doctrina fidei et morum* (»Für Fragen der Glaubenslehre und der Sitten«), also die Vorläuferin der späteren theologischen Konzilskommission, war dem damaligen *Sanctum Officium* zugeordnet und stand folglich unter der Leitung von Kardinal Ottaviani. Sie war auch und besonders zuständig für die Vorbereitung der Kirchenkonstitution. Sekretär war der Jesuit Sebastian Tromp von der Gregoriana-Universität – wie man weiß, der Hauptverfasser der Enzyklika *Mystici Corporis* Pius' XII. Wie schon bei der Liturgiekommission, so lag auch hier die Hauptlast der Entwurfs- und Redaktionsarbeit beim Sekretär. Im Unterschied zum Sekretär der Liturgiekommission aber stand der Name Sebastian Tromp nicht für einen Vorstoß in die Zukunft. So legte die Kommission – beziehungsweise eine für die Fragen des Kirchenverständnisses gebildete Subkommission – dem zusammentretenden Konzil einen Entwurf vor, dessen Gliederung wir uns vergegenwärtigen müssen, wenn wir die späteren Debatten verstehen wollen:

1) Das Wesen der streitenden Kirche
2) Die Glieder der Kirche und die Heilsnotwendigkeit der Kirche
3) Der Episkopat als höchste Stufe des Weihesakramentes und das Priestertum
4) Die residierenden Bischöfe
5) Die Stände der evangelischen Vollkommenheit
6) Die Laien
7) Das Lehramt der Kirche
8) Autorität und Gehorsam in der Kirche
9) Die Beziehungen zwischen Kirche und Staat und die religiöse Toleranz
10) Die Notwendigkeit, das Evangelium allen Völkern und in der ganzen Welt zu verkünden
11) Der Ökumenismus
12) (als Anhang, Zuordnung noch offen) Die Jungfrau Maria, Mutter Gottes und Mutter der Menschen.

Das Ganze füllte einen Band mit 123 großformatigen Seiten. Schon beim bloßen Blick auf diese Gliederung fällt folgendes auf:
a) Es ist eine lose Folge von Einzelproblemen, die nur nach einer lockeren Systematik untereinander verknüpft sind. Man könnte mit etwas Wohlwollen folgende Systematik erkennen: Das Wesen der Kirche (1), die Menschen in der Kirche und ihre Rangunterschiede (2–6), die Binnenstruktur der Kirche (7–8), die Außenbeziehungen der Kirche (9–11), Maria als Typus der Kirche (12). In der Tat wollte die Subkommission keinen vollständigen Traktat ausarbeiten, sondern jene Fragen ansprechen, die sie für dringlich und entscheidungsbedürftig hielt.
b) Der Entwurf ist erkennbar überfrachtet. Klarheit würde schon dadurch zu schaffen sein, daß man bestimmte Fragenkreise ausklammert und daraus andere, eigenständige Dokumente macht. Dies geschah dann ja auch. So entstanden eigene Dekrete über die Bischöfe (aus Kapitel 4), über die Ordensleute (aus Teilen von Kapitel 5), über das Laienapostolat (aus Teilen von Kapitel 6), über die

Missionstätigkeit der Kirche (aus Kapitel 10), über den Ökumenismus (aus Kapitel 11). Jeweils Teile von Kapitel 9 gingen ein in die Pastoralkonstitution über die Kirche in der Welt von heute und in die Erklärung über die Religionsfreiheit.

c) Damit zeigt sich zugleich ein weiteres: Gerade weil all diese später selbständigen Dokumente ursprünglich Teile des Kirchenschemas waren, ist deutlich, daß dieses in der Tat auch nach Auffassung der Vorbereitungskommission das Herzstück der konziliaren Lehrverkündigung werden sollte und auch tatsächlich wurde. Vor allem Kardinal Montini von Mailand – wir sahen es schon[18] – hat nach seiner Wahl als Papst Paul VI. immer wieder mit Nachdruck, vor allem in den Eröffnungsansprachen der zweiten und dritten Tagungsperiode, darauf hingewiesen, daß ihm dieses Lehrstück das wichtigste des ganzen Konzils sei.

d) Schließlich zeigt der Entwurf auch schon, woran sich der Streit festbeißen wird: am Denken »von oben nach unten«, und dies noch aus der Position der Ansprüche heraus. Die »streitende« Kirche ist ja nicht nur ein typisch mittelalterlicher Begriff, sondern kennzeichnet auch noch ganz und gar die in der feindseligen Welt sich verteidigende, ihre Rechtsansprüche anmeldende und nach Kräften durchsetzende Kirche des 19. und frühen 20. Jahrhunderts. Von der streitenden Kirche als ganzer geht der Blick auf die, die ihr angehören – was etwas ganz anderes ist als die Frage nach dem »Volk Gottes«! –, und dann auf die Kirchenglieder im einzelnen, angefangen mit den Bischöfen bis, an letzter Stelle, zu den Laien. Das ist im wesentlichen das Programm, das schon das Erste Vatikanische Konzil sich vorgenommen hatte, aber nicht durchführen konnte, weil man die Primatsfrage vorgezogen hatte.[19]

Die weiteren Kapitel des Entwurfs zeigen, daß sich die Kommissionsmitglieder der Entwicklungen seit 1870 zwar bewußt, aber doch gesonnen waren, sie auf der Basis des Ersten Vatikanischen Konzils zu lösen. Der Modernismusstreit vom Anfang des Jahrhunderts hatte denn doch den »Einbruch« der historisch-kritischen Methode in der Bibelinterpretation nicht verhindern können[20], also mußte man neu über das Lehramt reden – wobei man sicher sein kann, daß dabei die von Pius XII. in der Enzyklika *Humani generis* aufgewertete Lehrverkündigung der papstlichen Enzykliken festgeklopft werden sollte.[21] Der weltanschaulich neutrale Staat, 1870 noch das große Feindbild, war inzwischen selbstverständliche Wirklichkeit, von Millionen von Katholiken auf der ganzen Welt bejaht – also mußte man neu über Kirche und Staat sprechen sowie über die religiöse Toleranz, und wie das gemeint war, zeigte sich später beim hartnäckigen Widerstand vor allem von Teilen des italienischen und spanischen Episkopates gegen die Erklärung über die Religionsfreiheit. Denn in Spanien war die katholische Kirche Staatskirche, in Italien war (damals noch) das Kirchenrecht, soweit es den gesellschaftlichen Bereich berührte, auch staatliches Recht (zum Beispiel keine staatliche Ehescheidung; keine standesamtliche Trauung usw.). Die ökumenische Bewegung konnte man ebenfalls nicht länger ignorieren. Und schließlich hatten schon die Päpste Pius XI. und Pius XII. den Gedanken der »katholischen Aktion«, also das sogenannte »Laienapostolat« gefördert.[22] Sie begriffen dieses allerdings noch nicht als eine Lebensäußerung der Kirche aus eigenem Recht, sondern gewissermaßen als verlängerten Arm des Amtes, wo dieses seinen Einfluß nicht mehr geltend machen konnte. Immerhin bedeutete schon dies, daß man mit den kargen Worten des Kirchenrechtes über die Laien nicht mehr auskommen konnte.

Als Gesamteindruck ergibt sich: Aufnahme der inzwischen neu aufgetauchten Probleme, aber Durcharbeitung auf der Bahn des Hergebrachten, oder besser: konziliare Bekräftigung derjenigen Durcharbeitung, die besonders die Päpste Pius XI. und Pius XII. schon vollzogen hatten. Jedenfalls *kein* grundlegend anderes Kirchenbild. Der Entwurf zielte also eine erweiterte Vervollständigung des Ersten Vatikanischen Konzils durch die Vollendung des damals unvollendet Gebliebenen an. Das Zweite Vatikanische Konzil wäre sachlich dann nichts anderes als der Abschluß des Ersten Vatikanischen Konzils geworden.

3. Atemberaubende Kritik

Nach seinen Erfahrungen mit dem Liturgieschema ahnte Kardinal Ottaviani, was nun kommen würde. Bei der Einführung der Vorlage, die vom 1. bis 7. Dezember 1962, also zum Abschluß der ersten Tagungsperiode, erstmals debattiert wurde, äußerte er, er wisse schon, wo die Geschütze aufgebaut seien, aus denen man nun auf den Entwurf schießen werde. Man werde sagen, sie sei »negativ, scholastisch, nicht seelsorglich, nicht ökumenisch«. Aber man solle den Text doch erst einmal ruhig lesen.

Nun, das taten die Väter – und das Ergebnis war in diesen wenigen Tagen eine Grundsatzdebatte des Konzils von solcher Höhe des theologischen Niveaus, wie sie nach Meinung mancher Beobachter auf dem Konzil nie wieder erreicht wurde. Folgendes waren die Haupteinwände und Verbesserungsforderungen:

a) Dem Entwurf fehlt die logische Schlüssigkeit. Dies wurde u. a. von Kardinal Montini, dem kommenden Papst, bemängelt.

b) Die Kirche wird zu wenig in neuen Perspektiven dargestellt, die ja den alten gar nicht zu widersprechen brauchen: zu wenig als Gemeinschaft, zu sehr als Gesellschaft. Der Bischof von Straßburg, Elchinger, sprach es in peitschenden Gegensatzpaaren aus: Gestern hat man die Kirche vor allem als Institution betrachtet, heute erfährt man sie als Gemeinschaft. Gestern hat man vor allem auf den Papst geschaut, heute vergegenwärtigt man sich den mit dem Papst vereinten Bischof. Gestern hat man auf den einzelnen Bischof geschaut, heute auf die Gesamtheit der Bischöfe. Gestern hat die Theologie die Bedeutung der Hierarchie hervorgehoben, heute entdeckt sie das Volk Gottes. Gestern hat sie vor allem gesagt, was trennt, heute sagt sie, was eint. Gestern haben die Theologen vor allem das innere Leben der Kirche betrachtet, heute schauen sie auf die Kirche, die sich ihrer Außenwelt zuwendet. Es ist klar, was der Redner sagen will: Der Entwurf ist gestrig.

c) Der Entwurf redet zu juridisch, er identifiziert zu direkt den mystischen Leib Christi mit der römisch-institutionellen Kirche und läßt die heilsgeschichtliche und eschatologische Dimension der Kirche vermissen. Das war ein Anliegen, das vor allem der Kölner Kardinal Frings hartnäckig verfocht und das schließlich zu dem erst spät eingefügten 5. Artikel der Konstitution und zur Ausarbeitung des 7. Kapitels über die pilgernde Kirche führte.

d) Die bemerkenswerteste Rede der Diskussion und eine der bemerkenswertesten des Konzils überhaupt hielt der Bischof von Brügge, de Smedt. Er weitete den Vorwurf einer allzu juridischen Rede von der Kirche zu einer Fundamentalkritik an der Sprache und Denkweise der ganzen Vorlage aus und sprach von der »Ruhmsucht und Prestigesucht ihrer indiskreten Superlative«. Wenn die Kirche ihre Sendung beschreibt, muß sie allen Triumphalismus vermeiden. Sie darf sich also nicht so darstellen, als sei sie auf Eroberung aus und schreite dabei von Sieg zu Sieg. Sie darf ihr eigenes Leben nicht auf die Aktivität der Hierarchie reduzieren und sich so zum Klerikalismus hinreißen lassen. Schließlich darf sie dem Juridismus keine Konzessionen machen.
Solcher Kritik schlossen sich aus ihrer – sich oft auf dem Konzil als sehr segensreich erweisender – Perspektive auch die (unierten) Orientalen an. Der Patriarch Maximos IV. Saigh sprach von römischen Übertreibungen und der unzulässigen Isolierung der Lehre vom päpstlichen Primat gegenüber viel wichtigeren Lehren. Der Patriarch Hakim vermißte die Anwesenheit gesamtkirchlicher Traditionen im Text und forderte, dieser müsse sich mehr der Sprache Johannes XXIII. befleißigen. Und der koptische Erzbischof Isaac Ghattas nannte beim Namen, daß der Text den Leib Christi auf die militante und auf die römische Kirche reduziere.

Diese orientalischen Einlassungen sind insofern bedeutsam, als sie ein Schlaglicht auf die Situation der mit Rom unierten Ostkirchen werfen. Die römische Kurie buchte und bucht sie gern auf ihr eigenes Konto und genehmigt ihnen ihre eigene Liturgie sowie ihr eigenes, vom CIC ausdrücklich bestätigtes Recht. Aber zur prägenden, bewußtseinserweiternden Kraft sind die unierten Ostkirchen in der römisch-katholischen Kirche nie geworden – bis zum Konzil. Mission haben sie nicht mehr treiben dürfen und auch, aus einem Syndrom von politischen und kirchlichen Gründen, über ihre traditionellen Territorien hinaus nie getrieben. Theologisch sind sie im öffentlichen Bewußtsein der Kirche ein Randphänomen geblieben – und es ist nicht verwunderlich, daß der Entwurf des Kirchenschemas faktisch und wahrscheinlich ohne besondere Absicht so argumentiert, als gäbe es sie gar nicht. Die katholische Weltöffentlichkeit wurde sich tatsächlich erst durch das Konzil dessen bewußt, daß es die unierten Ostkirchen als Größen mit eigenem theologischen Gewicht gibt. Sie verdanken das freilich auch hervorragenden Konzilsvätern wie etwa den genannten Patriarchen Maximos und Hakim, deren Reden zu den Höhepunkten der Konzilsereignisse wurden.

e) Eine letzte Kritik, die die Verfasser des Entwurfs eigentlich bis ins Mark treffen mußte, wurde ebenfalls schon in dieser ersten Diskussionsrunde vorgebracht: Es fehlt vollständig der Gedanke der demütigen Kirche, der armen Kirche, der leidenden Kirche. Der letztere Gesichtspunkt kam begreiflicherweise vor allem von Vertretern der Kirche im Ostblock.

Die Diskussion war, der Geschäftsordnung gemäß, nur eine Generaldebatte mit dem Ziel, eine Abstimmung darüber herbeizuführen, ob der Entwurf als Grundlage weiterer, dann ins einzelne gehender Diskussion akzeptiert werde. Es sah schon bald nicht gut aus dafür. Kardinal Ottaviani meinte zu den zahlreichen neuen Perspektiven und Forderungen an den Text in einem Interview: »Nicht alles, was neu ist, ist auch wahr und gut« – und er enthüllte damit, wie er die Einwände einschätzte: als Neuerungen, obwohl alle Redner betonten, daß es sich um vergessene *alte* Wahrheit über die Kirche handle. Den Zorn der Versammlung – also Protestgemurmel, das die Rede unterbrach – erregte der Bischof Musto von Aquino (der Heimatstadt des hl. Thomas von Aquin), als er sich mit Blick auf die Kritiker nicht scheute, von einem »Spektrum der Häresie« zu sprechen. Es sei unannehmbar, daß solches in den Mauern von St. Peter gesagt werden dürfe, und es werde die Strafe Gottes nach sich ziehen, daß sich hier Stimmen des Angriffs gegen die Lebensprinzipien der institutionellen und hierarchischen Kirche erhöben.

Es half trotzdem nichts: Anders als beim Liturgieschema erlangte der Entwurf nicht die nötige Zustimmung als Grundlage weiterer Diskussion. Zwar vermied man einen formellen Beschluß, der zur spektakulären Niederlage der Kommission geworden wäre. Aber man überwies den Text ohne Beschluß zur völligen Umarbeitung an die Kommission zurück.

4. Eine notwendige Ehrenrettung

Was in diesen Tagen auf die Verfasser und Anhänger des Entwurfs hereingeprasselt war, hätte jeden Mitarbeiter der Kommission unter normalen Umständen zum sofortigen Rücktritt veranlassen müssen – weil man sich nach dieser Debatte nur noch für eine Belastung der Weiterarbeit des Konzils hätte halten können. Doch die Mentalität der »Carabinieri des Herrn« (so Kardinal Ottaviani über sich selbst), der »Generalstäbler Christi« (so ein evangelischer Theologe nach Gesprächen in der Glaubenskongregation[23]) reagierten anders. Den Helm fester schnallen, lautete offenbar die Devise, und noch als klar war, daß ihre Gruppe nicht mehr als 300 Stimmen auf dem Konzil hatte, noch als die »Schlacht« längst verloren war, kämpften sie verbissen um bedeutsame Einzelheiten, auf deren Grundlage sich später einiges aufrollen ließ – und sie brachten, wie schon geschildert, zuletzt auch den Papst in Zugzwang, ihnen eine öffentliche Niederlage zu ersparen durch Interventionen, die die Weltöffentlichkeit ihm als autoritären Stil und Mißachtung des Konzils zur Last legte, während sie in Wirklichkeit das Gegenteil war: Der Papst wollte nämlich *sein* Kirchenbild, das das der Konzilsmehrheit war, so durchbringen, daß sich auch noch die Verteidiger des alten Bildes mit ihm versöhnen konnten.
Beim Urteil über einen Konflikt ist es fair, den Gegner stark zu machen. Darum ist hier eine Zwischenbemerkung zur Ehrenrettung der Männer an der Kurie notwendig. Weil uns heute die Gedanken der Konzilsmehrheit so selbstverständlich sind, drängt sich um so gebieterischer die Frage auf, warum denn die Gegner so hartnäckig bei ihrer Sicht verharrten, die doch als solche von den Einwänden gar nicht angegriffen, sondern nur der Unvollständigkeit geziehen wurde. Es ist müßig, hier über psychologische Sperren oder gar Motive von Machtgier zu spekulieren. Sollte es solche geben, so werden die Betroffenen sie vor Gott verantworten müssen. Außenstehende haben darin keinen Einblick und dürfen solche Motive daher auch nicht unterstellen. Es kann aber intelligenten Männern wie Ottaviani nicht verborgen geblieben sein, daß die mittelalterliche Macht der Kirche vorbei war – obwohl ein Brief des Kardinals an

einen katholischen Verlag nachweislich damals noch dazu führen konnte, daß dieser ein unliebsames Buch ohne Rücksicht auf finanzielle Verluste aus dem Handel zog. Auch ist kein Zweifel an der persönlichen Integrität dieser konservativen Protagonisten möglich. Kardinal Ottaviani wird von allen, die ihn kannten, als ein äußerst liebenswürdiger Mensch beschrieben. Auch weiß man, daß er, Sohn aus einer kinderreichen Bäckerfamilie im römischen Armenviertel Trastevere, alle seine nicht benötigten Finanzmittel in ein Waisenhaus steckte, das er gegründet hatte und zeitlebens persönlich betreute. Warum also dieser Widerstand, diese Angst vor einem Dammbruch bei der Gewinnung eines neuen Kirchenbildes?

Ich weiß nur einen Grund zu nennen – und kann auch den nur vermuten: Es ist der mangelnde, jedenfalls im Laufe der Zeit abhanden gekommene Kontakt zur seelsorglichen Realität. Wohlgemerkt: Die Betreuung eines Waisenhauses ersetzt diesen nicht! Man stelle sich nur konkret genug vor, was abläuft, wenn Seine Eminenz zum Besuch von den Schwestern des Waisenhauses an der Pforte empfangen wird, um zu wissen, daß hier kein Realitätskontakt zustande kommt. Wer die Kirche nur aus der Perspektive der Lateranuniversität, der Kurie und des Vatikanstaates kennt, *kann* nicht begreifen, was auch nur in italienischen Katholiken, geschweige denn in französischen, deutschen, amerikanischen, holländischen, aber auch spanischen und polnischen Katholiken vor sich geht, wenn sie von der »Kirche« reden. Es sei denn, solche Vatikanbeamten und Kuriendiplomaten öffneten sich fast mit Gewalt gegen sich selbst diesen anderen Erfahrungen. Dies hat Papst Paul VI. getan – spätestens als Erzbischof der Industriediözese Mailand und durch seine Beschäftigung mit der von ihm besonders hochgeschätzten französischen Theologie, vor allem mit Yves Congar (»Möge seine Theologie auf dem Konzil siegen« – dieses Wort wird von Paul VI. überliefert). Wer solches nicht tut, wird nicht einsehen können, warum eigentlich über all das Schöne hinaus, was schon Pius XII. über die Kirche gesagt hat, noch etwas geschehen und gesagt werden muß. Man kann diese Spiritualität, die überhaupt nicht böswillig, höchstens etwas beamtenhaft routiniert ist, am besten nachvollziehen, wenn man einmal einen Nachmittag in Rom dazu verwendet, die römischen Hauptkirchen zu besuchen: St. Peter, S. Maria Maggiore, St. Johannes im Lateran, St. Paul vor den Mauern, ergänzend S. Clemente, S. Maria d'Aracoeli auf dem Kapitol, S. Maria sopra Minerva – mit Ausnahme von St. Paul alle in der Innenstadt und darum zu Fuß zu erreichen. Man muß in diesen nicht einmal besonders protzigen, aber stämmigen Renaissance-Bauten mitten im turbulenten römischen Verkehr einfach einmal eine Zeitlang gesessen sein, um zu ahnen, was einem römischen »Generalstäbler Christi« einfällt: »Die Pforten der Hölle werden sie nicht überwältigen« (Mt 16,18) – was wollen da eigentlich die paar protestantisch infizierten Katholiken jenseits der Alpen oder jenseits des großen Teichs mit ihren ewigen Nörgeleien und ihrer Reformwut? Trotz der katastrophalen seelsorglichen Lage gerade in Rom fällt es so unendlich schwer, in diesen Kirchen verweilend sich vorzustellen, daß die Kirche heute eine in Frage gestellte und zur missionarischen Antwort herausgeforderte ist. Und *wenn* die Sache eine psychologische Seite hat, dann die, daß man in der Disziplin des kirchlichen »Generalstabs« dazu erzogen wird, alle persönlichen Rückfragen zurückzustellen und treu, sachlich, auch routiniert, auch, wenn es sein muß, gelegentlich trickreich, 14 bis 16 Stunden lang Tag um Tag seinen Dienst zu tun. Der beste Beleg für diese Gemütslage ist ein eigenartiges Phänomen, das ich durch zahlreiche mir persönlich bekannte Beispiele konkretisieren könnte: Nur gegenüber *evangelischen* Gesprächspartnern lassen sie gelegentlich einmal heraus, was sie quält und was sie täglich abdrängen müssen. Gegenüber *katholischen* Partnern wird die Einheit von Person und Amtspflicht schier unauftrennbar.

5. Der zweite Entwurf und die endgültige Fassung

Wir kehren in die Konzilsaula zurück. Zwischen den ersten beiden Tagungsperioden ist hart gearbeitet worden – diesmal auch unter Heranziehung von Theologen, die nicht der kurialen Meinung waren und trotzdem großen Einfluß gewannen, besonders Yves Congar und Karl Rahner. Als die Konzilsväter im Herbst 1963 wieder zusammenkamen, lagen ein völlig neuer Entwurf und gleich auch zwei Hefte mit Verbesserungsvorschlägen vor. Der neue Entwurf hatte nur vier Kapitel:

1. Das Geheimnis der Kirche
2. Die hierarchische Verfassung der Kirche und insbesondere der Episkopat
3. Das Volk Gottes und insbesondere die Laien
4. Die Berufung zur Heiligkeit in der Kirche.

Unter den Verbesserungsvorschlägen war gleich ein entscheidender, an dem das Verdienst sowohl Kardinal Frings[24] als auch Kardinal Suenens[25] zugeschrieben wird. Er besagte, alle Aussagen des dritten Kapitels, die *alle* Glieder der Kirche gemeinsam betreffen, aus diesem Kapitel herauszunehmen und zu einem eigenen Kapitel über »Das Volk Gottes« zu gestalten, das zwischen dem 1. Kapitel und

dem bisher geplanten 2. Kapitel seinen Platz finden sollte. Das war alles andere als ein bloß redaktioneller Vorschlag, es war vielmehr – gerade unter dem unschuldigen Vorwand einer kleinen redaktionellen Änderung – die definitive Überwindung des klerikalen Kirchenbildes auf dem Konzil. Nach der neuen Kapitelfolge ist zuerst vom Geheimnis der Kirche, dann von seiner gesellschaftlichen Erscheinungsform, den Glaubenden als dem Volk Gottes die Rede, *dann* erst folgen die Kapitel über die Gruppierungen unter den Gliedern der Kirche – in der alten Sprache: über die »Stände« in der Kirche -: Bischöfe (Priester, Diakone), Laien, Ordensleute – in dieser Reihenfolge. Dabei ist zu beachten, daß das nunmehrige 3. Kapitel nicht überschrieben ist: »Die Hierarchie«, sondern: »Die hierarchische Verfassung der Kirche und insbesondere das Bischofsamt«. Im Vergleich zu Laien und Ordensleuten erscheinen die Amtsträger also eigentlich nicht als besondere Gruppe von Gliedern in der Kirche, sondern als Repräsentanten und Organe der »Verfassung« der Kirche und insofern als *Mittel,* durch das Gott sein »verfaßtes« Volk leitet – in jeder anderen Hinsicht sind sie Christen, Glieder des Volkes Gottes wie alle anderen. Die Eigenart und der besondere Weg der Ordensleute (jetzt 6. Kapitel) wird eingeleitet durch ein Kapitel über die »allgemeine Berufung zur Heiligkeit in der Kirche« – wiederum eine deutliche Absage an jede Vorstellung zweier »Klassen« von Christen auf der Linie einer (teilweise mißverstandenen, teilweise tatsächlich so gemeinten) Vorstellung von den Ordensleuten als besseren Christen kraft ihrer Zugehörigkeit zum »Stand der Vollkommenheit«. Das *Ganze* wird abgeschlossen durch ein Kapitel über den »endzeitlichen Charakter der pilgernden Kirche« (7. Kapitel) – eine nochmals verstärkte Einschärfung, daß die Kirche weder in ihren Strukturen noch in ihren Gliedern etwas Fertiges ist, das sich selbst genügen könnte. Nein, alles ist auf dem Wege, und erst bei ihrer vollen Vereinigung mit der Gemeinschaft der Vollendeten bei Gott ist dieser Weg zu Ende. Das 8. Kapitel über »Die selige jungfräuliche Gottesmutter Maria im Geheimnis Christi und der Kirche« hat seine eigene Problematik, sowohl inhaltlich als auch hinsichtlich seiner Einfügung in die Kirchenkonstitution gerade an dieser Stelle – darauf wird später einzugehen sein.[26]
Dieser Aufriß der Konstitution ergab sich also fast zwanglos durch die Annahme des Vorschlags, ein eigenes Kapitel über das Volk Gottes dem Kapitel über die verschiedenen Gruppen von Gliedern in der Kirche vorzuschalten. In der weiteren Folge gab es nach wie vor erregte Debatten, die sich aber vor allem auf die Fragen des Bischofsamtes konzentrierten, worauf wir noch eigens zurückkommen müssen. Selbstverständlich waren auch die Sonderstellung der

Ordensleute, die eschatologische Struktur der Kirche, zuletzt eben das Marien-Kapitel Gegenstand erbitterter Auseinandersetzungen. Aber die Grundstruktur des Entwurfs einschließlich der Vorordnung eines Kapitels über das Volk Gottes wurde nicht mehr infrage gestellt. Am Ende der Diskussion war der Entwurf in der jetzt vorliegenden Fassung mit acht Kapiteln praktisch angenommen. Es blieben aber noch so viele Voten einzuarbeiten, daß es in der zweiten Tagungsperiode nicht mehr zu einer Endabstimmung und zur feierlichen Verabschiedung kam. Das geschah dann – mit dem oben schon geschilderten Eklat um die *Nota praevia explicativa* – in der dritten Tagungsperiode.

III. Schwerpunkte der konziliaren Lehre von der Kirche

Exkurs: *Regeln zur Interpretation kirchenamtlicher Texte – und insbesondere des Zweiten Vatikanischen Konzils*

Im folgenden haben wir erstmals einen lehrhaften Text des Konzils zu erschließen – und sogleich einen der gewichtigsten. Deshalb ist es nützlich, zunächst auf einige Regeln hinzuweisen, wie mit kirchenamtlichen Texten umzugehen ist. Natürlich haben alle Leserinnen und Leser das Recht, die Texte einfach so zu nehmen, wie sie lauten. Sie *müssen* im Prinzip aus ihren eigenen Worten und ihren eigenen Zusammenhängen verständlich sein – sonst wären sie schlechte Texte. Und doch wird es immer wieder geschehen, daß Leserinnen und Leser, die im Umgang mit solchen Texten nicht geübt sind, diesen oder jenen Satz, dieses oder jenes Kapitel schlicht unverständlich finden, über anderes werden sie sich einfach ärgern. Auch kann es geschehen, daß ein Text außerordentlich »ausgewogen«, fast als Binsenwahrheit wirkt – und der Sprengstoff, der in ihm steckt, oder gar die Explosion, die zu seiner Entstehung geführt hat, bleiben unbemerkt. Spätestens an solchen Stellen muß man sich auf einige Regeln besinnen, wie man solche Texte dazu bringt, ihre eigentliche Pointe preiszugeben. Im theologischen und kirchlichen Alltag genügt es, wenn einige Fachleute diese Kunst beherrschen. Bei einem Weltereignis wie dem Zweiten Vatikanischen Konzil und bei dem Interesse auch einer breiten, aber theologisch nicht geschulten Öffentlichkeit an seinen Texten bleibt nichts anderes übrig, als aus dem »Geheimwissen« der Fachleute von solchen Regeln so weit wie möglich Allgemeingut zu machen.
Nun nennen wir diesen Abschnitt bewußt einen »Exkurs«. Damit sei angedeutet: Wir wollen und können hier nicht den großen Hammer einer ganzen theologischen Erkenntnislehre – Unterabschnitt: Die Bedeutung des kirchlichen Lehramtes – schwingen.[27] Das Folgende will also nur ganz knappe Hinweise geben, jeweils zunächst allgemein und dann mit besonderem Bezug auf das Zweite Vatikanische Konzil.[28]

1. Tradition und Traditionen

Schon gleich nach Abschluß des Konzils setzte für etwa ein halbes Jahrzehnt eine euphorische Konzilsinterpretation ein, die die Konzilstexte selbst im Grunde schon als bei ihrer Verabschiedung überholt ansah und das Konzil nur als Bewegungsfaktor eines umfassenden Neuaufbruchs der Kirche in die Zukunft verstand. Papst Johannes' XXIII. Wort von der »frischen Luft«, die in die Kirche einziehen müsse[29], wurde als Aufforderung zum Traditionsabbruch verstanden. Das konnte nicht nur deshalb nichts als Enttäuschung nach sich ziehen, weil diejenigen, die der vorkonziliaren Kirche nachtrauerten, ja immer noch da waren und Terrain zurückzugewinnen trachteten, sondern vor allem deshalb, weil eine solche Haltung weder vom Buchstaben noch vom sogenannten »Geist« der Konzilstexte her begründet war. Darum heißt die erste Regel:

Kein Konzil kann grundsätzlich gegen die kirchliche Tradition interpretiert werden.

Es ist weder realistisch vorstellbar noch ist es für gläubige Christinnen und Christen in der Kirche ein zulässiger Gedanke, ein Konzil könne zusammentreten, um der Welt mitzuteilen, die bisherige Geschichte der Kirche und in ihr des christlichen Denkens und Lebens sei nichts als ein großer Irrweg und Abfall von der Botschaft der Bibel gewesen. Das schließt nicht aus, daß ein Konzil Neues sagt, sogar wesentlich Neues. Aber das Verhältnis zur bisher geltenden und wirksamen Tradition ist dann anders zu bestimmen als nach dem Modell der Absage. Oder negativ ausgedrückt: Eine Interpretation von Konzilstexten, die auf eine solche Absage hinaus käme, *muß* falsch sein.

Nun ist der Eindruck des Neuen in den Texten des Zweiten Vatikanischen Konzils besonders unabweislich, mehr als bei den meisten anderen Konzilien der Kirchengeschichte. Aber auch dies ist kein Traditionsabbruch, sondern die neue Verlebendigung vergessener *alter* Tradition, die kritisch gegen die Engführungen der jüngeren aufgeboten wird. Es ist wie eine verkehrte Welt, aber wahr: Die sogenannten »progressiven« Konzilsväter waren in Wirklichkeit die wahrhaft »Konservativen«, denn sie suchten die alte Tradition der Kirche – konkret also: die gemeinsame ost- und westkirchliche Tradition des ersten Jahrtausends – zu »bewahren« gegen jüngere Fortbildungen rein westkirchlicher Art. Und die sogenannten »konservativen« Konzilsväter waren in Wirklichkeit die problematisch »Progressiven«, indem sie die Entwicklungen des zweiten Jahrtausends für so unbefragbar im Recht hielten, daß ältere Traditionen demgegenüber ihr Recht verloren hatten. So kann man unsere erste Auslegungsregel in bezug auf das Zweite Vatikanische Konzil folgendermaßen konkretisieren:

»Neue« Gedanken in den Konzilstexten sind bis zum Erweis des Gegenteils nicht als »Neuerungen« zu betrachten, sondern als kritische Aufsprengung von Engführungen der letzten Jahrhunderte durch Ver-

lebendigung alter Tradition, die ihr Recht schon aus dem Grunde geltend machen darf, daß sie nicht den westkirchlichen Sonderweg, sondern die Tradition der Universalkirche repräsentiert.

Damit ist folgendes gesagt und so haben es die Konzilsväter auch gemeint: Alle Probleme, alle Haftpunkte des Streites, mit denen die Kirche sich in der Welt von heute schwer tut, sind samt und sonders Ergebnis von Entwicklungen nach der Trennung zwischen Ost- und Westkirche im Jahre 1054 – von der Entwicklung des Papsttums über die eigenen westkirchlichen Kirchenspaltungen bis zum Versagen vor den Herausforderungen der Aufklärung und der modernen Welt. Der Rückgriff auf Gestalten von Kirchesein vor der Jahrtausendwende ist zwar gewiß naiv, wenn er als Allheilmittel für alle Nöte der Gegenwart betrachtet wird. Auch kann es nicht angehen, die Zeit der Kirche zwischen dem Neuen Testament und dem Jahre 1000 pauschal für normativ zu erklären. Aber im Hinblick auf die Sackgassen, in die die westliche Kirchengeschichte des zweiten Jahrtausends sich verrannt hat, weist der »konservative« Rückgriff auf die alte Tradition »progressiv« in die richtige Richtung.

2. Kompromisse

Kirchenamtliche Texte, und ganz besonders Texte eines Konzils, werden naturgemäß nicht von einem einzelnen gemacht, sondern von mehreren, und dies in aller Regel nach ermüdender Debatte. Natürlich, wie sollte es anders gehen: Einer macht einen Erstentwurf, der dann aufgrund der Debatte und der dabei eingebrachten *Modi*[30] immer wieder umgearbeitet wird, bis er die Zustimmung der Vollversammlung findet. Die Redaktionsarbeit bleibt dann meist beim Verfasser des Erstentwurfs, natürlich unterstützt von mehr oder weniger vielen Mitarbeitern. Aber so sehr vielleicht seine Handschrift bis zuletzt wahrnehmbar bleibt, vom Erstentwurf als solchem bleibt meist kein Stein auf dem anderen. Von daher ergibt sich, wie sollte es anders sein, eine zweite Auslegungsregel:

Bei kirchenamtlichen Texten ist immer mit Kompromißformeln zu rechnen.

Weil viele Leute ihre verschiedenen, nicht selten gegensätzlichen Anliegen in dem gemeinsam verabschiedeten Text wiederfinden wollen, kann er nicht sozusagen einen einheitlichen »Biß« haben wie der Text eines einzelnen Autors. Er wird Kompromißformeln enthalten. Im günstigsten Falle ist der ursprüngliche Text angereichert durch weitere Gedanken und Gesichtspunkte, die den ursprünglichen Entwurf in wertvoller Weise ergänzen und erweitern. Gar nicht selten aber müssen auch Formulierungen eingearbeitet werden, die den ursprünglichen Text abschwächen, uneindeutiger machen, ja gelegentlich Widersprüche stehen und den Text buchstäblich schillern lassen. Beim weiteren Blick auf die Konzilstexte in diesem Buch werden uns dafür noch manche Beispiele begegnen. Die Auslegung wird dadurch immer schwierig. Wir kommen nicht daran vorbei, nach der *Intention*, nach der »eigentlichen« Aussageabsicht hinter und zwischen den Zeilen zu fragen – also nach dem, was die Konzilsväter in ihrer Mehrheit ursprünglich sagen wollten, dann aber aufgrund vielfältiger Gegenmeinungen am Ende nur mit Einschränkungen sagen konnten. Womit sich dann sofort die Frage stellt, wem mehr Gewicht beizumessen ist, der ursprünglichen Intention oder den Einschränkungen.

Diese Beachtung des Kompromißcharakters der Texte wird nun besonders brisant beim Zweiten Vatikanischen Konzil aufgrund der Tatsache, daß hier, wie es scheint, erstmalig ein Kompromißtyp angewandt wurde, der in der Konziliengeschichte bisher ohne Beispiel ist. Von daher lautet unsere zweite Auslegungsregel in Anwendung auf das Zweite Vatikanische Konzil:

In den Texten des Zweiten Vatikanischen Konzils ist im Extremfall nicht selten mit dem Kompromiß des »kontradiktorischen Pluralismus« zu rechnen.

Der Ausdruck »kontradiktorischer Pluralismus« stammt von Max Seckler, der diesen Kompromißtyp in den Texten des Konzils in einem erhellenden Aufsatz herausgearbeitet hat.[31]

Wer auf den Kompromißcharakter vieler Texte des Zweiten Vatikanischen Konzils stößt und daraufhin davon ausgeht, daß ihre Auslegung nach verschiedenen Richtungen offen ist, wird immer wieder erleben, daß die einen begierig danach greifen, sich darauf berufen und dann sagen: »Das Zweite Vatikanische Konzil sagt ...«, während die anderen sagen: »Das hat das Konzil so nicht gemeint!« Das Bedrängende ist, daß beide recht haben. Eben dies hängt mit einer neuen Form des Kompromisses in Sachen der Lehre zusammen, den das Konzil entwickelt hat. Der zunächst unsinnig erscheinende Begriff des Lehrkompromisses ist nämlich eine gewohnte Tatsache der Konziliengeschichte – übrigens auch der Geschichte der reformatorischen Bekenntnisschriften! Klassisch für diese Lehrkompromisse sind zwei Typen: der Sachkompromiß und der dilatorische Kompromiß, also ein Kompromiß, der die Entscheidung aufschiebt. Der Sachkompromiß ergibt sich als letztendliche gemeinsame Aussage nach ausführlicher Beratung. Möglicherweise ist er ein Kompromiß auf dem kleinsten gemeinsamen Nenner – aber er ist schließlich eine logisch stimmige Aussage, die gemeinsam verantwortet wird und einer sprachlichen und logischen Analyse zugänglich ist. Klare Beispiele dafür sind die altkirchlichen Bekenntnisse, vor allem die christologische Formel des Konzils von Chalkedon[32], wo der kleinste gemeinsame Nenner darin besteht, daß man antithetisch gegenüberstellt, was unbedingt, so paradox wie immer, von Christus gesagt werden muß, und völlig offen läßt, wie die Glieder der Antithesen miteinander vermittelt werden sollen. – Der dilatorische Kompromiß ist ein solcher, der faktisch die Unentscheidbarkeit der Frage zum gegenwärtigen Zeitpunkt zum Ausdruck bringt und diese damit vertagt. Klassische Fälle dieses Kompromißtyps bietet das Konzil von Trient, zwar nicht gegenüber

den Reformatoren – da ist man, oft auf kleinem gemeinsamen Nenner, immer eindeutig, was freilich Urteilsfehler nicht immer ausschließt[33] –, wohl aber gegenüber den mittelalterlichen Schulen, die auf dem Konzil nebenbei auch um ihre dogmatische Bestätigung rangen. So z. B., wenn das Konzil skotistische und thomistische Formeln bewußt, unter Umständen im selben Satz, durcheinander stellt, um keine von beiden zu kanonisieren.[34]
Auf dem Zweiten Vatikanischen Konzil nun kam es zu einem Typ von Kompromiß, wie ihn nach Max Seckler keine Kirchenversammlung vorher sich je erlaubt hätte und hat. Er hängt mit den »gruppendynamischen Prozessen« auf dem Konzil selbst zusammen. Und er wurde erleichtert durch die Tatsache, daß das Konzil, entgegen manchen Erwartungen, ganz bewußt darauf verzichtet hat, Beschlüsse in der Form des letztverbindlichen Dogmas zu fassen. Denn dogmatische Entscheidungen sind immer verbunden mit der Verurteilung der gegenteiligen Auffassung. Es gehörte aber geradezu zu den Geburtsmerkmalen – manche würden sagen: zu den Geburtsfehlern – dieses Konzils, keine Verurteilungen auszusprechen, sondern, wie das alsbaldige Stichwort lautete, »pastoral«, also seelsorglich, helfend, orientierend und darum auch überholbar zu reden.
Nun ist es an sich Unfug, dogmatisches und pastorales Reden in Gegensatz zu bringen – als ob pastorales Reden im Hinblick auf die Lehre sagen dürfte, was immer man will, und als ob dogmatische Rede in letzter Intention *nicht* seelsorglich sein müßte. Im Gegenteil, bei Licht betrachtet kommt im pastoralen Reden das dogmatische Reden eigentlich zum Ziel, weil es die sich durchhaltende und verbindliche Lehre des Evangeliums je aktuell in ihrer Bedeutung für das gelebte christliche Leben zur Sprache bringen will.[35] Auf dem Konzil allerdings kam es zu einer solch unsinnigen und auch trickreich ausgespielten Entgegensetzung von »pastoral« und »dogmatisch«. Die »Konservativen« – ich nenne sie wieder so, aber nur der Kürze halber – wollten ursprünglich ein auf verbindliche Lehre ausgerichtetes Konzil, entgegen den Warnungen Johannes' XXIII. noch in seiner Eröffnungspredigt. Die »Progressiven« wollten ein pastoral ausgerichtetes Konzil. Die Konservativen mußten erleben, daß sie keine Erfolgschance hatten, und schalteten *daraufhin* auf ein »pastorales« Konzil um – eben zu dem Zweck, den dogmatischen Aussagen, die die Progressiven durchsetzten, ihr Gewicht zu nehmen beziehungsweise zu verringern. Die Progressiven wiederum betonten ihrerseits den pastoralen Charakter des Konzils, um ihre doktrinalen Anliegen mit den Stimmen der Konservativen durchzubringen. Es ist ja ein ungeschriebenes Gesetz, daß es auf einem Konzil keine Kampfabstimmungen geben darf, vielmehr alles auf eine möglichst hohe Einmütigkeit anzulegen ist.
Das Ergebnis ist nicht nur ein Textmaterial, das nicht völlig ausgeglichen ist – das ist bei Gremientexten von solcher Ausführlichkeit selten der Fall; auch nicht nur, daß es logische Sprünge gibt – das hatte sich früher und hätte sich trotz des Zeitdrucks auch jetzt vermeiden lassen. Entscheidend ist, daß mancher Text nur durchgebracht werden konnte, nach dem Prinzip: Nimmst du meinen Text, dann konzediere ich dir den Deinen. Boshaft – im Blick auf die menschliche Haltung dahinter, nämlich verständnisinni-

ges Augenzwinkern – nennt Seckler das den »Kompromiß der reziproken Unehrlichkeit«. Sachlich muß man nach Seckler vom »Kompromiß des kontradiktorischen Pluralismus« sprechen.

Obwohl wir damit etwas vorwegnehmen, wollen wir dieses Verfahren durch zwei bedeutsame Beispiele veranschaulichen. Das erste Beispiel: Im 3. Kapitel der Kirchenkonstitution, wo nach vielen Auseinandersetzungen die Lehre von der Kollegialität der Bischöfe festgeschrieben werden sollte und auch wurde, ist im Endergebnis mehr von der Primatialgewalt des Papstes die Rede als selbst auf dem Ersten Vatikanischen Konzil. Und in der »Erläuternden Vorbemerkung« (*Nota praevia*) findet sich die bis dahin unerhörte Aussage, der Papst könne seine Vollmacht jederzeit *ad placitum*, also »nach Gutdünken« ausüben. Es ist verständlich, daß die in die Verteidigung gedrängte Minderheit ihr Heil in der Häufung der Hinweise auf den Papst suchte – und daß die anderen ihnen das konzedierten, weil sonst nur in massiver Kampfabstimmung ihre Anliegen durchzusetzen gewesen wären.

Das andere Beispiel: Im Ökumenismusdekret heißt es bezüglich der »Gottesdienstgemeinschaft« (*communicatio in sacris*) in Art. 8: »Die Bezeugung der Einheit verbietet in den meisten Fällen die Gottesdienstgemeinschaft, die Sorge um die Gnade empfiehlt sie indessen in manchen Fällen.« Diese Bemerkung steht in den »*allgemeinen*« Richtlinien zur praktischen Verwirklichung des Ökumenismus und ist zudem nicht eingegrenzt auf bestimmte Gottesdienste, schließt also auch die Abendmahlsgemeinschaft nicht grundsätzlich aus. Wer sich also darauf beruft, um die grundsätzliche Möglichkeit von Abendmahlsgemeinschaft (oder wenigstens von »Offener Kommunion«, auch »Eucharistische Gastfreundschaft« genannt) als durch das Konzil gedeckt hinzustellen, hat die Logik der Aussage und ihres Kontextes auf seiner Seite. Dennoch wird, wer so argumentiert, heftigen Widerspruch zu hören bekommen, und dieser beruft sich auf jene andere Stelle im Ökumenismusdekret, wonach die Kirchen der Reformation »vor allem wegen eines Mangels beim Weihesakrament[35a] die ursprüngliche und vollständige Wirklichkeit (*substantia*) des eucharistischen Mysteriums nicht bewahrt haben« (Art. 22). Wer so argumentiert, wird sich hinsichtlich des Art. 8 auf die Position zurückziehen, daß mit den »manchen Fällen« natürlich nur die Ostkirchen gemeint sein können. (Wobei hier, nebenbei vermerkt, offenbleiben kann und muß, ob zwischen römisch-katholischer und ostkirchlicher Auffassung von der Weihe zum kirchlichen Amt und von der Eucharistie wirklich Einklang herrscht.) Warum drückt man sich in Art. 8 nicht konkreter aus? Warum sagt man selbst in Art. 22 nicht klar hinzu, daß darum eine Teilnahme am Abendmahl in einer Kirche der Reformation für Katholiken ausgeschlossen ist? Warum gilt Art. 22 nicht auch für die Ostkirchen, die doch zumindest das Amt des Papstes und damit ein *Dogma*, nicht nur eine disziplinäre Lebensform der Kirche Roms nicht anerkennen? Logische Risse! Sie sind gewollt, zumindest bewußt in Kauf genommen. Dabei hofften die einen auf die Zukunft, daß sich ihre offeneren Perspektiven im Glaubensbewußtsein der Kirche durchsetzen würde. Die anderen hofften auf die nachkonziliare Zeit, wo man in den funktionierenden Mechanismen der römisch-kurialen Regierungspraxis wieder allein beeinflussen konnte, was sich in der Kirche durchsetzen sollte.

3. *Neues als Hinzufügung*

Von hierher ergibt sich unmittelbar eine weitere Auslegungsregel, die wir sogleich in bezug auf das Zweite Vatikanische Konzil formulieren können:

Wenn in den Konzilstexten etwas besonders eingeschärft wird, besteht der dringende Verdacht, daß es gerade relativiert und abgeschwächt werden soll.

Wir deuteten schon an: Das Neue – in Wahrheit also oft die ältere Tradition – hatte auf dem Konzil nur eine Chance in Gestalt der Hinzufügung zum Alten – in Wahrheit also zur jüngeren Tradition. Jeder Versuch, die jüngere Tradition radikal durchzustreichen, wäre zum Scheitern verurteilt gewesen. Das ist nun zunächst eine Regel, die für alle Konzilien gilt, sofern eben für alle Konzilien gilt, daß sie nie *gegen* die Tradition ausgelegt werden können (s. Regel 1). Im Zuge des Kompromisses vom Typ des »kontradiktorischen Pluralismus« freilich bekommt diese Regel nicht nur eine besondere Pointe, sondern wird auch zum Mittel des taktischen Spiels. Es kann gar kein Zweifel sein: Die Mehrheit des Konzils wollte zentralistische Entwicklungen des zweiten Jahrtausends und besonders der letzten Jahrhunderte, unter denen man, je weiter von Rom entfernt, desto mehr gestöhnt hatte, zurückdrängen und sie durch ein Modell von Kirche nach dem Prinzip der *communio* ersetzen – wovon noch die Rede sein wird. Wohlgemerkt: *ersetzen* – mit Einschluß der darin neu verstandenen Funktion des Petrusamtes. Das durfte freilich niemand laut sagen – obwohl es in der Konzilsaula zuweilen doch ziemlich laut gesagt wurde. Also mußte man auf Gedeih und Verderb den Eindruck erwecken und verstärken, daß die neuen Gedanken über die Universalkirche als Gemeinschaft von Teilkirchen und über die Bischöfe als »Kollegen« des Papstes »nur« eine Hinzufügung zum bisher Geltenden seien, eine Erweiterung des Rahmens, in dem die jüngere Tradition des ausgestalteten Papstamtes nur umso schöner und glaubwürdiger verlustlos einbehalten sei. Die Folge: Wo das Neue geltend gemacht wird, finden sich immer wieder, meist in Nebensätzen oder Parenthesen, emphatische Treuebekundungen zum Althergebrachten. Mit vollem Recht hat man festgestellt, daß auf dem Zweiten Vatikanischen Konzil nicht nur im 3. Kapitel der Kirchenkonstitution, sondern überhaupt viel mehr über den Papst und seinen Jurisdiktions- und Lehrprimat geredet werde als auf dem Ersten Vatikanischen Konzil, das diesen Primat doch schließlich dogmatisiert hat. Daher unsere Regel!

4. *Die Vorgeschichte(n) kennen*

Wie schon einmal angedeutet: Kirchenamtliche Texte müssen klar sein, sonst sind sie schlecht. Das schließt aber nicht aus, daß auch ein an sich kla-

rer Text nicht auf Anhieb seine eigentliche Sinnspitze hergibt und seine eigentliche Stoßrichtung enthüllt. Deshalb ist oft »Interpretation« nötig, die nicht damit auskommt, nur den herkömmlichen, »etablierten« Sinn bestimmter Begriffe im kirchlichen Sprachgebrauch klarzustellen, der den Fachleuten bekannt, den »Laien« aber nicht so geläufig ist. Gleich wichtig, ja oftmals noch wichtiger ist es, die oft verschlungene Vorgeschichte eines Textes zu kennen. Weil kirchenamtliche Texte, wie geschildert, immer Kompromißcharakter haben – auch wenn es nicht immer gleich der Kompromiß des »kontradiktorischen Pluralismus« sein muß –, kann ich nur in Kenntnis der dem Text vorangegangenen Debatten und der ihnen oft in Jahrzehnten vorangegangenen Diskussionen in Theologie und kirchlicher Öffentlichkeit ermessen, zu welcher Aussage ein kirchenamtlicher Text sich nun wirklich durchgerungen hat. Dabei kann sich im einen Fall ergeben, daß unter scheinbar ganz harmlosen konventionellen Formulierungen den Ergebnissen einer solchen Diskussion eine brüske Absage erteilt wird – Beispiele sind etwa die Erklärungen der Glaubenskongregation zu Fragen der Eschatologie oder zum Priestertum für die Frau[36] – oder daß ihnen unter scheinbar total ablehnenden Formulierungen eine Anerkennung des Anliegens und berechtigter theologischer Grundgedanken zuteil wird – wie etwa bei der Erklärung *Mysterium Ecclesiae* und den beiden Instruktionen zur Theologie der Befreiung[37] – oder daß die Ergebnisse solcher Debatten in vorsichtiger Form und unter scheinbar glatten und ausgewogenen Formulierungen kirchenamtlich übernommen werden – so bei den meisten Texten des Zweiten Vatikanischen Konzils. Eine kirchenamtliche Zustimmung zu öffentlichen Diskussionsergebnissen in enthusiastischem Stil darf man selbstverständlich niemals erwarten. Die Gefahr, zu polarisieren statt zu integrieren, wäre dabei naturgemäß zu groß.
Eine oberste Regel zur Interpretation kirchenamtlicher Texte ganz allgemein lautet daher:

Es ist streng darauf zu achten, was ein solcher Text nicht *sagt.*

Was tatsächlich *nicht* gesagt wird, darf auch nicht als kirchenamtlich bestätigt oder gar vorgeschrieben hingestellt werden, selbst wenn man meint, es sei doch mit Händen zu greifen, daß der Text dieses oder jenes meine, auf diese oder jene in der Diskussion vertretene These anspiele oder nicht. Es kann deshalb durchaus sein, ja es ist in den allermeisten Fällen so, daß ein kirchenamtlicher Text offen ist für weitere Ausdifferenzierung und Präzisierung seiner Aussage in verschiedener Richtung. Es kann sein, daß eine bestimmte theologische These, die in der vorausgehenden Diskussion vertreten wurde, durch eine kirchenamtliche Aussage »gedeckt« ist, aber eben nicht durch sie einfach »bestätigt« wird.
Um es an einem (ökumenisch dornigen) berühmten Beispiel aus der Zeit vor dem Konzil zu veranschaulichen: In der Bulle *Munificentissimus Deus*, also in dem dogmatischen Dokument, mit dem Papst Pius XII. 1950 die leibliche Aufnahme Mariens in den Himmel zum Dogma erhob, hat der Papst in bezug auf Maria mit Bedacht die Formulierung gewählt: »... nach

Vollendung ihres irdischen Lebenslaufs«.³⁸ Man liest leicht darüber hinweg und denkt, damit sei in einer etwas blumigen Bildrede der Tod Mariens gemeint. In Wahrheit hat es vor der Dogmatisierung unter marianischen »Maximalisten« eine heiße Diskussion darüber gegeben, ob denn angenommen werden könne, daß Maria überhaupt gestorben sei, da sie ja doch ohne Erbsünde empfangen (Dogma von 1854) und also nicht der Strafe für Adams Sünde, nämlich dem Tode, verfallen sei. Es gibt beste Gründe dafür, diese These für blanken Unfug zu halten. Auch Pius XII. dachte so, aber er wollte an dieser Stelle die These nicht einfach zurückweisen und wählte daher die zitierte Formulierung. Und so gibt es noch heute marianisch begeisterte »Theologen«, die ohne formellen Widerspruch zum Dogma von 1950 behaupten, Maria sei nicht gestorben, sondern, wie nach der Legende Mose und Elia, gleich in den Himmel entrückt worden. Nur ist streng darauf zu bestehen, daß der Text des Dogmas diese These eben nicht ausdrücklich übernimmt und somit dogmatisch vorschreiben will. Bei den Texten des Zweiten Vatikanischen Konzils werden wir oft genug sehen und zu beachten haben, was das Konzil *nicht* sagt, um ermessen zu können, was vor dem Hintergrund der vorausgehenden Diskussion die Sinnspitze des Textes ist.

Eine weitere ebenfalls allgemein gültige Regel schließt sich an:

Der verbindliche Sinn eines Textes ergibt sich mit Vorzug aus dem Irrtum, den er abweisen will.

Für diese Regel ist fast die gesamte Konziliengeschichte ein einziger Beleg. Konzilien wurden ja fast immer einberufen, um aufgetauchte Irrlehren, deren Verbreitung inzwischen zu einer Bedrohung der kirchlichen Einheit geworden war, zurückzuweisen und die geltende kirchliche Lehre klarzustellen. In Verbindung damit wurden zu allermeist auch Reformanliegen behandelt und entschieden. Aber *reine* Reformkonzilien hat es bis zum Zweiten Vatikanischen Konzil nicht gegeben. Auch dann nicht, wenn die dogmatische Ausbeute äußerst mager war, wie etwa bei dem in dieser Hinsicht viel zitierten Fünften Laterankonzil 1512–1517. Untersucht man daher genau die Irrlehre beziehungsweise die Irrlehren, die Anlaß eines Konzils oder einer außerkonziliaren lehramtlichen Äußerung waren beziehungsweise sind, dann ist das Nein dazu die Sinnspitze des kirchenamtlichen Textes. Alle im Text enthaltene Argumentation dient dazu, dieses Nein zu begründen, und sollte darüber hinaus auch positiv noch eine Orientierung für die weitere theologische Diskussion gegeben werden, so müßte dies ganz eindeutig aus dem Text hervorgehen.

Eben hier zeigt sich nun wiederum die Sonderstellung der Texte des Zweiten Vatikanischen Konzils. Es ist ja das erste Konzil der Kirchengeschichte, das – was auch immer manche erwartet haben mögen – ganz bewußt nicht zur Überwindung einer Irrlehre, sondern zur Erneuerung der Kirche einberufen wurde. Darum ist hier die Regel, aus dem abzuweisenden Irrtum auf den Sinn eines Textes zu schließen, meist nicht anwendbar³⁹, jedenfalls nur in begrenztem Umfang. Denn selbstverständlich hat das Konzil mehr als nur angedeutet, wovon es sich distanziert – davon wird immer wieder zu reden sein. Aber es hat dies – mit einer Ausnahme, nämlich der Verurteilung des modernen Krieges[40] – nicht in der Form feierlicher und ausdrücklicher Verurteilung und schon gar nicht in der Form eines Dogmas getan. Darum ist auch aus dem Irrtum nicht einfach auf den *verbindlichen* Sinn eines Textes zu schließen, sondern nur auf die von der Konzilsmehrheit durchgesetzte Stoßrichtung. Die Regel für die Interpretation der Konzilstexte heißt darum:

Ausschließlich im Blick auf die Vorgeschichte und auf den konziliaren Diskussionsprozeß selbst läßt sich der Sinn eines Konzilstextes und der Grad seiner Verbindlichkeit ermitteln.

Die Anwendung dieser Regel wird natürlich besonders brisant, wo der geschilderte Kompromißtyp des »kontradiktorischen Pluralismus« voll durchschlägt. Daraus ergibt sich eine weitere Auslegungsregel, diesmal wiederum ausschließlich für die Texte des Zweiten Vatikanischen Konzils:

5. Das ganze Konzil – in »gespaltener« Interpretation

Wenn es um die Konzilstexte so steht, wie beschrieben, in welche Richtung sind sie dann letztlich zu interpretieren? Sind die Elemente, Formulierungen und Einschärfungen des Althergebrachten – also: der *jüngeren* Tradition – der Maßstab? Oder sind es die Elemente, Formulierungen und Einschärfungen des Neuen – also: der verlebendigten alten Tradition? Und um es gerade an den konfliktreichen »kontradiktorischen« Texten festzumachen, die einfach nicht wegzuinterpretieren sind: Was ist die *authentische* Interpretation: die aufgrund der Einschränkungen oder die aufgrund der Offenheiten im Text?
Man hat gesagt[41], gerade in dieser Spannung, die nicht als Selbstwiderspruch interpretiert werden dürfe, liege der »pastorale« Impuls und die Energiequelle, die die Kirche in die Zukunft treibt. Mir scheint dies eine allzu paradoxe Harmonisierung. Die Realität war doch: Beide Seiten haben solche »Spannungen« in den Texten mehr oder weniger resigniert hingenommen, weil mehr nicht, aber wenigstens dies durchzusetzen war. Die seelsorgliche Orientierung wird dadurch nicht »energiereich«, sondern unklar und dadurch halb gelähmt. Was soll denn zum Beispiel ein Pfarrer tun, wenn er aus solchen unausgeglichenen Texten die Orientierung für seine Gemeindeleitung nehmen soll? Nein, hier darf aus der Not solcher Texte, die ja menschlich nur zu verständlich ist, keine Tugend gemacht werden. In einer anderen Hinsicht freilich ist die genannte »Spannung« schon eine Energiequelle für die Interpretation. Die oberste Regel muß nämlich nun tatsächlich heißen:

Das ganze Konzil – und nicht nur die Textstücke, die das sagen, was man ohnehin schon immerhin gedacht hat.

Diese Regel gilt für *beide* »Lager« der Konzilsinterpreten: die »Konservativen« und die »Progressiven«. Konzilsinterpreten würden erst einmal sich selbst und dann die Kirche lächerlich machen und sie um ihre letzte Glaubwürdigkeit bringen, wenn sie mit den Texten eines solchen Großereignisses in einer Weltöffentlichkeit, die lesen und schreiben kann, nach der Steinbruchmethode verfahren dürften: herausbrechen, was in die eigenen Wünsche paßt, und das andere liegen lassen. Die »Spannungsenergie« muß sich darum auf der Linie einer weiteren Regel auswirken:

In der Praxis empfiehlt sich eine »gespaltene« Interpretation, nämlich eine theologische und eine kirchenpolitische.

Die *Theologie* muß unbedingt die Offenheiten der Konzilstexte offen halten und nutzen. Was da steht, steht da und vor allem: Was *nicht* da steht, von dem darf auch nicht behauptet werden, es stünde doch da. Es kommt für die Verbindlichkeit der Texte nicht darauf an, was sich diese oder jene Konzilsväter bei diesem oder jenem Satz gedacht haben oder welche Hintergedanken sie dabei gehabt haben mögen, sondern was der Satz nach dem normalen lexikalischem Sinn und dem normalen theologischen und notfalls kirchenrechtlichen Sprachgebrauch im Licht der Vorgeschichte hergibt. Denn das, was da jetzt – gerade an den delikaten Streitpunkten – tatsächlich steht, das hat die überwältigende Mehrheit des Weltepiskopates als Glaubensbewußtsein und theologische Einsicht der Weltkirche zu Papier gebracht. Es spiegelt sozusagen den »Glaubenssinn der Gläubigen«, von dem noch die Rede sein wird[42], und zwar nun sozusagen mit amtlicher Deckung. Niemand, auch nicht der Papst selbst, dessen Unterschrift unter diesen Formulierungen steht – beziehungsweise die seines Vorgängers –, kann sagen, diese Auffassung gäbe es in der Kirche nicht und es dürfe sie nicht geben. Daran sind »Konservative« beharrlich zu erinnern und vor die Entscheidungsfrage zu stellen, ob sie das in ihre Überlegungen und ihre Praxis einbeziehen wollen oder nicht. Widrigenfalls mögen sie offen erklären, daß sie das Zweite Vatikanische Konzil für unverbindlich halten. Hätte das Konzil freilich vollkommen in ihrem Sinne entschieden, eben sie würden dann heute nicht müde, Andersdenkende an den kirchlichen Gehorsam zu erinnern.

Etwas anderes ist die Interpretation dort, wo es gilt, *faktische Möglichkeiten* auf kirchenamtlicher Ebene abzuschätzen, wo es also um Kirchenpolitik nach innen und außen geht. Da steht man auf um so sichererem Boden, je mehr man tatsächlich einbezieht, was die »Konservativen«, die nach wie vor die römische Kurie, sehr oft aber auch die nationalen Bischofskonferenzen dominieren, sich bei diesem oder jenem Satz gedacht haben. Der Gerechtigkeit zuliebe: Das bedeutet nicht *immer* das Ende der Debatte oder das unbewegliche Beharren auf vorkonziliaren Positionen. Zum Beispiel ist das Entgegenkommen gegenüber den Ostkirchen, dokumentiert in der feierlichen Aufhebung des Kirchenbannes am Schluß des Konzils[43], durchaus ernstgemeint – das Problem sind hier die Ostkirchen selber. Der Wahrheit zuliebe: Es bedeutet *sehr oft* das faktische Ende der Diskussion, und ich würde, um an eines der geschilderten Beispiele anzuknüpfen, einen evangelischen Mitchristen oder gar eine evangelische Kirchenleitung betrügen – beziehungsweise mich selbst als Illusionisten lächerlich machen –, wenn ich etwa zu behaupten wagte, das Zweite Vatikanische Konzil habe die Tür zur Abendmahlsgemeinschaft geöffnet – *obgleich* ich die Offenheit der Konzilsformulierungen dafür dem Glaubensbewußtsein der Gläubigen geradezu einhämmern muß, damit soviel »Druck von unten« vorhanden ist, daß dies nie mehr vergessen wird. Ich will diese Schere zwischen theologischer Interpretation und kirchenpolitischem Realismus noch an einigen bis heute fortwirkenden Vorgängen erläutern.

– Art. 8 des Ökumenismusdekretes überläßt die näheren Regelungen der Gottesdienstgemeinschaft den örtlichen oder regionalen bischöflichen Autoritäten *oder* dem Apostolischen Stuhl. Faktisch hat Rom aber sofort nach dem Konzil alle wirklich bedeutsamen Entscheidungen in dieser Frage selbst getroffen beziehungsweise den bischöflichen Entscheidungen vorgegriffen oder entsprechende Anträge – zum Beispiel solche der Gemeinsamen Synode der Bistümer in der Bundesrepublik Deutschland – nicht genehmigt.[44]

– Hans Küng beruft sich für seine Auffassungen von Wesen und Struktur der Kirche ebenso auf das Zweite Vatikanische Konzil wie seine Gegner und die, die ihn gemaßregelt haben.

– Die Reaktion Roms auf das in zehnjähriger Arbeit entstandene Papier zur Einigung mit den Anglikanern – diese haben Rom darin geradezu unglaubliche »Konzessionen« gemacht! – wurde von Rom (es war eine der ersten Amtshandlungen von Kardinal Ratzinger als Präfekt der Glaubenskongregation), mit einem Federstrich vom Tisch gewischt unter Hinweis darauf, es sei nicht im Einklang mit dem Ersten Vatikanischen Konzil.[45]

– Mit der Kollegialität der Bischöfe, einem zentralen Gedanken der Kirchenkonstitution und der nachfolgenden Dekrete, hapert es besonders im Verhältnis Roms zu den lateinamerikanischen Bischöfen bekanntlich ganz erheblich, obwohl selbst bei denen dort, die nicht im engeren Sinne der Theologie der Befreiung anhangen, nur ganz wenige sind, die die Vorwürfe Roms gegen diese theologische Bemühung teilen. Dennoch hat Rom in geradezu brüsker Weise die Klärung dieser Fragen *nicht* den regionalen Autoritäten überlassen und sich *nicht* auf eine Schutz- und Hilfsfunktion im Sinne von Art. 13 der Kirchenkonstitution beschränkt.

– Kritische Kirchenrechtler, auch der »kritischen Mitte«, stimmen darüber überein, daß der neue *Codex Iuris Canonici* von 1983 trotz jahrelanger Diskussion zwischen Kirchenrechtlern und Theologen *nicht* in durchschlagender Weise die Impulse des konziliaren Kirchenverständnsses aufgenommen hat.[46]

Und endlich: In seinem vielbeachteten Interview »Zur Lage des Glaubens« von 1984 sprach Kardinal Ratzinger vom »Ungeist des Konzils« bei manchen Gläubigen und Klerikern. Diese unglückliche Formulierung, das muß festgehalten werden, bezieht sich nicht etwa auf das Konzil selber, sondern ausschließlich auf bestimmte Konzilsinterpretationen.[47] Eine kritische katholische Zeitung sprach daraufhin davon, Kardinal Ratzinger zerstöre das

Werk des Zweiten Vatikanischen Konzils.⁴⁸ Das ist völlig falsch. Ratzinger wendet sich nur gegen jene, die das Konzil aufgrund seiner vielen offenen Formulierungen *nur noch* als Bewegungsfaktor und nicht mehr als verbindliche Festschreibung einer bestehenden Praxis auslegen. Aber für die letztere Auslegung hat Ratzinger genügend Texte auf seiner Seite. Es ist allerdings derselbe Ratzinger, der als Theologe auf »die zukünftige Entfaltung und Entwicklung« der Konzilskompromisse gesetzt hatte⁴⁹ – wobei der Kontext ganz deutlich zu erkennen gibt, daß der spätere Chef der Glaubenskongregation auf eine Entfaltung im Geist der Mehrheit setzte. Und damit sind wir bei der letzten Auslegungsregel:

6. Geist und Buchstabe

Es ist richtig: Wenn die Texte sperrig sind, wächst die Neigung, sich am Buchstaben des Textes vorbeizuschleichen und sich auf einen nebulösen »Geist des Konzils« zu berufen. Das ist so lange problematisch und wenig hilfreich, solange nicht klargestellt wird, was mit diesem »Geist« gemeint ist. Nun läßt sich das freilich klarstellen und es lassen sich dadurch alle diejenigen ins Unrecht setzen, die eine solche Berufung auf den »Geist des Konzils« von vornherein abschmettern wollen. Die Regel lautet:

Der »Geist des Konzils« ist der aus den Akten und im Blick auf die Vorgeschichte des Konzils hervortretende Wille der überwältigenden Mehrheit der Konzilsväter, auch dort, wo er durch Einsprüche und manchmal auch unfaire Tricks einer kleinen Minderheit im einzelnen verwässert und abgeschwächt wurde – und als solcher ist er eine gültige Auslegungsregel für die Konzilstexte.

Wir haben schon bei der Schilderung des Konzilsverlaufs an Einzelheiten gesehen und werden es im Verlauf der Interpretation der Texte noch öfter zu sehen bekommen, daß die überwältigende Mehrheit der Konzilsväter – eine Mehrheit, von der politische Parlamente nur träumen können – eine bestimmte Formulierungsabsicht zu erkennen gab. Man darf hier wirklich sagen: Die Weltkirche steht hinter dieser oder jener theologischen Aussage. Nur aus kirchen-innenpolitischen Gründen und um die Mehrheit noch lückenloser zu machen, kam es zu Abschwächungen der Texte, oft noch in letzter Minute und durch Manipulation. Daraufhin kann es nicht angehen, ausgerechnet Texte, die sich solchen Abschwächungsbemühungen verdanken, auch noch als *eigentliche* Aussage des Konzils hinzustellen. Wo solches vielmehr geschieht, und wo auf der Basis solcher Texte Kirchenpolitik gemacht wird (zum Beispiel bei Bischofsernennungen), da ist der Einspruch unter Berufung auf den gar nicht nebulösen, sondern aktenkundigen »Geist des Konzils« in vollem Recht.

A. Kirche als »Sakrament«

1. »Mysterium« der Kirche

Schon die Überschrift des 1. Kapitels »Das Mysterium der Kirche« wurde zur Streitfrage. Viele Väter waren das Wort *mysterium* im biblischen Sinne nicht mehr gewohnt – verständlich, wenn man, wie die meisten Konzilsväter, das Neue Testament nicht griechisch, sondern in der Liturgie (Brevier!) auf Lateinisch, in der persönlichen Schriftlesung in der Muttersprache las. Die lateinische Übersetzung aber (die sogenannte *Vulgata*, die auf den Kirchenvater Hieronymus zurückgeht) gibt nach nicht ganz deutlichen Maßstäben das griechische *mysterion* bald mit *mysterium*, bald mit *sacramentum* wieder, das Letztere keineswegs nur in einem Zusammenhang, der mit den heute sogenannten »Sakramenten« im Sinne von kirchlichen Gottesdiensten zu tun hat. Man kann das »zunftgemäß« leicht überprüfen, wenn man mit Hilfe einer griechischen Wortkonkordanz die entsprechenden Stellen in der *Vulgata* vergleicht. Wo aber *mysterium* stehengeblieben ist, da drängt sich allemal der Sinn auf: Es handelt sich um etwas Unbegreifliches, dem Verstehen Verschlossenes. Nun muß man nur noch die gängigen Begriffe assoziieren, die eine neuscholastische theologische Ausbildung, wie alle Konzilsväter sie noch durchlaufen haben, in die Köpfe hereingebracht hat. Demzufolge wurde unterschieden zwischen einem *mysterium stricte dictum* – das ist: ein Geheimnis im strengen Sinne, das aufgrund seines Sachgehaltes schlechterdings dem menschlichen Begreifen entzogen ist, zum Beispiel die Dreieinigkeit Gottes – und einem *mysterium late dictum* – das ist: ein Geheimnis, das zwar ohne göttliche Offenbarung nicht erkennbar ist, *nach* seiner Offenbarung aber immerhin begreifbar, zum Beispiel der Heilswille Gottes über die Menschen. So mögen also viele Konzilsväter gedacht haben: Die Kirche soll etwas Unbegreifbares sein? Kommt dann beim Wort *mysterium* noch der Gedanke an »Mystik« hinzu, dann ist der Verdacht verständlich, mit dem Begriff von der »Kirche als Mysterium« solle eine Konzession an irgendwelche Thesen von der »unsichtbaren Kirche« gemacht werden.
Dennoch konnte der Verdacht vergleichsweise leicht beseitigt werden. *Mysterium* der Kirche steht hier für ein Verständnis, wonach die Kirche ein Teil des »Mysteriums« *Gottes* ist, und das bedeutet nach der Sprechweise des Neuen Testamentes dasselbe wie: Teil des *Heilswerkes* Gottes – der Begriff *mysterion* ist sinngleich mit *oikonomia* (vgl. Eph 3,9).

Damit ist allerdings mehr geschehen als nur die Klärung einer Terminologie. Es ist für das Kirchenverständnis eine entscheidende Weiche gestellt. Das *mysterium* Gottes, also sein Heilswerk, ist ja verankert in Gottes Ewigkeit, in seiner Gnadenwahl, die er in Christus kundgemacht und geschichtlich durchgeführt hat (vgl. Eph 1,3–14; 3,3–12). Ist die Kirche darin gegründet und gehalten, dann muß man zuerst nicht von einer sichtbarer Gestalt, von Strukturen, Ämtern, Vollmachten und Ansprüchen reden, sondern von Gottes uns kundgemachtem Heilsplan. Das aber heißt: Die Kirche ist zwar nicht unsichtbar – elementares Zeichen ihrer Sichtbarkeit ist nach den angeführten Worten des Apostels die unterschiedslose Gemeinschaft von Juden und Heiden –, aber sie ist mit dem Hinweis auf ihre Sichtbarkeit absolut unzulänglich beschrieben, selbst dann, wenn die Stiftungsgemäßheit dieser sichtbaren Strukturen keinem Zweifel unterliegen sollte. Die Kirche ist, wie die Kirchenkonstitution in anderem Zusammenhang sagt, eine »komplexe Wirklichkeit« (Art. 8).

So einzusetzen, das war und ist allerdings eine durchaus polemisch zu verstehende Gegenposition gegen die Absicht des ursprünglichen Entwurfs, im 1. Kapitel vom »Wesen der streitenden Kirche« zu handeln, denn die »streitende« Kirche ist definitionsgemäß die *irdische* Kirche und nur sie, insofern sie unterschieden ist sowohl von der »triumphierenden« Kirche, das heißt der Gemeinschaft der Vollendeten bei Gott, und – nach katholischer Tradition, die hier jetzt nicht thematisiert werden muß – von der »leidenden« Kirche, also denen, die im »Reinigungsort« (»Fegfeuer«) schon gerettet sind, aber auf die endgültige Vollendung warten. Die »streitende« Kirche freilich wurde durchaus gedacht als das, was das Wort besagt: *streitend*, also sich gegen Gegner wehrend, um ihre Rechte kämpfend – im Mittelalter, wenn es sein mußte, durchaus auch mit militärischen Mitteln.

Der Aufbau des 1. Kapitels wird so allerdings leicht verständlich: Nach der Erläuterung der Überschrift (Art. 1) spricht der Text zunächst vom ewigen Heilsratschluß Gottes (Art. 2), von seiner geschichtlichen Durchführung in Sendung und Amt des Sohnes (Art. 3) und von der Ausgießung des Geistes (Art. 4). Die Gedankenführung schließt mit einem bedeutsamen und hier bedeutsam herangezogenen Cyprian-Zitat: Die Kirche erscheint als »das von der Einheit des Vaters und des Sohnes und des Heiligen Geistes her geeinte Volk«[50].

Die Kirche hat ihren Grund also im dreieinigen Geheimnis Gottes – sie ist, fachtheologisch ausgedrückt, in der »ökonomischen Trinität« begründet. Zugleich ist damit angegeben, in welcher Perspektive *letztlich* auch ihre *Einheit* gesehen und beurteilt werden soll: ob

sie das vom dreifaltigen Gott her geeinte Volk ist. Was das heißt, ist ja gerade vorher gesagt worden: durch die Verwirklichung des ewigen Heilsplans Gottes in seinem Sohn durch den Heiligen Geist. Demnach teilt die Einheit der Kirche den »komplexen« Charakter der Kirche selbst, indem sie sichtbar und zugleich in der Ewigkeit Gottes beheimatet ist. Das sollte man im Auge behalten.
Mit den Artikeln 5–8 kommt die geschichtliche Konkretion der Kirche in den Blick. Und gleich wiederum nicht, wie zu erwarten, mit dem Hinweis auf einen Stiftungs- oder Willensakt Jesu, sondern eingebunden in die Reich-Gottes-Predigt-Jesu. Deren Grundspannung ist das »Schon jetzt« und »Noch nicht« – und wieder bekommt die Kirche eine überzeitliche, diesmal eschatologische Perspektive. Die Kirche – man bedenke den Abstand zu dem, was katholische Kinder bis in die 50er Jahre noch im Katechismus-Unterricht lernten! – *ist* nicht das Reich Gottes auf Erden, sondern »streckt sich verlangend aus nach dem vollendeten Reich«, dessen »Keim und Anfang« sie auf Erden ist (Art. 5).
Diese Realität der Kirche ist in der Schrift in einer Vielfalt von Bildern ausgesagt. Daher folgt in den Artikeln 6 und 7 eine Aufzählung und Kommentierung dieser Bilder, besonders ausführlich das Bild vom Leib Christi in Art. 7 – unumgängliche und auch aufrichtige Verbeugung vor der gleichnamigen Enzyklika Pius' XII., der denn auch in diesem Abschnitt reichlich angeführt wird. Doch dient dies alles einem bestimmten übergreifenden Zweck, der erst im 2. Kapitel über »Das Volk Gottes« ganz deutlich wird – darauf ist zurückzukommen.
Bis einschließlich Art. 7 ist sozusagen rein theologisch – um nicht zu sagen: abstrakt – von der Kirche die Rede. Erst Art. 8 läßt sich auf die Frage ein, wo denn diese zugleich bei Gott und auf Erden beheimatete Kirche zu finden ist. Die Antwort wird keinem Zweifel unterliegen: in der Kirche, die vom Nachfolger des Petrus in Gemeinschaft mit den Bischöfen geleitet wird. Man vermeidet auch hier noch die harte Formel »In der Heiligen Römischen Kirche« – ein Hinweis auf die Identität der Kirche unter dem Nachfolger Petri mit jener im sogenannten Glaubensbekenntnis des Konzils von Trient und im Ersten Vatikanischen Konzil[51] wird in eine Fußnote verbannt. Die Ortsbestimmung der Kirche auf Erden wird aber sogleich wieder ausgewertet, um – im Indikativ der Gesetzes-Sprache – die Pflicht der Armut, die Realität der Verfolgung, das Gebot der Demut einzuschärfen – man merkt an allen Enden den Einfluß der schon berichteten Kritik am Erstentwurf. Wer den Text zur Hand hat, lese an dieser Stelle die beiden letzten Abschnitte von Art. 8. Soweit der Überblick. Nun fällt im Einleitungsartikel schon der

wichtige Satz, der das Vorzeichen des Ganzen angibt: »Die Kirche ist nämlich in Christus gleichsam das *Sakrament*, das heißt Zeichen und Werkzeug für die innerste Vereinigung mit Gott wie für die Einheit der ganzen Menschheit«. Der Satz begründet (»nämlich«) den vorausgehenden, und damit kann von vornherein klargestellt werden, daß hier nicht die Grundlage für einen kirchlichen Triumphalismus gelegt wird. Nicht etwa *die Kirche* ist das »Licht der Völker« (*Lumen gentium*) – obwohl noch Johannes XXIII. sich fast wörtlich so ausgedrückt hatte –, sondern *Christus*. Das Konzil will »alle Menschen durch *seine* Herrlichkeit ... erleuchten«. Diese »scheint auf dem Antlitz der Kirche *wider*« – die Kirche leuchtet und erleuchtet darum nicht durch sich selbst, gleichsam von innen her, sondern »indem sie das Evangelium allen Geschöpfen verkündet«. Dieses Widerscheinen der Herrlichkeit Christi in der Verkündigung des Evangeliums wird nun formal ausgedrückt durch Anwendung des Sakramentsbegriffs, und dieser wird formal sogleich weiter ausgelegt als »Zeichen und Werkzeug« für die Vereinigung mit Gott und für die Einheit der Menschheit. Was bedeutet diese Anwendung des Sakramentsbegriffs? Wir müssen dazu etwas ausholen.[52]

2. Der Katechismusbegriff »Sakrament«

»Ein Sakrament«, so hat damals jedes katholische Schulkind gelernt, »ist ein von Christus eingesetztes äußeres Zeichen, durch das uns innere Gnade vermittelt wird.« Die Schultheologie unterscheidet beim äußeren Zeichen noch zwischen »Materie« und »Form«. Materie ist die Handlung mit einem äußeren Element – Öl, Wasser, Brot, Wein –, gegebenenfalls äußere Handlungen ohne Element wie das Bekenntnis in der Buße, die Handauflegung bei der Weihe, das Jawort bei der Ehe. Die Form ist das dabei gesprochene Wort, das Stiftungswort Jesu, wenn uns ein solches überliefert ist.
Auf den *ersten* Blick trifft nun alles auf die Kirche zu. Die Kirche ist von Christus gestiftet – wobei es für unseren Zusammenhang gleichgültig ist, ob man traditionell an einen »Stiftungsakt« des historischen Jesus oder an eine »Stiftung« durch Sendung der Auferstehungszeugen denkt; es gibt ein äußeres Zeichen, und zwar als Materie die sichtbare, institutionelle, hierarchische Struktur der Kirche, als Form die Sendeworte Jesu, die in der Tätigkeit der Gesandten zum Tragen kommen wie die Stiftungsworte der Sakramente, wenn der Priester sie *in persona Christi* vollzieht; und es gibt die Vermittlung der »inneren Gnade«, denn dazu ist die Kirche ja offenkundig da, und die Vermittlung geschieht, indem die Menschen der Kirche eingegliedert werden.

Auf den *zweiten* Blick aber scheint manches ungereimt. Seit Anfang dieses Jahrhunderts, als die These von der Kirche als »Sakrament« allmählich sich verbreitete, wurde eingewandt: Damit statuiert man ein achtes Sakrament, und das widerspreche der Lehre des Konzils von Trient, wonach es nur sieben Sakramente, keines mehr und keines weniger gebe.[53] Nun, dieses einfältige Argument konnte abgewehrt werden mit dem Hinweis, daß es ja gerade um den *Zusammenhang* der Kirche mit jenen sieben Sakramenten gehe – und nicht um eine Hinzufügung. Die Einrede hatte aber doch die Frage gestellt, ob die These nicht eine unzulässige Unklarheit in den Sakramentsbegriff eintrage. Die Unklarheit hat zwei Haftpunkte:
a) Der eine ist der Begriff des »Zeichens«. Das Sakrament ist eine Handlung mit einem materiellen Element. Die Kirche aber ist keine Handlung, sondern die Handelnde selbst, eben die, die das Sakrament als ihre gottesdienstliche Handlung vollzieht.
b) Der andere Haftpunkt ist der Begriff der Gnadenvermittlung. Diese ist nach traditioneller Lehre unmittelbare Wirkung des Sakramentes, wenn dieses wirklich zustande kommt und würdig empfangen wird. Die Kirche aber ist nicht selbst Gnadenvermittlung, sondern eröffnet diese denen, die zu ihr gehören.

Das führt zu einer Präzisierung: Gemessen am Katechismusbegriff von Sakrament ist die Kirche *nicht* Sakrament, sondern liegt den Sakramenten *voraus*. *Wenn* sie Sakrament ist, dann ist sie »Ursakrament«, »Wurzelsakrament« (Otto Semmelroth), »Grundsakrament« (Karl Rahner), »Universalsakrament« (Kirchenkonstitution Art. 1). *In* ihm und *aus* ihm ergeben sich die (sieben) Einzelsakramente. Die Kirche teilt aber mit diesen Einzelsakramenten zwei wesentliche Momente, die auch das Trienter Konzil ausdrücklich nennt: sichtbare Gestalt unsichtbarer Gnade zu sein (*visibilis forma invisibilis gratiae*), eine Formel Augustins.[54] Das ist eine offene Formel, aber sie ergibt einen Sinn: *Wenn* Gnade, Vergebung, Gemeinschaft mit Gott in dieser Welt nicht nur unsichtbar zu erfahren, sondern gleichsam greifbar sein kann und ist, dann durch die Existenz der sichtbaren Kirche, durch ihr Leben, ihr Handeln, ihre Verkündigung. Die Kirche mag sein, wie sie will, ihr Erscheinungsbild kann der vollkommene Widerspruch zu ihrer Botschaft sein, so daß Menschen, die aufrichtig Christen sein wollen, sich genötigt fühlen, dieser Kirche entsetzt den Rücken zu kehren – es bleibt dennoch dabei: Nur weil es diese Kirche gibt, hat das Evangelium eine Geschichte in der Welt gehabt und wird sie haben. Und solange die Kirche nicht davon läßt, dieses Evangelium, das sie selbst doch so sehr anklagt, in ihrem Gottesdienst zu verkünden, wird dieses Evangelium auch nicht in Vergessenheit geraten.

Das andere Moment: Die Sakramente »enthalten« (*continent*) die Gnade, die sie bezeichnen.⁵⁵ Das ist eine nicht unproblematische Formulierung. Im Mittelalter noch arglos formuliert, um den Unterschied zwischen den alttestamentlichen und den neutestamentlichen Sakramenten und damit den Vorrang Christi herauszustellen⁵⁶, wird sie in Trient antireformatorisch umfunktioniert, betont mehr als heilsam das *opus operatum*, das »gewirkte (und durch sich selbst wirksame) Werk« des Sakramentes, lockert die Bindung des Sakramentes an das Wort als seine »Form« – woran doch, so war es jedenfalls immer *gemeint*, eben die Wirksamkeit hängt. Die Kontroverse müssen wir hier ausklammern.⁵⁷ Auf dem Boden der authentischen katholischen Sakramentenlehre bietet die Formel aber kein Problem: So verläßlich, wie der Empfänger im Sakrament der Gnade Gottes begegnet, wenn er nur recht disponiert ist, also das Sakrament als Gabe Gottes empfangen *will*, so begegnet das Kirchenglied in der Kirche objektiv dem Gnadenangebot und der Gnadenzusage Gottes – und diese Begegnung liegt sogar dem konkreten Sakramentenempfang voraus.

Eben damit sind wir wieder auf die Kirche als *Grundsakrament* verwiesen. Kurzum: Die Auffassung von der Kirche als Grundsakrament erscheint als *mögliche theologische These*, die keinem Dogma widerspricht. Insbesondere sorgen die angedeuteten Unterscheidungen dafür, daß kein Mißverständnis entsteht, hier werde gegen die Tradition ein achtes Sakrament behauptet. Zu fragen bleibt dann, ob die These nicht nur *möglich* ist – denn dann könnte sie ja auch ein bloßes gedankliches Spiel sein, wie manche anderen theologischen Thesen in Geschichte und Gegenwart es tatsächlich sind –, sondern ob die These auch *sinnvoll* ist. Das heißt: *Erklärt* sie etwas besser als es bisherige Erklärungen taten? *Dient* sie dem Glauben an die Heilsbedeutung der Kirche? Hilft sie zu einem lebendigeren kirchlichen Leben? Das ist die Frage nach dem theologischen und pastoralen *Impuls* dieser These.

3. Der theologische und pastorale Impuls

Die Frage nach dem *Sinn* der These ist für Katholiken zunächst durch das Zweite Vatikanische Konzil beantwortet – auch wenn es hier bewußt nicht in der Form des Dogmas geschieht. Trotzdem bleibt der Sinn der These erklärungsbedürftig.

Hier empfiehlt sich eine *Zwischenbemerkung* zum Stellenwert lehramtlicher Aussagen für die theologische Diskussion. Nach *traditionellem* katholischem Verständnis verändert sich die Argumentationsstruktur der Theologie, wenn »das Lehramt gesprochen hat« – und das gilt auch dann noch, wenn man den »Enzyklikenparagraphen« aus *Humani generis* denn doch für eine Übertreibung ansieht.[58] *Vor* der Äußerung des Lehramtes nämlich lautet die Hauptfrage, *ob* die These – eine neue theologische These – tatsächlich stimmt. Die Arbeitsvorgänge am Schreibtisch mögen meist anders sein. Oft ist ja tatsächlich ein unverbindliches »Gedankenspiel« die Grundsubstanz einer neuen theologischen These oder Theorie. Dennoch, entscheidend ist schließlich die Frage, ob der neue Gedanke stimmt, ob er sich also begründen, ja »beweisen« läßt. Diese Hauptfrage hat ihre Vorzüge. Man denke nur an manche Übertreibungen in der Mariologie – worauf wir ja noch einmal kommen müssen.[59] Gegen eine ausufernde Anwendung der beiden Prinzipien: *Potuit, decuit, ergo fecit* (»Er [Gott] konnte es, es geziemte sich, also tat er es«) und *De Maria nunquam satis* (»Über Maria [kann man] niemals genug [Ehrenvolles sagen]«) war nur anhand dieser Hauptfrage anzukommen. Denn daß Gott etwas »kann« und daß »es sich geziemt«, ist nur allzu leicht zu »beweisen«, weil sich da ein Frömmigkeitsinteresse einschaltet – und wer möchte schon Frömmigkeit verurteilen? Die Hauptfrage, *ob* es stimmt, schafft da die nötige Nüchternheit.[60] Anders ist es, wenn das Lehramt gesprochen hat. Die Frage, *ob* es stimmt, ist dann zunächst einmal erledigt. Wer sie dennoch weiterhin stellt und eine lehramtliche Äußerung, vor allem eine solche unterhalb der Schwelle des formellen Dogmas, nicht für das letzte Wort zur Sache ansehen kann – und eben darin unterscheidet sich ja eine »kritische« Berücksichtigung lehramtlicher Aussagen von der »traditionellen« –, tut es dennoch in jedem Fall im Horizont der erfolgten lehramtlichen Aussage, auch dann, wenn sie oder er diese sogar für falsch hält (etwa Hans Küng in bezug auf lehramtliche Stellungnahmen zu seinem Kirchenverständnis, oder katholische Theologinnen in bezug auf lehramtliche Aussagen zum Ausschluß der Frau vom kirchlichen Amt). Niemand kann die Frage, *ob* es stimmt, noch so stellen, als gäbe es die lehramtliche Aussage nicht. Im Normalfall wird die Hauptfrage dann die nach dem *Wie,* nach dem *Sinn* und der *Bedeutung* einer Aussage sein. Daher rührt dann auch die oft nahezu zwanghafte Anstrengung katholischer Theologen, eine von ihnen ausgearbeitete originelle neue theologische These lehramtlich »abzusichern«. So stürzten sich die interessierten Mariologen seinerzeit auf jedes einschlägige Wort Pius' XII. Mit Johannes XXIII. war die mariologische Euphorie dann sofort zuende, als deutlich wurde, daß Johannes kein besonderes mariologisches Interesse über das seiner Generation (und seiner italienischen Landsleute) hinaus bekundete. Unter Paul VI. lebte die Euphorie sofort wieder auf, und sie steigerte sich noch unter Johannes Paul II. Auch im Bereich unseres Themas sind solche Bemühungen um »Absicherung« zu beobachten – davon sogleich noch! Und damit sind wir wieder beim Thema.

Die These von der Kirche als »Grundsakrament« *ist* nun durch das Zweite Vatikanische Konzil »gesichert«, und zwar in der feierlichsten Form unterhalb der Schwelle eines Dogmas. Die wichtigsten Belegstellen außer Kirchenkonstitution Art. 1 sind: Liturgiekonstitution, Art. 26; Kirchenkonstitution, Art. 9 (3. Absatz), 48, 49; De-

kret über die Missionstätigkeit der Kirche, Art. 1 und 5; Pastoralkonstitution über die Kirche in der Welt von heute, Art. 45. Was aber waren die Impulse hinter der These?
Nun, ganz glatt ging die Sache auf dem Konzil nicht über die Bühne. Die Tradition hat diese These höchstens angebahnt – aber Hinweise, die in diese Richtung laufen, wurden seit dem Spätmittelalter und erst recht nach der Reformation vollständig durch die Betonung des Institutionellen in der Kirche verdrängt, wovon wir beim Rückblick auf die Kirchenbilder gesprochen haben. Das aber ebenfalls schon vermerkte Unbehagen daran führte im 19. Jahrhundert, angestoßen durch die Romantik, zu einer Besinnung auf die *Geschichte* als theologische Grundkategorie und im Zusammenhang damit zur Idee einer *Entwicklung* der Kirche nach Art eines Organismus. Dabei kam – auch dies schon angedeutet – die Idee von der Kirche als »fortdauernder Inkarnation des göttlichen Wortes« auf, und in diesem Zusammenhang auch vereinzelt und zaghaft – man war besorgt vor einer Verunklarung fester Begriffe – die Redeweise von der Kirche als Sakrament. Ein Beispiel für solches Denken ist etwa der Tübinger Theologe Johann Adam Möhler.[61] Diese Tendenz wurde gebremst, aber nicht gestoppt durch den Modernismus-Streit am Anfang des Jahrhunderts.[62] Die Bremswirkung war freilich beträchtlich dadurch, daß der als »Modernist« verurteilte George Tyrrell 1909 in seinem Buch »Christianity at the Crossroads«[63] sich zum Wortführer der These von der Kirche als Sakrament machte. Das zwang die katholischen Theologen zunächst zu Umwegen – die »Kirche, die in den Seelen erwacht« (Romano Guardini), konzentrierte sich auf den Begriff von der Kirche als Leib Christi. Und noch auf dem Konzil haben die Konservativen mit Genugtuung eingewendet, mit der Kennzeichnung der Kirche als »Sakrament« mache man posthum dem verurteilten Tyrrell Konzessionen.
Aber das konnte abgeschmettert werden mit dem Hinweis, die These sei gar nicht Eigengut Tyrrells, und vor allem: sie müsse nicht notwendig zu den Konsequenzen Tyrells führen. Diese bestanden darin, daß Tyrrell mit seiner These die sieben gottesdienstlichen Sakramente von ihrer Einsetzung durch Christus abkoppeln und sie als *Stiftung* der Kirche darstellen wollte. Die Ironie der Theologiegeschichte wollte es, daß genau zu der gleichen Zeit, wo konservative Konzilsväter mit dem Hinweis auf Tyrrell die These diskreditieren wollten, Karl Rahner in seiner Schrift »Kirche und Sakramente« in präzisierter Form den Grundgedanken Tyrrells wieder aufnahm, nun aber massiv abgesichert gerade durch *neuscholastische* Auffassungen, die Rahner nur konsequent zu Ende denkt.[64]

Und damit sind wir bei dem eigentlichen Impuls der These. Sie beruht darauf, daß durch die bibelwissenschaftliche und historische Forschung die *historische* Stiftung *aller* sieben Sakramente durch den *historischen* Jesus fragwürdig geworden ist. In Kürze: Immer galt es – seit dem Hochmittelalter – als klar, daß nur Gott selbst (beziehungsweise Christus) Sakramente einsetzen konnte, denn nur Gott selbst kann die Zuwendung seiner Gnade verbindlich an sinnfällige Zeichen knüpfen. Immer war dabei auch klar, daß sich solche Einsetzungsakte nicht für alle sieben Sakramente in der Schrift nachweisen lassen – wobei wir hier nicht in die ganze komplizierte Geschichte der Sakramentenlehre eindringen können.[65] Jedenfalls, im 13. Jahrhundert hatte sich die Siebenzahl der Sakramente durchgesetzt, und unter dem Einfluß des Thomas von Aquin auch die These, daß keines von ihnen erst durch die Apostel oder gar durch die spätere Kirche eingesetzt worden sei.[66] Die neuralgischen Punkte waren natürlich immer: Wie wurden Firmung und Krankensalbung zu Sakramenten der Kirche? Und warum war die Fußwaschung, die in Nachahmung des Handelns Jesu beim Letzten Abendmahl (Joh 13,1–14) seit Jahrhunderten in der Liturgie des Gründonnerstags geübt wurde, *kein* Sakrament, obwohl sie doch nach dem biblischen Text alle Bedingungen eines Sakramentes laut Katechismus-Definition erfüllt?

Man hilft sich traditionell hier mit dem sogenannten »Präskriptionsbeweis«: Da die Kirche in einer solch wichtigen Sache die Gläubigen nicht jahrhundertelang im Irrtum geführt haben kann, und da eine Stiftung durch die Kirche oder die Apostel weder nachweisbar ist noch aus sachlichen Gründen angenommen werden kann, muß eine Stiftung durch Jesus postuliert werden, auch wenn sie uns in der Heiligen Schrift nicht überliefert ist. Luther hat bekanntlich dasselbe Grundprinzip mit umgekehrter Stoßrichtung gegen die kirchliche Tradition angewandt: Da Sakramente nur von Christus gestiftet sein können, hat nur das als Sakrament zu gelten, was nachweislich in der Schrift von Christus als Sakrament eingesetzt worden ist – wobei Luther allerdings die Frage der Fußwaschung auch nicht schlüssig beantworten kann.

Die reformatorische Position zwang die katholische Theologie, wollte sie ihre Siebenzahl durchhalten, zu unterscheiden. So unterschied man in der nachreformatorischen katholischen Schultheologie zwischen 1. *institutio (sacramenti) in individuo* (»Einsetzung in [allen] Einzelheiten«), 2. *institutio in specie* (»Einsetzung der Art nach«), und 3. *institutio in genere* (»Einsetzung der [allgemeinen] Gattung nach«). Bei der ersten Form der Einsetzung hat Christus genau »Materie« und »Form« bezeichnet, etwa bei der Einsetzung der Taufe nach Mt 28,19, wo Jesus eindeutig die Übergießung mit Wasser und die trinitarische Formel als Bestandteile des Sakramentes bezeichnet. Bei der zweiten Form der Einsetzung hat Christus nach dieser Theorie nur den Grundcharakter des Sakramentes festgelegt, die weitere Ausgestaltung aber der Kirche überlassen – das wäre etwa der Fall beim Bußsakrament im Anschluß an Joh 20,23. Bei der dritten Form der Einsetzung etwa hätte Jesus nur allgemein seinen Willensakt bekundet, daß es für bestimmte Situationen des christlichen Lebens ein Sakrament geben solle, ohne es näher zu spezifizieren – so etwa im Fall der Krankensalbung oder des Ehesakramentes, wo sich ein solcher Stiftungswille Christi, wenn überhaupt, dann nur aus späteren neutestamentlichen Texten in Verbindung mit bestimmten Handlungen Jesu erschließen läßt. Die Grenzen zwischen einer *institutio in specie* und einer *institutio in genere* sind natürlich fließend. Vergleicht man nun die Sachgehalte, dann ist zumindest die *institutio in genere* nicht mehr zu unterscheiden von einer Einsetzung durch die Kirche – abgesehen von dem in der Schultheologie immer noch postulierten ausdrücklichen Stiftungswillen des historischen Jesus. Inzwischen ist dieser aber nun auch noch fraglich geworden bei den Sakramenten, bei denen selbst nach reformatorischer Auffassung die *institutio in individuo* als zweifelsfrei galt – vor allem bei der Taufe, umstritten immer noch beim Abendmahl, wenngleich es da um einiges günstiger steht als bei der Taufe.[67]

An genau dieser Stelle des Problems wurzelt die These von der Kirche als Sakrament. Die Kirche ist *insgesamt* die sichtbar-unsichtbare Gegenwart des von Christus uns gebrachten Gottesheils. Als solche teilt die Kirche es in all ihrem Handeln dem einzelnen Glaubenden mit, in Hochform und besonderer Ausdrücklichkeit aber an den entscheidenden Wendepunkten des Lebens, wo der Mensch in sozusagen gezielter Weise der Gnade Gottes bedarf. Wie man auf dieser Linie dann zu den *sieben* Sakramenten kommt, kann man bei dem Katholiken Rahner in der genannten Schrift nachlesen, und wie man auf genau derselben Basis zu nur *zwei* Sakramenten kommt, bei den evangelischen Theologen Gerhard Ebeling und Eberhard Jüngel.[68]

So also sieht ein vom Modernismusverdacht gereinigter Begriff von der Kirche als Sakrament aus. Denn Rahner will ja alles andere als die Stiftung der Sakramente von einer Einsetzung durch Christus »abkoppeln«, er will diese Einsetzung nur noch »dichter« verstehen: In der sakramentalen Tätigkeit der Kirche kommt die Vollmacht Christi, die er heilswirksam der Kirche mitgeteilt hat, immer neu zum Tragen.

Dies ist also der harte Kern der These von der Kirche als Sakrament: der Versuch einer Antwort auf die in Engführungen und Unaufrichtigkeiten geratene Frage nach der Einsetzung der Sakramente. Nun ist auf den ersten Blick zu erkennen, daß die Übernahme dieses Gedankens durch das Konzil an den speziellen Problemen der Sakramentseinsetzung sich gar nicht interessiert zeigt. Das Konzil greift sozusagen, nun ohne Furcht vor dem Modernismusverdacht, auf den Ansatz der Tübinger Schule (Möhler) zurück, die Kirche als Gegenwart Christi in seinem Geist zu interpretieren. Unsere These ist auf dem Konzil nicht eine Hilfskonstruktion, um die Frage der Sakramente zu beantworten, sondern eine These eigenen Rechtes. Sie ist nun eine Generalthese über das Wesen der *Kirche*. Das zeigt sich vor allem bei einem Vergleich zwischen Art. 1 und Art. 48. Im 1. Kapitel ist die Kirche »Sakrament«, weil sie das Licht Christi widerspiegelt, indem sie das Evangelium verkündet. Das widerspiegelnde Zeichen ist zugleich Werkzeug der Vereinigung zwischen Gott und den Menschen und der Menschen untereinander. Die These erscheint hier also unter christologischem Aspekt. In Art. 48 (zweiter und dritter Absatz) ist die Kirche als Sakrament eingeordnet in ihre pneumatologische und eschatologische Bestimmung: Die Kirche ist vorläufig, die Sakramente und ihre »Einrichtungen« (*institutiones*) vergehen. Mit anderen Worten: Auch das Grundsakrament Kirche ist zum Vergehen bestimmt – eine nicht ganz ausgeglichene Spannung zur »Kirche der Vollendeten« in Art. 5.

Das Fazit also: Die These von der Kirche als Grundsakrament, ursprünglich zu einem begrenzten und bescheidenen Zweck ausgebildet, wird vom Konzil ausweitend aus christologischen, pneumatologischen und eschatologischen Gründen übernommen. Karl Rahner kann es in späteren Jahren immer wieder mit der Formel ausdrücken: Die Kirche ist die eschatologische Präsenz der siegreichen Gnade Christi.[69]

4. Die Funktion der These

Die These von der Kirche als »Sakrament« »erfreut« sich herzlicher Polemik seitens der evangelischen Theologie. In manchen evangelischen Kreisen kann man mit kaum etwas mehr Ressentiments wecken und Emotionen zum Kochen bringen, als wenn man das Stichwort von der Sakramentalität der Kirche fallenläßt.[70] Es ist allerdings zweckmäßiger, darauf erst einzugehen, wenn wir in den nächsten Abschnitten die Aussagen des Konzils über die Kirche als »Volk Gottes« und als *Communio* bedacht haben. Immerhin, hier

sind dafür schon die Weichen zu stellen, indem wir noch kurz erwägen, was die *Funktion* der These von der Kirche als Grundsakrament ist.
Die eine Funktion besteht darin, der Kirche überhaupt eine funktionale Bestimmung zu geben. Sakramentalität heißt eben »Zeichen« und »Werkzeug«, bezeichnet also einen Daseinssinn streng in Hinordnung auf und zugunsten von etwas anderem. Und was dies ist, wird klar gesagt: die Einheit der Menschen mit Gott und untereinander. Wer die These von der Kirche als Sakrament ernst nimmt, hat die Kirche damit jedenfalls beträchtlich mehr relativiert als etwa mit dem Begriff des Leibes Christi oder auch mit »Volk Gottes«. Zugleich ist ein rein technokratisches Verständnis dieser Werkzeuglichkeit vermieden. Die Kirche ist, auch als Zeichen und Werkzeug, doch nicht nur ein Zweckverband zur Verkündigung des Evangeliums, während der Glaube dann nur Sache der Einzelnen wäre. Damit ist auf eine latente Gefahr des evangelischen (lutherischen) Kirchenverständnisses angespielt, das – als Antithese zur überzogenen Institutionalität der spätmittelalterlichen Kirche in Theorie und Praxis – die reine Instrumentalität aller äußeren Kirchlichkeit und die Verborgenheit der »geistlichen« Kirche so extrem betonte, daß eigentlich nicht mehr einzusehen ist, wie die »Gemeinschaft der Herzen im Glauben« gerade durch den Glauben entstehen soll, der nur Sache der Einzelnen und ganz und gar nicht institutionalisierbar ist.[71] Demgegenüber hält die These von der Kirche als Sakrament fest: »Werkzeug« sind die »Geheiligten«, die von der sichtbar-unsichtbaren Präsenz der Gnade Christi durch ihre Zugehörigkeit zur Kirche Geprägten. Werkzeug ist die Kirche als *Kirche*, das heißt als reale und als solche auch sichtbare Gemeinschaft.
Eine dritte Funktion und zugleich ein Vorteil ist, daß diese Kennzeichnung mehr als alle anderen auf die *sichtbare* Seite der Kirche verweist, sozusagen auf die »sakramentale Materie«. Sie neutralisiert damit das Ärgernis ihrer faktischen sichtbaren Erscheinung, indem sie sich dazu bekennt. Die Kirche als sichtbare Gemeinschaft auf dieser Erde ist so unscheinbar, ja so niedrig und zum Wegwerfen gering wie ein sakramentales Element. Sie lebt in dem, was sie ist, von ihrer göttlichen Dimension, und an dieser wird denn auch beständig der Widerspruch zwischen ihrer Erscheinung und dem, was sie zur Erscheinung bringen soll, deutlich.
Mit dem Stichwort von der Sakramentalität der Kirche ist schließlich auch ihr Geheimnischarakter benannt. Das Wort »Sakrament« übersetzt und kommentiert ja die Überschrift vom *Mysterium Ecclesiae*. Kurz, das Wort hält die Unzulänglichkeit einer rein institutionellen Betrachtungsweise der Kirche vor dem Blick.

Und endlich: Es ist jedenfalls für diejenigen, die eine solche Betrachtungsweise gefördert und vorangetrieben haben, seit langem klar, daß es kein schlimmeres Mißverständnis der katholischen Sakramentenlehre geben kann als die, die Sakramente ermöglichten kraft ihrer »Objektivität« (*ex opere operato*) einen Heilsweg am persönlichen Glauben vorbei. Das Sakrament, im Gegenteil, kommt erst als solches zustande, wenn es in Glaube und Hingabe empfangen wird. Ist also die Kirche »Sakrament«, dann heißt das auch: Nicht indem man »objektiv« Mitglied der Kirche ist, steht man in der heilvollen Gemeinschaft mit Gott, sondern indem man die Kirche buchstäblich wie ein Sakrament »empfängt«. Konkret also: indem man im Glauben auf das hört und sich das reichen läßt, was die Kirche nicht im eigenen Namen zu geben hat und was durch all ihre Niedrigkeit, ihre Sünde, ihre Selbstherrlichkeit, ihre *mangelnde* Instrumentalität nicht zerstört oder hintangehalten wird.

Selbstverständlich hat die Kennzeichnung der Kirche als »Sakrament« auch gedankliche und sich in der Praxis auswirkende Nachteile. Sie haben sich in der Zeit nach dem Konzil auch stärker gezeigt und werden der Konzilslehre von der evangelischen Theologie vorgehalten. Doch auch darauf ist zweckmäßiger erst im späteren Zusammenhang einzugehen.

B. Kirche als »Volk Gottes«

1. Priestertum aller Getauften

Wie »Volk Gottes« auf dem Konzil zum Grundbegriff der Kirche wurde, haben wir bei der Schilderung der Entstehungsgeschichte der Kirchenkonstitution vermerkt. *Was* das Konzil aber über die Kirche als Volk Gottes sagt, enthüllt nicht auf den ersten Blick seine Sprengkraft. Darum zunächst ein kurzer Überblick, bevor wir auch hier die Pointen herausarbeiten.

Das 2. Kapitel der Kirchenkonstitution beginnt in Art. 9, dem 1. Kapitel vergleichbar, mit einer trinitarischen Begründung und Erläuterung des Begriffes »Volk Gottes«: *Gottes* Wohlgefallen über allen Menschen, sein Wille, die Menschen »nicht einzeln, unabhängig von aller wechselseitigen Verbindung, zu heiligen und zu retten, sondern sie zu einem Volke zu machen, das ihn in Wahrheit anerkennen und ihm in Heiligkeit dienen soll«. Dieser Gotteswille führte zur Erwählung Israels und schließlich zur Berufung eines Volkes aus Juden und Heiden. Haupt dieses »messianischen« Volkes ist *Christus*. Seine Würde besteht in der Freiheit der Kinder Gottes aufgrund des *Heiligen Geistes*, der in ihren Herzen wohnt. Sein Gesetz ist das neue Gebot der Liebe, seine Bestimmung das Reich Gottes, und so ist dieses Gottesvolk »für das ganze Menschengeschlecht die unzerstörbare Keimzelle der Einheit, der Hoffnung und des Heils«. Sein Lebensprinzip ist der *Heilige Geist*, durch den dieses Volk nicht aufhört, sich selbst zu erneuern, bis es »durch das Kreuz zum Licht gelangt, das keinen Untergang kennt.«

Art. 10 entfaltet die Eigenart dieses Volkes Gottes als »königliches Priestertum« und erläutert dabei in aufsehenerregender Weise – es ist das erste Mal in einem kirchenamtlichen Dokument – das *Priestertum aller Getauften*.

Weil aber alle Getauften Priester sind, nehmen sie teil am priesterlichen Amt Christi, das sich in den Sakramenten vollzieht, so daß es zu einer kurzen Darlegung über den Sinn der sieben kirchlichen Sakramente kommt (Art. 11).

Wie am Priesteramt Christi, so nimmt das Volk Gottes auch an seinem prophetischen Amt teil im lebendigen Zeugnis, was zu einer kurzen, aber wohldurchdachten Verhältnisbestimmung zwischen dem Glauben der Kirche und den Glaubenserfahrungen der Gläubigen (»Glaubenssinn der Glaubenden«) sowie dem kirchlichen Lehramt führt, gefolgt von einem Hinweis auf die Vielfalt der anderen Gaben des Heiligen Geistes an das Volk Gottes.

Wegen der Universalität des Rufes Gottes an *alle Menschen* ist das Volk Gottes ein eines und einziges, so daß Art. 13 der Ort ist, an dem das Konzil erstmalig grundlegend die Frage der Einheit der Kirche erörtert. Am Ende von Art. 13 lenkt das Konzil hinüber zu einem Blick auf die Menschen in der Kirche und die Menschen außerhalb der Kiche im Hinblick auf ihre verschiedenartige Zuordnung zur Kirche, spricht also in den Artikeln 14–16 zuerst über die katholischen Gläubigen, dann die nicht-katholischen Gläubigen und schließlich über die Nicht-Christen und beschließt das Kapitel in Art. 17 mit einem Blick auf die Missionsaufgabe der Kirche.

Wir heben nun wieder einige Schwerpunkte dieser konziliaren Darlegungen hervor, und um sie zu verstehen, richten wir erneut zunächst einen Blick auf die Vorgeschichte, die diesmal fast den Charakter einer Novelle hat, soweit Theologiegeschichte eine solche hergeben kann.

2. »Volk Gottes« oder »Leib Christi«?

Wie schon gezeigt, war es alles andere als selbstverständlich, in der hier kurz resümierten Form ein Kapitel über das »Volk Gottes« in die Kirchenkonstitution einzubauen. Ursprünglich sollte dieser Begriff ja die nicht der Hierarchie angehörigen Glieder der Kirche meinen. Wie die Überschriften im ersten Entwurf es ausweisen, war von vornherein beabsichtigt, »besonders die Laien« zum Thema zu machen, aber ansonsten wäre da nur noch von den Ordensleuten zu reden gewesen. Mit einem Wort: »Volk Gottes« sollte der Name für alle Christen ohne hierarchisches Amt sein.

Bei diesem Konzept ist anzunehmen, daß der zentrale Begriff der Wesensbeschreibung der Kirche wie schon bei Pius XII. »(Mystischer, Geheimnisvoller) Leib Christi« gewesen und geblieben wäre. Die gleich zu Beginn der Debatte über den 2. Entwurf beschlossene Vorordnung der Aussagen über das »Volk Gottes« veränderte nun aber zugleich den Sinn dieses Begriffes, der fortan die Glieder der Kirche insgesamt, nicht mehr nur die Nicht-Amtsträger bezeichnete. Dadurch enstand notwendig die Schwierigkeit, wie man diesen Grundbegriff für die Kirche in Beziehung setzen sollte zu dem schon ehrwürdigen Bildbegriff vom »Leib Christi«, zumal ja die konservative Gruppe unter den Konzilsvätern am liebsten die Kirchenkonstitution ohnehin weitestgehend aus den Gedanken Papst Pius' XII. in der Enzyklika *Mystici Corporis* bestritten hätte.

Das Ergebnis haben wir schon gestreift: »Leib Christi« wird zusammen mit anderen biblischen Bildern für die Kirche, wenn auch an hervorgehobener Stelle, nämlich in einem eigenen Artikel, am Schluß des 1. Kapitels behandelt, während »Volk Gottes« zum eigentlichen Zentralbegriff wird, unter dem im 2. Kapitel konkret und sozusagen soziologisch beschrieben wird, was »Sakrament« der Kirche inhaltlich ist. Dahinter steht nun mehr, als man beim bloßen Lesen des Textes ahnen kann, und auch die Kommentare gehen verhältnismäßig wenig darauf ein.

Wir müssen vorerst zurückdenken an die schon vermerkte Tatsache, daß der Begriff von der Kirche als »Sakrament« seit der Verurteilung der »Modernisten« zunächst diskreditiert schien. Will man dennoch das geistliche Geheimnis der Kirche sachgemäß und über alle grundsätzlich gar nicht bestrittenen juridischen Strukturen hinaus begreifen, dann muß man andere Wege gehen. Dazu bot sich der biblisch in der Tat hervorgehobene Begriff von der Kirche als »Leib Christi« durchaus an. Der große Durchbruch, der die katholische Theologie – und die Verkündigung! – bis zum Vorabend des Konzils prägte, geschah 1923 mit dem berühmten und immer wieder aufgelegten Buch von Karl Adam: »Das Wesen des Katholizismus«[72]. Ganze Generationen vor allem katholischer Intellektueller haben sich an diesem Buch ihr Kirchenbild und ihre Kirchenfrömmigkeit geformt, die ihnen über alle Härten und Starrheiten der kirchlichen Institution hinweghalf. Ein Satz wie etwa: »So tragen alle Dogmen der katholischen Kirche den Namenszug Christi«[73], war zuweilen wie ein Rauschgetränk, das den Theologen und fragenden Christen ein anderes Bild des Dogmas vermittelte als das Begriffsgeklapper der neuscholastischen theologischen Handbücher.

Der Zentralbegriff, mit dem Karl Adam das Innengeheimnis der Kirche zu erfassen suchte, war in der Tat der Begriff »Leib Christi«. Nicht von ungefähr! Schließlich kam Karl Adam aus der Tradition der katholischen Tübinger Schule, die schon im 19. Jahrhundert den Gedanken von der Kirche als einer Art geschichtlichem Organismus, also einem »Leib«, gebildet hatte, dessen Haupt Christus und dessen beseelendes Prinzip der Heilige Geist war.

Direkt gegen diese Euphorie des »Leib-Christi«-Begriffes veröffentlichte nun der Dominikaner Mannes Dominikus Koster, Dogmatik-Dozent in Walberberg, damals noch ein junger Mann, ein sehr temperamentvolles und streckenweise ungehemmt polemisches Buch unter dem Titel »Ekklesiologie im Werden«[74]. Er hatte – wie ich aus dem persönlichen Gespräch mit ihm weiß – das Buch eigentlich erst einmal für die Schreibtischschublade geschrieben, und nur mit Mühe konnte der interessierte Verlag ihm das Manuskript und die Erlaubnis zur Veröffentlichung entreißen.

Es zeigte sich, daß das Zögern Gründe hatte. Koster – er ist 1981 gestorben – war ein in der Wolle gefärbter Thomist. Als solchem war ihm selbstverständlich, daß man über göttliche und ins Göttliche hineinragende Wirklichkeit nur in analogen Begriffen reden kann. Auch das Wesen der Kirche läßt sich also nur in einem analogen Begriff beschreiben, dessen Sachgehalt in der Spannung von Ähnlichkeit und Unähnlichkeit zu der gemeinten Sache verbleibt, wie sie für die analoge Redeweise typisch ist. Als Thomist weiß aber Koster ebenso gut um den wesentlichen Unterschied zwischen einer »echten« Analogie und einer »bloßen« Bildrede, einer Metapher – eine Unterscheidung, die uns mit gutem Grund heute nicht mehr ganz so wichtig ist und geradezu einer Aufwertung der Metapher Platz gemacht hat.[75] Kosters These ist nun: Der Begriff »Leib Christi« ist nur eine Metapher für die Kirche – so wie man vergleichsweise die Macht Gottes auch einmal ausdrücken kann durch die Metapher, daß Gott gegen seine Feinde aufsteht wie ein Löwe. Das Zusammenspiel der Glieder in der Kirche ist *vergleichsweise* so, wie die Glieder eines Leibes unter der Führung des Hauptes zusammenspielen – aber in Wahrheit *ist* die Kirche eben kein »Leib«. Was könnte aber dann eine »echte« Analogie für das Wesen der Kirche sein? Koster antwortet im Rückgriff auf die Schrift und auf Augustinus mit dem Begriff »Volk Gottes«. Denn ein *Volk* ist die Kirche

allemal, sie ist ja eine Versammlung von Menschen. Die Unähnlichkeit mit den Völkern sonst besteht in der Grundlage dessen, was die Menschen in der Kirche zum Volk macht.
Weitere Einzelheiten tun jetzt nichts zur Sache. Karl Adam jedenfalls fühlte sich mit Recht angegriffen und mit ihm all die vielen, die an ihm ihr Kirchenbild geformt hatten. Dann erschien 1943 die nun schon oft genannte Enzyklika *Mystici Corporis*, und obwohl der Papst am Schluß ausdrücklich erklärt, »Leib Christi« sei natürlich nur eine *Bildrede* von der Kirche, die man nicht pressen und in unsachgemäße Schlußfolgerungen entfalten dürfe, fühlte sich Karl Adam gegen Koster bestätigt. Geradezu triumphierend schreibt er im Vorwort zur 11. Auflage seines Buches (1945), gegen das »animose« Buch von Koster sei nun seine, Adams These durch die Papst-Enyklika »authentisch gesichert« – ein typisches Anschauungsbeispiel für die schon vermerkte Hoffnung und Sorge katholischer Theologen, ihre zunächst ungeschützten Thesen möchten doch in irgendeiner Form vom Lehramt der Kirche »gesichert« werden.[76]
Auch andere katholische Dogmatiker sahen es so. Anderseits enthielten die Thesen von Koster doch so viel Bedenkenswertes, daß sich nun eine ganze Generation katholischer Dogmatiker bis zum Ende der 50er Jahre bemüßigt sah, entweder Koster zurückzuweisen und den Versuch zu machen, ihn zu widerlegen oder aber seine Thesen mit dem »Leib-Christi«-Gedanken zu versöhnen. Ein prachtvolles Beispiel des versöhnlichen Kompromisses bietet die Definition der Kirche in der »Katholischen Dogmatik« von Michael Schmaus: »Die Kirche [ist] derart Volk Gottes, daß sie als Leib Christi existiert.«[77] Das ist keineswegs ein schlechter Witz. Schmaus bringt Koster und Adam nach dem Modell von Gattungsbegriff und spezifischer Differenz zusammen: »Volk Gottes« ist ja auch Israel! Durch die Bestimmung »Leib Christi« wird die Kirche als Volk Gottes gegen das Gottesvolk des Alten Bundes abgegrenzt – Probleme bei einer solchen differenzierten Abgrenzung sehen wir ja erst heute.
Koster war also, wie der Titel seines kleinen Buches zeigt, der Meinung, die Ekklesiologie sei eben darum erst »im Werden«, weil eine theologische Erkenntnis erst dann zur Vollreife gediehen sei, wenn sie den Schritt von der Metapher zur wirklichen theologischen Analogie vollzogen habe. Eben dies sei mit einer Leib-Christi-Ekklesiologie noch nicht geschehen. Koster wurde also mehrheitlich abgelehnt, aber der Impuls, daß in der Ekklesiologie weitere Schritte zu tun seien, wirkte weiter, wie gerade die Kompromißformeln zeigen.
Vor *diesem* Hintergrund gewinnen die Entscheidungen des Zweiten Vatikanischen Konzils Profil. Das Konzil hat nachweislich *nicht* –

jedenfalls nicht bewußt – an die Überlegungen von Koster angeknüpft. Yves Congar hat darüber in einem erhellenden kleinen Aufsatz in der 1971 erschienenen Festschrift für Koster aus seiner Augen- und Ohrenzeugenschaft beim Konzil berichtet[78]. Aber auch noch auf dem Wege seiner Abweisung oder auf dem Weg des Kompromisses war der Gedanke des »Volkes Gottes« als mögliche Perspektive einer Wesensbeschreibung der Kirche haftengeblieben. So konnte er sich auf dem Konzil gleichsam unwillkürlich in den Vordergrund schieben. Und man mag sich gern vorstellen, mit welch hoch erhobenem Haupt Mannes Dominikus Koster 1964 bei der Verkündung der Kirchenkonstitution durch den Kreuzgang des Dominikaner-Klosters Walberberg geschritten ist.

Zwei andere Komponenten mögen subsidiär verstärkend hinzugekommen sein. Die eine ist eine Einsicht der Exegese, daß der Begriff »Leib Christi« bei Paulus gar nicht so sehr jenen organologischen Sinn hat, den man ihm seit der Tübinger Schule und auf dem Weg über Karl Adam auch im 20. Jahrhundert unterstellt. Vielmehr meint er einerseits – vor allem im Kolosserbrief – tatsächlich so etwas wie die mythologische Vorstellung eines Riesenleibes, den die Kirche für Christus bedeutet – vergleichbar dem uns ebenfalls fremdgewordenen Begriff des »Äons« –, und anderseits hat er einen soziologischen Sinn: »Leib« verstanden als »Körperschaft«. Da half aber schon Augustinus weiter.

Die andere Komponente mag aus dem Gespräch mit der reformatorischen Theologie stammen. Mit dem Gedanken des »Leibes Christi« kann man nämlich alles Mögliche in der Kirche deuten, nur eines nicht: das für die Kirche ebenso wesentliche *Gegenüber* zwischen ihr und Christus als ihren Herrn, also die *Unterscheidung* von Christus und Kirche. Leib-Christi-Spekulationen laufen immer wieder Gefahr, Kirchenkritik – und vor allem solche an den Strukturen der Kirche – theologisch abzublocken. Folgen denn nicht die Glieder »strukturgemäß« den Impulsen des Hauptes? Wie kann man da noch die Glieder kritisieren, ohne nicht gleichzeitig die Tätigkeit und Wirkmacht des Hauptes infrage zu stellen?

So hat denn schon der Art. 7 im 1. Kapitel Mühe genug, absurde Vorstellungen von einer Art fortgesetzter und keineswegs nur metaphorisch verstandener Inkarnation auszuschließen. Für Kirchenkritik aber, und damit für die Notwendigkeit von Selbstreform, Buße und Erneuerung, ist im Rahmen dieser Bildrede jedenfalls schwerlich ein Anhaltspunkt zu finden. Ein »Volk« aber kann seinem Herrn die Treue brechen wie eine Braut ihrem Bräutigam. Von daher schaffen schon die anderen biblischen Bilder, erst recht aber der Volk-Gottes-Begriff, ein dringend notwendiges Gegengewicht.

Und da es dem Konzil um Erneuerung ging, verstärkte sich die Selbstverständlichkeit, mit der »Volk Gottes« den Vorrang bekam.

3. Das Volk Gottes und die Völker

Was macht nun das Besondere der Kirche als »Volk Gottes« aus? Der alles vorentscheidende Art. 9 setzt ein mit der universalen Liebe Gottes zu allen Völkern aller Zeiten. Die Besonderheit des Volkes Gottes kann also nur dazu dienen, der Botschaft von dieser allumfassenden Liebe Gottes zu allen Menschen zum Durchbruch zu verhelfen. Ziel der Argumentation ist von vornherein die Kirche, in der dieser universale Heilswille sich darin bekundet, daß sie *aus Juden und Heiden berufen* ist, also im Lichte der Liebe Gottes den Unterschied der Völker, sofern es ein Gegensatz ist, gegenstandslos macht. Dieses endzeitliche (»messianische«) Volk aber hat sein Vorausbild in der Erwählung Israels zum »Eigenvolk« Gottes. Ohne daß der Text sich auf exegetische Details einläßt – z. B. wie Israel selbst seine Auserwählung verstanden hat und in welche Beziehung es sich selbst in seinem Glauben zu den Völkern setzte –, wird im Stile einer heilsgeschichtlichen Steigerung das Verhältnis zwischen Israel und der Kirche nach dem Schema »unvollkommen – vollkommen« geschildert. Dabei wird sowohl die Erwählung Israels als auch die Berufung der Kirche aus allen Völkern mit dem Begriff des *Bundes* zusammengebracht: Wo ein Bund Gottes mit den Menschen geschlossen wird, da entsteht ein Volk Gottes. Und wo der *Neue* Bund mit den Menschen geschlossen wird, da entsteht das *neue* Volk Gottes – gegenüber dem alten Bundesvolk ausgezeichnet dadurch, daß es nicht mehr aus dem Fleische, sondern aus dem Wasser und dem Heiligen Geist geboren ist. Dies alles wird belegt mit neutestamentlichen Schriftstellen. Doch es ist, wie wir heute noch besser wissen als damals, selbstverständlich nicht ohne Probleme, die in den Aussagen über das Verhältnis der Kirche zu Israel noch einmal aufgegriffen werden müssen.

Weil Christus der Stifter des Neuen Bundes ist, ist er auch das Haupt des neuen Gottesvolkes. In knappen Sätzen, die gerade in ihrer Einfachheit provozierend wirken, lesen wir, wie schon angedeutet, die Würde des neuen Gottesvolkes bestehe in der Freiheit der Kinder Gottes kraft des Heiligen Geistes; sein Gesetz sei das Liebesgebot, und seine Bestimmung sei das Reich Gottes, das hier auf Erden grundgelegt wurde und sich weiter entfalten muß bis zum Ende der Zeiten. Dies alles geschieht aber nicht, damit dieses neue Volk Gottes, das ohnedies auf der freien Erwählung Gottes und nicht auf den Leistungen seiner Mitglieder beruht, nun sich selbst genüge, sondern »obwohl es tatsächlich nicht alle Menschen umfaßt und gar oft als kleine Herde erscheint, für das ganze Menschengeschlecht die unzerstörbare Keimzelle der Einheit, der Hoffnung und des Heiles« sei. Und wieder klingt die Terminologie der Sakramentenlehre an: Als solches Volk ist es als »Werkzeug der Erlösung« angenommen. Und im nächsten Absatz heißt es dann direkt, die Kirche soll aufgrund ihrer Berufung »allen und jedem das sichtbare Sakrament dieser heilbringenden Einheit« sein. In eben diesem Zusammenhang, also in einem erneuten Kommentar dazu, was mit der Kirche als »Sakrament« gemeint ist, werden dann Entstehung und Wesen der Kirche beschrieben: »Gott hat die Versammlung [!] derer, die zu Christus als dem Urheber des Heils und dem Ursprung der Einheit und des Friedens glaubend [!] aufschauen, als seine Kirche zusammengerufen [!] und gestiftet.« Die Nähe zu Luthers Worten von der Kirche als Versammlung derer, die an Christus glauben – wir erinnern uns an das Zitat am Eingang dieses Kapitels –, ist mit Händen zu greifen. Gedanken haben eben oft ihr eigenes Schwergewicht, und meist ein noch größeres, wenn man ihren Urheber nicht kennt. Denn es ist sicher, daß bei dieser Formulierung niemand, ausgenommen vielleicht die evangelischen »Beobachter«, an Martin Luther gedacht hat.

4. Die Getauften als Priester

Der folgende Artikel enthält die im Kontext des ökumenischen Gespräches nicht hoch genug einzuschätzenden Aussagen über das Priestertum der Getauften. Übrigens: Die korrekte (und auch glücklichere) Formel heißt: das *gemeinsame* Priestertum der Gläubigen (der Getauften), und nicht: das *allgemeine* Priestertum der Gläubigen. Unter Aufbietung aller (gar nicht so häufigen) neutestamentlichen Texte wird die geistliche Qualifikation der Getauften mit dem Namen »Priestertum« geschildert, das sich von dem Hohenpriester Christus herleitet. Völlig auf der Höhe auch der exegetischen Diskussion werden die »priesterlichen« Aufgaben des Gottesvolkes genannt: Gebet, Gotteslob (Apg 2,42–47), das Leben der Christen als »lebendige, heilige, Gott wohlgefällige Opfergabe« (Röm 12,1), das Christuszeugnis gegenüber allen, die es fordern (1 Petr 3,15). In der Tat, und als bleibender kritischer Vorbehalt gegenüber allen späteren Entwicklungen, vermeidet das Neue Testament das Wort »Priester« für den kirchlichen Amtsträger, verwendet es als *soteriologische* Kategorie zur Beschreibung des Heilsstandes der Christusgläubigen (nur verständlich im Kontext eines jüdischen Publikums) und kennzeichnet, fast mit einem Anflug von Ironie, das *Leben* der Christen als deren neue »priesterliche« Tätigkeit, gleichsam als wollte man sagen (wie Paulus in Röm 12,1ff): *Wenn ihr schon wissen wollt, wo unsere Priester sind, schaut auf die Christen:* Ihre *latreia,* ihr »Priesterdienst der Gottesverehrung« besteht in ihrem *Leben* und in der *Verkündigung des Evangeliums.* Nun hat die geschichtliche Entwicklung zu dem geführt, was man, wie im 4. Kapitel schon erwähnt, in der Forschung gern die »Resacerdotalisierung« des kirchlichen Amtes nennt, die schon vor dem 4. Jahrhundert einsetzte. So kommt es zu der Notwendigkeit, erst terminologisch zwischen »Priestern« und »Priestern« zu unterscheiden und schließlich die Frage eines möglichen Gegensatzes zwischen beiden zu bedenken. Die Folge: Das gemeinsame Priestertum aller Getauften verschwindet zunächst aus dem Bewußtsein und schließlich auch aus dem Sprachgebrauch: Aus den zu »Priestern« »Getauften« werden die »Laien«.

Seit Luther das Thema des gemeinsamen Priestertums aller Getauften – nicht immer in unmißverständlicher Weise – wiederentdeckte, hat die katholische Theologie in Abwehrreaktion das Thema geflissentlich gemieden und es der evangelischen Theologie überlassen, die bald daraus auch mehr Konsequenzen zog, als Luther zugelassen hätte.[79]

Um so größere Aufmerksamkeit verdient nun der Satz in Art. 10, der das Problem auf den Punkt zu bringen sucht: »Das gemeinsame Priestertum der Gläubigen aber und das Priestertum des Dienstes, das heißt das hierarchische Priestertum, unterscheiden sich zwar dem Wesen und nicht bloß dem Grade nach. Dennoch sind sie einander zugeordnet: das eine wie das andere nämlich nimmt sie auf besondere Weise am Priestertum Christi teil.« Die Kommentierung des »hierarchischen« Priestertums durch die Wendung »Priestertum des Dienstes« sei nicht nur am Rande vermerkt. In den Äußerungen zu Dienst und Leben der Priester wird später der *Begriff sacerdos* geflissentlich vermieden.[80] Wichtiger aber ist die Frage, um die es nun schon eine kleine Diskussionsliteratur gibt, was die Wendung »dem Wesen und nicht bloß dem Grade nach« bedeutet. Wird hier nicht doch der Vorrang des »geistlichen Standes« festgeschrieben und damit einem wesentlichen kritischen Anstoß der Reformation frontal widersprochen?[81]

Nun, es mag schon sein, daß viele, die diese Formulierung gutgeheißen haben, es so meinten. Doch gilt es – siehe unseren Exkurs oben, Regel 5! –, *genau* im Auge zu behalten, was nun dort steht und was nicht. Und dort steht, daß der Unterschied zwischen den Getauften und den kirchlichen Amtsträgern eben *kein* Rangunterschied ist. Denn ein Rangunterschied wäre ein Unterschied dem »Grade«

nach – das Wort *gradus*, das hier im lateinischen Text steht, heißt nun einmal »Stufe«. Bestünde zwischen den Getauften und den Amtsträgern – die ja zuerst auch einmal Getaufte sind – *kein* Wesensunterschied, dann wären allerdings beide im Hinblick auf einen gemeinsamen Maßstab vergleichbar, und auf diesem stünden dann notwendig die Amtsträger eine »Stufe« höher. Mit anderen Worten: Gerade eine Unterscheidung »dem Grade nach« würde die Amtsträger zu Christen höherer Ordnung ernennen, denn sie könnten ja dann nur anhand dessen verglichen werden, was beiden gemeinsam ist, und das ist ihr Getauftsein. Das ist gerade ausgeschlossen, wenn sie sich »dem Wesen nach« unterscheiden.

Was aber ist das »Wesen« des »Priestertum des Dienstes«? Das wird ganz klar im folgenden Satz gesagt. Es ist eine bestimmte *Funktion*, die der Amtspriester an seinen Mitgetauften vollzieht: »Der Amtspriester nämlich« – im lateinischen Text steht: *sacerdos ministerialis*, also eigentlich: der *Dienstpriester* – »bildet kraft seiner heiligen Gewalt, die er innehat, das priesterliche Volk heran und leitet es; er vollzieht in der Person Christi das eucharistische Opfer und bringt es im Namen des ganzen Volkes Gottes dar.« Also: Verkündigung und Sakramentsverwaltung machen das »Wesen« des kirchlichen Amtsträgers aus. Die Vollmacht dazu ist nicht etwas Drittes daneben, sondern eben das, was ihn zu dieser besonderen Funktion ermächtigt. Und »Vollmacht« ist ein juridischer Begriff, kein »ontologischer« – was auch immer in manchen Köpfen katholischer und sogar evangelischer Christinnen und Christen in dieser Hinsicht vorgehen mag.

»Die Gläubigen hingegen wirken kraft ihres königlichen Priestertums an der eucharistischen Darbringung mit«, fährt der Text fort. Nie zuvor, nicht einmal in der Liturgie-Enzyklika Pius' XII., ist die *aktive* Rolle der Gläubigen als Subjekt in der Eucharistiefeier theologisch so gekennzeichnet worden – wobei wir an dieser Stelle die ökumenische Problematik des Begriffes »Opfer« in Anwendung auf die Eucharistiefeier ausklammern dürfen. Die Fortsetzung wiederholt ja das schon Gesagte, worin das Priestertum der Getauften und ihre »Darbringung« besteht: »im Empfang [!] der Sakramente, im Gebet, in der Danksagung, im Zeugnis des Lebens«.

Kurzum: Entgegen dem ersten Augenschein und auch im Gegensatz zu mancher Kritik bin ich gerade über diese Formulierung des Unterschiedes zwischen dem Priestertum aller Getauften und dem »Priestertum des Dienstes« außerordentlich glücklich – man darf sich nur nicht durch den »ontologischen« Klang des Wortes »Wesen« täuschen lassen.

5. »Glaubenssinn« und Lehramt

Das Kurzkolleg zur Sakramentenlehre in Art. 11 können wir hier übergehen. Karl Rahner sagt freilich in der Einleitung zur Kirchenkonstitution im »Kleinen Konzilskompendium« mit Recht, daß es, wenn ernst genommen, einschneidende Konsequenzen für Theologie, Religionspädagogik und Seelsorge haben müßte.[82] In der Tat bedeutet der durchgängige Bezug der Sakramente auf die Kirche die endgültige kirchenamtliche Überwindung eines Verständnisses, wonach die Sakramente nur »individuelle Heilsmittel« im Bereich des persönlichen Gottesverhältnisses seien. Die Sakramente sind vielmehr Gemeinschaftsgottesdienste der Kirche und entfalten in diesem Rahmen das, was man ihre »Wirksamkeit« nennt.
Anderseits muß der starke ekklesiologische Akzent vor allem evangelische Leserinnen und Leser wiederum befremden. Muß denn alles und jedes auf »die Kirche« hin getrimmt werden? Jedoch, man liest diese Äußerungen nur richtig, wenn man sie gerade nicht bezieht auf die konkrete Kirche, wie wir sie – in allen Konfessionen – tagtäglich erleben, sondern auf das Innengeheimnis der Kirche als Sakrament und Volk Gottes, wie es in diesem und den vorausgehenden Artikeln so eindringlich beschrieben wurde. So gesehen, sind diese Ausführungen vom Sakramentsverständnis her gerade die deutliche theologische *Kritik* an einer Kirche, deren Realität hinter dem hier entworfenen Bild zurückbleibt.
Wird unter dem Stichwort der Teilnahme aller Getauften am priesterlichen Amt Jesu Christi das Verhältnis von Kirche und Sakramenten dargelegt, so unter dem Stichwort von der Teilnahme aller Getauften am *prophetischen* Amt Christi das Verhältnis von Lehramt und Glaubensbewußtsein. Auch hier ist wieder einiges geschehen, was unter der Oberfläche der Texte nicht sofort in die Augen springt.
Zunächst: Es ist hier die Rede vom »Glaubenssinn« der Gläubigen. Er wird eingeführt als sogenannter *locus theologicus*, das heißt als Berufungsinstanz für die Feststellung dessen, was Glaubenswahrheit ist. In diesem Sinne hat der Begriff eine lange Tradition, über die ein einschlägiger Lexikonartikel Auskunft gibt.[83] Vor dem Konzil wurde er in besonderer Weise brisant bei der Verkündigung des Dogmas von der leiblichen Aufnahme Mariens in den Himmel 1950. *Eine* der entscheidenden Vorfragen war: Wird diese Lehre in den Diözesen der Weltkirche geglaubt? Man kann an das Ergebnis eine Menge Rückfragen stellen, zum Beispiel diese: Gilt die Tatsache des jahrhundertealten, in Ost und West gefeierten Festes der »Himmelfahrt Mariens« am 15. August wirklich als entscheidender

Beleg, wenn in der Mehrzahl dieser Jahrhunderte dieses Fest nicht aufgrund spontaner Impulse aus dem gläubigen Volk, sondern kraft der Vorschrift des liturgischen Kalenders gefeiert wurde? Das Ergebnis der Vorfragen damals war jedenfalls: Diese Lehre wird in den Diözesen der Weltkirche geglaubt – mit verschwindenden Ausnahmen. Der Hinweis auf den »Glaubenssinn der Glaubenden« war damals jedenfalls einer der Gründe dafür, daß Pius XII. sich 1950 zur Dogmatisierung dieser Lehre berechtigt glaubte.

Wichtig ist aber nun die Anschlußfrage: Was ist, wenn der »Glaubenssinn der Gläubigen« einmal eine kirchliche Lehre, womöglich eine verbindliche, *nicht* (mehr) akzeptiert? Ist er auch dann eine theologische Berufungsinstanz? Das Problem ist eng verbunden mit der heute viel diskutierten Frage der »Rezeption« eines Dogmas, die nach Meinung kritischer Theologen Bedingung für seine Gültigkeit sein soll.[84] Es stellt sich dann ja sofort die Anschlußfrage, wie diese Rezeption denn festgestellt werden soll. Entscheidet am Ende die Demoskopie über die Gültigkeit eines Dogmas? Und gilt auf diesem Wege dann nicht mehr der Grundsatz des Ersten Vatikanischen Konzils, daß die feierlichen Glaubensentscheidungen des päpstlichen Lehramtes »durch sich selbst und nicht aufgrund der Zustimmung der Kirche« irreformabel sind?

Man sieht, in welche Hexenküche von Problemen sich das Konzil mit diesem Stichwort begab. Um so mehr ist der Mut zu bewundern, dieses problembeladene Stichwort aufzunehmen. Der knappe Text sei hier vollständig zitiert:

»Die Gesamtheit der Gläubigen, welche die Salbung von dem Heiligen haben (vgl. 1 Jo 2,20 u. 27), kann im Glauben nicht irren. Und diese ihre besondere Eigenschaft macht sie durch den übernatürlichen Glaubenssinn des ganzen Volkes dann kund, wenn sie ›von den Bischöfen bis zu den letzten gläubigen Laien‹ (Augustinus) ihre allgemeine Übereinstimmung in Sachen des Glaubens und der Sitten äußert. Durch jenen Glaubenssinn nämlich, der vom Geist der Wahrheit geweckt und genährt wird, hält das Gottesvolk unter der Leitung des heiligen Lehramtes, in dessen treuer Gefolgschaft es nicht mehr das Wort von Menschen, sondern wirklich das Wort Gottes empfängt (vgl. 1 Thess 2,13), den einmal den Heiligen übergebenen Glauben (vgl. Jud 3) unverlierbar fest. Durch ihn dringt es mit rechtem Urteil immer tiefer in den Glauben ein und wendet ihn im Leben voller an« (Art 12, 1. Abschnitt).

Es überfordert sicherlich den Text, wenn man daraus geschlossen hat, hier werde die päpstliche Lehrverkündigung faktisch an das Glaubensbewußtsein der Kirche angebunden.[85] Zu eindeutig ist die Formulierung, daß der Glaubenssinn des Gottesvolkes nur »unter der Leitung des heiligen Lehramtes« und »in dessen treuer Gefolgschaft« das Wort Gottes hat. Anderseits bedeutet der Text eine wesentliche Erweiterung – besser Konkretisierung – dessen, was schon das Erste Vatikanische Konzil gesagt hatte und was gerade die Nachfolger der damals enttäuschten Minderheit nun unbedingt festschreiben wollten: daß der Papst nicht *außerhalb* und *gegenüber* der Kirche unfehlbar ist, sondern als in sie Eingebundener. Nicht zuerst der Papst ist unfehlbar, sondern *die Kirche* kann im Glauben nicht irren. Die »Kirche«, das sind, wie nun nicht mehr erläutert werden muß, alle Gläubigen, das »Volk Gottes«, von dem *vor* der Hierarchie die Rede ist und sein muß. Und überdeutlich formuliert man, mit einem Augustinuszitat[86], daß es sich um den Glaubenssinn der Gläubigen »von den Bischöfen bis zu den letzten gläubigen Laien« handelt.

Kurzum: Das gegenseitige Angewiesensein, ja gegebenenfalls auch der Antagonismus zwischen Gläubigen und Lehramt ist hier als ekklesiologische Grundtatsache festgeschrieben. Das bedeutet zumindest: Es kann keine gültige lehramtliche Verkündigung geben, die sich um das Glaubensbewußtsein der Gläubigen nicht kümmert. Der letzte Vorbehalt an Vorrang des Lehramtes vor den Gläubigen allerdings ist dann bedenkenlos, wenn man damit Ernst macht, daß das Amt in der Kirche auf der Berufung durch Christus beruht und nicht gleichsam auf einer Delegation geistlicher Volkssouveränität. Das Amt ist Repräsentation der Autorität Christi. Das Volk wirkt mit (und sollte noch viel mehr mitwirken können) bei der Auswahl des *Amtsträgers*, aber es tut dies im glaubenden Vertrauen, damit den zu erwählen, den Christus selbst erwählt hat. Dieser muß dann allerdings auch *gegenüber* dem (übrigen) Volke Gottes Zeuge des Glaubens, Zeuge Jesu Christi sein – im Grenzfall auch einmal gegen die demoskopische »Mehrheitsmeinung« des »Glaubenssinns« der Kirchenglieder. Oder wäre es denkbar, daß ein Papst, ein Bischof, ein Pfarrer darauf verzichten dürfte, die Auferweckung unseres Herrn Jesus Christus von den Toten zu verkünden, weil eine quantitative Mehrheit der Kirchenglieder dies aktuell nicht mehr für eine verbindliche Glaubenswahrheit hält?

C. Kirche als Communio

1. Eine heimliche Leitidee des Konzils

Der Gedanke von der Kirche als *Communio* – also als Gemeinschaft und nicht nur als Institution, und somit »Volk Gottes« doch noch einmal unter einem neuen Aspekt – dieser Gedanke also sei eine Leitidee, vielleicht *die* Leitidee des Zweiten Vatikanischen Konzils, hat Walter Kasper in einem wichtigen Aufsatz zum Thema formuliert[87], und er kann sich dabei auf wichtige Leute berufen, die dasselbe sagen.[88] So spricht man denn auch schon seit längerem von der »Communio-Ekklesiologie« des Konzils, sucht sie für die Theologie fruchtbar zu machen. Irritationen schafft höchstens die Tatsache, daß es eben auch – vor allem im 3. Kapitel der Kirchenkonstitution – umfangreiche Textstücke in den Konzilsdokumenten gibt, die ein anderes, ein »hierarchisches« Kirchenverständnis vortragen, was dann ebenfalls schon zur Redeweise von einer »zweifachen«, einer »gespaltenen« Ekklesiologie des Konzils geführt hat.[89] Haben wir es also bei *communio*/»Gemeinschaft« mit einem zentralen Leitgedanken des Konzils, womöglich in Konkurrenz zu »Sakrament« und »Volk Gottes« zu tun?

Um das Ergebnis vorwegzunehmen: Ich kann der verbreiteten These nicht zustimmen, sofern von einer *Leitidee*, und zwar präzis einer *ekklesiologischen* Leitidee die Rede ist. Das heißt jedoch nicht, daß der Begriff *communio* in den Konzilstexten nicht eine zentrale Stellung hätte. Doch dies war nicht von Anfang an so, und zudem ist die Stellung des *communio*-Begriffs gerade deshalb so zentral, weil er nicht auf das Kirchenverständnis begrenzt bleibt, dieses im Gegenteil nur in vergleichsweise untergeordneter Weise von ihm erfaßt wird.

Um diese These zu begründen, und vor allem, um auf ein noch unausgeschöpftes Potential der Konzilstexte den Blick zu lenken, schauen wir zunächst kurz in die Texte.

2. Gemeinschaft mit Gott

Walter Kasper hat in dem genannten Aufsatz sich die Mühe gemacht, alle *communio*-Stellen in den Konzilstexten durchzumustern. Erste überraschende Beobachtung: Der Sprachgebrauch ist nicht streng festgelegt. Neben dem Wort *communio* stehen gleichsinnige ähnliche Begriffe wie *communitas, societas, participatio* und noch andere. Schon dies spricht gegen eine »Leitidee«, die etwa von Anfang an klar die Entstehung der Texte gesteuert hätte – wie etwa der Begriff von der Kirche als »Sakrament«. Vielmehr hat sich der Begriff mit dem Gewicht seiner Sache allmählich und fast absichtslos in den Debatten des Konzils nach vorne geschoben. »Leitidee« war er höchstens für die Vordenker, die dafür bei der Arbeit an den Texten gesorgt haben. Die zweite und entscheidende Beobachtung: Bevor der Begriff der Gemeinschaft überhaupt mit der Kirche verbunden wird, ist er in den Texten des Konzils zuerst der Inbegriff des Verhältnisses zwischen Gott und Mensch, fachtheologisch ausgedrückt also: ein soteriologischer Begriff. In diesem Sinne eröffnet er gleich die Kirchenkonstitution: Sinn der Kirche als »Sakrament« ist gerade, die Gemeinschaft der Menschen mit Gott zu erschließen. Den gleichen Sinn hat es, wenn im 2. Artikel von der Berufung der Menschen zur *Teilnahme* am göttlichen Leben die Rede ist, die an anderen Stellen als personale Gemeinschaft und Friede bezeichnet wird, worin schließlich die Würde des Menschen, die Wahrheit seines Menschseins besteht. Diese *communio* wird in Jesus Christus in geschichtlich einmaliger Weise verwirklicht, aber eben dazu, daß er sich in seiner Menschwerdung gewissermaßen mit jedem Menschen vereinigt. Diese Vereinigung wird fortgeführt, von innen verwirklicht und universal ausgebreitet durch den Heiligen Geist: Durch ihn heißt Kirchesein zugleich in der Einheit mit Gott und in der Gemeinschaft untereinander leben. Hier die entscheidenden Stellen zum Nachprüfen: Kirchenkonstitution, Art. 1–4; 48; Offenbarungskonstitution, Art. 1 und 2; Missionsdekret, Art. 3 und 4; Pastoralkonstitution, Art. 19 und 22.

Eine zweite Aussagenreihe um den Zentralbegriff *communio* betrifft den Weg, auf dem der Mensch in die Gemeinschaft mit Gott geführt wird: nämlich durch Teilhabe an Wort und Sakrament. Damit sind wir schon auf vertrauterem Gelände. Katholiken pflegen zu sagen, daß sie »die Kommunion empfangen«, wenn sie sagen wollen: Sie empfangen den Leib (und das Blut) des Herrn in der Feier der Eucharistie. Der Begriff »Gemeinschaft« ist hier zusammengewachsen mit dem, *woran* man Anteil, *womit* man Gemeinschaft hat. Dieser Sprachgebrauch verweist auf die nicht nur in der altkirchlichen Tradition, sondern auch und vor allem im Neuen Testament vorherrschende Bedeutung von *communio* oder griechisch: *koinonia*. Es geht um die Teilhabe an den von Gott geschenkten Gütern des Heils: »... am Heiligen Geist, am neuen Leben, an der Liebe, am Evangelium, vor allem aber an der Eucharistie.«[90] Das Konzil fügt dem nur den Gesichtspunkt hinzu, daß zu diesen »Gütern«, an denen wir Anteil haben, nicht nur das Sakrament, sondern ebenso und gleichrangig, ja in gewissem Sinne vorgeordnet, das Wort gehört –

und nimmt damit, wie bewußt und gewollt auch immer, ein zentrales reformatorisches Anliegen auf. Hier wieder die wichtigsten Stellen zum Nachprüfen: Liturgiekonstitution, Art. 55; Kirchenkonstitution, Art. 3; 7; 9; 11; Ökumenismusdekret, Art. 2; 22; Offenbarungskonstitution, Art. 21–26; Missionsdekret, Art. 9; Priesterdekret, Art. 4.

3. Die Kirche als Communio

Da der dreieine Gott, Urbild und Ursprung aller Gemeinschaft, nur in der Kirche geglaubt und erkannt wird und da Wort und Sakrament nur durch die Kirche buchstäblich »mit-geteilt« werden, ist die sachliche Konsequenz unausweichlich: Auch die Kirche hat *communio*-Struktur. Im Anschluß an Bruno Forte formuliert Walter Kasper: »Die Kirche ist gleichsam die Ikone der trinitarischen Gemeinschaft von Vater, Sohn und Heiligem Geist.«[91] Und konkret wird die kirchliche Gemeinschaft dort, wo sie sich versammelt, um das Wort Gottes zu hören und Eucharistie zu feiern. Das aber heißt: Konkret wird kirchliche Gemeinschaft in der *Ortskirche*. In dieser Hinsicht ist *communio* tatsächlich ein ekklesiologischer Fachbegriff und bezeichnet das Grundwesen der Universalkirche als Gemeinschaft von Ortskirchen. Rundheraus erklärt denn auch das Konzil: Die katholische Kirche besteht in und aus Ortskirchen (Kirchenkonstitution Art. 23).

Das Konzil weiß hier also, was es tut, und es ist sich bewußt, daß es damit einen Grundgedanken aus dem Kirchenverständnis der alten Kirche wieder aufnimmt, der in den orthodoxen Ostkirchen bis heute das Kirchenverständnis in Theorie und Praxis bestimmt. Das Konzil weist mehrfach ausdrücklich darauf hin (*Nota praevia*, Art. 2; Dekret über die Ostkirchen, Art. 13; Ökumenismusdekret, Art. 14f). Diese Aussagen bedeuten eine Zäsur, die gar nicht überschätzt werden kann. Sie beendet grundsätzlich ein Kirchenverständnis, das absichtlich und im Bewußtsein der Folgen an die Stelle der Gemeinschaft von Ortskirchen die Einförmigkeit einer Zentralkirche setzte, die Universalkirche sozusagen als eine einzige gigantische Ortskirche verstand. Eben dieses Kirchenverständnis war, jenseits aller aktuellen Anlässe, der tiefste Grund für die Trennung von Ost- und Westkirche im Jahre 1054, und eben dieses Kirchenverständnis konnte sich nach der Trennung in Theorie und Praxis der römischen Westkirche des zweiten christlichen Jahrtausends um so ungehemmter entfalten.

Damit soll es also nun ein Ende haben? Es ist kein Wunder, daß diese Rückkehr zum altkirchlichen Kirchenverständnis Widerstand provozierte. Dieser ist jedoch nicht die schiere Böswilligkeit oder bloßer konservativer Starrsinn, er enthüllt ein Sachproblem, das das Konzil nicht gelöst, sondern seiner Nachgeschichte hinterlassen hat – wie wir heute wissen: mit immer noch durchaus ungewissem Ausgang. Die Frage ist: wie verhalten sich die Ortskirchen zur Universalkirche? Wie ist das gemeint, daß die Kirche aus Teilkirchen »besteht«? Oder ganz kurz: Wie verhält sich *communio* zur Einheit? Auch diese will ja nicht nur behauptet, sondern auch als solche sichtbar gemacht werden und ist darum noch nicht mit der Gemeinschaft der Ortskirchen als solcher erledigt. Denn so wenig die Ortskirchen nur »Départements« (Kasper) der Universalkirche sind, so wenig ist die Universalkirche lediglich eine reine »Dachorganisation« der Ortskirchen, zu der sich diese nachträglich zusammenschließen. Man könnte dieses Problem als »schönes Paradox« einfach stehenlassen, wenn es nicht zwingend in der Praxis zu Stellungnahmen in der einen oder anderen Richtung führen müßte. Der praktische Haftpunkt heißt: »Kollegialität« der Bischöfe mit dem Träger des Petrusamtes und umgekehrt.[92] Der ganze Grundsatzstreit zwischen *Communio*-Ekklesiologie und »hierarchischer« Ekklesiologie wird darum als Streit um die Kollegialität der Bischöfe mit dem Papst geführt.

Von den äußeren Vorgängen war schon im 3. Kapitel die Rede, vom Sachproblem muß im 7. Kapitel gesprochen werden. Hier nur so viel: Das ungelöste Problem wird nicht einmal versteckt, sondern festgeschrieben in jenem Begriff, den auch Walter Kasper »eine typische Kompromißformulierung« nennt, »welche auf ein Nebeneinander von sakramentaler communio-Ekklesiologie und juristischer Einheitsekklesiologie hinweist«[93]: im Begriff der *communio hierarchica*. Gemeint ist damit, daß der einzelne Bischof in Unterordnung unter den Papst in das Kollegium aller Bischöfe der Universalkirche eingebunden ist. Die sachliche Begründung ist nicht unproblematisch. Denn nach Kirchenkonstitution Art. 21 ist die Bischofsweihe die Vollgestalt des Weihesakramentes, in dem alle Hirtengewalt des Bischofs (*iurisdictio*) begründet ist. Im gleichen Artikel wird nun aber hinzugefügt, daß die durch die Bischofsweihe mitgeteilten Ämter (*munera*) nur in »hierarchischer Gemeinschaft« mit dem Haupt und den Gliedern des Kollegiums »ausgeübt« werden können (vgl. auch Art. 22 und das Bischofsdekret, Art. 4). Die schon öfter erwähnte *Nota praevia* Art. 2 präzisiert dies durch die Unterscheidung zwischen Ämtern (*munera*) und Vollmachten (*potestates*). Die Ämter werden durch die Weihe verliehen, ihre Vollmachten können aber nur aufgrund eines juridischen Aktes, der die entsprechenden Aufgaben und die betroffenen Personen dem Amtsträger zuweist, ausgeübt werden. Das Problematische daran ist: Das Amt selbst ist doch – wir erinnern uns an die Überlegungen zu Art. 10 der Kirchenkonstitution[94] – seinem Wesen nach als »Vollmacht« definiert. Eine Unterscheidung und gar eine mögliche Trennung von Amt und Vollmacht ist logisch nicht nachzuvollziehen, es sei denn, das Amt als Grundlage der Vollmacht besage eben doch eine höhere Stufe des Christseins. Das entspricht zwar der vorkonziliaren (und in der Praxis bis heute fortdauernden) Unterscheidung von Amt und Jurisdiktion, derzufolge ein schon ernannter, aber noch nicht geweihter Bischof durchaus gültige Jurisdiktionsakte vollziehen kann. Aber es entspricht nicht dem konziliaren Verständnis vom Bischofsamt. Eben darin liegt der kleine Sieg der Minoritätsbischöfe, der ihnen zugestanden wurde, um ihnen die Zustimmung zur Kirchenkonstitution zu ermöglichen. An den Folgeproblemen aber kauen wir noch heute, wie nicht lange bewiesen werden muß.

Unter diesen Umständen ist vom Konzil nun erst recht kein befreiender Durchbruch zu erwarten, wo es um den engsten Sinn von kirchlicher *communio* geht: bei der Gemeinschaft im Sinne der Partizipation und Mitverantwortung aller. Was wird wohl geschehen, wenn – solche Beispiele sind etwa aus Südamerika bekannt – eine priesterlose Basisgemeinde unter Berufung auf das göttliche Recht der Gemeinde auf eine Eucharistiefeier einen in der Gemeinde wohnenden laisierten und verheirateten Priester durch ihren Pfarrgemeinderat auffordern würde, in ihr am nächsten Sonntag seine Weihevollmacht auszuüben? Die Gemeinde und der betroffene Priester, wenn er dem Ruf der Gemeinde folgt, wird durch den Bischof sehr schnell an die *communio hierarchica* erinnert werden, und kein Hinweis darauf, daß doch göttliches Recht im Konfliktfall menschliches Recht bricht und brechen muß, wird da etwas ausrichten. Wie dramatisch dasselbe Problem auch in Europa werden kann, zeigen die zu Priestern geweihten verheirateten Männer in der tschechischen Untergrundkirche zur Zeit des kommunistischen Regimes, ohne die die tschechische Kirche bei Fortdauer dieses Regimes kaum eine Überlebenschance gehabt hätte. Rom aber tat und tut sich sehr schwer damit, sie, dankbar für die unter großer Gefahr geleistete Arbeit am Aufbau des Leibes Christi, einfach in ihrem Amt anzuerkennen – aus Furcht vor einer neuen Zölibatsdiskussion.

Nein, im Hinblick auf Teilhabe und Mitverantwortung aller Glieder des Gottesvolkes verwendet das Konzil den Ausdruck *communio* nur ganz »schüchtern«, obwohl die ekklesiologischen Grundaussagen in der Sache darauf hinauslaufen – Stichwort: »Volk Gottes« – und obwohl gelegentlich an entscheidender Stelle tatsächlich von *communio fidelium,* also von der Gemeinschaft der Gläubigen gesprochen wird (Kirchenkonstitution, Art. 13; Ökumenismusdekret, Art. 2; Dekret über das Laienapostolat, Art. 18). An dieser Stelle haben sich innerkirchlich die meisten Hoffnungen auf den Gemeinschaftsgedanken des Konzils gerichtet. So ist denn auch die Enttäuschung immer besonders groß, wenn solche Mitverantwortung von seiten der *communio hierarchica* in oft schwer einsehbarer Weise gebremst und gehindert wird – wobei selbstverständlich gern zugestanden sei, daß auch in Sachen »Mitverantwortung« nicht alles Gold ist, was glänzt. Doch sei hier statt einer Skandalstory lieber darauf hingewiesen, daß solche Partizipation und Mitverantwortung inzwischen doch, und zwar *mit* amtlicher Förderung, schon vielfältige institutionelle Formen gefunden hat, die dort, wo sie nicht zum Zwecke der Selbstdarstellung und Selbstdurchsetzung, sondern im selbstlosen Einsatz für die Sache sowie mit Phantasie und Intelligenz ausgefüllt werden, auch schöne und schönste Früchte bringen.

Womit wir dann letztlich zu einem sehr realistischen Fazit kommen: Das paradox-spannungsvolle Verhältnis von teilkirchlicher und universalkirchlicher Struktur sowie von amtlicher Verantwortung und Mitverantwortung aller ist theoretisch wohl niemals zu lösen. Es ist praktisch zu lösen: durch Regeln der Zusammenarbeit und auch der Konfliktbewältigung, die von gegenseitigem menschlichem Respekt genauso getragen sein müssen wie von gläubiger Einsicht in das, was Kirche begründet. Und dies, nämlich die Gemeinschaft mit Gott in Jesus Christus durch die Teilhabe an Wort und Sakrament, begründet gewiß Verantwortung, Kompetenz, Pflicht und insoweit auch Gehorsam – aber niemals Herrschaft und Unterwerfung. Solche Regeln zu finden und den Willen aller zu wecken, sich an sie zu halten, fällt naturgemäß schwer. Denn es verlangt von der einen Seite unter Umständen Verzicht auf Privilegien, die nicht strikt vom göttlich vorgegebenen Wesen des Amtes her zu begründen sind, und von der anderen Seite den Verzicht auf eine der kirchlichen Gemeinschaft unangemessene »Selbsthilfe«, also den Verzicht auf andere Mittel als theologische, kirchenpolitische und seelsorgliche Überzeugungsarbeit.

Es hat sich also gezeigt: Eine »Leitidee« des Zweiten Vatikanischen Konzils ist der Begriff der *communio* gerade nicht in bezug auf die Kirche und gerade nicht im Hinblick auf die Schwerpunkte, wo zahllose gläubige Katholiken endlich aus der Rolle der bloß »gehüteten Herde« herauskommen möchten. Doch ist dieser negative Bescheid nur die halbe Wahrheit. Denn der *communio*-Begriff hat sich mit der ehernen Macht der Logik und mit der Kraft einer wiederentdeckten alten Tradition von der Beschreibung des Heilshandelns Gottes her wie ein Stachel im Fleisch in das Kirchenverständnis vorgeschoben, wo sein Stich nun niemals mehr wird betäubt werden können. An ihm können nun die theologischen und kirchenpraktischen Aufgaben der Zukunft festgemacht werden – bis zu den Problemen der Ökumene und einer neuen Einheit der Kirche, wovon im folgenden Kapitel zu reden ist. Mit diesen Aufgaben ist dann auch rückwirkend praktisch beschrieben, was mit den tatsächlichen ekklesiologischen Grundbegriffen des Konzils, nämlich »Sakrament« und »Volk Gottes«, gesagt ist. Zugespitzt formuliert: Der Gemeinschaftsgedanke ist nicht die Leitidee, wohl aber der Kristallisationspunkt des konziliaren Kirchenverständnisses – und das heißt auch: der Punkt, wohin die Kontroversen um die Begriffe »Sakrament« und »Volk Gottes« letztlich verlagert werden konnten mit der Folge, daß spätestens hier nun jeder Konzilsvater Farbe bekennen mußte. Darum die nach Lage der Dinge unvermeidliche wachsende Zurückhaltung, je näher der *communio*-Begriff das Konkrete berührte. Ein kleines Detail, auf das Walter Kasper hinweist, beleuchtet von rückwärts die Richtigkeit dieser Einschätzung: Die Sondersynode aus Anlaß des 20. Jahrestages des Konzilsabschlusses 1985 hat sich bemüßigt gesehen, in ihrem Abschlußdokument gerade den *communio*-Gedanken zu vertiefen.[95]

D. Maria und die Kirche

1. Ohne Streit geht es nicht

Wir erinnern uns: Schon der zurückgewiesene Erstentwurf sah anhangsweise ein Kapitel mit dem Titel »Die Jungfrau Maria, Mutter Gottes und Mutter der Menschen« vor, wobei die Zuordnung noch offen blieb. Es war auch schlechterdings nicht möglich, wenige Jahre nach der dogmatischen Definition über die »leibliche Aufnahme Mariens in den Himmel« auf dem Konzil über Maria zu schweigen. Es war außerdem schon vor Eröffnung des Konzils, aufgrund der Lektüre des Erstentwurfs, von mehreren Seiten angemahnt worden, das Konzil dürfe nicht nur über die streitende Kirche sprechen, sondern müsse auch die Einheit mit der »triumphierenden« Kirche der Vollendeten im Himmel behandeln. Im Klartext: Es geht dabei um die eschatologische Grundorientierung der Kirche, aufgrund deren die »streitende« Kirche zuerst und zuletzt eine »pilgernde« Kirche ist auf dem Wege zu ihrer endgültigen Heimat, die sie hier nicht haben kann. Beide Themen blieben trotzdem

lange im Schatten der »großen« Streitfragen über den Kirchenbegriff und die Kollegialität der Bischöfe. Der revidierte zweite Entwurf sah ja zunächst einen Abschluß mit dem Kapitel über die Berufung zur Heiligkeit in der Kirche vor. Erst in der dritten Tagungsperiode wurden das eschatologische und das mariologische Kapitel überhaupt ausführlich diskutiert.
Das jetzige 7. Kapitel mit dem etwas umständlichen Titel »Der endzeitliche Charakter der pilgernden Kirche und ihre Einheit mit der himmlischen Kirche« kam relativ problemlos durch die Abstimmungen am 19. und 20. Oktober 1964. In dieser Themenstellung konnte es auch die Anliegen derer zufriedenstellen, die die Wahrheiten über die »Letzten Dinge« und die Verehrung der Heiligen ausdrücklich erwähnt sehen wollten. Einen kurzen heftigen Streit in den Beratungen (15. und 16. September 1964) gab es trotzdem, da einige Bischöfe nicht darauf verzichten wollten, auch ausdrückliche Aussagen über die Hölle und das Fegfeuer nachdrücklich in den Text hineinzuschreiben.
Wesentlich umstrittener waren Inhalt und Einordnung des jetzigen 8. Kapitels über Maria. Äußerlich ging der Streit darum, ob dieses Kapitel Bestandteil – keineswegs nur Anhang! – der Kirchenkonstitution werden sollte oder ob besser ein eigenes Dokument zur Mariologie und Marienverehrung anzustreben sei. Diese Frage war grundsätzlich schon in der zweiten Tagungsperiode entschieden worden. Prominente Vertreter beider Auffassungen hatten am 25. Oktober 1963 um Zustimmung geworben. Leidenschaftlicher Einsatz vor allem der Befürworter eines separaten Dokumentes verfehlte nicht seine Wirkung, und so kam es am 26. Oktober 1963 nur zu einer knappen Mehrheit (1114 gegen 1074 Stimmen) zugunsten einer Einfügung in die Kirchenkonstitution. Beide Seiten konnten sich daraufhin ausrechnen, daß es mit den erforderlichen Zweidrittel-Mehrheiten erst recht schwierig würde, wenn das Kapitel im folgenden Jahr inhaltlich diskutiert werden würde. Versuche, durch ein vereinfachtes Verfahren mit Hilfe einer Sonderkommission eine Auseinandersetzung vor der ganzen Weltöffentlichkeit zu vermeiden, scheiterten. Also mußte man wiederum den mühseligen Weg des Erstentwurfs, der *Modi*, der Detaildiskussion und der Endredaktion gehen.
Der Streit war deswegen so leidenschaftlich, weil hinter der äußerlich rein redaktionellen Frage zwei unterschiedliche Konzeptionen von der Mariologie standen, die schon seit Jahrzehnten miteinander gerungen hatten. Die Befürworter einer eigenen mariologischen Erklärung argumentierten, es sei eine unzulässige Beschränkung, die Aufgabe der Mutter Jesu bei der Erlösung nur im Zusammenhang

mit der Kirche zu sehen – zumal ja bis zur dritten Tagungsperiode auch noch offen war, in welcher Weise die eschatologische Dimension der Kirche und die Gemeinschaft der Heiligen thematisch werden sollte. Nein, meinten diese Väter, das »marianische Mysterium« sei zutiefst im Geheimnis des Dreieinen Gottes letztlich verwurzelt. Die Befürworter einer Einbindung in die Kirchenkonstitution argumentierten dagegen vom Gesamtbild der Heilsgeschichte her, in der Maria als die erste Glaubende den »Typus« der Kirche darstelle. Die persönlichen Privilegien, von denen die katholischen Christinnen und Christen aufgrund der Lehre der Kirche überzeugt sind, habe Maria nicht für sich, sondern zum Nutzen der Kirche. Die Beziehung zwischen Maria und der Kirche sei im übrigen zentrales Thema in der dem Konzil vorausgehenden mariologischen Diskussion gewesen. Und, nicht zuletzt, ökumenische Gründe sprächen für die strikte Vermeidung aller vollmundigen Übertreibungen.

Der schließlich vorgelegte Entwurf stieß in der Diskussion vom 16. bis 18. September 1964 wohl schon auf eine etwas ausgereizte Diskussionssituation. Es wurde ruhiger, als erwartet, aber ohne Begeisterung debattiert. Trotzdem verstummten die Stimmen nicht, die dem Textentwurf eine »minimalistische« Tendenz vorwarfen. Das stimmte sogar – nur ließ sich dieser Tatbestand sehr unterschiedlich bewerten. Mehrere Bischöfe aus Polen, Spanien und Italien empfahlen eine feierliche Weihe der Welt an die Heilige Jungfrau als sehr nützlich. Sie drängten darauf, ihr die Titel »Mutter der Kirche« und »Mittlerin« zuzuerkennen – was andere sofort zurückwiesen: »Mutter der Kirche« sei jedenfalls kein sehr traditionsreicher mariologischer Titel, und der Titel »Mittler« sei im Neuen Testament allein Christus vorbehalten.

Den gordischen Knoten löste die Intervention des Erzbischofs von Köln, Kardinal Frings. Es war wieder eine der Wortmeldungen, aufgrund derer der Kölner Kardinal zu den entscheidenden Figuren des Konzils gerechnet werden muß. Frings hatte natürlich klar vor Augen, daß in Deutschland und in den von der Reformation geprägten Ländern die evangelischen Kirchen und die evangelische Theologie bei den mariologischen Aussagen ganz besonders die Ohren spitzen würden. So schlug Frings vor, angesichts der verschiedenen zutage getretenen Meinungen müsse jeder etwas von seinen persönlichen Vorlieben opfern. Man solle sich darauf beschränken, den streng dogmatischen Boden abzustecken, auf dem alle gemeinsam stehen. Dann sei man nicht nur unangreifbar, sondern die Mariologie könne so auch geistlich und sogar ökumenisch fruchtbar werden.

So geschah es, und so erhielt das 8. Kapitel der Kirchenkonstitution seine endgültige Gestalt.

2. Der nüchterne Text

Das Kapitel trägt jetzt die Überschrift: »Die selige jungfräuliche Gottesmutter Maria im Geheimnis Christi und der Kirche«. Diese Überschrift hat programmatischen Charakter. Die »Gottesmutter« (*Theótokos*) der alten Tradition (Konzil von Ephesus 431) ist die Jungfrau von Nazaret, die durch ihr Ja heilsgeschichtlich zugleich im Geheimnis Christi steht und darin das sichtbar-unsichtbare Wesen der Kirche vorausbildet.

Diesem Programm folgend beschreibt der Text zunächst, streng entlang den biblischen Texten, die spezifische Aufgabe Mariens im Geschehen des Christusereignisses (Art. 55–59). Es folgt die Kennzeichnung der Beziehung Mariens zur Kirche, und zwar zuerst negativ: Maria ist *Magd* Christi, und ihre Aufgabe ist der einzigen Mittlerschaft Christi strikt untergeordnet. Sodann positiv: Maria ist in der angedeuteten Weise *Typus* der Kirche, und Maria ist in ihrem Leben *Vorbild* für die Kirche (Art. 60–65). Abschließend nimmt das Konzil Stellung zu Wesen und Formen der Marienverehrung und bezieht sich dabei auch ausdrücklich auf die nicht-katholischen Christen (Art. 66–69).

Unvermeidlich mußten den »Maximalisten« Konzessionen gemacht werden, um auch ihre Zustimmung zu gewinnen. Wir werden zum Beispiel nicht verschont vor Sätzen wie diesen, vor denen man sich im Blick auf die neuere Christologie wohl nicht nur nördlich der Alpen schütteln mag: »Ihre Vereinigung mit dem Sohn hielt sie in Treue bis zum Kreuz, wo sie nicht ohne göttliche Absicht stand (vgl. Joh 19, 25), heftig mit ihrem Eingeborenen litt und sich mit seinem Opfer in mütterlichem Geist verband, indem sie der Darbringung des Schlachtopfers, das sie geboren hatte, liebevoll zustimmte« (Art. 58).[96] Der umstrittene Titel »Mutter der Kirche« wird vermieden, aber mehrfach kommt sein Sachsinn zur Sprache, wenn von der mütterlichen Zuwendung Mariens zur Kirche die Rede ist (zum Beispiel Art. 61; Art. 62 am Schluß). Der Titel »Mittlerin« ist in Art. 63 aufgenommen, aber gleichrangig verwendet mit den üblichen anderen Titeln »Fürsprecherin« und »Helferin«. Und überhaupt wird gleich zu Beginn gesagt, das Konzil beabsichtige nicht eine vollständige Lehre über Maria vorzulegen – es hindert also niemanden, sich auf dem Feld der Mariologie weitergehende Thesen auszudenken und in der Frömmigkeitspraxis weniger zurückhaltend zu sein, als der Text nahelegt. Und selbstverständlich

kann keine Rede davon sein, daß das Konzil auch nur einen Millimeter von den beiden marianischen Dogmen der »Unbefleckten Empfängnis« (1854) und der »Leiblichen Aufnahme in den Himmel« (1950) abrückt (vgl. Art. 56 und 59).
Trotzdem: Aufs Ganze gesehen und unbefangen gelesen ist der Text von einer solch verantwortungsvollen dogmatischen Nüchternheit, daß er für alle, die über Maria nach dem Prinzip »Gott konnte es, es geziemte sich, also tat er es« zu denken geneigt sind, wie eine kalte Dusche wirken muß. Signatur des Textes ist: strenge Orientierung an den kargen biblischen Aussagen und an der dogmatisch verbindlichen Lehre der Kirche, die durch Marias »Mitwirkung« im Erlösungswerk in keiner Weise ins Zwielicht gebrachte einzige Mittlerschaft Christi (vgl. Art. 62!), der Ausschluß jeder Anbetung Mariens (Art. 66), die Warnung vor Übertreibungen, die den nicht-katholischen Christen Anstoß geben (Art. 67) und noch vieles mehr.[97]
Evangelische Mariologie-Kritik, wie sie gerade im Zusammenhang des »marianischen Jahres« 1986 wieder emphatisch laut geworden ist, wird gewiß durch diesen Text nicht zu beruhigen sein. Doch belehrt ein Blick in die kontroverstheologische Diskussion nicht nur darüber, daß die theologischen Meinungen und auch die frommen Gefühle hier durchaus auseinandergehen, die Diskussion läßt auch nicht selten fragen, ob die evangelische Theologie bei diesem Thema nicht auch Ressentiments zu überwinden hat, die aus getrübter Wahrnehmung des wahren Gehaltes und des wirklichen Stellenwertes katholischer Mariologie und Frömmigkeitspraxis herrühren. In vielen evangelischen Darstellungen dessen, was katholische Mariologie angeblich meine, können sich katholische Christinnen und Christen kaum wiedererkennen. Aber das ist »ein weites Feld«[98]. Im übrigen bleiben wir nun bei der evangelischen Kritik.

E. Evangelische Kritik

Es ist – in Deutschland – nicht nur ein Gebot der Fairneß, sondern einfach sachgemäß, an dieser Stelle auch einen Blick auf die evangelische Kritik an der Kirchenkonstitution im ganzen zu werfen. Denn mit der Berufung von nicht-katholischen Beobachtern, darunter auch und besonders solchen aus den Kirchen der Reformation und aus dem Ökumenischen Rat der Kirchen, hat Papst Johannes XXIII. das Konzil, wenn schon nicht zu einem Unionskonzil, so doch bewußt zu einem öffentlichen Ereignis auch für die von Rom getrennten Kirchen machen wollen. Und wie schon im zweiten Kapitel geschildert, haben diese ihre Aufgabe auch nicht darin gesehen, sich vornehm zurückzuhalten und neugierig zu »beobachten«, was sich in der römischen Kirche tut; sie haben sich vielmehr bis an die Grenzen ihrer institutionellen und protokollarischen Möglichkeiten eingemischt und tatsächlich insoweit das Konzil auch zu ihrer Sache gemacht. Darum gehört die evangelische Kritik sozusagen mit zur »Rezeptionsgeschichte« des Konzils.

1. Zwei repräsentative evangelische Stellungnahmen

Nun können wir hier selbstverständlich nicht die ganze evangelische Auseinandersetzung mit dem Zweiten Vatikanischen Konzil vorführen. Wir konzentrieren uns auf einige Kernpunkte der Kritik, und zwar solche, die nicht auch von katholischer Seite vorgebracht werden. Dabei halten wir uns vor allem an zwei Bücher, deren Autoren bzw. deren Positionen die beiden äußersten Enden des Spektrums abstecken und deren fachtheologische Urteile nach wie vor bedenkenswert sind und Verbreitung verdienen: an das Buch von Gottfried Maron »Kirche und Rechtfertigung. Eine kontroverstheologische Untersuchung, ausgehend von den Texten des Zweiten Vatikanischen Konzils«[99] und an Ulrich Kühn »Die Ergebnisse des II. Vatikanischen Konzils«[100]. Maron schreibt als einer der schärfsten theologischen Kritiker, Kühn als einer der wärmsten Freunde katholischen Denkens – um so wichtiger, was auch er als evangelische Rückfrage sagen zu müssen meint. Die Kritik läßt sich auf zwei Kerneinwände zusammendrängen:
a) Die Ekklesiologie des Zweiten Vatikanischen Konzils ist »vereinnahmende Ekklesiologie«, in der das Gottesverhältnis des einzelnen Glaubenden derart über die Vermittlung durch die Kirche läuft, daß der Einzelne nicht mehr unmittelbar durch den Glauben Gott gegenübersteht, sondern sozusagen versteckt in der Gemeinschaft aller Glaubenden, die nur als solche Adressat des Handelns Gottes und damit Quelle allen Heils für den Einzelnen ist (Maron).
b. Die Ekklesiologie des Zweiten Vatikanischen Konzils betont einseitig die Kontinuität zwischen dem Heilshandeln Gottes und der Kirche und unterbelichtet, ja vergißt die Diskontinuität, den Bruch, konkret: die Sünde, die Treulosigkeit des »Volkes Gottes« – und gerade bei Anwendung dieses Begriffes auf die Kirche hätten sich doch die entsprechenden biblischen Assoziationen einstellen müssen (Kühn). Das ist, nur sehr höflich ausgedrückt, der alte Vorwurf des Triumphalismus.
Zu a), also zu Maron[101]. Marons Buch ist ein Lexikon der theologischen Gefahren der Konzilstexte, und zwar eines von gediegenem

Wert. Wer sich noch an die euphorischen Zeiten kurz nach dem Konzil und an manche von Konzilstexten durchsetzte Predigt erinnert, wie da die »pilgernde« Kirche doch wieder als die goldene Stadt auf dem Berge erschien und ihre Glieder stolz waren, darin wohnen zu dürfen – da tat und tut immer noch das nüchternaggressive Buch von Maron gut. Evangelische Christinnen und Christen, die ihrer evangelischen Seele einmal ein richtiges Gesundbad gönnen wollen, aus dem sie von allen möglichen evangelischkirchlichen Minderwertigkeitsgefühlen geheilt hervorgehen, sollten sich Marons Buch einmal für ein Wochenende zu Gemüte führen. Es ist übrigens geschrieben aus intimer Kenntnis der Vorgänge, denn Maron war zwar nicht offizieller Beobachter, aber als Berichterstatter für das konfessionskundliche Institut des Evangelischen Bundes in Bensheim überall dabei.

Die Schlußthese des Buches lautet: »Nach dem letzten Konzil der römischen Kirche ist bei genauem Zusehen die Entscheidung noch eindeutiger, als früher von uns gefordert: Kirche oder Rechtfertigung, Einheit oder Wahrheit« (267). Maron will sozusagen dem Zweiten Vatikanischen Konzil den Prozeß machen. Der Richter ist Luthers Rechtfertigungslehre, die dieser ja selbst als »Richter über alle Arten von kirchlicher Lehre« bezeichnet[102]. Maron selbst spielt die Rolle des Staatsanwaltes, sein Buch ist im ersten und zweiten Teil die Anklageschrift mit Beweisaufnahme, im Schlußteil das Plädoyer. Der Prozeß endet mit dem Urteil auf eine Art Sicherheitsverwahrung. Das reformatorische Christentum muß vor dieser Kirche in Sicherheit gebracht werden. Am besten spricht man nicht mit ihr. Das Buch schließt darum mit einem Zitat von Wilhelm Dantine, das allen Ernstes lautet: »Deshalb wäre auch zu fragen, ›ob das Luthertum gut beraten wäre, gerade heute in das ökumenische Gespräch mit einem Justifikationsverständnis einzutreten, in welchem gerade das opus proprium der lutherischen Lehre, nämlich die Wiederaufnahme der geschichtlich-personal-eschatologischen Struktur des Glaubensdenkens der Bibel und insbesondere des Paulus, mit ontologischen (und wir [Maron] können hinzufügen: mit ekklesiologischen) Kategorien vermengt würde‹« (267).

Wie begründet Maron ein solch vernichtendes Urteil – an das er selbst sich, was das Gespräch mit der katholischen Kirche betrifft, keineswegs hält?[103] Nun, die konsequent durchgehaltene Rechtfertigungslehre Luthers, also das Bekenntnis, daß Gott allein, aus Grade allein und allein im Glauben den Menschen rettet, gebietet durch sich selbst eine umfassende Selbstbegrenzung der Kirche: gegenüber Christus, dem sie nur als reines Instrument ohne eigene Bedeutung dienen darf; gegenüber dem einzelnen Glaubenden, dem sie nicht heilsbedingend vorgeordnet werden darf; gegenüber der Welt, die sie nicht »heimzuholen«, der sie vielmehr das Wort der göttlichen Vergebung zu verkünden hat. Maron prüft die Texte des Konzils (einschließlich ihrer Vor- und bereits begonnenen Wirkungsgeschichte) daraufhin, ob sie dieser Forderung gerecht geworden sind. Das Ergebnis ist restlos negativ. Die Kirche des Zweiten Vatikanischen Konzils hat sich Christus gegenüber *nicht* selbst begrenzt, denn sie setzt sich mit ihm und seinem Wirken in der Welt (bzw. mit dem Wirken des Heiligen Geistes) gleich. Sie hat sich dem einzelnen Glaubenden gegenüber *nicht* selbst begrenzt, denn sie hält alle Ansprüche des Ersten Vatikanischen Konzils aufrecht, ordnet sich dem Einzelnen vor und unterbricht sein unmittelbares Gottesverhältnis mit den Gedanken der »Teilhabe an der Kirche«, durch die dem Einzelnen das Heil zuteil wird. Sie hat sich auch der Welt gegenüber *nicht* begrenzt, denn sie hat durch die Lehre von den »Elementen« der Kirche außerhalb der Kirche – statt der alten Lehre vom *Votum* (Verlangen) nach der Kirche – den alten Satz, daß außerhalb der Kirche kein Heil sei, nicht etwa aufgehoben, sondern im Gegenteil bekräftigt. Zu diesem Resultat kommt Maron, indem er zuerst die Ekklesiologie des Konzils analysiert (13–149) und hier das vielsagende Fehlen ausdrücklicher Aussagen über die Rechtfertigung des Sünders einerseits und die umso deutlicheren impliziten Aussagen des Konzils zu diesem Thema anderseits gegenüberstellt (150–248). Der Schlüssel der Analyse ist die gleich zu Anfang aufgestellte und begründete These, die Grundkategorie der konziliaren Ekklesiologie sei – entgegen durchschnittlicher Beurteilung – nicht »Volk Gottes«, sondern »Ursakrament«. Dieser Begriff jedoch ermögliche die totale, gegen jedes kritische Moment abgeschirmte Integration der Heilswirklichkeit in den ekklesiologischen Rahmen, ermögliche vor allem den Eintritt der Kirche in das Rechtfertigungsgeschehen selbst. Das Endergebnis ist dann eine »vereinnahmende Ekklesiologie«, die den evangelischen Christen mehr den je vor die Frage stelle: Kirche *oder* Rechtfertigung.

Es wäre ein großer Gewinn, wäre dieses Buch von einem Katholiken geschrieben worden. Es hat nämlich durchaus seinen guten Sinn, die Konzilstexte methodisch einmal nicht auf ihre besten, sondern auf ihre schlechtesten Interpretationsmöglichkeiten hin zu untersuchen. Dies hat umso mehr sein Recht, als diese Texte, gerade an den neuralgischen Punkten, ja nach dem Modell des Kompromisses des »kontradiktorischen Pluralismus« formuliert wurden, also bewußt und kalkuliert vieldeutig sind. Maron macht mit bestechender Gründlichkeit allenthalben auf Nuancen selbst in beifallumrauschten Formulierungen aufmerksam, auf die man ohne dieses Verfahren nicht so leicht aufmerksam würde. Man kann die von uns schon behandelten Themen und ebenso die noch zu behandelnden herausgreifen, wo man will – Präsenz Christi in der Kirche, Kirche und Geist, Kirche und Wort Gottes, Einheit der Kirche, sündige Kirche, Ökumenismus, Primat und Kollegialität, Priestertum und Diakonat, »Teilhabe« an der Kirche, Kirche und Welt usw. –, soweit man das nicht schon vorher war, ist man spätestens bei Maron peinlich überrascht, was alles auf dem Konzil nicht oder nicht so klar und zukunftsweisend gesagt ist, wie man mancherorts angenommen oder sich gewünscht hat.

Marons an sich begrüßenswerte Methode ist aber nicht nur Verfahren, sondern sachlicher Ernst. Er macht nicht nur auf die schlechteste Interpretations*möglichkeit* aufmerksam, er *interpretiert* jeden Text nach der schlechtesten in ihm steckenden Möglichkeit und gibt das als eindeutige Meinung des Konzils aus. Jedem positiven Urteil folgt mit Sicherheit das »Aber«. Weitergehende, von Marons Urteilen abweichende Stellungnahmen und gar indirekte und direkte Konzilskritik auch in der katholischen Theologie, etwa bei Rahner und Küng, werden heruntergespielt.

2. Versuch einer Antwort

Was kann man auf diese Kritik entgegnen? Ich habe zunächst zwei allgemeine kritische Bedenken – und versuche danach ganz knapp auf einige Einzelvorwürfe einzugehen.

Erster Generaleinwand: Maron hat das Konzil an Luthers Rechtfertigungslehre gemessen und nicht an der vorkonziliaren katholischen Theologie. Der Blick auf diese Letztere dient stets nur der Herausarbeitung jener Entwicklungen, die auf dem Konzil ihren Abschluß fanden, sei es, daß sie aufgenommen, sei es, daß sie gestoppt wurden. Das aufgrund *dieser* Bemessung gefällte Urteil mag zwar sachlich richtig sein, ist aber ungerecht, solange es nicht kontrapunktiert wird durch ein Urteil, das die neuen und vorwärts weisenden Akzente und Bewegungsanstöße im Vergleich etwa mit der an der Enzyklika *Mystici Corporis* orientierten Ekklesiologie vor dem Konzil ins Spiel bringt. Der Maßstab zur Beurteilung des Konzils kann nicht völlig willkürlich gewählt, er muß in der kirchlich gedeckten vorkonziliaren Theologie gesucht werden. Nur so ist es auch möglich, das Konzil – das nicht von ungefähr kein Dogma verkündet hat – nicht als Endpunkt, sondern, nicht zuletzt aufgrund seiner vielen Kompromißformeln, als Spannungsfaktor und Anstoß zum Weiterdenken zu würdigen. Dafür aber hat Maron wenig Sinn. Er interpretiert die Texte, als seien sie dogmatische Formulierungen, und hat daraufhin natürlich wenig zu sagen zu den weitergehenden Entwicklungen in der katholischen Theologie. Zweiter Generaleinwand: Die Darstellung der Rechtfertigungslehre Luthers kommt wenig über Allgemeinplätze hinaus. An Unkenntnis der Forschungsprobleme kann das bei dem Kirchenhistoriker Maron nicht liegen. Er ist der Meinung, in seinen skizzenhaften Formulierungen sei alles Wesentliche gesagt. Hier wird man Marons Sicht der Theologie Luthers hinterfragen müssen. Ich glaube zu sehen, ohne hier in Einzelheiten eintreten zu können, daß Luther gegenüber Grundaussagen und auch kirchlichen Reformanliegen des Zweiten Vatikanischen Konzils viel offener ist, als Maron zugeben möchte.[104] Ist Maron nicht doch zu sehr dem Erbe des Neuprotestantismus verpflichtet mit seiner eingestandenen Abneigung gegen alles, was (äußere) Kirche heißt? Hinter dieser Abneigung steht aber nicht mehr die Kirche, die Luther vor Augen hatte, sondern die Kirche des Ersten Vatikanischen Konzils. Die mag nun nicht besonders sympathisch sein – von so schreienden Mißbräuchen belastet wie im 16. Jahrhundert ist sie jedenfalls nicht. Der eigentliche Impuls des Neuprotestantismus ist auch nicht so sehr der theologische Streit um das Kirchenverständnis, sondern eine individualistische Auffassung vom Glauben, die eine Folge des bürgerlichen Persönlichkeitsbewußtseins ist und *darum* keinen Sinn für die Gemeinschaftsdimension des Glaubens hat. Wenn dafür Luther zum Kronzeugen angerufen wird, geschieht das zu Unrecht. Ein charakteristischer Satz Marons lautet: »Die Rechtfertigungslehre vermag diese Funktion [nämlich: alle Artikel der Glaubenslehre zueinander zu bringen] deshalb auszuüben, weil sie gleichsam den Schnittpunkt darstellt zwischen Christologie, Soteriologie (Anthropologie) und Ekklesiologie – auch die Gotteslehre und die Eschatologie spielen mit hinein« (252). Der Satz scheint mir verräterisch, weil er zeigt, daß Maron hier nicht den Stand der Lutherforschung ins Spiel bringt, sondern *eine*, eben die neuprotestantische Lutherinterpretation, derzufolge es von Christus unmittelbar zum glaubenden Menschen und darum gegen die Kirche geht. Der Stand der Lutherforschung würde gebieten, zumindest die Frage zu stellen, ob dies nicht eine Engführung ist. Nach vielen Lutherforschern geht es in Luthers Rechtfertigungslehre ganz grundlegend um das Gottesbild, das sich konkretisiert in der Frage, wie wir im Gericht bestehen können. Gotteslehre und Eschatologie »spielen« also nicht nur in die Rechtfertigungslehre »hinein«, sondern bilden den alles bestimmenden Spannungsbogen, in dem sich die Rechtfertigungslehre erst entfaltet – und zwar mit positiver Einbeziehung der Ekklesiologie, denn der Einsatzpunkt der Rechtfertigungslehre, historisch wie sachlich, ist bei Luther die Auseinandersetzung um das Bußsakrament[105].

Genug der Fachsimpelei! Ich habe damals in einer Besprechung zu Marons Buch geschrieben:»Solange solche Bücher aus evangelische Feder erscheinen, darf man sich nicht über sich mehrende Stimmen im katholischen Raum wundern, die unter solchen Voraussetzungen den Willen vieler katholischer Theologen zum versöhnlichen und gar selbstkritischen Gespräch mit der evangelischen Theologie und Kirche als würdelos empfinden.« Diesen Satz würde ich heute gegenüber meinem Freund Gottfried Maron nicht mehr wiederholen. Die Sache aber muß nach wie vor ausdiskutiert werden. Ich fordere seit Jahr und Tag von meiner Kirche, doch einmal klipp und klar an die Adresse der evangelischen Kirche zu sagen: Wir wissen, auch wenn wir von der katholischen Kirche als der Kirche nach dem Willen Christi im Glaubensbekenntnis überzeugt sind, daß die Kirche um des Evangeliums willen da ist und nicht das Evangelium um der Kirche willen.[106] Und daß sie bei ihren vielfältigen Vergebungsbitten, von denen das Zweite Vatikanische Konzil voll ist, auch dieses einmal einfältig sagt: Wir bitten um Vergebung, wenn wir als Kirche für konkrete Menschen das Evangelium verstellt statt verdeutlicht haben. Die Kirche könnte das tun – und zwar, entgegen evangelischem Argwohn, gerade durch die entsprechende Auswertung des Begriffes von der Kirche als »Sakrament« und als »Volk Gottes«. Bei beiden Begriffen haben wir ja schon auf ihre wesenhafte instrumentale Funktion zur Beschreibung der Sendung der Kirche hingewiesen. Bis jetzt hat die Kirche ein solches Wort nicht gesprochen – man kann es nur einschlußweise in einigen Äußerungen finden. Das hängt wohl damit zusammen – in Deutschland muß man dies immer wieder betonen –, daß die römisch-katholische Kirche, im Blick auf die Mehrheit ihrer Mitglieder nicht ganz unverständlich, nach wie vor zuerst an die Ostkirchen denkt, wenn sie von der Einheit der Kirche spricht. Immerhin, die Kirche hat allen Anlaß, den Grundeinwand oder Grundargwohn der evangelischen Kirche und Theologie ernst zu nehmen und aus der Welt zu schaffen, wonach die katholische Kirche sich selbst zum zentralen Thema des Heilshandelns Gottes mache. Umgekehrt muß ich freilich auch von der evangelischen Theologie verlangen, die Frage nach der Kirche nicht mit negativen Voreinstellungen zu belasten. Ohne die katholische Kirchenfrömmigkeit ist das Gespräch mit der katholischen Kirche nicht zu haben, und auch nicht um den Preis der gelegentlich zu hörenden Forderung, die Kirche müsse das Papstamt abschaffen. Selbst die aggressivsten

Romkritiker unter den katholischen Theologen wünschen sich dieses Amt der Einheit nicht weg. Warum auch, wenn ein Papst wie Johannes Paul II. doch offenkundig trotz einer problematischen Reisepastoral als Ansprechpartner der Katholiken erscheint, bei dem sie mehr und mehr auch die Kritik auf offener Szene riskieren? Evangelische Theologie sollte vielmehr sagen: Wir akzeptieren euch, wie ihr seid – aber wir erinnern euch an die Anliegen, die wir an euch haben und die ihr aufgrund eurer eigenen Voraussetzungen durchaus erfüllen könntet.

Die Fairneß gebietet, darauf hinzuweisen, daß Gottfried Maron auf meine Kritik in der damaligen Besprechung ausführlich und freundschaftlich geantwortet hat. Wer neugierig ist, kann nachlesen.[107]

3. Vergebung für die Kirche?

Zu b). Ulrich Kühn teilt die Kritik Marons grundlegend nicht. Er wendet – ich gehe jetzt nicht auf Einzelheiten ein – zunächst alle die für Maron verdächtigen Konzilsaussagen grundsätzlich zu einer Anfrage an die evangelische Theologie, ob sie hier nicht vor lauter Argwohn riskiert, Wahrheit über die Kirche und die Glaubenden in ihrem Verhältnis zu ihr zu vergessen (besonders eindrucksvoll: Seite 88 unten bis 89 Mitte). Um so ernster wird man die eine bleibende und schon angedeutete Rückfrage nehmen müssen: Wie steht es mit dem Eingeständnis der Sünde der Kirche? Wenn die Kirche das Volk Gottes, also eine Gemeinschaft von Menschen in der Kirche *ist* und wenn diese *Menschen* Gott die Treue brechen können (vgl. Kirchenkonstitution Art. 14), ohne dadurch aufzuhören, Glieder der Kirche »dem Leibe nach« zu sein, ist dann nicht die Unterscheidung zwischen der »Kirche der Sünder« (die es gibt) und der »sündigen Kirche« (die es nach konservativer Meinung nicht geben kann) recht künstlich? Und kann man nicht das Anliegen, das hinter der Ablehnung der Redeweise von einer »sündigen Kirche« steht, nämlich nicht die von Christus gestifteten Grundstrukturen der Kirche selbst sündig nennen zu müssen, auf andere Weise wahren? Evangelische Theologie kann das ja auch – und umgekehrt wird die katholische Theologie die evangelische nicht aus der beharrlichen Rückfrage entlassen können, ob ihre These, *alle*, restlos *alle* Kirchenordnung sei nur Menschensatzung und habe nichts mit dem wahren Wesen der Kirche zu tun, nicht doch eine aus Abgrenzungsgründen vorgenommene Schutzbehauptung ist. Auf Luther sollte man sich dabei jedenfalls nicht berufen. Man kann sich nach ihm nämlich nicht »an die Kirche halten« müssen, um zu Christus zu kommen, wenn das nicht auch Elemente ihrer Sichtbarkeit betrifft. An eine reine Kirche der »Herzen« kann man sich nicht halten, weil man nicht weiß, wo sie ist. So meine ich, daß der Weg hier zueinander führen könnte auf der Linie einer These, die Eberhard Jüngel in einem glänzend argumentierenden und formulierten Aufsatz gewiesen hat[108]: Die These von der »Kirche als Sakrament« ist dann theologisch im Lot, wenn sie so verstanden wird, daß diese Kirche jederzeit in der Lage und bereit ist, zu bitten: Vergib uns unsere Schuld!

Nun, das ist sie! Wer einen katholischen Eucharistiegottesdienst besucht und aufmerksam zuhört, wird bemerken, daß der Liturge nach dem Vaterunser, zur Einleitung des Friedensgrußes, die Worte betet (und zwar nicht erst nach der Liturgiereform, sondern immer schon): »Schaue nicht auf unsere Sünden, sondern auf den Glauben deiner Kirche, und gib ihr nach deinem Wohlgefallen Einheit und Frieden.« Gewiß, es wird keinem evangelischen Theologen schwerfallen, auch an diesem Satz einen Pferdefuß herauszupräparieren: »unsere« Sünden – also die der Glieder, nicht der Kirche. Anderseits der – offenbar als rein und schlackenlos gedacht – Glaube »der Kirche«. Und überhaupt: der Glaube als etwas, worauf man, worauf gar Gott »schauen« soll? Aber welche katholische Christin, welcher katholische Christ, wenn sie nicht zufällig ausgefuchste Kontroverstheologen sind, werden diesen Satz so verstehen?

F. Die Laien

Der letzte Abschnitt dieses um der Sache willen langen Kapitels muß mit einer Abbitte beginnen: Ich gehe hier nicht auf das Kapitel über die Ordensleute ein. Darüber wäre wiederum sehr viel Schönes und einiges Kritische zu sagen. Aber ich gehe einfach einmal etwas arrogant von der Annahme aus, daß die überwiegende Mehrzahl der Leserinnen und Leser dieses Buches keine Ordensleute sind. Daraufhin auf eine eigene Analyse der diesbezüglichen Aussagen verzichten kann ich um so unbefangener, als die Auswertung, Weiterführung und praktische Umsetzung der diesbezüglichen Konzilsaussagen seit langem von den kompetentesten Fachleuten geleistet ist.[109]

Zum Abschluß daher nur ein Blick auf die erdrückende Mehrheit, bisher die weithin schweigende Mehrheit, im Volke Gottes: die Laien. Das einschlägige 4. Kapitel der Kirchenkonstitution argumentiert aus einer Position des schlechten Gewissens: » ... die man ›Laien‹ *nennt*«! Und so werden die Laien nun die Hätschelkinder

des konziliaren Kirchenverständnisses. In aller Kürze[110] – und als Anregung zum eigenen Nachlesen:
1. Der »Erfinder« des Laienapostolates ist Papst Pius XI. (1922–1939). In seiner Sicht aber ist das Laienapostolat der verlängerte Arm der Hierarchie. Das tritt auch noch hervor in der Formulierung von Art. 33 der Kirchenkonstitution: »Die Laien sind besonders dazu berufen, die Kirche an jenen Stellen und in den Verhältnissen anwesend sein zu lassen und wirksam zu machen, wo die Kirche [!] nur durch sie Salz der Erde werden kann.« Das ist ein indirektes Zitat aus der Enzyklika *Quadragesimo anno* desselben Papstes.
2. Jetzt jedoch sind die Laien Träger der Sendung der Kirche aus eigenem Recht, aufgrund ihrer Taufe und ihrer Firmung – wenn diese Sendung auch, wie denn anders, im Einklang mit der Leitung durch das kirchliche Amt ausgeübt wird.
3. Im Gesamtertrag wird hier der weltliche Beruf als Gottesdienst beschrieben in Formulierungen, die manchmal geradezu an Luthers Theologie des Berufes erinnern – bekanntlich von den Lutherforschern als besonders profilierter Pluspunkt in Luthers Theologie hervorgehoben.
4. Nirgendwo sonst wird der Dienstcharakter der Hierarchie zugunsten der Laien so hervorgehoben. Die Amtsträger werden geradezu gekennzeichnet als Rückendeckung für die Laien bei deren Erfüllung der »eigentlichen« Sendung der Kirche in der Welt.
5. Ein paar Kostproben, was Leserinnen und Leser bei der Lektüre erwartet:

Die Hierarchie kann und soll nicht alles tun, darum ist es ihre eigentliche Aufgabe, die Gaben im Volke Gottes zum Wohle der Sendung der ganzen Kirche zu koordinieren.
Die Laien vollbringen die Sendung des ganzen christlichen Volkes in der Welt – die Hierarchie soll nur in Ausnahmefällen weltliche Aufgaben übernehmen.
Die Laien sollen Gott suchen im Beruf und die Welt von innen her heiligen (also nicht: verkirchlichen!), nämlich durch das Zeugnis ihres christlichen Wortes und Lebens.
In bezug auf die Berufung zu Heil, Hoffnung und Liebe und zur gemeinsamen Würde beim Aufbau des Reiches Christi gibt es keine Ungleichheit gegenüber der Hierarchie. Der Unterschied zwischen Laien und Amtsträgern (s. Art. 10!) schließt Verbundenheit ein, nämlich im Dienen und in der Zusammenarbeit.
Die Laien haben die Amtsträger zu Brüdern in Christus – man beachte: es könnte ja auch umgekehrt formuliert werden!
Das Laienapostolat ist Teilnahme an der Heilssendung der Kirche selbst, und zwar nicht durch Weisung und Inanspruchnahme der Hierarchie – ob-

wohl auch das im engeren Sinne möglich ist, z. B. durch die kirchliche Beauftragung des Religionslehrers –, sondern durch Taufe und Firmung. Und so weiter! Wer das 4. Kapitel der Kirchenkonstitution ernst nimmt, wird sagen müssen: Ein Laie muß keinen Amtsträger mehr fragen, ob er sich zum Beispiel mit seinen Arbeitskollegen über theologische Fragen aussprechen darf – früher mußte er das strenggenommen. Ein Laie, um ganz konkret zu sein, muß niemanden mehr fragen, ob er sich zum Beispiel in einem Buch über theologische Fragen äußern darf – früher mußte er dazu die kirchliche Druckerlaubnis einholen.

Die näheren Ausführungsbestimmungen bietet dann das Dekret über das Laienapostolat. Gemessen an den Grundaussagen der Kirchenkonstitution mag da manches zurückhaltender, blasser, »ausgewogener« erscheinen. Aber ein solches Dekret kann trotz seiner praktischen Ausrichtung ja nicht gezielt die vielfach unterschiedliche Situation in allen Ländern der Kirche treffen. Wo von diesen praktischen Weisungen etwas schon überholt scheint oder realitätsfern, kann man nur antworten: Im Zweifelsfall gelten die dogmatischen Aussagen der Kirchenkonstitution mehr als wandelbare Ausführungsbestimmungen.

Wir haben zu Beginn dieses Kapitels auf das Kuriosum hingewiesen, daß in einem alten katholischen Lexikon zum Stichwort »Laie« nur der Querverweis stand: »s. Clerus«. So können wir den Blick auf die Umkehr der Perspektiven und damit dieses Kapitel nicht wirkungsvoller schließen als mit dem wohl schönsten Konzilswitz: Was ist ein Priester? Antwort: Ein Priester ist ein ehemaliger Diakon, der die Priesterweihe empfangen hat, selten zum Rang eines Bischofs aufsteigt, niemals aber zur Würde eines Laien erhoben wird.

Leseempfehlungen

Zum Ganzen: LThK.E I (1966), 137–359.

Zu I. *Heinrich Fries*, Wandel des Kirchenbilds und dogmengeschichtliche Entfaltung, in: MySal (s. das Abkürzungsverzeichnis) IV/1, 223–285. *Nicolaus Timpe*, Das kanonistische Kirchenbild vom Codex Iuris Canonici bis zum Beginn des Vaticanum Secundum (Erfurter Theologische Studien Bd. 36), Leipzig 1978; *Peter Stockmeier*, Kirche unter der Herausforderung der Geschichte, in: HFTh III (1986), 122–152.

Zu II.: siehe die *Leseempfehlungen* zu Kapitel 3.

Zu III., *Exkurs*: siehe die dort in den Anmerkungen verzeichnete Fachliteratur. Der Exkurs versucht, die dortigen, oftmals hochkomplizierten und abstrakten Überlegungen und Differenzierungen für den Umgang mit den Konzilstexten »handhabbar« zu machen.

Zu III., *A-C*: In den ersten Jahren nach dem Konzil erschien eine Reihe von Büchern, die nicht nur das neue Kirchenverständnis des Konzils spiegeln, sondern auch ganz von der Hoffnung getragen sind, daß dieses neue Verständnis das alte in Theorie und praktischen Konsequenzen endgültig abgelöst hat: *Karl Rahner*, zahlreiche Aufsätze zur Lehre des Konzils von der Kirche in: ders., Schriften zur Theologie, bes. Bde. VI und VIII; *Hans Küng*, Die Kirche, Freiburg i. Br. 1967 u. ö., Neuausgabe München ³1985; *Joseph Ratzinger*, Das neue Volk Gottes. Entwürfe zur Ekklesiologie, Düsseldorf 1969 (als Taschenbuch Düsseldorf-Mainz 1972); *Leonardo Boff*, Die Kirche als Sakrament im Horizont der Welterfahrung, Paderborn 1972; und der oben erwähnte Teilband von MySal, dort vor allem der große Beitrag von *Yves Congar*, der die Theologie der Kirche entfaltet, die er selber federführend im Text der Kirchenkonstitution verankern konnte.

Die »Restauration« der 70er und 80er Jahre – siehe dazu unten das 11. Kapitel – bewirkte für eineinhalb Jahrzehnte ein öffentliches Desinteresse am Thema »Kirche«, soweit nicht Einzelfragen Konflikte provozierten und damit die Medien interessierten. Die theologische Diskussion fand in Aufsätzen und Sammelbänden statt, abseits des öffentlichen Interesses. Ein Bild davon kann man sich machen bei *Giuseppe Alberigo/Yves Congar/Hermann Josef Pottmeyer (Hg.)*, Kirche im Wandel. Eine kritische Zwischenbilanz nach dem Zweiten Vatikanum, Düsseldorf 1982; *Walter Kasper*, Theologie und Kirche, Mainz 1987, 237–320; *Theodor Schneider*, Auf seiner Spur. Ein Werkstattbuch, Düsseldorf 1990, 79–188.

Plötzlich, als wäre es verabredet, ist das Thema »Kirche« zu Beginn der 90er Jahre wieder »buchhandelsfähig« – durch Theologen einer jüngeren Generation, die nicht mehr daran denken, sich um die Erträge des Konzils bringen zu lassen, vielmehr mit größter Selbstverständlichkeit von seinen Lehraussagen ausgehen. Hier sind vor allem zu nennen: *Medard Kehl*, Die Kirche. Eine katholische Ekklesiologie, Würzburg 1992; *Siegfried Wiedenhofer*, Das katholische Kirchenverständnis. Ein Lehrbuch der Ekklesiologie, Graz 1992. Wiedenhofer hat auch den Traktat über die Kirche geschrieben in: *Theodor Schneider* (Hg.), Handbuch der Dogmatik, 2 Bde., Düsseldorf 1992, II, 47–154.

Zu III., *Alois Müller*, Marias Stellung und Mitwirkung im Christusereignis, in: MySal III/2 (1969), 393–510; vgl. jetzt ders./Dorothea Sattler, Mariologie, in: Schneider (Hg.), Handbuch der Dogmatik (s.o.), II, 155–187; *Wolfgang Beinert* (Hg.), Maria heute ehren, Freiburg i. Br. ³1980; *Theodor Schneider*, Auf seiner Spur (s.o.), 189–203; *Josef Pfammatter/Eduard Chri-*

sten (Hg.), Was willst du von mir, Frau? Maria in heutiger Sicht, Zürich 1992.
Zum ökumenischen Kontext: *Maria die Mutter unseres Herrn*. Eine evangelische Handreichung. Erarbeitet und verantwortet vom Arbeitskreis der gliedkirchliche Catholica-Beauftragten der Vereinigten Evangelisch-Lutherischen Kirche Deutschlands und des Deutschen Nationalkomitees des Lutherischen Weltbundes (Catholica-Arbeitskreis); hg. von *Manfred Keißig*, Lahr 1991; *Horst Gorski*, Die Niedrigkeit seiner Magd. Darstellung und theologische Analyse der Mariologie Luthers als Beitrag zum gegenwärtigen lutherisch-römisch-katholischen Gespräch, Frankfurt am Main-Bern 1986 (bes. Teil C).

Zu III., E.: siehe die in den Anmerkungen verzeichneten Arbeiten.

Zu III., F.: *Max Keller*, Theologie des Laientums, in: MySal IV/2 (1973), 393–421; *Medard Kehl*, Die Kirche (s.o.), bes. 117–125; 438–443 (mit weiterer Literatur).
Wieder ist auf ein vorkonziliares Buch hinzuweisen, das die Perspektiven des Konzils vorwegnimmt und zugleich prägt: *Yves Congar*, Der Laie, Stuttgart 1957 (franz.: Jalons pour une théologie du laicat, Paris 1952).

Sechstes Kapitel

»Elemente« werden zur Kirche

Die ökumenische Einheit der Kirche

I. DAS ÖKUMENISCHSTE ALLER KONZILIEN

1. Ein ökumenischer Privatbrief

Die Linien unserer Erzählung vom Konzil und unserer Bemühungen, seine Texte zu verstehen, laufen nun zusammen und überkreuzen sich. Nach dem notwendigerweise sehr ins einzelne gehende Einblick in das Verständnis des Konzils von der Kirche – das Schwerpunktthema des Konzils überhaupt – wird das noch häufiger geschehen. Wir haben wieder einmal an etwas zurückzudenken und etwas vorwegzunehmen. Zurückzudenken haben wir an die Zielsetzung des Konzils, die sowohl bei Papst Johannes XXIII. wie auch bei den Konzilsvätern und nicht zuletzt in der öffentlichen Diskussion sich erst allmählich klärte, ganz eindeutig erst nach dem Zusammentritt des Konzils in der ersten Tagungsperiode. Wir haben schon geschildert, wie dabei die zu erstrebende, zurückzugewinnende Einheit der Christenheit in der einen Kirche, also die ökumenische Einheit zwischen der Kirche Roms und den getrennten Schwesterkirchen, zunächst ein Nebenthema in der Konzilsplanung war, dann aber fortschreitend an Gewicht gewann, vor allem durch die Aktivität von Kardinal Bea, den der Papst zum Leiter des eigens für diesen Themenbereich geschaffenen Sekretariates für die Einheit der Christen (»Einheitssekretariat«) berufen hatte.[1] Nun war die Welt natürlich gespannt, wie das Konzil sich zur Frage der ökumenischen Einheit der Kirche, zunächst also einmal zum Verhältnis der römischen Kirche zu den orthodoxen Kirchen des Ostens, dann aber auch zu den aus der Reformation hervorgegangenen nicht-katholischen Kirchen des Westens äußern würde.

Vorab aber ist die Frage zu stellen, wie sich denn die ökumenische Öffnung auf den Stil der Arbeit des Konzils auswirkte. Bei dem Gewicht, das die Anwesenheit von nicht-katholischen Beobachtern aus der ganzen Welt der ökumenischen Thematik verlieh, war es jedenfalls nicht mehr möglich, daß das Konzil seine Texte ausarbeitete, als wären die Väter rein unter sich. Und hier beginnt unsere Vorwegnahme.

Die schwierigste Geburt des Konzils war, wie noch ausführlich im

10. Kapitel darzustellen sein wird, die Pastoralkonstitution »Über die Kirche in der Welt von heute« (*Gaudium et spes*). Im Verlauf der Entstehung dieses wichtigen Textes, wieder einmal auf einem Tiefpunkt ziemlicher Ratlosigkeit, ereignete sich etwas, das in seiner natürlichen Schlichtheit und Selbstverständlichkeit modellhaft für die ökumenische Atmosphäre auf dem Konzil war und in seiner Modellhaftigkeit auch heute mehr denn je not tut. Das kam so: Die umstrittene Vorlage war inzwischen einer gemischten Kommission anvertraut worden, bestehend aus einer Unterkommission der Konzilskommission für das Laienapostolat und einer Unterkommission der einflußreichen Theologischen Kommission. Präsident der Unterkommission wurde der sonst wenig bekannte Bischof E. Guano, Mitglied der Konzilskommission für das Laienapostolat und dort allerdings einflußreich. Entscheidend aber war die Theologische Kommission – was nach der früher beschriebenen Lage der Dinge[2] nicht viel Gutes verhieß.

An Bischof Guano richtete Lukas Vischer, der damalige Generalsekretär der Kommission für »Faith and Order« des Ökumenischen Rates der Kirchen und selbstverständlich als Beobachter des Weltkirchenrates beim Konzil anwesend, einen Brief, in dem er seine Besorgnis hinsichtlich des werdenden Dokumentes zum Ausdruck brachte und ausführlich darlegte, wie »Faith and Order« ein Dokument über die Kirche in der heutigen Welt angehen würde, wenn man eines von dieser Kommission verlangte. Als Anlage fügte er fünf Dokumente aus der Arbeit des ökumenischen Rates der Kirchen hinzu, denn, berichtete der Brief, seit 1956 ließ der ökumenische Rat der Kirchen eine ähnliche Studie anfertigen mit dem Titel: »Die Herrschaft Christi über die Kirche und über die Welt.« Dieser Brief war protokollarisch eigentlich eine Frechheit. Er überging jeglichen Dienstweg – der hätte über das Einheitssekretariat führen müssen –, er war in keiner Weise erbeten und vermied die direkte Einmischung in die Konzilsarbeit nur notdürftig dadurch, daß Vischer ihn nicht an die Unterkommission als solche schickte, sondern eben an Bischof Guano. Dieser reagierte elegant. Er nahm protokollgerecht den Brief als das, was er war, einen Privatbrief, aber er ließ Fotokopien anfertigen und schickte sie jedem, der sie haben wollte, und das waren viele. Von da an saßen die evangelischen Beobachter unsichtbar mit am Tisch, wo die Arbeit an der Pastoralkonstitution weiterging.

Diese Begebenheit ist ein Musterbeispiel ökumenischer Mitsorge der getrennten Schwesterkirchen für die Arbeit auf dem Konzil der römisch-katholischen Kirche. Das Zweite Vatikanische Konzil, das ein »Ökumenisches« Konzil nur im Sinne des geltenden römisch-katholischen Kirchenrechtes war, nicht aber im altkirchlichen Sinne einer Versammlung der Bischöfe der ganzen Christenheit, wurde auf diese Weise, wie durch viele weitere Beispiele zu veranschaulichen wäre, das ökumenischste Konzil seit der Trennung zwischen West- und Ostkirchen. Solche *gemeinsame* Sorge um die Einheit der Christenheit in einer kommenden einen Kirche führte zu dem entscheidenden Dokument, in dem die ökumenische Einheit der Kirche Thema wird: zum Ökumenismusdekret (*Unitatis redintegratio*).

2. Die Entstehung des Ökumenismus-Dekretes

Wie die Öffnung der Kirche zur modernen Welt, die Leitperspektive Papst Johannes' XXIII. für die Arbeit des Konzils, auf den hinhaltenden Widerstand der Kurie und der konservativen Konzilsväter in aller Welt stieß, so auch die Frage nach der Einheit der getrennten Konfessionskirchen. Das erste zeigt sich in dem unsäglichen Gezerre um Konzept, Inhalt, Vorbereitung, Erarbeitung und Verabschiedung der Pastoralkonstitution, wovon ja noch zu reden sein wird. Das zweite zeigte sich in den immer wieder unternommenen Versuchen, dem Einheitssekretariat die Federführung für bestimmte ökumenische Projekte zu entziehen und die Fragen der Ökumene damit zu Randfragen des Konzils zu machen. Die vergleichsweise rasche und bis auf den Eklat am »Schwarzen Donnerstag«[3] ziemlich problemfreie Erarbeitung des Ökumenismusdekretes grenzt unter solchen Rahmenbedingungen an ein Wunder.

Es konnte anfangs in der Tat so aussehen, als bliebe die ökumenische Frage auf dem Konzil eher am Rande des Interesses. Unter der wahren Flut der Vorlagen, die zur Vorbereitung des Konzils von den zehn Vorbereitungskommissionen erarbeitet wurden – und die zu straffen, zu vereinheitlichen und mit neuen Direktiven an die eigentlichen Konzilskommissionen zurückzugeben die Hauptarbeit der ersten Tagungsperiode ausmachte[4] –, waren nur drei Vorlagen unterschiedlicher Herkunft, die sich mit Fragen der Ökumene beschäftigten. Das Konzil beauftragte im Dezember das Einheitssekretariat, diese Texte zum Entwurf eines einheitlichen Dekretes zusammenzufassen. Darin standen nun nebeneinander und nach Meinung der Redakteure durchaus in einem inneren Sachbezug:
– der Fragenkomplex um die Einheit der getrennten Kirchen;
– die Frage nach dem Verhältnis der Kirche zu den Juden;
– in rudimentärer Form auch schon die Frage nach dem Verhältnis zwischen der Kirche und den nicht-christlichen Religionen;
– schließlich die Stellungnahme zur Religionsfreiheit (»religiöse Freiheit«).

Die Zusammenstellung dieser Themen ist gewiß nicht ohne intellektuellen Reiz, ja sie könnte gewichtige theologische Gründe für sich anführen. Wo ein Land nach dem anderen immer multikultureller und religiös pluralistischer wird – mit entsprechenden Folgen für die Situation der Kirche –, ist es wahrhaftig eine gute Sache, das Problem der innerchristlichen Ökumene aus seiner introvertierten Verengung zu lösen und in den weiten Kontext dessen zu stellen, was Karl Rahner in den letzten Jahren vor seinem Tode (1984) häufiger die »theistische Ökumene« gegenüber den Spielarten des modernen Atheismus genannt hat.[5] Es waren denn auch äußere Gründe, nämlich vor allem die politischen Turbulenzen um die geplante Judenerklärung – darüber mehr im 9. Kapitel –, die dazu führten, diese aus dem entstehenden Ökumenismusdekret herauszunehmen, sie zur Erklärung über die nicht-christlichen Religionen zu erweitern und daraufhin auch aus der Stellungnahme zur Frage der Religionsfreiheit eine eigene Erklärung zu machen. So blieb die Ökumene im Ökumenismusdekret schließlich gewissermaßen wieder unter sich. Von da an verlief die Erarbeitung des Textes im wesentlichen parallel zur Arbeit an der Kirchenkonstitution, übernahm deren Aussagen, führte sie sogar vorsichtig weiter und wandte sie theoretisch und praktisch auf das Verhältnis der getrennten Kirchen untereinander an. Auf diese Weise gehört das Ökumenismusdekret zu den nur fünf von insgesamt 16 Dokumenten, die schon in der dritten Tagungsperiode im Herbst 1964, nur ein Jahr vor dem Abschluß des Konzils, feierlich verkündet werden konnten – das Ökumenismusdekret am 21. November 1964.[6]

Ein kurzer Blick auf den unkomplizierten Aufbau des Dekretes mag nützlich sein, bevor wir zu den Sachfragen kommen. Im Vorwort wird der dunkle Hintergrund beschworen, der überhaupt ein Ökumenismusdekret notwendig macht: die Geschichte immer neuer Spaltungen unter den Christen, von den apostolischen Gemeinden angefangen bis in unsere Tage. Diese unsere Tage sind aber auch erhellt durch die – zur Zeit des Konzils – schon über hundertjährige Geschichte der Ökumenischen Bewegung, die als Werk des Heiligen Geistes anerkannt wird. In einem ersten Teil (Artikel 2–4) wird, wie in einem auf praktische Weisung ausgerichteten Dekret üblich, zunächst die dogmatische Grundlage gelegt – in Anknüpfung an die Aussagen der Kirchenkonstitution. Ein 2. Kapitel (Artikel 5–12) handelt von der praktischen Verwirklichung des ökumenischen Anliegens im allgemeinen, genauer: von den Forderungen, die katholische Christinnen und Christen zu beherzigen haben, wenn sie sich ins ökumenische Gespräch begeben. Erst das 3. Kapitel unternimmt die Anwendung auf die getrennten Kirchen, wobei der Natur der

Sache nach unterschieden werden muß zwischen den mit Rom nicht unierten Ostkirchen (den unierten Ostkirchen ist ja ein eigenes Dekret gewidmet) und den Kirchen und kirchlichen Gemeinschaften, die unmittelbar oder mittelbar aus der Reformation hervorgegangen sind. In weiser Selbstbescheidung verzichtet das Konzil darauf, diese letzteren jeweils in sich selbst genauer zu beschreiben.

II. Das Konzil über die Einheit der Kirche[7]

Zunächst fällt auf, daß das Konzil von der Einheit der Kirche nicht im Rahmen des klassischen Schemas der vier »Wesenseigenschaften« der Kirche spricht, wie sie im Glaubensbekenntnis aufgeführt sind: einig, heilig, katholisch und apostolisch. Es gibt überhaupt keine eigene Abhandlung über diese vier Wesenseigenschaften. Vielmehr werden alle vier dort abgehandelt, wo sie vom sachlichen Zusammenhang her sich aufdrängen: die Heiligkeit im 5. Kapitel der Kirchenkonstitution mit dem Titel »Die allgemeine Berufung zur Heiligkeit in der Kirche« – bezeichnenderweise das Grundsatzkapitel vor dem Kapitel über die Ordensleute. Die Katholizität wird erörtert im Zusammenhang der Frage nach der unterschiedlichen Zuordnung der Menschen zur Kirche – also ebendort im 2. Kapitel in den Artikeln 14–17. Die Apostolizität der Kirche kommt zur Sprache im Zusammenhang der Frage nach dem Lehramt im 3. Kapitel. Von der Einheit ist in den Konzilstexten vornehmlich an drei Stellen die Rede: in Art. 8 der Kirchenkonstitution im Rahmen der Frage nach dem Heilsplan Gottes mit der Kirche; in Art. 13 im Rahmen der Frage nach der universalen Sendung der Kirche; und schließlich im Ökumenismusdekret im Rahmen der Frage nach dem Verhältnis der Kirche zu den anderen Kirchen – wofür freilich in Art. 15 der Kirchenkonstitution die Grundlage gelegt wird. Soll man diese Reihenfolge, die ja nicht zufällig ist, auch dahin verstehen, daß das Konzil vor einer theologischen Engführung der Einheitsfrage warnen will, als ob die Frage der Einheit nur eine solche der Beziehungen zu den anderen Kirchen wäre? Die Frage ist kaum zu entscheiden. Geben wir statt dessen zunächst einen knappen Überblick über die Sachaussagen des Konzils zur Einheit der Kirche.

1. Rückblick auf die Kirchenkonstitution

Wie erinnerlich[8], handelt das 1. Kapitel der Kirchenkonstitution von der Kirche im Heilsplan Gottes und argumentiert »rein theologisch«, geradezu abstrakt und entlang einem trinitarisch-heilsgeschichtlichen Konzept. Mit anderen Worten: Die Kirche ist das (vorläufige) Ergebnis einer Geschichte, in der sich der Dreieinige Gott fortschreitend selbst mitteilt und offenbart und diese Geschichte eben dadurch zur »Heilsgeschichte« macht. In dem Bild von der Kirche, das sich daraus ergibt, ist ihre Einheit als schiere Selbstverständlichkeit impliziert. Mit dem Stichwort »der einzige Mittler Christus« ist zu Beginn von Art. 8 noch einmal der unmittelbare Grund der Einheit und Einzigkeit der Kirche genannt. Eine gespaltene Kirche oder mehrere Kirchen auch nur als legitime Möglichkeit zu *denken*, liefe also auf einen Bruch, eine Spaltung im Heilsplan Gottes selbst hinaus. Insoweit Gott die Menschen beruft und die Kirche zu seinem Instrument und Zeichen dieses Rufes macht, *kann* die Kirche nur eine sein, alles andere wäre absurd. So stellt sich in diesem Zusammenhang nur die Frage, *wo* denn diese von Gott als wesenhaft eine gemeinte Kirche zu finden sei, und dazu findet das Konzil in Art. 8 die hintergründige Aussage, sie sei »verwirklicht in der katholischen Kirche, die vom Nachfolger Petri und von den Bischöfen in Gemeinschaft mit ihm geleitet wird«. Der lateinische Urtext sagt: »... *subsistit in Ecclesia Catholica* ...« Jedem Lateinkundigen ist sofort klar, daß das Wort *subsistit* fast nicht übersetzbar, mit »verwirklicht« jedenfalls nur sehr mißverständlich wiedergegeben ist. Eine ältere, im jetzt geltenden deutschen Text abgeänderte Übersetzung gab das *subsistit* wieder mit: »hat ihre konkrete Existenzform.«[9] Auch diese Übersetzung ist immer noch ungenau, wenn auch nicht so sehr wie die des jetzt offiziellen Textes. Die Bedeutung für das ökumenische Problem ist jedenfalls mit Händen zu greifen. Kurzum: Dies ist die erste Aussage, die wir noch näher zu interpretieren haben.

Der zweite Aussagenkomplex zur Einheit der Kirche findet sich in den Ausführungen über das Volk Gottes. Dieses – also wiederum die Kirche – ist ja nicht um seiner selbst willen aus Juden und Heiden zusammengerufen, sondern um »sichtbares Sakrament dieser heilbringenden Einheit« zu sein, nämlich der Einheit der Menschheit unter »Gottes Wohlgefallen« (Art. 9, 1. und 3. Abschnitt). Wie könnte auch eine uneinige Kirche Sakrament und Zeichen der Einheit sein? Da nun die Einheit des Gottesvolkes nicht auf Fleisch und Blut, nicht also auf biologischen oder rassischen Zusammenhängen beruht, sondern auf dem »Geist der Einheit«, auf der »Wiedergeburt aus dem Wasser und dem Heiligen Geist« (ebd.), stellt sich die Frage nach dem Verhältnis dieses Volkes zur Völkerwelt im biologischen Sinne. Art. 13 sagt dazu: Es stellt dieses Völkerwelt nicht in Frage, fördert vielmehr deren Wohl und übernimmt die Anlagen, Fähigkeiten und Sitten der Völker, soweit sie gut sind. Das Volk

Gottes ist Volk *in* der Völkerwelt, nicht *gegen* sie. Anderseits muß sich das Gottesvolk unter allen Völkern ausbreiten, um ihnen Zeichen und Werkzeug der universalen Einheit sein zu können, und darum muß es auch unter allen Völkern seine besondere Einheit über die nationalen Völkergrenzen hinweg erfahren können, was das Konzil mit dem schönen Zitat aus Johannes Chrysostomos kommentiert: So weiß »der, welcher zu Rom wohnt, daß die Inder seine Glieder sind«[10]. Ein erstes Mal klingt das ökumenische Problem an mit dem Hinweis, daß die Einheit der Kirche weder die Vielfalt der Gaben, der Lebensweisen, noch die Vielfalt von Teilkirchen ausschließt und daß es Aufgabe der Primatialvollmacht des Nachfolgers Petri ist, die Besonderheiten der Teilkirchen und überhaupt die Vielfalt der Gaben zu schützen und zum Dienst an der Einheit zu bringen – bezeichnenderweise die *erste* Bemerkung in der Kirchenkonstitution, worin denn die Leitungsfunktion des römischen Bischofs bestehe, von der in Art. 8 die Rede war. Von dieser Aussage her leitet das Konzil dann über zu der eigentlich ökumenischen Frage des Verhältnisses der Kirche zu den katholischen, den nicht-katholischen Gläubigen und zu den Nicht-Christen – das zweite Thema, zu dem gleich Näheres zu sagen ist.

2. Das Ökumenismusdekret

Das Ökumenismusdekret wird konkreter. Nach einer Rekapitulation der Lehre der Kirchenkonstitution (Art. 2) konstatiert das Konzil eine sich verhängnisvoll steigernde Serie immer neuer Spaltungen der Kirche in ihrer Geschichte: zunächst die »Spaltungen« schon in der Kirche des Neuen Testamentes (1 Kor, Gal, 1 Joh), dann die »ausgedehnteren Verfeindungen« in den »späteren Jahrhunderten«, wobei im weiteren Verlauf des Textes die Trennung zwischen Ost- und Westkirche unterschieden wird von den Trennungen im Abendland (Art. 13). Im Blick auf diese Kirchentrennungen arbeitet das Konzil dann differenzierte Weisungen für die Würdigung dieser Kirchen und für die auf Einheit zustrebende Begegnung mit ihnen heraus – der dritte Aussagenkomplex, der genauer interpretiert werden muß.

Das Ergebnis dieser Weisungen ist eine harte Wahrheit, die oft übersehen wird oder verfälscht im Gedächtnis haftet. Sie sei vorweggenommen: *Das Zweite Vatikanische Konzil hat keinen konkreten Weg zur Einheit der Kirche gewiesen, ja nicht einmal einen größeren Freiraum abgesteckt, innerhalb dessen nach ihm zu suchen sei.* Unter dem bewegenden Eindruck der Vorgeschichte des Konzils und des wachsenden Gewichtes, das dem ökumenischen Problem in der

Konzilsarbeit zuwuchs, wird diese harte Wahrheit meist verkannt, und dies um so mehr, je weniger man mit größer werdendem Abstand die Texte noch einmal nachliest. Die Kernfrage lautet: Denkt sich das Konzil die Überwindung der Spaltung, die doch eindeutig nicht dem Heilsplan Gottes, dem Sinn der Kirche und ihrem Auftrag unter den Völkern entspricht, als »Rückkehr« der getrennten Christen zur römisch-katholischen Kirche unter dem Papst als dem Nachfolger Petri? Sollte das Konzil tatsächlich einen Weg zu neuer Einheit der Christenheit gewiesen haben, dann müßte solche »Rückkehr-Ökumene«, weil schlicht unrealistisch, vollständig und ausdrücklich ausgeschlossen sein. Zitieren wir dazu den härtesten und, wenn man will, »enttäuschendsten« Text des Dekretes:

»Dennoch erfreuen sich die von uns getrennten Brüder, *sowohl als einzelne wie auch als Gemeinschaften und Kirchen betrachtet,* nicht jener Einheit, die Jesus Christus all denen schenken wollte, die er zu einem Leibe und zur Neuheit des Lebens wiedergeboren und lebendig gemacht hat, jener Einheit, die die Heilige Schrift und die verehrungswürdige Tradition der Kirche bekennt. Denn *nur* durch die katholische Kirche Christi, die das allgemeine Hilfsmittel des Heiles ist, kann man Zutritt zu der *ganzen* Fülle der Heilsmittel haben. Denn *einzig* dem Apostelkollegium, *an dessen Spitze Petrus steht,* hat der Herr, so glauben wir, *alle* Güter des Neuen Bundes anvertraut, um den einen Leib Christi auf Erden zu konstituieren, *welchem alle völlig eingegliedert werden müssen,* die schon auf irgendeine Weise zum Volke Gottes gehören. Dieses Volk Gottes bleibt zwar während seiner irdischen Pilgerschaft *in seinen Gliedern der Sünde ausgesetzt,* aber es wächst in Christus und wird von Gott nach seinem geheimnisvollen Ratschluß sanft geleitet, bis es zur ganzen Fülle der ewigen Herrlichkeit im himmlischen Jerusalem freudig gelangt« (Art. 3, 5. Abschnitt; die von mir getätigten Hervorhebungen bezeichnen die für das ökumenische Gespräch am meisten provozierenden Aussagen).

Dieser Text – er steht noch im einleitenden Grundsatzkapitel des Dekretes – stellt also klar:
a) Weil die Einheit der Kirche aufgrund des Heilsplans Gottes in Christus Bekenntnisfrage ist, ist sie selbstverständlich kein Gegenstand eines diplomatischen Kompromisses.
b) Weil sich dieses Bekenntnis auf die »Kirche, die vom Nachfolger Petri und von den Bischöfen in Gemeinschaft mit ihm geleitet wird« (Kirchenkonstitution Art. 8), bezieht, kann man nicht davon abgehen, daß es das Fernziel bleiben muß, alle Christen in dieser Kirche unter der Leitung des Nachfolgers Petri zu einen.
c) Zum Volke Gottes – das doch nach Art. 9 der Kirchenkonstitution die Kirche *ist* – gehören die getrennten Christen aber »auf irgendeine Weise« jetzt schon.

d) Der Hinweis auf die »Sünde«, der die Kirche »in ihren Gliedern« (also: nicht in ihren Strukturen) »ausgesetzt ist«, kann darum nur die diskrete Bitte bedeuten, die nicht-katholischen Kirchen mögen sich doch davon nicht den klaren Gewissensentscheid blockieren lassen.

e) An späterer Stelle formuliert das Dekret überdeutlich: »Die gesamte Lehre muß klar vorgelegt werden. Nichts ist dem ökumenischen Geist so fern wie jener falsche Irenismus, durch den die Reinheit der katholischen Lehre Schaden leidet und ihr ursprünglicher und sicherer Sinn verdunkelt wird« (Art. 11). Das Problem der Kircheneinheit ist demnach die Anerkennung der vollen katholischen *Lehre*. Zu geringerem Preis steht Einheit mit der Kirche Roms nicht zu erwarten.

f) Dennoch vermeidet man beharrlich, von einer »Rückkehr« und gar einer solchen zur »*römisch*-katholischen« Kirche zu sprechen. Das würde ja auch zumindest die unierten Ostkirchen diskriminieren, die jedenfalls nicht *römisch*-katholisch sind.

Nun kann man in all diesen Formulierungen gewiß offene Stellen entdecken. Zum Beispiel kann man mit Fug und Recht fragen, ob die Kirche unter der Leitung des Nachfolgers Petri unbedingt dasselbe bedeuten muß wie die römisch-katholische Kirche so, wie sie faktisch ist. Und die Formel vom »ursprünglichen und sicheren Sinn« der katholischen Lehre könnte noch manchen Bumerang enthalten, wie die Theologie und vor allem die theologiegeschichtliche und kontroverstheologische Forschung der letzten Jahrzehnte bewiesen hat. Doch tun wir gut daran, darauf keine Häuser zu bauen – in Erinnerung an das, was wir zu Kompromißformeln auf dem Zweiten Vatikanischen Konzil gesagt und gerade auch schon vorwegnehmend durch Beispiele aus dem Problembereich Ökumene veranschaulicht haben.[11]

Aber selbst bei günstigster Interpretation bleibt bestehen: *Eine* harte Wahrheit kann alle Interpretationskunst nicht aus der Welt schaffen: Es wäre Selbstbetrug, sich vorzustellen, daß die Kirche Roms in Sachen Kircheneinheit etwa das Grundmodell des Ökumenischen Rates der Kirchen übernehme, wonach die Einheit der Kirche verlorengegangen sei und nun die Kirchen gleichsam im Kreis um ihren Mittelpunkt Christus säßen, um die von ihrem Herrn gemeinte Einheit allererst wieder zu suchen. Nach katholischer Auffassung, aktenkundig auch noch bei führenden Theologen des Konzils[12], gibt es keine verlorene Einheit, sondern nur eine zerbrochene Einheit durch Abspaltung von der *existierenden* einen Kirche. Und diese nach wie vor existierende eine Kirche ist selbstverständlich die »katholische Kirche, die vom Nachfolger Petri und von den

Bischöfen in Gemeinschaft mit ihm geleitet wird«. Anderes zu sagen, war nicht etwa nur taktisch unmöglich, es war auch weder zu erwarten noch zumutbar. Denn von den existierenden, einstmals in Einheit lebenden Kirchen ist historisch in der Tat keine älter als die römische, und als »Kommunikationszentrum«, als Kirche, mit der *communio* zu halten Pflicht war (was nicht heißt: einen Primat anzuerkennen), ist sie in ältester Zeit bezeugt in ganz unverdächtigen Zusammenhängen: als Bollwerk gegen die gnostischen Sekten. *Historisch* darf sich die römische Westkirche tatsächlich als den Teil der ursprünglich einen Universalkirche betrachten, der »übriggeblieben« ist. Wenn andere Kirchen sich später aus Glaubensgründen von ihr getrennt haben, müssen sie das anders begründen – und sie tun es ja auch, u. a. mit dem reformatorischen *und* ostkirchlichen (nur jeweils anders gefüllten) Grundargument, die römische Kirche sei nicht die eine, wahre Kirche *geblieben*. Tatsächlich argumentiert Luther in seiner unsäglich polemischen, in der Sache aber außerordentlich klaren Schrift »Wider Hans Worst« (1541, »Hans Wurst« ist der Herzog Heinrich von Braunschweig-Lüneburg), die Papstkirche sei in Wahrheit eine »neue« Kirche, während die nach Luthers reformatorischer Theologie reformierte Kirche nichts als die wiederhergestellte alte Kirche sei.[13] Ebenso bezeichnend ist das ostkirchlich-orthodoxe Urteil über Luther und die Reformation, das nach dem Grundmuster verläuft: Luther ist trotz seines begrüßenswerten Protestes gegen das Papsttum doch ein Kind der Westkirche und in deren Abfall von der gemeinsamen Tradition des ersten Jahrtausends verstrickt.[14]

In dieser Lage stellt sich darum die Frage: Läßt sich die historische Kontinuität der katholischen Kirche mit dem Ursprung verbinden mit einem Modell von Einheit und Wiedervereinigung, das *nicht* »Rückkehr« bedeutet, aber doch »Eingliederung«? Konkret also: in eine Kirche, wenn schon nicht *unter*, so doch verbindlich *mit* dem Nachfolger Petri?[15] Dazu müßte natürlich diese Kirche auch und zuerst einmal die historischen Gründe der Trennung mit der Dauerfolge schier unüberwindlicher Ressentiments ernst nehmen. In bezug auf diese historischen Trennungsgründe müßte sie sich selbst relativieren, sich von sich selbst distanzieren – sonst ist gleich jede Hoffnung nicht nur vergebens, sondern zynisch. Die Frage an die Konzilstexte zur Einheit der Kirche ist also diese: Welche Elemente von Selbstrelativierung im Gegenüber zu den zitierten harten Aussagen formuliert das Konzil, und wie sind sie im Licht der früher skizzierten Auslegungsregeln zu bewerten? Damit kommen wir zu den Einzelproblemen.

3. »Subsistit in Ecclesia catholica«

Diese berühmte Formulierung in Art. 8 der Kirchenkonstitution enthält die wichtigste theologische Selbstrelativierung der Kirche Roms, die genau genommen dem Ökumenismusdekret überhaupt erst Realitätswert gibt. Darum zunächst das volle Zitat:

»Dies ist die einzige Kirche Christi, die wir im Glaubensbekenntnis als die eine, heilige, katholische und apostolische bekennen. Sie zu weiden, hat unser Erlöser nach seiner Auferstehung dem Petrus übertragen (Joh 21,17), ihm und den übrigen Aposteln hat er ihre Ausbreitung und Leitung anvertraut (vgl. Mt 28,18 ff.), für immer hat er sie als Säule und Feste der Wahrheit errichtet (1 Tim 3,15). Diese Kirche, in der Welt als Gesellschaft verfaßt und geordnet, ist verwirklicht (*subsistit*) in der katholischen Kirche, die vom Nachfolger Petri und von den Bischöfen in Gemeinschaft mit ihm geleitet wird. Das schließt nicht aus, daß außerhalb ihres Gefüges vielfältige Elemente der Heiligung und der Wahrheit zu finden sind, die als der Kirche Christi eigene Gaben auf die katholische Einheit hindrängen« (Kirchenkonstitution, Art. 8, 2. Abschnitt).

Den weiteren Kontext und den unmittelbaren Zusammenhang des zitierten Textes haben wir schon erläutert.[16] Der Abschnitt ist die einzige Stelle, wo das 1. Kapitel die theologisch-heilsgeschichtliche Schau durchbricht und konkret sagt, worauf sich das alles bezieht – gleich im nächsten Abschnitt wird wieder ganz »theologisch« – um nicht zu sagen: abstrakt – argumentiert.

Das Gedankengefälle des zitierten Textes ist das folgende: Die bisher – also in den Artikeln 1 bis 8, 1. Abschnitt – beschriebene Kirche ist die Kirche des Glaubensbekenntnisses. Ergänzend wird hinzugesetzt, was nicht im Glaubensbekenntnis steht: Sie zu »weiden« ist Sache des Petrus, sie »auszubreiten« und »zu leiten« ist Sache des Petrus und der übrigen Apostel – die Wortwahl erklärt sich aus den Bibelzitaten; Mt 16,18 wird hier *nicht* zitiert. Dann folgt der Satz, diese Kirche des ergänzten Glaubensbekenntnisses »*subsistit* ... in der katholischen Kirche, die vom Nachfolger Petri und den Bischöfen in Gemeinschaft mit ihm [Vorwegnahme der Kollegialität!] geleitet wird«. Damit ist zunächst mitgesagt, daß Petrus und die Apostel in ihren Funktionen Nachfolger haben sollten. Das gilt wohl als selbstverständlich, wird aber dennoch flüchtig begründet mit dem Argument, Gott habe die von Petrus und den Aposteln geleitete Kirche »für immer« als »Säule und Feste der Wahrheit« (1 Tim 3,15) errichtet. Alles hätte dafür gesprochen, einfach fortzufahren: Diese Kirche *ist* die katholische Kirche unter der Leitung des Nachfolger Petri und der Bischöfe – und niemanden hätte es wohl gewundert. Warum sagt man es nicht? Der nächste Satz gibt einen

Hinweis mit dem Stichwort der vielfältigen »Elemente der Heiligung und Wahrheit«, die »als der Kirche Christi eigene Gaben auf die katholische Einheit hindrängen«. Also: Die nicht-katholischen getrennten Kirchen sollen nicht durch eine zu vollmundige Formel diskreditiert werden.

Man beachte, daß hier noch nicht von nicht-katholischen »Kirchen und kirchlichen Gemeinschaften« die Rede ist, sondern nur von sozusagen freischwebenden »Elementen« von Kirchlichkeit. Sie werden mit dem noch öfter auftauchenden Begriffspaar »Heiligung und Wahrheit« gekennzeichnet, was auf die beiden Bereiche von Leben und Lehre abzielt. Allerdings darf man aus dem Fehlen der Formel von den »Kirchen und kirchlichen Gemeinschaften« allein nicht zu großes Kapital schlagen wollen. Nicht erst im Ökumenismusdekret, sondern schon in der Kirchenkonstitution (Art. 15) haben sich die Väter zu dieser Formel durchgerungen. Ist das alles nun nur Zurückhaltung aus Höflichkeit, aus dem Bemühen, an dieser empfindlichen Stelle nicht vorzeitig und unnötig fremde Gefühle zu verletzen? Dazu muß man zusehen, was mit dem berühmten Wort *subsistit* und der Anerkennung kirchlicher »Elemente« außerhalb der »Kirche unter dem Nachfolger Petri« wirklich gesagt wird.

Die Theorie von den »Elementen« mag durch ihren quantifizierenden, »abzählenden« Charakter verdrießen und Kritik wecken, vor allem auf evangelischer Seite.[17] Aus katholischer Sicht jedenfalls hat sie einen unbestreitbaren Vorteil. Diese »Elemente« bestehen ja, so wörtlich, »außerhalb ihres«, der römisch-katholischen Kirche, »Gefüges«, sie haben ihr Recht und ihren Wert darin, daß sie »Gaben der Kirche Christi« sind – jetzt ist *nicht* von der römischen Kirche die Rede. Ihrem Sachgehalt nach drängen sie aus eben diesem Grunde zur katholischen Einheit hin, aber, so muß man schließen, wenn nicht der ganze Satz unsinnig werden soll: Sie verlieren nicht ihren Wert, wenn sie de facto nicht in der Kirche unter dem Nachfolger Petri verwirklicht sind. Die Kritik, mittels der »Elementen-Theorie« würden die nicht-katholischen Christen subtil in die römisch-katholische Kirche vereinnahmt und eingemeindet, trifft also nicht zu, im Gegenteil: Darauf kam eine Theorie hinaus, die sich im Anschluß an die Enzyklika Papst Pius' XII. Mystici Corporis von 1943 entwickelt hatte, wonach die nicht-katholischen Christen zwar nicht zum »Leibe«, wohl aber zur »Seele« der Kirche gehörten.[18] Nach der Lehre der Kirchenkonstitution aber gilt: Es gibt echte Kirchlichkeit außerhalb der römisch-katholischen Kirche, und diese Kirchlichkeit hält zwar die *Frage* nach der katholischen Einheit durch sich selbst wach, erhält aber ihren Wert nicht erst beim Zustandekommen der Einheit. Wenn Worte einen Sinn haben, bedeutet dies eine deutliche Selbstrelativierung der Kirche. Die Einheit der Kirche ist gewissermaßen eine in zeitlicher Zerstreckung: Sie existiert in der Spannung zwischen umfangmäßig beschränkter Verwirklichung in der Papstkirche und umfangmäßig ebenso beschränkter Noch-nicht-Verwirklichung, aber sachimmanenter Tendenz dahin in den nicht-katholischen Kirchen. Übrigens stellt sich in diesem Zusammenhang in der nachkonziliaren theologischen Diskussion auch die Frage, ob eigentlich die *Katholizität* der Kirche, ganz im Gegensatz zu den schon zitierten »harten« Aussagen des Ökumenismusdekretes, wahre Katholizität sein könne, solange die genannten »Elemente der Heiligung und Wahrheit« nur außerhalb der in der Kirche Roms »subsistierenden« Kirche Christi verwirklicht sind.[19]

Nun wird man aber an dieser Stelle noch eine weitere Überlegung wagen dürfen, ja müssen. In dem Abschnitt, der unserem Text vorausgeht, gibt das Konzil den Hinweis auf die »Analogie« zwischen Kirche und Inkarnation. Wir zitieren am besten wieder den ganzen Text:

»Der einzige Mittler Christus hat seine heilige Kirche, die Gemeinschaft des Glaubens, der Hoffnung und der Liebe, hier auf Erden als sichtbares Gefüge verfaßt und trägt sie als solches unablässig; so gießt er durch sie Wahrheit und Gnade auf alle aus. Die mit hierarchischen Organen ausgestattete Gesellschaft und der geheimnisvolle Leib Christi, die sichtbare Versammlung und die geistliche Gemeinschaft, die irdische Kirche und die mit himmlischen Gaben beschenkte Kirche sind nicht als zwei verschiedene Größen zu betrachten, sondern bilden eine einzige komplexe Wirklichkeit, die aus menschlichem und göttlichem Element zusammenwächst. *Deshalb ist sie in einer nicht unbedeutenden Analogie dem Mysterium des fleischgewordenen Wortes ähnlich. Wie nämlich die angenommene Natur dem göttlichen Wort als lebendiges, ihm unlöslich geeintes Heilsorgan dient, so dient auf ganz ähnliche Weise das gesellschaftliche Gefüge der Kirche dem Geist Christi, der es belebt, zum Wachstum seines Leibes (vgl. Eph 4,16)*«.

Die Anspielung auf die Formulierungen der altkirchlichen Christologie ist unüberhörbar. Ihr zufolge »subsistiert« der göttliche Logos, das »Wort« im Sinne von Joh 1, in der göttlichen und in der angenommenen menschlichen Natur. Bekanntlich bedeutet das für eine genaue christologische Sprache: *Wesensgleich* mit Gott, dem Vater, ist der *Logos*; *Jesus* ist mit Gott, dem Logos, *geeint* und darum mit dem Vater *eins*. Die Formel: »Jesus Christus ist Gottes Sohn«, ist darum richtig, die vereinfachte Formel: »Jesus ist Gott selbst« ist dogmatisch unkorrekt – und mag selbst Luther sie benutzt haben.[20]

Dasselbe Wort *subsistit* aus der altkirchlichen christologischen Formelsprache wird nun angewandt auf das Verhältnis zwischen der »Kirche des Glaubensbekenntnisses« und der konkreten »Kirche unter der Leitung des Nachfolgers Petri in Gemeinschaft mit den Bischöfen«. Ist damit – diese Rückfrage drängt sich vor allem evangelischen Kritikern immer wieder auf[21] – die Auffassung von der Kirche als »fortgesetzter Fleischwerdung (des Wortes)«, von der Kirche als in die Geschichte verlängerter Inkarnation, von der Kirche als dem *Christus prolongatus* besiegelt? Alle katholischen Interpreten bestreiten es heftig, obwohl sie sich bewußt sind, daß diese Auffassung vor allem in der »Tübinger Schule« des 19. Jahrhunderts (Johann Adam Möhler) bedeutende Kronzeugen hat.[22] Die Zurückweisung der evangelischen Kritik ist hier im Recht. Wie bei jeder »Analogie«, so ist auch hier, wie für katholische Theologie selbstverständlich, die je größere Unähnlichkeit in der Ähnlichkeit zu beachten. Es gibt also selbstverständlich keine »hypostatische Einheit« zwischen Christus und der Kirche, so wie der Logos »hypostatisch« mit seiner angenommenen Menschennatur nach altkirchlichem Verständnis geeint ist. Es gibt auch keine entsprechende Einheit zwischen dem Heiligen Geist und der Kirche. Die Analogie besteht nur darin, daß das »gesellschaftliche Gefüge der Kirche« dem Geist Christi vergleichsweise so dient wie die Menschennatur in Christus dem Logos, nämlich als »Heilsorgan« (*instrumentum salutis*). Dies gilt nun nach unserem Text für das Verhältnis des »gesellschaftlichen Gefüges« der Kirche *im Sinne des göttlichen Heilsplans* zum Heiligen Geist. Darum muß es in seinen Grenzen, in seiner »Unähnlichkeit« erst recht gelten, wenn diese Analogie in der Fortsetzung des Textes transponiert wird auf das Verhältnis zwischen der »Kirche Jesu Christi« nach dem göttlichen Heilsplan und der faktischen Kirche unter dem Nachfolger Petri. Wenn jene in dieser »subsistiert«, bedeutet das: Diese faktische Kirche ist mit der Kirche des Glaubensbekenntnisses *vergleichsweise* so eins wie die Menschennatur Christi mit dem Logos: Sie dient ihr als konkrete Erscheinungsform.

Jetzt wird deutlich, daß die Übersetzung »ist verwirklicht« überzogen ist. Die Kirche des Glaubensbekenntnisses ist gerade nicht »verwirklicht«, sondern: Die faktische Kirche bringt die »Kirche Jesu Christi« – die Sammlung der Glaubenden in der Heilsgemeinschaft, das »Sakrament« der Menschen mit Gott und untereinander, das »messianische Volk Gottes« – *zur Erscheinung in einer geschichtlich begrenzten Gestalt*. Wenn das nicht der Sinn des Wortes *subsistit* gewesen sein sollte, dann hätte man ehrlicherweise auch gleich sagen können und sollen: Die faktische Kirche *ist* die Kirche Jesu Christi.

Erscheinung in einer geschichtlich begrenzten Gestalt: Damit nimmt die Kirche zwar einerseits teil an *dem* Ärgernis des christlichen Glaubens, das darin besteht, daß ein einzelnes, raumzeitlich begrenztes und vor der Welt ganz unbedeutendes Menschenleben Gott mit universaler Heilsbedeutung zur Erscheinung bringen soll, für immer an diesen Menschen Jesus von Nazareth gebunden, nie auflösbar in eine allgemeine Theorie über Gott und die Welt.[23] Darauf kann sich dann auch die konkrete Kirche Roms berufen und gegebenenfalls geltend machen, daß auch sie ein Zeichen des Widerspruchs in der Welt ist wie ihr Herr; sie kann gegebenenfalls auch wie dieser sagen: »Selig, wer an mir keinen Anstoß nimmt« (Mt 11,6). Dies aber nur unter einer – oft und oft mißachteten – Bedingung: daß die Kirche hier die »je größere *Unähnlichkeit*« der Analogie bitter ernst nimmt. Jesus Christus nämlich ist die geschichtlich begrenzte, aber auch als solche *reine* Veranschaulichung Gottes in menschlicher Wirklichkeit. Die faktische Kirche aber ist nicht von vornherein die reine Veranschaulichung der Kirche als des Leibes Christi, sie muß vielmehr beständig unterscheiden, was die sozusagen analog-christologische Begrenztheit in ihr ist und was ihre menschlich-sündhafte Begrenztheit ist.

Damit ist nun noch gar kein konkretes Konzept von der Einheit der getrennten Christenheit formuliert, wohl aber deren eherner Maßstab. *Wenn* die Kirche die christologische Analogie als Deutungsmodell des Verhältnisses zwischen geglaubter und konkreter Kirche übernimmt und darin ihre Verhältnisbestimmung zwischen der Kirche nach dem Heilsplan Gottes und der konkreten Kirche mit dem christologischen Begriff *subsistit in* ... ausdrückt, dann kann sie eine blasphemische Gleichsetzung mit der Menschheit Christi nur vermeiden, wenn sie sich unerbittlich unter den Maßstab der Unterscheidung zwischen christologischer und sündiger Begrenztheit stellt. Nur unter dieser Bedingung kann sie verlangen, daß alle zur Zeit auf die Kirche »hindrängenden« Elemente der Heiligung und Wahrheit letztendlich in ihr integriert werden müssen.

Wir fragten nach den Elementen von Selbstrelativierung, die eine ebenso einfältige wie utopische »Rückkehrökumene« gegenstandslos machen. Nun, die hier gegebene Interpretation der berühmten Formel *subsistit in ecclesia catholica* ... bedeutet eine Selbstrelativierung, die auch die großzügigsten pragmatischen Selbstrelativierungen überschreitet. Unsere Interpretation verstärkt sich durch den Umstand, daß andere Aussagen zur Einheit der Kirche und zu ihrer Wiederherstellung damit eigenartig übereinstimmen.[24]

4. Die »rechtmäßigen Verschiedenheiten«

Eine von diesen Aussagen ist der doppelte Hinweis auf die Einwurzelung der Kirche in den verschiedenen Kulturen der Völker sowie auf die rechtmäßigen Verschiedenheiten der Teilkirchen (Kirchenkonstitution Art. 13). Für das Verständnis von Einheit ist das insofern belangvoll, als bis in die Gegenwart ja gerade diese rechtmäßigen Verschiedenheiten durch die faktische Ausübung des Petrusamtes und seiner Organe immer wieder mißachtet werden, etwa durch zu frühes Eingreifen Roms, wo die Teilkirchen entstandene Probleme selber lösen könnten; oder durch das System der päpstlichen Nuntiaturen, die in den Ländern der jungen Kirchen oft noch unverhüllter als Überwachungsorgane der Landeskirchen auftreten als bei uns; durch die Verweigerung des Bischofswahlrechtes bei der Neugründung von Diözesen – nur die ganz alten Bischofssitze erfreuen sich noch (eingeschränkter und in den letzten Jahren bekanntlich bis an die Grenzen des rechtlich Zulässigen manipulierter) Wahlmöglichkeiten seitens (wenigstens) des Domkapitels; durch die restriktive Anwendung der Liturgiekonstitution[25] u. a. m. Unter diesen Bedingungen kann man das viel zitierte pathetische Schlagwort von der »Einheit in Vielfalt« schon nicht mehr hören. Denn wenn auch die mit Geist und Buchstabe des Konzils nicht übereinstimmenden zentralistischen Maßnahmen unbestreitbar aus wohlüberlegten Gründen und sicher besten Gewissens geschehen – die nicht-katholischen Kirchen werden an diesem Umgang mit den »rechtmäßigen Verschiedenheiten« der Teilkirchen natürlich ihr Bild von dem formen, was sie zu erwarten haben, wenn sie selbst als Teilkirchen in eine neue Einheit mit der Kirche Roms eintreten. In Art. 13 lesen wir immerhin den Hinweis, konkrete Einheit zeige sich auch im Austausch sowohl geistlicher wie materieller Güter. Wie ernst wird dieser Hinweis genommen, dessen Verwirklichung doch auch schon *vor* aller institutionellen Einheit nichts im Wege steht? So ist und bleibt Art. 13 der Kirchenkonstitution ein »Merkposten« und gegebenenfalls ein Maßstab ökumenisch orientierter Kritik.

5. »Hierarchie der Wahrheiten«

Eine andere Aussage auf der Linie der Selbstrelativierung ist der erst in letzter Minute in das Ökumenismusdekret eingefügte, kaum weiter erläuterte und darum sofort eine Flut von interpretierender Literatur auslösende Hinweis, im ökumenischen Dialog sei die »Hierarchie der Wahrheiten« (*hierarchia veritatum*) zu beachten (Art. 8,11)[26]. Welche Subtilitäten sich die Interpretationen dieses Rätselwortes auch immer angelegen sein lassen, fest steht jedenfalls dies: »Hierarchie« bedeutet eine heilige Rangfolge. Unter den »Wahrheiten«, die der Glaube in Gestalt einzelner Sätze formuliert und bekennt, gibt es also eine Rangfolge der Heiligkeit, ja eine ihrerseits »heilige«, also unantastbare Rangfolge an Bedeutung, an Wichtigkeit für den Glauben, an Bedeutung für das christliche Leben. Ist diese Rangfolge für das ökumenische Gespräch zu beachten, dann kann dies, wenn Worte einen Sinn haben, auf jeden Fall nur bedeuten, daß nicht die Übereinstimmung und in das gemeinsame Bekenntnis zu *jeder* dieser satzhaft ausdrückbaren Wahrheiten von *gleicher* Bedeutung für die Einheit der Kirche sein kann. Im Klartext: Nicht alle können in gleicher Weise, also in einer quantitativ-additiven Weise zur Bedingung von Kircheneinheit gemacht werden.

Nun kann man die Debatte darüber eröffnen, was zu den bedeutsamen und zu den weniger bedeutsamen »Wahrheiten« innerhalb dieser »Hierarchie« gehört. Das Ergebnis – ohnehin noch nicht absehbar – ist an dieser Stelle nicht so wichtig, wie überhaupt die mit dem Stichwort von der »Hierarchie der Wahrheiten« vollzogene Absage an ein schematisches Abzählen von »Unterscheidungslehren«, über die erst als Bedingung von Kircheneinheit, von der ersten bis zur letzten, »Konsens« zu erzielen sei; entscheidend ist die Eröffnung einer Suche nach Einheit, die sich auf das grundlegende gemeinsame Bekenntnis konzentriert und von diesem Mittelraum aus die nachgeordneten Lehrunterschiede zu gewichten sucht. Auf dieser Linie ist es dann ja auch nach dem Konzil weitergegangen.

6. *»Voll eingegliedert« und »verbunden«*

Die Probe aufs Exempel zum Verhältnis von katholischem Einheitsverständnis und nicht-katholischen Christen bieten die Artikel 14–16 der Kirchenkonstitution. Das Konzil vermeidet hier den geläufigen Ausdruck des »Kirchenglieds« bzw. der »Kirchengliedschaft« zur Bezeichnung der Zugehörigkeit von Menschen zur Kirche. Statt dessen spricht es nur verbal von »eingegliedert werden«, »verbunden sein« usw. Dahinter steht eine Kontroverse unter katholischen Kirchenrechtlern und Theologen, die vor und nach Erscheinen der Enzyklika *Mystici Corporis* ausgetragen wurde.[27] Die beiden im Streit miteinander liegenden Begriffsbestimmungen von »Kirchengliedschaft« lauten:

a) Kirchengliedschaft wird durch die Taufe begründet. Dadurch ist und bleibt sie unverlierbare »konstitutive« Kirchengliedschaft, und zwar in der (römisch-)katholischen Kirche. Davon zu unterscheiden ist die »tätige« Kirchengliedschaft, die denen zukommt, die ihre

Rechte und Pflichten in der Kirche ausüben (Bekenntnis, Sakramente, Unterordnung unter die kirchliche Leitung) und davon nicht durch eine Sperre (z. B. Aufwachsen in einer nicht-katholischen Kirche), durch eine kirchliche Strafe oder durch Selbstausschluß (Schisma, Häresie, Glaubensabfall) gehindert sind. Die These geht zurück auf die Formulierung des can. 87 im kirchlichen Gesetzbuch (*Codex Iuris Canonici*) von 1917: »Durch die Taufe wird ein Mensch zur Person in der Kirche Christi bestimmt.«[28] Man sieht: Die These will dem grundlegenden Faktum der Taufe Rechnung tragen, bleibt aber ansonsten ganz in der sichtbaren Dimension der Kirche – eine Fernwirkung der früher erörterten Definition der Kirche durch Kardinal Bellarmin.[29] Der Vorteil der These: Kirchengliedschaft ist eindeutig und (rechtlich) faßbar. Daher wird diese These vorwiegend von Kirchenrechtlern vertreten; Vorkämpfer ist der verstorbene Münchener Kirchenrechtler Klaus Mörsdorf.
b) Die Gegenthese lautet: Es gibt eine vielstufige Kirchengliedschaft, weil es eine vielstufige Weise gibt, wie Menschen in Beziehung zur Kirche treten und stehen können, positiv wie negativ. Man kann z. B. getauft sein, aber als Sünder leben; man kann von der Eucharistie ausgeschlossen sein und doch nicht exkommuniziert; man kann in einer nicht-katholischen Kirche getauft sein, also in nur »objektiver« Hinordnung auf die in der Taufe begründete Mitgliedschaft in der katholischen Kirche leben, aber in subjektiv schuldloser Weise die eigene Kirche und nicht die römisch-katholische für die wahre, jedenfalls *eine* wahre Kirche Christi halten, usw. Nun könnte man zwar *eine* dieser Stufen der Bezogenheit auf die Kirche als »Kirchengliedschaft« terminologisch festlegen – am Sachverhalt der Vielstufigkeit ändert das aber nichts. Zudem ist es theologisch angezeigt, eine solche Festlegung nicht *allein* anhand rechtlich kontrollierbarer Faktoren vorzunehmen. Kirchenglied im vollen Sinne ist demnach jedenfalls der Getaufte, der aufgrund der rechtfertigenden Gnade Gottes in der römisch-katholischen Kirche lebt. Diese These wird verständlicherweise vorwiegend von Dogmatikern vertreten – Vorkämpfer ist der verstorbene Dogmatiker Karl Rahner. Der Nachteil der These: Kirchengliedschaft ist dann nicht mehr unwidersprechlich feststellbar, weil das Leben in der rechtfertigenden Gnade nicht von außen konstatierbar ist. Trotzdem hat die These einen theologisch und auch ökumenisch enormen Vorteil: Sie vermeidet die unerträgliche Konsequenz, daß es für die Kirchengliedschaft völlig unerheblich ist, ob jemand in der Wirklichkeit lebt, die zu bezeugen und in die einzuladen die Kirche doch da ist: in der Liebe und Gnade Gottes. Freilich muß man nun unterscheiden zwischen Gliedern der Kirche, die zwar, wie das

Konzil sagt, dem Leibe nach, aber nicht dem Herzen nach zur Kirche gehören (Art. 8; 14). Im Klartext: Es kann »schwere Sünder« geben, die in der Kirche alle Rechte genießen und ausüben. Es kann ebenso gerechtfertigte, im Frieden mit Gott lebende Christen geben, die die Kirche in verblendetem Urteil exkommuniziert hat. Mit der Schilderung dieser beiden Thesen zur Kirchengliedschaft ist deutlich, auf welcher Linie sich das Konzil bewegt. Ohne den Ausdruck »Kirchengliedschaft« im technischen Sinne zu verwenden, argumentiert es auf der dogmatischen Linie eines Karl Rahner. *Daraufhin* können dann in einer völlig positiven Würdigung die »kirchlichen Elemente« bei den nicht-katholischen Christen in Art. 15 und sogar bei den Nicht-Christen in Art. 16 der Kirchenkonstitution aufgezählt werden. Die Kirche vereinnahmt dadurch die Nicht-Katholiken und die Nicht-Christen nicht, wohl aber anerkennt sie ihr Leben als ein Leben mit den Gaben und aufgrund der Gaben, die sie zugleich als Gaben an die Kirche erkennt. Nicht heimliche »Glieder der Kirche« erkennt die Kirche in den Nicht-Katholiken wieder, sondern Gaben, die ihr selbst auch geschenkt wurden – und, wie wir mit dem Ökumenismusdekret hinzufügen dürfen: die gelegentlich bei den Nicht-Katholiken noch mehr zum Leuchten gebracht wurden als bei den Katholiken (vgl. dort Art. 4; 17; 21; 23).
Die mit diesen Gaben Beschenkten sind aufgrund dessen objektiv mit der Kirche »verbunden«. Da anzunehmen ist, daß sie auch in der Gnade Gottes leben – das Gegenteil kann man jedenfalls nicht überprüfen und darf es darum auch nicht vermuten –, stehen sie in derselben Weise in der Einheit der Kirche, die sich aus dem »Subsistieren« der einen heiligen Kirche in der konkreten Kirche ergibt: Sie stellen die konkrete Papstkirche vor die Frage, wie weit es zuletzt an ihr selbst liegt, daß es bei der separaten Existenz ihrer eigenen »Elemente« außerhalb ihres »Gefüges« bleibt.

7. Ökumenismus der Bekehrung

Aus den vorgeführten »harten«, buchstäblich »anspruchs-vollen« und unnachgiebigen Aussagen zu den Bedingungen von Kircheneinheit und ebenso aus den erläuterten Selbstrelativierungen zieht das Ökumenismusdekret nun die Konsequenzen für das praktische ökumenische Handeln der römisch-katholischen Kirche.
Zunächst dies: Der ursprünglich geplante Titel des 1. Kapitels sollte lauten: »Die Prinzipien des katholischen Ökumenismus«. Dies wurde geändert in: »Die katholischen Prinzipien des Ökumenismus«. Der klare Grund dafür war: Es gibt keinen »katholischen

Ökumenismus«, es gibt nur einen Ökumenismus, in den sich die katholische Kirche nach *ihren* Grundsätzen und *ihrem* Selbstverständnis einschaltet. Das hindert zwar evangelische Kritiker bis heute nicht, von einem »katholischen (römischen) Ökumenismus« zu sprechen[30] – und leider inzwischen auch unbedacht formulierende kirchliche Amtsträger nicht.[31] Doch darauf kann man nur antworten: Wenn schon, dann gibt es auch einen *evangelischen* Ökumenismus, denn selbstverständlich beteiligt sich jede Kirche nach *ihren* eigenen Grundsätzen an der ökumenischen Bewegung.
Das Bedeutsame an den Formulierungen des Ökumenismusdekretes ist nun, daß sich hier die römisch-katholische Kirche bewußt in die ökumenische Bewegung hineinbegibt, die *außerhalb ihrer selbst entstanden ist*, also in die *bestehende* ökumenische Bewegung. Im Licht der sonstigen Verhältnisbestimmungen zwischen Papstkirche und den nicht-katholischen Kirchen heißt das: Die in sich selbst eine Kirche unter der Leitung des Nachfolgers Petri und der Bischöfe in Gemeinschaft mit ihm, die der einen und einzigen Kirche Jesu Christi als »konkrete Existenzform« dient, begibt sich in die Einigungsbemühungen unter den »Elementen« ihrer selbst außerhalb ihrer selbst, und zwar unter *deren* Entstehungsvoraussetzungen, nicht unter ihren eigenen. Damit begibt sich die Kirche, die ja gleichzeitig den Integrationsgrundsatz aufrechterhält, in eine logisch ausweglose Lage. Und sowohl inner- wie außerkirchlich hat man ihr auch vorgehalten, was denn vom »Dialog« noch bleibe, wenn der eigene Standpunkt ausdrücklich nicht infrage gestellt werden dürfe.[32] Die Antwort des Ökumenismusdekretes ist: *Bekehrung*. Man kann die immer wiederholten Weisungen des Dekretes auf folgende Stichworte bringen: Bekehrung, Treue zur eigenen Berufung, Reform. Unterstichworte sind:
Zur *Bekehrung*: Selbstverleugnung, Anerkennung der eigenen Sünde, insbesondere der Sünde gegen die Einheit, Besinnung auf die vielen Gemeinsamkeiten mit den anderen Kirchen, die das Dekret je an seinem Ort mit Akribie aufzählt, Studium in wohlwollender Gesinnung.
Zur *Treue*: Reines Leben nach dem Evangelium, geduldiger Dienst, geschwisterliche Herzensgüte, Wahrheitsliebe, Demut.
Zur *Reform*: Alles, was menschliche Einrichtung in der Kirche ist (und wieviel ist das im Vergleich zur unveräußerlichen göttlichen Stiftung, selbst nach ganz traditionellem katholischen Verständnis!), unterliegt der dauernden Reform. Auch die Art der Lehrverkündigung, die »von dem Glaubensschatz selbst genau unterschieden werden muß« (Art. 6), muß reformiert werden, wenn sie Sprachbarrieren gegenüber den getrennten Kirchen schafft (vgl.

Art. 11). Eben dazu gehört auch die schon zitierte Beachtung der
»Hierarchie der Wahrheiten«.
Aus diesen Grundforderungen werden die konkreten Weisungen
abgeleitet, z. B. die Pflicht der Sachkunde – darum die Ausbildung
der Priester in den Fragen der ökumenischen Theologie –, die Anregung interkonfessioneller Begegnungen und Diskussionen, die
gemeinsame Arbeit vor allem im sozialen und erzieherischen Bereich usw. Das alles sei der »Weg zur Einheit« (Art. 12).
Der frühere Generalsekretär der Kommission für »Faith and Order« des Ökumenischen Rates der Kirchen, Lukas Vischer, hat
1974 in einem Vortrag zum Gedenken an die Verabschiedung des
Ökumenismusdekretes zehn Jahre zuvor gegen dieses Dekret den
Vorwurf erhoben, es bewege sich dogmatisch um keinen Schritt
vorwärts und verbleibe bei großzügigen Weisungen zur praktischen
Zusammenarbeit – die übrigens die Möglichkeiten des Textes keineswegs ausschöpft: Man erkundige sich etwa nach den Widerständen, wenn eine katholische und eine evangelische Gemeinde ein gemeinsames Gemeindezentrum bauen und ihre sozialen Dienste zusammenlegen wollen.[33] Diese Kritik habe ich selber lange nachgesprochen. Ich bin heute anderer Meinung.
Die logisch ausweglose Lage, auf der »Eingliederung« aller Christen bestehen zu müssen und zu wollen und gleichzeitig an Wege
der Einheit zu glauben, enthält die ganze Pointe der Konzilslehre
von der Einheit der Kirche. Es bestätigt sich, was wir eingangs sagten: Das Konzil weiß *keinen* dem katholischen Christen möglichen
Weg zur Einheit der Kirchen. Das ist die große Enttäuschung für
alle, die auf das Konzil nicht ihre eigenen ökumenischen Wünsche
projizieren, sondern es sagen lassen, was es wirklich sagt. Aber das
Konzil fordert dazu auf, sich bußfertig, im Bewußtsein des Unterschiedes zwischen Glaubenswahrheit und Lehrformulierung und
unter dem Maßstab der Sachkunde in den ökumenischen Dialog zu
begeben, und zwar *nicht* nur hinsichtlich der Möglichkeiten praktischer und pragmatischer Zusammenarbeit. Das ist die große Gewissensermahnung an alle, die das Konzil dazu gebrauchen wollen,
alles so zu lassen, wie es ist. Wenn *beides,* das Nichtwissen um den
Weg und die Ermahnung zum Dialog, stehenbleiben sollen, dann
kann das nur heißen: Das Konzil vertraut darauf, daß in diesem
sachkundigen und bußfertigen Dialog sich unter dem Antrieb des
Heiligen Geistes Wege der Einheit zeigen werden, vor denen wir
jetzt bestenfalls eine Ahnung haben können. Die Treue zur Lehre
der Kirche wird dem Wehen des Geistes in diesem Dialog selbst anvertraut, um nicht zu sagen: ausgeliefert. Und den Geist darf man
bekanntlich nicht auslöschen.

III. Zukunft der Ökumene?

1. Einheit ist nicht »machbar«

Unsere These zu Beginn der Interpretation des Ökumenismusdekretes hat sich also leider bestätigt: Das Konzil weist uns *keinen* sofort und problemlos gangbaren Weg zu einer neuen Einheit der in viele Konfessionskirchen zertrennten Christenheit. Welche Zukunft die Ökumene auf der Grundlage der Konzilstexte haben würde, war darum 1964 überhaupt nicht absehbar. Bis auf einen Punkt: Das Konzil ermutigt alle Christen und besonders die Theologen, sich offenherzig und lernbereit ins ökumenische Gespräch zu begeben, ja hineinzustürzen. Und so arbeiteten denn auch für eine Reihe von Jahren die in ökumenischen Fragen kompetenten Theologen im Rampenlicht der kirchlichen und öffentlichen Aufmerksamkeit, wurden in offizielle und halboffizielle Dialog-Kommissionen berufen, erarbeiteten ein sogenanntes »Konsenspapier« nach dem anderen.[34] Gleichzeitig schmolzen die Berührungsängste auf Gemeindeebene dahin, und es entwickelten sich Selbstverständlichkeiten ökumenischer Zusammenarbeit bis hin zu Versuchen ökumenischer Gemeindezentren, von denen sich die Christen in allen Kirchen ein Jahrzehnt zuvor nichts hätten träumen lassen. Indirekt beflügelte das Konzil auch die ökumenischen Anstrengungen innerhalb des Ökumenischen Rates der Kirchen, vor allem in der Kommission für »Faith and Order«, deren Generalsekretär Lukas Vischer ja, wie schon erwähnt, auch Beobachter auf dem Konzil war. So kann man allein für die Jahre nach dem Konzil bis heute ein dikkes Buch schreiben mit dem Titel »Geschichte der ökumenischen Bewegung«, wie es solche Bücher für die Zeit bis zum Konzil schon gibt. Wir können auf diese Geschichte hier nicht eingehen. Auf einige Einzelheiten müssen wir im letzten Kapitel dieses Buches zurückkommen und es an dieser Stelle im übrigen beim Hinweis auf die Leseempfehlungen belassen.

Ein Triumphzug des Fortschrittes ist diese Geschichte allerdings keineswegs geworden. Neben den nicht mehr umkehrbaren Selbstverständlichkeiten und auch den großen, eindrucksvollen Gesten des guten Willens zum Miteinander, neben der, wie man es schon genannt hat, »Ökumene der beschwörenden Worte«[35] stehen die Rückschläge, stehen auch amtskirchliche Maßnahmen – nicht nur von seiten der römisch-katholischen Kirche –, bei denen man sich fragt, ob ihre ökumenische Blockadewirkung Ergebnis leichtsinniger Unbedachtheit oder sogar gezielter Absicht war. Ökumenische Theologen arbeiten heute schon wieder eher im Schatten des kirchlichen Interesses und unter dem Mißtrauen vieler Christinnen und Christen, die konfessionelle Eindeutigkeit wieder der ökumenischen Offenheit vorzuziehen geneigt scheinen. Diese Entwicklungen waren 1964, als das Ökumenismusdekret verabschiedet wurde, weder in der einen noch in der anderen Richtung abzusehen. Um die tatsächlich eröffneten Perspektiven gerecht würdigen zu können, kehren wir am günstigsten noch einmal zu dem schon erwähnten »Einheitsmodell« des Ökumenischen Rates der Kirchen zurück. Schaut man nämlich auf die Sache, so ist die Stellungnahme des Konzils gar nicht so weit davon entfernt. *Beide*, das Konzil und der Ökumenische Rat, wissen eigentlich keinen Rat, wie es weitergehen soll. Beide vertrauen auf die Führung des Geistes Christi. Beide verlangen weder von sich selbst noch voneinander die Aufgabe eigener Überzeugungen und Lebensformen, solange sie sich nicht als theologisch unverantwortbar erwiesen haben. Mit einem Wort: Einheit der Kirche ist nicht das Ergebnis dessen, was man geringschätzig, aber mit einem dicken Korn Wahrheit schon »Verhandlungsökumene« genannt hat.

Es gibt nur *einen* Unterschied zwischen dem Ökumenismus des Ökumenischen Rates der Kirchen und dem sogenannten »katholischen Ökumenismus«, und dieser Unterschied zeigt – man verzeihe – die Schwäche des Genfer Konzeptes und die Stärke des römischen. Für den Ökumenischen Rat der Kirchen ist seine Einheitsformel – der Kreis der Kirchen um den Mittelpunkt Christus auf der Suche nach der Einheit – eine ausgesprochene Ausklammerungsformel. Nichts darf der Ökumenische Rat der Kirchen weniger sein wollen als eine Super-Kirche – er würde sofort auseinanderbrechen, wenn man dies auch nur andeutungsweise als sein Selbstverständnis formulieren wollte. Der Ökumenische Rat der Kirchen klammerte – damals – das Problem der einen Kirche bewußt aus, pragmatisch, zur Beruhigung aller denkbaren Befürchtungen. Erst nach der Konzilszeit – angeregt durch das Konzil? – machte er die (auch) sichtbare Einheit der Kirche zum Thema theologischer Studienprojekte. Das Konzil, also die römisch-katholische Kirche dagegen stellt sich öffentlich in die Zerreißprobe der Logik und klammert gerade nicht aus, sondern verlangt, diese paradoxe Situation anzunehmen und zu bestehen. Ich sehe nicht, wie man der nicht »machbaren«, sondern zu erhoffenden, zu erbetenden, zu empfangenden Einheit ehrlicher dienen könnte. Zumal dann, wenn man noch eine andere Paradoxie in Betracht zieht, die das Konzil voll bewußt als offene Frage in die Texte hineingeschrieben hat.

2. »Kirchen und kirchliche Gemeinschaften«

Wie sollte man die nicht-katholischen Christen in ihren je eigenen Kirchen und Gemeinschaften von katholischer Seite aus nennen? Die traditionelle Antwort auf diese Frage war klar: Sie waren in der Sprache des Kirchenrechts von 1917 »nicht-katholische Sekten« (*sectae acatholicae*)[36]. In der Regel werden aber nicht einmal diese genannt, sondern einfach nur die »Nicht-Katholiken« (*acatholici*). Die Enzyklika *Mystici Corporis* von 1943 bestimmt die Kirche wesenhaft von ihrer juridischen sichtbaren Struktur her, kann daher als wahrhaftes Mitglied (*reapse*) nur zählen, wer katholisch getauft ist und am sichtbaren kirchlichen Leben teilnimmt.[37] Die Nicht-Katholiken kommen wiederum nicht in ihren Kirchen und kirchlichen Gemeinschaften, sondern nur als irrende Individuen in den Blick, für die gebetet und die dringlichst eingeladen werden, sich dem sichtbaren Leib der katholischen Kirche (wieder) anzuschließen, weil sie sonst so sehr der wirksamen Mittel des Heiles entbehren müßten, daß sie ihres Heiles nicht sicher sein könnten.[38]

Die Wahrheit gebietet, darauf hinzuweisen, daß der Autor dieser Enzyklika, Papst Pius XII., nach dem Zweiten Weltkrieg, diese Sicht der Dinge in der Praxis vielfältig überschritten hat, und es war wie ein Höhepunkt seiner vorsichtigen Annäherungen an die ökumenische Bewegung, als er 1956 den ersten evangelischen Bischof im Vatikan empfing, Otto Dibelius von Berlin – das Foto ging damals um die Welt. Das alles freilich berührte nicht den Grundsatz. Den freilich konnte so niemand durchhalten und neu zu Papier bringen im Angesicht der nicht-katholischen Beobachter-Tribüne in der Konzilsaula.

Die Entscheidung fiel wieder einmal bei einer Überschrift, nämlich der zum dritten Teil des Ökumenismusdekretes.[39] Ursprünglich sollte es, ganz im Geist der traditionellen Sprachregelung, einfach heißen: »Die nicht-katholischen Christen«. Die Diskussion mahnte sofort an: Es geht hier doch nicht um Christinnen und Christen als Individuen, es geht um das Verhältnis der katholischen Kirche zu den verschiedenen *Gemeinschaften* der Nicht-Katholiken. Die Vertreter der mit Rom unierten orthodoxen Kirchen haben nun schon in der Debatte über die Kirchenkonstitution hinreichend deutlich gemacht, daß ihnen nichts fehlt, was die lateinische Kirche als wesentlich zum sichtbar-unsichtbaren Sein der Kirche zählt, daß sie also katholisch sind und in ihrem Katholisch-Sein trotzdem von der Tradition der lateinischen Kirche vollkommen unabhängig. Konnte man da, den Vertretern z. B. der Patriarchate von Moskau und Konstantinopel ins Angesicht, die These wagen, allein wegen der

Nichtanerkennung des päpstlichen Primates im westkirchlichen Verständnis seien die nicht-unierten orthodoxen Ostkirchen *keine* »Kirchen«? So fiel es – nun nachzulesen im 1. Abschnitt des 3. Kapitels des Ökumenismusdekretes (Art. 14–18) – nicht schwer, die orthodoxen Kirchen des Ostens, ob uniert oder nicht, als »Kirchen« anzusprechen. Schwieriger wurde es bei den Kirchen, die aus den Kirchenspaltungen im Abendland hervorgegangen sind – vorwiegend denen aus der Reformation, aber nicht nur bei ihnen.
Eine Zwischenbemerkung an dieser Stelle: Wegen der schwierigen historischen Sachlage hat man darauf verzichtet, die verschiedenen nicht-katholischen Kirchen *sachlich* voneinander abzugrenzen. Nicht alle orthodoxen Ostkirchen haben sich ja erst im Jahre 1054 von Rom und anderen Kirchen getrennt, einige vielmehr schon im Zusammenhang der altkirchlichen Konzilien. Und nicht alle westlichen nicht-katholischen Kirchen haben sich aufgrund der Reformation von Rom getrennt, die italienischen Waldenser z. B. schon im Spätmittelalter, die böhmischen Hussiten im 15., die Altkatholiken im 19. Jahrhundert – und manche anderen Kirchen haben sich nicht von Rom, sondern von den reformatorischen Großkirchen getrennt. Um sich aus all diesen verwickelten Problemen herauszuhalten, hat man nicht nur darauf verzichtet, die nicht-katholischen Kirchen einzeln zu charakterisieren, sondern auch darauf, ihre historischen Ursprünge zu nennen. So erklärt sich die in der Tat für alle zutreffende Überschrift: »Die vom Römischen Apostolischen Stuhl getrennten Kirchen und kirchlichen Gemeinschaften«.
Warum aber nun dieser Doppeltitel »Kirchen und kirchliche Gemeinschaften«? Dahinter steht das in der deutschen ökumenischen Diskussion kaum bekannte Faktum, daß nicht nur die Kirche Roms Probleme hat, bestimmte in der Neuzeit entstandene Kirchen als »Kirchen« zu bezeichnen, sondern umgekehrt die betreffenden Gemeinschaften – es sind vor allem solche in den USA, die mit den alten Großkirchen schlechte Erfahrungen gemacht haben – für sich selbst den Titel und das Selbstverständnis als »Kirche« ablehnen, obwohl sie Mitglied des Ökumenischen Rates der *Kirchen* sind.
Aber konnte man sich denn überhaupt gegenüber den Kirchen aus Abspaltungen im Abendland auf irgendwelche »kirchliche« Prädikate einlassen? Gut, man war denn doch bald über *Mystici Corporis* hinaus. An die Stelle der »wirklichen Gliedschaft« – kirchenrechtlich eindeutig, aber theologisch viel zu undeutlich – war schon die Formel getreten, wonach die nicht-katholischen Christen, eben insbesondere die aus den westlichen Kirchenspaltungen, »nicht voll« in die katholische Kirche »eingegliedert« seien – in bestimmtem Ausmaß also doch. Das entsprach der in der Theologie ausgearbeiteten

Linie einer »gestuften« Gliedschaft in der Kirche. Zudem war, wie gezeigt, die ehrliche Überzeugung von den »Elementen der Heiligung und Wahrheit« in den nicht-katholischen Kirchen und kirchlichen Gemeinschaften, wie viele oder wie wenige es auch sein mochten, in der Konzilsaula konsensfähig geworden.[40] Und überhaupt war man gesonnen, die christlichen Überzeugungen und die christliche Praxis in den nicht-katholischen Gemeinschaften zu loben und anzuerkennen, soweit es nur eben ging. Die Konsequenz: Nicht, wie bisher allgemein gedacht, *trotz* ihrer Mitgliedschaft in den nicht-katholischen Kirchen und kirchlichen Gemeinschaften, sondern *in* ihnen finden die nicht-katholischen Christinnen und Christen zum Heil (Kirchenkonstitution Art. 14; im Ökumenismusdekret Art. 20–23). Keine Rede mehr davon, daß sie wegen zahlreich fehlender Heilsmittel ihres Heiles nicht sicher sein könnten.

Was fehlt ihnen also, um Kirche zu sein? Schaut man sich die Texte an, die die »volle« Eingliederung in die »katholische Kirche unter dem Nachfolger Petri« beschreiben, dann besteht die »Fülle« stets in der Vollzähligkeit der *institutionellen* Mittel, durch die die Kirche *auch* »Sakrament« der Einheit der Menschen mit Gott und untereinander ist. Aber was bedeutet es, wenn z. B. – und da haben die nicht-katholischen Beobachter in Rom selbst die Augen aufgemacht und ihre Eindrücke auch zu Protokoll gegeben – nur ganz wenige Menschen faktisch von diesen institutionellen Heilsmitteln der Kirche erreicht und zur Einheit mit Gott und untereinander geführt werden, während umgekehrt nicht-katholische Gemeinschaften in großer Zahl zu lebendigem Glauben an Gott und seine Gegenwart in Jesus Christus, zur Gemeinschaft im Heiligen Geiste geführt werden, obwohl einige der in der katholischen Kirche »voll« vorhandenen institutionellen Mittel hier fehlen? Kann man mit größter Offenherzigkeit die Vorzüge und die Heilsbedeutung des kirchlichen Lebens in den von Rom getrennten Kirchen und Gemeinschaften preisen, dann aber doch ausschließlich am Maßstab der *institutionellen* »Mittel« über Kirche-Sein und Nicht-Kirche-Sein entscheiden?

Es ist der italienischen Bischof Andrea Pangrazio, dessen Name hier ewiges Gedenken in der Konzilsgeschichte verdient, weil er den Konzilsvätern mit folgenden Worten wirksam ins Gewissen geredet hat:

»Es ist ein guter Gedanke, all die Elemente der Kirche aufzuzählen, die mit Gottes Gnade in diesen Gemeinschaften bewahrt worden sind und weiterhin ihre erlösenden Wirkungen hervorbringen. Doch wenn ich meine bescheidene Meinung zum Ausdruck bringen darf, so will mir scheinen, ein solcher Katalog sei zu ›quantitativ‹, wenn ich einmal diesen Ausdruck gebrauchen darf. Es will mir scheinen, daß diese Elemente ganz einfach aufeinandergehäuft sind. Ich glaube aber, daß noch ein Band notwendig ist, das diese verschiedenartigen Elemente zu einer Einheit zusammenfaßt. Wir sollten daher das Zentrum hervorheben, auf das all diese Elemente bezogen sind und ohne das sie keine Erklärung finden. Dieses Band und Zentrum ist Christus selbst, den alle Christen als Herrn der Kirche anerkennen, dem die Christen aller Gemeinschaften zweifellos aus gläubigem Herzen dienen wollen, und der in seiner Gnade durch seine tätige Gegenwart im Heiligen Geist so wunderbare Dinge auch bei getrennten Gemeinschaften vollbringt – nicht aufgrund menschlicher Verdienste, sondern allein durch sein Gnadenwirken.«[41]

Mit einem Satz: Man kann auch den Kirchen der Reformation und den anderen Kirchen, die aus Kirchenspaltungen im Bereich der Westkirche hervorgegangen sind, das Kirche-Sein grundsätzlich nur absprechen, wenn man, entgegen all dem, was man schon in der Kirchenkonstitution gesagt hat, eben doch, wenn es zum Schwur kommt, bei einem rein juridischen Kirchenbegriff verbleibt. Dies wollte die überwältigende Mehrheit des Konzils nicht mehr. Darum bedurfte es nun nur noch des weisen Ratschlags von Kardinal König (Wien), um die Lösung zu finden. Er schlug vor, in bezug auf die getrennten Kirchen des Westens von »Kirchen und kirchlichen Gemeinschaften« zu sprechen. Damit war einerseits keine Gemeinschaft, die dem Weltkirchenrat angehörte, ausgeschlossen. Anderseits war das Selbstverständnis der Gemeinschaften, die sich selbst ausdrücklich als »Kirche« verstanden, in den Sprachgebrauch aufgenommen. Schon in der Eröffnungsansprache zur dritten Tagungsperiode des Konzils hat Papst Paul VI. die Vertreter der getrennten Kirchen mehrfach mit dem Ausruf: »O Ecclesiae« (»Ihr Kirchen«) angeredet. Nur aus Höflichkeit?

Die Theologie der Folgezeit hatte selbstverständlich ihr Thema. Denn das Konzil hat es ganz bewußt nur bei einem *Sprachgebrauch* belassen und theologisch die Frage völlig offen gelassen, welche der getrennten Kirchen des Westens nach katholischem Verständnis nun wirklich den Namen einer »Kirche« beanspruchen konnte. Eine Frage, die um so wichtiger war, sobald Rom, wie gezeigt, ernsthaft nicht mehr an eine »Rückkehr-Ökumene« dachte, die getrennten Kirchen und kirchlichen Gemeinschaften also nur als »Teilkirchen« im Sinne von Artikel 23 der Kirchenkonstitution in der künftigen einen Kirche würde begrüßen können. Die Kräfte des Beharrens ließen denn auch nichts unversucht, zu verhindern, daß aus der Überschrift des 3. Teils des Ökumenismusdekretes ökumenisches Kapital geschlagen würde – bis heute. Aber grundsätzlich kann nun niemand mehr an Wortlaut und Geist des Konzils vorbei: »Elemente« (Kirchenkonstitution Art. 8) werden zur *Kirche*.

Leseempfehlungen:

Zum Ganzen: LThK.E II (1967), 9–126.

Zu I.: *George H. Tavard,* Geschichte der Ökumenischen Bewegung, Mainz 1965 (frz. 1961); *Ökumenischer Rat der Kirchen* (Hg.), Es begann in Amsterdam. Vierzig Jahre Ökumenischer Rat der Kirchen (Beiheft zur Ökumenischen Rundschau Nr. 59), Frankfurt am Main 1989; *Reinhard Frieling,* Der Weg des Ökumenischen Gedankens. Eine Ökumenekunde, Göttingen 1992.

Zu II.: Zu allen Unterabschnitten kann nur auf die Spezialliteratur in den Anmerkungen verwiesen werden. Überblicke und Stellungnahme zur kirchenamtlichen Situation sowie zur theologischen Diskussion sind zu finden bei: *Heinz Schütte,* Ziel: Kirchengemeinschaft. Zur ökumenischen Orientierung, Paderborn 1985; *ders.,* Kirche im ökumenischen Verständnis – Kirche des dreieinigen Gottes, Paderborn-Frankfurt am Main ²1991; *Heinrich Fries/Otto Hermann Pesch,* Streiten für die eine Kirche, München 1987.

Dokumentation: *Harding Meyer/Damaskinos Papandreou/ Hans-Jörg Urban/Lukas Vischer (Hg.),* Dokumente wachsender Übereinstimmung. Sämtliche Berichte und Konsenstexte interkonfessioneller Gespräche auf Weltebene. Bd. 1: 1931–1982, Paderborn-Frankfurt am Main ²1991; Bd. 2: 1982–1990, 1992.

Zu III.: Die Zukunft der Ökumene steht unter dem Schlagwort vom »Ökumenischen Stillstand«. Als Gegengewicht dazu ist hinzuweisen auf zwei Vorgänge und wenige ausgewählte ermutigende Stimmen. Die Vorgänge sind ein persönlich-theologisches und ein offiziell erbetenes Gutachten: *Heinrich Fries/Karl Rahner,* Einigung der Kirchen – reale Möglichkeit, Freiburg i. Br. 1983, Sonderausgabe mit Nachwort über die Diskussion ²1986 (7. Aufl. insgesamt); in *Fries/Pesch* (s.o.) berichtet Heinrich Fries ausführlich über die ungemein lebhafte Diskussion über dieses Buch. *Karl Lehmann/Wolfhart Pannenberg (Hg.),* Lehrverurteilungen – kirchentrennend? I.: Rechtfertigung, Sakramente und Amt im Zeitalter der Reformation und heute, Freiburg i. Br.- Göttingen 1986. Es handelt sich um ein von der Gemeinsamen Ökumenischen Kommission der Deutschen Bischofskonferenz und des Rates der Evangelischen Kirche in Deutschland in Auftrag gegebenes Gutachten, ob und gegebenenfalls wie weit die im 16. Jahrhundert ausgesprochenen wechselseitigen Verurteilungen die Schwesterkirchen von heute noch treffen. Bericht darüber ebenfalls bei *Fries/ Pesch.* Dem Dokument folgten unter demselben Haupttitel 1989 und 1990 noch zwei »Materialbände« mit Dokumentationen und Kommentaren, die nur für Fachtheologen von Bedeutung sind. Die wiederum äußerst lebhafte, teilweise erbitterte Diskussion um dieses Gutachten ist noch nicht bilanziert. Vgl. aber w. u. im 11. Kapitel, III. 1. e)

Wenige Stimmen unter vielen: *Heinrich Fries*, Ökumene statt Konfessionen? Das Ringen der Kirche um Einheit, Frankfurt am Main 1977; *Peter Niederstein*, Christen am runden Tisch. Ermutigungen zur ökumenischen Bewegung. Mit einem Nachwort von Kurt Koch, Zürich 1990; *Kurt Koch*, Gelähmte Ökumene. Was jetzt zu tun ist, Freiburg i. Br. 1992; *Andreas Karrer u. a. (Hg.)*, Ökumenische Theologie in den Herausforderungen der Gegenwart. Lukas Vischer zum 65. Geburtstag, Göttingen 1992; und *Peter Eicher (Hg.)*, Neue Summe der Theologie, Bd. 3: Der Dienst der Gemeinde, Freiburg i. Br. 1989, 2. Teil: Umkehr zur Ökumene, 185–236 (*Michael Weinrich, Joseph Hoffmann*); unter ethischem Aspekt: *Bernhard Häring*, Frei in Christus. Moraltheologie für die Praxis des christlichen Lebens, II, Freiburg i. Br. 1980, 267–319.

Vgl. auch die ganz dieser Thematik gewidmete und über alle ökumenischen Vorgänge informierende Zeitschrift *Ökumenische Rundschau*, bes. Jg. 1992 und 1993; und die neu eröffnete Buchreihe »Ökumene konkret«, Zürich-Neukirchen 1992 ff., darin bis jetzt bes. *Teresa Berger/Erich Geldbach* (Hg.), Bis an die Enden der Erde. Ökumenische Erfahrungen mit der Bibel, 1992; *Johannes Brosseder/Hans Georg Link* (Hg.), Gemeinschaft der Kirchen. Traum oder Wirklichkeit?, 1993.

Siebtes Kapitel

»Befreit uns von diesen Knöpfen und Bändern, die keiner will!«

Amt und Hierarchie nach den Texten des Konzils

Der Titel dieses Kapitels gibt den Ausruf eines Bischofs in der Debatte um das Dekret über die Bischöfe wieder. Er wird zu einem Maßstab für eine Lektüre der Texte über Amt und Hierarchie, die das Konzil verabschiedet hat. Man beachte: Die »Knöpfe und Bänder« bei der bischöflichen Amtstracht gehen wie diese selbst zurück auf die Abzeichen und die Amtstracht der kaiserlichen Beamten Ostroms. Bilder von Bischöfen aus Lateinamerika aus den Jahren des Streites um die »Theologie der Befreiung« zeigen, daß lateinamerikanische Bischöfe in der Tat – abgesehen vom Gottesdienst – ohne Knöpfe und Bänder einhergehen, in der Tracht (Hemd und vergammelte Hose) der armen und ausgebeuteten Landarbeiter. Das Gegenbeispiel: Vor nicht langer Zeit wurde ein mir bekannter, am Generalvikariat seiner Diözese tätiger Priester zum »päpstlichen Hauskaplan« (»Monsignore«) ernannt. Der Ernennungsurkunde war diskret eine Information beigefügt, welche mit dieser neuen Würde früher verbundenen besonderen Kleidungsstücke – buchstäblich »Knöpfe und Bänder«, Quasten, Schulterumhang, besondere Schnallenschuhe u. a. m. – inzwischen »abgeschafft« seien, welche anderen hingegen nach wie vor bei besonderen Anlässen, besonders beim Gottesdienst des Bischofs in der Kathedrale, weiterhin getragen werden dürften/sollten – ein deutliches Indiz, daß manchen Leuten in der Kirche die »Knöpfe und Bänder« immer noch wichtig sind.

Aber es geht hier nicht nur um Kleider, es geht um das dahinterstehende Amtsverständnis und seine Neuorientierung durch das Konzil. Wir können und müssen darauf in diesem Kapitel nicht allzu ausführlich eingehen – weil es *unmittelbar* nur wenige (männliche) Mitchristen in der Kirche betrifft. Mittelbar aber bekommt die ganze Kirche, wie gerade das letzte Jahrzehnt lehrt, es zu spüren, wenn die konziliaren Aussagen über das kirchliche Amt sich in der Lebenswirklichkeit der Kirche durchsetzen oder an ihrer Durchsetzung gehindert werden.

I. Zur Vorgeschichte

1. Vom Apostelnachfolger zum Mitglied des Bischofskollegiums

Bekanntlich hat das Konzil die Konstitution über die Kirche und das »Dekret über die Hirtenaufgabe der Bischöfe in der Kirche« – wir sagen im folgenden der Kürze halber: »Bischofsdekret« – gleichzeitig erarbeitet, wenn auch das Bischofsdekret im Unterschied zur Kirchenkonstitution erst in der vierten Tagungsperiode, nämlich am 28. Oktober 1965, feierlich verabschiedet wurde. So kommt es, daß das Bischofsdekret nicht nur auf Schritt und Tritt die einschlägigen Aussagen der Kirchenkonstitution rekapituliert, oft sogar ausführlich wörtlich zitiert, sondern auch theologisch sich auf der Linie bewegt, die durch die Weichenstellungen der Kirchenkonstitution vorgegeben war. An die entscheidende Weichenstellung erinnern wir uns. Sie erfolgte durch die Vorordnung des Kapitels über »Das Volk Gottes« vor den Ausführungen über die Hierarchie. Und das diese betreffende 3. Kapitel der Konstitution steht nicht mehr unter der Überschrift »Die Hierarchie«, sondern »Die hierarchische Verfassung der Kirche, insbesondere das Bischofsamt«[1].
Schon in der Debatte um die Kirchenkonstitution und von daher natürlich auch in der Diskussion über das Bischofsdekret war der »Knackpunkt« die Frage nach der »Kollegialität« der Bischöfe – mit dem Nachfolger Petri und untereinander. Was bedeutet es nicht nur in der schönen theologischen Theorie, sondern dann auch in der Praxis, wenn der »Oberste Bischof der katholischen Kirche« (Erstes Vatikanisches Konzil[2]) die Bischöfe der Weltkirche – wir erinnern uns: knapp 3000 an der Zahl! – als seine »Kollegen im Amt« zu betrachten hat? Was bedeutet es, wenn der einzelne Bischof in seinem Amt nicht wie ein Einzelkämpfer ist, mit allen Vollmachten, aber auch mit letztlich unteilbarer Verantwortung, sondern sein Amt hat und ausübt als Mitglied eines »Kollegiums« oder, wie der andere gleichbedeutende Ausdruck in den Konzilstexten lautet: einer »Körperschaft« (*corpus*)? Traditionell und erst recht seit dem Ersten Vatikanischen Konzil, genauer: seit dem Brief der deutschen Bischöfe an Bismarck und dessen päpstlicher Bestätigung[3] war klar: Die Bischöfe üben ihr Amt kraft »göttlichen Rechtes« und als unmittelbare Jurisdiktionsträger aus, nicht als Beamte des Papstes. Jeder *einzelne* Bischof! Nach wie vor galt: Der Bischof ist »einziger Gesetzgeber in seinem Bistum« (*unicus legislator in sua Dioecesi*), d.h. seine Anordnung allein verleiht kirchlichen Weisungen Rechtskraft für den Bereich des Bistums und verpflichtet dementsprechend

die Gläubigen zum kirchlichen Gehorsam. Das gilt übrigens rechtlich mit nur geringen Einschränkungen trotz der gewachsenen Bedeutung der Bischofskonferenzen, von der noch zu reden sein wird, auch heute noch. Es galt und gilt auch im Verhältnis des Bischofs zu einer von ihm einberufenen Bistums-Synode. Während das Ökumenische Konzil immerhin zusammen mit dem Papst die oberste Leitungs- und Lehrvollmacht in der Kirche ausübt, ist eine Bistums-Synode ein reines Beratungsorgan, und der Bischof – in den letzten Jahrzehnten gab es dazu einigen Anschauungsunterricht – ist völlig frei, ihren Entschließungen Rechtskraft zu verleihen oder sie abzulehnen. Bischofskonferenzen, die es in verschiedenen Ländern schon seit langem gab (vgl. Bischofsdekret Art. 37), waren demnach erst recht keine beschlußfassenden Gremien, sie waren streng genommen nur informelle Beratungstreffen und nur faktisch – dadurch nämlich, daß sich alle an Verabredungen und Beschlüsse hielten – hatten sie Einfluß und dann auch durch ihre jeweiligen Vorsitzenden (in Deutschland vor dem Zweiten Weltkrieg herkömmlicherweise der Erzbischof und Kardinal von Breslau, nach dem Krieg lange Zeit im Wechsel die Kardinal-Erzbischöfe von Köln und München, seit 1987 erstmals ein »einfacher« Diözesan-Bischof, der Bischof von Mainz) eine repräsentative Funktion als amtlicher Sprecher der deutschen katholischen Kirche.
Dies alles also stand und steht nicht zur Debatte. Zur Debatte stand vielmehr die Frage: Wird ein Bischof Träger seines Amtes formal durch die vom Papst vollzogene Ernennung bzw. Bestätigung mit anschließender Weihe durch zwei oder mehr Bischöfe – oder wird er Bischof durch die in der Bischofsweihe geschehende Aufnahme in die »Körperschaft der Bischöfe«? Im ersten Fall ist die Bischofsweihe ein isoliertes Geschehen am einzelnen Bischof, die weihenden Bischöfe vollstrecken nur die Erhebung ins Amt durch den Papst. Darum haben ja auch die Päpste der neueren Zeit, wenn immer die Gelegenheit sich bot, selbst Bischofsweihen vorgenommen, vor allem, wenn es sich um Bischöfe von außereuropäischen Diözesen handelte. Diese Vorstellung von der Erhebung ins Bischofsamt entsprach einer bislang unbefragten, auf die mittelalterliche Theologie zurückgehenden These, die folgendes besagte: Das Wesen des Weihesakramentes besteht darin, daß es die Vollmacht mitteilt, die Eucharistie zu feiern und insbesondere die Konsekration der eucharistischen Gaben (die »Wandlung«) zu vollziehen. Das Priestertum in der Kirche wurde vom Verhältnis zur Eucharistie her definiert. Die Folge war: Da die Bischofsweihe die Vollmacht eines Priesters, die Eucharistie zu feiern, nicht steigert, besteht der Unterschied zwischen dem einfachen Priester und dem Bischof nur in der mit

dem Bischofsamt verbundenen Leitungsgewalt, der »Jurisdiktion«.[4] Man hätte dann freilich seinerzeit Luther nicht so böse darüber sein dürfen, wenn er unter dem Aspekt der geistlichen Aufgaben des kirchlichen Amtes jeden Unterschied zwischen einem Bischof und einem einfachen Pfarrer bestritt – zu einer Zeit, wo es durchaus vorkommen konnte, daß ein Bischof sich mit der Jurisdiktion begnügte, ohne sich weihen zu lasse.[5] Es ist allerdings verständlich, daß daraufhin die illegale, ohne vorausgehende Ernennung bzw. Bestätigung durch den Papst vollzogene Bischofsweihe als einer der schlimmsten Straftatbestände in der Kirche angesehen und mit strengsten kirchlichen Strafen geahndet wurde.[6] Bis heute wertet die Kirche, wie sich im Fall des verstorbenen Erzbischofs Marcel Lefebvre und seiner Anhänger gezeigt hat, die ungenehmigte Bischofsweihe als Tatbestand des Schismas, also der Kirchenspaltung und der Errichtung einer Gegenkirche.

Im Angesicht der Tribüne mit den nicht-katholischen Beobachtern, unter denen ja auch die Vertreter der von Rom getrennten Ostkirchen saßen, konnte aber die traditionelle These nicht ohne Rückfragen bleiben. Sollte etwa – utopisches Gedankenspiel! – bei einer neuen Kirchengemeinschaft mit den orthodoxen Ostkirchen deren Bischöfe in einem pauschalen Rechtsakt nachträglich vom Papst ernannt werden? Und dies, obwohl Rom doch die Bischofsweihe in den Ostkirchen immer als gültig anerkannt hat? Nein, es kann nur so sein: Die Bischofsernennungen bzw. die Bestätigungen von Bischofswahlen in der katholischen Kirche vollzieht der Papst nicht als Papst, als Bischof der Gesamtkirche, sondern als »Patriarch der lateinischen West-Kirche«, so wie auch die Patriarchen in den Ostkirchen auf ähnliche Weise Bischofsernennungen in ihrem Patriarchat vornehmen. Das ist also eine Frage der Jurisdiktion, der Zuweisung eines Bereiches für die Amtsausübung. Das Amt selber, das Bischofsamt, wird durch die Weihe übertragen, und deren »Gültigkeit« kann nicht von vorherigen Jurisdiktionsvorgängen abhängen. So kommt es zu der erst auf dem Konzil auf breiter Front ins Bewußtsein getretenen anderen These, die Bischofsweihe bedeute die Aufnahme in das »Kollegium der Bischöfe«, und es sei diese Eingliederung, aus der dem Geweihten alle geistliche Vollmacht zufließe. Die These hatte als Hintergrund auch noch ein unlösbares historisches Problem, vergleichbar dem, das zur These von der »Kirche als Grundsakrament« geführt hat.[7] Die historischen Erkenntnisse gestatten ja nicht länger die Fiktion, jeder Bischof stamme in seiner Amtsvollmacht durch eine ununterbrochene Kette der Handauflegungen (»Apostolische Amtsnachfolge«, *successio apostolica*) letztlich von *einem bestimmten* Apostel ab. Wir wissen

nicht, wohin es die Mehrzahl der Zwölf nach der ersten Jerusalemer Christenverfolgung (vgl. Apg 8,1; 12,17) verschlagen hat. Auch die Nachrichten über ihren Tod sind zuallermeist legendär – mit Ausnahme von Jakobus dem Älteren (Apg 12,2); schon bei Petrus und Paulus ist nicht mehr alles so eindeutig. Hinge die Gültigkeit des konkreten Bischofsamtes von der unabgerissenen Kette der Handauflegungen bis zurück zu einem Mitglied des urchristlichen Apostelkreises ab, dann könnten die Bischöfe nur sehr unsicher sein, ob sie wirklich »gültig« geweiht sind, und die Gläubigen, ob sie einen rechtmäßigen Bischof haben. Gründet man die Legitimität des Bischofsamtes aber auf die Mitgliedschaft im Bischofskollegium, das *als Ganzes* dem Zwölfer-Kollegium, dem urchristlichen Apostel-Kollegium nachfolgt, dann kommt es nicht mehr auf die Genealogie der einzelnen Bischofsweihe an, sondern auf die Aufnahme in die »Körperschaft« – also letztlich auf die *Communio* zwischen den alten Kirchenregionen. Wer in einer *heutigen* Kirchenregion der Körperschaft der Bischöfe angehört, ist Bischof, gleichgültig wie die Ahnentafel seiner Amtsvorgänger aussieht. Von rückwärts ergibt sich damit eine neue Sicht der »Apostolischen Amtsnachfolge«, die die historischen Schwierigkeiten der alten These vermeidet und eine neue Basis für entsprechende Dialoge mit den nicht-katholischen Kirchen schafft.[8]
Trotzdem, die neue Idee von der Aufnahme in das Bischofskollegium als dem Kern dessen, was in der Bischofsweihe geschieht, war eine junge These. Die »Konservativen« auf dem Konzil befürchteten hier, und nicht einmal zu Unrecht, eine schleichende Schwächung der Primatialgewalt des Papstes, und zwar in zweifacher Hinsicht. Die starke Betonung der Eigenständigkeit des Bischofs *als* Mitglied des »Kollegiums« schwächte – zumindest optisch und theoretisch, denn praktisch konnte man, wie die Folgezeit beweist, ganz sorglos sein – die unmittelbare Jurisdiktionsvollmacht des Papstes.
Wieder einmal kennzeichnet ein Priesterseminar-Witz die neue Lage. Frage: Wenn (damals noch kaum vorstellbar, aber inzwischen geschehen) der Papst im Kölner Dom die Eucharistie feiert, darf er dann auf dem Thron des Kölner Erzbischofs sitzen und diesen verdrängen? Antwort: Nein, denn der Bischof ist nach alter Tradition gleichsam der »Bräutigam seiner Diözese«, und säße der Papst auf seinem Bischofssitz, so wäre das wie geistlicher Ehebruch. Die andere Hinsicht: Es war, wie schon dargetan, kirchenrechtlich klar, daß das Ökumenische *Konzil* mit dem Papst an der Spitze die oberste Vollmacht in der Kirche ausübte. Die Kollegialitätsidee implizierte aber, daß das Kollegium der Bischöfe als solches, auch außerhalb des Konzils, in Gemeinschaft mit dem Papst der oberste

Vollmachtsträger in der Kirche ist. Und wiederum ist das eine Abschwächung der universalen Primatialgewalt des römischen Bischofs.

2. Klarsichtige Debatten

So hagelte es an dieser Stelle schon bei der Beratung der Vorlage zur Kirchenkonstitution Änderungsanträge über Änderungsanträge – und zwar zunächst zugunsten der Kollegialität der Bischöfe, solange es um den ersten Entwurf ging[9], später gegen die Kollegialität, als diese im zweiten Entwurf drin stand. Es war dies der klassische Fall, wo man, um durch die Masse der *Modi* durchzukommen, die von der Geschäftsordnung vorgesehene[10] Methode des *Quaesitum* (Frageliste) anwandte. Das Präsidium legte fünf Fragen zur Abstimmung vor, die, falls bejaht, der Sache nach in den Entwurf eingearbeitet werden sollten, so daß dann später nicht mehr über die Sache, sondern nur noch über Formulierungen diskutiert werden mußte und sollte. Wegen des Gewichtes der Sache und auch zur Veranschaulichung des Verfahrens seien hier diese fünf Fragen im Wortlaut mitgeteilt:

»Die Väter werden gebeten mitzuteilen, ob sie wünschen, daß das Schema so vorgelegt wird, daß es erklärt:
1. daß die Bischofskonsekration die oberste Stufe des Weihesakramentes darstellt;
2. daß jeder legitim Geweihte in Gemeinschaft mit den Bischöfen und dem Papst, der ja das Haupt und das Prinzip ihrer Einheit ist, Mitglied des Corpus der Bischöfe ist;
3. daß das Corpus oder Kollegium der Bischöfe dem Kollegium der Apostel in der Aufgabe der Verkündigung des Evangeliums, der Heiligung und Leitung nachfolgt, und daß dieses Corpus in Einheit mit seinem Haupt, dem römischen Papst, und niemals ohne dieses Haupt (dessen Primatsrecht über alle Hirten und Gläubigen ganz und unversehrt bleibt) die volle und höchste Gewalt in der Gesamtkirche innehat;
4. daß diese Gewalt dem Kollegium der Bischöfe selbst in Einheit mit seinem Haupt kraft göttlichen Rechts zukommt;
5. ob das Schema zur Opportunität der Wiederherstellung des Diakonates als besonderer und ständiger Stufe des Heiligen Amtes je nach den Bedürfnissen der Kirche in den verschiedenen Gegenden Stellung nehmen solle.
Bei der Beantwortung dieser Frage wird den Vätern nicht die Billigung oder Ablehnung einer bestimmten Formulierung abverlangt; es handelt sich nur darum, der Theologischen Kommission die Meinungen der Versammlung zu diesen Fragen zur Kenntnis zu bringen. Entsprechend der Geschäftsordnung des Konzils ist es Aufgabe der Kommission, jede einzelne Antwort der Väter zu untersuchen und den verbesserten Text der Generalkongregation zur Zustimmung zu unterbreiten.«[11]

Das Ergebnis der Abstimmung wurde in der 58. Generalkongregation am 30. Oktober 1963 bekannt gegeben. Bei annähernd gleich hohen Zahlen der Stimmabgabe ergab sich für alle fünf Fragen eine hohe Mehrheit, freilich ablehnende Stimmen in großer Zahl zu den Fragen 3 bis 5, und merkwürdigerweise die höchste Ablehnungszahl (33%) bei der Frage zur Wiederherstellung des Diakonates. Das Ergebnis der Antworten auf diese fünf Fragen war der Durchbruch. In allen Fällen, wenn auch beim Diakonat ganz knapp, war die Zweidrittel-Mehrheit gesichert. Daß es wirklich ein Durchbruch war, zeigte sich daran, daß gleich am nächsten Tag viele konservative Redner das Abstimmungsergebnis als nicht verbindlich hinzustellen suchten. Aber es war klar: Kein Text des Konzils war noch mehrheitsfähig, der dieses Abstimmungsergebnis nicht respektierte. In der Diakonatsfrage ergab sich ein Kompromiß – wir kommen darauf zurück.[12] In der Frage der Kollegialität hatte die Mehrheit die *Nota praevia* zu schlucken, von der schon die Rede war und auf die wir ebenfalls zurückkommen müssen.[13]
Diese Hinweise zur Vorgeschichte mögen genügen, um nun zu verstehen, was über das 3. Kapitel der Kirchenkonstitution und über die Dekrete zu sagen sein wird, die sich mit den kirchlichen Ämtern befassen.

II. Die »hierarchische Verfassung« der Kirche

1. »Hierarchie«

Der Begriff »Hierarchie« gehört nicht nur zu den mißverständlichsten theologischen Begriffen – sowohl seinem historischen Ursprung wie seinem theologischen Gehalt nach –, er ist auch bei den Zeitgenossen fast nur noch negativ besetzt, vor allem in solchen Gegenden der Welt, wo die katholische Kirche in der Defensive gegenüber den aus der Reformation hervorgegangenen Kirchen steht. Wie negativ der Begriff in modernen Ohren klingt, zeigt sich nicht zuletzt daran, daß er als Schimpfwort bereits in die außertheologische Alltagssprache übergegangen ist. Man spricht von der »Hierarchie« im Krankenhaus, in den Zeitungsredaktionen, in den Funkhäusern, in den politischen Parteien usw. Gemeint ist immer eine Kommandogewalt, die auf letztlich unpersönlichen Dienstwegen von oben nach unten ausgeübt wird und bei Strafe beruflicher Nachteile bedingungslosen Gehorsam fordert.
Alles was wir bisher sowohl über die Vorgänge auf dem Konzil als auch zum theologischen Sachgehalt kirchlicher Amtsvollmacht ge-

sagt haben, hat gewiß deutlich gemacht, daß, wenn schon, »Hierarchie« nirgendwo so schlecht funktioniert wie in der katholischen Kirche. Um so schlimmer, wenn optisch und in der allgemeinen Einschätzung das Wort »Hierarchie« einen solch negativen Gehalt annimmt, daß sich die Übertragung auf außerkirchliche Kommandostrukturen aufdrängt. Lexikalische Korrekturen wie die, daß »Hierarchie« (vom griechischen *hierà arché*) nicht »heilige Herrschaft«, sondern »heiliger Ursprung« bedeutet[14], helfen hier wenig. Schauen wir auf die Sachaussagen, die unter diesem (noch) unvermeidlichen traditionellen Stichwort gemacht werden, und versuchen wir festzuhalten, welcher Weg in die Zukunft der Kirche damit gewiesen wird.[15]

2. »Hierarchische« Verfassung der Kirche

Alles Entscheidende dazu ist ausgeführt im 3. Kapitel der Kirchenkonstitution, das unsere Zwischenüberschrift zur Kapitelüberschrift hat. Nimmt man die Ausführungen des Kapitels beim Wort, so gehören zur »Hierarchie« alle Personen in der Kirche, die eine der Stufen des Weihesakramentes empfangen haben oder anders ausgedrückt: die in ein Amt berufen wurden, das im traditionellen Sinne als »göttlichen Rechtes« gilt – was wiederum heißt: daß es in der Schrift bezeugt ist, entweder durch eine Weisung Jesu oder durch eine Anordnung der Apostel und urchristlichen Gemeindeleiter. Die Hierarchie umfaßt demnach die Bischöfe, Priester und Diakone, und so ist von ihnen auch nacheinander im dritten Kapitel der Kirchenkonstitution die Rede.

Gleich an dieser Stelle eine wichtige Klarstellung, die eigentlich ganz selbstverständlich ist, immer aber noch Erstaunen hervorruft, wenn man sie beim Namen nennt, vor allem bei nicht-katholischen Christinnen und Christen. Innerhalb der Stufung des Weihesakramentes hat der Papst nicht den mindesten Vorrang vor dem letzten residierenden Bischof einer kleinen Diözese in einem Missionsgebiet. Der Papst ist zuerst und grundlegend Bischof von Rom, und beginnend mit Johannes XXIII. haben die Päpste seit dem Konzil diese Aufgabe auch wieder ernster genommen als in früheren Zeiten. Darum gibt es auch keine »Papstweihe«. Theoretisch müßte er höchstens zum Bischof geweiht werden, wenn er bisher nur einfacher Priester war – was aber seit langer Zeit nicht mehr vorgekommen ist. Der Papst wird »inthronisiert« oder sachlicher ausgedrückt: ins Amt eingeführt. Früher, zur Zeit der Kirche als »Imperium« und noch lange danach[16], wurde er »gekrönt«, nämlich mit der »Tiara«, der dreifachen Krone, die ihren Träger als den obersten Priester, obersten König und obersten Lehrer der Welt ausweisen soll[17] – noch Johannes XXIII. hat sie getragen[18], sein Nachfolger Paul VI. tauschte sie dann erst gegen eine bescheidenere Neuanfertigung ein und legte diese dann wenig später symbolisch ab. Seitdem wird bei der Amtseinführung des Papstes keine Krönung mehr durchgeführt, die ohnehin immer nur außerliturgischen Charakter hatte.

Unter dem Gesichtspunkt der »Weihehierarchie« gibt es also keinen Unterschied zwischen den Bischöfen und dem Papst. Daß die Kirche eine »hierarchische Verfassung« hat, besagt also grundlegend nicht weniger, aber auch nicht mehr, daß sie von Bischöfen geleitet wird, deren Amt für das jeweils ihnen anvertraute Territorium bzw. den ihnen anvertrauten Personenkreis alle Vollmachten des kirchlichen Amtes umfaßt, das nach katholischer Auffassung im Heilshandeln Jesu Christi selbst begründet ist, dem Leben der Kirche von Anfang an gegeben war und das dreifache Amt Jesu Christi selbst – nämlich das priesterliche, das prophetische und das königliche Amt (vgl. Kirchenkonstitution Art. 10–13) – in der Geschichte zur Erscheinung bringt. Im Widerspruch zu diesem Verständnis von der hierarchischen Verfassung der Kirche würde nur eine Auffassung stehen, wonach das kirchliche Leitungsamt von Grund auf und so sehr eine rein menschliche Einrichtung sei, daß in ihm nichts vom Amte Christi gegenwärtig wäre, vielmehr *alle* Glieder der Kirche unterschiedslos »Amtsträger Christi« wären und der kirchliche Amtsträger im üblichen Sinne des Wortes nur organisatorische Funktionen hätte, sozusagen ein geistliches Manageramt.

Es sei ausdrücklich angemerkt, daß dies, entgegen vielfältigem Mißverständnis, nicht die Auffassung der reformatorischen Theologie ist, schon gar nicht bei Luther.[19] Der Unterschied zwischen beiden Auffassungen ist hauchdünn und gravierend zugleich. Hauchdünn: Denn nur sozusagen der »Grundriß« des Amtes kann auch nach strengster katholischer Tradition als »göttlichen Rechtes« gelten, die konkrete Ausgestaltung der Amtsaufgaben und der Amtspraxis unterliegt menschlicher Regelung unter dem Maßstab des Evangeliums und seiner Vorgabe für den Sinn des kirchlichen Amtes und ist im übrigen bis zur Stunde Ergebnis einer wechselvollen und keineswegs schuldfreien geschichtlichen Entwicklung.

Kurzum: Die Praxis der kirchlichen Amtsführung ist zum allergrößten Teil tatsächlich so, daß sie äußerlich einer Amtsausübung zum Verwechseln ähnlich sieht, die nichts anderes sein will als die Wahrnehmung einer menschlichen Organisations- und Beratungsaufgabe. Beweis: Auch ein evangelischer Kirchenpräsident, der es aus theologischer Überzeugung ablehnt, sich als Träger eines Bi-

schofsamtes zu verstehen, steht in der kirchlichen und außerkirchlichen Öffentlichkeit unter denselben »Sachzwängen« und »Rollenerwartungen« wie ein katholischer Bischof, der seinen Ort in der »hierarchischen Verfassung der Kirche« hat.
Der Unterschied beider Auffassungen ist aber zugleich gravierend. Denn das Grundverständnis vom Amt, das als solches offen ist für eine unabsehbare Vielfalt der Ausgestaltung und auf dieser Linie auch für einen unabsehbaren geschichtlichen Wandel, wirkt sich unweigerlich auf jene Ausgestaltung und diesen Wandel aus – aus dem einfachen Grunde, weil der »Grundriß« des Amtes immer nur *in* einer konkreten Ausgestaltung in Erscheinung tritt und die Träger (und auch Trägerinnen) des Amtes demnach ihre Praxis nicht spalten können in »grundsätzliche« und »wandelbare« Amtshandlungen. Wenn ich überzeugt bin, daß *alle* Christinnen und Christen »Amtsträgerinnen« und »Amtsträger« sind und *meine* besondere Amtsaufgabe nur darin besteht, sozusagen die »Amtshandlungen« der Glieder der Kirche zu organisieren und zu koordinieren, dann bin ich in meiner Amtsführung fast unangreifbar für theologische Kritik – ausgenommen den Fall, wo ich versuchen wollte, unmittelbar in die unveräußerliche »Freiheit eines Christenmenschen« einzugreifen. Alles, was man kritisieren kann, ist meine schlechte, einfallslose, unsensible, träge Organisationsleistung. Dies entspricht in keiner Weise einem evangelischen Amtsverständnis. Aber läßt sich bestreiten, daß solche Selbstimmunisierung gegen theologische Kritik die große Versuchung ist, von der manches evangelische Kirchenamt befallen scheint? Wenn ich dagegen überzeugt bin, daß ich in meinem Amt wirklich eine unmittelbar im Heilshandeln Christi begründete heilige Vollmacht übertragen bekommen habe, dann geschieht zuletzt jede meiner amtlichen Handlungen auf der Grundlage dieser Vollmacht und ist darum durch und durch der theologischen Kritik ausgesetzt, ob sie dem Sinn der von Christus verliehenen Vollmacht auch wirklich entspricht. Daraus kann dann eine Immunisierung gegen theologische Kritik in umgekehrter Richtung werden: Weil jede amtliche Handlung letztlich auf der Grundlage der Bevollmächtigung durch Christus geschieht, kritisiert diese Christusvollmacht selbst, wer ihre Konkretisierung in einer einzelnen amtlichen Handlung kritisiert. So ist es zwar nie und nimmer katholische Auffassung. Aber läßt sich ernsthaft bezweifeln, daß solche Selbstimmunisierung die Versuchung ist, die durch die Amtszimmer manches katholischen Generalvikariates geistert? Übrigens, auf den *Namen* »Bischof« kommt es dabei nicht an. Vom griechischen Ursprung des Wortes her (*episkopos*) ist das ja ein ganz »weltlicher« Titel; er bedeutet »Aufseher«, »Inspektor«, und ist so-

gar sprachlich gleichbedeutend mit dem in den Kirchen der Reformation schon ganz früh eingerichteten Amt des »Superintendenten«. Und so mag dann zuweilen sogar ein »Kirchenpräsident« sich »bischöflicher« geben als ein katholischer Bischof.
Wir gehen zurück zum Ausgangspunkt. Wenn die »hierarchische Verfassung« der Kirche an der *sakramentalen* Weihehierarchie hängt und damit grundlegend die Leitung der Kirche durch die Bischöfe und in abgeleiteter Vollmacht durch deren Mitarbeiter, die Priester und Diakone, bedeutet, dann verändert sich der Begriff »hierarchische Verfassung« selbst, wenn er nun auch auf das Verhältnis der Bischöfe zum Bischof von Rom, zum »Haupt des Bischofskollegiums« bezogen wird. Denn der Papst, wie immer auch sein Amt ausgestaltet sein mag, hat gegenüber seinen Mitbischöfen in jedem Fall höchstens einen Vorrang der Jurisdiktion, also des Aspektes der Leitungsvollmacht *innerhalb* des Ganzen der Amtsvollmachten. Im Hinblick auf 1 Kor 12 ist man geneigt zu sagen: einen Vorsprung im Bereich der »Geistesgabe« der »Leitung«. Nun gehört es aber gerade zu den problematischen Vieldeutigkeiten des Begriffs »Hierarchie«, daß sich der Schwerpunkt von der Abstufung der Weihevollmacht auf die Abstufungen der Jurisdiktionsvollmachten verlagert hat. Auf dieser Linie kann dann einerseits die Verhältnisbestimmung zwischen den Bischöfen und dem Papst in die »hierarchische Verfassung« der Kirche eingerechnet werden, ja gerade zu ihrem Schwerpunktthema werden, und anderseits lassen sich auch mühelos andere Jurisdiktionsträger einbeziehen, bei denen sich die Frage einer abgestuften Weihevollmacht schon gleich gar nicht stellt – wie sich an den früher erörterten kirchenrechtlichen Bestimmungen über die stimmberechtigten Mitglieder beim Konzil erweist, während unter diesem Aspekt die Priester und Diakone, weil sie nur abgeleitete Jurisdiktion haben, sozusagen aus der hierarchischen Verfassung der Kirche herauskippen.[20]

3. Das 3. Kapitel der Kirchenkonstitution

Ist dies alles unnötige Haarspalterei, muß man mir womöglich unterstellen, ich verfolgte unter dem Anschein subtiler Genauigkeit die heimtückische Absicht, Nadelstiche in einer bestimmten Richtung zu versetzen? Nun, eine kritische Hinterfragung muß es schon sein dürfen. Nach wie vor bedeutet, gegen bessere theologische Einsicht, »Hierarchie« auch im innerkirchlichen Sprachgebrauch einseitig »Papst und Bischöfe«. Zudem spüren wir die Folgen der angeblich übertriebenen Subtilität z. B. am Kristallisationspunkt der Frage, welchen theologischen und kirchenrechtlichen Stellenwert die Bischofskonferenzen haben bzw. haben sollen – dazu gleich noch mehr.[21] Vor allem aber wird unsere »Subtilität« zur Lesehilfe für das 3. Kapitel der Kirchenkonstitution. Es liest sich als Grundriß einer Theologie des Bischofsamtes und damit als großangelegter Versuch, die Vollgestalt des kirchlichen Amtes im Sinne der altkirchlichen Tradition zurückzugewinnen, seine Ausdifferenzierungen theologisch korrekt zu beschreiben und damit deutliche Korrekturen an theologisch und praktisch unguten Entwicklungen der jüngeren Kirchengeschichte in die Wege zu leiten. Liest man den Text mit solcher Erwartung, dann wird er selbst ohne besondere Vorkenntnisse mühelos verständlich. Einerseits ist vom Amt und der Vollmacht des Papstes nur in Form von Rekapitulationen und Nebensätzen die Rede, andererseits ist es nicht verwunderlich, wenn erst und allein in Art. 28 und 29, nach zehn Artikeln über das Bischofsamt (18–27) von den Priestern und Diakonen die Rede ist. Und das Ganze ist bis in Einzelformulierungen hinein durchzogen von der Grundauffassung: Alle hierarchische Verfassung der Kirche ist *nur* Mittel zu dem einzigen Zweck, das Volk Gottes zu einen zum Lobpreis seiner Herrlichkeit.[22] Das kommt gleich in der Einleitung des Art. 18 noch einmal zum Ausdruck:

»Um Gottes Volk zu weiden und immerfort zu mehren, hat Christus der Herr in seiner Kirche verschiedene Dienstämter eingesetzt, die auf das Wohl des ganzen Leibes ausgerichtet sind. Denn die Amtsträger, die mit heiliger Vollmacht ausgestattet sind, stehen *im Dienste* ihrer Brüder, damit alle, die zum Volke Gottes gehören und sich daher der wahren Würde eines Christen erfreuen, in freier und geordneter Weise sich auf das nämliche Ziel hin auszustrecken vermögen und so zum Heile gelangen.«

Anschließend wird die Lehre des Ersten Vatikanischen Konzils über den Primat des Nachfolgers Petri eingeschärft und ausdrücklich erneut vorgelegt. Das war selbstverständlich gar nicht anders zu erwarten, geschieht aber mit zwei auffälligen Akzenten, einem negativen, indem *das* biblische »Papstwort«, nämlich Mt 16,18, nicht zitiert wird, und einem positiven, indem von den »Kollegen« des Papstes *vor* ihrem »Haupt« geredet wird:

»Diese Heilige Synode setzt den Weg des ersten Vatikanischen Konzils fort und lehrt und erklärt feierlich mit ihm, daß der ewige Hirt Jesus Christus die heilige Kirche gebaut hat, indem er die Apostel sandte wie er selbst gesandt war vom Vater (vgl. Jo 20,21). Er wollte, daß deren Nachfolger, das heißt die Bischöfe, in seiner Kirche bis zur Vollendung der Weltzeit Hirten sein sollten. *Damit aber der Episkopat selbst einer und ungeteilt sei, hat er den heiligen Petrus an die Spitze der übrigen Apostel gestellt und in ihm ein immerwährendes und sichtbares Prinzip und Fundament der Glaubenseinheit und der Gemeinschaft eingesetzt«* (Hervorhebung von OHP).

Für diese Aussage beruft sich das Konzil in der Anmerkung auf das Erste Vatikanische Konzil. Wer die Stelle nachschlägt[23], stellt im Blick auf die eingebürgerte Praxis mit Überraschung fest, daß schon damals das Gedankengefälle dasselbe war: Keine Ableitung des Episkopates aus dem Papstamt, vielmehr die Einheit der Gläubigen als Ziel der Gründung der Kirche, ihre primäre Verfaßtheit unter der Leitung der Bischöfe als Nachfolger der Apostel und als Prinzip der Einheit *des Episkopates* Petrus und seine Nachfolger – also nicht als unmittelbares Prinzip der Einheit *der Kirche bzw. der Gläubigen*, wie es gemeinhin verstanden wird. Um den Sinn der nachfolgenden Äußerungen eindeutig zu machen, lohnt es sich, den Art. 18 zu Ende zu zitieren:

»Diese Lehre über Einrichtung, Dauer, Gewalt und Sinn des dem Bischof von Rom zukommenden heiligen Primates sowie über dessen unfehlbares Lehramt legt die Heilige Synode abermals allen Gläubigen fest zu glauben vor. Das damals Begonnene fortführend, hat sie sich entschlossen, nun die Lehre von den Bischöfen, den Nachfolgern der Apostel, die mit dem Nachfolger Petri, dem Stellvertreter Christi und sichtbaren Haupt der ganzen Kirche, zusammen das Haus des lebendigen Gottes leiten, vor allen zu bekennen und zu erklären.«

Es folgt in den beiden folgenden Artikeln eine Beschreibung des Bischofsamtes in seiner Herkunft vom Apostelkollegium. Der Text zitiert die üblichen Schrifttexte in einer Weise, die teilweise auch vor den Einsichten heutiger historisch-kritisch arbeitender Exegese verantwortbar ist. Auffällig, aber gemessen am innerkirchlichen eingebürgerten Sprachgebrauch auch wieder nicht auffällig ist die Identifikation der Zwölf mit den »Aposteln«. Bekanntlich ist diese Identifikation im Neuen Testament nur im Lukasevangelium und in der Apostelgeschichte vollzogen. Aber die Apostelgeschichte ist nun einmal jene neutestamentliche Schrift, die am meisten von jenem »Kollegium« redet, das im Kollegium der 2700 Bischöfe auf dem Konzil seine Nachfolge-Institution gefunden hat. Auffällig und zugleich wiederum nicht auffällig ist ferner, daß der neutestamentliche *episkopos*, wie ihn das Konzil beschreibt, mehr an das moderne Bischofsamt erinnert, als es wohl historisch den Tatsachen entspricht. Freilich, der Konzilstext versteht sich nicht als historische Monographie, sondern als Glaubensbekenntnis zum historischen Ursprung des kirchlichen Amtes und damit zur Maßstäblichkeit dieses Ursprungs.

Der folgende Art. 21 handelt von der »Repräsentation« Christi durch den Bischof. Gemeint ist, daß der Bischof – zusammen mit den Priestern, wie eigens erwähnt wird – gegenüber den Gläubigen und überhaupt gegenüber den Menschen Jesus Christus »darstellt« und »vertritt«, so daß, wer sich an ihn hält, sich an Christus selbst hält. Keine Frage, daß diese »Christusrepräsentation« für viel Mißbrauch in Verständnis und Praxis offen ist, und darum ist die Wesensbestimmung des kirchlichen Amtes durch diesen Begriff auch sehr umstritten, nicht nur zwischen katholischer und evangelischer Theologie, sondern auch innerhalb der katholischen Theologie.[24] Daß der Gedanke sehr alt ist – »Wo der Bischof ist, da ist Christus«, sagt schon der Kirchenvater und Schüler des Evangelisten Johannes, Ignatius von Antiochien[25] –, bewahrt ihn vor dem Verdacht, nur eine Kampfformel zur Legitimation und Absicherung geschichtlich zugewachsener Machtansprüche zu sein. Anderseits ist ein heutiger Bischof nicht in der Weise »Repräsentant Christi«, wie sein äußerliches Grundmodell, der römische Beamte, »Repräsentant des Kaisers« war. Um alle Fehlverständnisse und mißbräuchliche Praxis zu vermeiden, genügt es vollständig, sich auf die schlichten Aussagen unseres Textes einzulassen, durch den ausdrücklich klargestellt wird: Christus ist insofern »nicht fern von der Versammlung der Bischöfe«, sofern er durch ihren Dienst – man beachte die Reihenfolge! – allen Völkern Gottes Wort spendet und den Glaubenden die Sakramente des Glaubens reicht, dadurch dem Leib Christi neue Glieder einfügt und sie weise und umsichtig auf der Pilgerschaft zur ewigen Seligkeit geleitet. Daß die Bischöfe dazu fähig sind, verdanken sie nicht ihrer eigenen Bemühung, sondern dem Geschenk des Heiligen Geistes, das ihnen durch die Handauflegung bei der Bischofsweihe mitgeteilt wurde – ein Geschenk, das sie ausdrücklich deswegen erhielten, »um solche Aufgaben zu erfüllen«, also nicht zur persönlichen Verfügung. Die wichtigste, allerdings leicht zu überlesende Aussage steht am Ende des Artikels:

»Die Bischofsweihe überträgt mit dem Amt der Heiligung auch die Ämter der Lehre und der Leitung, die jedoch ihrer Natur nach nur in der hierarchischen Gemeinschaft mit Haupt und Gliedern des Kollegiums ausgeübt werden können. Aufgrund der Überlieferung nämlich, die vorzüglich in den liturgischen Riten und in der Übung der Kirche des Ostens wie des Westens deutlich wird, ist es klar, daß durch die Handauflegung und die Worte der Weihe die Gnade des Heiligen Geistes so übertragen wird und das heilige Prägemal so verliehen wird, daß die Bischöfe in hervorragender und sichtbarer Weise die Aufgabe Christi selbst, des Lehrers, Hirten und Priesters, innehaben und in seiner Person handeln.«

Man achte auf die Wendung: »... mit dem Amt der Heiligung *auch* die Ämter der Lehre und der Leitung ...« Das »Amt der Heiligung« bedeutet – nicht anders als bei der Priesterweihe auch – Vollmacht und Auftrag der Sakramentsverwaltung. An die Übertragung dieser Vollmacht wird nun das Amt der Lehre und der Leitung, also die Jurisdiktionsgewalt gebunden, um nicht zu sagen: aus ihr abgeleitet. Damit wird endgültig die zu Beginn dieses Kapitels berichtete Engführung überwunden, wonach mit der *Priesterweihe* im wesentlichen, von einigen Vorbehalten abgesehen, das »Amt der Heiligung« Sakramentsverwaltung übertragen wird, während die Bischofsweihe dem lediglich die gegebenenfalls von der Weihevollmacht auch abtrennbare Jurisdiktionsvollmacht hinzufügt. Es hätte freilich dem Konzil, das sich ansonsten in diesem Kapitel gern auf das Konzil von Trient beruft[26], an dieser Stelle wohl angestanden, offen einzugestehen, daß es hier mit Absicht und voll bewußt eine antireformatorische Verengung überschreitet, wofür sogar, wie noch zu zeigen sein wird, das Trienter Konzil selbst schon die Voraussetzungen enthält.

Was in einem Nebensatz des zitierten Textes schon anklang, ist Gegenstand des folgenden Art. 22: das Verhältnis zwischen dem »Kollegium« der Bischöfe und dem Bischof von Rom als dem Nachfolger des Petrus. Bedeutsam ist wieder die Abfolge der Argumentationsschritte:

a) Wie Petrus und die übrigen Apostel, so bilden der Bischof von Rom und die Bischöfe ein einziges Kollegium – man beachte das einfache *und*! Daraus folgt eine grundlegende Verbundenheit, die auch geschichtlich belegt ist durch die »uralte Disziplin« der Gemeinschaft aller Bischöfe des Erdkreises mit dem Bischof von Rom, der Zusammentritt von Konzilien und die Symbolik des Vollzugs der Bischofsweihe durch *mehrere* bischöfliche Ordinatoren. In diesem Zusammenhang erfolgt die klare Antwort auf die Frage, wodurch man Bischof wird: »Glied der Körperschaft der Bischöfe wird man durch die sakramentale Weihe und die hierarchische Gemeinschaft mit Haupt und Gliedern des Kollegiums.«

b) Wie kaum anders zu erwarten, wird im nächsten Schritt betont, daß das Kollegium der Bischöfe nur »in Gemeinschaft mit dem Bischof von Rom, dem Nachfolger Petri, als seinem Haupt, und unbeschadet dessen primatialer Gewalt über alle Hirten und Gläubigen« Autorität hat. Obwohl dieser »volle, höchste und universale Gewalt über die Kirche« hat und sie »immer frei ausüben« kann, so daß die Autorität des Bischofskollegiums »nur unter Zustimmung des Bischofs von Rom« ausgeübt werden kann, heißt es – und zwar unter Berufung auf das Erste Vatikanische Konzil in der Anmerkung – von den Bischöfen dennoch, daß sie, als Nachfolge-Kollegium der Apostel, in welchem »die Körperschaft der Apostel immerfort weiterbesteht«, in Gemeinschaft mit dem Bischof von Rom

»gleichfalls Träger der höchsten und vollen Gewalt über die ganze Kirche« sind. Wieso »gleichfalls«? Das Konzil gibt eine bemerkenswerte biblische Begründung: Dieselbe Binde- und Lösegewalt, die Jesus Christus dem Simon Petrus als dem Fels und Schlüsselträger der Kirche verliehen hat (Mt 16,18–19; Joh 21,15 ff.), hat er auch dem mit seinem Haupt verbundenen Apostelkollegium zugeteilt (Mt 18,18; 28,16–20). Und dann bekommen wir die schönste Bestätigung der früher[27] vorgetragenen These über den Sinn eines Konzils: »Insofern dieses Kollegium aus vielen zusammengesetzt ist, *stellt* es die Vielfalt und Universalität des Gottesvolkes, insofern es unter einem Haupt versammelt ist, die Einheit der Herde Christi *dar*« (Hervorhebung von OHP). So daß sich nun nur die Frage stellt, wie denn solche »Darstellung« von Vielfalt und Einheit konkret wird, wenn schon ein ökumenisches Konzil nicht alle paar Jahre stattfinden kann und außerdem mit inzwischen knapp 3000 stimmberechtigten Mitgliedern ein etwas schwieriges Instrument der Kirchenleitung wäre. Der Text nimmt diese Frage folgerichtig auf und stellt fest:

c) In Treue zum Primat des Papstes wirken die Mitglieder des Bischofskollegiums in *eigener* Vollmacht zum Besten *ihrer* Gläubigen, »ja der ganzen Kirche«. Die Ausübung der höchsten Kollegialgewalt über die ganze Kirche auf dem ökumenischen Konzil ist ein Sonderfall (»in feierlicher Weise«); normalerweise geschieht sie ohne Konzil und bleibt doch kollegiale Vollmachtsausübung: »Die gleiche kollegiale Gewalt kann gemeinsam mit dem Papst von den in aller Welt lebenden Bischöfen ausgeübt werden, wofern nur das Haupt des Kollegiums sie zu einer kollegialen Handlung ruft oder wenigstens die gemeinsame Handlung der räumlich getrennten Bischöfe billigt oder frei annimmt, so daß ein eigentlich kollegialer Akt zustande kommt.« Im Klartext: Die Ausübung kirchlicher Amtsvollmacht in bezug auf die ganze Kirche ist *immer* ein kollegialer Vorgang, bei dem der Papst entweder die Initiative ergreift oder einer bischöflichen Initiative zustimmt, nie aber schlechthin ungebunden an die Bischöfe, im wörtlichen Sinne »absolutistisch« handeln kann. Sein Universalprimat ist immer nur einer innerhalb des Bischofskollegiums, und die Gemeinschaftspflicht ist wechselseitig. Trotz aller Parenthesen über den nicht anzutastenden primatialen Vorrang ist dies als theologische Beschreibung der Funktion des Petrusamtes hier stehengeblieben und darum der Maßstab zur Beurteilung nachkonziliarer Äußerungen und nachkonziliarer Praxis. Nicht immer also hat der *Papst* die Initiative bei kollegialen Vorgängen. Das erläutert der folgende Art. 23. Er handelt von den wechselseitigen Beziehungen der Bischöfe untereinander im Hinblick auf die eine Gesamtkirche. Die Einzelbischöfe sind für ihre Diözesen »Prinzip und Fundament der *Einheit*«, wie sie zusammen mit dem Papst die *Vielfalt* der Universalkirche darstellen. Was aber ist eine »Diözese«? Sie ist nach dem Wortlaut des Textes eine »Teilkirche«. Und nun folgen zwei in ihrer Verbindung rätselhafte Sätze, die man sich einprägen muß, sofern zur Zeit die Tendenz aktenkundig ist, eine einseitige und ganz sicher vom Konzil nicht gemeinte Auslegung festzuklopfen. Es geht um die »Teilkirchen, die nach dem Bild der Gesamtkirche gestaltet sind«. Nimmt man dies beim Wort, dann gibt es zuerst eine Gesamtkirche, und die bildet sich nachträglich in Teilkirchen ab – so daß man dann logisch von der Struktur und der Praxis der Teilkirche auf die Struktur und die Praxis der Gesamtkirche »hochrechnen« können müßte. Diese historisch wie sachlich sehr problembeladene Vorstellung kann aber nicht die vom Konzil eigentlich gemeinte sein. Denn der nächste Satz lautet: »In ihnen [den Teilkirchen also] und aus ihnen besteht die eine und einzige katholische Kirche«, mit der Berufung auf ein Cyprian-Zitat in der Anmerkung. Wenn Worte einen Sinn haben, dann gibt es also *keine* Universalkirche vor und außerhalb der Teilkirchen, sondern nur eine solche, die in ihnen und aus ihnen ihre Wirklichkeit hat. Das bedeutet nicht, daß die Universalkirche nur ein nachträglicher Zusammenschluß und somit ein Dachverband aus den Teilkirchen wäre, wohl aber, daß sie nur in der Wirklichkeit der Teilkirchen wahrnehmbar, konkret und erfahrbar wird: theologisch als die alle Kirchen umgreifende Einheit in Glaube, Hoffnung und Liebe, juridisch als gestaltete, die Einheit der Teilkirchen anschaulich machende Gemeinschaft.

Die Fortsetzung des Textes schärft denn auch die Zusammenarbeit der Teilkirchen bei der Förderung der Glaubenseinheit, bei der Verkündigung des Glaubens an noch nicht Glaubende und beim Austausch der materiellen Güter gerade dort ein, wo sie sich nicht in »hoheitlichen Akten« betätigt, also im Vorfeld der gestalteten Einheitsstruktur verbleibt und gerade so, wie der Text sagt, »im höchsten Maße zum Wohl der Gesamtkirche« beiträgt. Im letzten Abschnitt wird geradezu im Widerspruch zur These von der Vorordnung der Gesamtkirche formuliert: »Dank der göttlichen Vorsehung [!] aber sind die verschiedenen Kirchen, die an verschiedenen Orten von den Aposteln und ihren Nachfolgern eingerichtet worden sind, im Lauf der Zeit zu einer Anzahl von organisch verbundenen Gemeinschaften zusammengewachsen« [!]. Also doch: *nachträgliche* Einheit ursprünglich selbständig »eingerichteter« Ortskirchen. Der Text hat, wie der Fortgang zeigt, die Patriarchatskirchen des Ostens mit ihrer eigenen Disziplin und ihrer eigenen theologischen und liturgischen Tradition im Blick und veranschaulicht an ihnen die »einträchtige Vielfalt der Ortskirchen«, die »in besonders hellem Licht die Katholizität der ungeteilten Kirche« zeigt. Und der Artikel schließt mit dem bedeutsamen Hinweis, daß die modernen Bischofskonferenzen »in ähnlicher Weise« fruchtbar dazu beitragen können, die Kollegialität zu verwirklichen.

Aus all dem folgt: Der Satz von der Gestaltung der Teilkirchen nach dem »Bild der Gesamtkirche« ist wieder einmal ein Satz an der Grenze zum »kontradiktorischen Pluralismus«. Er ist als Konzession an die »Zentralisten« zu werten, um die massiven Aussagen zur Eigenständigkeit der Teilkirchen und zur Vermittlungsfunktion regionaler Zusammenschlüsse zwischen Einzelbischof und Petrusamt konsensfähig zu machen. Wie in anderen Fällen auch hat die stehengebliebene Unklarheit heute ihre Folgen – zu Lasten der Teilkirchen, wie beim Blick auf die Nachgeschichte des Konzils noch anzudeuten sein wird.

Der folgende Art. 24 handelt von der kanonischen Sendung der Bischöfe, ohne die ihre Amtsführung unzulässig ist. Ausdrücklich wird festgehalten: »Die kanonische Sendung der Bischöfe kann geschehen [entweder] durch rechtmäßige, von der höchsten und universalen Kirchengewalt nicht widerrufene Gewohnheiten, [oder] durch von der nämlichen Autorität erlassene oder anerkannte Gesetze oder unmittelbar durch den Nachfolger Petri selbst«. Die »nicht widerrufenen Gewohnheiten« betreffen vor allem die Formen der Bischofseinsetzung in den unierten Ostkirchen – dort ernennt der Patriarch –, die »erlassenen oder anerkannten Gesetze« beziehen sich auf alte Wahlrechte in alten Diözesen; die Ernennung »unmittelbar durch den Nachfolger Petri selbst« bezieht sich auf die Bischöfe jüngerer Diözesen, denen Rom niemals mehr ein Wahlrecht eingeräumt hat. Die Auflistung dieser Weisen der »kanonischen Sendung« der Bischöfe ist deshalb bedeutsam, weil daraus eindeutig folgt: Die katholische Lehre vom Jurisdiktionsprimat des Papstes besagt *nicht*, es sei *theologisch* zwingend, daß allein der Papst die Bischöfe auswählt und ernennt. Die neuerdings zu beobachtende Tendenz, die Mitwirkung der Ortskirchen bei der Auswahl ihrer Bischöfe vollständig auszuschließen und auch alte Wahlrechte zu unterlaufen, ist darum mit theologischen Gründen kritisierbar: als Schwächung der vom Konzil geschützten Eigenständigkeit der Teilkirchen.

Von größter Bedeutung ist wiederum der Art. 25. In sozusagen rücksichtsloser, dem modernen Bewußtsein geistiger Freiheit keine Konzessionen machender Sprache wird die Lehre vom kirchlichen Lehramt vorgetragen, das heißt: Es wird die einschlägige Lehre des

Ersten Vatikanischen Konzils neu formuliert, teilweise wörtlich zitiert und eingeschärft. Mitten darin aber steht jener Abschnitt, in dem Kritiker eine bedenkliche Verschärfung, ja die unerträgliche Komplettierung des Ersten Vatikanischen Konzils sehen, der Abschnitt nämlich, in dem das unfehlbare Lehramt des Papstes unter bestimmten Bedingungen auch auf das Bischofskollegium ausgedehnt wird. »Die einzelnen Bischöfe besitzen zwar nicht den Vorzug der Unfehlbarkeit; wenn sie aber, in der Welt räumlich getrennt, jedoch in Wahrung des Gemeinschaftsbandes untereinander und mit dem Nachfolger Petri, authentisch in Glaubens- und Sittensachen lehren und eine bestimmte Lehre übereinstimmend als endgültig verpflichtend vortragen, so verkündigen sie auf unfehlbare Weise die Lehre Christi.« Auch dafür beruft man sich in der Anmerkung auf das Erste Vatikanische Konzil.[28] Demgegenüber sind gemeinsame dogmatisch verbindliche Konzilsentscheidungen nur der steigernde Sonderfall (»noch offenkundiger«). Der tröstende Gedanke, bis zu einer wirklich feststellbaren Übereinstimmung der Bischöfe auf der ganzen Welt in einer umstrittenen Glaubensfrage werde schon noch viel Wasser den Tiber hinabfließen, hat sich bald in Luft aufgelöst: 1968 erschien unter Berufung auf den Konsens der Bischöfe aller Zeiten die Enzyklika *Humanae vitae* Pauls VI., die bis heute trotz massiver Kritik in der ganzen Welt von Rom vehement verteidigt wird.[29]

Die beiden folgenden Artikel 26 und 27 handeln von den Amtspflichten des Bischofs in seiner Diözese. Dabei ist dreierlei hervorzuheben: einmal der erneute und schon konkretisierte Hinweis, daß die Kirche Christi in der Ortsgemeinde – näherhin: in Wortverkündigung, Eucharistie und liebender Verbundenheit – anwesend ist und deshalb auch nach neutestamentlichem Sprachgebrauch selbst »Kirche« heißt. Art. 27 verdeutlicht erneut, daß der Bischof trotz seiner Unterordnung unter den Papst »nicht als Stellvertreter der Bischöfe von Rom« zu verstehen ist, sondern eine ihm eigene Vollmacht besitzt, kraft deren er als Vorsteher das Volk Gottes leitet. In einem bewegenden Schlußabschnitt wird den Bischöfen eingeschärft, daß ihr hohes Amt ihnen keinen Grund und keinen Anlaß zu »triumphalistischem« Verhalten gibt – die Konzilsväter, selber ja alle Bischöfe, haben offensichtlich Grund und Anlaß gesehen, sich gegenseitig in dieser Hinsicht zu ermahnen.

4. Das Dekret über die Hirtenaufgabe der Bischöfe

Wir sagten: Alles Entscheidende über das Bischofsamt ist im 3. Kapitel der Kirchenkonstitution enthalten. Liest man gleich anschlie-

ßend das Bischofsdekret, so kann man – fürs erste – sehr schön den formalen und inhaltlichen Unterschied zwischen einer Konstitution und einem Dekret sich vor Augen führen. Die dogmatischen Aussagen der Kirchenkonstitution werden im (theologischen) 1. Kapitel des Dekretes rekapituliert, teilweise wörtlich zitiert. Im 2. und 3. (praktischen) Kapitel setzen sich diese Aussagen in einen eindringlich formulierten Katalog der Amtsaufgaben des Bischofs um und münden schließlich aus in ganz praktische kirchenrechtliche Weisungen beziehungsweise Vorgaben für die entsprechende Revision des Kirchenrechtes. Gegebenenfalls geht es dabei in der Konsequenz tatsächlich um die »Knöpfe und Bänder«. Aus dem unmittelbar verständlichen Text hebe ich nur folgende Einzelheiten hervor.
Alle Bischöfe haben aufgrund ihrer Weihe das Recht zur Teilnahme am Ökumenischen Konzil, auch die Weihbischöfe, die bekanntlich keine eigene Jurisdiktion haben (Art. 4): eine klare Konsequenz aus der in der Kirchenkonstitution vollzogenen Neubewertung des Verhältnisses von Weihevollmacht und Jurisdiktion.
Als Vertretung des gesamten Weltepiskopates wird eine ständige »Bischofssynode« eingerichtet, die den Nachfolger Petri in seiner Amtsführung berät – wobei freilich die Art und Weise dieser Beratung vom Papst selbst bestimmt wird (Art. 5).
Eindringlich wird die Sorge *aller* Bischöfe um die Glaubensverkündigung eingeschärft – ein Text, den wörtlich zu zitieren angezeigt ist:

»Mit allen Kräften seien sie [die Bischöfe] deshalb bemüht, daß die Gläubigen die Werke der Verkündigung und des Apostolats freudig unterstützen und fördern. Weiter sollen sie mit Eifer dafür sorgen, daß geeignete Diener des Heiligtums sowie Helfer aus dem Ordens- und Laienstand für die Missionen und die priesterarmen Gegenden ausgebildet werden. Auch sollen sie, soweit möglich, dafür sorgen, daß einige ihrer Priester in die erwähnten Missionsgebiete oder Diözesen gehen, um dort den heiligen Dienst für immer oder wenigstens für eine bestimmte Zeit auszuüben.
Ferner sollen sich die Bischöfe vor Augen halten, daß sie beim Gebrauch des kirchlichen Vermögens nicht nur die eigene Diözese berücksichtigen dürfen, sondern auch der anderen Teilkirchen zu gedenken haben, die ja Teile der einen Kirche Christi sind. Schließlich mögen sie ihre Aufmerksamkeit darauf richten, die Notlage, unter der andere Diözesen oder Gegenden leiden, nach Kräften zu lindern.
Vor allem sollen sie jenen Bischöfen, die um des Namens Christi willen von Not und Verleumdung bedrängt, in Gefängnissen festgehalten oder an der Ausübung ihres Amtes gehindert werden, in brüderlicher Gesinnung zugetan sein und ihnen ihre echte, tatkräftige Sorge widmen, damit deren Leiden durch das Gebet und die Unterstützung der Mitbrüder gelindert und erleichtert werden« (Art. 6 und 7).

Den Bischöfen wird die Vollmacht erteilt, von allgemeinen Kirchengesetzen im Einzelfall zu dispensieren, wenn das in bestimmter religiöser Situation der Betroffenen notwendig ist. Von einigen Reservationen abgesehen, werden damit die sogenannten Quinquennalvollmachten, die vor dem Konzil jeder einzelne Bischof alle »fünf Jahre« bei seinem routinemäßigen Besuch in Rom sich erneuern lassen mußte, als allgemeines Recht festgeschrieben.

In Sätzen, die an Deutlichkeit nichts zu wünschen übriglassen, formulieren die Konzilsväter in den Artikeln 9 und 10 ihre Wünsche für eine Kurienreform. Hier nur die wichtigsten Aussagen:

»Die Väter des Heiligen Konzils wünschen ..., daß diese Behörden [der römischen Kurie], die zwar dem Papst und den Hirten der Kirche eine vorzügliche Hilfe geleistet haben, eine neue Ordnung erhalten, die den Erfordernissen der Zeit, der Gegenden und der Riten stärker angepaßt ist, besonders was ihre Zahl, Bezeichnung, Zuständigkeit, Verfahrensweise und die Koordinierung ihrer Arbeit angeht. Desgleichen wünschen sie, daß unter Berücksichtigung des den Bischöfen eigenen Hirtenamtes das Amt der päpstlichen Legaten genauer abgegrenzt werde.«

Auffällig ist, daß im gesamten Dekret bei der Beschreibung der wesentlichen Amtsaufgabe der Bischöfe stets deren Reihenfolge: Wortverkündigung – Sakramentsverwaltung eingehalten wird (am deutlichsten in Art. 11 und 12). »Bei der Erfüllung ihrer Aufgabe zu lehren sollen sie den Menschen die Frohbotschaft Christi verkünden; das hat den Vorrang unter den hauptsächlichen Aufgaben der Bischöfe« (Art. 12). Wäre dies doch in aller Klarheit 1520 gesagt und getan worden! Dabei hat sich das Konzil von Trient die Kritik Luthers an der Amtsführung der damaligen Bischöfe tatsächlich zu Herzen genommen. Das Zweite Vatikanische Konzil weist zur Begründung des zitierten Satzes in der Anmerkung auf zwei Trienter Reformdekrete hin, in denen genau dasselbe gesagt wird.[30] Aber die Trienter Reformdekrete blieben im Schatten der dogmatischen Dekrete weithin unbekannt, wirkten nicht bewußtseinsbildend, so daß ihre Zitation im Bischofsdekret geradezu einer Wiederentdeckung gleichkommt.

Eindringlich erinnert Art. 13 die Bischöfe daran, daß Verkündigung der Frohbotschaft keine Herrschaftsausübung ist. Sie, die Bischöfe, müssen auf die Menschen zugehen, Gläubige wie Nicht-Gläubige, nicht umgekehrt. Art. 14 wendet diese Grundsätze auf die Gestaltung der Katechese an, vervollständigt in Art. 16 durch den Rat, bei diesem Bemühen auch die Einsichten der modernen Humanwissenschaften zu beherzigen.

Nur der Art. 15 über die »Aufgabe zu heiligen« – also nach kirchlichem Sprachgebrauch: über die Sakramentsverwaltung – weckt Stirnrunzeln. Man braucht nicht Bibelwissenschaftler, man muß nur einfacher Bibelleser sein, um zu bemerken, daß im Eingangssatz dieses Artikels eine Grundaussage des Hebräerbriefes auf den Kopf gestellt wird. Eben das Amt des Hohenpriesters, Gaben und Opfer für die Sünden darzubringen, das nach dem biblischen Zeugnis durch Jesus Christus, den neuen und einzigen Hohenpriester, *aufgehoben* ist, wird hier dem Bischof zugeschrieben – aus dem handgreiflichen Grund, wenigstens im Kern eine »Meßopfervorstellung« festzuhalten. Um die sakramentale Kompetenz der Bischöfe herauszustellen, hätte es wahrhaftig bessere biblische Bezüge gegeben. Der umfassende Auftrag der Gemeindeleitung mit der ja oftmals eingeschärften Abfolge von Wortverkündigung und Sakramentsverwaltung als den vorrangigen Aufgaben hätte nicht nur genügt, sondern auch die richtigen Akzente gesetzt.

Narben der Kirchengeschichte werden sichtbar, wenn in den Artikeln 19 und 20 für die Bischöfe völlige Freiheit von staatlichen Eingriffsrechten bei Ernennung und Amtsführung postuliert wird und gleichzeitig die betroffenen politischen Instanzen gebeten werden, auf althergebrachte Rechte und Privilegien dieser Art zu verzichten. Ein brisantes Thema, wie wir inzwischen wissen. Denn nachweislich möchte, wo solche Symbiosen zwischen Kirche und Staat bestehen, die Kirche nicht auf den Rückhalt am Staat und der Staat nicht auf die darin begründete Unterstützung verzichten. Und so haben diese Artikel denn auch dort, wo etwas zu ändern gewesen wäre, bis heute nichts geändert. Konkret gesagt: In den USA hält auch die katholische Kirche sich viel darauf zugute, vollkommen vom Staat getrennt zu sein, in Deutschland dagegen freut sie sich darüber, daß der Staat sie durch die (auch zu eigenem Nutzen!) staatlich eingetriebene Kirchensteuer zur reichsten Kirche der Welt macht und überdies kirchlich gebundene theologische Fakultäten unterhält, in die er nur solche Professoren berufen darf (und widrigenfalls wieder entlassen muß), die der Kirche unbedenklich erscheinen.

Eine aufsehenerregende Neuerung führt Art. 21 ein: die wenn schon nicht rechtliche, so doch moralische Pflicht zum Rücktritt der Bischöfe aus Altersgründen oder bei offensichtlicher Amtsunfähigkeit. Dieser Artikel ist weithin umgesetzt worden: Mit 75 Jahren spätestens reichen die Bischöfe heute in Rom ihr Rücktrittsgesuch ein, das um so schneller angenommen wird, je mehr man dort mit dem theologischen und seelsorglichen Kurs des Bischofs unzufrieden war. Es darf aber angenommen werden, daß die allermeisten Bischöfe es als erlösend empfinden, zehn Jahre später als normale

Arbeitnehmer die Last der Verantwortung ablegen zu dürfen. Die Regel kennt bis jetzt eine Ausnahme: Sie gilt offenbar in stillschweigendem Einverständnis nicht für den Bischof von Rom. Der Papst, der als erster in großem Umfang Rücktrittsgesuche nach Art. 21 annahm, nämlich Paul VI., blieb bis zu seinem Tode mit weit über 80 Jahren im Amt. Und immer noch wirkt ja die Vorstellung von einem »pensionierten Papst« recht weltfremd. Der letzte Rücktritt eines Papstes geschah im Jahre 1294: Coelestin V., vorher Mönch und Einsiedler, Kompromißkandidat und Spielball der um das Papstamt rivalisierenden römischen Familienclans, dankte nach nur halbjähriger Amtszeit aus Einsicht in seine mangelnde Eignung für dieses Amt ab – war aber dennoch so klug, zuvor eine Rücktrittsordnung für Päpste und neue, strenge Regeln für das Konklave zu erlassen, nach denen dann sein Nachfolger Bonifaz VIII. gewählt wurde.

Wer das Bischofsdekret liest, wird bald feststellen, daß seine Ausführungen in einer Schwebe zwischen dringender geistlicher Mahnung und rechtlicher Anordnung verbleiben, auch noch im 2. und 3. Kapitel, die direkt die Amtsführung des Bischofs in seiner Diözese und in seiner Kirchenprovinz behandeln. Rechtliche Verbindlichkeit sollte durch nachkonziliare Ausführungsbestimmungen hergestellt werden. Dies geschah nach mehreren Vorstufen abschließend durch das Motu proprio *Ecclesiae sanctae* vom 6. August 1966, dessen Bestimmungen in das neue kirchliche Gesetzbuch von 1983 eingingen. Es würde zu weit führen, hier auf komplizierte Einzelheiten einzugehen.[31] Doch müssen wir einen Punkt noch herausgreifen, der inzwischen wieder im Mittelpunkt des Interesses und der Auseinandersetzungen steht.

5. Die Bischofskonferenz

In drei Artikeln (36–38) äußert sich das Konzil im ersten Abschnitt des 3. Kapitels zum Institut der Bischofskonferenzen. Solche hatten sich vor allem in Europa seit langer Zeit, teilweise schon im vorigen Jahrhundert, gebildet. Nach der Regel, daß der Bischof der einzige Gesetzgeber in seiner Diözese ist, beschränkte sich die Funktion der regelmäßig, meist jährlich tagenden Bischofskonferenzen auf Erfahrungsaustausch und gemeinsame Verabredungen, vor allem zum Vorgehen gegenüber dem Staat und zur Stellungnahme der Kirche in öffentlichen Belangen. Rechtlich verbindlich war das nicht, aber, wie nicht zuletzt ein Blick in die Kirchengeschichte Deutschlands in den letzten 150 Jahren zeigt, höchst wirksam.

Das Konzil faßt hinsichtlich der Bischofskonferenzen mehrere Grundsatzbeschlüsse. Es wünscht ein neues Aufblühen der altkirchlichen Tradition von Provinzialsynoden und Plenarkonzilien ganzer Regionen unterhalb der Schwelle des Ökumenischen Konzils (Art. 36). Ohne direkte Gleichsetzung, aber in Fortbildung dieser Tradition erachtet das Konzil die Bischofskonferenzen als ein schon bewährtes Instrument überregionaler Zusammenarbeit der Bischöfe (Art. 37). Darum erhebt das Konzil die Bischofskonferenz in den Rang von rechtskräftig beschlußfähigen Gremien, die sich selbst ihre Statuten geben. Dabei macht es nur folgende Einschränkungen: Entscheidendes Stimmrecht haben von Haus aus nur die residierenden Bischöfe. Die Weihbischöfe haben nur dann entscheidendes und nicht nur beratendes Stimmrecht, wenn die Statuten das so festlegen – was in Deutschland der Fall ist. Die Statuten, die u. a. für ein Generalsekretariat und für Kommissionen zu den verschiedenen Tätigkeitsfeldern der Bischofskonferenz sorgen müssen (zum Beispiel Glaubenskommission, Ökumenekommission usw.), müssen vom Apostolischen Stuhl nur »überprüft«, also nicht bestätigt werden. Der Zustimmung des Apostolischen Stuhls bedürfen nur die Zusammenschlüsse der Bischöfe mehrerer Länder zu einer einzigen Bischofskonferenz – etwa im Fall der Lateinamerikanischen Bischofskonferenz.

Aufgrund dieser Vorgaben des Art. 38 und der Ausführungsbestimmungen von 1966 ist der Vorsitzende einer Bischofskonferenz zur Zeit neben dem Papst und den höheren Ordensoberen der einzige Träger eines Amtes innerhalb der Jurisdiktionshierarchie, der frei, direkt und überdies auf Zeit gewählt wird.

Zu betonen ist, daß die Bischofskonferenz regionale Synoden – wie zum Beispiel die Gemeinsame Synode der Bistümer in der Bundesrepublik Deutschland (1972–1975)[32] – nicht überflüssig macht. Aber wie ein Ökumenisches Konzil, so ist ja auch eine (nach wie vor vorgesehene) Bistumssynode oder gar eine Regionalsynode nur ein seltenes Ereignis. Die Bedeutung der Bischofskonferenz als regionales Beschlußorgan mit Rechtsverbindlichkeit besteht gerade in ihrem regelmäßigen Zusammentritt – und in der ständigen Tätigkeit des Generalsekretariates und der Kommissionen als ihrer ausführenden Organe.

Es hat anfangs merkwürdige Vorbehalte gegen die Stärkung der Bischofskonferenzen gegeben.[33] Man fürchtete, nicht ganz unverständlich, eine Schwächung der päpstlichen Zentralregierung und mehr Opposition gegen Rom unter Berufung auf regionale Erfordernisse. Die Sorgen zerstreuten sich zunächst einfach dadurch, daß Rom ja durch seinen weitreichenden Einfluß auf die Besetzung der Bischofsstühle dafür sorgen konnte, daß die erforderlichen Zweidrittel-Mehrheiten immer im gewünschten Sinne garantiert waren. Trotzdem ist, das sei hier aus der Nachgeschichte vorweggenommen, ein neuer theologischer und kirchenrechtlicher Streit um den theologischen Stellenwert und die rechtliche Kompetenz der Bischofskonferenzen entbrannt, seitdem ein einschlägiger römischer Entwurf bekannt wurde, der die Bestimmungen des Art. 38 des Bischofsdekretes subtil zurücknehmen möchte.[34] Was Deutschland betrifft, so sind auch (bisher erfolglose) Versuche bekannt geworden, auf eine Änderung der Statuten der Deutschen Bischofskonferenz in dem Sinne hinzuwirken, daß die Weihbischöfe nur mit beratender Stimme an der Bischofskonferenz teilnehmen – was zum Beispiel bei der Wahl des Vorsitzenden durchaus die Mehrheitsverhältnisse ändern könnte. Mehr als deutliche Hinweise auf eine Kurskorrektur Roms in der Beurteilung der Bischofskonferenzen gab es schon in dem bekannten Interview »Zur Lage des Glaubens«, das der Präfekt der Glaubenskongregation, Kardinal Ratzinger, 1984 zu veröffentlichen gestattete und in dem er sich wieder massiv für die Stärkung des Einzelbischofs einsetzte.[35]

Nun spricht gewiß einiges für eine Stärkung des Einzelbischofs gegenüber einer rechtsverbindlich beschlußfähigen Bischofskonferenz. Es kann ja häufig der Fall eintreten, daß die Mehrheitsverhältnisse jede mutige Maßnahme unterbinden, die ein einzelner Bischof für seine Diözese aus seelsorglicher Verantwortung unbedingt für geboten hält. Das scheint freilich nicht die Intention des neuen römischen Entwurfs. Dieser läuft eindeutig auf einen größeren Einfluß der zentralen Kirchenleitung hinaus. Nun wird es eine ideale Ausbalancierung der Kräfte allein durch formale Regeln nicht geben können, weil Menschen, die es unbedingt wollen, immer auch Wege finden, die Regeln zu unterlaufen. Trotzdem ist das zentrale Argument zugunsten der Bischofskonferenzen, das zugleich ein theologisches und ein kirchenrechtlich-praktisches ist, nicht zu entkräften. Vorausgesetzt, die Kollegialität der Bischöfe in Gemeinschaft mit dem Nachfolger Petri ist ernst gemeint und ein Grundprinzip der Kirchenverfassung, dann kann sich das kollegiale Zusammenwirken der Bischöfe nicht auf das seltene Ereignis des Ökumenischen Konzils oder auch nur der Bischofssynode und im übrigen auf den Kontakt mittels der modernen Kommunikationsmittel beschränken. Die kollegiale Leitung der Kirche wäre dann eine reine theologische Theorie, in der Praxis so unglaubwürdig und so unerfahrbar wie vergleichsweise die immer noch hoch gehaltene Theorie, daß der Bischof der eigentliche Seelsorger seiner Diözese sei (Bischofsdekret Art. 11 und 15). Ca. 3000 Bischöfe in der ganzen Welt können nur in seltenen Fällen wirklich kollegial handeln – eigentlich nur beim Ökumenischen Konzil. Unter der Überschrift

»Kollegialität« wird es also in der Regel in allen entscheidenden Fragen bei der zentralen Kirchenleitung in Rückkoppelung mit dem einzelnen Bischof bleiben, der ja alle fünf Jahre regelmäßig seinen sogenannten Ad-limina-Besuch machen muß. Eine Bischofskonferenz dagegen kann nachweislich kollegial handeln – einfach wegen der überschaubaren Zahl, der unproblematischen sprachlichen Verständigung sowie der gemeinsamen politischen und kulturellen Situation, in der sie tätig ist. Nichts spricht also dagegen, alles spricht vielmehr dafür, den Grundgedanken der kollegialen Leitung der Kirche durch die Bischöfe in Gemeinschaft mit dem Nachfolger Petri zu konkretisieren durch eine weitgehende Eigenständigkeit der nationalen oder regionalen Bischofskonferenzen. Wenn daraus gegebenenfalls eine moderne Variante der altkirchlichen Patriarchatsstruktur entstünde, wäre das gar kein schlechtes Ergebnis – Lateinamerika, repräsentiert durch die lateinamerikanische Bischofskonferenz, wäre unter altkirchlichen Bedingungen längst ein eigenes Patriarchat! Und es bedarf keiner großen Phantasie, sich vorzustellen, daß dann, ohne die Möglichkeit der ständigen Eingriffe aus dem fernen Rom, der Konflikt um die Theologie der Befreiung und die damit verbundene Auseinandersetzung um den Weg der Kirche unter den Armen Lateinamerikas einen anderen Verlauf genommen hätte und nehmen würde.

Kurzum: Der Satz des Konzils, wonach die Gesamtkirche in und aus den Teilkirchen besteht (Kirchenkonstitution Art. 23), ist nur mit Leben zu füllen, wenn es Zwischeninstanzen zwischen den einzelnen Bischöfen und dem Papst gibt, die den Träger des Petrusamtes auch aufgrund eigener Rechte nötigen können, sich mit den regionalen Besonderheiten der Kirche in den verschiedenen Weltgegenden auseinanderzusetzen, und ihn gleichzeitig daran hindern, den einzelnen Bischof gegen seine »Kollegen« auszuspielen. Ist es ein Zufall, daß die Versuche einer Neubewertung der Bischofskonferenzen begannen, nachdem, schließlich von Rom selbst so gewollt, nicht mehr nur einzelne Bischöfe, sondern ganze nationale Bischofskonferenzen in Rom zum Ad-limina-Besuch erschienen und die römischen Behörden massiv mit ihren eigenen regionalen Problemen konfrontierten?

6. Priester und Diakone

Das 3. Kapitel der Kirchenkonstitution über die hierarchische Verfassung der Kirche schließt in den Artikeln 28 und 29 mit Ausführungen über Priester und Diakone. Weil sie die sakramentale Amtsweihe empfangen haben (vgl. auch Bischofsdekret Art. 15), gehören

sie zur Weihehierarchie – deshalb ist von ihnen im 3. Kapitel der Kirchenkonstitution die Rede. Sie haben aber keine Jurisdiktionsgewalt aus eigenem Recht – darum ist von ihnen nur in einer Art Anhang die Rede, obwohl sie die eigentliche Mühe und Last all der Aufgaben tragen, die im Bischofsdekret in Form eines idealtypischen Bildes als Amtsaufgaben des Bischofs beschrieben werden.
Was sagt das Konzil über Priester und Diakone?
a) Immer wieder werden die Priester als »Mitarbeiter« des Bischofs bezeichnet. Art. 28 der Kirchenkonstitution spricht daher davon, daß die Priesterweihe eine »Abstufung« des einen Weihesakramentes beinhaltet, also den Geweihten mit einem Teilgebiet aus der umfassenden Dienstaufgabe des Bischofs betraut. Das ist, theologisch konsequent, die Gegenprobe auf die Wiederherstellung des vollen Verständnisses vom Bischofsamt durch das Konzil. Das Amt des Priesters wird nicht mehr (und insoweit ohne Unterschied zum Amt des Bischofs) von der Vollmacht her, die Eucharistie zu feiern, bestimmt, sondern als Auftrag, in delegierter Vollmacht einen Teil der Aufgaben des Bischofs in einem Teil der Diözese, normalerweise der Pfarrei, wahrzunehmen. Man beachte auch hier wieder die Reihenfolge in der Aufgabenbeschreibung: Verkündigung des Evangeliums, Gemeindeleitung, Sakramentsverwaltung
b) Auffällig ist, daß nähere Präzisionen des Begriffes »Priester« fehlen. Dies ist nicht durch Lektüre des deutschen Textes festzustellen. Befragt man ein Wortregister zum lateinischen Text, so zeigt sich: Der gemeinte Amtsträger wird in aller Regel *presbyter* genannt, nur in Ausnahmefällen, oder wo der Zusammenhang das nahelegt, *sacerdos*. Da unser deutsches Wort »Priester« von *presbyter* sich herleitet, merken wir im deutschen Text diese Feinheit nicht. Offensichtlich will das Konzil dem neutestamentlichen Befund Rechnung tragen, daß dort die Bezeichnung des kirchlichen Amtsträgers als »Priester« absichtsvoll vermieden wird. Also helfen bei der Beschreibung des Priesteramtes – es ist aussichtslos, trotz besserer theologischer Einsicht den eingebürgerten deutschen Sprachgebrauch ändern zu wollen – weder biblische noch religionsgeschichtliche Tatbestände. Es handelt sich gegenüber dem Bischofsamt einfach um eine »Abstufung«. Worin sie genau besteht, wird nicht geklärt. Wahrscheinlich ist das gut so, denn die Klärung wäre historisch so schwierig gewesen, daß sie sich nicht in wenigen Sätzen hätte bewerkstelligen lassen.
c) Im übrigen sind die Priester die Stiefkinder des Konzils. Deshalb konnte ja auch der am Ende des 5. Kapitels in Erinnerung gerufene bitter-schöne Witz entstehen. Ursprünglich war gar kein eigenes Dekret über Dienst und Leben der Priester vorgesehen. Erst all-

mählich setzte sich die Einsicht durch, daß man, nach so viel Rede vom Bischofsamt, doch auch denen ein gutes und ermutigendes Wort zu sagen habe, die die tagtägliche Kleinarbeit in der Kirche in Verkündigung, Seelsorge und Sakramentsverwaltung leisten – eine Kleinarbeit, von der Taufe über das Seelsorgsgespräch, die sonntägliche Predigt, die Katechese, bis zur Beerdigung, der die Bischöfe, so wie ihr Amt heute ausgestaltet ist, in aller Regel enthoben sind. Wie sehr solche Ermutigung nottat, beweist die Verunsicherung vieler, vor allem älterer Priester, die bis heute anhält und, wie ich belegen könnte, sich oft in der bitteren Frage bündelt: Was haben wir falsch gemacht? Ein weiterer Beweis ist auch das positive Echo, das ein Buch wie »Priestersein« von Gisbert Greshake bei den Betroffenen gefunden hat – völlig unbeeinflußt von der theologischen Kontroverse, die das Buch ausgelöst hat.[36]

Schaut man aber die Beschreibung der Amtsaufgaben des Priesters durch, so zeigt sich im Text des Priesterdekretes auf Schritt und Tritt, daß die Priester im Grunde nichts anderes in ihren Gemeinden zu tun haben als die Bischöfe. In der Tat sind heute aus den altkirchlichen Mitarbeitern der Bischöfe, die von der einen, vom Bischof geleiteten Stadtgemeinde aus Sonderdienste übernahmen, längst die weithin selbständigen und selbstverantwortlichen Leiter ihrer Pfarrgemeinden geworden. Die Amtsvollmachten, die sie, theologisch gesehen, als abgeleitete Vollmachten aus dem Bischofsamt haben, haben sie kirchenrechtlich weithin als ständige Vollmachten, die auch der Bischof nicht nach Belieben beschneiden könnte. Mit einem Wort: Sie sind wenn schon nicht theologisch, so doch faktisch das, was in der alten Kirche der Bischof als Leiter einer Ortskirche war. Da stellt sich schon die Frage, ob mit der Funktion nicht auch die Rechtsstellung zumindest der leitenden Pfarrer im Verhältnis zum Bischof gestärkt werden sollte. Wenn der Bischof faktisch weithin Verwaltungschef, im übrigen aber der konkreten seelsorglichen Situation in den Gemeinden (leider!) so fern ist wie vergleichsweise der Bischof von Rom der Situation in einer weit entfernten Diözese der Welt, dann müßte das auch Auswirkungen auf die Stellung des Pfarrers im Gemeindeleben haben. Das Beste, was dabei herauskommen könnte, wäre ein edler Wettstreit unter den Pfarrgemeinden.

d) Theologisch noch unklarer sind die Aussagen über die Diakone. Sie stehen einfach »eine Stufe tiefer« als die Priester und haben keinen Anteil am Priestertum (Kirchenkonstitution Art. 29). Sie werden einfach zu einem »Dienst« geweiht, und es bleibt in der Schwebe, ob mehr an einen diakonalen Dienst im altkirchlichen (und modernen evangelischen) Sinn gedacht ist oder vorrangig an eine Aufgabe im Bereich der liturgischen Dienste. In der Tat hat der Diakon heute in einer Gemeinde praktisch alle Funktionen des Priesters mit Ausnahme der Spendung des Bußsakramentes, der Krankensalbung und der Leitung der Eucharistiefeier. Mit der offenen Entscheidung, ob er eingeführt werden soll, und mit der – unrealistischen – Vorschrift, nur ältere, bereits verheiratete und in Ehe und Beruf bewährte Männer dürften zu Diakonen geweiht werden, während junge, noch unverheiratete Kandidaten die Zölibatsverpflichtung übernehmen müßten, hat man einen Kompromiß gesucht, der dem hohen Anteil an Nein-Stimmen im diesbezüglichen *Quaesitum*[37] Rechnung trug. Die Konservativen fürchteten natürlich einen Zugzwang zur Aufhebung des priesterlichen Zölibates. Daß freilich der Kompromiß nicht halten würde, mußte jedem Realisten klar sein. In Deutschland sind die Regelungen in den einzelnen Diözesen zwar unterschiedlich: Mancherorts gibt es nur nebenamtliche Diakone, die in der Woche ihrem »weltlichen« Beruf nachgehen, mancherorts hauptamtliche, die eine eigens dafür eingerichtete Ausbildung durchlaufen. In diesem letzteren Falle helfen sie nicht nur dem Pfarrer am Wochenende, sondern versehen praktisch den Dienst von Kaplänen, nur daß sie nicht Beichte hören und die Eucharistiefeier leiten. Da beides aber den geringsten Arbeits- und Zeitaufwand eines Kaplans bedeutet, alles andere aber – vom Religionsunterricht bis zum Seelsorgsgespräch, von der Beerdigung und der Trauung bis zur Predigt im Sonntagsgottesdienst – auch schon vor dem Konzil Recht und Pflicht des Diakons war (wenn auch damals nur vorübergehend bis zur Priesterweihe), so sind die hauptamtlichen verheirateten Diakone eine echte Hilfe für die Pfarrer, jedenfalls dann, wenn der Pfarrer sie als gleichberechtigte Mitarbeiter einsetzt und arbeiten läßt. Ob aber hauptamtlich oder nebenamtlich, immer gilt: Man hat entweder verheiratete Diakone, junge wie alte, oder man hat gar keine.[38]

III. Hochachtung vor einem unmöglichen Amt

In den Artikeln 11–21 des Bischofsdekretes haben die Bischöfe selbst ein Bild davon gezeichnet, wie sie sein *möchten*. Vergegenwärtigt man sich ihren Alltag, hat man Einblick in ihre Lebensführung[39], dann meint man fast, aus dem Text des Konzils eine verborgene Traurigkeit herauszuhören: So *möchten* wir sein, aber so *können* wir nicht sein.
In der theologischen Theorie ist der Bischof der leitende Seelsorger seines Bistums. Aber wann hat er in der Praxis Gelegenheit und

dann auch Zeit, mit einem beladenen und fragenden Menschen ein intensives Seelsorgsgespräch zu führen? Wann hört er noch eine Beichte, spendet er eine Krankensalbung und spricht mit einem Sterbenden? In der theologischen Theorie ist der Bischof der oberste Lehrer der Gläubigen seines Bistums. Aber wann hat er (zum Beispiel) die Möglichkeit, Sonntag für Sonntag durch die Predigt langfristig eine Gemeinde theologisch und geistlich zu prägen, sie im Glauben zu stärken und zuversichtlich zu machen? In der theologischen Theorie ist der Bischof der oberste Missionar seiner Kirche. Aber wäre er in der Lage, fachgerecht eine Religionsstunde so zu geben, daß seine Katecheten dabei von ihm noch etwas lernen können? In der theologischen Theorie ist der Bischof verantwortlich dafür, daß seine Priester und Theologen den Glauben unverfälscht und zeitgemäß reflektiert weitergeben. Aber ist er bei all seinen Amtspflichten noch in der Lage, über Gang und Fortgang der theologischen Diskussion noch so auf dem laufenden zu sein, daß er *kompetent* zwischen mutigen und fruchtbaren theologischen Neuorientierungen und bloßen pseudotheologischen Seifenblasen unterscheiden kann, so daß dem *fruchtbaren* neuen Gedanken, auch wenn er noch nicht ausgereift ist, die Chance der Klärung nicht von vornherein abgeschnitten wird? In der theologischen Theorie soll der Bischof dafür sorgen, daß alle Geistesgaben, die in der Kirche vorhanden sind – konkret also: alle Begabungen, geistlichen Impulse und guten Ideen – miteinander ins Gespräch kommen und zusammenwirken. Aber kann in der Praxis je ein Mensch so unparteiisch und zugleich engagiert sein, daß er, wie es notwendig ist, das eine fördert und anderseits die gegnerische Kritik ungehindert zuläßt? In der theologischen Theorie ist der Bischof – jedenfalls nach katholischem Verständnis, anders ist es beim evangelischen Bischofsamt – auch im Gesamtbereich der kirchlichen Verwaltung für alles verantwortlich und darum auch theologisch für alles haftbar. Aber kann er in der Praxis inmitten des Riesenapparates einer modernen Diözesanverwaltung ohne Delegation von Verantwortung auskommen, bei der er dann am Ende unmöglich noch alles bis ins einzelne übersehen und nur darauf vertrauen kann, daß »seine Leute« loyal in seinem Sinne arbeiten und ihn nicht bloßstellen?
Und damit berühren wir das schwierigste Problem. Eine Großinstitution wie die Kirche – und wenn die Kirche sich mit ihrer Botschaft ernsthaft an *alle* Menschen wendet, kann sie gar nicht verhindern, gegebenenfalls eine Großinstitution zu werden – reproduziert fast zwangsläufig all die Zwänge anderer politischer und gesellschaftlicher Institutionen. Der Bischof wird dann letztlich nicht mehr als Mensch, als Christ, als Seelsorger gefragt, sondern als Rollenträger.

Wie ein Politiker oder ein Verwaltungsleiter muß er »seine Leute decken«, auch wenn sie unzulänglich gearbeitet haben – denn nichts läuft mehr, wenn diese sich auf den Schutz ihres »Dienstherrn« nicht verlassen können. Anders als der Pfarrer in der Sonntagspredigt muß er seine Worte sorgsam wählen, damit keine falschen Schlüsse gezogen werden, keine Verletzungen entstehen, keine Medienlawine losgetreten wird – denn was der Bischof sagt, das sagt in der öffentlichen Einschätzung »die Kirche«. Riskiert er eine mutige Maßnahme, so muß er achtgeben, daß er nicht Beifall von der falschen Seite erhält. Ja – und das ist der problematischste Fall – nicht selten muß er um der Loyalität mit seinen Amtsbrüdern und nicht zuletzt um der Loyalität mit dem Papst willen Dinge sagen, über die er persönlich, als Theologe und Christenmensch, anders oder zumindest differenzierter denkt; er muß verteidigen, was er als privater Christenmensch nie verteidigen könnte; er muß Leute in Schutz nehmen, die es eigentlich nicht verdienen. Ist ein Bischof geschickt, ist er ein politisches Naturtalent, dann lernt er vielleicht auf der Klaviatur dieser Rollenzwänge virtuos zu spielen. Ist er kein Naturtalent, dann kann es sehr einsam um ihn werden, und nur ganz wenigen verschwiegenen Freunden mag er dann gelegentlich sein Herz öffnen und sagen, was er wirklich denkt.

Wahrlich, das Bischofsamt ist ein unmögliches Amt. Wer nicht von allen guten Geistern verlassen ist, kann nicht ernsthaft wünschen, daß es ihm auferlegt werde. Um so mehr schulden wir denen Hochachtung, die es tragen. Denn wehren können sich die, die es trifft, faktisch nicht. Sie können es nicht aus schlichten Gründen des kirchlichen Gehorsams. Sie können es vor allem nicht, weil sie sonst mit dem Vorwurf leben müßten, sich jederzeit das Recht zur Kritik an der Kirche nehmen, sich aber nicht selbst die Hände schmutzig machen zu wollen.

In abgewandelter Form gilt gleiches für das Amt der Priester und Diakone und im weiteren Sinne für alle kirchlichen Mitarbeiterinnen und Mitarbeiter. Abgewandelt deshalb, weil ja die Zeiten des alten »Pfarrherrn« hoffentlich endgültig vorbei sind – für sie träfe in verkleinertem Maßstab alles über die Rollenzwänge des Bischofs Gesagte zu. Dafür gilt für die heutigen Priester, vor allem die im Pfarrdienst, eine andere Belastung, ja Unmöglichkeit, die uns Hochachtung abverlangt. Mehr als der Bischof sind die Priester, Diakone und alle kirchlichen Mitarbeiterinnen und Mitarbeiter mit der ganzen nervenden Buntheit des heutigen Lebens konfrontiert und sollen je spezifisch da hinein den Menschen das Evangelium zusprechen. Daraus ergibt sich nicht nur die bekannte Problematik, daß der Priester eigentlich »alles« können müßte und unmöglich alles können kann. Es ergibt sich vielmehr eine wesentlich tiefere Problematik: Mehr als der Bischof sind Priester und kirchliche Mitarbeiterinnen und Mitarbeiter all den Verunsicherungen und Anfechtungen des Glaubens ausgesetzt, die die moderne Welt bereithält. Während nun Christenmenschen, die kein Amt haben, im Fall einer Glaubensanfechtung getrost auf sich selber warten und sich ihrer Geschichte mit Gott überlassen können, wird von den Trägern kirchlicher Dienste die vorbildhafte Stärke im Glauben, zumindest eine vorbildhafte Sicherheit im Umgang mit ihrer Glaubensanfechtung erwartet. Was nun, wenn ein Priester, ein Diakon den Glauben verliert, zeitweilig oder für immer? Was, wenn ein verheirateter Diakon, ein kirchlicher Mitarbeiter in einer von außen nicht beurteilbaren Weise in der Ehe scheitert und eine rigorose kirchliche Disziplin die Probleme noch verschärft, statt christlicher Vergebung in der Gemeinde einen Raum zu lassen?

Priester, Diakone, kirchliche Mitarbeiterinnen und Mitarbeiter haben den Mut, ihren Glauben zum Beruf, buchstäblich zum Broterwerb zu machen, ohne doch garantieren zu können, daß sie nie in diesem Glauben wankend werden. Es ist fast wider alle Vernunft, es kann nur »auf Hoffnung hin« geschehen. Darum besteht aller Anlaß zu tiefem Respekt vor denen, die in aller Schutzlosigkeit dieses Amt übernehmen. Wir haben allen Grund, uns die Mahnung des Apostels zu Herzen zu nehmen: »Älteste – also *presbyter*, «Priester» –, die das Amt des Vorstehers gut versehen, verdienen doppelte Ehre, besonders solche, die sich mit ganzer Kraft dem Wort und der Lehre widmen« (1 Tim 5,17).

Leseempfehlungen:

Zum Ganzen: LThK.E I (1966), 210–259 (Kirchenkonstitution, 3. Kapitel; II (1967), 127–249 (Bischofsdekret): 309–357 (Priesterausbildung); III (1968), 127–239 (Dienst und Leben der Priester).

Weil es nur wenige Menschen in der Kirche betrifft, die zudem ausgebildete Theologen sind, gibt es begreiflicherweise keine »einfachen« Bücher über das Bischofsamt bzw. über das kirchliche Amt überhaupt so, wie es »einfache« Bücher über den Glauben gibt. Aber in den in den *Leseempfehlungen* zum 5. Kapitel genannten Büchern über die Kirche finden sich selbstverständlich ausführliche Kapitel über das kirchliche Amt, in denen auch seine geschichtliche Entwicklung dargestellt wird. Weitere Fachliteratur ist in den Anmerkungen genannt.
Trotzdem seien hier drei fachtheologische, aber auch für Nicht-Theologen

verständliche Bücher genannt, die gegensätzliche Akzente setzen, daher aus gegensätzlichen Richtungen heftige kritische Diskussionen ausgelöst haben, so daß man durch ihre Lektüre einen Begriff von der Spannweite der gegenwärtigen Diskussion um das kirchliche Amt bekommt: *Gisbert Greshake*, Priestersein. Zur Theologie und Spiritualität des priesterlichen Amtes, Freiburg i. Br. 1982, inzwischen 5. Aufl. 1991 mit Stellungnahme zu den Gegenstimmen der Diskussion; *Edward Schillebeeckx*, Christliche Identität und kirchliches Amt. Plädoyer für den Menschen in der Kirche, Düsseldorf 1985 (holl.: 1985) – das Buch ist selbst schon die Neufassung aufgrund der kritischen Diskussion um ein vorausgehendes Buch von Schillebeeckx; *Paul Weß*, Ihr alle seid Geschwister. Gemeinde und Priester, Mainz 1983.

Achtes Kapitel

»Dieses Schema gefällt mir nicht«

Schrift, Tradition, Lehramt und Theologie

I. Das Lehramt über der Schrift?

Ein bekannter deutscher Theologe[1] hielt gemäß der Promotionsordnung an der päpstlichen Universität Gregoriana in Rom im Jahre 1965 seine Probevorlesung über Art. 10 der »Dogmatischen Konstitution über die göttliche Offenbarung« (im folgenden kurz: Offenbarungskonstitution). Im zweiten Teil dieses Artikels stehen nun tatsächlich folgende Sätze: »Das Lehramt ist nicht über dem Wort Gottes, sondern dient ihm, indem es nichts lehrt, als was überliefert ist, weil es das Wort Gottes aus göttlichem Auftrag und mit dem Beistand des Heiligen Geistes voll Ehrfurcht hört, heilig bewahrt und treu auslegt und weil es alles, was es als von Gott geoffenbart zu glauben vorlegt, aus diesem einen Schatz des Glaubens schöpft.«
Mit »Wort Gottes« ist hier, wie der vorausgehende Satz klarstellt, »das geschriebene oder überlieferte« Wort Gottes gemeint. Wir können im Augenblick noch das darin anklingende Problem von »Schrift und Tradition« außer acht lassen. Jedenfalls ist *auch* und *zuerst* die Heilige Schrift gemeint. Und so vertrat unser Theologe – der ja zeitlich und örtlich dem Konzilsgeschehen sehr nahe war – in seiner Probevorlesung sehr selbstverständlich die These, das Lehramt stehe *unter* der Schrift und nicht *über* ihr. Im Anschluß an die Vorlesung kam der Jesuit Sebastian Tromp, Dogmatik-Professor an der Gregoriana, auf ihn zu und erklärte ihm, er, der Doktorand, befinde sich nicht im Einklang mit der kirchlichen Lehre. Begründung: Art. 10 der Offenbarungskonstitution seinerseits befinde sich im Hinblick auf die definitive Auslegungskompetenz des Papstes nicht im Einklang mit der kirchlichen Lehre.
Der Papst steht also durch sein Lehramt noch *über* der Schrift, dient ihr also nicht, vielmehr muß sich die Schrift dem Lehramt fügen? Hätte Sebastian Tromp recht, es wäre eine fatale, ja bestürzende Wiederauflage der These, die seinerzeit schon Sylvester Prierias gegen Luther aufgestellt und die Kardinal Cajetan beim Verhör Luthers in Augsburg im Oktober 1518 nicht dementiert hat: Auch die Schrift hat ihre Autorität und Kraft aus der Unfehlbarkeit des päpstlichen Lehramtes.[2] Was an dieser Verbindungslinie von 1965

zurück ins Jahr 1518 so makaber ist: Tromp – übrigens der federführende Verfasser der schon öfter genannten Enzyklika *Mystici Corporis* Papst Pius' XII. von 1943 – war in allen Phasen der Vorbereitung der Offenbarungskonstitution, in allen damit befaßten Kommissionen und Subkommissionen als Sekretär und daher mit maßgeblichem Einfluß dabei. Zum Ergebnis hat er trotzdem offenbar, wie der Einwand gegen den deutschen Theologen zeigt, nur sagen können: »Dieses Schema gefällt mir nicht.«

Gesagt aber hat diesen Satz nicht Sebastian Tromp, sondern der (wieder einmal) einflußreiche Kardinal Liénart von Lille – als lakonisches Urteil über den ersten Entwurf. Und zwar mit einer ganz anderen Sinnspitze. Der erste Entwurf versuchte nämlich eine Festschreibung bestimmter neuscholastischer Positionen, unter völliger und bewußter Ignorierung all dessen, was die katholische Theologie inzwischen dazugelernt hatte. So wurde die Diskussion um das Schema zur Offenbarungskonstitution neben Liturgiereform, Kollegialitätsidee und Religionsfreiheit einer der Kristallisationspunkte, an dem sich das Schicksal des Konzils entschied. Nicht auszudenken, was die Folgen gewesen wären, wenn das Konzil im Sinne der harten Minderheit vom Schlage eines Sebastian Tromp und der Konzilsväter, die sich von ihm beraten ließen, entschieden hätte. Das Mindeste wäre ein neues Exil für die katholischen Exegeten gewesen wie schon einmal am Anfang des Jahrhunderts nach dem »Modernismus«-Streit. Und wie eine katholische Lehre von der Kirche dann ausgesehen hätte, weiß man von Sebastian Tromp selbst: Er hat sie in einem in lateinischer Sprache verfaßten, 1960 abgeschlossenen dreibändigen Werk entfaltet – es ist vergleichsweise leicht möglich, zu prüfen, welche geistliche Nahrung, welche Freude an der Kirche, welcher Mut zu ihrer Zukunft aus einem solchen Kirchenbild zu gewinnen sind.[3]

Aber damit sind wir schon bei der Vorgeschichte der Konstitution, ohne die die Pointen des Textes nicht einmal bemerkt, geschweige denn verstanden werden können.

II. Die Vorgeschichte der Offenbarungskonstitution

1. Ein vorweggenommenes Urteil

Um zwei Dinge gleich vorwegzunehmen: Die Konstitution ist wohl der am meisten unausgeglichene Text des Konzils – bis hin zu nur mühsam verdeckten logischen Brüchen, ja Widersprüchen: ein Musterbeispiel für den Kompromiß vom Typ des »kontradiktorischen

Pluralismus«.⁴ Der Text ist übrigens sehr kurz – etliche Dekrete sind länger als diese Konstitution. Wer den Text ohne Vorinformation liest, steht immer wieder vor der Frage: Was wollen die Verfasser eigentlich sagen? Zuweilen scheinen sie zwei Schritte vorwärts zu machen und anschließend mindestens eineinhalb Schritte wieder zurück. Was denn auch herausgekommen ist und was fast das Beste ist, was nach Lage der Dinge herauskommen konnte, das ist, daß alles offen bleibt – die Diskussion also *weitergehen* kann. Das genau nämlich wollten die Kräfte der Minderheit – es sind immer die gleichen Zahlenverhältnisse wie schon bei der Frage der Kollegialität – verhindern.

Und damit sind wir bei der zweiten Vorwegnahme. Es geht *eigentlich* bei der Konstitution – im Medium des Offenbarungsbegriffs – um das Verhältnis der Theologie zum Lehramt, genauer: um die Freiheit der theologischen Forschung. Das zeigt sich an einem grundlegenden Detail. Eigentlich bestand – im Unterschied zur Frage nach dem Bischofsamt und dem Kirchenverständnis überhaupt – keine Notwendigkeit, dogmatisch das Thema »Offenbarung« noch einmal aufzunehmen. Hier konnte man *nicht* sagen, das Erste Vatikanische Konzil habe diese Frage, in Fortführung des Konzils von Trient, nicht abschließend behandelt. Das Erste Vatikanum hat dies in der Dogmatischen Konstitution *Dei Filius*⁵ über den katholischen Glauben durchaus getan. Wenn man, und zwar von Anfang an, doch auf dieses Thema noch einmal eingehen zu müssen glaubte, in der einzigen *dogmatischen* Konstitution, die das Konzil neben der über die Kirche noch verabschiedet hat, dann muß es dafür andere Gründe geben.

Diese zeigen sich darin, daß der ursprüngliche Entwurf ein Dokument *De fontibus revelationis* (»Über die Quellen der Offenbarung«) vorsah. Das heißt nach katholischer Sprachregelung: »Über Schrift und Tradition«. Was »Offenbarung« sei, wurde dabei als klar vorausgesetzt. Daß dies dennoch unklar sei, war aber gerade ein Thema der Diskussion aus den Jahrzehnten zwischen dem Modernismus-Streit und dem Konzil. Diese Diskussion – auf Einzelheiten werden wir gleich kommen – sollte gestoppt werden. Diejenigen, die von dieser Diskussion beeindruckt waren, mußten also trotz des Ersten Vatikanischen Konzils den Offenbarungsbegriff in den Mittelpunkt der konziliaren Lehre stellen – nur so konnte der Stopp der Diskussion verhindert werden.

Das hat ungeheuer harte Auseinandersetzungen und – wie erinnerlich⁶ – gleich in der ersten Tagungsperiode die erste tiefe Krise des Konzils gekostet. Erst in der fünften der insgesamt acht Fassungen der Offenbarungskonstitution gelang es, ein 1. Kapitel dem Thema

De ipsa revelatione (etwa: »Über die Offenbarung als solche«) zu widmen, woraufhin dann alles andere ausgerichtet wurde.
Die Konstitution bekam damit eine ganz neue Wendung, die ursprünglich nicht nur nicht geplant war, sondern gerade vermieden werden sollte. Im Klartext: Es ging um die Berechtigung der sogenannten historisch-kritischen Methode in der Bibelauslegung. Wurde sie verurteilt, dann konnte alles andere bleiben, wie es war, genauer: Dann konnte die fortschreitende Emanzipation der katholischen Exegese und der katholischen Theologie überhaupt von den blockierenden Folgen des Modernismus-Streites zurückgedreht werden, die der römischen Theologie und sogar Papst Johannes XXIII. im Vorfeld des Konzils zunehmend Sorge bereitete. Wurde sie zugelassen, dann stellte sich die ganze Frage nach der der Kirche anvertrauten Heilswahrheit und ihrer geschichtlichen Weitergabe ganz neu – festzumachen nun am Offenbarungsbegriff.
Und in der Praxis mußte das heißen: Dann konnte, ja mußte diese Methode auch angewandt werden auf die Formulierungen der kirchlichen Lehrverkündigung. Denn das, was der *norma normans* recht war, das mußte dann auch den *normae normatae* billig sein. Durfte die Urkunde der nicht normierten, vielmehr normierenden Norm des Glaubens historisch kritisch untersucht werden, dann auch die, wie doch immer beteuert wurde, von der Schrift abgeleiteten, von ihr normierten Normen der kirchlichen Lehrverkündigung.
Es war also kein Zufall, sondern Klarsicht auf beiden Seiten, wenn gerade an diesem Punkt der Streit so erbittert geführt wurde. Es stand zur Debatte, was die Funktion der Heiligen Schrift in der Kirche, was im Verhältnis zu ihr die Funktion des kirchlichen Lehramtes und was im Verhältnis zu beiden die Aufgabe der Theologie sei. Alles schien in den Augen eines konservativen Denkens längst gelöst, und nichts schien gelöst in den Augen derer, die trotz der antimodernistischen Denkverbote daran festhielten, daß die Theologie gerade im Dienst der Verkündigung über Freiheit der Forschung verfügen mußte. Damit sind wir bei der Vorgeschichte der Konstitution, bei den zu klärenden offenen Problemen und bei den in der Erarbeitung des Textes wirksamen Motiven.[7]

2. Das Vorspiel: Die »Bibelbewegung«

Seit dem Anfang des Jahrhunderts prägte die Bibelbewegung neben der liturgischen Bewegung[8] und der ökumenischen Bewegung[9] die Frömmigkeit in weiten Kreisen der katholischen Christenheit – insbesondere in der katholischen Jugendbewegung.[10] Die Bibelbewegung wirkte sich tatsächlich aus in einer wachsenden Vertrautheit mit der Bibel. Die tägliche Bibellesung wurde zu einer Grundforderung bewußt gelebten Glaubens und vor allem durch die Jugendbewegung verbreitet und populär gemacht. Dies geschah im besten Sinne des Wortes »naiv«: Irgendein Konfliktpotential befürchtete man dabei nicht, denn es war natürlich völlig klar, daß die Bibel nie *gegen* die Kirche verstanden werden durfte und auch nicht mußte. Das Recht, die Bibel gegebenenfalls auch kritisch gegen die konkrete Kirche lesen zu dürfen, wurde höchstens auf der Ebene der Fachtheologie gelegentlich beansprucht, und dies vor dem Konzil auch nie öffentlich und selbst im geschlossenen Kreis stets nur unter Beteuerung lupenreiner Treue zur *wirklich* verbindlichen Lehre der Kirche.[11] Immerhin: Ein Wort zur Bedeutung der Bibel für die Kirche lag schon aus ökumenischen Gründen nahe, und als rein seelsorgliches Wort hätte es auch keine Konflikte erzeugt, zumal es ja in der Liturgiekonstitution (vgl. Art. 24; 35,1; 51; 92) schon vorweggenommen war. Für den Konflikt sorgten zwei weitere Motive.

3. Die »historisch-kritische Bibelauslegung«

Die erst sehr vorsichtige, dann immer entschiedenere Anwendung der historisch-kritischen Methode durch die katholischen Bibelwissenschaftler war nicht selbstverständlich, denn sie war nicht nur durch die antimodernistischen Entscheidungen vom Anfang des Jahrhunderts blockiert. Vielmehr hatte die in deren Gefolge gegründete päpstliche Bibelkommission seitdem auch zu allen erdenklichen Fragen Stellung bezogen, die unter historisch-kritischen Exegeten strittig waren – meist in der Form, man dürfe *nicht* lehren, daß ...[12] Dabei war so ziemlich alles verurteilt worden, was heute auch katholischen Theologiestudentinnen und Theologiestudenten im alttestamentlichen und neutestamentlichen Proseminar an Ergebnissen der Bibelwissenschaft beigebracht wird. Den Druck, unter dem katholische Bibelwissenschaftler damals forschen und arbeiten mußten, können sich besagte Studentinnen und Studenten noch heute vor Augen führen, wenn sie in einer theologischen Fachbibliothek einmal die verschiedenen Auflagen der »Einleitung in das Neue Testament« von Alfred Wikenhauser und deren spätere Bearbeitung durch Josef Schmid miteinander vergleichen, etwa und vor allem anhand der Frage, wie sich die ersten drei Evangelien zueinander verhalten, konkret und fachtheologisch gesagt: die Stellungnahme zur sogenannten »Zwei-Quellen-Theorie« – die, Ironie der Forschungsgeschichte, heute, nachdem sie endlich in der katholischen Bibelwissenschaft ihr Heimatrecht gefunden hat, sich schon

wieder allerhand kritische Rückfragen und Differenzierungen gefallen lassen muß.[13] Ich weiß freilich von ehemaligen Studenten am päpstlichen Bibelinstitut, daß der Bibelkommission – die am Bibelinstitut angebunden ist – schon in den 50er Jahren jede ihrer Entscheidungen aus den 20er Jahren leid tat.
Der Durchbruch durch die antimodernistische Front erfolgte schon 1943, und zwar durch keinen Geringeren als Papst Pius XII. selbst in seiner Bibel-Enzyklika *Divino afflante Spiritu* (»Unter Anhauch des göttlichen Geistes«).[14] In einem berühmten Abschnitt dieser Enzyklika gibt der Papst die historisch-kritische Methode frei, ja fordert geradezu zu ihrer Anwendung auf. Dennoch geschieht dies mit einer eigenartig defensiven Zuspitzung: zur Verteidigung der *Wahrheit* der Bibel, nicht zur Erhellung ihrer *Eigenart*. Die Wahrheit der Bibel wird bestritten, in Einzelheiten sogar innerhalb der Kirche. Da soll die historisch-kritische Methode helfen, die Gegenargumente zu entkräften. Wenn in der Bibel, so die Sinnspitze der päpstlichen Äußerungen, etwas »unwahr« oder »erfunden« klingt, dann erklärt sich das aus der damaligen Sprech-, Schreib- und Denkweise der biblischen Autoren und hat daher mit Unwahrheit und »Legende« nichts zu tun. Erkennbar ist dabei die Voraussetzung leitend: Wahrheit ist (historische oder anderweitige, z. B. naturwissenschaftliche) *Richtigkeit*. Wenn die »altorientalischen Autoren« etwas sagen, was auf dem Stand unserer Erkenntnis als unklar und unpräzise beurteilt werden muß, so hilft die historisch-kritische Methode, dies in die Präzision unserer gewohnten Logik zu überführen. Insoweit kann also die Grundidee von der Bibel unangetastet bleiben, daß sie nämlich zwar kein dogmatisches Lehrbuch im modernen Sinne ist, wohl aber ein Buch, aus dem die Lehre des christlichen Glaubens – der also selber eine Lehre ist – entnommen werden soll und kann.
Um den Schritt nach vorn, den die Offenbarungskonstitution tun wollte und getan hat, gebührend zu ermessen, sollten wir uns den Text von 1943 trotz seiner Ausführlichkeit noch einmal wörtlich vor Augen führen:

»Der Literalsinn einer Stelle liegt indes bei den Worten und Schriften altorientalischer Autoren oft nicht so klar zutage wie bei unseren heutigen Schriftstellern. Was die alten Orientalen mit ihren Worten ausdrücken wollten, läßt sich nicht durch die bloßen Regeln der Grammatik oder der Philologie oder allein aus dem Zusammenhang bestimmen; der Exeget muß sozusagen im Geiste zurückkehren in jene fernen Jahrhunderte des Orients und mit Hilfe der Geschichte, der Archäologie, der Ethnologie und anderer Wissenschaften genau bestimmen, welche literarischen Arten die Schriftsteller jener alten Zeit anwenden wollten und in Wirklichkeit anwandten. Die alten Orientalen bedienten sich nämlich zum Ausdruck ihrer Gedanken nicht immer der gleichen Formen und Sprechweisen wie wir, sondern vielmehr derjenigen, die bei den Menschen ihrer Zeit und ihres Landes üblich waren. Welches diese Redeformen waren, kann der Exeget nicht a priori feststellen, sondern nur mit Hilfe einer sorgfältigen Durchforschung der orientalischen Literatur. Diese Durchforschung nun, die in den letzten Jahrzehnten mit größerer Sorgfalt und Aufmerksamkeit gemacht worden ist als früher[15], hat klarer gezeigt, welche Redegattung in der alten Zeit für die dichterische Schilderung, für die Darstellung der Regeln und Gesetze des Lebens sowie für die Erzählung geschichtlicher Tatsachen und Ereignisse verwendet wurden. Diese Durchforschung hat gleicherweise klar erwiesen, daß das israelitische Volk in der Geschichtsschreibung die anderen alten Völker des Orients bedeutend übertrifft hinsichtlich des Alters der Berichte, wie auch durch die Treue der Wiedergabe der Tatsachen (...). Wer einen richtigen Begriff von der biblischen Inspiration hat, wird sich nicht wundern, daß trotzdem auch bei den biblischen Schriftstellern, wie bei den anderen alten Autoren, gewisse Formen der Darstellung und Erzählung vorkommen, gewisse Eigenheiten, die besonders den semitischen Sprachen angehören, Darstellungen, die man ›angenähert‹ nennen könnte, gewisse hyperbolische Redeweisen, ja sogar bisweilen *paradoxe* Ausdrücke, die dazu dienen, die Dinge dem Geiste fester einzuprägen. Ist ja doch den heiligen Büchern keine jener Redeformen fremd, deren sich die menschliche Sprache bei den Alten, besonders im Orient, zum Ausdruck der Gedanken zu bedienen pflegte, allerdings unter der Bedingung, daß die angewandte Redegattung in keiner Weise der Heiligkeit und Wahrhaftigkeit Gottes widerspricht (...). Wenn manche Leute immer wieder den Vorwurf erheben, die biblischen Schriftsteller seien von der geschichtlichen Treue abgewichen oder hätten die Tatsachen weniger genau berichtet, handelt es sich offensichtlich nur um die gebräuchlichen, *den Alten eigenen Rede- und Erzählungsarten*, die man im gegenseitigen Verkehr allenthalben anzuwenden pflegte und die anerkanntermaßen im täglichen Umgang *als erlaubt betrachtet* wurden. Die *Billigkeit und Gerechtigkeit des Urteils* verlangt daher, daß derartige Ausdrucksweisen, wenn sie sich in dem für die Menschen nach Menschenweise ausgedrückten Worte Gottes finden, ebenso wenig des Irrtums geziehen werden, als wenn sie im tagtäglichen Leben gebraucht werden. Kennt man also die Rede- und Schreibarten der Alten und beurteilt man sie richtig, so lassen sich viele Einwürfe widerlegen, die gegen die Wahrhaftigkeit und geschichtliche Treue der Heiligen Bücher erhoben werden. (...)«[16]

Gestützt auf solche Äußerungen der Enzyklika, gab es seit dem Ende der 40er Jahre noch mehrfach positive römische Stellungnahmen zur Anwendung der historisch-kritischen Methode in der Exegese. So der Brief des Sekretärs der Bibelkommission an den Erzbischof von Paris, Kardinal Suhard, vom 16. Januar 1948[17], zwei Abschnitte in der Enzyklika *Humani generis* von 1950[18], vor allem aber die Instruktion der Bibelkommission vom 21. April 1964, zwi-

schen der dritten und vierten Tagungsperiode des Konzils, auf dem Höhepunkt des Streites um die Offenbarungskonstitution und offenkundig in der Absicht, diese zu beeinflussen.[19]
Die zuletzt genannte Instruktion war freilich auch eine Reaktion auf den Frontalangriff des römischen Theologen A. Romeo gegen die »neuen Meinungen« in der katholischen Bibelwissenschaft im allgemeinen und am päpstlichen Bibelinstitut im besonderen – veröffentlicht wieder einmal in der theologischen Zeitschrift der Lateran-Universität *Divinitas*.[20] Der Verfasser versucht hier, unter Berufung auf die Bibel-Enzyklika von 1943 den Einbruch der historisch-kritischen Exegese in der katholischen Theologie gerade zu *stoppen*. Und wie unser langes Textzitat zeigt, war dies ja auch durchaus nicht absurd. Die Enzyklika verteidigt mittels der historisch-kritischen Methode die *Wahrheit* der Bibel als Offenbarungsquelle im durchaus herkömmlichen Sinne, während die Bibelwissenschaftler mit Hilfe derselben Methode ein ganz neues Bild von der Bibel und daraufhin ein ganz neues Verständnis dessen gewannen, was »Offenbarung« heißt und allein heißen kann. Romeo sieht darum speziell die deutschen Bibelwissenschaftler »nordische Nebel« (»brumi nordiche«) verbreiten und der Klarheit mediterraner (aristotelischer) Logik ermangeln. Die wissenschaftliche und kirchenpolitische Fehde um diesen Aufsatz kann man sich ausmalen. In seinem liebenswürdigen, nach wie vor lesenswerten, aber von heute aus gesehen wahrhaftig nicht »revolutionären« Aufsatz über »Exegese und Dogmatik« spricht Karl Rahner von dem »beschämenden und für die Würde und das Ansehen der katholischen Wissenschaft so abträglichen Artikel« von Romeo und bemerkt zu den »nordischen Nebeln«: »Man kann auch einige hundert Kilometer von Rom entfernt gut katholisch sein.«[21] Rahners Hoffnung, die deutschen Dogmatiker und die Bischöfe würden sich gegen solche Pauschalverdächtigungen verwahren, ging nicht in Erfüllung. Gesamtkirchlich gesehen freilich zeigte die Instruktion der Bibelkommission, daß die Verhältnisse nicht mehr so waren wie 1943.
Das zweite Motiv also führte dazu, daß auf dem Konzil im Streit um die Offenbarungskonstitution der Streit um die Methodenfreiheit in der Exegese nun auf höchster kirchenamtlicher Ebene ausgetragen wird. Das erklärt die Erbitterung. Man weiß: Je nachdem, wie entschieden wird, gibt es nachher keine noch höhere Berufungsinstanz mehr, an die man Hoffnungen auf Revision hätte knüpfen können.

4. »Tradition«

Das dritte Motiv waren Entwicklungen im Verständnis des Begriffs der »*Tradition*«, dem klassischen Komplementärbegriff zu Schrift und Offenbarung. Wieder einmal ist an das 19. Jahrhundert zu erinnern. Unter dem Einfluß der Romantik hatte die katholische Tübinger Schule die Tradition als organisch fortschreitendes Geschehen begriffen, in dem die ein für allemal abgeschlossene Offenbarung in stets neuer Begegnung und auch Konfrontation mit wechselnden Zeiten, Situationen und ihren geistigen Herausforderungen je neue und durchaus klarere Gestalt annimmt und doch zugleich kraft des Wirkens des Heiligen Geistes treu beim unveräußerlichen Ursprung bleibt.[22] Da gleiches für die Kirche überhaupt gilt[23], ist »Tradition« die lebendige Stimme der je gegenwärtigen Kirche. Dieses Konzept lief also zunächst auf eine ganz überhöhte Gegenposition gegen das reformatorische *Sola Scriptura* (»Allein die Schrift«) hinaus. Es wurde, wenngleich auf der Basis eines ganz anderen Traditionsverständnisses[24], bekräftigt durch das Dogma von der »Unbefleckten Empfängnis« (Freiheit von der Erbsünde, nichts anderes!) Marias von 1854, das für seine Lehre nur eine ganz dünne Schriftbegründung geben kann, im wesentlichen also sich auf die Tradition stützt.[25] Noch deutlicher und in Anknüpfung an die 1854 entwickelten Argumentationsmuster zeigt sich dies beim Dogma von 1950 (Leibliche Aufnahme Mariens in den Himmel), das sich überhaupt nicht mehr auf die Schrift beruft, vielmehr lediglich »sich auf die Heilige Schrift stützt« und »mit den übrigen Offenbarungswahrheiten in vollem Einklang steht«[26]. Im übrigen beansprucht der päpstliche Text nicht einmal, die einhellige Tradition für sich zu haben, sofern diese als Inhalt verstanden, der zu bewahren, aber nicht in der Schrift aufgeschrieben ist; vielmehr hat die Kirche »im Lauf der Jahrhunderte in vielfacher Weise ihren Glauben zu erkennen gegeben«, und die Lehre des Dogmas hat »durch das Studium, die Wissenschaft und Weisheit der Theologen eine lichtvolle Erklärung und Darstellung gefunden«[27].

Aussichtsloser also konnte die Lage für das ökumenische Gespräch nicht sein: Hier ein *sola scriptura*, dort eine »lebendige« Tradition, für die nicht nur nicht die Schrift, sondern nicht einmal die historisch überprüfbare außerbiblische Tradition eine Grenze war. Und doch – so Ratzinger in seinem Kommentar mit Recht[28] – gab es einen entscheidenden Berührungspunkt, der zur Energiequelle für eine weitertreibende Fragestellung wurde. Die Frage nach »der Tradition« hatte sich von der Frage nach Inhalten (»materiale Tradition«) zur Frage *nach den Kriterien der kirchlichen Lehre* verschoben. »Die Tradition« im nun geltenden Verständnis war legitimierendes Kriterium für kirchliche Verkündigung. Dem konnte selbstverständlich kein evangelischer Theologe zustimmen. Daß es aber überhaupt um die Frage nach Kriterien geht, verbindet die ökumenischen Gesprächspartner. Dabei gewinnt die Überzeugung zunehmendes Gewicht, daß die Schrift das *einzige* konkrete Gegenüber zum Lehramt sein kann als einziger Ort der wirklichen apostolischen Tradition – denn die Tradition im nun geltenden »organischen«, »dynamischen« Verständnis ist ja letztlich identisch mit dem Lehramt selbst, das schiedsrichterlich zwischen ihren Inhalten entscheidet. Die Unbedenklichkeit dieser Überzeugung, daß das eigentliche Problem nicht heißt: »Schrift und Tradition«, sondern »Schrift und Lehramt«, festigte sich durch die kurz zuvor bekannt gewordenen und wie eine Sensation wirkenden Ergebnisse der Untersuchung von Josef Rupert Geiselmann über das Verhältnis von Schrift und Tradition.[29] Warum Sensation? Seit dem Konzil von Trient und seinen antireformatorischen Entscheidungen *galt* es als katholische Lehre, die Offenbarung sei an zwei Orten niedergelegt, wo sie wie aus zwei Quellen zu entnehmen sei: *In libris scriptis et sine scripto traditionibus* (»In geschriebenen Büchern und ungeschriebenen Überlieferungen«)[30]. Geiselmann weist nun aufgrund des Studiums der Konzilsakten nach: Statt des *et* sollte es ursprünglich heißen: *partim – partim*, also »teils – teils«. Das wäre in der Tat die perfekte »Zwei-Quellen-Theorie« im Hinblick auf Schrift und Tradition. Sie hatte ihre Plausibilität – nicht zuletzt wiederum in antireformatorischer Defensive – tatsächlich zur Absicherung zahlloser kirchlicher Lehren, die so nicht wortwörtlich in der Schrift verankert sind, z. B. und vor allem in der Sakramentenlehre. Daß man dann doch nicht »teils – teils« schrieb, sondern einfach »und«, geht nach Geiselmann auf einige Trienter Väter zurück, die die These von der alleinigen Maßgeblichkeit der Schrift vertraten. Das ist nicht so verwunderlich, wie es vor allem evangelischen Christinnen und Christen scheinen mag. Denn das Kriterium »Allein die Schrift!« hat eine beachtliche Tradition. Immerhin hatte kein Geringerer als Thomas von Aquin die These vertreten: Was glaubensverbindlich ist, steht vollständig und ausdrücklich in der Schrift. Wenn auch die Tradition über die Schrift hinaus Verbindlichkeit hat und beanspruchen kann, so nie im Bereich der Glaubenswahrheiten, der *credenda*, sondern nur im Bereich der *servanda*, d.h. der kirchlichen Lebensformen. Die Spannung dieses Konzeptes, daß alles wirklich Glaubensverbindliche ausdrücklich in der Schrift stehe und aus keiner anderen Quelle entnommen werden könne, blieb verdeckt – wie sich etwa in bezug auf

bestimmte Auffassungen in der Sakramentenlehre zeigt –, bis sie durch die Reformation offenkundig wurde.[31]
Die Schlußfolgerung Geiselmanns lautet: Das Konzil von Trient hatte diese *neue* oder neu ins Bewußtsein getretene Frage nicht entscheiden *wollen*. Die seit mindestens eineinhalb Jahrhunderten klassische katholische Zwei-Quellen-Theorie, die auch als Selbstverständlichkeit durch die Lehrbücher der Dogmatik geht, ist eine Überinterpretation der Trienter Texte. Den Sturm der Diskussion um Geiselmanns Thesen in den 60er Jahren kann man sich vorstellen.[32] Sie ist heute ausgestanden – zugunsten der Offenheit der Frage, und dies nicht zuletzt durch die Offenbarungskonstitution.[33] Deren unmittelbare Entstehungsgeschichte ist nun schnell zusammengefaßt.

5. Zur Entstehung der Konstitution

Die Dollpunkte des Streites um die Konstitution werden nun einleuchtend:
– Das Problem der »Inspiration« der Bibel, also der Lehre, daß die Heilige Schrift aufgrund der Eingebung des Heiligen Geistes niedergeschrieben wurde: Wie ist diese Eingebung des Geistes und damit die göttliche Bürgschaft für die Wahrheit der Schrift angesichts der Ergebnisse der historisch-kritischen Exegese überhaupt noch zu verstehen?[34]
– Das Problem der Irrtumslosigkeit der Bibel – wenn es mit der »Inspiration« nicht mehr so einfach gedacht werden kann wie bisher.
– Das Problem der historischen Zuverlässigkeit der Heiligen Schrift, besonders der Evangelien – wenn man sich denn über die »Irrtumslosigkeit« der Bibel neue Gedanken machen muß.
– Das Problem der kirchlichen Auslegung der Bibel, ihrer Formen und ihrer Verbindlichkeit.
– Die Frage der »Suffizienz« (des »Genügens« für den Glauben) der Schrift, und zwar der inhaltlichen wie kriteriologischen Suffizienz – wenn denn die kirchliche Auslegung der Schrift nicht eine zweite und am Ende von der Schrift unabhängige »Offenbarungsquelle« sein soll.

Der erste Entwurf der vorbereitenden theologischen Kommission unter Ottaviani mit Sebastian Tromp als Sekretär – worin, wie erinnerlich, ein Kapitel »Über die Offenbarungsquellen« vorgesehen war – lief auf eine Festschreibung der römischen Schultheologie hinaus. Selbstverständlich vertrat er ein inhaltliches Plus der Tradition gegenüber der Schrift, selbstverständlich vertrat er einen Begriff von Inspiration hart am Rande einer wortwörtlichen Eingebung durch den Heiligen Geist, selbstverständlich lehrte er die Irrtumslosigkeit der Schrift in engster Form (»in bezug auf jegliche religiöse oder weltliche Angelegenheit«) und rechnete problemlos mit der Geschichtlichkeit der Evangelien im Sinne eines historischen Berichtes. Im Falle einer Verabschiedung wären alle Versuche der katholischen Theologie, ein Neuverständnis des Traditionsbegriffes zu entwickeln, ebenso verurteilt worden wie ein Großteil der Bemühungen der modernen Exegese. Nicht auszudenken, welche Belastungen das für die katholische Theologie in den folgenden Jahrzehnten bedeutet hätte.

Nun entspricht es bester konziliarer Tradition, daß Konzilien keine Streitigkeiten zwischen theologischen Schulen zu entscheiden haben und auch nicht entscheiden. Genau diesen Eindruck aber gewannen viele Konzilsväter nach dem Bekanntwerden des Entwurfs, und bald regte sich Unwille und Widerstand. Das wiederum verfehlte nicht seine Wirkung auf die Mitglieder der vorbereitenden Kommission. Sie mußten sich sagen lassen, daß sie mit guten konziliaren Gepflogenheiten brachen – und wehrten sich dagegen. Aus ihrer Sicht sogar mit einem gewissen Recht. Denn unter »Schulstreitigkeiten« verstanden sie die seit Jahrhunderten kanonisierten »klassischen« Streitfragen zwischen »Thomismus«, »Skotismus«, »Molinismus« – also die im Spätmittelalter entstandenen und die nachreformatorische Theologie prägenden Auseinandersetzungen. Diese genossen gewissermaßen den Rechtsschutz der freien Diskussion – was aber darüber hinausging, waren nicht Themen von Schulstreitigkeiten, sondern »Neuerungen«.

Ratzinger meint wohl zu Recht[35], daß erst auf dem Konzil und durch das Konzil allgemein bewußt wurde, daß die alten theologischen Schulen durch neue »Schulbildungen« und ihre Gegensätze abgelöst worden waren und daß die »Neuerungen« legitime Fragen und Themen katholisch-theologischer Arbeit sind. »Erst auf diese Weise ist im Grunde die historisch-kritische Exegese als selbständiger theologischer Gesprächspartner im Ganzen der katholischen Theologie deutlich bewußt geworden.«[36]

Jedenfalls: Auf diesen ersten Entwurf bezieht sich die zitierte Bemerkung von Kardinal Liénart, die den Titel dieses Kapitels bildet. Es kam zu jener Abstimmung, bei der die Zweidrittel-Mehrheit zur Unterbrechung der Diskussion nicht erreicht wurde und über die wir in anderem Zusammenhang schon berichtet haben.[37] In der Gemischten Kommission, der die Neubearbeitung des Entwurfs übertragen wurde, waren die Vertreter beider Richtungen im Präsidium (Ottaviani und Bea) und im Sekretariat (Tromp und Umberto Betti) sowie in der übrigen Besetzung paritätisch vertreten – sie waren also

zur Einigung verdammt. Auch die herangezogenen *Periti* waren »ausgewogen«.
Es kam zu insgesamt acht Fassungen. Die »Konservativen« leisteten heftigen, hinhaltenden Widerstand. In der Theologischen Kommission standen schließlich zwei Entwürfe einander gegenüber, die entsprechend auch in der Generalkongregation des Konzils getrennt vertreten wurden. Die Mehrheit entschied *gegen* die Konservativen. Aber das beendete deren Widerstand nicht, so daß, wie auch in anderen Fällen, wieder der Papst (Paul VI.) mit Vorgaben und Änderungsauflagen eingreifen mußte, um die Konservativen zu versöhnen.
Täuschen konnte man sie natürlich nicht. Im Klartext: die endgültigen Formulierungen – die schließlich mit nur sechs Gegenstimmen vom Konzil in der letzten Tagungsperiode angenommen wurden, nämlich in der achten feierlichen Sitzung am 18. November 1965 – sind in allen neuralgischen Punkten dehnbare Formulierungen, die beide Seiten je zu ihren Gunsten auslegen können – und in der Folgezeit auch auslegten. Darauf werfen wir nun einen Blick.

III. Was ist herausgekommen?

1. Die wichtigsten Aussagen der Offenbarungskonstitution

Die folgenden Hinweise liest man am besten mit dem (kurzen) Text neben sich – damit wir ihn nicht praktisch ganz zitieren müssen, sondern uns auf wenige, besonders charakteristische Kernsätze beschränken können.
a) »Das Offenbarungsgeschehen ereignet sich in *Tat und Wort*, die innerlich miteinander verknüpft sind: die Werke nämlich, die Gott im Verlauf der Heilsgeschichte wirkt, offenbaren und bekräftigen die Lehre und die durch die Worte bezeichneten Wirklichkeiten; die Worte verkündigen die Werke und lassen das Geheimnis, das sie enthalten, ans Licht treten« (Art. 1; vgl. Art. 4). Überdeutlich ist damit einer seit langem wirksamen Tendenz in der katholischen Theologie zugestimmt, den Begriff »Offenbarung« nicht – neuscholastisch – im Sinne eines »Instruktionsmodells« als Belehrung oder gar Mitteilung von Lehrsätzen zu verstehen, sondern als Selbstmitteilung Gottes.[38]
b) Diesem Offenbarungsverständnis korrespondiert ein Verständnis vom »Gehorsam des Glaubens« (Röm 16,26; vgl. 1,5; 2 Kor 10,5–6). »Darin überantwortet sich der Mensch Gott als Ganzer in Freiheit« (Art. 5). Nach dem ausdrücklichen Wortlaut des Textes

ist der Glaube zwar *auch* »Zustimmung« zur Offenbarung Gottes, aber weit mehr als das. Beides, das neue Offenbarungsverständnis und das so beschriebene Glaubensverständnis, bedeutet einen Sieg der Konzilsmehrheit – aber dieser ist noch relativ leicht von der widerstrebenden Minderheit zu akzeptieren.

c) Die in Christus vollendete (!) Offenbarung ist nun Quelle aller Heilswahrheit und Sittenlehre. Wohlgemerkt: Die Offenbarung *ist* Quelle, sie *hat* nicht eine bzw. mehrere »Quellen« (Art. 7). Im gleichen Artikel wird jedoch die »Eingebung« des Heiligen Geistes bzw. die »Inspiration« der biblischen Schriftsteller zumindest sprachlich gleichrangig neben das gestellt, was die Apostel als Heilsbotschaft außerhalb der Schrift vermittelten, indem sie »durch mündliche Predigt, durch Beispiel und Einrichtungen weitergaben, was sie aus Christi Mund, im Umgang mit ihm und durch seine Werke empfangen« hatten. Und an die Stelle des Begriffes der »Quelle« der Offenbarung tritt immerhin die Metapher vom »Spiegel«, den »diese Heilige Überlieferung und die Heilige Schrift beider Testamente« bilden, sofern »die Kirche Gott, von dem sie alles empfängt, [darin] auf ihrer irdischen Pilgerschaft anschaut« (ebd.). Erkennbar ein Zugeständnis an die Vorstellungen der Minderheit, aber von der Mehrheit leicht zu akzeptieren. Daß sich an diesen Formulierungen verständlicherweise wieder spezieller reformatorisch-theologischer Verdacht festmachen mußte, steht auf einem anderen Blatt.[39]

d) Die apostolische Predigt hat in den inspirierten Büchern einen »besonders deutlichen Ausdruck« gefunden (Art. 8). Ich weiß nicht, warum man sich so vorsichtig ausdrückte, denn die Schrift »umfaßt« dem Text zufolge »alles, was dem Volke Gottes hilft, ein heiliges Leben zu führen und den Glauben zu mehren« – ein Sieg der Mehrheit in Richtung »Suffizienz« der Schrift, aber der Kompromiß in der Formulierung ist mit Händen zu greifen (ebd.).

e) Es gibt einen echten Fortschritt in der Überlieferung, es ist aber nur ein Fortschritt im *Verständnis*, durch Nachsinnen, Studium, innere Einsicht, geistliche Erfahrung (Art. 8, 2. Abschnitt). Wieder ein Sieg der Mehrheit, durch den fast im Widerspruch zu Art. 7 festgehalten wird: Es kann nicht im Zuge der »lebendigen Tradition« am Ende neue Glaubensinhalte geben.

f) »Durch dieselbe Überlieferung wird der Kirche der vollständige Kanon der Heiligen Bücher bekannt« (Art. 8, 3. Abschnitt). Der einzige »selbständige« Akt der Überlieferung besteht also in der »Bekanntmachung« des Kanons der Heiligen Schrift. Das ist von niemandem zu bestreiten und eine Art »Handfeuerwaffe« jedes katholischen Theologen gegen ein aus der Geschichte herausgenommenes und »fundamentalistisch« verstandenes und angewandtes *Sola scriptura*.

g) Einheit *und* Unterschied von Schrift und Tradition werden in den Artikeln 9 und 10 in steilen Kompromißformeln zur Sprache gebracht. Sie »sind eng miteinander verbunden und haben aneinander Anteil«. Die Heilige Schrift »ist Gottes Rede ... « »Die Heilige Überlieferung aber gibt das Wort Gottes ... weiter«. Schrift und Tradition »bilden den einen der Kirche überlassenen heiligen Schatz des Wortes Gottes«. Nur dem »lebendigen Lehramt der Kirche« ist es anvertraut, »das geschriebene oder [!] überlieferte Wort Gottes verbindlich zu erklären« Aber – wie schon am Eingang des Kapitels zitiert – es folgt dann der Satz: »Das Lehramt ist nicht über dem Wort Gottes, sondern dient ihm ...« Und am Schluß die alles bündelnde, Unterscheidungskriterien nicht mehr zur Diskussion stellende Formulierung: »Es zeigt sich also, daß die Heilige Überlieferung, die Heilige Schrift und das Lehramt der Kirche gemäß dem weisen Ratschluß Gottes so miteinander verknüpft und einander zugesellt sind, daß keines ohne die anderen besteht und daß alle zusammen, jedes auf seine Art, durch das Tun des einen Heiligen Geistes wirksam dem Heil der Seelen dienen.«

Im Zuge des Ringens um die endgültige Textgestalt kam es auch hier nach dem sattsam bekannten Verfahren zu einem von Papst Paul VI. veranlaßten Zusatz am Ende von Art. 9: »So ergibt sich, daß die Kirche ihre *Gewißheit über alles Geoffenbarte nicht aus der Heiligen Schrift allein schöpft. Daher sollen beide mit gleicher Liebe und Achtung* angenommen und verehrt werden.« Es ist begreiflich, daß dieser Zusatz, der hart die Grenze zur traditionellen »Zwei-Quellen-Theorie« berührt, für die Minderheit wichtig war: Es gibt keine legitime Schriftauslegung unter Absehung von der Tradition. Für die Mehrheit wurde die Annahme dieses Zusatzes dadurch ermöglicht, daß auch hier kein inhaltliches, vielmehr nur ein kriteriologisches Plus der Tradition gegenüber der Schrift festgestellt wird. Aber: Gibt die Schrift *allein* wirklich keine *ausreichende* Gewißheit über alles Geoffenbarte? Und wenn sie doch ausreichende Gewißheit gibt – der Text läßt auch diese Interpretation zu –, warum dann das Plus der Tradition? Kann man gewisser werden als gewiß?

Ohne daß das Stichwort fällt, wird in den Formulierungen des Artikels 10 die Unfehlbarkeit der Kirche *in credendo*, des Lehramtes *in docendo* – also des ganzen Volkes Gottes im Glauben und der zur amtlichen Lehre Berufenen in ihrer Lehrverkündigung – festgestellt und zusammengesehen: die offenbarungstheologische Grundlage dessen, was in der Kirchenkonstitution Art. 12 über den »Glaubenssinn der Gläubigen« gesagt ist.

h) In Formulierungen, die die Gefühle der Minorität schonen, wird in den Artikeln 11 und 12 die historisch-kritische Methode in der Bibelauslegung nicht nur erlaubt, sondern geboten. Die Beachtung der literarischen Eigenart der biblischen Bücher wird nicht mehr, wie noch in der Bibel-Enzyklika Pius' XII., defensiv verstanden, sondern vollauf positiv: weil Gottes Wort nur in Menschenwort und durch menschliche Verfasser zugänglich wird, die dabei reden und schreiben wie Menschen ihrer Zeit und ihrer Kultur. Die Irrtumslosigkeit der Bibel kann daher nur noch ganz salomonisch ausgedrückt werden: Es »ist von den Büchern der Schrift zu bekennen, daß sie sicher, getreu und ohne Irrtum die Wahrheit lehren, die Gott um unseres Heiles willen in den Heiligen Schriften aufgezeichnet haben wollte« (Art. 11).

i) Ähnlich offene Formulierungen begegnen in Art. 18 und 19 zur Frage des apostolischen Ursprungs und der historischen Zuverlässigkeit der Bibel. Wie beim Thema »Irrtumslosigkeit« wird die historische Zuverlässigkeit der Evangelien eingegrenzt auf das, was »Jesus, der Sohn Gottes, in seinem Leben unter den Menschen zu deren ewigem Heil wirklich [!] getan und gelehrt hat ...« Im übrigen aber haben die biblischen Verfasser »die vier Evangelien redigiert, indem sie einiges aus dem vielen auswählten, das mündlich oder auch schon schriftlich überliefert war, indem sie anderes zu Überblicken zusammenzogen oder im Hinblick auf die Lage in den Kirchen verdeutlichten, indem sie schließlich die Form der Verkündigung beibehielten, doch immer so, daß ihre Mitteilungen über Jesus wahr und ehrlich waren« (Art. 19). Diesen zusammenfassenden Formulierungen wird kaum ein Bibelwissenschaftler widersprechen wollen.

2. Die Freiheit der Theologie

Über den unbefriedigenden Kompromißcharakter der Offenbarungskonstitution hinsichtlich der theologischen und ekklesiologischen Probleme, wo sie wirklich wehtaten und wehtun, braucht nun wohl kaum noch ein Wort verloren zu werden. Alle Kompromißformeln laufen darauf hinaus, die immer schon unterstellte »prästabilierte Harmonie« zwischen Schrift, Tradition und Lehramt geradezu mit einem Heiligenschein zu versehen. Damit ist zwar (und daran lag der Mehrheit) der Verdacht gegenstandslos, der sich vom äußeren Anschein her so oft nahelegt: daß das Lehramt der übrigen Kirche *gegenübersteht* und sich, gegen 2 Kor 1,24, zum Herrn über den Glauben der Kirche aufschwingt. Anderseits wurde mit Rücksicht auf die Minderheit sorgsam vermieden, ein Kriterium anzuge-

ben, anhand dessen sich überprüfen läßt, ob das Lehramt tatsächlich dieser »Harmonie« entsprochen hat und entspricht – mit anderen Worten: Eine eventuell fällige Auseinandersetzung darum kann nur dem freien Spiel der Kräfte überlassen werden in der Hoffnung auf die darin wirksame Führung des Geistes. Man kann mit Fug und Recht sagen[40], das sei so auch ganz in Ordnung, und von ihrem eigenen Wesen her bleibe der Theologie in der Situation einer Auseinandersetzung mit dem Lehramt keine andere »Waffe« als das Argument. Aber auch Argumentation muß ja Kriterien haben, und schon nach solchen zu suchen widerspricht streng genommen dem in der Offenbarungskonstitution vorgetragenen Konzept. Wahrhaftig, man möchte immer noch sagen: »Dieses Schema gefällt mir nicht.«
Und doch hat es, gemessen an der Ausgangslage, durchaus zufriedene Kommentare und Hoffnungen für die Zukunft ausgelöst. Nehmen wir das erhellende Resümee von Joseph Ratzinger zur Kenntnis:

»Ein entscheidendes Stück Konzilsgeschichte hatte damit [mit der Verabschiedung der Offenbarungskonstitution] ein versöhnliches Ende gefunden. Der Text, der an diesem Tag vom Papst feierlich proklamiert wurde, trägt natürlich die Spuren seiner mühsamen Geschichte, er ist ein Ausdruck vielfältiger Kompromisse. Aber der grundlegende Kompromiß, der ihn trägt, ist doch mehr als ein Kompromiß, er ist eine Synthese von großer Bedeutung: der Text verbindet die Treue zur kirchlichen Überlieferung mit dem Ja zur kritischen Wissenschaft und eröffnet damit neu dem Glauben den Weg ins Heute. Er gibt Trient und das Vaticanum I nicht preis, aber er mumifiziert auch das Damalige nicht, weil er weiß, daß Treue im Geistigen nur durch die immer neu vollzogene Aneignung verwirklicht werden kann. Aufs Ganze des Erreichten hin gesehen, wird man daher unbedenklich sagen dürfen, daß die Mühe eines vier Jahre umspannenden Streites nicht vergeblich gewesen ist.«[41]

Ratzinger war damals 38 Jahre alt und Professor für Dogmatik in Bonn und als solcher theologischer Berater von Kardinal Frings. Heute ist Ratzinger – nach Zwischenstationen als Professor in Tübingen und Regensburg und Erzbischof von München – Präfekt der Glaubenskongregation in Rom, und es fragt sich, ob der Ratzinger von 1993 an diesem Urteil noch festhält. Nicht wenige sind sicher, daß dem nicht so ist.[42] Doch das kann durchaus offen bleiben, denn zumindest als Urteil über die Offenbarungskonstitution dürfte Ratzingers Stellungnahme schon damals viel zu optimistisch gewesen sein.
Max Seckler hat wenige Jahre nach dem Abschluß des Konzils sich der frustrierenden Mühe unterzogen, einmal zu untersuchen, wie

sich die Aufgabe der Theologie in einschlägigen Äußerungen der Päpste Pius XII. und Paul VI. darstellt – von Johannes XXIII. liegen bezeichnenderweise keine diesbezüglichen Äußerungen vor – und ob es da Unterschiede gebe.[43] Das Ergebnis dieser Untersuchung, von Seckler mit unterkühlter Sachlichkeit und darum um so bedrückender zusammengetragen, läßt sich wie folgt zusammenfassen:

a) Die Offenbarung, das *depositum fidei* (»Hinterlage des Glaubens«) ist *allein* dem kirchlichen Lehramt zur Erklärung anvertraut, allen voran dem Papst als dem Nachfolger Petri und Stellvertreter Christi.

b) Gegenstand des Lehramtes sind nicht nur die Glaubens- und Sittenlehre im engen Verständnis, sondern alle Gebiete von Wissen und Tun, die den Bereich des Glaubens überschneiden oder auch nur berühren, von der Medizin über politische Fragen bis hin zum Kunstcharakter der Musik.

c) In dieser Weltzeit sind die Stimme des Papstes und die Stimme Christi identisch, kraft des besonderen Beistandes des Heiligen Geistes.

d) Daraus folgt ein umfassendes Inquisitions-, Steuerungs- und Überwachungsrecht – bis hin zu beauftragter Beobachtertätigkeit gegenüber der theologischen Wissenschaft.

e) Das kirchliche Lehramt ist daher in seinem Gegenstandsbereich formal und inhaltlich die innere Norm theologischer Arbeit, und zwar die nächste und allgemeine Norm der Wahrheit.

f) Theologie kann daher nur aus »Delegation« betrieben werden: Das Amt, speziell der Papst, »delegiert« seine Lehrfunktion an Theologen, diese lehren nie kraft eigenen Rechtes oder eigener wissenschaftlicher Einsicht. Vielmehr versehen sie ein Hilfsamt für die bzw. den eigentlichen Lehrer der Kirche, und ihre Aufgabe ist es, nachzuweisen, *wie* – nicht: *daß* – die Verkündigung des Lehramtes in genau dem Sinne, wie sie ergeht, in den Offenbarungsquellen enthalten ist. Es ist nicht einmal privat erlaubt, aus wissenschaftlichen Gründen eine andere Meinung zu haben als das Lehramt, es sei denn, das Lehramt hat sich zu einer Frage noch nicht geäußert.

Seckler meint abschließend, mit diesem Konzept habe die Theorie die Praxis eingeholt. Er hat recht.[44] Es bleibt nur festzuhalten, daß dieses Konzept aufgrund des Ersten Vatikanischen Konzils entworfen, durch das Zweite Vatikanische Konzil nicht korrigiert wurde, sich theoretisch wie praktisch bis an die Grenzen des Machbaren durchsetzen kann und sich darum wie ein roter Faden auch durch alle nachkonziliaren lehramtlichen Dokumente hindurchzieht, gerade auch durch die in der Öffentlichkeit besonders umstrittenen.

Und von dieser Position ist »Rom« bis heute nicht abgewichen. Zwar hat der Papst bei seinem ersten Deutschlandbesuch 1980 in Altötting Worte über die Freiheit der theologischen Forschung gesagt, die aufhorchen ließen und Staunen weckten.[45] Aber die Theologen – und inzwischen auch Theologinnen – waren gut beraten, darauf keine allzu hohen Häuser zu bauen. Die »Instruktion der Glaubenskongregation über die kirchliche Berufung des Theologen« von 1990[46] vermeidet zwar den Begriff der »Delegation«, beweist bemerkenswertes Gespür für die Bedrängnis eines Theologen im Lehrkonflikt und wiederholt auch wenigstens im Blick auf die Vergangenheit das schon im Rahmen des Konfliktes um Hans Küng formulierte »Eingeständnis«, daß kirchliche Lehrformulierungen auch die Spuren der Zeit ihrer Entstehung tragen und daher nicht für alle Zeiten in gleicher Weise hilfreich zur Orientierung des Glaubens sind. Aber im »harten Kern« bleibt es dabei, daß es kein wirkliches und notfalls auch einmal streitiges Miteinander von Lehramt und Theologie gibt, sondern nur hier die amtliche Lehrverkündigung und dort die zu innerem und äußerem Gehorsam selbst gegenüber der nicht förmlich dogmatisierten offiziellen Lehre der Kirche verpflichtete Theologie. Genau genommen ist damit nicht einmal der mühsame Kompromiß der Offenbarungskonstitution beibehalten.

So bleibt als Fazit: Das größte Verdienst der Offenbarungskonstitution ist es, die Frage nach Schrift und Tradition und ihrem Verhältnis zum Lehramt in allen entscheidenden Fragen *offen* gehalten zu haben, d.h. nicht zu entscheiden – genauso wie in Trient. Angesichts der – im Unterschied zu Trient – zwar nur von der Minderheit vertretenen, aber durch kirchenamtliche Theorie und Praxis abgestützten Idee einer durch nichts mehr kontrollierten »prästabilierten Harmonie« von Schrift, Tradition und Lehramt war dies das Äußerste, was erreichbar war: Texte zu haben, auf die man sich berufen kann, wenn man anderer Meinung ist als »Rom« oder andere »Lehrämter«. Das Recht dazu muß man sich immer noch erkämpfen und – wie die schon sprichwörtliche, von mehreren hundert Theologen aus der ganzen Welt unterschriebene »Kölner Erklärung« vom 6. Januar 1989 zeigt – dabei riskieren, daß schon der Kampf um dieses Recht als Angriff auf die Autorität des Lehramtes gebrandmarkt wird.

Ohne Logik ist das nicht. Denn die Repräsentanten des kirchenamtlichen Verständnisses von Theologie waren natürlich klarsichtig genug zu sehen: Die historisch-kritische Methode würde nicht bei der Exegese stehen bleiben *können*, sondern auch und erst recht bei der Untersuchung und Würdigung der dogmatischen Tradition Anwendung finden. Dann aber steht eben die in der Offenbarungskonstitution behauptete »Harmonie« auf dem Spiel – mit ungewissem Ausgang. Wie »protestantisch« soll die katholische Theologie noch werden?, lautet dann die durchaus klarsichtige, aber kleingläubige Frage. Prominente und unbekannte Theologen haben die Folgen dieser Klarsicht schon zu spüren bekommen.

Leseempfehlungen:

Zum Ganzen: LThK.E II (1967), 497–583.

Zum Thema »Offenbarung« und den damit verbundenen Anschlußthemen gibt es – wie schon zum Thema »Bischofsamt« – keine »einfachen« Bücher, denn »Offenbarung« ist, entgegen erstem Anschein, ein hochgradiger theologischer Fachbegriff. Wer sich ein Bild machen will, sollte vielleicht zunächst den Artikel »Offenbarung« lesen in: *Peter Eicher (Hg.)*, Neues Handbuch theologischer Grundbegriffe, 5 Bde., erweiterte 2. Auflage München 1991, Bd. 4, 98–115 (*Siegfried Wiedenhofer*).
Wichtige und keineswegs nur »Fachchinesisch« redende Fachbücher sind: Internationale Theologische Zeitschrift *Concilium*, 14 (1978) Heft 3; *Peter Eicher*, Offenbarung. Prinzip neuzeitlicher Theologie, München 1977 – dort findet sich S. 483–543 ein Kommentar zur Offenbarungskonstitution im Kontext der voraufgehenden und gleichzeitigen theologischen Diskussion. In Kurzform und zugespitzt auf die Sorgen von Religionslehrerinnen und Religionslehrern hat *Eicher* sein großes Buch resumiert in: Offenbarung. Zur Präzisierung einer überstrapazierten Kategorie, in: *Gottfried Bitter/Gabriele Miller* (Hg.), Konturen heutiger Theologie. Werkstattberichte, München 1976, 108–134.
Umfassend jetzt: HFTh II: Traktat Offenbarung (1985), darin besonders die Beiträge von *Max Seckler, Michael Kessler* und *Wolfhart Pannenberg*, in Verbindung mit IV: Traktat Theologische Erkenntnislehre (1988), darin besonders die Beiträge von *Meinrad Limbeck, Dietrich Wiederkehr, Hermann Josef Pottmeyer, Avery Dulles, Max Seckler, Walter Kasper*.

Neuntes Kapitel

»Perfidi Judaei«?

Kirche, Israel und die Religionen

I. Ein Karfreitag vor dem Konzil

Karfreitag 1962: Ein Kardinal zelebriert in Anwesenheit des Papstes Johannes XXIII. die Karfreitags-Liturgie. War es Nachlässigkeit oder war es bewußte Obstruktion? Jedenfalls betete er nach dem alten liturgischen Formular in den »Großen Fürbitten«: »*Oremus et pro perfidis Judaeis*« – Laßt uns auch beten für die treulosen Juden ... Gott, du schließt sogar die treulosen Juden von deiner Erbarmung nicht aus. Erhöre unsere Gebete, die wir wegen der Verblendung jenes Volkes vor dich bringen ...». Johannes unterbrach den Kardinal: «Sagen Sie es noch einmal – aber nach der neuen Form!»[1]

Schon am 21. März 1959, am ersten Karfreitag seines Pontifikates also, hatte Johannes diese verletzenden Worte aus dem liturgischen Text ausmerzen lassen, und am 5. Juli 1959 erließ die Ritenkongregation (heute: »Kongregation für den Gottesdienst«) eine Verfügung, daß diese Änderungen nicht nur für die Kirchen Roms, sondern für die Gesamtkirche gelten. Heute lautet der Text:

»Laßt uns auch beten für die Juden, zu denen Gott, unser Herr, zuerst gesprochen hat: Er bewahre sie in der Treue zu seinem Bund und in der Liebe zu seinem Namen, damit sie das Ziel erreichen, zu dem sein Ratschluß sie führen will.
Allmächtiger, ewiger Gott, du hast Abraham und seinen Kindern deine Verheißung gegeben. Erhöre das Gebet deiner Kirche für das Volk, das du als erstes zu deinem Eigentum erwählt hast: Gib, daß es zur Fülle der Erlösung gelange. Darum bitten wir durch Christus unseren Herrn.«

Diese Sätze und das dahinterstehende Bild vom Gottesvolk Israel sind eine eindeutige und heute von niemandem mehr kritisierte Folge des Konzils! Sie erst machte es möglich, daß heute jüdische und christliche Theologen über Jesus exegetisch und theologisch streiten, ohne daß noch einmal ein Verdacht oder ein Ressentiment aufkommt.[2] Und dies ist ausweislich der Konzilsgeschichte das Ergebnis der ganz persönlichen Initiative Johannes' XXIII.

II. Die Vorgeschichte der Erklärung über die nichtchristlichen Religionen

1. Johannes XXIII. und die Juden³

Zur Vervollständigung: Im selben Jahr 1959 erfolgte auch eine Änderung des Textes aus dem »Weihegebet des Menschengeschlechtes an das Herz Jesu«. Dieses Gebet stammt von Papst Leo XIII., und unter Pius XI. wurden darin folgende Sätze aufgenommen: »Blicke endlich voll Erbarmen auf die Kinder des Volkes, *das ehedem das auserwählte war.* Möge das Blut, das einst auf sie herabgerufen wurde, als Bad der Erlösung und des Lebens auch über sie fließen.« Johannes ließ diese Sätze streichen. Übrigens ist »ehedem« eine falsche Übersetzung des lateinischen *tamdiu,* aber auch die richtige Übersetzung »so lange« widerspricht Röm 11,29, wonach Gottes Gnadengaben und Gottes Ruf unwiderruflich sind. Und die das Verständnis von Mt 27,25 in dem traditionellen Sinn einer Selbstverfluchung des ganzen Volkes, worauf das Gebet anspielt, wird von der Exegese heute entkräftet: Entweder ist dieser Text nicht historisch, sondern spiegelt die beginnende antijüdische Polemik im Neuen Testament – das Matthäusevangelium ist ja nach 70 geschrieben, im Blick auf den Untergang Jerusalems –, oder der Text ist, historisch denkbar, zu verstehen in dem Sinne, daß die um ihre Hoffnungen betrogenen Zeloten Jesus fallenlassen.

Johannes XXIII. war vor seiner Erhebung zum Patriarchen von Venedig bekanntlich im diplomatischen Dienst der Kurie. In der Nazi-Zeit war er in Bulgarien und in der Türkei tätig. Dort bekam er nicht nur Informationen über die Judenverfolgungen durch das Dritte Reich, sie vollzogen sich vielmehr vor seinen Augen durch die im Lande tätigen Nationalsozialisten bzw. ihre einheimischen Sympathisanten. Roncalli half unter äußerstem Einsatz, und zwar persönlich. Nie übergab er solche Dinge einem Sekretär. So hat er Tausende gerettet und konnte Deportationen aus der Slowakei, aus Ungarn und Bulgarien verhindern.⁴ Das hat ihm die Judenheit nie vergessen.

So richteten sich auch Hoffnungen der Juden auf das Konzil. Chronologisch überschneiden sich dabei Initiativen aus der jüdischen Welt und solche des Papstes. Aber die Vorgeschichte läßt die Deutung als die wahrscheinlichere erscheinen, daß eine Judenerklärung von vornherein in der Absicht des Papstes lag. In diese vorbereitete Situation stießen dann die jüdischen Initiativen. Jedenfalls: Am 18. September 1960 erteilte der Papst mündlich Kardinal Bea den Auftrag, eine Judenerklärung mit dem Einheitssekretariat vorzubereiten. Er gründete dafür also keine *eigene* Kommission – wohl um die Zahl der Kommissionen, deren es schon genug gab, nicht zu vermehren, und wohl auch, weil er besonderes Vertrauen in das Geschick Beas auf diesem heiklen Feld hatte. Damit begann die Textgeschichte.

2. Initiativen im Vorfeld

Am 13. September 1960 besuchte der französische jüdische Historiker Jules Isaac den Papst – mit einer Empfehlung des Erzbischofs von Aix-en-Provence. Der Besucher bat ohne Umschweife um eine entsprechende Aktion des Konzils. »Darf ich Hoffnung haben?« Johannes: »Sie haben Grund zu mehr als Hoffnung.« Freilich fügte der Papst ahnungsvoll hinzu, die Sache bedürfe natürlich des Studiums durch die zuständigen Stellen. »Was Sie hier sehen, ist ja keine absolute Monarchie.«

Schon am 24. April 1960 – also noch vor Isaacs Besuch – machte das römische, von den Jesuiten geleitete Bibelinstitut eine entsprechende Eingabe an die vorbereitende Zentralkommission.

Um die gleiche Zeit verfaßte das Institut für christlich-jüdische Studien an der Seton-Hall-Universität in New Jersey/USA eine Bittschrift und schickte sie am 24. Juni 1960 an Kardinal Bea ab.

Auf einer Tagung vom 28. bis 31. August 1960 verabschiedete die Arbeitsgemeinschaft Apeldoorn in Holland eine Denkschrift. In dieser Arbeitsgemeinschaft waren die Fachleute und Anwälte der christlich-jüdischen Zusammenarbeit aus Europa beisammen, vor allem aus Holland, Deutschland und Frankreich, aber auch aus Israel und aus den USA. Auch diese Studie wurde wenige Wochen nach der Tagung an das Einheitssekretariat abgesandt. Als Vorlage für eine Erklärung war sie zu umfangreich und hat daher wenig gewirkt. Aber das endgültige Ergebnis im Konzilstext stimmt mit ihren Perspektiven voll überein.

3. Die zentralen Anliegen

Alle diese Initiativen verfolgten zwei zentrale Anliegen: einmal ein politisches, nämlich die Verurteilung des Antisemitismus, durchaus verbunden mit einem Schuldeingeständnis der Kirche in bezug auf dessen christliche Wurzeln; und zum anderen ein theologisches Anliegen, nämlich eine positive Lehräußerung des Inhaltes, daß die Kirche ihre Wurzeln in Israel nie vergessen dürfe. Das 11. Kapitel des Römerbriefes müsse endlich ernst genommen werden, und alle entgegenstehenden Aussagen, Formulierungen und Praktiken in Unterweisung, Liturgie, Theologie und kirchenpolitischem Han-

deln müssen korrigiert werden. Im einzelnen sollte diese Lehräußerung hinweisen:
- auf die *bleibende* Auserwählung Israels;
- auf die Schuld *aller* Sünder am Tode Jesu;
- auf die zwingende Notwendigkeit, den Vorwurf des *Gottesmordes* zurückzuweisen, und zwar sowohl für die Gesamtheit der Juden zur Zeit Jesu als auch für die nachchristliche Judenheit;
- auf die endzeitliche Vereinigung Israels mit der Kirche im Glauben an Christus gemäß Röm 11,26–29 als Hoffnung der Kirche;
- schließlich auf die Wurzeln der Kirche im Volke Israel: Jesus, Maria, die Apostel und Auferstehungszeugen, also die Gründergeneration der Kirche, waren samt und sonders Juden, auf ihnen als den Säulen und Grundfesten steht die Kirche.

Und dies alles solle und könne man sagen, ohne sich an der christologischen Grunddifferenz vorbeizumogeln, daß die Christen an Jesus als den *gekommenen* Messias glauben, während die Juden noch auf den *kommenden* warten.

III. Die Leidensgeschichte des Textes

1. Vom Auftrag bis zum Erstentwurf

Bis jetzt war noch gar nicht von dem die Rede, was doch in der »Erklärung über das Verhältnis der Kirche zu den nichtchristlichen Religionen« (im folgenden kurz: Religionenerklärung) mit dem Kapitel über die Juden zusammen steht: von den anderen Religionen. Daß sie nun im selben Text mit den Juden bedacht werden, hängt in der Tat mit der Leidensgeschichte des Textes zusammen. Im Endergebnis konnte das Resultat gar nicht besser sein – jedenfalls »kirchenpolitisch«, was ja weitertreibende theologische Fragen nicht ausschließen muß. Die Skandalgeschichte der Judenerklärung hat schließlich nicht nur die anderen Religionen in den Text hineingebracht, entgegen allen Vorbereitungstexten, sondern sie hat auch dem die Juden betreffenden Teil der Erklärung entgegen den Bestrebungen ihrer Gegner nur noch größere Aufmerksamkeit und schließlich den Status eines selbständigen Dokumentes verschafft, wie es ursprünglich gar nicht vorgesehen war. Die Religionenerklärung ist somit ein wirkliches Werk des Konzils – ähnlich wie faktisch auch die Offenbarungskonstitution, die ja ebenfalls einen kräftigen alttestamentlichen Schwerpunkt hat. All dies ist nun im einzelnen zu schildern.

Am 14. und 15. November 1960 treten erstmalig in dieser Angelegenheit die Mitglieder und Konsultoren des Einheitssekretariates zusammen. Kardinal Bea berichtet vom mündlichen Auftrag des Papstes. Man bildet eine Unterkommission für die *Quaestiones de Judaeis* (also für die »Judenfragen«). Mitglieder sind: der Abt Leo Rudloff (Jerusalem), Gregory Baum vom Einheitssekretariat und Prälat Johannes Oesterreicher, der Direktor des Instituts in Seton Hall – der federführende Verfasser des Textes in allen Stadien seiner Redaktion.[5] Die Arbeit beginnt auf der Grundlage eines Exposés von Gregory Baum im Februar 1961.

Vorspiel des ersten Skandals: Eine Journalistin kann der Versuchung nicht widerstehen, ein vertrauliches Gespräch mit Kardinal Bea als Interview zu publizieren. So erfuhren die arabischen Staaten zum erstenmal etwas von dem Plan des Einheitssekretariates. Das führt zu Interventionen. Man befürchtet, daß ein Interesse und eine besondere Freundlichkeit der Katholiken/Christen gegenüber den Juden zu einem Interesse und einer besonderen Freundlichkeit gegenüber dem Staat Israel und damit zu dessen internationaler Aufwertung zuungunsten der Araber führen würde – wobei zu bedenken ist, daß wir uns erst im Jahre 1961 befinden und die arabische Welt nach wir vor hofft, der Staat Israel werde sich nicht festigen können. Der Vatikan reagiert unsicher. Man beschwichtigt – aber nie sagt man eindeutig genug: Die Erklärung ist für die Kirche wichtig, und man wird sich von politischem Druck nicht beeinflussen lassen. Im Gegenteil, zeitweilig wird es fraglich, ob man überhaupt zu einer theologischen Aussage über die Juden kommen oder ob man zur Abschwächung entsprechende Aussagen auf andere Dokumente »verteilen« werde.

Trotzdem geht die Arbeit weiter. Sie führt zunächst zu einer Grundsatzstudie, diesmal von Oesterreicher, die eine ausführliche Diskussion im Sekretariat auslöst und schließlich im Dezember 1961 in einem ersten Textentwurf sich niederschlägt, der so kurz ist, daß ich ihn hier vollständig zitieren möchte[6]:

»Dankbaren Herzens erkennt die Kirche, die Braut Christi, an, daß gemäß dem geheimnisvollen Heilsratschluß Gottes die Anfänge ihres Glaubens und ihrer Erwählung schon im Israel der Patriarchen und Propheten zu finden sind. Daher bekennt sie, daß alle Christgläubigen – Abrahams Söhne durch den Glauben (vgl. Gal 3,7) – in seiner Berufung mit eingeschlossen sind, wie auch ihr Heil im Auszug des erwählten Volkes aus Ägypten wie in einem sakramentalen Zeichen vorgebildet ist (Liturgie der Ostervigil). Und die Kirche, Neuschöpfung in Christus, die sie ist (vgl. Eph 2,15), kann nie vergessen, daß sie die geistliche Fortführung jenes Volkes ist, mit dem der barmherzige Gott in gnadenvoller Herablassung den Alten Bund geschlossen hat.

In der Tat glaubt die Kirche, daß Christus, unser Friede, mit ein und derselben Liebe Juden und Heiden umfängt (vgl. Eph 2,14) und daß er die beiden eins gemacht hat. Sie freut sich, daß die Einung beider in einem Leib (Eph 2,17) die Versöhnung des gesamten Erdkreises in Christus ankündigt. Wenn auch der größere Teil des jüdischen Volkes Christus fernblieb, wäre es nichtsdestoweniger ein Unrecht, wollte man das Volk ein verfluchtes nennen, bleibt es doch Gott um der Väter und der ihnen gegebenen Verheißungen willen überaus teuer (vgl. Röm 11,28). Die Kirche liebt dieses Volk; aus ihm stammt Christus der Herr, der im Himmel glorreich herrscht; aus ihm stammt die Jungfrau Maria, die Mutter aller Christen; aus ihm sind die Apostel, die Grundfesten und Säulen der Kirche (1 Tim 3,15), hervorgegangen.

Darüber hinaus glaubt die Kirche an die Vereinigung des jüdischen Volkes mit ihr als einem integrierenden Bestandteil der christlichen Hoffnung. Mit unerschüttertem Glauben und tiefem Verlangen erwartet die Kirche die Rückkehr dieses Volkes. Zur Zeit der Heimsuchung hat nur ›ein durch die Gnade auserwählter Rest‹ (Röm 11,5), die Erstlinge der Kirche, das [Ewige] Wort angenommen. Die Kirche glaubt aber mit dem Apostel, daß zu der von Gott bestimmten Zeit die Fülle der Söhne Abrahams dem Fleische nach schließlich das Heil erlangen wird (vgl. Röm 11,12.26); ihre Aufnahme wird Leben aus den Toten sein (vgl. Röm 11,15).

Wie die Kirche als Mutter die Ungerechtigkeiten, die unschuldigen Menschen allenthalben zugefügt werden, auf das äußerste verurteilt, so erhebt sie laute Klage gegen alles, was den Juden – sei es in der Vergangenheit, sei es in unseren Tagen – angetan wurde. Wer dieses Volk verachtet oder verfolgt, der fügt der katholischen Kirche Leid zu.«

Ein knappes Jahr vor der Eröffnung des Konzils scheint man also fertig und gerüstet für eine reibungslose Debatte auf dem Konzil. »Im Sommer 1962 platzte jedoch eine Bombe, die alle Pläne zunichte zu machen schien.«[7]

2. Die sogenannte Wardi-Affäre

Am 12. Juni 1962 schießt der Jüdische Weltkongreß ein gewaltiges Eigentor – man kann es kaum anders bezeichnen. Doktor Nahum Goldman, sein Präsident, gibt bekannt, der Kongreß werde Dr. Chaim Wardi, einen Beamten im israelischen Ministerium für religiöse Angelegenheiten, als Repräsentanten des Weltkongresses »nach Rom« senden. Wardi ist sachlich für eine Tätigkeit in Rom bestens qualifiziert: er ist Fachmann für Christentum, Beobachter beim Kongreß des Ökumenischen Rates der Kirchen in Neu-Delhi 1961 und im israelischen Religionsministerium zuständig für die Christen in Israel. Aber:
– Ein offizieller Vertreter des jüdischen Weltkongresses nach Rom, ohne vorherige Verständigung mit dem offenkundig anvi-

sierten Partner – da hilft auch nicht die nachgeschobene Erklärung, der Weltkongreß lege seiner Tradition gemäß Wert auf Vertreter in den wichtigsten Hauptstädten der Welt. Der Vatikan fühlt sich diplomatisch brüskiert. Denn selbstverständlich soll Wardi auch und gerade beim Konzil »beobachten«. Aber keine Religionsgemeinschaft hat Konzilsbeobachter benannt, ohne vorher dazu eingeladen worden zu sein.

– Vor allem aber: ein Beamter des Staates Israel beim Konzil – das ist die Bestätigung aller arabischen Verdächtigungen, das Konzil werde doch im politischen Sinne eine Pro-Israel-Erklärung abgeben.

Unklare, die Sache verstellende Zeitungsmeldungen tun ein Übriges – und niemand stellt eindeutig richtig. Die arabischen Führer nehmen zeitweilig an, die Sache sei ein abgekartetes Spiel zwischen Vatikan und Weltkongreß. Wieder gibt es diplomatische Vorstöße. Ergebnis: Die Zentralkommission setzt die Erklärung von der Tagesordnung des Konzils ab – der Absicht nach auf unbestimmte Zeit. Nun allerdings ist die öffentliche Meinung in der ganzen Welt – das ist die gute Folge dieser und weiterer Affären – so sensibel geworden, daß es gottlob nicht mehr möglich ist, das Thema stillschweigend zu begraben. Am Vorabend der Konzilseröffnung meldet sich der Oberrabbiner von Rom mahnend zu Wort. Bischöfe des Konzils wie Méndez von Arceo in Mexiko drängen außerhalb der Tagesordnung darauf, das Thema nicht zu umgehen. Kardinal Bea verfaßt ein dringliches Memorandum an den Papst.

Und Papst Johannes XXIII. reagiert in einem Brief an das Konzil positiv. Daraufhin unternimmt Bea die notwendigen Schritte bei der Koordinierungskommission des inzwischen eröffneten Konzils. Und so ergibt sich die erste Veränderung: Die Judenerklärung soll nun Teil des Ökumenismusdekretes werden – als dessen 4. Kapitel, eingeleitet mit einer kurzen Erwähnung der anderen Religionen, unter denen für die Kirche der jüdische Glaube eine besondere Stellung einnehme. Das ist, wie der Fortgang zeigt, geradezu providentiell geworden, freilich wieder einmal wie in einem »dialektischen Umschlag«. Denn zunächst gibt es neue Turbulenzen.

3. Vom Ökumenismusdekret zur Erklärung

Es ist ein faszinierender Gedanke, die Perspektive des Ökumenismus auf die Juden auszudehnen. In der Folgezeit gibt es darüber eine lebhafte theologische Diskussion auf dem Konzil und am Rande des Konzils, in der sich vor allem die Leute vom Einheitssekretariat geradezu penetrant für diesen Gedanken einsetzen. Anderseits eröffnet die geplante Einfügung der Judenerklärung in das Ökumenismusdekret auch Fronten des Widerstandes. Wie erinnerlich gab es bei jeder Vorlage zunächst eine allgemeine Diskussion, ob das Schema überhaupt als Grundlage der Diskussion angenommen werden sollte. Die Repräsentanten der arabischen Christen, darunter auch der sonst als Stimme der Ostkirche so wichtige Patriarch Maximos IV., nutzen diese Geschäftsordnungslage, um schon in der Generaldebatte über das Ökumenismus-Schema gegen das 4. Kapitel – eben die Judenerklärung – zu polemisieren, und die Vertreter des Einheitssekretariates können sich nicht wehren, weil ja nur allgemein, noch nicht aber über die einzelnen Kapitel diskutiert wird. Das – objektiv gesehen – abgefeimteste politische Argument, das in dieser Debatte fällt, lautet: Die Kirche habe in der Zeit der nationalsozialistischen Judenverfolgung ihre Gesinnung hinreichend klar gemacht. Mehr sei nicht nötig. In anderen Fällen habe man es vermieden, die Lage der Kirche in verschiedenen Ländern zu erschweren, warum nicht auch hier? Man solle die islamischen Regierungen in den arabischen Ländern nicht unnötig herausfordern. Die arabischen politischen Druckversuche zeigen also Wirkung. Und manch ein Konzilsvater mag gedacht haben: Was an Rücksicht auf die Länder im Ostblock recht ist, muß an Rücksicht auf die Länder in der islamischen Welt billig sein.

Es gab allerdings auch ein schwer zu entkräftendes theologisches Argument gegen die Einfügung einer Judenerklärung in das Ökumenismusdekret – wiederum vorgetragen vom Patriarchen Maximos: »Der Ökumenismus ist das Streben nach der Wiedervereinigung der gesamten christlichen Familie, das heißt die Versöhnung aller, die in Christus getauft sind. Es handelt sich also um eine intime Familienangelegenheit; wenn dem aber so ist, dann gehören die Nichtchristen nicht dazu.« Später folgt dann noch das ebenfalls stichhaltige, dann aber ganz gegenteilig wirkende Argument: entweder eine Aussage über alle nichtchristlichen Religionen oder über gar keine – das Erstere geschah.

Um es kurz zu machen: Die Sache endet auch auf der zweiten Tagungsperiode noch einmal mit Vertagung. Unter anderem verlegt sich das Konzilssekretariat wieder einmal auf hinhaltende Verzögerungstaktik. Trotz dringender Bitten, doch noch eine Generalabstimmung über das – immer noch – 4. Kapitel des Ökumenismusdekretes als akzeptierte Diskussionsgrundlage vorzunehmen, gibt man zwar Kardinal Bea Gelegenheit zu einem Plädoyer, aber weder Diskussion noch Abstimmung werden zugelassen.

Erst nachträglich wird der mutmaßliche Grund erkennbar, von dem im Herbst 1963 noch kaum jemand eine Ahnung hat: Vom 4. bis 6. Januar 1964 reist Papst Paul VI. zu seiner spektakulären Pilgerfahrt nach Israel. Die Altstadt von Jerusalem ist damals noch Hoheitsgebiet des Königs von Jordanien. Die Fernsehbilder sind noch in guter Erinnerung, wie der Papst aus der Altstadt in die israelische Neustadt überwechselt und am Tor vom israelischen Staatspräsidenten empfangen wird. Bei diesem diplomatisch riskanten Reiseprogramm ist es verständlich, wenn niemand es in der einen oder in der anderen Richtung wenige Wochen vorher durch eine Abstimmung über die Judenerklärung auf dem Konzil gefährden wollte.

Die Israelreise des Papstes macht gewaltigen Eindruck – wird aber auch von heftigen arabischen Polemiken gegen Israel begleitet, auch im jordanischen Rundfunk. Der Papst kann sich so diplomatisch wie möglich ausdrücken – es war immer zuviel oder zuwenig. Die Blockadewirkung für die Neufassung – den dritten Entwurf – zeigt sich bald. Die Judenerklärung soll nun nicht mehr das 4. Kapitel, sondern nur noch ein Anhang des Ökumenismusdekretes werden. Außerdem werden viele Abschwächungen, Auslassungen anstößiger Formulierungen u.ä. durchgesetzt. Aber wie schon mehrmals, so werden diese Abschwächungen auch hier zum Ansporn neuer, intensiver Debatte und Arbeit. Damit stehen wir bei der eigentlichen und entscheidenden Debatte, die im Herbst 1964 stattfindet.

Dazu besteht aller Anlaß, denn wieder war der Text der 3. Fassung an die Weltöffentlichkeit gelangt. Wieder sind Mißverständnisse und argwöhnische Unterstellungen die Folge, aber auch echte Schwächen enthüllen sich. Allzu emphatische Formulierungen der Hoffnung auf die endzeitliche Einheit der Kirche mit Israel hören die Juden als Aufforderung zur Konversion und Proselytenmacherei. Die große Debatte wird eröffnet durch eine Erklärung der deutschen Bischöfe, in der es u. a. heißt: »Wir deutschen Bischöfe begrüßen das Dekret besonders deshalb, weil wir uns des schweren Unrechts bewußt sind, das im Namen unseres Volkes an den Juden begangen worden ist.« In der Sache bringt die Debatte den Durchbruch. Es wird klar: Die überwältigende Mehrheit des Konzils ist für die Judenerklärung in inhaltlicher Hinsicht, besonders auch die führenden Männer. Es gibt nur wenige Gegenstimmen, die wir hier übergehen können. Der federführende Redaktor Johannes Oesterreicher hat recht, wenn er von einem »neuen Erwachen des Israelgeheimnisses« spricht.[8]

Die überwältigende Zustimmung des Konzils führt zu einschneidenden Korrekturen – besser, im Blick auf die vorherigen Abschwächungen: Rückkorrekturen – der dritten Fassung, die ihren Verfas-

sern nur recht sein können. Die Debatte wird trotzdem zur »Oktoberkrise«. Denn die arabischen Gegner der Erklärung auf dem Konzil – allen voran Maximos – versteigen sich tatsächlich zu der unhaltbaren Wertung, die Erklärung und ihre Befürwortung durch die Konzilsmehrheit seien ein Erfolg der Propagandakunst der Juden. Ja, die starke Befürwortung der Erklärung insbesondere durch die amerikanischen Bischöfe hänge mit ihren guten geschäftlichen Beziehungen zu amerikanischen Juden zusammen. Im Klartext: Die Konzilsmehrheit ist »gekauft«. Maximos hat später diese Äußerung ausdrücklich bedauert. Immerhin distanziert er sich in einem Communiqué von der Erklärung mit folgender Begründung: »Solange das jüdische Volk von Christus, dem Erlöser, fernbleibt, steht auf der Stirn des jüdischen Volkes, wie die Propheten des Alten Testamentes prophezeit haben, ein Mal der Schande. Dieses Schandmal kommt jedoch nicht einem persönlichen Verbrechen gleich.« Einen Beleg aus dem prophetischen Schrifttum des Alten Testamentes anzuführen ist der Patriarch freilich nicht in der Lage: Es gibt ihn nicht.
Gleichzeitig geht der politische Druck weiter – und auch der Druck der anderen theologischen Gegner. Da entschließt sich der Kardinalstaatssekretär Cicognani, der natürlich all diesem politischen Druck in besonderer Weise ausgesetzt ist, zu einem krisenhaften Schritt. Am 9. Oktober 1964 ist Plenarsitzung des Einheitssekretariates. Kardinal Bea verliest zwei Briefe des Konzilssekretärs Felici, wieder einmal »in höherem Auftrag« – diesmal aber nicht vom Papst, sondern, so muß man schließen, von Cicognani. Der erste Brief enthält die Mitteilung, daß die Erklärung über die *Religionsfreiheit* noch einmal durch eine gemischte Kommission überprüft werden soll – bisher war sie als 5. Kapitel des Ökumenismusdekretes vorgesehen, und inzwischen sollte sie Anhang II des Dekretes werden! Die *Judenerklärung* soll durch eine neu zu bildende Kommission aus sechs Mitgliedern überprüft werden.
Hauptziel der Initiative von Cicognani ist offenkundig, dem Einheitssekretariat die Zuständigkeit für beide Erklärungen zu entziehen. Im Fall der Erklärung zur Religionsfreiheit ist die gemischte Überprüfungskommission mehrheitlich mit Gegnern besetzt – man beachte: Wir sind im Umfeld des »schwarzen Donnerstags«, an dem die Auseinandersetzung um die Erklärung zur Religionsfreiheit eine solch bedeutsame Rolle spielt. Im Fall der Judenerklärung soll die neu zu bildende Sechserkommission immerhin paritätisch mit drei Mitgliedern des Einheitssekretariates und drei Mitgliedern der Theologischen Kommission besetzt werden.
Das Ganze ist also wieder einmal ein Versuch, über klare Mehr-

heitsbildungen im Konzil hinweg zu entscheiden, unter Umgehung der Geschäftsordnung – und in diesem Falle nicht einmal auf Anordnung des Papstes. Aber der Schuß geht dennoch nach hinten los. Sofort verwahrt sich Kardinal Bea und wendet sich direkt an den Papst. Der erklärt, man habe zwar einmal über eine gemischte Kommission gesprochen, aber nichts entschieden. Cicognanis Brief ist also der ausgesprochene Versuch, einen Coup zu landen. Als das ruchbar wird, versammeln sich wichtige Bischöfe um Kardinal Frings und richten eine Petition an den Papst (*Magno cum dolore* ... – » Mit großem Schmerz ...«), in der sie sich über die Verletzung der Regeln des Konzils beschweren. Das hilft. Paul VI. scheint begriffen zu haben, daß auch seine Autorität auf dem Spiel steht, wenn man mit der »höheren Autorität« so hemmungslos jonglieren kann. Für die Judenerklärung wird zudem hilfreich, daß mit dem Vorschlag, eine Sechserkommission zu bilden – das abzulehnen war ja nicht so leicht –, der andere, inhaltliche Vorschlag verbunden ist, die Judenerklärung auf einen einzigen Paragraphen zusammenzukürzen und ihn der Kirchenkonstitution einzuverleiben. Das kann sich Papst Paul VI. nach der Israelreise nun auch nicht mehr leisten. Er scheint Bea versichert zu haben, es werde nicht gekürzt. Außerdem: Wo wollte man einen »Judenparagraphen« in die zu dieser Zeit schon fast fertige Kirchenkonstitution noch einbauen? So lehnt die Theologische Kommission es ab, sich mit der Judenerklärung zu befassen – und genau dies war deren Rettung.

4. Ausweitung zur Religionenerklärung

Schon 1963 und wieder 1964 hatten vor allem Väter aus der Dritten Welt gefordert, die Neubesinnung auf die Juden auf alle Nicht-Christen auszudehnen. Das Einheitssekretariat weigert sich zunächst mangels Kompetenz und Sachverstand, setzt aber nach der großen Debatte im Herbst 1964 Arbeitsgemeinschaften ein, die Vorschläge machen sollen. Auch kamen wieder Anregungen von außen – so vom Institut in Seton Hall. Treibende Kraft dafür aber wird, wie schon bei der Judenerklärung, auch hier wieder der Papst, jetzt Paul VI. In Ansprachen und in seiner Enzyklika *Ecclesiam suam* vom 6. August 1964 kommt das Thema der »Gottsuche in allen Religionen« immer wieder vor. Ganz akut wird dieses Problem im Hinblick auf seine geplante Reise zum Eucharistischen Kongreß in Bombay nach der dritten Tagungsperiode, also im Dezember 1964. Dort hält der Papst eine Rede vor den Vertretern nicht-christlicher Religionen, hier insbesondere des Hinduismus. Darin finden sich folgende Sätze:

»Ihr Land ist ein Land alter Kultur, die Wiege großer Religionen, die Heimat einer Nation, die in unablässigem Verlangen, in tiefer Betrachtung, im Schweigen und in glühenden Gebetshymnen Gott gesucht hat. Selten nur ist diese Sehnsucht nach Gott in Worten so voll des Adventsgeistes ausgedrückt worden, die in Ihren heiligen Büchern viele Jahrhunderte vor Christus aufgezeichnet worden sind: ›Von der Unwirklichkeit führe mich zur Wirklichkeit, von der Finsternis führe mich zum Licht, vom Tod führe mich zur Unsterblichkeit‹ (Upanishaden). Dieses Gebet gehört in unsere Zeit.«

Solche Sätze waren schon Anwendung der noch gar nicht verabschiedeten, aber jetzt in vierter Fassung bereits vorliegenden Erklärung. Mit dieser Anerkennung religiöser Erfahrung in allen Religionen tritt der Entwurf in sein entscheidendes Stadium ein – aber noch lange nicht aus der Krise heraus!

In aller Kürze: Die Vorlage gerät zunächst in den Strudel des »schwarzen Donnerstags«, wo die Religionsfreiheitserklärung nicht debattiert werden darf und der Papst allen inständigen Bitten um eine Verabschiedung noch in der dritten Sitzungsperiode nicht nachgibt.[9] Zwar geht die Abstimmung über die Erklärung zu den nicht-christlichen Religionen geschäftsordnungsmäßig positiv aus – aber bei auffällig schwacher Beteiligung (unter 2000 Konzilsvätern). Die Weltpresse jubelt – obwohl es erst die Abstimmung in der Generalkongregation war, noch nicht die entscheidende Abstimmung in der feierlichen Session mit nachfolgender Inkraftsetzung. Gleichzeitig aber beginnt der »Heilige Krieg« gegen die Erklärung: Rundfunkpolemiken in der arabischen Welt, Demonstrationen orthodoxer Christen in der Absicht, die bedrängte Lage der Katholiken zugunsten der nicht mit Rom unierten Ostkirchen dort auszunutzen[10]; Hetzschriften, die man nicht mehr für möglich gehalten hat; Berichte über Belästigungen christlicher Minderheiten im Nahen Osten, die in Rom eingehen. Die wenigen besonnenen und objektiv urteilenden arabischen Stimmen ändern das Bild kaum. Wieder folgt eine Beratung im Einheitssekretariat. Wieder verstärken sich Tendenzen zur Abschwächung des Textes, gar zu seiner Absetzung von der Tagesordnung. Von Frühjahr bis Herbst 1965 löst eine Hiobsbotschaft die andere ab. Konservative Hinterbänkler des Konzils profilieren sich gegen die Erklärung – und werden von der Weltpresse als Repräsentanten der Konzilsstimmung hingestellt. Selbst der Papst gerät durch unglückliche Formulierungen in einer Predigt am Passionssonntag 1965 ins Zwielicht. Noch in der Abstimmungsphase erhalten die Väter negative Abstimmungsvorschläge von seiten eines *Coetus Episcoporum Internationalis* – es handelt sich um die Gruppe der ultrakonservativen Bischöfe, von der schon öfter die Rede war und die dergleichen öfter taten.

Am 14. und 15. Oktober 1965 endlich ist die Endabstimmung in der Generalkongregation, am 28. Oktober die feierliche Abstimmung in der Session, die mit der Promulgation verbunden ist. Ergebnis: 2221 Ja-Stimmen, 88 Nein-Stimmen, 3 ungültige Stimmen.

IV. Zum Inhalt der Erklärung

1. Kirche und nicht-christliche Religionen

Wir sagten: Nach Lage der Dinge konnte die Erklärung auch objektiv und inhaltlich gar nicht besser werden, als sie im Zuge der skandalträchtigen Vorgeschichte geworden ist. Die Judenerklärung ist eingebettet in eine in dieser Art neuartige Erklärung über das Verhältnis der Kirche zu *allen* nicht-christlichen Religionen. Das gibt sogleich im 1. Artikel des kurzen Textes Gelegenheit, deren gewandelte Wahrnehmung durch die Kirche aktenkundig zu machen. Früher hatte sich die Kirche ausschließlich den je einzelnen Angehörigen der Religionen zugewendet, insofern sie Adressaten der Mission waren. Jetzt bestimmt die Kirche ausdrücklich ihr Verhältnis zu den nicht-christlichen Religionen als ganzes. Früher hatte die Kirche dieses Verhältnis zu den »Heiden« bestimmt im Hinblick auf den Missionsbefehl Jesu (Mt 28,28). Jetzt wird als Motiv der Erklärung ausdrücklich die Aufgabe der Kirche angegeben, »Einheit und Liebe unter den Menschen und damit auch unter den Völkern zu fördern«. Der gewohnte apologetisch-»missionarische« Weg der Verhältnisbestimmung wird also hier nicht beschritten, vielmehr: »Die Frage wird von vornherein gar nicht unter dem Gesichtspunkt gestellt, wie die Kirche sich nach ihrem Selbstverständnis als einmalige Größe von allen anderen Religionsgemeinschaften unterscheide.«[11]
Auf der Linie der Ansprache des Papstes in Bombay wird im 2. Artikel eine behutsame Anerkennung der Gotteserfahrung in den Religionen ausgesprochen, die das Selbstverständnis der Kirche in keiner Weise dementiert und dennoch jedes Gehabe eines »Anspruchs« vermeidet. Wichtig ist wieder einmal, zu beachten, was *nicht* gesagt wird. Die alte Auffassung, die Kirche müsse alles daransetzen, alle Menschen möglichst schnell zu Kirchengliedern zu machen, wird nicht aufgenommen. Vielmehr werden die Katholiken ermahnt, Gespräch und Zusammenarbeit mit den Bekennern anderer Religionen zu suchen, deren geistliche und sittliche Güter und kulturelle Werte anzuerkennen, zu wahren und zu fördern und *dabei* das Zeugnis des eigenen Glaubens zu geben. Man muß die Aussagen

dieses Artikels lesen im Licht der Aussagen der Kirchenkonstitution (Art. 16), des Missionsdekretes (Art. 7) und der im folgenden Kapitel zu besprechenden Pastoralkonstitution (Art. 22), wo jeweils festgehalten wird, daß Menschen, die von der Botschaft des Christentums nicht erreicht wurden, selbst Atheisten, »auf Gott bekannten Wegen« das Heil erlangen können.[12] Man kann nicht solch einen ungeheuren »Heilsoptimismus« vertreten und dann die nicht-christlichen Religionen als gottfern abqualifizieren. Vielmehr muß die Kirche, wenn sie so denkt, Auswirkungen des Gottesheils, das sie verkündet, auch in den Religionen finden, mit anderen Worten: Sie muß anerkennen, daß Menschen ihr konkretes Gottesverhältnis auch in den Religionen leben. Ihre eigene Aufgabe ist dann, unablässig Jesus Christus zu verkünden, in dem nach den Worten des Textes die »Fülle des religiösen Lebens« zu finden ist und »in dem Gott *alles* mit sich versöhnt hat«.

Konkrete Wege für das nun aufzunehmende Gespräch weiß das Konzil aber nicht. Und das liegt an einem von heute aus gesehen geradezu atemberaubenden Grund: Man hatte keine Fachleute. Bis zur Konzilszeit waren Anwälte des »Interreligiösen Dialogs« zwischen Christentum und Weltreligionen einsame Rufer in der Wüste.[13] Es gab zudem einige wenige Kenner einzelner nicht-christlicher Religionen, die sich diesem Dialog meist aus biographischen Gründen verschrieben hatten: persönliche Konversion zum Christentum, Leben in einem nicht-christlichen Land. So kommt es auch, daß – auffällig schon bei der Kenntnisnahme des Inhaltsverzeichnisses – die Herausgeber der kommentierten Ausgabe der Konzilstexte in den Ergänzungsbänden des *Lexikon für Theologie und Kirche* keinen Kommentator für den *gesamten* kurzen Text der Religionenerklärung finden konnten, sondern sich jeweils für die kurzen Erwähnungen der einzelnen Religionen einzelne besondere Kommentatoren suchen mußten.[14] Eben dies freilich wurde nach dem Konzil anders. Die Religionenerklärung löste einen wahren Schub wissenschaftlich-theologischer Bemühungen um die Weltreligionen aus, und heute haben wir eine große Zahl von Fachgelehrten, die damals ihre Chance erkannten, theologisches Neuland zu betreten.[15]

Wie mager bei der Abfassung des Textes noch die Hilfe durch Fachleute war, erkennt man an den wenigen blassen Bemerkungen über Buddhismus und Hinduismus. Konfuzianismus und Taoismus werden erst gar nicht erwähnt – gewiß nicht aufgrund der berechtigten Frage, ob wir es hier im gewohnten Sinne mit Religionen oder nicht eher mit Lebensweisheit zu tun haben, sondern vor allem, weil es die »Religionen« des damals total verschlossenen China sind.

Auf etwas bekannteres Gelände begibt sich der 3. Artikel über den Islam, und dessen besondere Würdigung resultiert aus der bekannten Tatsache, daß der Koran in Kenntnis des Alten und Neuen Testamentes abgefaßt wurde und der Islam daher in der religionswissenschaftlichen Sprachregelung gern als eine der drei »abrahamitischen« Religionen gilt.

Wie man sieht: Fast alles war nach diesem Text noch zu tun und sehr viel ist in der Nach-Konzilszeit auch in Angriff genommen worden. Dabei ist gewiß auch manche euphorische Hoffnung wieder auf den Erdboden zurückgeholt worden. Nicht erst im Zeichen fundamentalistischer Bewegungen in den Religionen, sondern auch unabhängig davon ist interreligiöser Dialog alles andere als leicht. Und auch die Einwände, der Verdacht, die Gefahr sind schnell bei der Hand. So war das »Friedensgebet« des Papstes in Assisi am 26. Oktober 1986 – nicht: *mit* den Vertretern aller Religionen, aber doch ein vom Papst angeregtes *gleichzeitiges* Gebet aller Religionen – einerseits eine klare Konsequenz aus der Religionenerklärung, aber, wie das heftige Echo aus der ganzen Welt zeigt, auch eine Zerreißprobe.

2. *Kirche und Judenheit*

Wir hätten nicht einmal diese bescheidene Initialzündung für den Eintritt der Kirche in den interreligösen Dialog, hätten nicht die politischen und theologischen Komplikationen um die Judenerklärung zu einem Blick auf die Weltreligionen genötigt. Man kann schon ins Nachsinnen über die seltsamen Wege Gottes mit seiner Kirche geraten, wenn man es sich ganz konkret vorstellt, wie hier tatsächlich noch einmal und teilweise auf makabre Art die schönsten »universalistischen« Perspektiven des Alten Testamentes der Christenheit zu einem Schritt nach vorn geholfen haben: Die Schuldgeschichte der Kirche gegenüber den Juden, der Wunsch nach Umkehr und Abbitte, verbunden mit der theologischen Einsicht, daß das Verhältnis zwischen Kirche und Judenheit einer radikalen Kehre des Denkens bedarf, öffneten aufgrund äußerer und meist außertheologischer Umstände der Kirche auch den Blick für die Welt der Religionen. So ist denn natürlich der 4. Artikel, der das Verhältnis der Kirche zu den Juden beschreibt, das Herzstück der ganzen Erklärung. Am besten, man liest den Artikel in einer Ausgabe der Konzilstexte im Vergleich mit dem oben zitierten Erstentwurf. Dann versteht sich im Licht der Vorgeschichte alles fast von selbst. Man wird bald feststellen: Alle entscheidenden Punkte aus dem Erstentwurf, alle aufgelisteten Anliegen, die sich mit dem Einsatz für die Erklärung verbanden, sind im Text aufgenommen, teilweise wörtlich wiederholt, teilweise noch eindringlicher formuliert. Es gibt sogar – die Leidensgeschichte des Textes hat es in »dialektischem Umschlag« am Ende möglich gemacht – wichtige Erweiterungen. So wird ausdrücklich der Vorwurf des »Gottesmordes« nun ausgeschlossen. Theologen und Prediger werden angewiesen, mit Legenden – zum Beispiel solchen vom »Ritualmord« an Christenkindern, wie er im Mittelalter häufig Juden zur Last gelegt wurde – und mit pseudotheologischen Argumenten gegen die Juden bei der Auslegung des Alten Testamentes aufzuräumen. Wie lange hat es an manchen Orten der Kirche, auch in Deutschland, gedauert, bis die Christen selbst oder die kirchliche Autorität tatsächlich ernst mit solcher Aufräumungsarbeit machten! Und noch deutlicher als im Erstentwurf ist nun auch die Verurteilung jedes Antisemitismus ausgesprochen. All dies wird am Schluß in aller wünschenswerten Klarheit damit begründet, daß Christus nach der Verkündigung der Kirche um der Sünden *aller* Menschen willen gestorben ist, was jede Diskriminierung bestimmter Menschen und Menschengruppen, aus welchem Grund auch immer, radikal ausschließt.

Die Erklärung schließt im 5. Artikel mit dem fundamentalen Hinweis, daß der christliche Glaube an Gott, der den Menschen nach seinem Ebenbild geschaffen hat, es nicht zuläßt, irgendeinem Menschen die geschwisterliche Haltung zu verweigern. »So wird also jeder Theorie oder Praxis das Fundament entzogen, die zwischen Mensch und Mensch, zwischen Volk und Volk bezüglich der Menschenwürde und der daraus fließenden Rechte einen Unterschied macht. Deshalb verwirft die Kirche jede Diskriminierung eines Menschen oder jeden Gewaltakt gegen ihn um seiner Rasse oder Farbe, seines Standes oder *seiner Religion willen*, weil dies dem Geist Christi widerspricht.«

3. Kirche und Religionsfreiheit

Während der ganzen Arbeit an der Religionenerklärung ist parallel und, wie wir sahen, gelegentlich in direkter Berührung immer auch an der Erklärung über die Religionsfreiheit gearbeitet worden. Sie fängt mit dem Stichwort an, das am Schluß der Religionenerklärung fällt: »Menschenwürde« (*Dignitatis Humanae*). Die Erklärung über die Religionsfreiheit ist wesentlich länger als die Religionenerklärung, weil sie nicht nur das Außenverhältnis der Kirche betrifft, sondern zugleich sachnotwendig eine Stellungnahme zum Verhältnis zwischen Kirche und gesellschaftlicher Freiheit, Kirche und Gewissensfreiheit und letztlich Kirche und Staat beinhalten mußte.

Wir können hier auf diese Erklärung nicht ausführlich eingehen, müssen es aber auch nicht. Wer die Erklärung heute liest, hat den Eindruck, lauter Selbstverständlichkeiten vorgelegt zu bekommen. So ist es auch, und so war es in vielen Ländern auch damals schon, vor allem in Europa und in Amerika. Nur geschah dies vielerorts, vor allem in sogenannten traditionellen katholischen Ländern, so, daß die Kirche sich zähneknirschend ins Unvermeidliche fügte, aber ihre Ansprüche theoretisch nicht aufgab und praktisch durchzusetzen versuchte, soweit es ging. Dazu muß man wissen, daß es auf der »konservativen« Seite der Konzilsväter nach wie vor die Überzeugung gab: Nur die Wahrheit, nicht der Irrtum hat ein Existenzrecht. Da nun die katholische Kirche – nicht aus eigener Kraft, aber durch die Führung des Heiligen Geistes – im Besitz der vollen und untrüglichen Wahrheit ist, kann es gegenüber der Kirche kein Recht auf Irrtum geben. Wo also Staat und Gesellschaft katholisch sind, kann die Kirche beanspruchen, daß der Staat die Aktivität nicht-katholischer und gar nicht-christlicher Meinungsäußerung und gar Mission unterbindet und die katholische Kirche zur Staatsreligion erklärt und so auch behandelt. Wo die Katholiken aber in einer Gesellschaft und in einem Staat in der Minderheit sind, dürfen und müssen sie vom Staat verlangen, daß er aus Gründen des Naturrechtes die Verbreitung der katholischen Lehre gewährleistet. Verständlich, daß um dieses Denkmodell heftig gekämpft wurde. Eine Verabschiedung dieses Denkmodells bedeutete ja nicht weniger als den Abschied von einer perfekten Symbiose von Kirche und Staat, wie sie damals in manchen Ländern noch existierte (Italien, Spanien u. a.). Umgekehrt konnte sich kein US-amerikanischer Bischof in der Situation der vollkommenen Trennung von Kirche und Staat mit diesem Denkmodell sehen und hören lassen.
Daß man unter diesen Voraussetzungen sich so eindeutig wie möglich, aber mit Rücksicht auf die Vertreter der »schweigenden Kirche« auch so vorsichtig wie nötig gegen jeden staatlichen Gewissenszwang wendet (Art. 4), bereitete selbstverständlich wenig Schwierigkeiten. Bedeutsamer ist, daß das alte Denkmodell bereits mit dem gedanklichen Ansatz der ganzen Erklärung verabschiedet wird: Nicht Wahrheit (oder Irrtum) sind Träger von Rechten, sondern Personen. Personen können und dürfen aufgrund ihrer Freiheit weder durch äußeren Zwang noch durch innerliche Manipulation zum Glauben gezwungen werden – was nichts als die Lehre der Tradition ist, so inkonsequent diese auch in den daraus zu ziehenden Konsequenzen war.[16] Darum setzt auch die Erklärung voll bewußt im ersten Teil mit einer »allgemeine(n) Grundlegung der Religionsfreiheit« ein und trägt erst im zweiten Teil die Aussagen über

»Die Religionsfreiheit im Licht der Offenbarung« zusammen. Mit anderen Worten: Hinsichtlich der öffentlichen Geltung ihrer eigenen Lehre rückt die Kirche davon ab, noch irgendeinen privilegierten Status im Vergleich zu anderen Religionen und Weltanschauungen einnehmen zu wollen. Glaube darf nur in Freiheit übernommene Überzeugung sein. Liest man im Licht dieser nicht hintergehbaren Einsicht die Urkunden der Offenbarung, dann fliegt einem nur so zu, daß diese den Gedanken der »Religionsfreiheit« stützt und nicht jenes autoritäre Denkmodell. Freilich hat man damit zugleich auch die beste Basis, gegen die Intoleranz anderer Gruppen oder staatlicher Organe zu streiten. Aber nicht solche taktischen Überlegungen sind die Motivation der Erklärung, sondern eben die Einsicht in das, was ihre beiden ersten Worte besagen: die »Menschenwürde«.

Und die Wahrheitsfrage? Die Pflicht des »freien« Gewissens, sich zu orientieren? An keiner Stelle sagt die Erklärung, der Wahrheitsfrage könne man mit Indifferenz begegnen. Die Wirkung der Erklärung, wenn sie ernst genommen wird, ist vielmehr, der Wahrheitsfrage einen neuen Raum freier argumentativer Austragung zu eröffnen. Genau diesen Faden hat die nachkonziliare Diskussion aufgenommen.[17]

Leseempfehlungen:

Zum Ganzen: LThK.E II (1967), 405–495 (Religionen); 703–748 (Religionsfreiheit)

Zu I.-II: *Hebblethwaite,* Johannes XXIII. (s. *Leseempfehlungen* zum 1. Kapitel), 241–255.

Zu III. und IV,2.: Zunächst zur biblischen Grundlegung. Da gibt es nach meinem Urteil zur Zeit nichts Besseres als den Beitrag von *Gerhard Lohfink,* Jesus und die Kirche, in: HFTh III (1986), 49–96.

Grundlegend in systematisch-theologischer und religionsdidaktischer Hinsicht ist: *Günter Biemer/Ernst Ludwig Ehrlich (Hg.),* Lernprozeß Christen Juden, 4 Bde., darin besonders Bd. 2; *Günter Biemer* u. a., Freiburger Leitlinien zum Lernprozeß Christen Juden. Theologische [und didaktische] Grundlegung, Düsseldorf 1981; *Rolf Rendtorff/Hans Hermann Henrix (Hg.),* Die Kirchen und das Judentum. Dokumente von 1945 bis 1985, Paderborn-München ²1989 – der Band sammelt weltweit alle katholischen, evangelischen, ökumenischen Dokumente zum Thema im angegebenen Zeitraum.

Zwei jüngere kirchenamtliche Dokumente: *Berliner Bischofskonferenz/ Deutsche Bischofskonferenz/Österreichische Bischofskonferenz (Hg.)*, »Die Last der Geschichte annehmen«. Worte der Bischöfe zum Verhältnis von Christen und Juden aus Anlaß des 50. Jahrestages der Novemberpogrome 1938, Bonn, 20. Oktober 1988; *Evangelische Kirche in Deutschland (Hg.)*, Christen und Juden II. Zur theologischen Neuorientierung im Verhältnis zum Judentum. Eine Studie der Evangelischen Kirche in Deutschland, Gütersloh 1991. Nicht vergessen werden darf hier der vom Vergessen bedrohte Abschnitt IV.2. in dem Dokument »Unsere Hoffnung. Ein Glaubensbekenntnis in dieser Zeit« der Gemeinsamen Synode der Bistümer in der Bundesrepublik Deutschland (1972–1975 in Würzburg), abgedruckt bei Rendtorff/Henrix (s.o.).

Jüngste Untersuchungen: *Hans Küng*, Das Judentum. Die religiöse Situation der Zeit, München 1991; *Marcel Marcus/Ekkehard W. Stegemann/Erich Zenger (Hg.)*, Israel und Kirche heute. Beiträge zum christlich-jüdischen Gespräch, Freiburg i. Br. 1992. Und weil es ins Schwarze der Diskussion trifft, sei hingewiesen auf eine am Hamburger Fachbereich Evangelische Theologie angefertigte Magisterschrift, die demnächst veröffentlicht werden soll: *Birte Petersen*, »Theologie nach Auschwitz«? Die Krise der christlichen Theologie angesichts der Shoah. Tendenzen einer Diskussion, Hamburg 1992.

Zu IV.1. Wie oben vermerkt, sind die theologischen Büchereien heute, im Unterschied zur Konzilszeit, voll von qualifizierten Beiträgen zum interreligiösen Dialog. Darum hier nur in ganz ungerechter Auswahl Hinweise auf a) Überblicke, b) Untersuchungen zu einzelnen Weltreligionen und c) Versuche von Gesamtdarstellungen.

a) HFTh II (1985) 241–265 *(Hans Waldenfels); Concilium* 22 (1986) H.1: Christentum zwischen den Weltreligionen.

b) *Hans Waldenfels*, Faszination des Buddhismus. Zum christlich-buddhistischen Dialog, Mainz 1982; *Regina* und *Michael von Brück*, Die Geisteswelt des tibetischen Buddhismus, Freiburg i. Br. 1987. – *Hans Zirker*, Christentum und Islam, Düsseldorf 1991; *Johannes Schwartländer/ Heiner Bielefeld*, Christen und Muslime vor der Herausforderung der Menschenrechte. Hg. von der Wissenschaftlichen Arbeitsgruppe für weltkirchliche Aufgaben der Deutschen Bischofskonferenz, Bonn 1992.

c) *Hans Waldenfels*, Religionen als Antwort auf die menschliche Sinnfrage, München 1980; *ders.*, Der Gekreuzigte und die Weltreligionen, Einsiedeln 1983; *Hans Küng/Josef van Ess/Heinrich von Stietencron/Heinz Bechert*, Christentum und Weltreligionen. Hinführung und Dialog mit Islam, Hinduismus und Buddhismus, München 1984; *Raimond Pannikar*, Der neue religiöse Weg. Im Dialog der Religionen leben, München 1990; *Leonard Swidler*, Die Zukunft der Theologie. Im Dialog der Religionen und Weltanschauungen, Regensburg-München 1992. Siehe auch in diesem Kapitel Anm. 15.

Zu IV. 3.: Unter dem Stichwort »Religionsfreiheit« ist es immer noch merkwürdig still in der theologischen Literatur. Neue Lexika (wie das Neue Handbuch theologischer Grundbegriffe) und Handbücher (wie das Handbuch der Fundamentaltheologie) haben dazu kein Stichwort bzw. Kapitel. Das liegt hauptsächlich wohl daran, daß das Thema dogmatisch konkret wird unter dem Stichwort »Toleranz« und theologisch-ethisch unter den Stichworten »Gewissensfreiheit« und »Menschenrechte«. Zu beiden Stichworten ist allerdings eine lebhafte Diskussion im Gange, vornehmlich in Form von Zeitschriftenaufsätzen. Es sei in diesem Zusammenhang hingewiesen auf *Dietmar Mieth*, Gewissen/Verantwortung, in: NHthG Bd. 2, 221–231 (mit viel Literaturangaben); *Eberhard Schockenhoff,* Das umstrittene Gewissen. Eine theologische Grundlegung, Mainz 1990; HFTh IV: Traktat Theologische Erkenntnislehre (1988), 306–312; *Leonard Swidler/Patrick Connnor (Hg.),* »Alle Katholiken haben das Recht ...« Freiheitsrechte in der Kirche. Mit einer Einführung von Norbert Greinacher, München 1990 (amerik.: 1988); *Concilium* 26 (1990) H.2: Ethos der Weltreligionen und Menschenrechte. Siehe auch oben die Studie von *Schwartländer/Bielefeld.*

Zehntes Kapitel

»Die Arche Noah«

Die Kirche in der Welt von heute

I. Ein Zielkonflikt

Um es gleich klarzustellen: »Die Arche Noah« ist nicht etwa die Kirche – so daß die »Welt von heute« die Sintflut wäre! Die »Arche« ist die Pastoralkonstitution »Über die Kirche in der Welt von heute« – mit den auch für Nicht-Lateinkundige schon sprichwörtlichen Anfangsworten *Gaudium et spes* (»Freude und Hoffnung«). Als zwischen der zweiten und dritten Tagungsperiode die Redaktionsarbeit an der Konstitution auf vollen Touren lief und im Sommer 1964 das Ergebnis an die Väter versandt wurde, hagelte es natürlich Kritik. Ein Kritiker prägte das Bonmot, die Konstitution sei wie die Arche Noah, in der provisorisch alle Themen untergebracht seien, die anderswo keinen Platz fanden. Aber warum hat man sie nicht in der Sintflut untergehen lassen? Eben dies steht im Zusammenhang des Zielkonfliktes, der das Konzil von Anfang an bestimmte.

Wir müssen uns hier zurückerinnern an die früher erörterten Probleme der Zielsetzung des Konzils und die öffentliche Diskussion darum.[1] Schon in der Ankündigung des Konzils hatte Johannes XXIII. dieses unter das Zeichen der Einheit gestellt. Gemeint war die Einheit der Christen – der *katholischen* Christen – zum Zwecke des Zeugnisses vor der Welt. Die Einheit wurde also durchaus dem Zeugnis vor der Welt funktional zugeordnet. Als Diplomat in Ländern Ost-Europas hatte Roncalli die Bedeutung der Einheit der Christen über die Grenzen der katholischen Kirche hinweg vor allem im Blick auf die Ost-Kirchen verinnerlicht. Als Patriarch von Venedig war er konfrontiert mit den konkreten Fragen und Bedürfnissen der modernen (Industrie-)Welt. So ergaben sich für Roncalli die beiden Grundlinien seines Denkens: Einheit und Welt – und zwar in dem Sinne: Einheit um der Welt willen. Ziel war die Öffnung zur modernen Welt, die Einheit war Mittel und Kraftquelle. Wir sahen schon bei unseren Darlegungen zu den Aussagen des Konzils zur Einheit der Kirche, wie das durchaus mißverstanden wurde. Auf der einen Seite drängte man darauf, die Einheit der getrennten Christen müsse ein selbständiger Zweck des Konzils sein. Symptomatisch in dieser Hinsicht waren die beiden Bücher von

Hans Küng »Konzil und Wiedervereinigung« und »Kirche im Konzil«.[2] Hier lag der Akzent eindeutig auf einer innerkirchlichen Öffnung zur *christlichen Ökumene* und zu den anderen Kulturen, denen der Glaube vermittelt werden müsse. Die innerkirchlichen Reformen, für den Papst Mittel des Zeugnisses für die Welt, wurden hier dem Ziel der Ökumene funktional zugeordnet. In dem zweiten der genannten Bücher entschlüpft Hans Küng ein bezeichnender Titel für ein Kapitel: »Was erwarten die Christen [!] vom Konzil?« Und das Thema »Kirche in dieser Zeit« im gleichen Buch bezieht sich auf die Reform des Petrusamtes.

Auf der anderen Seite war das Thema »Kirche in der Welt« überhaupt nicht zu umgehen – und zwar Kirche in einer Welt, die sich in den Jahren nach dem Zweiten Weltkrieg radikal verändert hat. Der Impuls, dieses Thema in den Vordergrund zu rücken, kam vor allem aus Frankreich – dem »katholischen« Land, in dem die Kirche schon damals wohl dem selbstbewußtesten und selbstverständlichsten Neuheidentum gegenüberstand; und der Impuls kam auch damals schon aus Lateinamerika, vor allem aus Brasilien.

Was also sollte die Leitlinie des Konzils sein? Zudem stießen ja *beide* Tendenzen auf die konservative Opposition, wie in den vorangehenden Kapiteln schon vielfältig geschildert. Nur die Initiative Johannes' XXIII., das Einheitssekretariat unter Kardinal Bea einzurichten, gewährleistete schließlich den Fragen der christlichen Ökumene einen institutionellen Ort auf dem Konzil – über die diesbezüglichen Konflikte haben wir berichtet. Anderseits war es, als das Konzil selbst nicht zu verhindern war, erklärte Absicht der konservativen Konzilsväter, eine Öffnung auf die Welt hin zu verhindern und es auf rein innerkirchliche Themen zu beschränken, die man, wie die vorbereiteten Schemata zeigten, »gefahrlos« im Griff zu haben glaubte. Mit anderen Worten: Trotz aller guten Anregungen in der Diskussion nach der Konzilsankündigung und trotz aller regionalkirchlichen Erfahrungen mit der Intention des Papstes schien die Gefahr des passiven Widerstandes gegen das Konzil sich gerade dadurch zu konkretisieren, daß man dessen Zielvorgabe, wie der Papst sie verstand, neutralisierte. Wäre es geglückt, das Konzil hätte nicht lächerlicher dastehen können, es wäre eine der größten (und teuersten!) Absurditäten der Kirchengeschichte geworden – eine gigantische Überflüssigkeit, deren mageren Sachgehalt die Kurie und der Papst hätten allein ins Werk setzen können. Mit Recht schreibt Charles Moeller, Kommentator der Pastoralkonstitution und maßgeblich an der Textentstehung beteiligt: »Ehe sich das Bewußtsein von der Notwendigkeit dieses einen Schemas über Kirche und Welt ausbildete, mußte die erste Session kommen.«[3]

II. Die Zeit vor dem Konzil

1. Der sogenannte Text 1

Es lohnt sich, unter den genannten Vorzeichen die Texte der Vorbereitungszeit kurz anzusehen. Die Vorbereitungskommissionen[4] hatten 69 »Schemata« produziert. Davon nur eines (mit der Nummer 7) zum Thema »Sozialordnung«, es war ein Schema der Theologischen Kommission, also unter den Perspektiven von Kardinal Ottaviani erarbeitet. Daneben hatte die Kommission für das Laienapostolat einen Text über »Das soziale Handeln des Christen« ausgearbeitet. Genauer gesagt: Es waren jeweils eine Unterkommission der beiden genannten Vorbereitungskommissionen, die die Texte ausarbeiteten, denn diese hatten ja auch noch andere Themen vorzubereiten. Vorsitzender der Unterkommission aus der Kommission für das Laienapostolat war der Bischof (und spätere Kardinal) Hengsbach von Essen – und er blieb mit dieser Aufgabe betraut bis zum Ende des Konzils. Vorsitzender der Unterkommission aus der Theologischen Kommission war der italienische Bischof Pavan, der entscheidend an der Abfasssung der Enzyklika *Pacem in terris* von Papst Johannes XXIII. beteiligt war und in Personalunion auch Mitglied der Unterkommission Hengsbachs war. Die Weichen für eine Zusammenarbeit der beiden Unterkommissionen waren also organisatorisch nicht schlecht gestellt, und das hatte gute Folgen für die Textgeschichte.

Die Theologische Unterkommission erarbeitete ihren Text über die Sozialordnung in einer Weise, die an das ursprüngliche Offenbarungsschema erinnert: ganz neuscholastisch, als Zusammenfassung der bisherigen katholischen Soziallehre, wie sie vor allem durch die Päpste Leo XIII., Pius XI. und Pius XII. grundgelegt war. Die ersten vier Kapitel beschäftigten sich mit folgenden Themen:
- das Fundament der christlichen Moralordnung (objektiver Charakter der christlichen Moralordnung, deren absolute Geltung, Gott als ihr Wächter – also gerichtet gegen die damals aktuelle und in ihren Problemen bis heute nicht ausgestandene sogenannten »Situationsethik«);
- das Gewissen (Pflicht zur Ausrichtung an der objektiven Moralordnung, der Gewissensirrtum, der nichts an der objektiven Moralordnung ändert);
- die Irrtümer des Subjektivismus und des ethischen Relativismus;
- die Sünde (mit Attacken gegen falsche psychologische Theorien, die jede unter Triebeinfluß begangene Sünde »läßlich« nennen wollen).

Nur das 5. Kapitel schlägt einen anderen Ton an, indem es von der »natürlichen und übernatürlichen Würde der menschlichen Person« handelt und dabei erstmalig das später im Text der Konstitution so bestimmende Thema vom Menschen als Bild Gottes intoniert. Der Hintergrund: Der Gedanke vom Menschen als »Ebenbild Gottes« wird unter dem Gesichtspunkt der Herrschaft des Menschen über die Welt eingeführt. Diese ist Thema, wo vom Verhältnis der Kirche zu Wissenschaft, Technik und Kunst die Rede ist – und wo der spätere Text einfach von der »Kultur« spricht. Dafür aber gab es Vorlagen in der Enzyklika *Quadragesimo anno* von Papst Pius XI. (1931). Das zentrale Thema vom Menschen als Ebenbild Gottes in der Pastoralkonstitution dürfte sich also dem Willen der konservativen Mehrheit in den Vorbereitungsgremien verdanken, auf dem nun nicht mehr zu vermeidenden Konzil die Enzykliken der letzten Päpste festzuschreiben. Aber »durch Gottes Vorsehung und trotz der Dummheit der Menschen« wird eben manchmal aus sinistren Absichten etwas Gutes.

Ganz anders geht der Entwurf der Laienapostolats-Unterkommission vor. Er verzichtet weitgehend auf theologische Erörterungen – setzt sie wohl als durch die (beabsichtigte) Kirchenkonstitution geklärt voraus und beschäftigt sich mehr beschreibend als deduzierend mit der Tätigkeit des Christen in seinem sozialen Umfeld. Das bewegt sich im Bereich »natürlicher« Wahrheiten – und ist grundsätzlich positiver in der Betrachtung des menschlichen Handelns. Damit ist nun gleich eine dreifache Spannung des werdenden späteren Textes vorprogrammiert.

a) Soll der Text theologisch deduzieren oder soll er konkret beschreiben? Wenn er theologisch redet, wird und muß er sich in den lichten Höhen allgemeiner theologischer Wahrheiten halten. Wie kann er aber dann ein Text über die Kirche in der Welt von *heute* werden? Einen solchen Text kann man nicht mit einer »Thesentheologie« (Charles Moeller) machen. Wenn der Text aber konkret-beschreibend redet, dann erkennen sich Leserinnen und Leser darin zwar wieder – aber die »Konkretheiten« können sich ja schnell ändern. Vor allem aber: Was hat die Kirche *verbindlich* zu diesen Konkretheiten zu sagen? Soll sie in die Diskussionen der Soziologie und der Politikwissenschaft eintreten? Kurzum, die erste Spannung, die der Text bewältigen muß, liegt in der Frage: Wie kann man konkret reden und doch bei dem Evangelium bleiben, das im Wandel der Konkretheiten dasselbe bleibt?

b) Mit der ersten ist die zweite Spannung verbunden: Soll der Text die Sprache des Glaubens sprechen, oder soll er sich argumentierend auf einer Ebene bewegen, auf der Christen und Nicht-Christen gemeinsam stehen? Redet man in der Sprache des Glaubens, dann riskiert man, von den Nicht-Christen nicht verstanden zu werden. Genau diesen Bedenken ist zum Beispiel ein Kapitel über die den neuen Menschen schaffende Macht des Geistes, das in mehreren Entwürfen vorgesehen war, ebenso zum Opfer gefallen wie eine Aussage über die Umgestaltung der Welt durch die Liturgie und eine solche über den »Humanismus der Bergpredigt«. Ordentlichen Theologen mußte solches weh tun, denn der Klagen waren nicht wenige, das Schema sei zu »westeuropäisch«, und nun opferte man auch noch gerade solche Themen, die eigentlich der ostkirchlichen Überlieferung sehr nahestehen. Wenn man aber eine gemeinsame Sprachebene mit den Nicht-Christen betrat, dann lag natürlich aufgrund der kirchlichen Tradition zunächst eine »naturrechtliche« Argumentation nahe – und genauso begegnet sie auch in Text 1. Auf dieser Basis aber wäre jeder ökumenische Konsens über diesen Text unmöglich geworden.

Was aber, wenn nicht die naturrechtliche, könnte eine geeignete Sprache sein, in der sich Christen und Nicht-Christen verstehen? Der endgültige Text hat dieses Problem meines Erachtens glänzend gelöst: Man beginnt jeweils mit einer gezielten und durchaus überholbaren Beschreibung der Situation und beleuchtet deren humane Problematik. Sodann versucht man eine christliche Antwort darauf in einer möglichst unfachlichen Sprache, wobei man die Überzeugungskraft dieser Antwort dem Gewicht ihrer Sache selbst überläßt.

c) Damit aber stellt sich das delikateste Problem ein: Welchen Verbindlichkeitsanspruch kann ein solcher Text erheben? Bis zum Schluß war der Titel »Pastoralkonstitution« heftig umstritten, und eigentlich ist er tatsächlich ein Widerspruch in sich. Eine »Konstitution«[5] ist ja die verbindliche Darlegung einer Lehre bzw. eine verbindliche disziplinäre Weisung. »Pastoral« aber schließt Antwort auf konkrete Gegebenheiten, Anwendung des Allgemeinen im Besonderen ein, »pastorale« Aussagen sind daher grundsätzlich überholbar, weil sich das Konkrete und Besondere schnell wieder ändern kann. Eine »pastorale Konstitution« kann es daher eigentlich nicht geben, wenn die Begriffe präzise bleiben sollen. Daher wurde immer wieder der Vorschlag gemacht, einen ersten Teil als »Konziliare Konstitution« zu kennzeichnen und ihr einen konkreten zweiten Teil mit »Weisungen« (nicht: »Normen«, denn die sind allgemeinverbindlich) folgen zu lassen und zwar als *Adnexa* (also »Anhänge«). Aber je weiter man in der Vorbereitung des Textes kam, um so mehr mußte diese Zweiteilung scheitern. Denn auch der – geplante und dann auch verwirklichte – zweite Teil enthielt reichlich »normative« Elemente: man denke nur an die Ausführungen über

Ehe und Familie sowie an die über Krieg und Frieden! Und zugleich war der erste Teil reich an konkret beschreibenden Abschnitten. Man hat schließlich ja auch bewußt, um die Frage der »Verbindlichkeit« zu entschärfen, die beschreibenden Passagen zur Situation der modernen Welt dem ersten Hauptteil des endgültigen Textes als *Expositio introductoria* (wörtlich: »einführende Darlegung«) vorgeschaltet (Art. 4–10). Übrigens ist dies auch deshalb geschehen, um sich gegenüber den einschlägigen Wissenschaften nicht allzu verbindlich festzulegen – sich also im Ernstfall nicht allzu sehr zu blamieren.

Um aus der Zwangslage, sich mit der »Pastoralkonstitution« an einem »hölzernen Eisen« zu versuchen, herauszukommen, gab es noch einen anderen, radikaleren Gegenvorschlag: Statt einer Konstitution solle man alles, was man in ihr zu sagen wünsche, in Form von »Erklärungen« herausgeben. Das wurde abgelehnt, weil es die Autorität dieses Textes bzw. dieser Texte zu sehr abgeschwächt hätte.

Es war also eine Fahrt zwischen Skylla und Charybdis. Und wie nicht anders zu erwarten: Eben wegen all dieser Schwierigkeiten fehlte es auch nicht an Vorschlägen und bestand mehrmals die akute Gefahr, das Schema von der Tagesordnung abzusetzen. *Wenn* das Unternehmen einer »Pastoralkonstitution« dennoch gelang, dann nur, weil die Väter es wagten, etwas ganz Neues und auf bisherigen Konzilien völlig Ungewohntes zu tun: *sich nur in vorläufiger Form zu äußern*. Der kritische Einwand war sofort bei der Hand: Das kann sich ein Ökumenisches Konzil nicht erlauben! Der Gegeneinwand lautete: Doch – wenn man es auch ausdrücklich sagt! Was dann auch geschah. Dem Titel »Die Kirche in der Welt von heute« wird vor Beginn des Textes folgende Anmerkung hinzugefügt:

»Die Pastoralkonstitution über die Kirche in der Welt von heute besteht zwar aus zwei Teilen, bildet jedoch ein Ganzes. Sie wird ›pastoral‹ genannt, weil sie, gestützt auf Prinzipien der Lehre, das Verhältnis der Kirche zur Welt und zu den Menschen von heute darzustellen beabsichtigt. So fehlt weder im ersten Teil die pastorale Zielsetzung noch im zweiten Teil die lehrhafte Zielsetzung. Im ersten Teil entwickelt die Kirche ihre Lehre vom Menschen, von der Welt, in die der Mensch eingefügt ist, und von ihrem Verhältnis zu beiden. Im zweiten Teil betrachtet sie näher die verschiedenen Aspekte des heutigen Lebens und der menschlichen Gesellschaft, vor allem Fragen und Probleme, die dabei für unsere Gegenwart besonders dringlich erscheinen. Daher kommt es, daß in diesem zweiten Teil die Thematik zwar den Prinzipien der Lehre unterstellt bleibt, aber nicht nur unwandelbare, sondern auch geschichtlich bedingte Elemente enthält. Die

Konstitution ist also nach den allgemeinen theologischen Interpretationsregeln zu deuten, und zwar, besonders im zweiten Teil, unter Berücksichtigung des Wechsels der Umstände, der mit den Gegenständen dieser Thematik verbunden ist.«

Ehrlicher kann man das Problem, dem man sich vor dem Hintergrund der Konziliengeschichte und der sachlichen Schwierigkeiten gestellt hat, nicht umschreiben.

Im Rahmen des Schlußwortes, in Art. 91, wird der Hinweis der einleitenden Anmerkung nun als Bestandteil des Textes mit anderen Worten wiederholt:

»Mit Rücksicht auf die unabsehbare Differenzierung der Verhältnisse und der Kulturen in der Welt hat diese konziliare Erklärung in vielen Teilen mit Bedacht einen ganz allgemeinen Charakter; ja, obwohl sie eine Lehre vorträgt, die in der Kirche schon anerkannt ist, wird sie noch zu vervollkommnen und zu ergänzen sein, da oft von Dingen die Rede ist, die einer ständigen Entwicklung unterworfen sind. Wir sind aber von der festen Zuversicht erfüllt, daß vieles von dem, was wir, gestützt auf Gottes Wort und den Geist des Evangeliums, vorgetragen haben, allen eine gute Hilfe sein kann, zumal wenn es von den Gläubigen unter Leitung ihrer Hirten an die Situation und Denkweise der einzelnen Völker angepaßt sein wird.«

Aber bis es zu diesen, aus dem Abstand so selbstverständlich wirkenden und sympathischen Klarstellungen kam, erlebte der Text eine Geschichte, deren Wirrsale alles überbieten, was bei anderen Texten zu verzeichnen war. Doch bevor davon zu reden sein wird, sind noch andere, von Anfang an belastende Grundsatzprobleme zu nennen. Sie sind eigentlich nicht verwunderlich, wenn man etwas ganz Neues versucht – und wirken doch aus dem Abstand von mehreren Jahrzehnten wunderlich genug.

2. Dialog ohne Dialogpartner?

Das nächstliegende Problem, das mit den gerade genannten zusammenhängt, lautet: *Wie* soll man mit »der Welt« sprechen? Das Normale wäre doch: Man zieht ihre Repräsentanten ins Gespräch – bittet also Frauen und Männer um ihren Rat, die berufsmäßig in dieser Welt leben und mit ihr umgehen, also die »Laien«. Und schon hat man die nächste Gelegenheit, das Projekt zu torpedieren. Das Konzil, hieß es, ist eine Versammlung der *Bischöfe*. Nach alter Tradition sind »konziliare Vorgänge« nur solche, wo Bischöfe beraten, womöglich unterstützt von Theologen, aber von niemand anderem. So ist zwar schon früh über die Beteiligung der Laien geredet worden, doch die Antwort war zunächst eine volle Sperre. Der Dominikanerpater Ciappi, der sogenannte »Vorsteher des apostolischen

Palastes«, teilte 1962 auf einer Konferenz im Rückblick auf die abgelaufene Arbeit zur Vorbereitung des Konzils mit: Ausschließlich Bischöfe, Ordensobere, Angehörige der römischen Kurie und Vertreter der katholischen Universitäten haben sich an der Vorbereitungsarbeit beteiligt. Laien haben, jedenfalls offen und offiziell, keine Rolle gespielt – und das stimmt auch. Dieses streng kirchenrechtliche Verständnis vom Konzil bewirkt das innere Dilemma während der ersten Phase der Arbeit an der Pastoralkonstitution, nämlich: Wie kann man die »Welt« als vollgültige Partnerin des Dialogs anerkennen und sie gleichzeitig nicht – als Dialogpartnerin – repräsentativ zum Konzil laden?

Dabei gab es nicht nur zahlreiche Laienorganisationen in der Kirche, deren Rat man sich hätte zunutze machen können. Es gab darüber hinaus im Vorfeld des Konzils auch zahlreiche entsprechende Tagungen und Veröffentlichungen. So tagte 1960 eine Konferenz der internationalen katholischen Organisationen, die dann später auch einige Laienvertreter in den Konzilsgremien stellte. Die *Informations Catholiques Internationales* veranstalteten am 13. und 14. Mai 1961 zwei Studientage mit dem Thema: »Die Kirche, das Konzil und die anderen«» Im Prospekt zur Tagung ist zu lesen: »Ein Blick auf die Welt. Wie ist die heutige Welt, was sind ihre Hoffnungen und ihre Ängste, auf welchem Weg und zu welchem Ziel sind die Menschen unterwegs, was erwarten sie von der Kirche?« Das klingt wie ein Frageraster für die Pastoralkonstitution! Aber: Schon am 23. Januar 1962 ließ Johannes XXIII. – der so merkwürdig kirchenrechtlich-restriktiv reagieren konnte, wenn es ans Eingemachte ging, das heißt an das, von dem er fraglos meinte, es müsse so sein – verlauten: Alle Arbeiten und Studien zu Fragen des Konzils, die von Priestern und Laien geleistet wurden – also: von Nicht-Konzilsvätern, Theologen nicht ausgenommen –, sind rein privaten Charakters. Das ist natürlich richtig. Aber so isoliert ausgesprochen ist es doch eine kalte Dusche, die sogleich gegen das Projekt einer Pastoralkonstitution eingesetzt werden konnte.

Erst Papst Paul VI. durchhieb den gordischen Knoten und ordnete die Heranziehung von Laien mit beratender Funktion in den Vorbereitungsgremien an. Am 24. April 1964 [!] bekamen auf diese Weise erstmals Laien einen Einblick in das werdende Dokument. Sie engagierten sich sofort, und wenig später kamen auch Frauen hinzu, die dann vor allem bei der Arbeit an der Pastoralkonstitution dauernd dabei waren.[6] Als wieder einmal ein Stimmungstief einbrach – bei kontroversen Diskussionen zum Abschnitt über Ehe und Familie, ertönte sogleich wieder der Vorschlag: Von der Tagesordnung absetzen! Die Sache sei »noch nicht reif«. Die Laien in den Beratungsgremien wehrten sich sofort und mit Erfolg: Das Konzil würde millionenfache Enttäuschung auslösen, wenn es die Arbeiten an diesem Dokument abbräche.

3. *Päpstliche Initiativen*

Bei Beginn des Konzils ist die Lage also gekennzeichnet durch eine Art »vorbereitete Unvorbereitetheit« auf die Aufgabe. Papst Johannes entging nicht, daß seine Leitperspektive »Einheit und Welt« in Gefahr war. Schon in seiner Pfingstpredigt am 5. Juni 1960 hatte er den deutlichen Hinweis gegeben: Jeder Gläubige, insofern er »katholisch« ist, ist Bürger der ganzen Welt, ebenso wie Christus der angebetete Erlöser der ganzen Welt ist. In der formellen Konzilsankündigung vom 25. Dezember 1961 in der Konstitution *Humanae salutis* (»Des menschlichen Heils ...«) fällt das später so viel beargwöhnte Wort von den »Zeichen der Zeit«, die zu lesen seien und gelesen werden könnten. Entscheidend ist dann seine berühmte Rede vom 11. September 1962, kurz vor der Eröffnung des Konzils. Hier unterscheidet Johannes zwischen der »Vitalität der Kirche nach innen« und der »Vitalität der Kirche nach außen«. Und was die letztere angeht, so habe sich die Kirche zu kümmern um: grundsätzliche Gleichheit aller Völker in der Ausübung ihrer Rechte und Pflichten; Verteidigung der Heiligkeit der Ehe; soziale Verantwortung; die unterentwickelten Länder, denen die Kirche sich als die Kirche aller und insbesondere der Armen zeigen müsse; Mißstände des sozialen Lebens; Recht auf Religionsfreiheit; Frieden zwischen den Völkern. Mit einem Wort: Die Rede enthält einen Prospekt der Themen, die tatsächlich später in der Pastoralkonstitution behandelt werden. Die Vorgeschichte dieser Rede kennen wir schon. Sie hängt zusammen mit dem Hirtenbrief von Kardinal Suenens, dessen Ideen zusammen mit denen von Kardinal Montini so bedeutsam für die Fortführung und die weitere Planung des Konzils geworden sind.[7]

Noch eine andere Initiative ist zu erwähnen: Helder Camara, damals noch Weihbischof in Rio de Janeiro, nahm in Rom jede Gelegenheit wahr, mit Besuchern über die damals schon dramatischen, im öffentlichen kirchlichen Bewußtsein sich aber erst zögernd abzeichnenden Probleme der Dritten Welt zu sprechen. Camara wird mit folgenden Sätzen zitiert: »Sollen wir unsere ganze Zeit darauf verwenden, interne Probleme der Kirche zu diskutieren, während zwei Drittel der Menschheit Hungers sterben? Was haben wir angesichts des Problems der Unterentwicklung zu sagen? Wird das Konzil seiner Sorge um die großen Probleme der Menschheit Ausdruck geben? Soll Papst Johannes in diesem Kampf allein bleiben?« Und in einer Konferenz in der Domus Mariae brachte er das Problem auf die Formel: »Ist das größte Problem Lateinamerikas der Priestermangel? Nein! Die Unterentwicklung.«[8] Als Sekretär der lateinamerikanischen Bischofskonferenz nahm Camara Kontakt zu den Sekretären der anderen Bischofskonferenzen auf und knüpfte auch eine Verbindung zu Kardinal Suenens. Am 1. Dezember 1962 brachte er eine Zusammenkunft von 50 Bischöfen aus verschiedenen Kontinenten im belgischen Kolleg in Rom zusammen. Hier wurde der Schlachtplan geschmiedet.

4. Der Durchbruch

Drei Tage später also stand Kardinal Suenens am Pult in der Konzilsaula und trug, wie mit dem Papst abgesprochen, seine Grundidee vor: Alle Texte sollten um die beiden Pole *ad intra – ad extra* gruppiert werden. Das fand den Beifall der Väter. Man war ja auch bereits in Zugzwang. In der Eröffnungsansprache zum Konzil hatte der Papst das Thema wieder aufgenommen.[9] Und das war um so wichtiger, weil er den »Urtext« dieser Ansprache vom ersten bis zum letzten Wort selber gemacht hatte (»Niemand hat seine Nase hineingesteckt«).[10] Ferner: Acht Tage nach der Eröffnung des Konzils, am 20. Oktober 1962, verabschiedete das Konzil eine »Botschaft an die Welt«: »In dem Augenblick, da wir unsere Arbeit aufnehmen, wollen wir alles herausstellen, was die Würde des Menschen betrifft, und alles, was dazu beiträgt, eine echte Gemeinschaft der Völker zu schaffen.« Verfasser dieser »Botschaft« waren die beiden französischen Dominikaner-Theologen M.-D. Chenu und Yves Congar. Nicht von ungefähr! Sie waren (unter anderen) nicht nur die theologischen Promotoren der »Arbeiterpriester«, sondern überhaupt der Bemühungen um ein neues Verhältnis der Kirche zur modernen Welt, wie sie charakteristisch für die französische Theologie seit den 20er Jahren waren. Johannes XXIII. hatte als Nuntius in Paris die Maßregelung dieser Bemühungen, die buchstäbliche Verbannung ihrer theologischen Anwälte nicht verhindern können.[11] Nun kam immerhin für zwei von ihnen ihre »Stunde«. Es gab nun kein Zurück mehr. Blockierend zunächst, dann aber stimulierend wirkten schließlich die beiden päpstlichen Enzykliken *Pacem in terris* von Johannes XXIII. (April 1963) und *Ecclesiam suam* von Paul VI. (Juli 1964). Blockierend wirkten die Enzykliken, weil der Eindruck entstand: Warum soll man noch weitermachen? Ist nicht alles schon gesagt? Stimulierend wirkten sie, weil sie gleichzeitig ein Modell für den Stil der kommenden Pastoralkonstitution lieferten – besonders *Pacem in terris* –, vor allem aber: weil nun am Interesse *beider* Päpste an diesem Thema überhaupt kein Zweifel mehr bestehen konnte.

III. Problemknoten der Textgeschichte

Es ist aussichtslos, hier die Geschichte des Textes chronologisch nachzuzeichnen und auf alle Unterschiede der einzelnen Fassungen einzugehen.[12] Statt eines chronologischen Längsschnittes legen wir einen Querschnitt. Wir erinnern uns: Nach der Reduzierung und Zusammenfassung der 69 Schemata aus der Vorbereitungszeit standen am Ende der ersten Tagungsperiode »nur« noch 17 Schemata. Die künftige Pastoralkonstitution war das 17. Schema – also das letzte. Erst durch eine Umgruppierung der Entwürfe wurde im Juli 1964 daraus das »Schema XIII« – das »berühmte Schema XIII« (Sebastian Tromp), das »Schema ohne Namen« (»Pastoralkonstitution« war ja bis zum Schluß umstritten). Bald gab es die entsprechenden Witze, denn in Italien ist 13 die Glückszahl, in Deutschland die Unglückszahl!

1. Viele Köche verderben nicht den Brei

Die Neuorganisation der Konzilsarbeit ergab, daß sich nun sozusagen ein ganzes Orchester von Kommissionen für das Schema 17/13 zuständig zu fühlen hatte:
a) Die Koordinierungskommission – sie hatte ja die Debatten zu planen.
b) Die Gemischte Kommission. Man hatte zunächst eine eigene Kommission für die Arbeit an der Pastoralkonstitution gefordert. Dazu kam es nicht. Nach dem Ende der (ersten) Tagungsperiode waren die Bischöfe weg, eine Wahl der Kommissionsmitglieder durch das Konzil war unmöglich. Daher folgte man einem Vorschlag von Kardinal Suenens, die Theologische Kommission und die Kommission für das Laienapostolat sollten eine »gemischte Kommission« für die Erarbeitung und Redaktion der Pastoralkonstitution bilden – es war die früher schon erwähnte Gemischte Kommission unter Bischof Guano. Diese erteilte an einige Experten den Auftrag, die vorliegenden Entwürfe zu überarbeiten.
c) Die Gemischte Kommission setzte wiederum eine »zentrale Unterkommission« ein, die den Auftrag hatte, die Endredaktion des Gesamttextes zu betreuen.
d) Mit der Pastoralkonstitution waren ferner »Unter-Unterkommissionen« befaßt, nämlich eine Unterkommission der Theologi-

schen Kommission und eine Unterkommission für die »Zeichen der Zeit«.
e) Hinzu kamen noch Redaktionskomitees und an Sitzungstagen zuweilen Kleinstgruppen oft nur für einen einzigen Abschnitt. Hauptfiguren – und damit auch Haupt-Leidtragende der Textgeschichte – waren der Bischof Gérard Philips von Löwen, wohl der wichtigste Mann als Theologe, Latinist und wegen seiner guten Kontakte zu den entscheidenden Leuten, von denen das Schicksal der Vorlage abhing. Der andere besessene Kleinarbeiter neben Philips war der französische Kanoniker Haubtmann. Und schließlich der schon genannte Prälat Charles Moeller aus Belgien. Die Namen der drei Hauptverantwortlichen des Textes bürgen dafür, daß dieser gar nicht anders als im Geist der französischen Theologie der Vorkonzilszeit entstehen konnte. Das war gut so, denn so konnte auch später die Kritik aus der nicht-französischen, zumal der deutschen Theologie klare Konturen gewinnen, was wiederum dem endgültigen Text guttat.
Die Arbeit war vor allem in der Schlußphase oft Nachtarbeit. Was frühmorgens in der Vatikanischen Druckerei abgeliefert werden mußte, wurde nicht selten erst nachts um 2.30 Uhr fertig!

2. Die Textvorlagen

Die schließlich verabschiedete Textvorlage war die sechste. Von Text 1 war schon die Rede. Text 2 versuchte möglichst viel von Text 1 zu übernehmen. Man befürchtete nämlich, das Konzil werde nur kurz sein, und später, die dritte Tagungsperiode werde die letzte sein. So fühlte man sich permanent unter Zeitdruck.
Text 2 erlebte im Lauf der Arbeit fünf Neufassungen. Ein Zwischentext a wurde in Mecheln, also in der belgischen Heimat der wichtigsten Redaktoren erarbeitet – und blieb ohne Einfluß. Ein Zwischentext b wurde im Februar 1964 in Zürich erstellt – und war schon bedeutsamer. Erneut in Zürich wurde daraus im April 1964 Text 3. Dessen Gewicht ist beträchtlich, weil einerseits inzwischen Laien zu den Beratungen hinzugezogen waren und weil anderseits Kontakte mit dem Ökumenischen Rat der Kirchen sich auszuwirken begannen.
Nach Text 3 gab es kein Zurück mehr hinter den Abschied von der naturrechtlichen Argumentation, hinter die Entschlossenheit zu einer bibelnahen Sprache, hinter den Gedanken der Herrschaft Christi als Komplementärgedanken zum Menschen als »Ebenbild Gottes«. Dieser Text 3 wurde, wovon gleich noch zu reden ist, auf der dritten Tagungsperiode im Herbst 1964 beraten.

Die Beratungsergebnisse flossen ein in Text 4, erarbeitet im Februar 1965 in Ariccia in den Albaner Bergen südlich von Rom – in Sichtweite des päpstlichen Sommersitzes Castel Gandolfo. Der Entwurf wurde den Vätern zugestellt, und erwartungsgemäß ging wieder vor der vierten Tagungsperiode allerlei Kritik ein. Deren Einarbeitung führte zu Text 5, der dann dem wieder zusammentretenden Konzil vorgelegt wurde.
Die erneute konziliare Debatte ergab schließlich Text 6, der am 7. Dezember 1965, einen Tag vor dem offiziellen Schluß des Konzils, feierlich verabschiedet und veröffentlicht wurde.
Die entscheidende Arbeitsphase – unschwer zu erraten – war der Schritt von Text 3 zu Text 4, also die Einarbeitung der Voten, die auf der ersten Beratung des Konzils über die Vorlage während der dritten Tagungsperiode vorgetragen wurden. Danach ging es noch um viele strittige Einzelheiten, aber der Grundriß stand nun.

3. Eine Initiative aus dem Ökumenischen Rat der Kirchen

Wir erwähnten die Kontakte zum Ökumenischen Rat in Genf seit der Zusammenkunft in Zürich im April 1964. Das ist nun noch einmal genauer nachzutragen. Der äußere Vorgang, der diese Kontakte und ihre Auswirkungen auf die werdende Pastoralkonstitution einläutete, ist uns schon bekannt: Es ist der Brief des Generalsekeretärs der Kommission für »Faith and Order«, Lukas Vischer – der übrigens dieses Amt bis 1982 bekleidete.[13] In diesem Brief, den Vischer, mit sympathischer Frechheit alle Dienstwege umgehend, an den Bischof Guano richtete, beschrieb er also, wie »Faith and Order« ein »Schema über die heutige Welt« angehen würde, wenn man ein solches von dieser Kommission verlangte. Und in der Tat, so berichtete der Brief, ließ der Ökumenische Rat der Kirchen seit 1956 eine Studie anfertigen mit dem Titel: »Die Herrschaft Christi über die Kirche und über die Welt«. Vischer legte auch gleich fünf Anlagen bei: 1. einen Text mit einer die Stellungnahme der Kommission für »Faith and Order« zur Frage der Abrüstung; 2. den Teil des Berichtes der zweiten Vollversammlung des Ökumenischen Rates der Kirchen in Evanston (1954), der die christliche Hoffnung in der heutigen Welt betrifft; 3. den Bericht von Evanston über die Beziehungen unter den Völkern; 4. den einschlägigen Bericht über die Entwicklungsländer; und 5. den Bericht über die Frage der Religionsfreiheit. In seinem Schreiben kritisierte Vischer den Begriff des Naturrechtes – Zentralbegriff und Argumentationsmuster aller bisherigen Entwürfe, wie jeder wußte – und setzte das Handeln des Christen mit der Auferstehung Jesu in Beziehung. Das

Bekenntnis zur Auferstehung sei aber das einigende Band zwischen den Christen, und darauf beruhe auch der Unterschied zu den Nicht-Christen. Der Brief schließt mit einigen Wünschen: praktische Zusammenarbeit mit den Katholiken, etwa in der Flüchtlingsfrage; Herausstellung der »verantworteten Elternschaft«, im Klartext: Familienplanung und Geburtenregelung – offenbar eine dezente Erinnerung an die Lambeth-Konferenz 1927, auf die 1931 Pius XI. mit der Ehe-Enzyklika *Casti connubii* (etwa: »Ehe in Keuschheit«) antwortete; und schließlich mit dem Wunsch nach einem Kapitel über die Religionsfreiheit. Unter den Empfängern der Kopien, die Bischof Guano anfertigen ließ und privat verteilte, war auch Kardinal Suenens, im Bunde mit Johannes XXIII. von Anfang an der Promotor der Idee einer Pastoralkonstitution.

Das Datum dieses Briefes, der 18. April 1963, ist der Beginn einer ökumenischen Zusammenarbeit, die nach dem Urteil von Charles Moeller immer noch intensiver hätte sein können und doch hinreichend Spuren in der Konstitution hinterlassen hat.[14] Es sind deutlich *reformierte*, nicht lutherische Spuren – die Stichworte »Herrschaft Christi« sowie die Betonung der Auferweckung Jesu als gemeinsamer christlicher Argumentationsbasis machen es deutlich. Lukas Vischer gehört der reformierten Kirche an. Aber auch die lutherischen Christen können das tatsächlich Erreichte nur begrüßen. Vor allem die fast vollständige, im ersten Teil sogar gänzliche Zurückdrängung der naturrechtlichen Argumentation. Das war zwar schon in der Diskussion auf der ersten Tagungsperiode in Gang gekommen – aber erst die ökumenische Intervention machte diese Tendenz unumkehrbar.

Vischers Brief hatte noch keinen Einfluß auf die Erstellung von Text 2 und den Zwischentext a – beide Fassungen kamen ja zur Zeit des Briefes gerade zum Abschluß. Der Einfluß begann aber schon mit Zwischentext b vom Februar 1964. Denn unmittelbar vor den Beratungen in Zürich (1.–3. Februar) hatten Bischof Guano, Charles Moeller und Bernhard Häring ein langes Gespräch mit Vischer, notierten sich seine Kritik an dem in Zürich zur Beratung anstehenden Entwurf und brachten sie in die Diskussion ein. Im Text 3 (Zürich, April 1964) war der Einfluß des Gespräches mit Vischer dann klar zu erkennen. Ihm verdankt sich der von da an durchgehaltene *österliche* Aspekt der »Herrschaft Christi«. Aber dem Ostertag der Konstitution ging trotzdem noch mancher Kartag voraus, denn auch der Gesprächsbeitrag des Ökumenischen Rates war kein Zauberstab, mit dem man sowohl die binnenkirchlich hausgemachten als auch die aus der Sache, dem Verhältnis von Kirche und Welt herrührenden Problemknoten mühelos und rasch hätte entwirren können.

4. Problemknotenpunkte

a) Da war zunächst der Zusammenhang mit der Kirchenkonstitution, die gleichzeitig entstand und als deren Konkretisierung die ganze Pastoralkonstitution ja ursprünglich einmal beabsichtigt war. Wie kann man die *Verbindung zwischen den dogmatischen Aussagen und den konkreten – und darum provisorischen – Aussagen* herstellen? Beide dürfen nicht einfach nebeneinander stehen, anderseits können die konkreten Weisungen bezüglich der heutigen Welt nicht einfach als Schlußfolgerungen aus den dogmatischen Aussagen formuliert werden, denn dann würden sie, wenn auch etwas abgeschwächt, deren Anspruch auf dogmatische Verbindlichkeit teilen. Sollen sie das nicht, wie können sie anders zu den dogmatischen Aussagen in Beziehung gesetzt werden?

b) Die Hinwendung zur Welt auf der Grundlage wissenschaftlicher Analysen begegnete von vornherein einem fundamentalen Verdacht: Wollen die Promotoren der Pastoralkonstitution etwa *einen innerweltlichen Fortschrittsoptimismus theologisch überhöhen?* Dieser Verdacht machte sich vor allem an dem starken Einfluß der französischen Theologie auf das werdende Dokument fest. Die deutschen Bischöfe waren eher restriktiv, und die deutschen Konzilstheologen waren zwar angemessen in den Gremien repräsentiert, aber nicht federführend und ebenfalls sehr mißtrauisch. Man darf nicht vergessen: Es war ja die große Zeit, in der sich seit dem Pontifikatswechsel von Pius XII. zu Johannes XXIII. der Optimismus, die Kirche müsse nicht nur, sondern könne sich auch mit der modernen Welt versöhnen, vor allem in der französischen Theologie und von ihr her in der Kirche Bahn gebrochen hatte. Stichworte sind: die »Arbeiterpriester«, deren Verbot Johannes XXIII. als Pariser Nuntius ohnmächtig zusehen mußte und die er nun wieder erlaubte; die sogenannte »Action catholique«, ein großangelegter Versuch, missionarische Kirche in der säkularen Gesellschaft zu leben; der spezifische »Durchdringungsstil« der französischen Seelsorge, der, gegebenenfalls auf Kosten der territorial organisierten Pfarrseelsorge, die Theologen und Priester in die verschiedenen »Szenen« schickte; der Dialog zwischen Theologie und Marxismus, der bekanntlich in Frankreich in Gang kam und von dort auf Deutschland und im Rahmen des Möglichen auch auf Osteuropa übergriff; der Dialog zwischen Theologie und Naturwissenschaft, in Deutschland vor allem in der sogenannten »Paulus-Gesellschaft« organisiert usw. Und dies alles spielte sich vor dem Hintergrund der Erinnerung ab, daß der Satz, die Kirche müsse sich mit der modernen Welt versöhnen, in dem berüchtigten *Syllabus* Pius' IX. (1864) und ebenso im *Sylla-*

bus des Papstes Pius X. (1907) formell zurückgewiesen worden ist[15] – im letzteren Fall mit der ausdrücklichen Begründung, das laufe auf einen »weiten und liberalen Protestantismus« hinaus. Der Grundverdacht einer allzu unkritischen Euphorie gegenüber der »modernen Welt« lag nur zu nahe. Wer den neuen »Welt«-Optimismus trotzdem für begründet hielt, konnte dem Verdacht nur entgehen, wer ihn für überzogen hielt, konnte die rechte Balance nur wiederherstellen, indem er ebenso nachdrücklich auch auf die Doppelbödigkeit dieser »modernen Welt«, auf ihre Unheilsdimensionen hinwies, ohne dabei das Anliegen, altes Mißtrauen und alte Angst zu überwinden, aufzugeben. Im Endergebnis ist dies in einer solch überzeugenden Weise geglückt – von wenigen Ausnahmen abgesehen –, daß der immer noch erhobene Vorwurf des sich an den Zeitgeist anbiedernden Fortschrittsoptimismus sachlich haltlos ist.

c) Ein weiterer Problemknotenpunkt war die Frage, *was man im einzelnen aufgreifen solle*. Es fiel ja schon das Scherzwort von der »Arche Noah«. Wenn schon über die Welt von heute geredet werden sollte, so kamen denn auch erwartungsgemäß aus allen Ecken dieser Welt Wünsche um Stellungnahmen. Im Verlauf der Textgeschichte ist denn auch einiges draufgesattelt worden, anderes, wie das Problem der Religionsfreiheit, wurde zu einem eigenen Text ausgestaltet. Im Endergebnis blieb es im wesentlichen bei den Punkten, die Johannes XXIII. in der Eröffnungsansprache genannt hatte und die auf Kardinal Suenens zurückgingen. Dieser Themenkatalog als solcher festigte sich deshalb ziemlich konfliktfrei, weil es zugleich »klassische« Themen der kirchlichen Soziallehre sind: Ehe und Familie, Wirtschaft, Krieg und Frieden, Staat, internationale Ordnung. Originell ist nur das eigene Kapitel, das verschiedene Bemühungen wissenschaftlicher und künstlerischer Art unter dem Oberbegriff »Kultur« zuammenfaßt (zweiter Teil, 2. Kapitel).

d) Besonders schwierig war *die Frage des Stils.* Jeder Leserin und jedem Leser der Konstitution fällt selbst in der Übersetzung sofort der andere Ton der Formulierungen auf. Es ist nicht nur die Vermeidung neuscholastischer Begriffssprache – das gilt ja weithin auch für die anderen Dokumente. Es ist auch nicht nur der vertrautere Klang moderner allgemeinverständlicher wissenschaftlicher Darstellungen, denn der beschränkt sich ja auf die beschreibenden Teile. Das eigentlich Eindrucksvolle ist, daß die theologischen Aussagen damit stilistisch bruchlos harmonieren – was kaum der Fall wäre, wenn man einmal das Experiment macht, ein Textstück aus der Kirchenkonstitution in die Pastoralkonstitution einzuführen. Der Stil muß also hier mit der Sache der Pastoralkonstitution selbst zusammenhängen. Er ergibt sich daraus, daß man sich ursprünglich ausdrücklich (auch) an die Nicht-Christen wenden wollte und später auch an die Glieder der Kirche, sofern sie mit den Nicht-Christen zusammen in gemeinsamen Lebenszusammenhängen wirken und mit ihnen die »Welt« bilden. Damit scheidet nicht nur jede theologische Fachsprache, sondern überhaupt jede Insidersprache aus, bis auf das unverzichtbare Minimum, das man braucht, wenn man überhaupt aus der Sicht des Glaubens redet. In den Diskussionen um die Textfassung wurde einmal sogar der seltsame Vorschlag gemacht, auf wörtliche Bibelzitate zu verzichten und die Bibel nur sinngemäß heranzuziehen – weil die Nicht-Christen mit Bibeltexten ja nichts anfangen könnten. So rigoros ist man dann doch nicht gewesen – aber der Vorschlag zeigt den geradezu pedantischen Willen, sich wirklich einer Welt verständlich zu machen, die den kirchlichen »Jargon« nicht beherrscht. Wobei ja nicht nur an die zu denken ist, die ihn *nicht mehr* verstehen, aber doch noch Assoziationen damit verbinden, wie im neuheidnischen Europa, sondern auch an die, die ihn *noch nie* beherrscht haben. Man stelle sich einmal vor, ein hinduistisches Konzil würde an unsere Adresse eine »Konstitution über den Hinduismus in der Welt von heute« erarbeiten ...

Es geht aber beim Stil nicht nur um eine missionarische Methode. Hauptgrund für den »neuen Ton« ist die Selbstzurücknahme der Kirche gegenüber der Welt in den Dingen, die das weltliche Leben betreffen, und wo die Kirche bisher immer nur in der Attitüde derer aufgetreten ist, die »Bescheid wissen« und »etwas zu geben« haben. Im einzelnen soll das später noch deutlich werden. Nur: *wenn* man sich zurücknimmt, dann wird ganz von selbst der Stil bescheidener, »demütiger«, fragender und weniger pathetisch werden. Da nun diejenigen den Text gemacht haben, die diese Haltung schon seit langem praktizierten, ist es erklärlich, warum dieser neue Ton so relativ problemlos getroffen wurde. Selbst da, wo man auf Druck der Interventionen wieder Aussagen des alten Stils in den Text hineinschrieb, klingt es jetzt anders, vor allem im Kontext.

Außerdem hatten die Verfasser und die sie unterstützenden Konzilsväter inzwischen ein großes Vorbild in der Enzyklika *Pacem in terris* von Johannes XXIII. Der Papst wußte im Frühjahr 1963, daß seine Tage gezählt waren.[16] Die Enzyklika war sein Herzensanliegen. Er hat seine letzten Kräfte aufgeboten, um *diese* Enzyklika noch vor seinem Tode herauszubringen. Und sie ist nun ganz in diesem »neuen« Stil geschrieben – mit der Folge einer vorübergehenden Lähmung der Verfasser der Pastoralkonstitution als Folge. Bis in den Stil hinein zeigt sich also, wie es Johannes gelungen ist, seine Gegner auf dem Konzil buchstäblich auszutricksen: mit der einmaligen Mischung aus konservativem Vertrauen auf die Effizienz seines Amtes, Gesprächsoffenheit und italienischer Schlitzohrigkeit, die ihm eigen war. Er konnte sich ausrechnen, daß mit dieser Enzyklika im Rücken die Mehrheit auf dem Konzil die Minderheit mit dem Hinweis auf die Autorität des Papstes überrunden konnte. Nicht umsonst wird *Pacem in terris* so oft in der Pastoralkonstitution zitiert. Es war freilich auch außerordentlich erleichternd, daß auf dem Höhepunkt der Auseinandersetzungen der Nachfolger Paul VI. noch einmal mit einer Enzyklika, mit *Ecclesiam suam* indirekt eingriff. Daß auch der neue Papst hinter der Pastoralkonstitution stand, machte in der Tat jeden Widerstand aussichtslos. Damit sind wir aber beim nächsten Punkt der Textgeschichte:

5. Die beiden Plenardebatten

In der dritten Tagungsperiode (Herbst 1964) wurde also Text 3, der zweite Text von Zürich, vorgelegt und diskutiert. Die leidenschaftliche Diskussion kreiste vor allem um vier Punkte, die in der Tat von Gewicht waren und dank der hohen Qualität der Voten zu wesentlichen Verbesserungen des Textes führten:

a) *Thema Atheismus*. Dieses Thema wurde vermißt. Die Debatte führte zu den drei ausführlichen Artikeln darüber, die in der Tat in einem Konzilstext redlicher nicht sein könnten.

b) *Warum redet die Kirche überhaupt von irdischen Dingen?* Schon in der allgemeinen Debatte über das Schema hatte Kardinal Meyer, der Erzbischof von Chicago, die wegweisende Antwort gegeben:

»Die Gemeinschaft der Erlösung bildet das Band zwischen Kirche und Welt. Gott bietet seine Herrlichkeit dem ganzen Menschen, Leib und Seele, und der ganzen geschaffenen Welt. Der Sohn hat eine kosmische Mission, denn so hat es, wie der heilige Paulus sagt, dem Vater gefallen, alles in seinem Sohn zu versöhnen. Dieses Werk wird erst am Ende der Zeiten durch die Auferstehung des Leibes und die geheimnisvolle Verwandlung der Welt vollendet. Es wird, so sagt die Schrift, einen neuen Himmel und eine neue Erde geben. Diese Umbildung beginnt schon in der Arbeit des Menschen in der Welt. Diese Arbeit ist daher nichts bloß Profanes. Ebenso ist das Schicksal der Welt nicht nur kontingent, es entspricht einem Plan zur Erlösung von seiten Gottes.«[17]

c) Auf den beiden anderen Problemfeldern: *Person und Familie; Kultur, Entwicklung, Frieden und Atomwaffen* (»wissenschaftliche Waffen« sagt der Text später beharrlich, als ob heute »konventionelle« Waffen nicht auch längst »wissenschaftliche Waffen« wären!), geriet man selbstverständlich aneinander. Bemerkenswert war die Offenheit der Diskussion, die man angesichts einer scheinbar durch vorausgehende Papst-Enzykliken völlig geklärten Position dennoch mit großem Freimut führte.

Es gab in dieser Diskussion noch eine schnelle, trickreiche Reaktion, die vermerkt zu werden verdient. Einige Bischöfe sagten, halb verwirrt, halb anerkennend, die »Anhangskapitel« (so hieß der zweite Teil der Pastoralkonstitution zu dieser Zeit immer noch) enthielten zu einer Reihe von Punkten präzisere und besser ausgearbeitete Aussagen als die »konziliare Konstitution« (erster Teil). Die Anwälte des Textes nutzten die Gunst der Stunde sofort und erreichten die Wiederaufnahme der »Anhangskapitel« in den Text der »konziliaren Konstitution«. Im Grunde retteten sie damit die Pastoralkonstitution überhaupt – denn von nun an, trotz neu auftauchender Probleme, wurde das Projekt einer einheitlichen Konstitution mit zwei Teilen, aber *ohne* Anhänge, nicht wieder aufgegeben.

Aufgrund der Diskussion wurde, wie schon vermerkt, Text 4 erstellt, aufgrund der schriftlich eingegangenen Voten der Bischöfe dann Text 5, der zur vierten Tagungsperiode vorlag. Wieder gab es eine heiße Diskussion. Diesmal waren die Deutschen Wortführer der Kritik. Als hilfreich erwies sich, daß Bischof Elchinger von Straßburg schon vor dem Debattenbeginn, am 17. September 1965 eine Zusammenkunft vorwiegend der deutschen und französischen Wortführer der Debatte organisierte. Die zu erwartende Kritik wurde dort vorbesprochen, es wurde ein Verfahren des Umgangs mit dieser Kritik vereinbart, so daß in der Debatte alles schneller ging. Die Hauptkritikpunkte der Deutschen zeigen bei aller ausgezeichneten Zusammenarbeit zugleich den Mentalitätsunterschied und den unterschiedlichen kulturellen Kontext, aus denen heraus man an die Thematik heranging.

Die Kritik konzentrierte sich vor allem auf den ersten Teil. In ihr, wendet man ein, kommt die Geschichtlichkeit des Menschen zu kurz, die Aussagen seien »zu statisch«. Die Glaubenswahrheit von der Sünde ist ungenügend einbezogen. Es fehlt der Aspekt der Kreuzestheologie und der eschatologischen Spannung zwischen dieser und der kommenden Welt bzw. dieser Aspekt sei unterbelichtet. Es fallen kritische Stichworte wie: Naturalismus, Optimismus, Simplifizierung mancher Probleme. Es werde nicht hinreichend klar, worin denn der besondere Beitrag des Glaubens zur Weltbegegnung des Menschen bestehe und was er ihr hinzufüge; auch wird nicht genügend unterschieden, was Aufgabe der Kirche durch ihr hierarchisches Leitungsamt und was Aufgabe der Kirche durch die Gläubigen sei, und überhaupt, wo die Grenze zwischen verbindlicher Norm und überholbarer Weisung verlaufe. Außerdem sei der ökumenische Aspekt zu schwach zum Tragen gekommen. Der Stil des Textes nehme immer noch nicht genügend Rücksicht auf die Nicht-Gläubigen. Und schließlich solle der Text seine eigene Unvollkommenheit selber eingestehen: Es müsse klargestellt werden, was die Kirche *thetice*, also »als verbindliche Aussage« vorlege, und was sie im Sinne einer Weisung empfehle (so Karl Rahner bei der genannten Zusammenkunft). Man sieht, radikaler konnte man die schon geleistete mühselige Arbeit nicht in Frage stellen. Aber das schlug keine Wunden. Die französischen Teilnehmer – vor allem Jean Daniélou, Yves Congar und Gérard Philips – konnten manches zur Verteidigung sagen, aber sie nahmen die Kritik ernst, und im endgültigen Text kann man Punkt für Punkt die Auswirkungen der Kritik und ihrer Beherzigung beobachten. Es kam zu einer entscheidenden Verabredung: Man wollte sich dafür einsetzen, daß der Text als Grundlage akzeptiert würde, aber man wollte ihn verbessern. Deshalb sollten in den zehn Unterkommissionen, die für die Verbesserung des Textes bald darauf gewählt wurden, jeweils auch Vertreter der »Opposition« zu Text 4 sitzen – im Klartext: vorwiegend deutsche Bischöfe und Theologen. Zum glücklichen Ergebnis schreibt Charles Moeller in seinem Kommentar:

»Das Resultat dieser Entscheidung war, daß der Text noch einmal *ziemlich tiefgreifend verändert* wurde – das Kapitel III des ersten Teils wurde zum Beispiel fast gänzlich neu gefaßt –, daß aber die Version, die den Vätern vor der endgültigen Promulgation zur Abstimmung vorgelegt werden sollte, künftig den *Konsensus* der zwei Haupttendenzen darstellte, die sich von Beginn der Arbeit am Schema XIII an gegenübergestanden hatten: der Aspekt einer konkreten Betrachtungsweise, im Zeichen eines gewissen grundsätzlichen ›Optimismus‹, und der dialektische, paradoxale Aspekt, im Zeichen eins Beharrens auf der Polyvalenz dieses Universums, in dem die Kirche lebt.
Diese wenig bekannte Episode wurde so detailliert dargestellt, weil sie, wie gesagt, eine so große Bedeutung hat. Sie war in der Tat dafür bestimmend, daß alle Überarbeitungen während der letzten beiden Etappen im Zeichen einer *Ausgewogenheit* eines *Spannungsverhältnisses* zwischen den beiden Betrachtungsweisen des Problems stattfand. Zugleich sollten auch die Beobachter ihre Kritik und ihre Bemerkungen zum Text äußern: darauf wurden zwei Sitzungen, am 21. und 28. 11., verwandt.
Der endgültige Text verlor dadurch zweifellos ein wenig seine Homogenität, seine kontinuierliche und fortschreitende Bewegung, um einer kontrastreicheren Darstellung Platz zu machen. Er gewann aber an Reichhaltigkeit und Komplexität. Mit einem Wort: er gewann eine *dialektischere* Dimension, die in dem erwähnten Mechelner Schema (Zwischentext a) enthalten, aus den späteren Versionen jedoch praktisch verschwunden war.«[18]

Nun begann tatsächlich die Phase der Nachtarbeit. Weil es einen konkreten Einblick in die Arbeit des Konzils gibt, das sich inzwi-

schen zusammengefunden hatte, verliere ich noch einige Bemerkungen darüber. General- und Einzeldebatte über Text 5 – wie erinnerlich: der aufgrund der zwischenzeitlich eingereichten Abänderungsvorschläge neu redigierte Text aus der dritten Tagungsperiode – dauerten vom 21. September bis 8. Oktober 1965. Das Ergebnis waren mündliche und schriftliche Anmerkungen (*Modi*) im Umfang von fast 500 Seiten mit einfachem Zeilenabstand! Die Bearbeitung war folgendermaßen organisiert: Alle Reden hielt man abschnittsweise auf Zetteln fest – es wurden etwa 3000! Sie wurden nach folgender Ordnung klassifiziert: allgemeine Bemerkungen zum Schema – Bemerkungen zu einem Kapitel – zu einem Artikel – zu einer Zeile – zu einem Wort. Dieses Verfahren hatte sich schon bei der Arbeit an der Kirchen- und an der Offenbarungskonstitution bewährt. Eine Mannschaft von zwölf Leuten, *periti* und ehrenamtliche Helfer (die oft am aktivsten waren) stellten in Tag- und Nachtarbeit die 3000 Zettel her, sie wurden fotokopiert und so den Präsidenten der zehn Unterkommissionen zur Verfügung gestellt – praktisch für jedes Kapitel eine Unterkommission. Schon am 17. Oktober – am 8. Oktober war die Debatte zu Ende gegangen – waren die ersten sechs Unterkommissionen mit der Arbeit fertig, am 20. Oktober auch die vier anderen. Vom 20. bis 30. Oktober beschäftigte sich die Vollversammlung der Gemischten Kommission in fünfzehn Sitzungen mit dem verbesserten Text (jetzt Text 6). Wieder gab es Verbesserungsvorschläge – die in den schon für die Vatikanische Druckerei »St. Martha« [!] bereitliegenden Text eingetragen werden mußten. Am 12. und 13. November konnte der verbesserte Text (151 Seiten) den Vätern übergeben werden. Schon am 15. November begannen Debatte und Abstimmungen. Auch die Väter waren also zur Nachtarbeit gezwungen – man lese einmal neben allem anderen, was man zu tun hat, in zwei Tagen 151 Seiten und mache sich auch noch Notizen für Verbesserungen! Der ganze Vorgang führte zudem noch zu einem kleinen Wunder: Der Text war kürzer geworden, 93 Artikel statt der ursprünglichen 106.
Bei den Abstimmungen erreichten die Gegenstimmen nie den Umfang von einem Drittel, was ja nach der Geschäftsordnung die Ablehnung bedeutet hätte. Das Schema war also endlich »durch«. Trotzdem gab es noch einmal insgesamt 20 000 *Modi* (in Worten: zwanzigtausend). Viele waren identisch, aber sie mußten alle wenigstens versuchsweise berücksichtigt werden. Die Abstimmung über die Einarbeitungsvorschläge (zwei Bände mit 256 bzw. 155 Seiten) fand vom 4. bis 6. Dezember statt. Besondere Diskussionen löste noch einmal der Titel »Pastoralkonstitution« aus. Ein Gegenvorschlag lautete: *Declaratio pastoralis*. Gegenargumente hin und

her waren wie gehabt. Der Titel »Pastoralkonstitution« wurde gerettet durch die unverrechenbare Vielfalt der Gegenvorschläge und der jeweiligen Argumente. »Pastoralkonstitution« erschien schließlich jedem als der immer noch exakteste Titel, gerade wegen seiner Paradoxie. »Man behielt also den Titel ›Constitutio pastoralis‹ für das Ganze bei ... Man verzichtete also auf das Wiederaufleben in extremis der allzu berühmten und fatalen Unterscheidung in ›konziliare Konstitution‹ und ›Anhangkapitel‹, von denen nicht einmal Gott selbst zu wissen schien, welcher Autorität sie sich hätten erfreuen dürfen.«[19]

In der 168. Generalkongregation – der letzten des Konzils – wurde über den gesamten Text abgestimmt: 2111 Ja-Stimmen, 251 Nein-Stimmen, 11 ungültige Stimmen. Den Sekt an der »Bar Jona« hatten die Schwerstarbeiter der Textgeschichte redlich verdient – ich weiß nicht, ob sie einen getrunken haben, aber verdient hatten sie ihn. Ihre Namen sind im Buch der Kirchengeschichte verzeichnet.[20] Am 7. Dezember 1965 fand die 9. öffentliche feierliche Sitzung mit Schlußabstimmung statt: 2309 Ja-Stimmen, nur noch 75 Nein-Stimmen und sieben ungültige.

»Durch 5 Phasen, in denen er ›gestorben‹ war, und 5 Phasen der Wiederauferstehung hindurch hatte der Text in seinem dogmatischen Teil eine unglaubliche Zahl von Hindernissen überwunden, die daraus resultierten, daß der Text völlig neu war, eine derartige Masse von verschiedenen Problemen beinhaltete und daß sich so viele Mitglieder an der Gemischten Kommission beteiligten. Lediglich die ›Anhangkapitel‹ hatten die Schlacht siegreich überstanden, das heißt unter Beibehaltung der Grundtendenz und eines wesentlichen Teils der Formulierung. Nach einer Periode der ›Finsternis‹, die zwei Texte lang andauerte (Mecheln und Zürich), während der sie von einer Stunde auf die andere in den Rang von ›Privattexten‹ degradiert wurden, waren sie wieder aufgetaucht, wurden wie eine Reihe von Waggons an den zur Abfahrt bereit stehenden ›dogmatischen Zug‹ angehängt, wobei auf jeder Station die Wagen umgestellt wurden! Man fragt sich, ob nicht gerade sie das Ihre dazu beigetragen haben, den Haupttext zu retten. Er wurde ›bescheidener‹, konkreter und schlichter. Jene wurden in das Dämmerlicht einer wichtigen Lehraussage, bisweilen sogar, wie bei der Ehe und bei der Kultur, in das helle Licht der Offenbarung erhoben.«[21]

V. SCHWERPUNKTE DER PASTORALKONSTITUTION – EXEMPLARISCH

Ich habe die Textgeschichte so ausführlich dargestellt, weil sie fast wichtiger ist als das Endprodukt selbst. Denn dieses ist ja sozusagen nur die »gefrorene« Auseinandersetzung. Die Öffnung der Kirche zur Welt vollzog sich *im* Vorgang der Arbeit an einem Text über die

Öffnung der Kirche zur Welt. In Abwandlung eines auf die Massenmedien bezogenen Slogans: »Das Medium ist die Botschaft«, könnte man sagen: Der Prozeß selbst ist das Ergebnis. Die Erarbeitung des Textes *ist* die Öffnung, sie legt nicht eine vorher schon erreichte Öffnung dar. Deshalb ist, ähnlich wie bei der Judenerklärung, der Text, gegen den Hintergrund der Textgeschichte gelesen, sofort verständlich. Ich gehe daher nur in exemplarischer Auswahl und eher stichwortartig auf einige entscheidende Aussagen der Konstitution ein und schließe sie ab mit einigen Hinweisen zur Gesamtwürdigung, die wie von selbst schon zum Bestandteil einer Gesamtwürdigung des Konzils im folgenden und abschließenden Kapitel werden.

1. Der Aufbau der Konstitution

Die Konstitution – der längste Text des Konzils – hat drei Teile, von denen allerdings der erste Teil – aus den schon genannten Gründen, nämlich um den provisorischen Charakter der Aussagen zu betonen und weil die Kirche *dafür* streng genommen nicht zuständig ist – nicht als eigener »Teil« bezeichnet wird, sondern nur als »Einführung«. Ihr Thema: die Situation des Menschen in der heutigen Welt. Dann folgt der nun so gezählte erste Teil: Die Kirche und die Berufung des Menschen (vier Kapitel), sodann der zweite Teil: Wichtige Einzelfragen, in fünf Kapiteln mit den Themen Ehe und Familie, Kultur, Wirtschaft, politische Gemeinschaft (Kirche und Staat), internationale Gemeinschaft. Jedes Kapitel in beiden Teilen ist nach folgendem Grundmuster aufgebaut: Situationsbeschreibung – Hervorhebung der Mehrdeutigkeit der Situation im Sinne von Errungenschaft und Gefahr (hier vor allem zeigen sich die Auswirkungen der Kritik der deutschen Theologie) – das Wort des Glaubens als Licht in der Situation und Orientierung zu ihrer Bewältigung (so im ersten Teil), beziehungsweise die Aufgaben und Möglichkeiten der Kirche in dem betreffenden Bereich (so im zweiten Teil). Von besonderer Bedeutung sind auch die je drei einleitenden und abschließenden Artikel, die den Stellenwert der Konstitution klar abstecken, positiv wie negativ:

Art. 1: Grund der Konstitution ist die Solidarität der Christen mit der gesamten Menschheit. Gleich der erste Satz schreibt es fest: »Freude und Hoffnung, Trauer und Angst der Menschen von heute, besonders der Armen und Bedrängten aller Art, sind auch Freude und Hoffnung, Trauer und Angst der Jünger Christi. Und es gibt nichts wahrhaft Menschliches, das nicht in ihren Herzen seinen Widerhall fände ... Darum erfährt diese Gemeinschaft sich mit der Menschheit und ihrer Geschichte wirklich engstens verbunden.«

Art. 2: Das Konzil spricht nicht nur die Christen, sondern alle Menschen an. »Daher wendet sich das Zweite Vatikanische Konzil nach einer tieferen Klärung des Geheimnisses der Kirche ohne Zaudern nicht mehr bloß an die Kinder der Kirche und an alle, die Christi Namen anrufen, sondern an alle Menschen schlechthin in der Absicht, allen darzulegen, wie es Gegenwart und Wirken der Kirche in der Welt von heute versteht.«

Art. 3: In der zweideutigen modernen Welt, in der Anlaß zu Bewunderung für die Leistungen menschlichen Könnens wie auch zur Angst vor den Entwicklungen der Welt ist, »bietet [das Konzil] der Menschheit die aufrichtige Mitarbeit der Kirche an zur Errichtung jener brüderlichen Gemeinschaft aller, die dieser [göttlichen] Berufung [des Menschen] entspricht. Dabei bestimmt die Kirche kein irdischer Machtwille, sondern nur dies eine: unter Führung des Geistes, des Trösters, das Werk Christi selbst weiterzuführen, der in die Welt kam, um der Wahrheit Zeugnis zu geben; zu retten, nicht zu richten; zu dienen, nicht sich bedienen zu lassen.«

Art. 91: Das Konzil weist ausdrücklich auf die Vorläufigkeit der Aussagen der Konstitution hin, soweit sie konkrete Urteile und Weisungen gibt – den Text haben wir schon zitiert.[22]

Art. 92: Noch einmal wird die Solidarität der Kirche mit allen Menschen und die Gemeinsamkeit der Christen als deren Zeichen unterstrichen.

Art. 93: Den Abschluß des Textes bildet die Mahnung an die Christen, dem Aufbau und der Vollendung der Welt als der Welt des Menschen zu dienen. »Die Christen können, eingedenk des Wortes des Herrn: ›Daran werden alle erkennen, daß ihr meine Jünger seid, wenn ihr einander liebt‹ (Joh 13,35), nichts sehnlicher wünschen, als den Menschen unserer Zeit immer großherziger und wirksamer zu dienen ... Der Vater will, daß wir in allen Menschen Christus als Bruder sehen und lieben in Wort und Tat und so der Wahrheit Zeugnis geben und anderen das Geheimnis der Liebe des himmlischen Vaters mitteilen. Auf diese Weise wird in den Menschen überall in der Welt eine lebendige Hoffnung erweckt, die eine Gabe des Heiligen Geistes ist, daß sie am Ende in Frieden und vollkommenem Glück aufgenommen werden in das Vaterland, das von der Herrlichkeit des Herrn erfüllt ist.«

2. Der Atheismus

Am Ende des ersten Kapitels über die Berufung des Menschen ist aufgrund der entsprechenden Interventionen in den Konzilberatungen der Abschnitt über den Atheismus eingefügt worden (Art. 19–21).[23] Das Thema war von »rechts« bis »links« besonders heftig umstritten. Die einen wollten den Atheismus schlicht verurteilen und die Möglichkeit des Gottesbeweises dogmatisieren – als Fortführung und Abschluß der Aussagen des Ersten Vatikanischen Konzils und der Ergebnisse des Modernistenstreites.[24] Auf der anderen Seite gab es die Tendenz, die Auseinandersetzung offensiv und konstruktiv zu führen, und zwar auch und besonders mit dem Atheismus in der Gestalt des Marxismus. Beide Tendenzen kamen

nicht zum Ziel, aber das Resultat der Kritik war dann doch einer der eindrucksvollsten Passagen der ganzen Konstitution.
a) Zunächst formuliert man ganz sachgemäß eine sehr differenzierte Sicht des Atheismus. Die die Atheisten »entschuldigenden« Momente werden offen genannt, vor allem der »erhebliche Anteil« der Gläubigen am Aufkommen des Atheismus als einer kritischen Reaktion auf die Religionen. Unter den wissenschaftlich-philosophischen Formen des Atheismus werden deutlich, wenn auch ohne Namensnennung, der sogenannte »Atheismus der Freiheit« im Sinne von Jean-Paul Sartre sowie der gesellschaftskritische Atheismus des Marxismus genannt.
b) Selbstverständlich wird der Atheismus verurteilt, und zwar als eine Theorie, »die der Vernunft und der allgemeinen menschlichen Erfahrung widersprechen und den Menschen seiner angeborenen Größe entfremden« (Art. 21). Konkret verurteilt wird jedoch nur derjenige Atheist, der gegen den Spruch seines Gewissens bei seinem Atheismus bleibt. Auf jeden Fall müsse die Kirche aber die Gründe für die Leugnung Gottes mehr als bisher prüfen.
c) Für den Umgang mit dem Atheismus und daher auch mit den Atheisten werden in Art. 21 drei bedeutsame Aussagen gemacht: Der Mensch kann die Frage, die er sich selbst ist und die nur Gott ihm ganz und sicher zu beantworten vermag, nicht verdrängen – vor allem nicht in den entscheidenden Situationen seines Lebens. Weiter: Heilmittel gegen den Atheismus ist nur eine situationsgerechte Darlegung der Lehre und ein überzeugendes Leben der Christen und der Kirche. Und schließlich: Glaubende und Nicht-Glaubende müssen beim Aufbau dieser Welt zusammenarbeiten. Dazu ist einerseits ein aufrichtiger Dialog nötig – anderseits aber die Handlungsfreiheit der Kirche, die nicht im Namen des Atheismus eingeschränkt werden darf. Karl Rahner und Herbert Vorgrimler beurteilen diesen Abschnitt mit Recht als ein würdiges Wort an die Atheisten, ohne Apologetik und Angst, aber auch ohne alle Kreuzzugsstimmung, aus der heraus manche Konzilsväter diesen Abschnitt noch gern formuliert hätten.[25]

3. Ehe und Familie

Das Kapitel über Ehe und Familie eröffnet den zweiten Teil der Konstitution, also den Teil mit den praktischen Überlegungen zu den Problemen der Gegenwart und ihrer Lösung. Zölibatäre Fixierung auf Probleme der Sexualethik? Die Presse hat damals solches geargwöhnt. Aber in der Gedankenführung der Konstitution ist der Einsatz bei diesem Thema logisch. Daß in diesem Kapitel die

Aspekte der Sexual*ethik* im Vordergrund stehen, liegt daran, daß die anderen Aspekte von Ehe und Familie in anderen Konzilstexten behandelt werden: Kirchenkonstitution Art. 11; 35; 41; Pastoralkonstitution Art. 12; 61; 67; 87; Dekret über das Laienapostolat Art. 10; 29; Dekret über die christliche Erziehung Art. 3; 6; 8. Außerdem stand das Konzil aufgrund der vorkonziliaren Diskussion unter großem Druck – die Diskussionen um die Vorlage sowie eine Denkschriftenflut zum Thema zu Händen der Konzilsväter zeigen es. Unter diesen Umständen ist zur Würdigung des endgültigen Textes auf folgendes hinzuweisen:
a) Gegen den erbitterten Widerstand der »Konservativen« rückt der Text deutlich ab von der rein juridischen Perspektive des »Vertrages«, wie sie in der nachtridentinischen Ehetheologie und im Eherecht aufgrund antireformatorischer Abgrenzungen selbstverständlich war.[26] Statt dessen steht die Darlegung unter der Leitperspektive des *Bundes*: »Die innige Gemeinschaft des Lebens und der Liebe in der Ehe, vom Schöpfer begründet und mit eigenen Gesetzen geschützt, wird durch den *Ehebund*, d.h. durch ein unwiderrufliches personales Einverständnis, gestiftet. So entsteht durch den personal freien Akt, in dem sich die Eheleute gegenseitig schenken und annehmen, eine nach göttlicher Ordnung feste Institution, und zwar auch gegenüber der Gesellschaft. Dieses heilige Band unterliegt im Hinblick auf das Wohl der Gatten und der Nachkommenschaft sowie auf das Wohl der Gesellschaft nicht mehr menschlicher Willkür. Gott selbst ist Urheber der Ehe« (Art. 48).
Damit ist endlich der personale Aspekt der Ehe beherrschend für die kirchliche Ehelehre. Das ist in der nachkonziliaren Theologie der Ehe nicht mehr aufgegeben worden und, wenn auch unter Abschwächungen, im neuen Eherecht grundlegend geblieben.[27] In diesem Bund geben die Ehegatten untereinander und gegenüber ihren Kindern die Liebe Gottes weiter, sie sind Mitwirkende der Liebe Gottes zu den Menschen und, wie der Text sehr schön sagt, »gleichsam Interpreten dieser Liebe« (Art. 50). Mit der traditionellen Sprache der Theologie spricht der Text von den »Gütern der Ehe« und nennt im weiteren Verlauf des Kapitels die eheliche Liebe und die Fruchtbarkeit. Auch das ist traditionell. Nur wird jetzt *ausdrücklich* keine Rangordnung vorgenommen, *faktisch* aber der Liebe zwischen Frau und Mann der Primat eingeräumt – und das alte dritte »Ehegut«, das »Heilmittel gegen die Begierlichkeit« (*remedium concupiscentiae*) gar nicht mehr erwähnt, obwohl man sich in einer Anmerkung zu Art. 48 ausdrücklich auf die einschlägigen Texte bei Augustinus und Thomas von Aquin beruft, die auch dieses dritte »Ehegut« betonen.

b) In Art. 49, der von der ehelichen Liebe als solcher handelt, wird die »sittliche Würde« des Ehevollzugs unterstrichen. Das erscheint sogar zahllosen Katholiken heute als selbstverständlich – hat aber hier dennoch seine Bedeutung sowohl im Blick auf immer noch nachwirkende Ängstlichkeit vieler und nicht nur älterer Katholiken, vor allem aber als (leider stillschweigende) Korrektur früherer Verteufelungen der Sexualität. Dazu nur dieser Hinweis zur Erinnerung: Es handelt sich um die Fernwirkung der augustinischen Auffassung, das erotische Verlangen als solches sei Folge der Erbsünde. Wenn das aber so ist, dann wäre auch noch in der Ehe die Betätigung der Sexualität eine Bekräftigung der Ursünde der Stammeltern. Darum ist im Mittelalter allen Ernstes die These vertreten worden, auch in der Ehe bedürfe die erotische Liebe, so wörtlich, einer »Entschuldigung«[28]. Erst Thomas von Aquin hat mit dieser Lehre ausdrücklich gebrochen, derzufolge ja die Ehe eine Art »legalisierte Unzucht« ist. Damit ist nun einerseits klar, warum das »Heilmittel gegen die Begierde« als ein »Ehegut« verstanden werden konnte und warum anderseits ein Konzil, das Hilfreiches zu Fragen von Ehe und Familie heute zu sagen beanspruchte, diese alte Lehre unmöglich wiederholen konnte. Nur: wo blieb in diesem Text die Entschuldigung der Kirche für all die Gewissensängste, die sie jahrhundertelang den Christen eingejagt hatte?[29]

c) In der empfindlichsten Frage, der nach einer möglichen Trennung von Ehevollzug und Zeugung von Nachkommenschaft, kommt das Konzil einen halben Schritt voran. Bedeutsam ist: Die innere Ausrichtung auf Nachkommenschaft kommt nach dem Konzilstext der Ehe und der ehelichen Liebe als solcher zu, nicht dem einzelnen Ehevollzug. Damit ist endlich kirchenamtlich eine These katholischer Moraltheologen aufgenommen worden, mit der diese seit den 20er Jahren sich beständig Konflikte eingehandelt hatten. Aber der Konzilstext ist eindeutig, wenn man, vor dem Hintergrund dieser Konflikte, darauf achtet, was er *nicht* sagt:

»Ehe und eheliche Liebe sind ihrem Wesen nach auf Zeugung und Erziehung von Nachkommenschaft ausgerichtet. Kinder sind gewiß die vorzüglichste Gabe für die Ehe [!] und tragen zum Wohl der Eltern selbst sehr viel bei ... Ohne Hintansetzung der übrigen Eheziele sind deshalb die echte Gestaltung der ehelichen Liebe und die ganze sich daraus ergebende Natur des Familienlebens dahin ausgerichtet, daß die Gatten von sich aus entschlossen bereit sind zur Mitwirkung mit der Liebe des Schöpfers und Erlösers, der durch sie seine eigene Familie immer mehr vergrößert und bereichert« (Art. 50).

Und schon vorher hatte es geheißen:

»Durch ihre natürliche Eigenart sind die Institutionen der Ehe und die eheliche Liebe [!] auf die Zeugung und Erziehung von Nachkommenschaft hingeordnet und finden darin gleichsam ihre Krönung. Darum gewähren sich Mann und Frau, die im Ehebund nicht mehr zwei sind, sondern ein Fleisch (Mt 19,6), in inniger Verbundenheit der Personen und ihres Tuns gegenseitige Hilfe und gegenseitigen Dienst und erfahren und vollziehen dadurch immer mehr und voller das eigentliche Wesen ihrer Einheit. Diese innige Vereinigung als gegenseitiges Sich-Schenken zweier Personen wie auch das Wohl der Kinder verlangen die unbedingte Treue der Gatten und fordern ihre unauflösliche Einheit« (Art. 48).

Es wird dann im Anschluß an den zuerst zitierten Text ein eindeutiges Plädoyer für Familienplanung vorgetragen, die diesbezüglichen ethischen Gesichtspunkte werden entfaltet. Zuständig sind die Eltern und letztlich sie allein. Die Ausführungen lesen sich auf den ersten Blick sehr restriktiv, vor allem der nicht fehlende Hinweis auf die Weisungskompetenz des Lehramtes. Aber es geht dabei nur um etwas eigentlich sehr Selbstverständliches: daß die Ehe nicht zum »Egoismus zu zweit« wird, den eine christliche Ehetheologie am Ende noch ideologisch überhöht.

d) Enttäuschend – vor allem auch im Blick auf die Folgezeit – bleibt, daß der Text die Frage der Methoden der Familienplanung umgeht unter Hinweis auf die Arbeit einer päpstlichen Kommission (Anm. 14 in Art. 51). Direkt verurteilt wird nur die Abtreibung. Ansonsten ist in Art. 47 nur summarisch von »unerlaubten Praktiken« die Rede. Das ist sehr vage – eine Kompromißformulierung. Ursprünglich wollte man »unerlaubte Techniken« sagen. Aber dann hätte man auch die moraltheologisch als bedenkenlos geltende »Technik« der Zeitwahl mitverurteilt. Darin zeigt sich eine bittere Ironie. Denn in der bald nach dem Konzil erneut heftigst aufbrechenden Diskussion um das kirchenamtliche Verbot sogenannter »künstlicher« Empfängnisverhütung[30] ist eines der hintergründigsten Argumente der Kritiker der päpstlichen Lehre die Aufforderung, die Gegenseite möge doch einmal darlegen, wieso die Zuhilfenahme medizinischer und anderer »künstlicher« Methoden der Empfängnisregelung »Technik« sei, die nur mit hohem technischem Raffinement durchführbare und somit hohe Rationalität erfordernde »Zeitwahl« dagegen nicht. Wenn schon überhaupt die menschliche Vernunft auch im Bereich der Sexualität den »Lauf der Natur« zu steuern befugt ist, dieser also nicht schlechterdings sozusagen »göttlichen Rechtes« sein kann, dann vermag die *Art* der technischen Methoden keinen ethischen Unterschied mehr begründen. Denen, die »unerlaubte *Techniken*« sagen wollten, ist hier also offensichtlich nicht ganz klar gewesen, wovon sie redeten.

Aber wie gesagt, das Konzil hat sich hier einer weitergehenden Aussage enthalten – enthalten müssen, weil der Papst sich diese Frage zur weiteren Prüfung vorbehalten hatte. Um so wichtiger ist allerdings, daß Art. 51 (am Anfang) die völlige geschlechtliche Enthaltsamkeit als Gefahr für die eheliche Verbundenheit und Treue ansieht:

»Das Konzil weiß, daß die Gatten in ihrem Bemühen, das Eheleben harmonisch zu gestalten, oft durch mancherlei Lebensbedingungen der heutigen Zeit eingeengt sind und sich in einer Lage befinden, in der die Zahl der Kinder – mindestens zeitweise – nicht vermehrt werden kann und der Vollzug treuer Liebe und die volle Lebensgemeinschaft nur schwer gewahrt werden können. Wo nämlich das intime eheliche Leben unterlassen wird, kann nicht selten die Treue als Ehegut in Gefahr geraten und das Kind als Ehegut in Mitleidenschaft gezogen werden; denn dann werden die Erziehung der Kinder und auch die tapfere Bereitschaft zu weiteren Kindern gefährdet.«

Und trotz der ausbleibenden genaueren Aussage zu den Methoden der Familienplanung nennt das Konzil einige Kriterien zur Gestaltung des Ehevollzugs, die der weiteren ethischen Diskussion in der Kirche offenen Raum lassen: Es kann keinen Widerspruch geben zwischen Gottes Schöpferwille zur Weitergabe des Lebens und echter ehelicher Liebe; der Ehevollzug muß wahrer Menschenwürde entsprechen; die geschlechtliche Anlage des Menschen überragt »in wunderbarer Weise« die Entsprechungen auf niedrigeren Stufen des Lebens; Kriterium kann nicht nur gute Absicht sein, sondern das Wesen der menschlichen Person und ihrer Akte selbst.

4. Kirche und Staat

Das 3. Kapitel über Fragen der Wirtschaft wäre eingehender Betrachtung wert. Ich übergehe es, weil es für unser Verstehen die größten Selbstverständlichkeiten enthält. Sie sind aber beachtenswert vor dem Hintergrund der bisherigen sogenannten »kirchlichen Soziallehre«, die das Privateigentum auch an Produktionsmitteln mehr oder weniger als nicht diskutablen Eckpfeiler betrachtete.[31] Im Text des Konzils ist der Primat der Arbeit und ihrer Bedeutung als Teil menschlicher Sinnfindung unverkennbar. Hier wirkt sich die Enzyklika *Mater et magistra* von Papst Johannes XXIII. aus – die ja mit den Enzykliken Johannes Pauls II. *Laborem exercens* und *Centesimus annus* zum Entsetzen aller konservativen Wirtschaftsethiker und Wirtschaftspolitiker ihre Fortführung fand. Aber der inzwischen berühmte, in mehrjähriger Arbeit entstandene Wirtschaftshirtenbrief der US-amerikanischen Bischöfe zeigt – ebenfalls zum Entsetzen aller konservativen Wirtschaftspolitiker –, daß hier ein weiteres Werk des Konzils neben der Liturgiereform wohl zu seinen dauerhaftesten gehört.[32] Übrigens ist dies ja auch unter »taktischen« Erwägungen nicht anders zu erwarten: Eine Kurie, die gegen die Befreiungstheologie agitiert und ihre bischöflichen und theologischen Wortführer auszuschalten sucht, muß eben dieser Befreiungstheologie das Thema der Armut und der wirtschaftlichen Ungerechtigkeit entreißen.

Wir lenken also gleich zu den Ausführungen des 4. Kapitels über »Das Leben der politischen Gemeinschaft« hinüber. Es enthält hochinteressante Ausführungen im Hinblick auf das Verhältnis von Kirche und Staat.

a) Die Bestimmung der Regierungsform bleibt im Rahmen der Wahrung des Gemeinwohls den Staatsbürgern überlassen (Art. 74, 3. Abschnitt). Dabei wird das Gemeinwohl ausdrücklich als »dynamisch verstanden« hingestellt (Art. 74, 4. Abschnitt). Es kann sich also auch wandeln, was zum Gemeinwohl gehört.

b) Ausdrücklich wird das Recht zum Widerstand festgestellt, wenn die politische Macht mißbraucht wird: »Wo jedoch die Staatsbürger von einer öffentlichen Gewalt, die ihre Zuständigkeit überschreitet, bedrückt werden, sollen sie sich nicht weigern, das zu tun, was das Gemeinwohl objektiv verlangt. Sie haben jedoch das Recht, ihre und ihrer Mitbürger Rechte gegen den Mißbrauch der staatlichen Autorität zu verteidigen, freilich innerhalb der Grenzen des Naturrechts und des Evangeliums« (Art. 74, 5. Abschnitt). Es fällt auf: Diese Bemerkung folgt einer ausdrücklichen Hervorhebung zur sittlichen Pflicht des Gehorsams gegenüber der legitim handelnden Staatsgewalt. Und weiterhin fällt auf: Der Widerstand wird mit dem Hinweis auf das Naturrecht »und das Evangelium« begründet. Wie sich beides zueinander verhält, wird nicht gesagt. Man kommt also offenbar doch im Konkreten nicht ganz ohne diesen Gedanken aus, den man ansonsten bewußt herausgehalten hat. Es sei denn, man ließe sich auf die Lehre von der »Königsherrschaft Christi« oder auf Luthers »Zwei-Reiche-Lehre« ein. Mit beiden kann man aber höchstens das Widerstandsrecht zugunsten *anderer* begründen, nie zu eigenen Gunsten. Das aber wollte das Konzil dennoch zulassen. So erinnert nur das verschämte »und das Evangelium« an das ökumenische Problem, das man hier zugedeckt hat.[33]

c) Am erstaunlichsten ist das klare und uneingeschränkte Lob der Demokratie als Staatsform. »In vollem [!] Einklang mit der menschlichen Natur steht die Entwicklung von rechtlichen und politischen

Strukturen, die ohne jede Diskriminierung allen Staatsbürgern immer mehr die tatsächliche Möglichkeit gibt, frei und aktiv teilzuhaben an der rechtlichen Grundlegung ihrer politischen Gemeinschaft, an der Leitung des politischen Geschehens, an der Festlegung des Betätigungsbereichs und des Zwecks der verschiedenen Institutionen und an der Wahl der Regierenden« (Art. 75, Anfang). Dafür kann man sich in der Anmerkung nicht nur auf die Enzyklika Johannes' XXIII. *Pacem in terris* berufen, sondern auch auf zwei Radiobotschaften Pius' XII. zu Weihnachten 1942 und 1944. Der Papst des Zweiten Weltkriegs, der ja nicht zuletzt auch ein Krieg zwischen den diktatorischen Systemen des Nationalsozialismus und des Sowjet-Kommunismus war, hat die Vorzüge eines demokratischen politischen Systems nicht mehr übersehen können. Der Konzilstext ist eine Absage an die katholische Staatsauffassung des 19. Jahrhunderts, die sich Staat wie Kirche nur hierarchisch strukturiert denken konnte, mit guter Nachbarschaft der Souveräne. Das Konzil bekräftigt von daher auch, daß es unter Christen verschiedene politische Meinungen geben kann. »Berechtigte Meinungsverschiedenheiten in Fragen der Ordnung irdischer Dinge sollen sie [die Christen] anerkennen, und die anderen, die als Einzelne oder kollektiv solche Meinungen anständig vertreten, sollen sie achten« (Art. 75, 5. Abschnitt). Dazu meint Herbert Vorgrimler: Das ist »eine klare Absage an die noch weit verbreitete, nicht sach-, sondern machtpolitisch orientierte und weltanschaulich verbrämte ›monolithische‹ Einmütigkeit der Katholiken in politischen Fragen«[34]. Auf die gleiche Achtung zielt aus umgekehrter Richtung die Bemerkung, in einer pluralistischen Gesellschaft sei zu unterscheiden zwischen dem, was die Christen in ihrem eigenen Namen tun und was sie zusammen mit ihren Hirten im Namen der Kirche tun. Auch dazu Vorgrimler: »Da die Kirche keiner Organisation verbieten kann, sich den Namen ›christlich‹ beizulegen, ist dieser Satz die einzig mögliche Form, in der sie die pluralistische Gesellschaft bitten kann, genau zu unterscheiden, was christlich ist und was nicht.«[35]

d) Es gibt ein mehr als eindeutiges Votum dafür, daß eine freundliche Trennung von Kirche und Staat nach angelsächsischem Muster nicht abzulehnen sei. Das wird durch den Hinweis verstärkt, daß die Kirche ihre Hoffnung nicht auf Privilegien seitens der staatlichen Autorität setzt und auch auf die Ausübung wohlerworbener Rechte verzichtet, »wenn feststeht, daß durch deren Inanspruchnahme die Lauterkeit ihres Zeugnisses in Frage gestellt wird« (Art. 76, 6. Abschnitt). Ob da nicht auch Konkordatsrechte unweigerlich mitgemeint sind? Die nachkonziliare Entwicklung hat dem nicht

standgehalten. Es sind munter neue Konkordate geschlossen worden, bei denen im Ergebnis der Staat doch Privilegien gab und die Kirche Hoffnungen daran knüpfte – vor allem auf Mitspracherechte im Bildungsbereich (von der Berufung von Theologieprofessoren bis zur Einstellung von Religionslehrerinnen und -lehrern). »Aber solange der Buchstabe des Konzils steht und sein Geist lebt, wird jede Scheinheiligkeit daran scheitern.«[36]
e) Das Entscheidende im Verhältnis zum Staat sieht der Konzilstext darin, daß die Kirche »Zeichen und Schutz der Transzendenz der menschlichen Person« sei (Art. 76, 2. Abschnitt). Im Klartext: Der Mensch gehört nicht dem Staat. Auf dieser Linie beansprucht die Kirche ein Wächteramt. Und das mit Recht! Sie »bewacht« dabei nicht den Staat oder die Politiker wie eine Art Verfassungsgericht, aber sie »bewacht« die Menschen durch das warnende und kritische Wort, wenn das politische System in den unantastbaren Raum ihrer Menschenwürde einzudringen versucht. Und dies kann bekanntlich nicht nur mit diktatorischer Gewalt geschehen. Um so mehr ist darauf zu achten, daß die vernünftige und fruchtbare Zusammenarbeit zwischen Kirche – genauer: zwischen kirchlicher Autorität – und Staat an der Unabhängigkeit und Freiheit zum jederzeitigen kritischen Wort ihre Grenze findet, koste es auch erleichternde Privilegien.

5. Krieg und Frieden

Das 5. Kapitel über Krieg und Frieden bildet das letzte Kapitel unter den hier behandelten Einzelfragen. Setzen wir ein mit ein paar markanten Zitaten:

»Der Friede besteht nicht darin, daß kein Krieg ist; er läßt sich auch nicht bloß durch das Gleichgewicht entgegengesetzter Kräfte sichern; er entspringt ferner nicht dem Machtgebot eines Starken; er heißt vielmehr mit Recht und eigentlich ein ›Werk der Gerechtigkeit‹ (Jes 32,17)« (Art. 78, Anfang).
»Obwohl die jüngsten Kriege unserer Welt ungeheuren materiellen und moralischen Schaden zugefügt haben, setzt der Krieg jedoch jeden Tag in irgendeinem Teil der Welt seine Verwüstungen fort. Es droht sogar beim Gebrauch wissenschaftlicher Waffen, gleich welcher Art, eine Barbarei der Kriegführung, die die Kämpfenden zu Grausamkeiten verleitet, die die vergangener Zeiten weit übersteigt« (Art. 79, Anfang).
»Handlungen, die in bewußtem Widerspruch zu ihnen [den allgemeinen Prinzipien des Völkerrechts] stehen, sind Verbrechen; ebenso Befehle, die solche Handlungen anordnen; auch die Berufung auf blinden Gehorsam kann den nicht entschuldigen, der sie ausführt« (Art. 79, 2. Abschnitt).
»Der Einsatz militärischer Mittel, um ein Volk rechtmäßig zu verteidigen,

hat jedoch nichts zu tun mit dem Bestreben, andere Nationen zu unterjochen. Das Kriegspotential legitimiert auch nicht jeden militärischen oder politischen Gebrauch. Auch wird nicht deshalb, weil ein Krieg unglücklicherweise ausgebrochen ist, damit nun jedes Kampfmittel zwischen den gegnerischen Parteien erlaubt« (Art. 79, 4. Abschnitt).

»Mit der Fortentwicklung wissenschaftlicher Waffen wachsen die Schrekken und die Verwerflichkeit des Krieges ins Unermeßliche. Die Anwendung solcher Waffen im Krieg vermag ungeheure und unkontrollierbare Zerstörungen auszulösen, die die Grenzen einer gerechten Verteidigung weit überschreiten« (Art. 80, Anfang).

»Jede Kriegshandlung, die auf die Vernichtung ganzer Städte oder weiter Gebiete und ihrer Bevölkerung unterschiedslos abstellt, ist ein Verbrechen gegen Gott und gegen den Menschen, das fest und entschieden zu verwerfen ist« (Art. 80, 4. Abschnitt).

»Täuschen wir uns nicht durch eine falsche Hoffnung! Wenn Feindschaft und Haß nicht aufgegeben werden, wenn es nicht zum Abschluß fester und ehrenhafter Verträge kommt, die für die Zukunft einen allgemeinen Frieden sichern, dann geht die Menschheit, die jetzt schon in Gefahr schwebt, trotz all ihrer bewunderungswürdigen Wissenschaft jener dunklen Stunde entgegen, wo sie keinen anderen Frieden mehr spürt als die schaurige Ruhe des Todes« (Art. 82, letzter Abschnitt).

Uns erscheinen solche Sätze trotz ihrer Eindringlichkeit fast schon selbstverständlich, ja gelegentlich eher noch als zu wenig entschieden. Doch ist eben dieses Gefühl – selbst unter Katholiken – eher schon ein Effekt des Konzils. Auf keinen kirchenamtlichen Text zur Friedensfrage können Katholiken, die keinen Krieg mehr unter irgendeiner Bedingung für ein Mittel der Politik halten, sich besser berufen als auf diesen ersten Teil des 5. Kapitels im zweiten Teil der Pastoralkonstitution. Um das zu begreifen, muß man sich die Ausgangslage vor Augen halten. Diese ist durch drei Komponenten gekennzeichnet.

a) *Die Theorie vom gerechten (Verteidigungs-)Krieg.* Im Jahrzehnt vor dem Konzil hatte diese Theorie nach jahrhundertelangen immer neuen Umbildungen, die jeweils auf die sich wandelnden Bedingungen und Formen der Kriegführung reagierten, etwa folgende Fassung[37]:

– Gerecht – das heißt als letztes Mittel (*ultima ratio*) der Politik zur Wahrung verletzten Rechtes – ist ausschließlich ein Krieg zur Verteidigung gegen einen militärischen Angriff. Angriffskriege scheiden auch dann aus, wenn sie tatsächlich zur Wiederherstellung verletzten Rechtes führen sollten.

– Die Bedingungen eines auf diese Weise gerechten Verteidigungskrieges sind: Er darf ausschließlich durch die Staatsführung erklärt und geführt werden (Gewaltmonopol des Staates nach außen, keine Privatkriege, etwa durch Freischärler); nur die kämpfende Truppe darf in die Kampfhandlungen verwickelt sein, das heißt die Zivilbevölkerung darf nicht einbezogen werden; der Krieg bzw. sein Erfolg muß kalkulierbar sein; das zu wahrende Rechtsgut darf nicht durch die Kriegsereignisse selber zerstört werden.

– Als alleräußersten Fall notwendiger Verteidigung ist auch der Einsatz von Atomwaffen (auf dem *damaligen* technischen Stand) verantwortbar, falls dadurch ein in Gang befindlicher Krieg – d.h. immer: ein Verteidigungskrieg – schneller beendet werden kann. Das makabre Musterbeispiel dafür ist der Einsatz der beiden Atombomben auf Hiroshima und Nagasaki im August 1945, der ja flagrant der Regel zuwiderlief, daß die Zivilbevölkerung verschont bleiben muß. Aber die amerikanische Führung stand damals nachweislich vor der Entscheidungsfrage, auf diese Weise den Krieg sofort zu beenden, wie es dann ja auch geschah, oder ihn noch unabsehbar lange weiterzuführen und dafür den sicher kalkulierbaren Tod von 180 000 amerikanischen Soldaten in Kauf zu nehmen.

Auf der Basis dieser Theorie hatten die deutschen Bischöfe immerhin noch 1956 in einem Hirtenbrief verlautbart, eine Wehrdienstverweigerung in einem solchermaßen »gerechten« Krieg sei für Katholiken ethisch nicht erlaubt.

b) Unmittelbar nach Eröffnung des Konzils, im Oktober 1962, brachte die Kuba-Krise die Welt an den Rand eines Atomkrieges, der nicht zuletzt durch die hilfreiche Intervention Johannes' XXIII. bei den Führern der beiden Großmächte in letzter Minute vermieden werden konnte.[38] Zur Erinnerung: Amerikanische Luftaufklärung hatte unzweideutige Fotos vorgelegt von sowjetischen Schiffen, die Raketen zur Installation auf Kuba transportierten. Kennedy telefonierte mit Chruschtschow und drohte mit Atombomben auf Moskau – die B-52-Bomber mit der Atomfracht waren während des Kalten Krieges permanent in der Luft. Chruschtschow, der Kennedy bei seinem ersten Wiener Treffen mit ihm offenbar falsch eingeschätzt hatte, besann sich in letzter Minute, gab Befehl zum Rückzug der Schiffe und ließ sich in der sowjetischen Öffentlichkeit als Retter des Friedens feiern. Kein Wunder, daß eine Reihe amerikanischer Bischöfe eine kirchenamtliche Verurteilung der Abschreckungsdoktrin angesichts dieses »Erfolges« nicht hinnehmen wollten.

c) 1963 war die Enzyklika Johannes' XXIII. *Pacem in terris* erschienen[39]. Dieses Friedenswort des todkranken Papstes brach in der Tat mit der Theorie vom »gerechten Krieg«. Vor diesem Hintergrund werden nun sowohl die Diskussionen als auch die Aussagen des Kapitels verständlich. Was sollte uns bei der Lektüre auffallen? Nach einer Einleitung, die das Thema umreißt und schon den ganzen Ernst der Lage thematisiert (Art. 77), gibt Art. 78 in geradezu prophetischer Sprache eine Beschreibung des Friedens auf theologischer Grundlage und als immer neu zu erfüllende Aufgabe. Schon in diesem Artikel, vor allen weiteren Einzelheiten, werden ausdrücklich diejenigen anerkannt und gelobt, die grundsätzlich auf Anwendung von Gewalt verzichten und sich auf solche Mittel der Verteidigung beschränken, die auch Schwächeren zur Verfügung stehen. Die einzige Einschränkung besteht darin, daß keine Verletzung von Rechten anderer oder der Gemeinschaft erfolgt – d.h., die Durchsetzung des Verzichtes auf Gewalt darf nicht am Ende selber gewaltsam werden, sondern hat ihre Grenze an dem, was faktisch in einem weltanschaulich neutralen Staat möglich ist.

Mit Art. 79 beginnen die Ausführungen zu Einzelheiten, und die Umkehrung des Gefälles der Fragen zeigt sich schon daran, daß der erste Abschnitt nicht etwa überschrieben ist: »Von den Bedingungen des gerechten Krieges«, sondern: »Von der Vermeidung des Krieges.«

Es wird zunächst die ganze Unmenschlichkeit des modernen Krieges beschrieben. Dagegen betont das Konzil die Gültigkeit des Völkerrechtes. Es gilt kein Prinzip »Befehl ist Befehl«, und »höchste Anerkennung« wird denen zuteil, die solchen Befehlen offenen Widerstand leisten. Die Einhaltung der internationalen Konventionen wird eingeschärft – wobei ein Lobeswort etwa für das Rote Kreuz durchaus wohlgetan hätte.

Schließlich wird eine gesetzliche Absicherung für Wehrdienstverweigerung aus Gewissensgründen gefordert unter der Voraussetzung, daß die Verweigerer einen anderen Dienst an der Gemeinschaft übernehmen. Hierzu sollte man wissen, daß in der vorletzten Fassung des Textes den Wehrdienstverweigerern aus Gewissensgründen Anerkennung gezollt wurde »entweder wegen ihres Zeugnisses für die christliche Sanftmut oder wegen aufrichtigen Abscheus vor Gewalttätigkeit«. Im Schlußstreß der Beratungen hatten einige widerstrebende Bischöfe die Streichung dieser Begründung erreicht.

Erst nach all diesen Klarstellungen spricht das Konzil – weil Kriege nun einmal nicht aus der Welt sind – vom *Recht*, nicht von der *Pflicht* zur Verteidigung gegen einen Angriff. Der Text, den wir dazu oben zitiert haben, zieht die Grenzen aber sehr eng, so eng, daß sie angesichts der Fakten schlicht illusorisch wirken. In diesem

Zusammenhang fällt dann ein recht abstrakt klingender Satz über die Legitimität des Soldatenberufes – im Tonfall wohl abgewogen, weder warmherziger noch kühler als der Satz über die Wehrdienstverweigerer: »Wer als Soldat im Dienst des Vaterlandes steht, betrachte sich als Diener der Sicherheit und Freiheit der Völker. Indem er diese Aufgabe recht erfüllt, trägt er wahrhaft zur Festigung des Friedens bei« (Art. 79, Schluß).

Der folgende Art. 80 enthält den einzigen Teilsieg der Gegenkräfte. Hier wird der »totale Krieg« beschrieben. Er ist bestimmt durch »wissenschaftliche Waffen«. Dies ist die wörtliche Übersetzung des lateinischen Wortes zur Bezeichnung von Nuklearwaffen. Die Bezeichnung »wissenschaftliche Waffen« ist Ergebnis eines »Sprachenstreites«, der im Zusammenhang mit den Diskussionen um das Latein als Sprache des Konzils[40] seine Wirkung tat. Auf der einen Seite standen moderne Latinisten, die sich ohne weiteres ein lateinisches Fremdwort *arma nuclearea* vorstellen konnten. Auf der anderen Seite standen die »Puristen« unter Führung des Kardinals Bacci, die der Meinung waren, auch moderne Ausdrücke müßten auf irgendeine Weise mit den Mitteln des klassischen lateinischen Vokabelschatzes ausgedrückt werden können. So wurden aus den Atomwaffen *arma scientifica*. Die Sache hat hier aber den Sprachenstreit überrollt. Denn im Ergebnis unseres Textes umfaßt der Begriff »wissenschaftliche Waffen« *nun* auch alle »konventionellen« Waffen, insofern sie unterschiedslos Soldaten, Zivilisten und Kulturgüter vernichten – etwa Napalm, Entlaubung und Vernichtung ganzer Ernten; der bewußt erzeugte Ölteppich auf dem Meer war damals noch nicht erfunden.

Die frühere Fassung sagte allerdings mehr als der jetzige Text, in dem es heißt, die Frage eines Krieges mit solchen Waffen sei »mit einer ganz neuen inneren Einstellung zu prüfen« (Art. 80, 2. Abschnitt). Ursprünglich sollte hier der Satz aus *Pacem in terris* zitiert werden: »Darum ist es in unserer Zeit, die sich des Besitzes der Atomkraft rühmt, sinnlos, den Krieg als geeignetes Mittel zur Wiederherstellung verletzter Rechte zu betrachten«, und es sollte schon der bloße Besitz der »wissenschaftlichen« Waffen verurteilt werden – so wie vorher die Ausrottung von Minderheiten und ganzer Völker. Hier haben sich die Bischöfe und Kardinäle um den New Yorker Erzbischof Kardinal Spellman durchgesetzt, die permanent versuchten, im Kalten Krieg die Gesamtkirche auf die Seite des westlichen Blocks zu ziehen. Das Zitat aus dem Text Johannes' XXIII. wurde gestrichen – in einer Anmerkung aber, die Teil des Textes ist, dann doch wörtlich zitiert.

Die Artikel 81 und 82 beschäftigen sich kritisch mit dem Rüstungswettlauf und mit den Möglichkeiten, eine internationale Autorität zu schaffen, die in der Lage ist, wirksam den Krieg zu ächten. In diesem Zusammenhang soll vermerkt werden, daß keinem Geringeren als Kardinal Ottaviani die Bemerkung im vorletzten Abschnitt von Art. 82 zu verdanken ist, zur Förderung des Friedens sei vor allem eine neue Erziehung der Jugend und ein neuer Geist der öffentlichen Meinung nötig, und die öffentlichen Meinungsbildner hätten hier eine schwere Pflicht. Die letzten Kriege, so bemerkt Herbert Vorgrimler dazu, wurden ja nicht von der Jugend begonnen.[41] Eine jetzt bleibend zum Friedenswillen gebildete Jugend ist die einzige Chance, künftige Kriege zu vermeiden.

Nun wäre mühelos durchzudeklinieren, welche Kriege der jüngeren Vergangenheit und welche aktuellen kriegerischen Auseinandersetzungen vor den Aussagen des Konzils noch bestehen können. Papst Johannes Paul II., der sich wegen seiner theologischen Positionen und wegen der Praxis seiner Amtsführung vielfacher Kritik von innerhalb und außerhalb der Kirche ausgesetzt sieht, hat jedenfalls in diesem Punkt das Konzil so ernst genommen wie kaum ein anderer Kirchenführer auf der Welt. In keinem Augenblick hat er in der Überzeugung geschwankt, daß der Golf-Krieg in der Art, wie er geführt worden ist – trotz der massiven Gründe, die sein Anlaß waren – ethisch nicht zu rechtfertigen war. Aus dem Bericht des Romkorrespondenten einer großen deutschen Wochenzeitung ist zu entnehmen, daß der Papst schon bei einem vatikanischen Diplomatenempfang am 11. Januar 1991 den damals erst drohenden Golf-Krieg als »tragisches Abenteuer« und Zeichen des »Niedergangs der ganzen Menschheit« verdammt hat und ahnungsvoll hinzufügte, daß »ein mit Waffen erzwungener Friede nur neue Gewaltanwendung vorbereitet«. Vergeblich hat er Präsident Bush in Telegrammen vor dem Zuschlagen, »das noch schlimmere Ungerechtigkeiten schafft«, gewarnt, vergeblich hat er auch Saddam Hussein zu »gotterleuchtetem« Einlenken aufgefordert. Am 17. Januar verurteilte er den inzwischen ausgebrochenen Golf-Krieg als »schwere Niederlage für das Völkerrecht« – auf der Begründungslinie des Konzils –, denn Krieg sei kein Mittel zur Lösung internationaler Probleme, »das ist er nie gewesen, und er wird es niemals sein«. Heute, sagte der Papst schon am 11. Januar, sei vielmehr gerade angesichts der modernen Zerstörungstechnik »die absolute Ächtung des Krieges« geboten.[42] So, ohne jeden Rückzug in neutrale Abgewogenheit, hat noch nie ein Papst über einen aktuellen Krieg geredet. Nicht alle Kirchenführer sind ihm mit laut vernehmlicher Zustimmung darin gefolgt. Immerhin nannten zehn amerikanische Bischöfe den Krieg »unmoralisch«, die Vorsitzenden der

Deutschen, Französischen und Schweizer Bischofskonferenzen sahen in ihm ein »Zeichen des Scheiterns«.
Und die gegenwärtigen Kriege in Ost- und Südosteuropa? Wie schwer die *politische* Diagnose ist, wissen alle, die aufmerksam die Zeitung gelesen haben. Die Ohnmacht einer rein ethischen Argumentation zeigt sich Tag für Tag. Nur eins soll niemand sagen: nämlich dies, daß die ethische Urteilsbildung sehr schwierig sei. Dazu muß man ja überhaupt nicht erst die Konzilstexte bemühen. Gleich ein ganzes Bündel von Kriterien eines »gerechten« Verteidigungskrieges wurden ja hier mißachtet. Würde man sie strikt beachten, so ergäben sich einige bittere Einsichten und Handlungsorientierungen. Die Aussagen des Konzils über die Ächtung des Krieges als eines Mittels der Politik stehen offensichtlich erst ganz am Anfang, ein wirksamer Beitrag zur »Erziehung des Menschengeschlechtes« zu werden.

V. Eine kurze Würdigung

Wir haben schon festgestellt: Der Prozeß ist das Ergebnis. In der Erarbeitung der Pastoralkonstitution *vollzog* sich die »Öffnung zur Welt«, die sich in ihr dokumentieren sollte und dokumentiert. Eine »Offenheit« als solche kann man nicht würdigen. Man kann nur würdigen, was sie ausfüllte oder anders herum: wozu sie genutzt wurde.[43]
In dieser Hinsicht muß man zunächst in aller Vorsicht wohl feststellen – auch wenn ich damit bestimmten kritischen Urteilen widerspreche: Die Pastoralkonstitution ist das »gelungenste« Dokument des Konzils. Und zwar einfach deshalb, weil es zwar auch bei seiner Erarbeitung Interventionen, Schachzüge, auch Intrigen gegeben hat – aber seltsamerweise nicht so, daß wie in anderen Fällen an entscheidender Stelle und geschäftsordnungswidrig deutliche Manipulationen am Text vorgenommen wurden, die nun die Eindeutigkeit seiner Aussage in Zwielicht brächten. Bei der Pastoralkonstitution ist es dem Konzil im wesentlichen gelungen, wirklich auch im Wortlaut »herüberzubringen«, was es vermitteln wollte.
Ein weiteres Element der Würdigung setzt an bei der Beobachtung, daß, aufs Ganze gesehen, in den einschlägigen Debatten die Pastoralkonstitution vergleichsweise weniger zitiert wird als die anderen Dokumente des Konzils. Dies scheint durchaus mit dem Gesamturteil »Der Prozeß ist das Ergebnis« zusammenzuhängen. Wo man bewußt revidierbar formuliert, geht denn auch die Notwendigkeit der Revision unmittelbar nach dem Abschluß des Textes los – in

dem Maße, wie die Gegebenheiten, zu denen der Text in vorläufiger Form guten Rat geben will, sich ändern. Die wichtigste Würdigung liegt in der Tatsache, daß sich, ganz offenbar angeregt von der Pastoralkonstitution, allmählich der Stil kirchlicher Verlautbarungen geändert hat, jedenfalls dann, wenn es um kirchliche Stellungnahmen zu aktuellen Problemen geht. Und mag man ihn wiederum kritisieren, soviel man will: Die Äußerungsform von Papst Johannes Paul II. ist hier einmal mehr stilbildend geworden. Der frühere »Pontifikalstil« päpstlicher Enzykliken ist heute schon Erinnerung an unwahrscheinliche Vergangenheit, gleichviel wie man zum Stil der apostolischen Rundschreiben Papst Johannes Pauls stehen mag.

Im übrigen hat die Pastoralkonstitution zu allen ihren Themen lebhafte Diskussionen angeregt, bei der auch die letzten Verzögerungsversuche, die im Text noch ein fernes Echo gefunden haben, obsolet geworden sind. Das gilt für die theologische Auseinandersetzung mit dem Atheismus ebenso wie hinsichtlich der Fragen um Ehe und Familie unter den Bedingungen der modernen Lebenswelt, über das bestmögliche Verhältnis von Kirche und Staat und eben nicht zuletzt über die Frage der Friedenssicherung. Gerade *ohne* daß man ständig durch das Zitat von Konzilstexten legitimiert, wirkt sich die durch die Pastoralkonstitution vollzogene »Öffnung« dahin aus, daß die einschlägigen Diskussionen unbefangen und sachbezogen aufgenommen werden. Schöneres konnte nicht herauskommen, und damit wollen wir übergehen zu einer abschließenden Würdigung des ganzen Konzilsgeschehens.

Leseempfehlungen:

Zum Ganzen: LThK.E III (1968) 241–592.

Es entspricht der beschriebenen Natur der Pastoralkonstitution, daß es zu ihr keine umfangreiche »Auslegungsliteratur« gibt. Es gibt Literatur zu ihren einzelnen Themen, die – in Auswahl – an Ort und Stelle in den Anmerkungen verzeichnet ist. Und es gibt Bücher, die, unter dem Impuls des Themas der Pastoralkonstitution, »Visionen« einer künftigen Kirche entwerfen. Zwei seien genannt: *Paul Michael Zulehner*, Kirche – Anwalt des Menschen. Wer keinen Mut zum Träumen hat, hat keine Kraft zum Kämpfen, Freiburg i. Br. 1980; *Walbert Bühlmann*, Weltkirche. Neue Dimensionen – Modell für das Jahr 2001. Mit einem Nachwort von Karl Rahner, Graz 1984; unüberholt sind immer noch die das Thema »Kirche und Welt« be-

treffenden Aufsätze von *Karl Rahner,* Schriften zur Theologie, VIII (Zürich 1967); IX (1970); X (1972); XIV (1980); XVI (1984).
In diesem Zusammenhang empfiehlt sich der Hinweis auf zwei Sammelbände: *Elmar Klinger/Klaus Wittstadt (Hg.),* Glaube im Prozeß. Christsein nach dem II. Vatikanum, Freiburg i. Br. 1984; und: *Helmut Erharter/Horst-Michael Rauter (Hg.),* Von der Missionierung zur Evangelisierung. Zur Zukunft der Kirche in Amerika und Europa, Wien-Freiburg i.Br. 1992. Im übrigen sind hier naturgemäß auch die *Leseempfehlungen* zum 11. Kapitel einschlägig, darin besonders der Beitrag von *Joseph Ratzinger* in: *Bauch/ Gläßer/Seybold (Hg.),* Zehn Jahre Vaticanum II, in dem der spätere Präfekt der Glaubenskongregation scharfsinnig die innere Problematik einer »Pastoralkonstitution« aufdeckt, diese dann wegen ihres Fortschrittsoptimismus unverhohlen kritisiert, dagegen – damals noch – die beginnende lateinamerikanische Theologie der Befreiung ausspielt und – damals schon – alles Unheil der nachkonziliaren Zeit auf die selektive und mißbräuchliche Rezeption der Pastoralkonstitution (und der Liturgiereform) zurückführt. M.E. unterbelichtet Ratzinger gerade die fortschritts*kritischen* Korrekturen im Verlauf der Textgeschichte. Hätte das Konzil nach Ratzinger die Pastoralkonstitution besser unterlassen sollen?

Elftes Kapitel

»Die dritte Epoche der Kirchengeschichte«

Die bleibende Bedeutung des Zweiten Vatikanischen Konzils

Im zweiten Kapitel, bei der Darstellung des Widerstandes gegen das Konzil, haben wir das böse Wort von Kardinal Siri (Genua) zitiert: »Die Kirche wird 50 Jahre brauchen, um sich von den Irrwegen Johannes' XXIII. zu erholen.«[1] Wäre man Zyniker, so könnte man im Blick auf die nachkonziliare Entwicklung sagen: Die Rekonvaleszenz hat in den fast dreißig Jahren seit dem Ende des Konzils sehr gute Fortschritte gemacht. Von einer bleibenden Bedeutung des Zweiten Vatikanischen Konzils müßte dann nur noch vorübergehend wie von einem abklingenden Herzmuskelschaden und bald gar nicht mehr geredet werden.

Dem steht eine andere Würdigung gegenüber, die vor allem Karl Rahner in den letzten Jahren vor seinem Tod (1984) wiederholt vorgetragen hat: Die bleibende Bedeutung des Zweiten Vatikanischen Konzils besteht darin, daß die Kirche hier erstmalig und in nicht mehr zurücknehmbarer Weise, »in einem amtlichen Großakt«, sich als Weltkirche dargestellt hat und tätig geworden ist.[2] Ich teile diese letztere Auffassung, deren theologische und praktische Konsequenzen noch nicht im entferntesten zu Ende gedacht sind, und möchte sie zum Abschluß unserer Erzählung vom Konzil noch etwas erläutern. Dazu beginnen wir mit einem gezielten Rückblick.

I. Rückblick in ernüchterter Hoffnung

1. Drei Stimmen

Nach dem Abschluß des Konzils, im Dezember 1965, kehrte Karl Rahner zusammen mit dem Erzbischof von München, Julius Kardinal Döpfner – beide verband inzwischen eine tiefe Freundschaft – nach München zurück, und Rahner hielt im überfüllten größten Saal Münchens einen Vortrag zum Thema: »Das Konzil – ein neuer Beginn«. Das Gefühl, nun vor einem epochalen Aufbruch der Kirche in eine neue Zukunft zu stehen, war ungeheuerlich: bei denen, die die Last der Arbeit getragen hatten und auch realistisch um all die Widerstände wußten, und ebenso bei uns jungen Theologen (ich war damals gerade promoviert und hatte meine erste Aufgabe als Dozent für Dogmatik und Ökumenische Theologie angetreten). Karl Rahner fürchtete freilich damals schon, es werde »lange dauern, bis die Kirche, der ein II. Vatikanisches Konzil von Gott geschenkt wurde, die Kirche des II. Vatikanischen Konzils sein wird«[3]. Die »Kirche des Zweiten Vatikanischen Konzils«? Hören wir dazu eine ganz andere Stimme, 25 Jahre später, das Zeugnis eines unbekannten Katholiken, das eben darum so bezeichnend ist, weil es einfach ausspricht, was der Verfasser empfindet. Im Jahre 1990 hatte sich eine Schwesterngemeinschaft der »Töchter Mariens vom kostbaren Blut«, die ihr Kloster in Häusern im Schwarzwald hat, der Bewegung des von Rom suspendierten Erzbischofs Lefebvre[4] angeschlossen. In der Erzdiözese Freiburg im Breisgau hatte dies große Unruhe ausgelöst, so daß der Erzbischof von Freiburg, Oskar Saier, dazu in einem Hirtenbrief Stellung nahm. Daraufhin erschien in der Regionalzeitung *Südkurier* ein Leserbrief, in dem es heißt:

»Der Hirtenbrief von Erzbischof Oskar Saier, Freiburg, ... wäre besser gegen die Urheber von blasphemischen und saloppen Eucharistiefeiern gerichtet worden, welche Amt und Würde der katholischen Kirche mißbrauchen für die Verbreitung ihrer Irrlehren des Modernismus. Die erwähnten katholischen Schwestern haben Zuflucht gesucht bei Erzbischof Lefebvre und der Priesterbruderschaft St. Pius X., wie so viele andere Katholiken auch, *nachdem die ungetreuen Amtsinhaber sie mit Zwang und Drohungen vom überlieferten katholischen Glauben abbringen wollten.* Damit haben sie keinen Glaubensabfall begangen, sondern sie sicherten sich ihren katholischen Glauben, der in der Amtskirche durch die Reformen größtenteils abgeschafft wurde. Der überlieferte katholische Glaube und die alte Messe wird durch die Priesterbruderschaft St. Pius X. weiter gelehrt, zelebriert und vorgelebt, wie vor der Reformation des II. Vatikanischen Konzils. Die Hirten der katholischen Kirche wären gut beraten, wenn sie sich nicht gegen die innerer Not entspringenden Bitten und Vorstellungen der traditionellen Gläubigen stellten und sich nicht auf Gehorsam, Befehl und Reformen beriefen. *Der Glaube ist mehr als Gehorsam.*« [Hervorhebungen von OHP].[5]

Der gut erfundene Scherz vom Oldenburger Bauern, mit dem wir unsere Erzählung vom Konzil eröffneten[6], ist also bittere Wahrheit. Und den Schlußsatz des Leserbriefs muß man geradezu auf der Zunge zergehen lassen: Der Verfasser fühlt sich unter der Zumutung, im kirchlichen Gehorsam Wandlungen und Reformen in der Kirche anzunehmen, die ihm »innere Not« bereiten. Er würde gewiß nicht müde, den Befürwortern der Reformen, ohne Rücksicht auf *deren* »innere Not«, den Gehorsam gegen die Kirche zu predigen, hätte das Konzil gegenteilige Beschlüsse gefaßt – die Beschlüsse nämlich, die die Vorbereitungskommissionen als Vorlagen für das Konzil erarbeitet hatten. Die Frage des »Gehorsams nach Ermessen«[7] kann nicht nur manchen Bischöfen und Kurienbeamten, sie kann auch vielen »traditionellen« katholischen Gläubigen nicht erspart werden, so sehr sie Anspruch auf Takt und Feingefühl derer haben, die ihre Besorgtheit nicht teilen können. Was aber an der Äußerung unseres Leserbriefschreibers am meisten paradox ist, ist der Schlußsatz. Daß Glaube mehr ist als Gehorsam, meint er geltend machen zu müssen gegen ein Konzil, das – endlich und unter Abkehr von »traditionellen« Verhaltensmustern – eben dies klargestellt hat: »Glaube ist mehr als Gehorsam gegen die Kirche.« Daß unser Leserbriefschreiber diesen Satz und seinen ganzen Leserbrief veröffentlichen konnte, ohne sich sogleich ins kirchliche Abseits zu manövrieren – eben dies verdankt er dem Konzil, das er des Abfalls vom wahren katholischen Glauben bezichtigt.

Aber hören wir, zur Einleitung unseres Rückblicks, noch eine ganz andere Stimme – die des kirchendistanzierten, aber fair und einfühlsam berichtenden und wertenden Journalisten, den wir schon einmal zitierten.[8] In einem Bericht über die Lateinamerika-Reise Johannes Paul II. aus Anlaß des Kolumbus-Jahres schreibt er:

»Heute ... wird ein Papst in Lateinamerika wie in Europa beschuldigt, er lasse seine Kirche hinter jenes Konzil zurückfallen, das als erstes der Geschichte gegen nichts und niemanden einen Bannstrahl geschleudert hat. Der Vorwurf verkennt die Konzils-Wende, deren Wirkungen nur deshalb weniger beachtet werden, *weil sie schon selbstverständlich sind* [Hervorhebung von OHP]: Das Ja zur Religionsfreiheit, zum Respekt vor Anders- und Ungläubigen, zum Ökumenischen Dialog; die Liturgie in der Muttersprache, die Aufwertung der Laien, die Mitsprache der Bischöfe in Rom – freilich ohne *Mitbestimmung*. Nicht überwunden ist nämlich die Spannung zwischen päpstlicher Zentralgewalt und Lokalkirche, römischer Doktrin und pastoraler Praxis, exklusivem Wahrheitsanspruch und Toleranz. Der Konflikt zwischen der Papstkirche und einer säkularisierten Welt hat sich sogar unvermeidlich zugespitzt. Wegweiser wanken – so fest auch ein Papst am Steuer sitzt.«[9]

Drei Stimmen, ein dreifaches Echo auf das Konzil aus verschiedenen Zeiten. Welcher Stimme soll man sich anvertrauen, um die heutige Lage der römischen-katholischen Kirche in der Welt einzuschätzen? Ein Rückblick muß jedenfalls unterscheiden zwischen bleibenden und auch durch Stimmen der Trauer und »innerer Not« nicht mehr umkehrbaren Ergebnissen und solchen, deren Ambivalenz ihre Zukunftswirkung blockiert, weil sie sie blockieren *konnte*.

2. Dauerhafte Ergebnisse

Das dauerhafteste Ergebnis haben wir in einem eigenen Kapitel vorgestellt: die Liturgiereform. Auch der Leserbriefschreiber aus dem Schwarzwald dürfte sich da wohl keinen Illusionen hingeben: Es ist nicht denkbar, daß die lateinische Liturgie noch einmal die Liturgie aller Katholiken auf der ganzen Welt wird. Denn das Latein war und blieb die Gottesdienstsprache der Westkirche, weil und solange auch nach dem Untergang Roms das Latein die Kultur- und Wissenschaftssprache des Westens war – und weil und solange die Liturgie eine Klerikerliturgie blieb. Das ist spätestens seit der Reformationszeit vorbei. Danach ist die Beibehaltung des Lateins nur noch ein antireformatorischer Anachronismus gewesen. Denn trotz der unzweideutigen Festschreibung des kirchlichen Amtes in der überlieferten Gestalt gegen die Reformatoren hat nach der Reformation auch der katholische Gottesdienst, wie zögernd auch immer, angefangen, die Gemeinde zu entdecken. Deutliches Zeichen dafür ist: Man baut jetzt keine gotischen Kathedralen mit vielen Schiffen und einem reichen Kapellenkranz mehr. Man baut die Barockkirchen als Festsaal für die Gemeinde, die sich unter dem im Deckengemälde gleichsam geöffneten Himmel versammelt.

Aber Anti-Haltungen werfen bekanntlich beträchtliche Energien des Beharrens im Vergangenen ab. Wer heute das Latein als Normalsprache der Liturgie wieder einführen will, gleicht allerdings nach einem Vergleich Karl Rahners jenen Muslimen, die fordern, daß in der ganzen Welt der Koran nur auf arabisch rezitiert werden dürfe.[10]

Unumkehrbar ist auch das neue Selbstverständnis der Kirche als »Volk Gottes« mit allem, was darin enthalten ist, allem voran der theologisch dominierenden Rolle der »Laien« als der »Volksangehörigen«, denen die Leitungsämter auch mit ihrer Autorität zu »dienen« haben. Eine Unterscheidung zwischen »lehrender« und »hörender« Kirche ist nach den Texten des Konzils nicht mehr möglich, weil auch die Amtsträger in aller Form als *Hörende* ihre Autorität haben: zu bewahren haben sie ja nur, was sie mit dem Volk gemeinsam gehört haben. Und ihre Leitungstätigkeit geschieht durch die amtliche öffentliche Verkündigung des Gehörten. Es ist undenkbar, daß dieses neu erwachte Bewußtsein, selbst die Kirche zu *sein* und nicht nur an ihr teilzuhaben, noch einmal in die dumpfe Bewußtlosigkeit bloßer »Schafe« zurücksinkt, die »geweidet« werden müssen. Gewiß kann man seine Geschichte vergessen – und das geschieht ja zuweilen in unerleuchteten Formen des Aufbruchs. Aber daß dieser Aufbruch *bewußt* geschieht, ist nicht mehr ungeschehen zu machen. Dieses Bewußtsein kann und muß man womöglich erweitern, abschaffen kann man es nicht mehr. Man kann ferner die vor allem in der Pastoralkonstitution vollzogene Öffnung der Kirche zur Welt, die ausdrückliche Anrede der Kirche auch an die nicht zu ihr Gehörenden, nicht mehr verschließen. Man kann in der Praxis vielfach dagegen verstoßen. Man kann ängstlich und engherzig wieder alle Aufmerksamkeit darauf wenden, »die Schäflein zusammenzuhalten« und sie gegen die Welt, der sich das Konzil geöffnet hat, zu immunisieren. Aber man kann nicht mehr sagen: Wir haben *keine* Botschaft für die Welt, die sich verstehbar auch für diejenigen aussagen läßt, die nicht als Glaubende oder auch um des Glaubens willen nicht zu ihr gehören. Man kann nicht ungeschehen machen, daß man einmal gesagt hat: Die Kirche ist Zeichen und universales Sakrament der Einheit der *Menschheit* mit Gott und untereinander, und zwar unabhängig von allen Missionserfolgen. Wollte man es ungeschehen machen, so müßte man ja allen Ernstes sagen: Die Kirche ist *nicht* Zeichen und Sakrament der Einheit der Menschheit, sondern nur die Versammlung derer, die aus der sich selbst überlassenen Welt heraus von Gott errettet werden. Ein Mittelding dazwischen gibt es nicht. Mit der Pastoralkonstitution hat die Kirche der Welt ein für allemal ein Instrument der »Sozialkontrolle« gegen sich selbst in die Hand gegeben. Die Welt kann und soll jederzeit fragen: Wie steht es denn mit der Hilfe, die du aufgrund der Botschaft uns anzubieten hast? Und sie wird von dieser Sozialkontrolle, wie schon bisher, Gebrauch machen – notfalls mit den gnadenlosesten Mitteln der modernen Massenmedien.

Man wird auch nie wieder sagen können: In den nichtchristlichen Religionen gibt es *keine* Suche nach Gott und *kein* Leben nach dem auch dort von der Gnade Gottes geleiteten Gewissen, sondern nur Selbstverschlossenheit gegen den wahren Gott. Der Glaube Israels ist *nicht* der bleibende Mutterboden des Glaubens der Kirche. Die Religionsfreiheit ist *kein* Grundrecht, das aus der Würde der Person fließt, die selbst noch dem objektiv irrenden Gewissen seine sittliche Würde gibt. Man wird *nicht* wieder sagen können, die nicht-katholischen Kirchen seien keine Kirchen, in denen sich »Elemente der Heiligung und der Wahrheit« finden, die der Kirche Jesu Christi angehören – so daß die Glieder dieser Kirchen *durch* diese und nicht trotz ihrer in der Gnade Gottes leben. Wollte man das Gegenteil von all dem versuchen, so würde man nur bekräftigen: Wir sind ein europäisches Gebilde, in anderen Kulturkreisen mit Recht nur als Import angesehen, darum im selbstgewählten Ghetto und damit im günstigsten Fall eine ideologische Interessenvertretung der euro-amerikanischen Spätkultur, aber keine Kraft für die Zukunft der Welt und der Menschheit. Gewiß, theoretisch mag man sich solch einen Rückzug denken können. Und noch mehr kann man in der Praxis zum Rückzug blasen. Auch gibt es geschichtliche Erfahrungen, die zeigen, daß hoffnungsvolle Aufbrüche in der Kirche gestoppt werden können. Aber ist es Zufall, daß einem dabei vor allem die Auseinandersetzungen um den Konziliarismus im 15. Jahrhundert einfallen?[11] Dieser ist in der Tat in der zweiten Hälfte des 15. Jahrhunderts zugunsten des eben durch seine Intervention neu erstarkten Papsttums gebrochen worden. Eines freilich konnte nie gestoppt werden: die Erinnerung an das große abendländische Schisma, das verblendete Päpste und Gegenpäpste nicht haben beenden können mit der Folge, daß die Frage nach einem Gegengewicht gegen den päpstlichen Absolutheitsanspruch nur zurückgedrängt, nie beantwortet worden ist und in akuter Situation mehr oder weniger unverhüllt immer wieder nach vorn drängte – zuletzt ja wieder auf dem Konzil und durch das Konzil.[12] Nein, Aufbrüche in der Kirche, die auf mehr Freiheit, auf mehr missionarischen Einsatz der Kirche als ganzer, auf mehr Durchdrungensein von der Heilsmacht der Botschaft und weniger von der Macht der Institution hinausliefen, konnten und können immer nur zeitweilig überdeckt, durch menschlich-allzu menschliche Interessen überlagert, nicht aber aus dem Bewußtsein vertrieben werden – es sei denn um den Preis, daß die Kirche sich selbst auf einen geschichtlichen Restposten aus vergangener Zeit reduziert, den man höchstens vorübergehend noch als »Machtfaktor« in Rechnung stellen muß, wie es ja viele Kirchenfeinde in unseren Tagen hoffen und voraussagen.

3. Ambivalente Ergebnisse

Mehrfach hatten wir darauf hinzuweisen, daß etliche Konzilstexte durch die Hartnäckigkeit der Auseinandersetzung – und nicht selten durch den geschäftsordnungswidrigen und darum unfairen Widerstand konservativer Gruppen – nicht mit der Eindeutigkeit formuliert werden konnten, die glasklar nur *eine* Auffassung als die des Konzils hinzustellen gestatten. Manche Texte sind – und zwar bewußt, wenn auch widerwillig – ambivalent und erlauben den Repräsentanten unterschiedlicher, ja gegensätzlicher Interessen, sich auf je »ihren« Text des Konzils zu berufen. Wohlgemerkt: das heißt nicht, man wüßte nicht, für welche Option die erdrückende Mehrheit des Konzils sich entschieden hätte – die Gegner beliefen sich ja stets nur auf eine Größenordnung von ca. 300 Vätern von insgesamt ca. 2700. Wer also gegen restriktive Konzilsauslegungen sich auf den »Geist« des Konzils beruft, beruft sich in Wahrheit nicht auf einen »Ungeist« (Kardinal Ratzinger), sondern auf die verantwortlich gebildete Überzeugung der Mehrheit des Konzils.[13] Wohingegen es auffällt, daß diejenigen, die sich bis heute nicht mit dem Konzil versöhnt haben, sich nie auf den »Geist« des Konzils berufen, sondern immer nur auf »ihre« Texte. Aber diese stehen eben auch da. Und so sind wir auf die Ambivalenz gestoßen:

- bei der Frage nach der Kirche als universalem Sakrament des Heils, Volk Gottes und *Communio* einerseits und hierarchischer Institution anderseits;
- beim Thema der Kollegialität der Bischöfe mit dem Papst, die durch die bisherige Aussagen überschreitende Herausstellung der Oberhoheit des Papstes in nicht zu verharmlosender Weise überkreuzt wird;
- bei den zueinander in Spannung stehenden Aussagen des Ökumenismusdekretes zur Gottesdienstgemeinschaft;
- bei der Frage nach der Einheit in der Lehre: nach der Spannung zwischen der ganzen Lehre, die vorgelegt werden muß, und der »Hierarchie der Wahrheiten«, die im ökumenischen Gespräch beachtet werden soll;
- bei der Lehre vom Glaubenssinn der Gläubigen im Verhältnis zum Lehramt des Papstes und der Gemeinschaft der Bischöfe;
- bei den Aussagen über die Bedeutung der Heiligen Schrift: ob die Lehre der Kirche nun doch über ihr stehe im Vorgang der authentischen Auslegung durch die Tradition, oder ob die Tradition und damit auch die Lehre der Kirche ausschließlich weitergebenden Charakter habe und somit *unter* der Schrift als der obersten Norm kirchlicher Lehre bleibe;
- bei der Öffnung zur Welt: wie ein Konzil eigentlich mit der Welt in einen Dialog treten kann, die, jedenfalls bisher, aus theologischen und kanonistischen Gründen auf dem Konzil gar keine Stimme hat;
- und noch bei vielen anderen Fragen, die wir in unserem nur exemplarischen Durchgang durch die wichtigsten Konzilstexte teilweise gar nicht berührt haben.

Wir haben dargestellt, wie die Wortführer der in die Zukunft weisenden Gedanken damals darauf gesetzt haben, daß die Zukunft eben *ihre* in den Texten kodifizierten Anliegen stark machen und die Restposten alten Denkens abstoßen würde. Sie haben dabei gleich mehrere Faktoren unterschätzt: den Einfluß und die administrativen Instrumente einer eingearbeiteten, die Möglichkeiten des

»Apparates« beherrschenden Kurie, die konservative, gerade an der Nicht-Veränderung der Kirche in der rasend sich wandelnden Welt interessierte Grundstimmung großer Gruppen in der katholischen Christenheit, die nur beschränkte Reformwilligkeit vieler Bischöfe auf den »Hinterbänken« des Konzils, auch wenn sie fleißig mit *Placet* gestimmt haben; die Schockwirkung von Entwicklungen, die aufgrund lang aufgestauter Reformhoffnungen nach dem Konzil einsetzten, als sei nun die »große Freiheit« zu allem und jedem in der Kirche ausgebrochen; die Inanspruchnahme des Konzils für fragwürdige Theologien der »Säkularisierung« und des »Todes Gottes« – wodurch nachweislich ursprünglich reformfreudige Bischöfe zu ängstlichen Konservativen wurden –, und vieles mehr.

Um die zuletzt genannten Entwicklungen kurz zu kommentieren: Man kann gewiß nicht über alles erfreut sein, was sich zeitlich nach dem Konzil Bahn brach, aber an sich mit seinen Intentionen nur an der Oberfläche zu tun hat. Es steht freilich indirekt dadurch mit dem Konzil in Beziehung, daß sich solche überschäumende Umorientierung *ohne* das Konzil, etwa unter einem Pius XII., in der *katholischen* Kirche nie so hätte äußern können. Insofern – und nur so – hat es ein gewisses Recht, wenn man das Konzil dabei behaftet, daß es nicht verhindern konnte, wenn in seinem Namen und in souveräner Unkenntnis seiner Texte in der Kirche Dinge versucht werden konnten und können, die mit dem Konzil schlechterdings nichts zu tun haben und sich seiner nur als eines formalen äußeren Bewegungsanstoßes bedienen. Ein Verständnis der Eucharistie beispielsweise als reiner Mahlgemeinschaftsfeier der Gemeinde – konkret: einer Gruppe emotional Gleichgesinnter und in entsprechenden Formen – ist das letzte, was die Liturgiekonstitution decken wollte. Und auch nach dem Konzil ist Jesus kein Atheist[14], ist die Kirche nicht »demokratisch« in dem Sinne, daß »alle Macht vom Volke ausgeht«, ist der Priester nicht nur der Sprecher der Gemeinde und ist das Lehramt des Papstes und der Bischöfe nicht auf die Theologen und die Moderatoren kirchenkritischer Talk-Shows übergegangen. So verdient es zwar keine Zustimmung, aber immerhin etwas Verständnis, wenn bei vielen, nicht nur bei Amtsträgern, manche Hoffnung bald ernüchtert wurde, die Ängstlichen all ihre Sorgen bestätigt fanden, die Hoffnungsvollen ängstlich wurden und ein »optimistisches« Vertrauen in die Zukunft der Kirche nicht mehr aufgrund einer menschlichen Lagebeurteilung, sondern nur im Glauben an das Wirken des Heiligen Geistes aufrecht erhalten werden konnte – oft nur als »Hoffnung gegen alle Hoffnung« (vgl. Röm 4,18). Seit 1970 begannen die Verteidiger des Konzils, von »Restauration« zu sprechen.

Bevor wir darauf etwas näher eingehen, ist es aber zunächst wichtig, die bleibende Bedeutung des Konzils zu erwägen.

II. Die bleibende Bedeutung des Zweiten Vatikanischen Konzils

1. Eine theologische Grundinterpretation

Wir setzten schon ein mit der These von Karl Rahner, im Konzil habe sich die Kirche erstmals als Weltkirche verstanden und betätigt. Dem Wortlaut nach klingt eine solche These triumphalistisch – »Weltkirche« läßt an »Weltmacht« denken. Gemeint ist aber das genaue Gegenteil. Die These zielt auf die Selbstliquidierung der Kirche als einer *europäischen* Institution, die sich nur als solche in die »Missionsgebiete« exportieren könnte.

Der Sachverhalt der These hat zunächst den fast banalen Hintergrund, daß die Kirche zwischen den beiden Vatikanischen Konzilien in der Tat weitgehend Weltkirche geworden *ist*. Auf dem Ersten Vatikanischen Konzil waren die außereuropäischen und außeramerikanischen Kirchen noch als »Missionsgebiete«, also durch euro-amerikanische »Missionsbischöfe« vertreten. »Missionsbischöfe« sind zwar residierende Bischöfe wie alle anderen residierenden Bischöfe auch – also nicht nur »Titularbischöfe«, wie die Weihbischöfe und die zu Bischöfen geweihten leitenden Beamten an der römischen Kurie. Aber die schon errichteten Bistümer in den Missionsgebieten blieben doch noch eine Zeitlang in einem Sonderstatus, konkret: Sie unterstanden der besonderen Jurisdiktion, also der Sorge und Aufsicht der römischen »Kongregation für die Glaubensverbreitung« (*Congregatio de propaganda fide*, kurz *Propaganda-Kongregation* genannt), bis sie vollständig aus eigener Kraft ihre Angelegenheiten regeln, vor allem einen ausreichenden einheimischen Klerus stellen konnten. Auf dem Zweiten Vatikanischen Konzil erschienen dann die Bischöfe der inzwischen eigenständig gewordenen Kirchen Afrikas, Asiens und Lateinamerikas – massiv verstärkt schon seit Pius XI. und dann wieder im Zeichen der Entkolonialisierung seit dem Zweiten Weltkrieg. Natürlich blieben sie zahlenmäßig immer noch eine Minderheit, und oft waren sie noch allzu europäisch, nämlich in Rom ausgebildet. Aber die Tendenz war schon unumkehrbar – und wie erinnerlich, waren seit Johannes XXIII. auch die ersten Kardinäle dabei.[15] Das neue Kirchenrecht von 1983 hat dieser neuen Lage Rechnung getragen und die besondere Jurisdiktion der Kongregation für die Glaubensverbreitung, die jetzt auch »Kongregation für die Evangelisierung der Völker«

heißt, aufgehoben: Sie ist nun für ihren Bereich genauso zuständig wie die anderen Kongregationen für den ihren, und nicht mehr; die »Missionsbistümer« sind eigenständige Ortskirchen wie alle anderen Bistümer der Kirche auch.[16] Dem äußeren Tatbestand der verstärkten Präsenz der jungen Kirchen entsprach – und sogar auch unabhängig davon – von vornherein die Tendenz, das Konzil zum Endpunkt einer euro-amerikanischen Gestalt des Christentums zu machen, jedenfalls deren faktischen Exklusivanspruch zu brechen. Die Anzeichen dieser Tendenz kennen wir: die Muttersprache in der Liturgie, die sofort einsetzende Kritik an der neuscholastischen Theologie der vorbereiteten Schemata, die besondere Hörbereitschaft gegenüber den Stimmen der Ostkirchen, die Sensibilität für die Probleme der Dritten Welt. Dies alles berechtigt zu dem vorgetragenen Urteil: Die Kirche ist sich auf dem Konzil ihrer selbst als Weltkirche bewußt geworden und hat sich willentlich als solche in Lehre und disziplinärer Weisung zu äußern gesucht.

2. Eine theologische Grundaufgabe

Die theologische Grundaufgabe, die das Konzil sich damit stellte, besser: vor die es sich damit gestellt sah und die es als der Kirche gestellte annahm, konnte es natürlich nicht im entferntesten lösen. Deshalb fügt Rahner auch hinzu, daß das Konzil diese Aufgabe nur ganz »schüchtern« angegangen sei.[17] Denn diese Aufgabe ist nach Rahner nichts Geringeres als der *Überschritt der Kirche in die dritte Epoche ihrer Geschichte* – und darin ist diese Grundinterpretation eben eine theologische und nicht nur eine kirchengeschichtliche. Man muß – immer noch nach Rahner – drei theologisch bedeutsame Epochen der Kirche unterscheiden. Die erste war nur sehr kurz, gleichwohl unter theologischem Betracht eine Epoche: die der Judenchristenheit – der Kirche im Kontext des Glaubens Israels. Die zweite Epoche, durch Paulus eingeleitet, war der Überschritt in die Heidenchristenheit des abendländischen (also prägend mittelmeerischen) Kulturraums. Wir sind heute unterrichtet, wieviel Veränderungen das mit sich gebracht hat für Glaube, Lehre und Gestalt der Kirche – und immer noch ist nicht restlos ausdiskutiert, wieso eigentlich der Glaube des Juden Jesus und der Christusglaube des Paulus wirklich ein und derselbe sind.[18]
Heute nun steht die Kirche vor dem Überschritt aus dem abendländischen Kulturkreis in die weltweite Menschheit. Die theologische Grundaufgabe lautet also: Wie kann man den christlichen Glauben so buchstäblich mit-teilen, ihn in seiner Aussage- und Erscheinungs-

gestalt so verwandeln, daß er in nicht-abendländischen Kulturen Wurzeln schlagen kann, ohne nochmals als westlicher Import mißverstanden werden zu können? Es bedarf keines Beweises, wie sehr wir hier erst am Anfang stehen. Es bedarf auch keiner langatmigen Hinweise, daß hier der Teufel im Detail steckt und die Sache auch keineswegs getan ist mit Ansätzen zu einem Selbsthaß und einer Selbstliquidierung des westlichen Christentums und des Schatzes seiner geschichtlichen Erfahrung. Vielmehr geht es um einen gigantischen Übersetzungsauftrag, der sogar letztlich von den anderen Kulturen, wenn sie sich dem christlichen Glauben öffnen, selbst geleistet werden muß. Aber die Kirche muß sie dies tun *lassen* – und den Anfang damit hat sie auf dem Zweiten Vatikanischen Konzil gemacht. Das ist seine bleibende Bedeutung selbst dann noch, wenn wir im Westen der Meinung sein wollten, für *uns* habe das Konzil nichts Neues, sondern nur die kirchenamtliche Anerkennung dessen gebracht, was in der Theologie und in kirchlichen Reformbewegungen schon Jahrzehnte vorher reflektiert und begonnen worden ist – ein Urteil freilich, das angesichts der vielen kreativen Prozesse auf dem Konzil selbst, maßlos untertreibt.

Öffnung zur säkularen Welt und zu den außereuropäischen Kulturen in ihnen den Glauben seiner eigenen Gestaltungsmacht überlassen – was ist aus diesem Neuansatz des Zweiten Vatikanischen Konzils geworden?

III. Die Zeit nach dem Konzil

1. »Restauration«?

Das Wort »Restauration« zur Kennzeichnung der Zeit nach dem Konzil – genauer: der Zeit seit etwa 1970 – ist inzwischen fest im Wortschatz gegenwärtiger Kirchenkritik, der modischen wie der seriösen, beheimatet. Niemand kann bestreiten, daß es dafür ernst zu nehmende Anhaltspunkte gibt. Trotz der vom Konzil verlangten und nach dem Konzil von Papst Paul VI. durchgeführten Kurienreform – und der Papst wußte aus seiner langjährigen früheren Tätigkeit an der Kurie, wo er da ansetzen mußte – und trotz der Einrichtung der regelmäßig tagenden Bischofssynode, die die Kommunikation zwischen Kurie und Weltkirche fördern soll, hat »Rom« im Grunde weitergemacht wie bisher. Stellen wir kurz *einige* Fakten und Problemfelder zusammen, wo »Rom« selbst ganz kirchentreuen Katholikinnen und Katholiken immer wieder Rätsel aufgibt, was man denn an der Kurie vom Konzil und seinen verpflichtenden Vorgaben hält.

a) In den Fragen, die das Konzil auf Druck hin nicht hat diskutieren dürfen und dem Papst zur weiteren Bearbeitung überlassen mußte, gab es alsbald große Enttäuschungen. Die Enzyklika *Humanae vitae* von 1968 beendete fürs erste alle Hoffnungen, die Kirche könnte sich aus wohlerwogenen Gründen zu einer differenzierteren Haltung in der Frage der *Methoden* der Geburtenplanung durchringen – und nur um die Methoden geht es ja, nicht um das Prinzip. Die enttäuschten Hoffnungen werden nicht aufgewogen durch all das Gute und Bedenkenswerte, was sonst über die Ehe in der Enzyklika gesagt wird.[19] Die nachfolgenden, immer erneuten Einschärfungen der Doktrin dieser Enzyklika sowohl durch Paul VI. als auch durch Johannes Paul II. lassen auch die Hoffnung schwinden, es könne sich hier um einen bedauerlichen Rückschlag handeln, der in absehbarer Zeit wohl korrigiert werde. Da nun weltweit die Katholikinnen und Katholiken keineswegs einhellig der Doktrin der Enzyklika folgen, ergibt sich die bizarre Situation, daß die Repräsentanten des Lehramtes gegen die gewissenhaft begründbare Überzeugung und Praxis großer Teile der katholischen Welt stehen, die dabei das Konzil, also die Repräsentanten der Weltkirche in ihrem Willen, sich auf neue Fragen und Erkenntnisse einzulassen (Pastoralkonstitution), hinter sich wissen. Da nun diese, »Rom« widersprechende katholische Welt die Entscheidung dieser Frage für ein nachgeordnetes Problem hält, ja dem Lehramt geradezu die Zuständigkeit dafür zu bestreiten geneigt ist und deshalb auch nicht im Traum daran denkt, sich aufgrund solchen Widerspruches nicht mehr als der Kirche zugehörig zu betrachten, ist es fast logisch, wenn die Verteidiger der Doktrin von *Humanae vitae* im Gegenzug dazu übergehen, diesen Widerspruch als Aufstand gegen das Gottsein Gottes selber, als Angriff auf seine Heiligkeit und damit als zentrale Glaubensfrage hinzustellen.[20] Die Erfolgsaussichten dieser »Strategie« sind gering, und so fällt es nicht schwer, hochzurechnen, auf wessen Kosten dieser Streit letztlich ausgehen wird: auf Kosten des Ansehens und der Vertrauenswürdigkeit des Lehramtes – und niemand, der die Stimme eines Lehramtes in der Kirche als Gegengewicht und gegebenenfalls schiedsrichterliche Instanz in der freien Diskussion im Volke Gottes für unentbehrlich hält, kann darüber glücklich sein.[21]
Die andere nachhaltige Enttäuschung wurde schon vorher, 1967, die Enzyklika Pauls VI. über den Zölibat. Auch diese Enzyklika zeigt, daß die Vorhaltungen hochqualifizierter Fachleute auf dem Konzil und nach dem Konzil umsonst waren. Im Gegenteil, die Zölibatsfrage, in der ja auch nach »konservativer« Überzeugung keinerlei glaubensverbindliche Vorgabe, sondern nur eine Ermessens-

frage zur Gestaltung des kirchlichen Lebens zur Debatte steht, ist geradezu ein Musterbeispiel dafür, wie alle zwingenden Argumente aus Theologie, Humanwissenschaften und pastoraler Erfahrung auf dem Tisch liegen und dennoch durch reinen Machtspruch nicht zu einer Änderung der kirchlichen Vorschriften führen. Zwar hatte auch Johannes XXIII. nachweislich niemals die Absicht, den Pflichtzölibat der Priester aufzuheben.[22] Aber, und das ist wieder echt Johannes XXIII., er hat zum Erstaunen und mancherorts zur Entrüstung vieler damit angefangen, Priester von der Verpflichtung zum Zölibat zu entbinden und ihnen die kirchliche Trauung zu ermöglichen, wenn sie das aus Gewissensgründen wünschten und bereit waren, dafür ihr Amt niederzulegen. Diese Praxis hat sein Nachfolger Paul VI. fortgeführt, allerdings fortschreitend eingeengt. Johannes Paul II. hat diese Praxis rigoros gestoppt und nur noch dort fortgeführt, wo das Kirchenrecht das immer schon ermöglichte: wenn jemand nachweisen konnte, daß er unter Zwang die Weihe empfangen hat. Dabei gibt man sich inzwischen ganz »modern« und dehnt den Begriff des Zwanges auch auf psychischen (tiefenpsychologischen) Zwang aus. Doch macht dies die Sache nicht besser, sondern schlimmer. Denn nun hat ein in Konflikt geratener Priester nur dann eine Chance auf die »Laisierung« (kirchenrechtlich korrekt: die »Zurückversetzung in den Laienstand«[23]), wenn er faktisch sich selbst als Neurotiker bezichtigt. Kein Wunder, daß aufrechte Charaktere unter den konfliktbeladenen Priestern das ablehnen. In den offiziellen theologischen Begründungen für den Zölibat – von der Enzyklika Pauls VI. bis zu den mehrfachen Rundschreiben Johannes Pauls II. über Priesteramt und Priesterausbildung und seinen Gründonnerstagsbriefen an die Priester[24] – können die Betroffenen beim besten Willen ihre Problematik weder geistlich noch menschlich wiedererkennen. Inzwischen nimmt die damals schon absehbare »Versteppung« der Gemeinden, in denen die sonntägliche Eucharistiefeier mangels eines Priesters immer weniger selbstverständlich ist, dramatisch zu – in anderen Weltgegenden noch mehr als in Europa. Das Stöhnen geht – natürlich nur selten öffentlich – quer durch den Episkopat. Aber es hilft nichts. Es hilft auch nichts, daß im Jahre 1985 von den 76 Priestern, die der Papst bei seinem ersten Lateinamerika-Besuch 1979 geweiht hatte, mittlerweile 35 schon wieder aus dem Amt geschieden und verheiratet waren. – Zur Klarstellung: Ich bin ganz und gar nicht der Meinung, eine Aufhebung des verpflichtenden Zölibats für die Weltpriester würde auf einen Schlag alle Probleme mit dem Priesteramt in der Kirche lösen. Im Gegenteil, es ist absehbar, daß auch durchaus neue Probleme entstehen können. Aber *einige* Probleme, und zwar sehr elementare und dringliche – ich denke vor allem an erschütternde Schicksale betroffener Frauen und Kinder –, wären lösbar, eine große Zahl von Konflikten, die kaum noch einem vernünftigen Menschen zu erläutern sind, würden sich von selbst erledigen.[25]

b) Entwicklungen, die sich im Windschutz der Liturgiereform angebahnt hatten, wurden bald von Rom zensuriert, so z. B. die Bemühungen um die sogenannte »gemeinsame Buße« als – im Licht der Bußgeschichte gut begründbare – andere Form des Bußsakramentes und als Alternative zur Einzelbeichte (»Ohrenbeichte«).[28] Desgleichen und trotz aller guten Gründe wurde selbstverständlich jede Form der Abendmahlsgemeinschaft mit den Kirchen der Reformation blockiert – und mehr als die sogenannte »offene Kommunion«, etwas unglücklich auch als »eucharistische Gastfreundschaft« bezeichnet, war ja gar nicht gefordert.[27] Trotz der dem Gewissen der Betroffenen mehr Rechnung tragenden Änderung der kirchenrechtlichen Bestimmungen für die konfessionsverschiedene Ehe seit 1970, nun festgeschrieben im neuen Kirchenrecht von 1983 – Änderungen, die wenigstens das Dringlichste regeln, aber immer noch Wünsche offen lassen – gibt es keineswegs eine »ökumenische Trauung«. Es gibt nur innerhalb der Diözesen oder regional verabredete Trauungsformulare für entweder evangelische oder katholische Trauungen unter jeweiliger Mitwirkung eines Amtsträgers der Schwesterkirche. Für die Betroffenen macht das meist wenig aus, weil sie die kirchenrechtlichen und teilweise auch theologischen Feinheiten dahinter meist nicht begreifen. In der Tat ist eine »ökumenische« Trauung auch ein »hölzernes Eisen«, solange die katholische Kirche, theologisch und kirchenrechtlich abgesichert, daran festhält, daß erst in der kirchlichen Trauung und durch sie die Ehe *rechtsgültig* geschlossen wird, während nach evangelischem Verständnis die Trauung nur die Einsegnung einer bereits geschlossenen Ehe ist. Aber eben die katholische Auffassung ist als solche das Problem, weil sie weder von der verbindlichen dogmatischen Vorgabe des Konzils von Trient erzwungen ist noch auf der Basis gegenwärtiger katholischer Theologie der Ehe als sinnvoll erscheint.[28] Wir wollen nicht ungerecht sein: Es ist ein außerordentlicher Gewinn, daß seelsorgliche Gesichtspunkte es hier geschafft haben, mit viel Phantasie eine verantwortliche Lösung zu finden, an der, wird sie auch entsprechend sensibel durchgeführt, alle Betroffenen ungetrübte Freude haben können. Nur: Es handelt sich letztlich um eine verabredungsgemäß tolerierte Lösung – und kein Pfarrer ist kirchenamtlich gezwungen, dem Begehren eines konfessionsverschiedenen Brautpaares nach einer »ökumenischen Trauung« nachzukommen. Die Liturgiereform gilt mit dem Erscheinen des neuen Meßbuches 1974 als »abgeschlossen«.[29] Seitdem überwacht Rom zentral, daß die Liturgie, abgesehen von der Muttersprache, einheitlich bleibt – bis in den afrikanischen Busch, wo 1985 eine volksverbundene und durchaus »brave« tansanische Liturgie wegen einiger Abweichungen vom römischen Prototyp verboten wurde.[30] Die Zuständigkeit der regionalen Autorität – der Bischofskonferenz –, die ja gerade im Rahmen der Liturgiekonstitution sozusagen als kirchenrechtliche Größe erst geschaffen wurde, existiert für Rom im Bereich liturgischer Fragen sozusagen nicht mehr. So ist es auch kein Wunder, daß Rom und in seinem Gefolge die Bischofskonferenzen eine ökumenische Chance ersten Ranges vorüberziehen ließen: die Anerkennung der sogenannten »Lima-Liturgie«, die im Zusammenhang mit der Konferenz der Kommission für »Faith and Order« des Weltkirchenrates 1982 konzipiert und gefeiert wurde und seitdem auch in der nicht-katholischen Welt als besonders festliche Form des Herrenmahles praktiziert wird. Niemand, der den Text prüft[31], kann übersehen, daß es sich um eine Liturgie handelt, die in Form und Inhalt ganz der nachkonziliaren Eucharistiefeier in der katholischen Kirche entspricht. Ihre Eigenart besteht vor allem in den musikalischen und textlichen Elementen aus aller Herren Länder dort, wo auch in der nachkonziliaren Liturgie durchaus Variabilität zugestanden und willkommen ist. Ich sehe nicht, was theologisch und liturgiewissenschaftlich hätte hindern sollen, diese Liturgie als zusätzliches liturgisches Formular zu genehmigen bzw. die Genehmigung den regionalen Autoritäten anheimzustellen. Gegebenenfalls hätte man ja einige kleine Änderungen veranlassen können, die die Eigenart dieser Liturgie nicht berührt und gleichzeitig bestimmte katholische *essentials* gewahrt hätten – zum Beispiel hätte man ja, falls man Bedenken gehabt hätte, die offizielle Form des Einsetzungsberichtes verlangen können. Hat womöglich die geheime Angst hinderlich gewirkt, die Zulassung der Lima-Liturgie – im Zusammenhang mit der gewichtigen »Lima-Erklärung« über Taufe, Herrenmahl und Amt[32] – könnte als Freigabe der Abendmahlsgemeinschaft verstanden werden? Das hätte sich leicht klarstellen lassen – und auch dann wäre eine rein katholische Feier der Lima-Liturgie immer noch ein bemerkenswertes Zeichen ökumenischer Hoffnung von seiten der katholischen Kirche gewesen.

c) Die Freiheit der Theologie, ihres Forschens und Fragens – festgeschrieben in der Offenbarungskonstitution[33] – blieb eine Hoffnung, die heute wieder in Furcht umschlägt, Furcht nicht zuletzt auch wieder vor altbekannter Bespitzelung zu Händen der römischen Behörden. Selbst die Anwendung der historisch-kritischen Methode in der Exegese – über deren Grenzen alle nüchternen Bibelwissenschaftler sich im klaren sind – wird schon wieder gefährlich, seit die erste Instruktion der Glaubenskongregation »über einige Aspekte der Theologie der Befreiung« deren »Fehler« auch auf Rudolf Bultmann zurückführt.[34] Die Sorgen der Verfasser der Instruktion sind verständlich, die Faktenbeschreibung zuweilen grotesk, vor allem die angebliche innere Verbindung von historisch-kritischer Exegese und dem angeblich »marxistischen« Ansatz der Theologie der Befreiung – aber die Anprangerung von Bultmann, durch dessen Einfluß doch auch katholische Exegeten die historisch-kritische Methode anzuwenden gelernt haben, ist alarmierend, zumal dann, wenn sich der Präfekt der Glaubenskongregation, Joseph Kardinal Ratzinger, inzwischen selbst zum Wortführer einer teilweise berechtigten, teilweise aber auch karikierenden Generalattacke auf die historisch-kritische Exegese macht.[35] Gar nicht erst zu reden von der Folgenlosigkeit der Worte des Konzils, daß, zum Zwecke tieferer Einsicht in die Offenbarung, die Theologie die Glaubenslehre immer neu interpretieren muß.

Das Maß der Beunruhigung unter Theologinnen und Theologen wurde voll, als 1990 die Glaubenskongregation ihre »Instruktion über die kirchliche Berufung des Theologen« veröffentlichte und gleichzeitig einen Treueid für alle künftigen höheren kirchlichen Amtsträger und alle in kirchlichem Auftrag Lehrenden anordnete.[36] Es ist anzuerkennen, daß die Instruktion sich große Mühe gibt, den Gewissenskonflikt eines Theologen, einer Theologin zwischen intellektueller Integrität und Bindung an die kirchliche Lehre zu beschreiben und zu würdigen. Im Endergebnis bleibt es aber bei der Forderung, daß dieser Konflikt, wenn er denn nicht mit schlichter Unterwerfung unter die kirchliche Vorgabe beendet werden kann, im Inneren des persönlichen Gewissens ausgehalten werden muß, auf keinen Fall aber öffentlich ausgetragen werden darf, und schon gar nicht – davor hat man offenbar am meisten Sorge – in den Massenmedien. Und dies gilt, wohlgemerkt, keineswegs nur für das verbindliche Dogma, sondern auch für die sogenannte »authentische« Lehre der Kirche, für die nicht unfehlbare Letztverbindlichkeit beansprucht wird. Denkt man dies zu Ende, dann wäre die logische Konsequenz, daß sich in der Zukunft auch an der nicht-definierten amtlichen Lehre der Kirche nie etwas ändern kann, weil dies ja offene, wenn nicht gar öffentliche Diskussion voraussetzt. Nun hat sich aber in vieler Hinsicht die nicht-definierte amtliche Lehre der

Kirche auf vielen Gebieten nachhaltig geändert. Gar nicht selten war es so, daß die jeweils gegenwärtige »authentische« Lehre der Kirche exakt das vertrat, was 50 Jahre zuvor eine heftig bekämpfte innerkirchliche Opposition auch schon gesagt hatte.[37] Und nicht einmal definiertes Dogma blieb von Revisionen verschont, die im Klartext mehr sind als bloße Neuinterpretation – auf dem Konzil ist das ja, wie wir sahen, mehrfach geschehen.[38] Trotzdem wird der Treueid gefordert. Welchen anderen Sinn – 25 Jahre nach der Abschaffung des früheren »Antimodernisteneides« – kann er haben als den, ein Disziplinierungsinstrument in die Hand zu bekommen, das im Extremfall wieder eine jahrzehntelange Blockade der Theologie herbeiführt wie schon einmal nach den antimodernistischen Entscheidungen der Jahrhundertwende?

Kurzum: Die Freiheit der Theologie existiert – zum Schaden für das Ansehen der Kirche – nur im Schutz *außerkirchlicher* Garantien. Einen »Fall Küng« hätte es in Italien, an einer kirchlichen theologischen Fakultät, nie gegeben. Der Gemaßregelte wäre seines Lehrstuhls verlustig gegangen, längst bevor er – spätestens – sein Buch »Unfehlbar? Eine Anfrage«[39] hätte schreiben können.

d) Die Kollegialität der Bischöfe mit dem Papst und die Forderung des Konzils nach mehr Dezentralisation in der Kirche, also nach mehr Respekt vor der Eigenart der Teilkirchen, haben sich bis jetzt kaum konkret ausgewirkt. Gezielt konservative Bischofsernennungen sorgten für konservative Zweidrittel-Mehrheiten in den Bischofskonferenzen, so daß von dort her keine unwillkommenen Neuaufbrüche zu erwarten sind. Die bisherigen Bischofssynoden in Rom waren Diskussionsveranstaltungen *in Anwesenheit* des Papstes – der aber nie mitdiskutierte und *nachher* veröffentlichte, was er aufgrund der gehörten Diskussion für angebracht hielt. Und auch wenn in solchen nachsynodalen päpstlichen Schreiben das aufrichtige Bemühen zu beobachten ist, das, was an Vielfalt der Anregungen auf der Synode zur Sprache kam, auch in den päpstlichen Text einfließen zu lassen,[40] so ändert das nichts daran, daß diese Bischofssynoden nicht das sind, was das Konzil sich eigentlich darunter vorgestellt hatte. Sie sind eher eine schon fast demütigende Karikatur dessen, was Papst Paul VI. gewollt hat, als er ihre Einrichtung mit dem Konzil beschloß: eben die Demonstration der Verantwortung des Weltepiskopates für die Kirche. Was nützen die aufrichtigsten und ertragreichsten Meinungsbildungsprozesse auf der Bischofssynode[41], wenn sie nicht auch für den Papst eine bindende Wirkung haben, die dann auch den Papst veranlassen muß, erst einmal mitzudiskutieren!

Das neue Kirchenrecht hat denn auch subtil das Ökumenische Konzil gegenüber dem Papst abgewertet und die alte, »naive« These des *Codex Iuris Canonici* von 1917, wonach das Konzil zusammen mit dem Papst die oberste Gewalt in der Kirche ausübt, so nicht stehen lassen.[42] Es handelt sich beim oberflächlichen Lesen nur um Nuancen und auf keinen Fall um einen direkten Widerspruch zu den Aussagen des Konzils. Aber zwei deutliche Unterschiede zum alten Recht fallen bei genauem Lesen auf: Nicht mehr das Ökumenische Konzil übt mit dem Papst zusammen die »oberste Leitungsvollmacht« (um den eingebürgerten, aber unangenehmen Ausdruck »Gewalt« zu vermeiden) aus, vielmehr ist jetzt in can. 336 an die Stelle des Konzils das »Bischofskollegium« getreten. Im folgenden can. 337 ist das Ökumenische Konzil *eine* von drei Möglichkeiten, wie das Bischofskollegium zusammen mit und unter dem Papst seine »höchste und volle Leitungsvollmacht« ausübt, wobei »andere Formen kollegialen Zusammenwirkens«, seien sie von den Bischöfen mit Zustimmung des Papstes unternommen oder umgekehrt vom Papst selbst eingeleitet, *gleichberechtigt* neben das Konzil treten. Der Text des Kirchenrechtes selber suggeriert also dem Papst, es erst einmal mit den anderen, einfacheren, weniger aufwendigen Formen der Kollegialitätspraxis zu versuchen, ehe er ein Konzil einberuft, das in der Sicht des Kirchenrechtes ja theologisch gar keinen Vorsprung vor jenen anderen Formen mehr hat. Demgegenüber werden freilich die Primatsvollmachten des Papstes ohne jede Abschwächung wiederholt und rechtlich festgeschrieben. Bedenkt man nun noch, daß im Entwurf des *Codex* von 1980, also nur drei Jahre vor der Veröffentlichung, das Konzil noch mit keinem Wort erwähnt wird, dann ist die Unterstellung, die subtile Abwertung des Konzils sei gewollt, kaum als Einbildung abzutun.

Die bisherigen Bischofssynoden haben sich unter solchen Vorgaben denn auch mit vergleichsweise weniger wichtigen, vor allem aber: mit innerkirchlichen Problemen befaßt – die jüngeren etwa mit der Ehelehre (natürlich auf der Bahn von *Humana vitae*), mit der Buße in der Kirche, mit der Priesterausbildung. Dort, wo das Herz des Konzils schlug – Vorrang des ganzen Volkes Gottes bei der Beschreibung des Wesens der Kirche, vor dem Amt, das auch als hierarchisches Amt dem Volk Gottes zu *dienen* hat, Einheit in Vielfalt, Öffnung zur Welt, Dialog und Selbstzurücknahme –, da haben die Bischofssynoden nicht weitergemacht beziehungsweise nicht weitermachen können. Von einer »Seelsorgsstrategie der Weltkirche«, wie Karl Rahner sie im Zusammenhang seiner Grundinterpretation des Konzils gefordert hat, ist gleich gar nichts zu sehen. Das Stichwort von der »Neuevangelisierung Europas« hat dem 1984 verstorbenen Rahner ja noch nicht vor Augen gestanden und ist wohl auch nicht das, was ihm vorschwebte.[43] Denn Seelsorge ist etwas anderes als eine »Evangelisierung«, deren bis jetzt erkennbare praktische Durchführung vor allem kirchlich-institutionelle Gestaltungs- und Mitspracheansprüche beinhaltet, die, vor allem wenn wenig ökumenische Sensibilität das Handeln steuert, immer wieder manches böse Blut verursachen.

Dazu paßt denn auch, daß man keineswegs davon abgelassen hat, seine Hoffnungen auf staatliche Privilegien zu setzen, wie das Konzil es doch gefordert hat. Im Gegenteil, wo die Staaten sich irgendwie darauf einließen, hat man Konkordate geschlossen, und nicht selten hat sich der Staat dabei zum Büttel kirchlicher Interessen und sogar *rein* kirchlicher Interessen machen lassen, auch auf Kosten des nicht-christlichen Steuerzahlers. In der alten Bundesrepublik war diese Kirchenpolitik so erfolgreich, daß die neuen Länderkonkordate vollständig Abhilfe schaffen, sollte eines Tages das umstrittene alte Reichskonkordat aus politischen oder juristischen Gründen seine Gültigkeit verlieren.

Desgleichen blieb die Forderung des Konzils, daß die römische Kurie sich als *Hilfsorgan* und nicht als Überwachungsinstanz gegenüber den Bischöfen zu verstehen und zu betätigen habe, ein frommer Wunsch. Zwar führte Papst Paul VI. gemäß Bischofsdekret Art. 9 und 10 sogleich nach dem Konzil eine Kurienreform durch, die für mehr reibungsloses Zusammenspiel sorgte. Aber das kam nur der Kurie selbst zugute – und funktioniert auch nach Paul VI. erkennbar nicht mehr so selbstverständlich. Im Verhältnis zu den Bischöfen der Welt jedoch verbesserte die Kurienreform nur die Möglichkeiten und die Effizienz des zentralistischen Regimes.
Und wie die »Instruktion über die kirchliche Berufung des Theologen« die Hoffnungen auf Zulassung des freien Wortes in der Kirche fast auf Null brachte, so jüngst das Schreiben der Glaubenskongregation über die Kirche als *Communio* im Hinblick auf das Verhältnis der Universalkirche zu den Teilkirchen.[44] Alle ohnehin nur sanft greifenden Bremsen des Konzils gegenüber einem ausufernden Verständnis und einer rücksichtslosen Praxis der päpstlichen Primatsvollmacht werden hier gelöst. Im Einspruch gegen vermeintliche oder hier und dort sogar wirkliche »separatistische« Tendenzen wird die hierarchische Struktur der Kirche durch den Gedanken der »Gemeinschaft der Teilkirchen«, aus denen nach Art. 23 der Kirchenkonstitution die Universalkirche »besteht«, nicht etwa kommentiert, in ihrem wirklichen Sinn erhellt und damit auch begrenzt; vielmehr wird umgekehrt dem Gedanken von der Kirche als *Communio* die unüberschreitbare Grenze gezogen durch den ehernen

Hinweis, daß die Gemeinschaft der Teilkirchen nur »mit und unter Petrus« *(cum Petro et sub Petro)* die Universalkirche bilde. Im Klartext: Jede Kritik am gegenwärtigen Verständnis und an der gegenwärtigen Praxis des päpstlichen Primates ist Kritik am Wesen der Kirche selbst. Wäre dies wahr, dann wäre das ganze Zweite Vatikanische Konzil nur noch Stoff für eine Satire. Denn dann wäre die alles bisherige überschreitende Einschärfung des päpstlichen Primates, wie sie in der »Erläuternden Vorbemerkung« zur Kirchenkonstitution zum Ausdruck kommt und dem Konzil bekanntlich geschäftsordnungswidrig aufgezwungen wurde, der eigentliche Sinn des Kirchenverständnisses des Zweiten Vatikanischen Konzils, und dieses hätte eine Ekklesiologie, eine »Lehre von der Kirche« verkündet, die selbst noch die Lehre des Ersten Vatikanischen Konzils in den Schatten stellt. Zu allem Überfluß glaubt die Erklärung auch noch, alle ökumenische Suche nach neuer Einheit der Kirche ziele »objektiv«, also einschlußweise und gegebenenfalls unbewußt und verborgen darauf ab, eine solche Einheit der Christenheit »mit und unter Petrus« wieder herbeizuführen. Die Reaktionen aus der Ökumene sind leicht zu ahnen und inzwischen schon aktenkundig.[45]

e) Und überhaupt der ökumenische Dialog! Seit etwa 1970 stockt er auf der ganzen kirchenamtlichen Linie, von protokollarischen Höflichkeiten, gelegentlichen nadelstichhaltigen Ansprachen und natürlich von der »Ökumene der beschwörenden Worte«[46] abgesehen. Dabei ist anzumerken, daß sich die gegenseitigen Reserven zwangsläufig gegenseitig hochgeschaukelt haben: Die evangelischen Kirchen (und ebenso die ostkirchlich-orthodoxen) werden um so zurückhaltender, je mehr sie beobachten, daß die römisch-katholische Kirche absichtsvoll auf die alten Gleise zurückkehrt; diese wird dann um so reservierter, weil sie die wachsende Verhärtung der nicht-römischen Kirchen beklagen zu müssen glaubt. Und so fort. Wie ist das möglich, wo doch seit derselben Zeit ein »Konsenspapier« nach dem anderen erschien, weltweit oder regional, zwischen der Kirche Roms und dem Ökumenischen Rat oder zwischen der katholischen und den lutherischen Kirchen oder anderen aus der Reformation hervorgegangenen Kirchen erarbeitet? Soll man am Ende denken: Gerade weil es jetzt in der Theologie ernst wurde mit der ökumenischen Öffnung der Kirche, wurde man in den kirchlichen Amtsstuben um so vorsichtiger, um keinen übereilten Schritt später bereuen zu müssen? Drei Tatsachen sprechen jedenfalls für sich.

Die erste Tatsache: Unmittelbar nach dem Konzil – mit Vorzeichen schon während der Konzilszeit – beginnt eine Serie zumindest indirekter und teilweise direkter antiökumenischer Maßnahmen Roms, die bis zur Stunde keinen Schlußpunkt gefunden haben – angefangen mit der gegenüber den Kirchen der Reformation nach Inhalt und Zeitpunkt wenig sensiblen neuen Ablaß-Instruktion, die ausgerechnet am 1. Januar 1967 veröffentlicht wurde, dem Jahr, in dem die reformatorische Christenheit das 450. Jahr nach der Veröffentlichung von Luthers Ablaßthesen beging, bis zur vatikanischen Stellungnahme zur Ordination der weltweit ersten lutherischen Bischöfin in Hamburg am 30. August 1992, die der Sprecher des Papstes natürlich prompt als zusätzliches Hindernis für das ökumenische Gespräch mit Rom hinstellte.[47] Wir wollen hier keine Skandalstory des nachkonziliaren ökumenischen Gespräches erzählen – aber sie wäre unschwer möglich.[48]

Die zweite Tatsache: Da die Serie der antiökumenischen Taten nur einer kleinen Schar fachkundiger Beobachter der ökumenischen Szene auffiel, kam die Resignation in der breiteren kirchlichen Öffentlichkeit phasenverschoben etwa ein gutes Jahrzehnt später. Man kann etwa sagen: Bis zum Jahre 1980 (Jubiläumsjahr des Augsburger Bekenntnisses von 1530) war das ökumenische Interesse der kirchlichen Öffentlichkeit – auch in den evangelischen Kirchen – vergleichsweise ungebrochen, obwohl alle ökumenischen Dokumente dieser Jahre auf der Ebene der Institutionen folgenlos blieben (etwa das sogenannte Malta-Dokument von 1971, oder das Dokument »Das Herrenmahl«, oder die Erklärungen des Papstes zum Augsburger Bekenntnis, die wichtigen Dialog-Ergebnisse der US-amerikanischen lutherisch-katholischen Dialog-Gruppe usw.). Danach fiel die Kurve des Interesses steil ab. Das traf sogleich die wichtigen Konvergenzerklärungen von Lima[49], die im Vergleich zu 1980 deutlich zurückhaltenderen amtlichen Äußerungen zum Luther-Jahr[50] und schließlich das Dokument über die Lehrverurteilungen des 16. Jahrhunderts und ihre heutige Bedeutung[51]. Wenn seit Jahrzehnten die klügsten Köpfe in Theologie und Kirche Konsens und neue Gemeinschaft der Kirchen für möglich halten und auf der amtlichen Ebene nichts geschieht, wird sich notwendig das kirchliche Interesse am ökumenischen Gespräch auf eine immer kleiner werdende Gruppe Unentwegter beschränken, die es nicht aufgeben, gegen alle Hoffnung zu hoffen.[52]

Die dritte Tatsache: Seit etwa einem Jahrzehnt ist zu beobachten, daß die nicht-katholischen Kirchen mit »Rom« gleichsam die Geduld verlieren und, nachdem eine neue Kircheneinheit an der starren Haltung Roms gescheitert ist[53], in ihren eigenen Gemeinschaften tun, was sie aufgrund ihrer Überzeugung schon lange hätten tun können, aber unter anderem mit Rücksicht auf das Gespräch mit

Rom zurückgestellt hatten: Lutherische Kirchen schließen Kirchengemeinschaft mit methodistischen Kirchen, die Anglikaner beginnen mit der Frauenordination, die lutherische Welt hat inzwischen mehrere Bischöfinnen (und schon seit längerem Pröpstinnen und Superintendentinnen).
Es sieht also zur Zeit düster aus für eine neue Gemeinschaft der Kirchen. Dabei gibt es eine Fülle von Detailfragen, die man auch ohne Präjudizierung ungelöster theologischer Fragen konstruktiv angehen könnte, wenn man nur wollte. Aber nicht einmal das geschieht: von stärkerer Mitarbeit in den Kommissionen des Weltkirchenrates – eine formelle Mitgliedschaft ist derzeit aus Gründen kirchenpolitischen Taktes nicht wünschenswert, sie würde aufgrund der Quotenregel den Ökumenischen Rat selbst gefährden, weil die römisch-katholische Kirche dann oft zusammen mit den orthodoxen die Reformationskirchen an die Wand stimmen würde[54] – bis zur gemeinsamen Seelsorge an konfessionsverschiedenen Ehen. Und warum erarbeitet der Papst nicht einmal eine Enzyklika zu Problemen der Gegenwart gleich zusammen mit Genf – so wie es ja auch schon gemeinsame Denkschriften der evangelischen und katholischen Bischofskonferenzen in Deutschland gibt? Im Hintergrund solchen Nicht-Wollens steht am Ende immer noch die Weigerung, mit dem Konzil die Kirchen aus der Reformation als »Kirchen und kirchliche Gemeinschaften« zu würdigen und daraufhin das Amt in diesen Kirchen anzuerkennen, weil es das Amt einer *Kirche* ist, die man doch als solche anerkennt. Kommt dann noch die gegenwärtige katholische Kirchen-Innenpolitik dazu – Stichworte: Bischofsernennungen, Verweigerung des *Nihil obstat* für Theologieprofessorinnen und -professoren gegen das Votum der Fakultäten und der zuständigen Bischöfe –, dann möchte man selbst als Katholik gelegentlich den evangelischen Kirchenleitungen raten: Wartet ab, wie sich die Dinge entwickeln. Denn Respekt vor der »Freiheit eines Christenmenschen« steht zur Zeit in der Kirche Roms nicht hoch im Kurs.

f) Und um auch dies nicht unerwähnt zu lassen: Mehrfach waren wir darauf gestoßen, daß das Thema »Frau in der Kirche« und gar die Anfragen einer »feministischen Theologie« noch keine Fragen des Konzils waren – erkennbar nicht zuletzt an der herkömmlichen »inklusiven«, also maskulinen Sprache auch da, wo Frauen und Männer zugleich gemeint sind. Um so unbekümmerter konnten Rom und der konservative Teil der katholischen Christenheit dieses Thema perfekt abblocken. Jeden Gedanken an eine Frauenordination hat die Glaubenskongregation in einer Erklärung (und Johannes Paul II. bei verschiedenen Ansprachen) ausdrücklich und mit den fragwürdigsten Argumenten abgeblockt.[55] Einige deutsche Bischöfe sympathisierten daraufhin mit einer verstärkten Förderung von Pastoralassistent*innen*. Ob bewußt oder unbewußt: Das hat eine ausgesprochen restriktive Wirkung. Denn es blockiert fürs erste jede Tendenz einer Aufhebung des Pflichtzölibates. Die Pastoralassistenten – das ergibt sich aus der Entstehungsgeschichte dieses neuen Amtes in der Kirche seit Ende der 60er Jahre – sind ja unweigerlich die »Reservearmee« künftiger verheirateter Priester. Der Ausschluß der Frau vom Amt liefe aber in diesem Fall auf eine solche öffentliche Diskriminierung der Frau hinaus, daß man, um sie zu vermeiden, auch die Pastoralassistenten nicht zu Priestern machen könnte – also, wie erwünscht, erneut den Pflichtzölibat zementieren kann.

Kurz und schlecht – und um mich vor einem klaren Urteil nicht zu drücken: Selten in der Kirchengeschichte ist eine nicht einmal qualifizierte Minderheit – wie öfter schon gesagt: zwischen 300 und 500 Vätern unter 2700 – auf einem Konzil so pfleglich, geradezu zartfühlend und auf Kosten des öffentlichen »Image« des Papstes behandelt worden unter Inkaufnahme widersprüchlicher, jedenfalls uneindeutiger Formulierungen der Konzilstexte. Und selten hat diese Minderheit anschließend ungenierter – um nicht zu sagen: schamloser und dreister – die von ihr erzwungenen Uneindeutigkeiten der Konzilstexte ausgenutzt, um sich an dem klaren Mehrheitswillen der Repräsentanten der Weltkirche vorbei auf den Bahnen des Hergebrachten durchzusetzen. Wenn es dazu eines Beweises bedürfte, so wäre er gegeben durch die Behandlung der ohnehin durch den dichten Filter der deutschen Bischofskonferenz gegangenen und darum ganz bescheidenen Anträge der Würzburger Gemeinsamen Synode der Bistümer in der Bundesrepublik Deutschland durch Rom[56] – nämlich ihrer Ablehnung durch gezielte *Nicht*-Behandlung. Das aus Glaube und Hoffnung geborene Prinzip des alten Pietisten Philip Jakob Spener: »Warten auf bessere Zeiten!« möche man fast zynisch abwandeln und sagen: »Warten auf *schlechtere* Zeiten!« Ein nüchterner Blick auf die Realitäten muß ja zu dem Schluß kommen: Die Öffnung zur Vielfalt, die Verflüssigung des zentralistischen bürokratischen Leitungsstils der römischen Kurie – und der »römischen« Kurien außerhalb Italiens – ist nur zu erwarten, wenn für sie *schlechtere* Zeiten kommen, in denen sie einfach nicht mehr durchsetzen können, was sie durchsetzen möchten. Deshalb fallen, das ist das bedrückendste Ergebnis der nachkonziliaren Entwicklung, die *Bischöfe* vorläufig als Partner einer offenen Diskussion strittiger Fragen in der Kirche fast aus: Sie stehen (wieder) so unter Loyalitätsdruck, daß sie alles und jedes verteidigen müssen – bis hin zur offiziellen Ablehnung von Ministrantinnen –, was Rom anordnet. Und wer aus privaten Kontakten weiß, daß manche Bischöfe anders denken und unter der Last der Vermittlung zwischen der »Kirche am Ort« und der zentralen Kirchenleitung stöhnen – gelegentlich auch fluchen –, darf Einzelheiten öffentlich nicht sagen, um ihnen ihre Aufgabe nicht noch schwerer zu machen. Sinngemäß gilt gleiches inzwischen wieder für die Theologieprofessoren an katholischen Fakultäten: Bis sie einen Ruf haben, müssen sie ihre Zunge hüten (weshalb es inzwischen wieder sehr schwer ist, Lehrstühle für Dogmatik und Moraltheologie zu besetzen). Und wenn sie im Amt sind, müssen sie verklausuliert, »ausgewogen« reden, um die Lehrbefugnis nicht wieder zu verlieren. Bewegen wir uns wieder auf den alten Satz zu: »Katholiken sind falsch?«

2. Nur »Restauration«?

Wo soviel Schatten ist, muß auch Licht sein. In der Tat war nicht *alles*, was nach dem Konzil geschah, das große »roll back«. Wir können wiederum fast nur in Stichworten reden.

a) Die Liturgiekonstitution ist fast schon überholt durch die mutigen weiteren Schritte, die mit Rom zusammen und unter seiner aktiven Förderung inzwischen getan wurden. Es sei nur erinnert an die vom Konzil noch nicht anvisierte *vollständige* muttersprachliche Liturgie und an das – trotz des »Abschlusses« der Reform – um ein Vielfaches erweiterte Angebot neuer (und verbesserter alter) liturgischer Texte, die das Beste vom großen Erbe der liturgischen Tradition neu lebendig machten. Davor verblassen letztendlich alle noch unerfüllten Wünsche im Detail.

b) In der an sich ganz restriktiven Erklärung *Mysterium Ecclesiae* von 1973[57] – aus römischer Sicht eindeutig eine Verurteilung der ekklesiologischen Thesen von Hans Küng und vieler, die ähnlich denken wie er, etwa im Team der Zeitschrift *Concilium* – steht erstmalig in einem kirchenamtlichen Dokument die Aussage, daß auch dogmatische Formulierungen geschichtlichen Charakter haben und darum nicht zu jeder Zeit in gleichem Maß gut das zum Ausdruck bringen, was die Wahrheit des Glaubens ist. Allein dieser Aussage wegen muß man die Erklärung als einen Markstein würdigen. Und es ist sehr bedeutsam, daß die schon erwähnte Instruktion der Glaubenskongregation »über die kirchliche Berufung des Theologen«

trotz ihrer restriktiven Tendenz dem Sinne nach diese Aussage wiederholt und bejaht.[58]

c) Obwohl das neue Gesetzbuch der Kirche, der *Codex Iuris Canonici* von 1983, nach Meinung kritischer Kirchenrechtler, die über der Jurisprudenz nicht die Theologie vergessen haben, »eine Katastrophe« ist[59], sollte man die wesentlichen Verbesserungen nicht übersehen. So ist es eine gute Sache, daß die Zahl der Canones gegenüber dem CIC von 1917 um ein Drittel reduziert wurde: ein kleiner Schritt in Richtung auf eine »erlaßfreie Kirche«, wo es möglich ist. Ebenso wurde das Strafrecht weitgehend eingeschränkt. Vor allem gibt es nur noch wenige Fälle einer von selbst eintretenden Exkommunikation *(excommunicatio latae sententiae)*, das heißt jener Fälle, wo der Ausschluß aus der Kirchengemeinschaft automatisch durch die Begehung der strafbaren Tat selbst eintritt – ein Vorgang, der bislang diese schwerste aller Kirchenstrafen nicht nur jeder Transparenz entzog, sondern sie auch zu einem Routinevorgang machte, mit Vordrucken der Bitte um Absolution als Folge. Ebenso gibt es weitgehende Verbesserungen des Eherechtes, auch wenn dessen problematisches System blieb. So ist zum Beispiel jemand, der aus der katholischen Kirche in einem öffentlichen Akt austritt und/oder in eine andere christliche Kirche übertritt, bei einer Eheschließung nicht mehr, wie bisher, an die kirchliche Eheschließungsform gebunden – die bisherige rechtliche Regelung machte nach dem Prinzip »einmal Katholik, immer Katholik« mancherlei absurden und zynischen Mißbrauch möglich.

d) Auch im ökumenischen Dialog ist nicht *alles* starr. Zwar war die Begegnung zwischen Philip Potter, dem Generalsekretär des Weltkirchenrates, und Papst Johannes Paul II. bei dessen Besuch in Genf im Jahre 1984[60] deutlich genug: Potter begrüßte den »Bischof von Rom« – und der Papst setzte dem freundlich, aber deutlich entgegen, was nach katholischem Selbstverständnis seines Amtes als »Bischof von Rom« ist. Aber: Noch nie hat ein Papst solch anerkennende Worte über Luther und die Reformation gefunden wie Johannes Paul II. In den enttäuschenden Äußerungen zum Lutherjahr wurde zwar deutlich, daß die wesentlich offeneren Worte zum Augsburger Jubiläum und beim ersten Deutschlandbesuch 1980 nicht auf persönlicher Quellenkenntnis des Papstes beruhen. Es kam und kommt eben bei solchen Gelegenheiten immer darauf an, wer die Vorlage zum Redetext macht. Aber er, der Papst, hat diese Worte gesagt – und teilweise auch später wiederholt. Dahinter kann nun auch niemand mehr zurück, und man wird alle, die es angeht, beharrlich daran erinnern müssen. Zum erstenmal in der Geschichte kann man sich auf Papstworte berufen, wenn man in Fragen des ökumenischen Dialogs nicht aufgibt. Im Windschutz solcher Papstworte kann die Ökumene heute von all den Selbstverständlichkeiten Gebrauch machen, die den Mut zur Zukunft der Ökumene geben.[61] Zur Zeit, da dieses Kapitel geschrieben wird, ist die spannendste Frage die, wie die Kirche auf das Dokument »Lehrverurteilungen – kirchentrennend«[62] reagieren wird, das indirekt durch den Papst veranlaßt wurde: Er hatte 1980 die »Gemeinsame Ökumenische Kommission« aus Vertretern des Rates der Evangelischen Kirche in Deutschland und der Deutschen Bischofskonferenz angeregt, die dem Ökumenischen Arbeitskreis evangelischer und katholischer Theologen den Auftrag erteilte, dieses Gutachten über die Fortgeltung oder Nicht-Fortgeltung der im 16. Jahrhundert wechselseitig ausgesprochenen »Verwerfungen« zu erstellen. Verschiedene höchstinstanzliche Gremien der evangelischen Kirchen haben sich dazu inzwischen geäußert, und zwar weitgehend differenziert-positiv. An der Art, wie die Kirche(n) dieses Dokument rezipieren und in kirchliche Wirklichkeit umsetzen oder diese Rezeption verweigern, wird man erkennen, ob der alte Verdacht, nur Machtinteresse und Bewegungsunfähigkeit hinderten die Kirchen an mutigen Schritten aufeinander zu, recht behält. Aber selbst im Falle eines Scheiterns dieser Bemühungen wird das Dokument aktenkundig machen, was vernünftigen und sachkundigen Theologen, die von jedem Verdacht der Illoyalität gegenüber ihren Kirchen frei sind, am Ende des 20. Jahrhunderts an Kircheneinheit real möglich erschien.

e) In einem Punkt hat die nachkonziliare Kirche in der Tat die Ansätze des Konzils weitergeführt und befestigt: in dem Fragenkomplex nach sozialer Gerechtigkeit und Frieden. Wie erinnerlich, fielen zu *diesem* Punkt (fast) die einzigen ausdrücklichen Verurteilungen des Konzils, nämlich hinsichtlich der Mißachtung der Menschenwürde durch ungerechte politische und wirtschaftliche Strukturen, hinsichtlich der Abtreibung und hinsichtlich der Rüstung mit »wissenschaftlichen Waffen« und des mit ihnen geführten totalen Krieges. Der immer noch nicht abgeschlossene Streit um die Befreiungstheologie und ihren Einfluß auf die Kirche in Lateinamerika darf nicht darüber hinwegtäuschen, daß es dabei nur um den *Weg* zu Gerechtigkeit und Frieden und um dessen mögliche ekklesiologische Voraussetzungen geht – Stichwort: »Basisgemeinden« versus »hierarchische Struktur der Kirche«. Es kann aber kein Zweifel mehr daran bestehen, daß die Kirche als ganze sich auf die Seite der

Armen und Wehrlosen gestellt hat. Der Blick auf die Kirche in der (alten und neuen) Bundesrepublik darf da nicht täuschen: *Wenn es stimmt* – es ist eine Frage des politischen Ermessensurteils –, daß die Kirche hierzulande noch immer auf der Seite der Mächtigen steht, so bewiese das nur, daß sie inzwischen im Geleitzug der Weltkirche eines der langsamsten Schiffe ist.

IV. Bleibende Aufgaben aus den Impulsen des Konzils

In einem seiner letzten Aufsätze hat Karl Rahner die Frage nach »vergessenen Anstößen des Zweiten Vatikanischen Konzils« gefragt.[63] Das Konzil also schon eine Fundgrube für Neuentdeckungen! Nach der nur knappen Schilderung der nachkonziliaren Epoche, die wir versucht haben, ist das gar nicht mehr verwunderlich. Rahner denkt dabei sowohl an Aufgaben, die die Theologie noch gar nicht angepackt hat, als auch an noch nicht durchgeführte Reformen. Rahner selbst betont, daß er nur *einige* solcher Aufgaben nenne. Aber sie sind exemplarisch, und deshalb will auch ich sie hier nennen – und weitere Einzelheiten der Lektüre des kurzen Rahner-Aufsatzes überlassen.

1. Antwort auf den Atheismus

Die theologische Antwort auf die Bedeutung des Atheismus steht noch aus. Das Konzil hat zwar den Atheismus als *Lehre* verurteilt, sogar in ziemlich brüsker Form (»... widerstreitet der Vernunft und der menschlichen Würde«).[64] Aber es hat auch klar zu erkennen gegeben, daß selbst ein theoretisch bewußter Atheismus nicht unbedingt von der Gnade Gottes auschließt, wenn solche Menschen ihrem Gewissen entsprechend leben. Vor 50 Jahren war es noch eine gängige und unbezweifelte These der katholischen Theologie – ein Erbe des Ersten Vatikanischen Konzils –, daß ein Atheist zwar vorübergehend, nicht aber auf Dauer *ohne Schuld* Atheist bleiben könne. Sind wir also, fragt Rahner, inzwischen von einer Heerschar von Bösewichten umgeben? Wer diese Frage verneint, muß sich überlegen, wie das denn zugehen soll: Ein Atheist lebt in der Gnade Gottes, ohne die er doch nicht zum Heil kommen kann. Das Konzil mit seinem Wort von den »Wegen, die nur Gott bekannt sind«, gibt hier keine Lösung, sondern einen Denkanstoß.

Dahinter steht übrigens das Problem, das Karl Rahner seit Jahrzehnten umtrieb: das Verhältnis zwischen einer scheinbar gottfernen Weltgeschichte und der speziellen Heilsgeschichte Israels und der Kirche.⁶⁵ Wenn denn nicht, gut (beziehungsweise schlecht) augustinisch, die Hölle das Ergebnis der Weltgeschichte sein soll, ausgenommen einige wenige Gerettete, dann muß die Theologie sich Rechenschaft geben, *wie* denn die Kirche »Zeichen und Sakrament« des Heils einer Menschheit sein soll, die in ihrer erdrückenden Mehrheit dieses Zeichen nicht lesen kann oder sogar nicht lesen will.⁶⁶

2. Inkulturation der Liturgie

Es kann für die »Weltkirche« nicht genügen, die Liturgie bloß zu übersetzen, im übrigen es aber bei der lateinischen Liturgie zu belassen, das heißt: bei der Liturgie der Westkirche, und das auch noch, wie schon angedeutet⁶⁷, einer hauptsächlich am Vorbild der altkirchlichen Liturgie orientierten Gottesdienstform. Bliebe es dabei, dann könnte an einem entscheidenden Punkt der Grundverdacht gegen das Christentum, nämlich ein westlicher Import zu sein, nicht glaubwürdig gegenstandslos werden. Wer aber hat dazu bis jetzt Einfälle gehabt oder solche gefördert?⁶⁸

3. Kollegialität der Bischöfe

Die Kollegialität der Bischöfe mit dem Papst funktioniert, wie gezeigt, nicht nur praktisch nicht. Es ist auch theoretisch-theologisch noch nicht in Angriff genommen worden (vielleicht auch gar nicht erwünscht), abzuklären, wie denn *zwei* Subjekte der höchsten Gewalt in der Kirche nebeneinander bestehen können, ohne daß die Einheit der Kirche zerbricht. Bei dieser Frage spielt es keine Rolle, ob neben dem Papst das Ökumenische Konzil oder, um den Preis seiner subtilen Abwertung, das Bischofskollegium als zweites Subjekt angesehen wird.⁶⁹ Theoretisch ist eine solche doppelte Trägerschaft der höchsten Vollmacht in der Kirche nicht von vornherein undenkbar. Dazu aber müßte geklärt werden, wie es zugehen kann – und zwar augenscheinlich, ohne die Notwendigkeit komplizierter Begriffsspaltereien –, daß der Papst auch dann, wenn er einmal allein für die ganze Kirche handelt, *als* Haupt des Bischofskollegiums handelt. Nur dann könnte es auch seinen restriktiven Anstrich verlieren, daß die Bischöfe nie *ohne* ihr Haupt gemeinsam handeln können, weder auf dem Konzil noch sonst. Wie aber kann man, auch rechtlich, und erst recht moralisch-normativ, sicherstellen, daß der Papst *als* Haupt des Bischofskollegiums handelt und nicht gegen es?

4. Revidierbare Rede

Es ist noch gar nicht hinreichend nachgedacht worden über Formen und Bedingungen, wie die Kirche auch in Zukunft das tun kann, was sie auf dem Konzil mit so viel Mut erstmalig getan hat: in vorläufiger Form, provisorisch, überholbar reden, und zwar bewußt und eingestandenermaßen. In der Praxis mag dieses Problem gar nicht so schwer sein. Die Träger des kirchlichen Lehramtes verfügen über eine breite Palette auch rechtsförmiger Äußerungsweisen von unterschiedlichem Gewicht. Es muß dann aber auch die Konsequenz gezogen werden. Eine grundsätzlich revidierbare Form kirchlicher Lehräußerungen und Stellungnahmen zu aktuellen Problemen hat Folgen für die Form von Loyalität, die dann die katholischen Christen solchen Äußerungen des Lehramtes schuldig wären. Dächte man darüber nach, so käme das ganze Verhältnis zwischen Volk Gottes (Laien) und Hierarchie ins Spiel, und der Begriff des Volkes Gottes würde an einer zentralen und empfindlichen Stelle konkret. Diese Folgen sind noch gar nicht abzusehen. Aber die Aufgabe ist durch das Konzil gestellt und – inzwischen fast vergessen! Oder um redlich zu sein: Die diesbezüglichen jüngsten Äußerungen des Lehramtes (Instruktion über die kirchliche Berufung des Theologen, Treueid, immer neue Einschärfung von *Humanae vitae*) mit ihrer Forderung nach innerem und äußerem Gehorsam auch gegenüber den nicht-definitiven Äußerungen des Lehramtes tun ja alles, um den Gedanken einer solchen differenzierten Loyalität möglichst nicht aufkommen zu lassen.

Kurzum: Die bleibende Aufgabe aufgrund der Impulse des Zweiten Vatikanischen Konzils besteht darin, mit Vorzug die Frage zu bedenken, wie die Kirche als Weltkirche, die sie mit dem Konzil öffentlich geworden ist, konkret werden kann. Theologisch und praktisch ist das zu bedenken. Und damit kommen wir zu einer abschließenden Überlegung.

V. Ein Drittes Vatikanisches Konzil?

Von Zeit zu Zeit ist schon der Ruf nach einem baldigen Dritten Vatikanischen Konzil laut geworden. Jüngst hat eine italienische Zeitung diese Frage auch Kardinal Ratzinger gestellt.[70] Er hat sie negativ beantwortet.

Auch ich denke, es wird so schnell kein Drittes Vatikanisches Konzil geben. Nicht aus dem Grund, den Kardinal Ratzinger in dem genannten Interview anführt. Er befürchtet nämlich, daß dann eine

mächtige konservative Konzilsmehrheit eine Zurücknahme der Ergebnisse des Zweiten Vatikanischen Konzils durchzusetzen versuchen würde. Sollte dies nicht ein besonders subtiles Abwehrargument sein – man zeigt den Befürwortern eines neuen Konzils vorsorglich die »Folterwerkzeuge« –, so teile ich *diese* Begründung einer Warnung vor einem neuen Konzil nicht. Es würde vielmehr mit Sicherheit dasselbe geschehen, wie auf dem Zweiten Vatikanischen Konzil auch: Konservative Konzilsväter würden auf dem Wege der Vorbereitung der Vorlagen, der Debattenbeiträge und notfalls auch wieder mit Intrigen versuchen, ihre Sache durchzubringen, und die überwältigende Mehrheit des Weltepiskopates würde das nicht hinnehmen und sich vermutlich aufgrund der Erfahrungen von 1962 bis 1965 nicht noch einmal so weitgehend manipulieren lassen. Ich sehe einen viel banaleren, aber ganz realistischen Grund, der gegen die Hoffnung auf ein neues Konzil spricht: Solange es noch Überlebende des Zweiten Vatikanischen Konzils gibt, die die Erinnerung an die mörderische Arbeit dieser Jahre wachhalten können – also nicht nur Konzilsväter, sondern auch direkt oder indirekt beteiligte Zeitgenossen –, wird man einfach vor einer solchen Großveranstaltung verzagen. Zumal die mit dem Ruf nach einem Dritten Vatikanischen Konzil gelegentlich verbundenen Utopien, dieses Konzil dann zu einem Konzil der ganzen Christenheit zu machen, die Schwierigkeiten vervielfachen dürften.
Um so überraschender war darum die Ankündigung einer außerordentlichen Bischofssynode für das Jahr 1985, auf dem nach 20 Jahren eine Bilanz der nachkonziliaren Entwicklung in einer veränderten Welt gezogen werden sollte. Nach den Informationen, über die ich verfüge, war es ein spontaner Einfall des Papstes zwei Tage vor seiner damaligen Lateinamerikareise. Es war also fast wie bei Johannes XXIII. in bezug auf das Konzil.
Der Gedanke einer Bilanz ohne den Riesenapparat eines Konzils war durchaus vernünftig. Sollte damit die Absicht verbunden gewesen sein oder verbunden worden sein, die in einigen Äußerungen damals anklang, vor allem die negativen Folgen des Konzils anzuprangern und im Hinblick darauf das Konzil mehr oder weniger zurückzudrehen, so konnte das so wenig gelingen, wie die Manipulation des Konzils selbst. Die Repräsentanten der Weltkirche in Rom mußten sich wiederum anhören, was die Weltkirche wirklich denkt und was sie nach wie vor nicht hören wollten. Das Ergebnis hat denn auch alle Vorab-Kritik zum Verstummen gebracht. Der Schlußtext der Sondersynode – von Walter Kasper, heute Bischof von Rottenburg-Stuttgart redigiert – beseitigt alle Befürchtungen, als *wollte* das kirchliche Amt hinter das Konzil zurück.[71] Die Son-

dersynode hat nicht weniger gezeigt als dies: Das Konzil hat einen Bewußtseinsstand geschaffen, der als solcher dauerhaft ist. Man kann das mündige Volk Gottes nicht mehr unmündig machen, es sei denn um den Preis eines totalen Vertrauensverlustes gegenüber der kirchlichen Autorität.
Unser Einblick in die negativen Seiten der nachkonziliaren Zeit vermag uns zwar nicht in euphorischen Optimismus zu versetzen. So wie die Dinge heute stehen, *kann* es sein, daß eine durch die wiedererstarkten konservativen und gar ultrakonservativen Kräfte völlig polarisierte Kirche das dritte Jahrtausend ihrer Geschichte beginnt. Aber selbst dies würde wie im Zerrbild die nicht mehr rücknehmbare Bedeutung des Zweiten Vatikanischen Konzils erweisen. In früheren Zeiten wären die Widersprechenden aus der Kirche ausgeschieden oder hinausgedrängt worden. Dem Augenschein nach wäre eine monolithische Kirche ihrem Papst und seinen Repräsentanten gefolgt. Heute kämpfen die Freunde der konziliaren Erneuerung den guten Kampf *in* der Kirche und hoffen auf den Heiligen Geist, der das Verhärtete beugt und das Verdorrte tränkt. Man kann wieder tapfer *in* der Kirche bleiben, obwohl man mit ihr gegebenenfalls nur Enttäuschungen erlebt. Man kann *in* der Kirche sogar wieder von einer *anderen* Kirche träumen.

VI. Ein Traum von der Kirche

Eine Reihe prominenter Zeitgenossen, Theologen und Nicht-Theologen, haben in den letzten Jahren öffentlich ihren »Traum von der Kirche« kundgemacht.[72] Ich bin nicht prominent, aber von der Kirche träume auch ich, und einmal habe auch ich meinen Traum von der Kirche öffentlich kundgemacht.[73] Da diese Veröffentlichung inzwischen vergriffen ist, erlaube ich mir, diesen Traum zum Abschluß unserer Erzählung vom Konzil noch einmal zu träumen.

Ich träume von einer Kirche, die klar und deutlich sagt, daß sie um des Evangeliums und des Glaubens der Menschen willen da ist.
Ich träume von einer Kirche, die weder in der Theorie noch in der Praxis meint, der Macht des Evangeliums über die Herzen mit »Maßnahmen« nachhelfen zu müssen.
Ich träume von einer Kirche, die in ihrem Selbstverständnis und in ihrem Erscheinungsbild die besten Elemente des katholischen, lutherischen, reformierten und: orthodoxen Kirchenverständnisses in fruchtbarer Spannung zusammenhält.

Ich träume von einer Kirche, die der Bürokratisierung widersteht, soweit das die sachlichen Notwendigkeiten nur irgendwie zulassen, und die mit Menschen anders umgeht, als staatliche Verwaltungen das zu tun pflegen.

Ich träume von einer Kirche, in der niemand mehr »Schwellenangst« haben muß, wenn er ein »Pfarramt« betritt.

Ich träume von einer Kirche, in der man nicht mehr »etwas werden« kann, außer: ein Zeuge des Evangeliums.

Ich träume von einer Kirche, die in ihrem Gemeinschaftsleben der modernen Gesellschaft und ihren angeblichen Sachzwängen das Gegenbild eines ganz anderen Zusammenlebens glaubwürdig vorhält.

Ich träume von einer Kirche, die auch Konflikte aushält, sie anders austrägt als »die Welt« und in der niemand die Frage nach der richtigen Auslegung des Evangeliums dazu benutzen kann, sich persönlich durchzusetzen.

Ich träume von einer Kirche, in der niemand mehr Angst um Evangelium und Glaube hat, wenn es nicht an allen Orten der Welt genauso zugeht wie an einem bestimmten Ort.

Ich träume von einer Kirche, die ihre »Sakramentalität«, die siegreiche Gegenwart der Gnade Gottes in ihr als die befreiende Freiheit versteht, jeden Tag, im Blick auf Personen und im Blick auf Strukturen, mit Gewißheit zu bitten: »Vergib uns unsere Schuld!«[74]

Ich träume von einer Kirche, die um ihren wirklichen Stellenwert weiß, die also in Lehre und Leben deutlich macht, daß sie selbst nicht das himmlische Jerusalem ist, sondern zum Verschwinden bestimmt, wenn das Reich Gottes kommt, wo nur noch das ist, dem die irdische Kirche den Weg zu bereiten und worauf sie hinzuweisen hat: Gemeinschaft mit Gott und untereinander.[75]

Das Erwachen aus solchem Traum ist dreißig Jahre nach dem Konzil immer noch hart – und wieder hart. Doch ohne Träume keine Leitbilder. Und ohne Leitbilder kein Weg in die dritte Epoche der Kirchengeschichte.

Leseempfehlungen:

Wie schon im 10. Kapitel, so wäre hier auf sehr viele Beiträge hinzuweisen, die meist in Zeitschriften und Sammelwerken (Festschriften) erschienen sind. Ich beschränke mich auf den Hinweis auf einige wichtige und perspektivenreiche »Bilanz«-Bände. Zunächst eine Ausnahme von der Regel:

der Aufsatz von *Guiseppe Alberigo,* Ekklesiologie im Werden. Bemerkungen zum »Pastoralkonzil« und zu den Beobachtern des II. Vatikanums, in: ÖR 40 (1991) 109–128.

»Bilanzen« erschienen naturgemäß vor allem aus Anlaß der »runden« Gedenktage: 1975 (10 Jahre Abschluß), 1985 (20 Jahre Abschluß, Sondersynode), 1990 (25 Jahre Abschluß). Also: *Andreas Bauch/Alfred Gläßer/Michael Seybold (Hg.),* Zehn Jahre Vaticanum II, Regensburg 1976 (s. auch *Leseempfehlungen* zum 10. Kapitel). 1983, aus Anlaß des Inkrafttretens des neuen *Codex Iuris Canonici,* brachte *Concilium* ein Themenheft: Das ökumenische Konzil: Seine Bedeutung für die Verfassung der Kirche (19, 1993, H. 8/9) – mit vielen Seitenblicken auf das Zweite Vatikanische Konzil und einer Zwischenbilanz der bisherigen Konzilskritik.

1984, rechtzeitig vor den Gedenkvorgängen des Jahres 1985, veröffentlichte *Joseph Kardinal Ratzinger* sein bekanntes Interview: Zur Lage des Glaubens. Ein Gespräch mit Vittorio Messori, München–Zürich–Wien 1984 (vgl. dazu w. o. S. 159). Ratzinger setzt hier die Linie seines Aufsatzes von 1975 (s. *Leseempfehlungen* zum 10. Kapitel) fort: Keine Kritik am Konzil als ganzem, wohl aber an einzelnen seiner Texte und vor allem an einer das Konzil mißbrauchenden Wirkungsgeschichte, die amtlich nicht mehr zu steuern, nur noch zu beklagen ist. Generalnenner: Es hat der Kirche nicht gut getan, die ohnehin schon in ihre Krise geratene »Neuzeit« in die Kirche einzulassen. Am Ende der Lektüre ist freilich die Frage unvermeidlich: Wäre es Ratzinger heute lieber, es hätte kein Konzil gegeben, so daß man den Prozeß unaufschiebbarer Öffnung der Kirche vorsichtiger und verlustärmer hätte gestalten können – selbst um den Preis, daß die Kirche dann heute zwar nicht restaurativ, wohl aber (heilsam) »unmodern« wirkte? Vgl. auch *ders.,* Theologische Prinzipienlehre. Bausteine zu einer Fundamentaltheologie, München 1982, 383–411 (395: »... der naive Optimismus des Konzils und die Selbstüberschätzung vieler, die es trugen und propagierten ...«).

Ratzingers wie immer brillant formulierte Anfragen sind ernstzunehmen, auch wenn man seine Urteile nicht teilen und in der eigenen Kirchenerfahrung nicht bestätigt finden kann. Wir schweigen hier von manchen (mit viel privater Initiative verbreiteten) sektiererischen Polemiken, die zur Sache nichts beitragen, aber sich nach ihrem Verhältnis zur Kirche fragen lassen müssen (Stichwort: »Gehorsam nach Ermessen?«) – wenngleich auch darin noch die Traurigkeit ernstzunehmen und auf ihre Gründe zu befragen ist, warum sich solche Konzilskritiker in der Kirche nicht mehr zu Hause fühlen können.

Zur Sondersynode 1985 siehe die teilweise gegensätzlichen Würdigungen bei: *Walter Kasper (Hg.),* Zukunft aus der Kraft des Konzils. Die außerordentliche Bischofssynode '85. Die Dokumente mit einem Kommentar von Walter Kasper, Freiburg i. Br. 1986; *Concilium* 22 (1986) Heft 6.

Naturgemäß ist die Mehrzahl der »Bilanzen« kritisch in der Gegenrichtung zu Ratzinger. Vgl. *Gerhard Eberts,* Das Zweite Vatikanische Konzil und was daraus wurde, Aschaffenburg 1985; *Michael Albus/Paul M. Zulehner*

(Hg.), Nur der Geist macht lebendig. Zur Lage der Kirche in Deutschland nach 20 Jahren Konzil und 10 Jahren [Würzburger] Synode, Mainz 1985; *Franz Kardinal König (Hg.), Die bleibende Bedeutung des Zweiten Vatikanischen Konzils,* Düsseldorf 1986; *Norbert Greinacher/Hans Küng (Hg.), Katholische Kirche – wohin? Wider den Verrat am Konzil,* München 1986; *Concilium* 26 (1990) Heft 1: »Auf der Schwelle zum dritten Jahrtausend«; *Klemens Richter (Hg.), Das Konzil war erst der Anfang. Die Bedeutung des II. Vatikanums für Theologie und Kirche,* Mainz 1991; *Siegfried R. Dunde (Hg.), Müssen wir an der katholischen Kirche verzweifeln?,* Gütersloh 1993; *Jakob Kremer* (Hg.), *Aufbruch des Zweiten Vatikanischen Konzils heute,* Innsbruck 1993.

In diesen Büchern werden auch die zornigen, traurigen, resignierten Stimmen derjenigen laut, die eine Kirche erleben, deren offizielle Repräsentanten – nicht nur in Rom! – das Konzil Stück um Stück ungeschehen zu machen suchen und seine Verteidiger als Zerstörer der Kirche hinstellen. Schon äußern katholische Soziologen, nach ihren Beurteilungsmaßstäben hätte eine Großinstitution, die von solchen Spannungen umtrieben ist, keine Chance des Überlebens: *Karl Gabriel,* Christentum zwischen Tradition und Postmoderne, Freiburg i. Br. 1992. Glaube und Hoffnung stehen hier gegen alle soziologischen »Gesetze«. Da trifft es sich gut, zum Abschluß dieses Buches hinweisen zu können auf: *Paul M. Zulehner,* Wider die Resignation in der Kirche. Aufruf zu kritischer Loyalität, Wien–Freiburg i. Br. 1989.

Anmerkungen zum ersten Kapitel

¹ Wir kommen später darauf zurück: w.u. im 4. Kapitel, VI., im 7.Kapitel, I. 1. bei Anm.6 und im 11. Kapitel, I. 1. bei Anm.4.
² Der *Codex iuris Canonici* (»Buch des Kanonischen Rechtes«, abgekürzt CIC) ist die Sammlung aller kirchlichen Gesetze, die für die gesamte römisch-katholische Kirche gelten. Der CIC, 1917 veröffentlicht, 1918 in Kraft getreten, löste die unübersichtlich gewordene ältere Sammlung des *Corpus Iuris Canonici* (etwa: »Gesamtheit des Kanonischen Rechtes«) ab. 1983 erschien eine revidierte Fassung des CIC, die das Kirchenrecht nach den durch das Zweite Vatikanische Konzil grundgelegten Neuorientierungen umgestalten sollte (mehr dazu w.u. im 11.Kapitel, III.1.d) und 2.c)). Je nach dem muß man also bei Zitaten und Verweisen von »CIC 1917« bzw. von »CIC 1983« sprechen – Der CIC ist eingeteilt in *canones* (abgekürzt: can.). Ein *canon* entspricht etwa einem Paragraphen im Bürgerlichen Gesetzbuch, während im Kirchenrecht das Zeichen § einen Unterabschnitt eines *canons* meint – entsprechend einer »Ziffer« im Bürgerlichen Gesetzbuch.
³ Vgl. Concilium 11 (1975) Heft 10, vor allem die beiden Beiträge von *Hervé-M.Legrand* und *R.La Valle*; weitere Hinweise für Interessenten bei *Otto Hermann Pesch,* Dogmatik im Fragment (s.u.*Leseempfehlungen*), 244.
⁴ Vgl. *Otto Hermann Pesch,* Rom und Genf. Die »Weltkirche« und der »Weltrat der Kirchen«, WuA 21 (1980) 76–80; 100–104, dort weitere Literatur. Zur Geschichte des ÖRK vgl. auch die *Leseempfehlungen* zum 6.Kapitel.
⁵ DH 3074; NR 454. Obwohl DH die Texte auch in deutscher Übersetzung enthält (bei gleicher Numerierung wie DS, s.Abkürzungsverzeichnis), wird, da DH erst seit kurzer Zeit vorliegt, vorsorglich immer auch nach NR nachgewiesen, wo NR den Text hat. Dabei ist darauf hinzuweisen, daß DH nicht die Übersetzung von NR übernimmt, sondern neu übersetzt hat.
⁶ DH 3114; nicht bei NR.
⁷ DH 3115; nicht bei NR.
⁸ DH 3117; nicht bei NR.
⁹ Vgl. *Jedin,* Kleine Konziliengeschichte (s. *Leseempfehlungen),* die einleitende »Klärung der Begriffe«, 9–14, und nachfolgend die Überschriften im Inhaltsverzeichnis.
¹⁰ DH 3000–3045; NR 27–34; 36–56; 315–322; 384–386.
¹¹ Vgl. *Matthias Joseph Scheeben,* Handbuch der katholischen Dogmatik, I (= *M.J.Scheeben,* Gesammelte Schriften, hg. von Josef Höfer, III), Freiburg 1948, 231–241; vgl. den ganzen Zusammenhang 211–231.
¹² Vgl. Anm.2.
¹³ DH 3885; NR 460.
¹⁴ S.u. im 6.Kapitel, vor allem II. 5. und III. 2.
¹⁵ Vgl. *Hebblethwaite,* Johannes XXIII. (s.*Leseempfehlungen),* 404.
¹⁶ Vgl. DH 3900–3904; NR 483–487.

Anmerkungen zum zweiten Kapitel

¹ Vgl. *Bernhard Häring,* Meine Erfahrung mit der Kirche. Einleitung und Fragen von *Gianni Licheri,* Freiburg i. Br. 1989, 7 f. Licheri war demnach mitverantwortlich dafür, daß die Wahl Siris verhindert werden konnte.
² *Dino Staffa,* L'unità della fede e l'unificazione dei popoli, nel magisterio del Sommo Pontefice Giovanni XXIII, Divinitas 6 (1962) 3–12, bes. 21–31.

ZUM TEXT SEITE 53-79

³ Vgl. *Klaus Mörsdorf,* Die Rechtssprache des CIC, Paderborn 1937. Vgl. auch Kurzinformation bei *ders.,* Codex Iuris Canonici, in: LThK II (1958) 1244-1249: 1247.
⁴ *Lorenz Jaeger,* Das ökumenische Konzil. Die Kirche und die Christenheit, Paderborn 1960.
⁵ *Hans Küng,* Konzil und Wiedervereinigung. Erneuerung als Ruf in die Einheit, Freiburg i.Br. 1960, ⁷1964. Siehe auch *Peter Hebblethwaite,* Johannes XXIII. (s. *Leseempfehlungen* zum 1.Kapitel), 472-476.
⁶ *Hebblethwaite,* a.a.O. 475.
⁷ Vgl. w.o. im 1.Kapitel, II. 4.
⁸ Problemskizze und weitere Hinweise bei *Otto Hermann Pesch,* Kirchliche Lehrformulierung und persönlicher Glaubensvollzug (1973), in: *ders.,* Dogmatik im Fragment. Gesammelte Studien, Mainz 1987, 266-293; *ders.,* Frei sein aus Gnade. Theologische Anthropologie, Freiburg i.Br. 1983, 105-115.
⁹ Vgl. w.u. im 3.Kapitel, III. 1; und im 8.Kapitel, II. 5.
¹⁰ In älteren deutschen Texten wird der Vers übersetzt: »Selig bist du, Simon, Sohn des Jona, denn nicht Fleisch und Blut haben dir dies geoffenbart...« Im griechischen und lateinischen Text steht unübersetzt für »Sohn des Jona« *Barjona* oder *Bar Jona. Bar* (auch *Ber*) ist aramäisch und bedeutet »Sohn«; *Jona* hat nichts mit dem gleichnamigen Propheten zu tun, sondern ist Kurzform für *Johannes.* Die Formulierung ist wie ein zweiter Eigenname – etwa wie *Ben Gurion* oder das skandinavische *Jonasson.* Daher übersetzt die deutsche ökumenische Einheitsübersetzung den Namen nicht und nennt den Erstapostel an dieser Stelle »Simon Barjona«. Da die Konzilsväter natürlich alle ihre lateinische Bibel im Kopf hatten, war das Wortspiel »Bar Jona« sofort zündend.
¹¹ *Motu proprio* (»Aus eigenem Antrieb«) bezeichnet ein Dokument des Papstes gesetzgebenden Charakters, das der Papst »aus eigenem Antrieb« herausgibt. Es kommt also nicht routinemäßig als Gesetzgebungs- oder Verordnungsvorlage der kurialen Behörden auf seinen Schreibtisch – was natürlich trotzdem Zuarbeit nicht ausschließt.
¹² *Hebblethwaite,* a.a.O. 476; zum Folgenden und insbesondere zu Augustinus Bea vgl. a.a.O. 469-488.
¹³ A.a.O. 476.
¹⁴ Näheres in den Erläuterungen von *Hubert Jedin* in: LThK.E III (1968), 610-623.
¹⁵ Deutsche Übersetzung der italienischen Originalfassung, parallel abgedruckt mit dem italienischen Originaltext und dem tatsächlich vorgetragenen offiziellen lateinischen Text unter Hinweis auf die Abweichungen in den Fußnoten, jetzt bei *Kaufmann/Klein,* Johannes XXIII. (s. *Leseempfehlungen* zum 1. Kapitel), 116-150; zur Entstehungsgeschichte vgl. dort 107-115; vgl. auch *Hebblethwaite,* a.a.O. 543-549. Johannes XXIII. selbst hat die Veröffentlichung auch der italienischen Urfassung angeordnet: »... damit soll deutlich werden, nicht zu meiner Ehre, sondern um der übernommenen Verantwortung willen, daß sie vom ersten bis zum letzten Wort von mir stammt«.

Anmerkungen zum dritten Kapitel

¹ Siehe den Artikel: Konstitutionen, in: LThK VI (1961), 505. Zum folgenden siehe auch die summarischen Bemerkungen zur formalen Einteilung der Kirchengesetze in: HKKR, 90 *(J.Listl).*
² Vgl. DH 850; nicht bei NR.

³ Vgl. DH 3900–3904; NR 483–487.
⁴ Näheres dazu w.u. im 10. Kapitel.
⁵ Siehe den Artikel: Dekret, in: LThK III (1959), 205 und oben Anm.1.
⁶ Dazu gibt es keinen Artikel im LThK; vgl. aber HKKR ebd. (s.Anm.1).
⁷ *Hebblethwaite*, Johannes XXIII. (s.*Leseempfehlungen* zum 1.Kapitel), 510. Trotzdem schrieb *Karl Rahner* einen ausführlichen und brillanten Aufsatz: Über das Latein als Kirchensprache, in: *ders.*, Schriften zur Theologie V, Zürich 1962, 411–467. Er befolgt damit die damals noch wirksame Tradition, daß ein fachkundiges Mitglied jeder kirchlichen Fakultät bei Erscheinen einer lehramtlichen Äußerung höheren Ranges einen kommentierenden Beitrag zu veröffentlichen hat – und zwar selbstverständlich einen zustimmenden Kommentar. Darum macht sich Rahner seine natürlich unvermeidlichen Differenzierungen sehr schwer – für heutige Leserinnen und Leser ganz unverständlich schwer.
⁸ Was heißt auf lateinisch »Tennisspiel«? *Ludus Wimbledonensis* (Spiel von Wimbledon). Was heißt »Spaghetti«? *Pasta vermiculata* (Wurmförmige Teigwaren). Weitere Beispiele bei *Antonio Bacci*, Lexicon eorum vocabulorum, quae difficilius Latine redduntur, Rom ³1955. Daß die Frage nach sachgemäßen lateinischen Vokabeln für moderne Sachverhalte nicht nur ein Jux, sondern auch einmal sachlich bedeutsam werden konnte, dazu mehr w.u. im 10.Kapitel, IV. 5.
⁹ Vgl. *Hebblethwaite*, a.a.O. 552–555.
¹⁰ Vgl. *Xavier Rynne*, Letters from Vatican City, New York-London 1963, der Hinweis auf die Quellen: XI; deutsch unter dem Titel: Die zweite Reformation. Die erste Sitzungsperiode des Zweiten Vatikanischen Konzils. Entstehung und Verlauf, Köln-Berlin 1964.
¹¹ *Francis Xavier Murphy*, Vatikanologie: Tatsachen und Erfindung trennen, in: National Catholic Reporter, 24.Februar 1984, S.7, zitiert nach *Hebblethwaite*, a.a.O. 554.
¹² Vgl. die detailreiche Darstellung bei *Hebblethwaite*, a.a.O. 485–488; 497–505; 513–515; 527–536; 540 f.
¹³ Vgl. *Hebblethwaite*, a.a.O. 557–561; 583–590.
¹⁴ Vgl. *Hebblethwaite*, a.a.O. 572–579.
¹⁵ Vgl. LThK.E II (1967), 133. Soweit ich sehe, ist der Text dieser auch in den beiden anderen Punkten (keine richterliche Kompetenz der Konzilskommissionen gegenüber den Beschlüssen der Väter in den Generalkongregationen, keine Bischofs- und Priesterweihe für Kurienbeamte nur der Ehre halber, sondern statt dessen Heranziehung von Laien) ungemein scharfen Intervention in keiner deutschen Ausgabe der Konzilsreden enthalten. Der lateinische Originaltext findet sich in: Acta Synodalia Sacrosancti Concilii Oecumenici Vaticani II, Vol. II, Periodus Secunda, Pars IV, Congregationes Generales LIX–LXIV, Rom (Typis Polyglottis Vaticanis) 1972, 616–618 (Congregatio Generalis LXIII, 8. novembris 1963). Der Text wurde mir durch Vermittlung meines Bruders Albert am Kölner Generalvikariat freundlicherweise von Prälat Dr. Norbert Trippen, Köln, zugänglich gemacht. Herzlichen Dank!

Anmerkungen zum vierten Kapitel

¹ Vgl. *Maternus Einig*, Latein für Touristen und Gastarbeiter, WuA 8 (1967) 146–149; zur Sache vgl. auch *ders.*, Der heutige Mensch und die Liturgie (s.*Leseempfehlungen* nach diesem Kapitel), 38–45.
² Vgl. z.B. *Karl Rahner*, Über das Latein als Kirchensprache (siehe oben 3.Kapitel,

Anm.7), 432–439; auch *Otto Hermann Pesch*, Sprechender Glaube. Entwurf einer Theologie des Gebetes, Mainz 1970, 77–80.

³ Vgl. w.o. im 3.Kapitel, II. 1.

⁴ Die Deutung der liturgischen Zeremonien als symbolische Darstellung der Ereignisse des Lebens- und Leidensweges Jesu, die sogenannte »allegorische Meßerklärung«, mit der man auch dem »beiwohnenden« Volk die unverstandene Liturgie nahebringen konnte, begegnet auch als These der mittelalterlichen Theologie; vgl. *Thomas von Aquin*, Summa Theologiae, III 83, 5, bes. ad 3, ad 5 und ad 8 (deutsch in: DThA Bd. 30, Salzburg-Leipzig [jetzt: Graz] 1938, 358–371. Thomas steht damit in einer langen Tradition, von der er ausweislich seiner Zitate und Verweise auch Detailkenntnisse hat und die auf Amalarius von Metz (775–850) zurückgeht. Kurzinformation mit Literatur bei *A.Hänggi*, Meßerklärungen, in: LThK VII (1962) 330 f. – Um es an einem Beispiel (unter dem Niveau der von Thomas gebrachten) zu veranschaulichen: Im alten römischen Kanon (heute: 1.Hochgebet) folgt wie auch in den neuen Hochgebeten nach der Konsekration das Gedächtnis der Lebenden und Toten. Zu Beginn des Totengedächtnisses hatte der Priester zu stillem Gebet den Kopf leicht zu neigen. Danach setzte er mit den halblaut zu sprechenden, also hörbaren Worten *Nobis quoque peccatoribus* (»Auch uns Sündern ...«) das fürbittende Gedenken der Lebenden, jetzt der Umstehenden, fort, wobei die folgenden Worte wieder wie das ganze Hochgebet im Flüsterton zu sprechen waren. Damit ergibt sich folgende allegorische Deutung: Die Erhebung der konsekrierten Hostie und des Kelches bedeuten die Aufrichtung des Kreuzes, das Neigen des Kopfes erinnert an den Tod Jesu: »Und er neigte sein Haupt und verschied.« Die halblauten Worte danach sind die Stimme des Hauptmanns: »Wahrlich, dieser war Gottes Sohn.«

⁵ Das sage ich gerade als engagierter nebenamtlicher Kirchenmusiker, der jahrelang Gelegenheit hatte, als Kantor und Organist die erneuerte Liturgie musikalisch gestalten zu helfen. Aber nicht nur ich äußere mich hier kritisch. Gleiches tut z.B. und nicht zuletzt *Annibale Bugnini* in seiner großen Rechenschaft über die Liturgiereform (s.*Leseempfehlungen* nach diesem Kapitel), 42 f.; 925–955, bes. 926–930 und 943 f.

⁶ Um nur willkürlich und ungerecht einige Namen aus der deutschen Kirchenmusik zu nennen: Georg Trexler (gest. 1972), Fritz Schieri, Heino Schubert, Erna Woll, Bernhard Krol, Robert M.Helmschrott, Hans Ludwig Schilling. Gleiches gilt für die evangelische Kirchenmusik, wenn das hierher gehörte.

⁷ W.o. im 3.Kapitel, II. 5.

⁸ W.o. im 3.Kapitel, II. 1.

⁹ Aufgrund persönlicher Information weiß ich, daß ein entsprechend eingestimmter deutscher Prälat einem deutschen Verlag 1962 beruhigend mitteilte, es sei nicht mit einer Genehmigung der Muttersprache in der Messe durch das Konzil zu rechnen – woraufhin der Verlag lateinische Meßbücher nachdruckte und anschließend auf ihnen »sitzen blieb«.

¹⁰ Vgl. ausführlicher *Pesch*, Sprechender Glaube (s.Anm.2), 69–80; *ders.*, Das Gebet, Mainz 1980, 68–83; *ders.*, Leben vor Gott, in: Johannes Feiner/Lukas Vischer (Hg.), Neues Glaubensbuch. Der gemeinsame christliche Glaube, Freiburg i.Br. 1973, als Taschenbuch ¹⁹1993, 360–392: 375–390.

¹¹ Dazu *Bugnini*, a.a.O 361–420; 459–519.

¹² Vgl. den die Eucharistie betreffenden Abschnitt in Luthers programmatischer Schrift zur Sakramententheologie: *De captivitate Babylonica ecclesiae praeludium* (»Von der babylonischen Gefangenschaft der Kirche: ein Vorspiel«): WA 6, 497–573: 501–526; zum weiteren Zusammenhang vgl. Darstellung und Literatur

bei *Otto Hermann Pesch*, Hinführung zu Luther, Mainz ²1983, 134–153. Luthers Werke werden hier wie auch sonst nach WA (Weimarer Ausgabe, s.Abkürzungsverzeichnis) zitiert. Die Auswahlausgaben verzeichnen jeweils die Seitenzahlen der WA, so daß zitierte Texte leicht zu finden sind, wenn die betreffende Lutherschrift in der Auswahlausgabe abgedruckt ist.

[13] *Rahner/Vorgrimler (Hg.)*, Kleines Konzilskompendium (s.*Leseempfehlungen* zum 3.Kapitel), 50. Das heißt nicht, es bestehe Grund zu allseitiger Zufriedenheit, vor allem in ökumenischer Hinsicht. Die Art und Weise, wie die neuen Hochgebete, vor allem das vierte, ohne ökumenische Bedenken den »Opfercharakter« der Eucharistiefeier formulieren, wird nie die Zustimmung evangelischer Theologie finden. Vgl. *Johannes Brosseder*, Das evangelische Echo auf die Liturgiekonstitution, in: Becker/Hilberath/Willers (Hg.), »Gottesdienst – Kirche – Gesellschaft (s. *Leseempfehlungen)*, 129–135.

[14] Vgl. *Bugnini*, a.a.O. 288–298; Concilium 19 (1983) Heft 2: Liturgie als schöpferische Tradition. Erst aus jüngster Zeit ist von einem Erfolg zu berichten, der hoffentlich Schule macht; vgl. *Ludwig Bertsch (Hg.)*, Der neue Meßritus in Zaire, Freiburg im Br. 1993 [Text und Kommentare].

[15] So Prof.Dr.Bénézet Bujo, Professor der Moraltheologie an der Theologischen Fakultät der Universität Fribourg (Schweiz) und bekannt durch zahlreiche Aufsätze und Bücher zu Problemen von Kirche und Theologie in Afrika, in einem Gespräch mit dem Verfasser.

[16] Der Text der päpstlichen Anordnung in Form eines Briefes der Gottesdienst-Kongregation an die Vorsitzenden der Bischofskonferenzen findet sich AAS 76 (1984) 1088 f. Die Amtsblätter der deutschen Bistümer haben den Text natürlich veröffentlichen müssen. Vermutlich haben es die meisten so getan, wie das mir vorliegende Amtsblatt des Erzbistums Köln, 125. Jahrgang, Stück 6, 15. Februar 1985, wo S. 69 – in feiner Ironie? – der Text ohne deutsche Übersetzung nur im originalen lateinischen Wortlaut mitgeteilt wird – kommentarlos und ohne Ausführungsbestimmungen.

[17] Vgl. dazu einerseits die deutliche Stellungnahme von *Peter Hünermann*, Droht eine dritte Modernismuskrise?, HerKorr 43 (1989) 130–135: 133; anderseits die Klarstellung von *Joseph Kardinal Ratzinger*, Entgegnung zu Theodor Schneider, Römisch (und) Katholisch, ÖR 39 (1990) 318–320 – eine Antwort auf *Theodor Schneider*, Römisch (und) Katholisch? Eine ökumenische Situationsbeschreibung aus römisch-katholischer Sicht, ÖR 39 (1990) 29–45.

Anmerkungen zum fünften Kapitel

[1] *Martin Luther*, Schmalkaldische Artikel (1536), III, 12: WA 50, 250,1 = BSLK 459,20.
[2] *Ders.*, Von den Konziliis und Kirchen (1539): WA 50, 626, 29.
[3] Kirchenkonstitution Art.9.
[4] Vgl. w.o. im 4.Kapitel, V. 2. bei Anm.12.
[5] Vgl. *Luther*, a.a.O.: WA 624,9; vgl. Schmalkaldische Artikel, III,12: BSKL 549,18–20. Erläuterungen und Literatur bei *Otto Hermann Pesch*, Hinführung zu Luther, Mainz ²1983, 203–228; ders., Luther und die Kirche, Lutherjahrbuch 52 (1985) 113–139.
[6] Ergänzend zu den *Leseempfehlungen* zu diesem Abschnitt, die Überblickscharakter haben, muß hier auf *die* fachtheologische Standarddarstellung verwiesen werden: *Yves Congar*, Die Lehre von der Kirche, in: HDG III 3c: Von Augustinus bis

zum Abendländischen Schisma; 3d: Vom Abendländischen Schisma bis zur Gegenwart, Freiburg i.Br. 1971; vgl. ferner *Ulrich Horst,* Die Kirchenkonstitution des II.Vatikanums. Versuch einer historischen Einordnung, MThZ 35 (1985) 36–51; *Heinrich Döring,* Grundriß der Ekklesiologie. Zentrale Aspekte des katholischen Selbstverständnisses und ihre ökumenische Relevanz, Darmstadt 1986, 52–66; und jüngst *Medard Kehl,* Die Kirche. Eine katholische Ekklesiologie, Würzburg 1992, 320–354. Eine Art »Gegenlesung« bei *Joseph Kardinal Ratzinger,* Theologische Prinzipienlehre. Bausteine zur Fundamentaltheologie, München 1982, 45–57; 203–327.

[7] Jüngste Überblicke bei *Gerhard Lohfink,* Jesus und die Kirche, in: HFTh III: Traktat Kirche, 49–96; und *Karl Kertelge,* Die Wirklichkeit der Kirche im Neuen Testament, a.a.O. 97–121; in dogmatischer Reflexion: *Kehl,* a.a.O. 265–319; immer noch lohnend: *Rudolf Schnackenburg,* Die Kirche im Neuen Testament, Freiburg i.Br. 1961.

[8] Vgl. *Heinrich Fries,* in: MySal IV/1 (s.*Leseempfehlungen*), 235.

[9] Vgl. *Yves Congar,* Laie, in: Heinrich Fries (Hg.), Handbuch theologischer Grundgebriffe, II, München 1963, 7–25: 10.

[10] WA 10 II, 105–158 (1522).

[11] Vgl. Problemskizze und Literatur bei *Otto Hermann Pesch,* Thomas von Aquin. Grenze und Größe mittelalterlicher Theologie. Eine Einführung, Mainz ³1993, 373–380.

[12] *Thomas von Aquin,* In Symbolum Apostolorum, scilicet »Credo in Deum« expositio, Art.9: ed.Marietti, Opuscula Theologica II, Turin 1954, Nr.972; deutsch in: Thomas-Fibel. Des hl. Thomas von Aquin Erläuterungen zum Apostolischen Glaubensbekenntnis, zum Vaterunser und zu den Zehn Geboten. Übersetzt von H.Schulte, J.Pieper, H.Raskop (1936), Neubearbeitung von Josef Pieper, München 1979.

[13] Siehe dazu w.o. im 1.Kapitel, II. 4.

[14] *Ecclesia est coetus hominum eiusdem christianae fidei professione et eorumdem sacramentorum communione colligatus, sub regimine legitimorum pastorum ac praecipue unius Christi vicarii, Romani Pontificis*: Disputationes de controversiis Christianae fidei adversus huius temporis haereticos, lib.III, cap.2: *Controversia I: De conciliis et ecclesia militante:* Roberti Cardinalis Bellarmini Opera Omnia, Tom.II, Neapoli 1857, p.75.

[15] *Ecclesia est coetus hominum ita visibilis et palpabilis ut est coetus populi Romani vel regnum Galliae aut res publica Venetorum*: ebd. Zu den Folgen vgl. *Max Seckler,* Katholisch als Konfessionsbezeichnung (1965), in: *ders.,* Die schiefen Wände des Lehrhauses. Katholizität als Herausforderung, Freiburg i. Br. 1988, 178–197; 254–260.

[16] Vgl. *Romano Guardini,* Vom Sinn der Kirche, Mainz 1922, Neuauflage Mainz-München 1990, 1.

[17] Vgl. *Karl Adam,* Das Wesen des Katholizismus, Düsseldorf 1924 und immer wieder, zuletzt ¹³1957. Hinweise und Literatur zu dieser ganzen Entwicklung finden Interessenten bei *Pesch,* Dogmatik im Fragment (s.*Leseempfehlungen* zum 1.Kapitel), 215f.

[18] Siehe w.o. im 3.Kapitel, II. 5.

[19] Siehe w.o. im 1.Kapitel, III. 2.

[20] Näheres dazu w.u. im 8.Kapitel, II. 3.

[21] Vgl. w.o. im 1.Kapitel, VI. 1.

[22] Kurzinformation am schnellsten bei *J.Verscheure,* Katholische Aktion, in: LThK VI (1961) 74–77; und/oder in HKG VII (1979; siehe auch *Leseempfehlungen* zum

ZUM TEXT SEITE 144-155

3.Kapitel), 310-313 sowie im Register, Stichworte »Katholische Aktion« und »Laien(-apostolat)«.

[23] Prof.D.Joachim Lell, der frühere Leiter des Konfessionskundlichen Instituts des Evangelischen Bundes in Bensheim, in einem Gespräch mit mir.

[24] So *Hubert Jedin* in: HKG VII (1979), 120.

[25] So *Gérard Philips* in: LThK.E I, 141.

[26] Siehe w.u. III. D.

[27] Wer es genauer wissen will, sei verwiesen auf: HFTh IV: Traktat Theologische Erkenntnislehre, Freiburg i.Br. 1988, darin besonders 100-241 (Beiträge von *Dietrich Wiederkehr, Hermann Josef Pottmeyer, Avery Dulles, Max Seckler*); weitere Literatur zu Einzelfragen im folgenden.

[28] Das Folgende knüpft an oder widerspricht, bezieht sich jedenfalls dankbar vor allem auf (in der Reihenfolge des Erscheinens): *Max Seckler*, Über den Kompromiß in Sachen der Lehre (1972), in: ders., Im Spannungsfeld von Wissenschaft und Kirche. Theologie als schöpferische Auslegung der Wirklichkeit, Freiburg i.Br. 1980, 99-103; 212-215 (Anmerkungen); *Hermann Josef Pottmeyer*, Die zwiespältige Ekklesiologie des Zweiten Vatikanums – Ursache nachkonziliarer Konflikte, TThZ 92 (1983) 272-283; ders., Vor einer neuen Phase der Rezeption des Vaticanum II. Zwanzig Jahre Hermeneutik des Konzils, in: ders. u.a. (Hg.), Die Rezeption des Zweiten Vatikanischen Konzils, Düsseldorf 1986, 47-65; *Joseph Kardinal Ratzinger*, Zur Lage des Glaubens. Ein Gespräch mit Vittorio Messori, München 1985, 25-43; *Walter Kasper*, Die bleibende Herausforderung durch das II.Vatikanische Konzil. Zur Hermeneutik der Konzilsaussagen (1986), in: ders., Theologie und Kirche, Mainz 1987, 290-299; *Theodor Schneider*, Römisch (und) Katholisch? Eine ökumenische Situationsbeschreibung aus römisch-katholischer Sicht, ÖR 39 (1990) 29-45. – Vgl. auch *Otto Hermann Pesch/Albrecht Peters*, Einführung in die Lehre von Gnade und Rechtfertigung, Darmstadt 1981, unverändert [2]1989, 172-175.

[29] Vgl. w.o. im 2.Kapitel, II. 3.

[30] Siehe w.o. im 2.Kapitel, III. 3.

[31] Vgl. den in Anm.28 genannten Beitrag.

[32] DH 300-302; NR 178 (ohne DH 300).

[33] Vgl.vor allem das Rechtfertigungsdekret, DH 1520-1583; NR 790-851. Dazu *Otto Hermann Pesch*, Die Canones des Trienter Rechtfertigungsdekretes: Wen trafen sie? Wen treffen sie heute?, in: Karl Lehmann (Hg.), Lehrverurteilungen – kirchentrennend? II: Materialien zu den Lehrverurteilungen und zur Theologie der Rechtfertigung, Freiburg i.Br. – Göttingen 1989, 243-282; zu den Zusammenhängen dieses Buches siehe *Leseempfehlungen* zum 6.Kapitel und w.u. im 11.Kapitel III. 2. d).

[34] Vgl. *Pesch/Peters*, a.a.O. (s.Anm.28), 186, mit Hinweis auf die Fachliteratur.

[35] So mit Recht *Kasper*, a.a.O. (s.Anm.28), 294 f.

[35a] Die Übersetzung des *defectus ordinis* – »Fehlen der Weihe« oder »Mangel bei der Weihe« – ist von höchster ökumenischer Bedeutung; vgl. w. u. im 7. Kapitel Anm. 8.

[36] Vgl. *Sekretariat der Deutschen Bischofskonferenz (Hg.)*, Schreiben der Kongregation für die Glaubenslehre zu einigen Fragen der Eschatologie (= Verlautbarungen des Apostolischen Stuhls 11), Bonn 1979; dass. (Hg.), Erklärung der Kongregation für die Glaubenslehre zur Frage der Zulassung der Frauen zum Priesteramt (= a.a.O. 3), Bonn 1976. Die erstere Erklärung bezieht sich auf die lebhafte Diskussion, die das Buch von *Gisbert Greshake/Gerhard Lohfink* ausgelöst hatte: Naherwartung – Auferstehung - Unsterblichkeit. Untersuchungen zur christlichen

ZUM TEXT SEITE 155-163

Eschatologie, Freiburg i.Br. 1975, erweitert und mit Bericht über die Diskussion ⁵1986; die Diskussion ging auch danach selbstverständlich weiter – Näheres bei *Pesch*, Dogmatik im Fragment (s.*Leseempfehlungen* zum 1.Kapitel), 89–114: 89–93. Die Diskussion um die Zulassung von Frauen zum Priesteramt wurde ausgelöst oder besser: verstärkt durch die in den 60er Jahren begonnene Ordination von Frauen in manchen Kirchen der Reformation, inzwischen bekanntlich bis zum Bischofsamt, und die allmählich Kraft gewinnende und ins öffentliche Bewußtsein dringende feministische Theologie; zur Sache vgl. den damals zu dem römischen Dokument verfaßten Beitrag von *Karl Rahner*, Priestertum der Frau?, in: *ders.*, Schriften zur Theologie XIV, Zürich 1980, 208–223. Wie wenig sich die Diskussion hat stoppen lassen, muß nicht belegt werden. Nüchtern, aber eindeutig gegen einen Ausschluß der Frau vom Priesteramt, jedenfalls soweit er *dogmatisch* begründet werden soll, jetzt *Medard Kehl*, Die Kirche (s.Anm.6), 450–459.

³⁷ Die Erklärung *Mysterium Ecclesiae* deutsch in: HerKorr 27 (1973) 416–421; die Erklärungen zur Befreiungstheologie: *Sekretariat der Deutschen Bischofskonferenz (Hg.)*, Instruktion der Kongregation für die Glaubenslehre über einige Aspekte der »Theologie der Befreiung« (= Verlautbarungen des Apostolischen Stuhls 57), Bonn 1984; *dass.(Hg.)*, Instruktion der Kongregation für die Glaubenslehre über die christliche Freiheit und die Befreiung (a.a.O. 70), Bonn 1986. Zu *Mysterium Ecclesiae* vgl. *Karl Rahner*, »Mysterium Ecclesiae, in: *ders.*, Schriften zur Theologie XII, Zürich 1975, 482–500; zu den Instruktionen zur Befreiungstheologie vgl. jetzt – stellvertretend für weitere deutliche Stimmen – *Horst Goldstein*, »Selig ihr Armen«. Theologie der Befreiung in Lateinamerika... und in Europa?, Darmstadt 1989, 134–145; *Elmar Klinger*, Armut – eine Herausforderung Gottes. Der Glaube des Konzils und die Befreiung des Menschen, Zürich 1990, 245–266.

³⁸ DH 3903; NR 487.

³⁹ Darauf hat *Walter Kasper* hingewiesen – vgl. seinen in Anm. 28 genannten Beitrag, 293.

⁴⁰ Siehe w.u. im 10.Kapitel, IV. 5.

⁴¹ *Kasper*, a.a.O. 295.

⁴² Siehe w.u. B. 5.

⁴³ Siehe w.o. im 3.Kapitel, IV.

⁴⁴ Vgl. die »bescheidenen« und verantwortungsbewußt formulierten Erwägungen und Bitten in: Gemeinsame Synode der Bistümer in der Bundesrepublik Deutschland. Offizielle Gesamtausgabe I, Freiburg i.Br. 1976, 213–216 (Nr. 5.3.–5.7.) und 225 (Nr. 7.3.3 f.).

⁴⁵ Vgl. den kritischen Bericht von *Heinrich Fries*, Das Petrusamt im anglikanisch-katholischen Dialog, StdZ 200 (1982) 723–738 (Heft 11), abgedruckt in *ders.*, »Damit die Welt glaube«. Gefährdung, Ermutigung, Erneuerung, Frankfurt am Main 1987, 213–236.

⁴⁶ Vgl. *Knut Walf*, Kirchenrecht (Leitfaden Theologie 13), Düsseldorf 1984, bes. 33–36; 179–181; Concilium 22 (1986) Heft 3: Kirchliches Recht – Kirchliche Wirklichkeit.

⁴⁷ Vgl. *Joseph Kardinal Ratzinger*, Zur Lage des Glaubens (s.Anm.28) 32 f.

⁴⁸ Publik-Forum Nr.4, 22.Februar 1985, S.21 linke Spalte; Nr.10, 17.Mai 1985, S.30 linke Spalte.

⁴⁹ LThK.E I, 349.

⁵⁰ *Cyprian*, De Oratione Dominica (Über das Gebet des Herrn) 23: PL 4, 553. Die Anmerkung verweist noch auf Paralleltexte bei Augustinus und Johannes von Damaskus.

⁵¹ Vgl. DH 3001; NR 315.

ZUM TEXT SEITE 164-168

⁵² Aus der schon kaum noch übersehbaren Fülle der Veröffentlichungen zu diesem Thema verweise ich auf folgende Titel: *M.Bernards*, Zur Lehre von der Kirche als Sakrament, MThZ 20 (1969) 29-54; *Otto Semmelroth*, Die Kirche als Sakrament des Heils, in: MySal IV/1 (1972), 309-356; *Karl Rahner*, Grundkurs des Glaubens. Einführung in den Begriff des Christentums, Freiburg i.Br. 1976 u.ö., 396-398; *Heinrich Döring*, Grundriß der Ekklesiologie (s. Anm. 6), 100-166; *Theodor Schneider*, Auf seiner Spur. Ein Werkstattbuch, hg. von Alois Moos, Düsseldorf 1990, 137-170 (1985); *Kehl*, a.a.O. (s.Anm.36), 82-85; und jetzt umfassend *Sabine Pemsel-Maier*, Rechtfertigung durch Kirche? Das Verhältnis von Kirche und Rechtfertigung in Entwürfen der neueren katholischen und evangelischen Theologie, Würzburg 1991, 37-123. *Hans Küng*, Die Kirche (s.*Leseempfehlungen* zu diesem Kapitel), behandelt offenbar absichtsvoll die Kirche nicht unter dem Stichwort »Sakrament« - vermutlich, weil er sich mehr als andere der evangelischen Reserven bewußt ist. *Kehl*, a.a.O., behandelt ebenfalls die Kirche nur beiläufig unter dem sakramentalen Aspekt und vorrangig als *Communio* (s.w.u. C.).
⁵³ DH 1601; NR 506.
⁵⁴ Vgl. DH 1639; NR 571.
⁵⁵ DH 1606; NR 511.
⁵⁶ Vgl. *Pesch*, Thomas von Aquin (s.Anm.11), 364 f. im Kontext von 352-373.
⁵⁷ Für Interessenten sei der Einfachheit halber verwiesen auf *Pesch*, Dogmatik im Fragment, Mainz 1987, 294-361 - dort Problemanzeigen und Literatur; wer Mut zur hochkarätigen Fachsimpelei hat, kann konsultieren: *Wolfhart Pannenberg (Hg.)*, Lehrverurteilungen - kirchentrennend? III: Materialien zur Lehre von den Sakramenten und vom kirchlichen Amt, Freiburg i.Br. - Göttingen 1990.
⁵⁸ DH 3885; NR 460; vgl. w.o. im 1.Kapitel, IV. 2.
⁵⁹ Siehe w.u. D.
⁶⁰ Vgl. die bleibend hilfreichen, weil nüchternen Reflexionen bei *Mannes Dominikus Koster*, Ist die Frage nach der Corredemptio Mariens richtig gestellt? (1959), in: ders., Volk Gottes im Werden. Gesammelte Studien, hg. von Hans-Dieter Langer und Otto Hermann Pesch, Mainz 1971, 95-112.
⁶¹ Vgl. *Johann Adam Möhler*, Symbolik oder Darstellung der dogmatischen Gegensätze der Katholiken und Protestanten (1832). Hg., eingeleitet und kommentiert von Josef Rupert Geiselmann, Köln-Olten 1958, 389; 391; 396 f. Vgl. auch *Michael Schmaus*, Katholische Dogmatik III/1, 5. völlig umgearbeitete Auflage, München 1958, 342-345; zu Möhler vgl. *Harald Wagner*, Die eine Kirche und die vielen Kirchen. Ekklesiologie und Symbolik beim jungen Möhler, München 1977; *ders.*, Johann Adam Möhler. Fakten und Überlegungen zu seiner Wirkungsgeschichte, Cath 43 (1989), 195-208.
⁶² Der »Modernismus« ist in sich von Haus aus überhaupt keine einheitliche theologische Bewegung, vielmehr unter diesem abwertend gemeinten Namen durch die Gegner und die kirchlichen Maßnahmen überhaupt erst zu einer Scheineinheit zusammengepreßt. Inzwischen ist er nicht nur Gegenstand einer weitverzweigten Forschung, sondern auch mancher Ehrenrettung und differenzierter Rezeption. Es ist unmöglich, hier ausführlich zu werden. Daher nur folgende Hinweise: Faktenüberblick in HKG VI/2 (1973), 435-500 (*Roger Aubert*); Forschungsbeiträge: *Erika Weinzierl (Hg.)*, Der Modernismus. Beiträge zu seiner Erforschung, Graz-Wien-Köln 1974; *Norbert Trippen*, Theologie und Lehramt im Konflikt. Die kirchlichen Maßnahmen gegen den Modernismus im Jahre 1907 und ihre Auswirkungen in Deutschland, Freiburg i.Br. 1977; *Oskar Köhler*, Bewußtseinsstörungen im Katholizismus, Freiburg i.Br. ³1973; *Richard Schaeffler*, Die Wechselbeziehungen zwischen Philosophie und katholischer Theologie, Darmstadt 1980, 60-141.

ZUM TEXT SEITE 168–176

Weitere Fachliteratur ist verzeichnet bei *Peter Neuner,* Alfred Loisy (1857–1940), in: Heinrich Fries/Georg Kretschmar (Hg.), Klassiker der Theologie II, München 1983, 221–240; 421–423 (Bibliographie); 450 (Anmerkungen); und bei *Pesch,* Dogmatik im Fragment (s.Anm.57), 234f. Anm.94.

[63] *George Tyrrell,* Christianity at the Crossroads, London 1907; deutsch: Das Christentum am Scheideweg, München-Basel 1959.

[64] Vgl. *Karl Rahner,* Kirche und Sakramente, Freiburg i.Br. 1960.

[65] Dazu vgl. am besten *Theodor Schneider,* Zeichen der Nähe Gottes. Grundriß der Sakramententheologie, Mainz (1979), 5.ergänzte Aufl. 1987, bes. 54–69 (mit Lit.); und für streng fach theologisches Interesse: *Josef Finkenzeller,* Die Lehre von den Sakramenten im Allgemeinen (HDG IV/1a-b), Freiburg i.Br. 1980/81, bes. IV/1a, 59–61; 72–74; 119–125; 158–172.

[66] Vgl. *Thomas von Aquin,* Summa Theologiae, III 64,2 (deutsch in: DThA Bd.29, 97–100), im Kontext von 64,1 und 64,3; vgl. III 72,1 ad 1 (DThA Bd.29, 336); Erläuterungen dazu bei *Pesch,* Thomas von Aquin (s.Anm.11), 361–364.

[67] Einzelheiten bei *Schneider,* a.a.O. 82–94; 147–157.

[68] Vgl. *Gerhard Ebeling,* Erwägungen zum evangelischen Sakramentsverständnis, in: ders., Wort Gottes und Tradition. Studien zu einer Hermeneutik der Konfessionen, Göttingen 1964, 217–226: 225; vgl. ders., Dogmatik des christlichen Glaubens III, Tübingen 1979, 310–314; *Eberhard Jüngel,* Das Sakrament – was ist das? Versuch einer Antwort, in: *Eberhard Jüngel/Karl Rahner,* Was ist ein Sakrament? Vorstöße zur Verständigung, Freiburg i.Br. 1971, 7–61: 36–40; 50–61.

[69] Vgl. zusammenfassend *Karl Rahner,* Grundkurs des Glaubens. Einführung in den Begriff des Christentums, Freiburg i.Br. 1976 u.ö., 396–398; vgl. *Fu-Long Lien,* Die Ekklesiologie in der Theologie Karl Rahners. Mit besonderem Hinblick auf das Problem der interkulturellen und interreligiösen Vermittlung des Christentums, Hamburg 1990, 87–101.

[70] Vgl. exemplarisch *Gottfried Maron,* Kirche und Rechtfertigung. Eine kontroverstheologische Untersuchung, ausgehend von den Texten des Zweiten Vatikanischen Konzils, Göttingen 1969, bes. 13–73; *Ernst Käsemann,* Zur ekklesiologischen Verwendung der Stichworte »Sakrament« und »Zeichen«, in: Reinhard Groscurth (Hg.), Wandernde Horizonte auf dem Weg zu kirchlicher Einheit, Frankfurt am Main 1974, 119–136; *Eberhard Jüngel,* Die Kirche als Sakrament?, ZThK 80 (1983) 432–457. Stellungnahme dazu bei *Pesch,* Dogmatik im Fragment (s.Anm.57), 355–361; ders, Rechtfertigung und Kirche. Die kriteriologische Bedeutung der Rechtfertigungslehre für die Ekklesiologie, ÖR 37 (1988) 22–46.

[71] Vgl. *Traugott Koch,* Das Problem des evangelischen Kirchenverständnisses nach dem Augsburger Bekenntnis, in: Bernhard Lohse/Otto Hermann Pesch (Hg.), Das »Augsburger Bekenntnis« von 1530 damals und heute, München-Mainz 1980, 125–143, bes.127–133.

[72] *Karl Adam,* Das Wesen des Katholizismus, Düsseldorf 1924, [13]1957.

[73] A.a.O. 28.

[74] *Mannes Dominikus Koster,* Ekklesiologie im Werden, Paderborn 1940, jetzt nachgedruckt in: ders., Volk Gottes im Werden (s.Anm.60), 195–272; vgl. auch ders., Von den Grundlagen der Kirchengliedschaft (1950), a.a.O. 115–130; und: Zum Leitbild von der Kirche auf dem II.Vatikanischen Konzil. Ein ekklesiologischer Diskussionsbeitrag (1965), a.a.O. 172–194.

[75] Vgl. exemplarisch *Eberhard Jüngel,* Metaphorische Wahrheit. Erwägungen zur theologischen Relevanz der Metapher als Beitrag zur Hermeneutik einer narrativen Theologie (1974), in: ders., Entsprechungen: Gott – Wahrheit – Mensch. Theologische Erörterungen, München 1980, 103–147; *Walter Kasper,* Der Gott

Jesu Christi, Mainz 1982 u.ö., 123 f. Zum theologiegeschichtlichen Hintergrund: *Otto Hermann Pesch,* Theologie der Rechtfertigung bei Martin Luther und Thomas von Aquin. Versuch eines systematisch-theologischen Dialogs, Mainz 1967, unverändert ²1985, 606-628.

⁷⁶ Vgl. w.o. unter 3.

⁷⁷ Vgl. *Michael Schmaus,* Katholische Dogmatik III/1 (s. Anm. 61), 204. Deutlich nuanciert aufgrund der Entscheidungen des Konzils dann in der zweiten Dogmatik: *Michael Schmaus,* Der Glaube der Kirche V/1, zweite, wesentlich veränderte Auflage St.Ottilien 1982, 26. Zwar besteht kein sachlicher Gegensatz. Aber: »Das II. Vatikanische Konzil unterscheidet sich durch die Verwendung dieses Leitbildes [nämlich ›Volk Gottes‹] von dem Rundschreiben Pius' XII. ›Mystici Corporis‹ (1943)... Im II.Vatikanischen Konzil wird, wenn dies auch nicht formell ausgedrückt ist, der Bildbegriff von der Kirche als dem ›Leibe Christi‹ sachlich eingeordnet in die Vorstellung von der Kirche als dem Volke Gottes, insofern *der erste von dem letzteren umfangen wird* [Hervorhebung von OHP]. Das Bild vom Leibe Christi stellt die spezifische Differenz zwischen dem alten und dem neuen Gottesvolke dar.«

⁷⁸ Vgl. *Yves Congar,* D'une »Ecclésiologie en gestation« à Lumen Gentium Chap.I et II, FZPhTh 18 (1971) 366-377 = Otto Hermann Pesch/Hans-Dieter Langer (Hg.), Kirche im Wachstum des Glaubens. Festgabe Mannes Dominikus Koster zum siebzigsten Geburtstag, FZPhTh 18 (1971) Heft 1-2.

⁷⁹ Bei *Luther* sind hier einschlägig vor allem seine beiden Schriften: An den christlichen Adel deutscher Nation von des christlichen Standes Besserung, 1520: WA 6, 404-469; und: Wider den falsch genannten geistlichen Stand des Papstes und der Bischöfe, 1522: WA 10 II, 108-158. Vor eilfertigen Urteilen aus der Optik der späteren Geschichte des Luthertums ist zu warnen. Klärung bzw. Positionsbeziehung erfolgt in der Regel in umfassenderen Untersuchungen zu Luthers Kirchen- und Amtsverständnis. Hinweise und Literatur am besten bei *Bernhard Lohse,* Martin Luther. Eine Einführung in sein Leben und sein Werk, München ²1982, 187 f. und 206 f. Eine für deutsches Publikum »gut versteckte«, gleichwohl wichtige historische Klarstellung: *Bernd Moeller,* Klerus und Antiklerikalismus in Luthers Schrift An den christlichen Adel deutscher Nation von 1520, in: Peter A.Dykema/ Heiko A.Oberman (Hg.), Anticlericalism in Late Medieval and Early Modern Europe, Leiden-New York-Köln 1993, 353-365. Jüngste Wortmeldung aus evangelischer Sicht: *Hans-Martin Barth,* Einander Priester sein. Allgemeines Priestertum in ökumenischer Perspektive, Göttingen 1990; und aus katholischer Sicht: *Theodor Schneider,* Gemeinsames Priestertum und kirchliches Amt, in: *ders.,* Auf seiner Spur (s.Anm. 52), 336-345; und *Medard Kehl,* Die Kirche (s.Anm.52), 103-125.

⁸⁰ Vgl. w.u. im 7.Kapitel, II. 6.

⁸¹ Literatur und kritische Sachdarstellung bei *Kehl,* a.a.O. 113-115; in gleichem Sinne *Gisbert Greshake,* Priestersein. Zur Theologie und Spiritualität des priesterlichen Amtes, Freiburg i.Br. 1982, erweitert ⁵1991, 73-75. Ich teile die Kritik an der mißverständlichen Wortwahl des Konzils und stimme in der Sache völlig zu; vgl. das Folgende. Etwas anders nuancierend sieht *Döring,* Grundriß der Ekklesiologie (s. Anm. 6) den »wesenhaften« Unterschied darin, daß das Amtspriestertum eine Wirklichkeit auf der Ebene des (sakramentalen) *Zeichens* ist: a.a.O. 260. Aber gilt *das* nicht auch, so allgemein, für das Priestertum der Getauften?

⁸² Vgl. *Rahner/Vorgrimler (Hg.),* Kleines Konzilskompendium (s.*Leseempfehlungen* zum 3.Kapitel), 108.

⁸³ Vgl. *Max Seckler,* Glaubenssinn, in: LThK IV (1960), 945-948 (Lit. bis 1960); *Mannes Dominikus Koster,* Der Glaubenssinn der Hirten und der Gläubigen

ZUM TEXT SEITE 184–186

(1949), in: *ders.*, Volk Gottes im Werden (s.Anm.60), 131–150 (viele historische Hinweise); *Karl Rahner,* Kleines Fragment »Über die kollektive Findung der Wahrheit«, in: *ders.*, Schriften zur Theologie VI, Zürich 1965, 104–110; *ders.*, Der Glaube der Christen und die Lehre der Kirche, a.a.O. X (1972), 262–285; Concilium 21 (1985) Heft 4: Die Lehrautorität der Gläubigen. Siehe auch Anm.84 und 85.

[84] Vgl. dazu *Franz Wolfinger,* Die Rezeption theologischer Einsichten und ihre theologische und ökumenische Bedeutung, Cath 31 (1977) 202–233; *Heinrich Fries,* Die kirchliche Rezeption der Ergebnisse theologischer Gespräche zwischen katholischen und evangelischen Theologen, in: *ders.*, Dienst am Glauben. Aufgaben und Probleme theologischer Arbeit, München 1981, 74–93; *Wolfgang Beinert,* Rezeption. Bedeutung für Leben und Lehre der Kirche, Cath 44 (1990) 91–118; *ders. (Hg.),* Glaube als Zustimmung, Freiburg i.Br. 1991; *Dietrich Wiederkehr (Hg.),* Wie geschieht Tradition?, Freiburg i.Br. 1991; *ders.(Hg.),* Sensus fidei – consensus fidelium, Freiburg i.Br. 1993. Kritisch zur Unklarheit des Begriffs aus evangelischer Sicht: *Hermann Fischer,* Rezeption in ihrer Bedeutung für Leben und Lehre der Kirche. Vorläufige Erwägungen zu einem unklaren Begriff, ZThK 87 (1990) 100–123. Es muß hier erwähnt werden, daß »Rom«, konkret: die Glaubenskongregation, in der Stellungnahme zum *Final Report* der Anglican Roman Catholic International Commission (ARCIC) von 1981 den Gedanken einer Rezeption lehramtlicher Verkündigung durch die Gläubigen, in welchem Verständnis auch immer, als mit dem Dogma des Ersten Vatikanischen Konzils nicht in Übereinstimmung zurückgewiesen hat; vgl. den Text des *Final Report* (deutsch) in: *Harding Meyer/Hans Jörg Urban/Lukas Vischer (Hg.),* Dokumente wachsender Übereinstimmung (I). Sämtliche Berichte und Konsenstexte interkonfessioneller Gespräche auf Weltebene 1931–1982, Paderborn-Frankfurt am Main 1983, 127–190, hier: 187, Nr.31; und die Stellungnahme der Glaubenskongregation (deutsch) in: HerKorr 36 (1982) 288–293; zum ganzen Vorgang *Heinrich Fries,,* Das Petrusamt im anglikanisch-katholischen Dialog (s.Anm.45), 221 f.; 229 f. Wie die vorstehenden Literaturangaben, die mehrheitlich aus der Zeit *nach* 1982 datieren, ausweisen, ist die Diskussion trotz der negativen Stellungnahme der Glaubenskongregation in den letzten Jahren erst richtig in Schwung gekommen. Dort ist denn auch genügend über die Tatsachen der Theologie- und sogar der Dogmengeschichte nachzulesen, die davor warnen, das Problem der Rezeption bzw. Nicht-Rezeption kirchlicher Lehrentscheidungen nur einfach abzuwiegeln.

[85] So etwa *Michael Seybold,* Unfehlbarkeit des Papstes – Unfehlbarkeit der Kirche, in: *Georg Denzler (Hg.),* Papsttum in der Diskussion, Regensburg 1974, 102–122: 110–120.

[86] Vgl. *Augustinus,* De Praedestinatione Sanctorum 14,27: PL 44, 980.

[87] Vgl. *Walter Kasper,* Kirche als communio. Überlegungen zur ekklesiologischen Leitidee des II.Vatikanischen Konzils, in: *ders.*, Theologie und Kirche, Mainz 1987, 272–289: 273.

[88] Vgl. a.a.O. 273 f. Anm 3 und 4 die Hinweise auf Arbeiten von *Gérard Philips, Alois Grillmeier, Hans Urs von Balthasar.* Diesem Thema hat sich auch die Sondersynode 20 Jahre nach dem Abschluß des Konzils zugewandt; siehe dazu w.u. bei Anm. 95. Umfassende Interpretation dieses konziliaren Gedankens auf der Basis der Fachliteratur jetzt bei *Medard Kehl,* Die Kirche (s.Anm.56), 83–159; weitere konkretisierende Beiträge in *Günter Biemer/Bernhard Casper/Josef Müller (Hg.),* Gemeinsam Kirche sein. Theorie und Praxis der Communio (Festschrift für Erzbischof Dr.Oskar Saier), Freiburg i.Br. 1992.

[89] Vgl. dazu im deutschen Sprachraum vor allem *Hermann Josef Pottmeyer,* Die zwie-

spältige Ekklesiologie des Zweiten Vatikanum – Ursache nachkonziliarer Konflikte, TThZ 92 (1983) 272–283; vgl. auch *ders.*, Kontinuität und Innovation in der Ekklesiologie des II.Vatikanums, in: Alberigo/Congar/Pottmeyer (Hg.), Kirche im Wandel (s.u. *Leseempfehlungen*), 89–110; aufgenommen bei *Theodor Schneider*, Römisch (und) Katholisch (s.o.Anm.28). Die Beobachtung ist aber älter; vgl. *A.Acerbi*, Due ecclesiologie. Ecclesiologia giuridica ed ecclesiologia de communione nella »Lumen gentium«, Bologna 1975.

[90] *Kasper*, a.a.O. 277f.

[91] *Kasper*, a.a.O. 276; vgl. 284; und *Bruno Forte*, La Chiesa - icona della Trinità. Breve ecclesiologia, Brescia 1984.

[92] Wenn freilich *Walter Kasper* a.a.O. 284 die Kirche »iure divino [aus göttlichem Recht] zugleich papal und episkopal« nennt, so ist das eine *petitio principii*, eine Voraussetzung des erst noch Beweisenden, solange nicht geklärt ist, was hier »papal« heißt. Ganz sicher ist die Kirche nicht *iure divino* »papal« im Stile der heutigen römischen Primatsausübung. Diesen zu ändern in Richtung auf einen wirklichen »Petrusdienst« ist vielmehr die berechtigte Forderung der gesamten, das Konzil »rezipierenden« Ekklesiologie und – zunächst einmal – der vom Konzil festgeschriebenen Lehre von der Kollegialität der Bischöfe. Weshalb sonst hätte dieser Gedanke auch soviel konservativen Widerstand provozieren sollen? Näheres vgl. im 7.Kapitel.

[93] *Kasper*, a.a.O. 282; vgl. auch *Kehl*, Die Kirche, 104f.

[94] Vgl. w.o. B 4.

[95] Vgl. a.a.O. 273f. mit 286f.

[96] Mit »neuere Christologie« ist hier eine (katholische, aber selbstverständlich auch evangelische) Christologie gemeint, die bei der Interpretation des Personengeheimnisses Jesu Christi zunächst das, was wir *historisch* – aus den historisch untersuchten neutestamentlichen Texten – über Jesus wissen können, ganz ernst nimmt und von da aus, nicht abseits davon, das Bekenntnis der Kirche, das »christologische Dogma« von Nikaia, Konstantinopel, Ephesus und Chalkedon (siehe dazu auch w. u. im 6.Kapitel, II.3.) zu verstehen und zu erschließen sucht. Daraufhin ist es nicht mehr möglich, aus dem Dogma eine *historische* Aussage zu *deduzieren*, wenn die historischen Dokumente sie nicht hergeben. Der zitierte mariologische Satz gibt sich als eine solche, sofern er von einer bereitwilligen Zustimmung Mariens zur Darbringung Jesu als eines Schlachtopfers spricht. Von einem Mitleiden Marias bei der Hinrichtung ihres Sohnes wird man bedenkenlos sprechen dürfen, falls sie Augenzeugin war, was nur Johannes berichtet (Jo 19,25; vgl. aber Apg 1,14). Von den sonstigen Gedanken und Erwägungen Marias aber wissen wir historisch nichts, und das Verständnis des Todes Jesu als »Opfer« ist mit Sicherheit erst urchristlich. – Statt einer langen Literaturliste zur »neueren Christologie« der Hinweis auf zwei instruktive Überblicke: *Arno Schilson/Walter Kasper*, Christologie im Präsens. Kritische Sichtung neuer Entwürfe, Freiburg i.Br. 1974, ergänzt ²1980; *Josef Pfammatter/Franz Furger (Hg.)*, Theologische Berichte II: Zur neueren christologischen Diskussion, Zürich 1973. Zur Interpretation des Kreuzestodes Jesu als Opfer vgl. jetzt (auch für interessierte Nicht-Theologen verständlich) *Józef Niewiadomski/Wolfgang Palaver (Hg.)*, Dramatische Erlösungslehre. Ein Symposion, Innsbruck 1992. Problemanzeigen und Literatur auch bei *Pesch*, Dogmatik im Fragment (s.Anm.57), 115–178, bes. 122–124; 141–150; 166–172.

[97] Unter dem Eindruck betonter mariologischer Zurückhaltung in den ersten Jahren nach dem Konzil einerseits und inzwischen wieder neuer Phänomene von abergläubischen Übertreibungen anderseits (dubiose Marienerscheinungen, Drängen marianischer »Maximalisten« auf eine Dogmatisierung der Miterlöserschaft Ma-

riens) sind in den letzten Jahren die soliden Veröffentlichungen zur Mariologie, die sich um Unterscheidung der Geister bemühen, zahlreicher geworden – wobei auch die Anfragen aus der feministischen Theologie eine Rolle gespielt haben. Es sei auf folgende repräsentativen Titel hingewiesen (in der Reihenfolge ihres Erscheinens): *Alois Müller*, Marias Stellung und Mitwirkung im Christusereignis, in: MySal III/2 (1969) 393–510; vgl. auch ders./*Dorothea Sattler*, Mariologie, in: Theodor Schneider (Hg.), Handbuch der Dogmatik II, Düsseldorf 1992, 155–187 (Lit!); *Hans Küng, Christsein*, München 1974 u.ö., 448–453; *Wolfgang Beinert (Hg.)*, Maria heute ehren, Freiburg i.Br. 1977, ³1980; *Joseph Ratzinger*, Die Tochter Zion. Betrachtungen über den Marienglauben der Kirche, Einsiedeln 1977; *Georg Söll*, Mariologie (HDG II/4), Freiburg im Br. 1978; *Rosemary Radford Ruether*, Maria. Kirche in weiblicher Gestalt, München 1980; *Maria im Neuen Testament*. Eine ökumenische Untersuchung, Stuttgart 1981; *Heinrich Stirnimann*, Marjam. Marienrede an einer Wende, Fribourg/Schw. 1989; *Gerhard Ludwig Müller*, Was heißt: Geboren von der Jungfrau Maria? Eine theologische Deutung, Freiburg i.Br. 1990; siehe auch den Artikel Maria/Mariologie, in: NHthG III, ²1991, 306–336 (katholische, evangelische und feministische Sicht). Und wieder einmal klingt eine ferne Stimme ganz nah: *Romano Guardini*, Die Mutter des Herrn, Neuaufl. Mainz ²1990.

⁹⁸ Zu seiner Bearbeitung empfiehlt sich eine erste Adresse: *Horst Gorski*, Die Niedrigkeit seiner Magd. Darstellung und theologische Analyse der Mariologie Luthers als Beitrag zum gegenwärtigen lutherisch/römisch-katholischen Gespräch, Frankfurt am Main-Bern 1986 (umfassende Aufarbeitung und Würdigung der historischen und aktuellen evangelischen Einwände gegen die katholische Mariologie); vgl. aus den letzten Jahren: MD 40 (1986) Heft 6; *Manfred Keißig (Hg.)*, Maria die Mutter unseres Herrn. Eine evangelische Handreichung. Erarbeitet und verantwortet vom Arbeitskreis der gliedkirchlichen Catholica-Beauftragten der Vereinigten Evangelisch-Lutherischen Kirche Deutschlands und des Deutschen Nationalkomitees des Lutherischen Waltbundes (Catholica-Arbeitskreis), Lahr 1991; *Heiner Grote*, Maria heißt: Nicht machen, sondern Empfangen. Eine theologische Besinnung aus biblisch-reformatorischer Sicht, in: Im Lichte der Reformation (Jahrbuch des Evangelischen Bundes) 35, Göttingen 1992, 65–84; *H.George Anderson/J.Francis Stafford/Joseph A.Burgess (Hg.)*, The One Mediator, the Saints and Mary. Lutherans and Catholics in Dialogue VIII, Minneapolis 1992.

⁹⁹ Göttingen 1969 (s.Anm.70).

¹⁰⁰ Berlin (Ost) 1967.

¹⁰¹ Vgl. dazu auch meine Besprechung in: Aus der Lutherforschung. 453 Jahre Reformation, ThQ 150 (1970) 417–432: 425–428.

¹⁰² WA 39 I, 205, 2; vgl. *Maron*, a.a.O. 250.

¹⁰³ Vgl. *Gottfried Maron*, Zum Gespräch mit Rom. Beiträge aus evangelischer Sicht, Göttingen 1988.

¹⁰⁴ Vgl. *Pesch*, Hinführung zu Luther, Mainz ²1983, 272–279; auch 27–31; 151–153.

¹⁰⁵ Dies ist, zugegeben, immer noch nicht eine Selbstverständlichkeit in der Lutherforschung, bekommt aber seit den einschlägigen Arbeiten von allem von Oswald Bayer und Wolfgang Schwab wachsende Plausibilität, weil in dieser These Luthers Schriften von 1517/18 und die äußeren Auseinandersetzungen überzeugend zusammenkommen. Vgl. *Oswald Bayer*, Die reformatorische Wende in Luthers Theologie, ZThK 66 (1969) 115–150; ders., Promissio. Geschichte der reformatorischen Wende in Luthers Theologie, Göttingen 1971; *Wolfgang Schwab*, Entwicklung und Gestalt der Sakramententheologie bei Martin Luther, Frankfurt am Main-Bern 1977; Durchblick bei *Otto Hermann Pesch*, Rechtferti-

gung und Reformation. Von der reformatorischen Grunderkenntnis zur »Unterscheidungslehre«, bibel und kirche 47 (1992) 140–149. Es ist beachtenswert, daß dieser Zusammenhang inzwischen auch in einem ökumenischen Dokument ausdrücklich festgestellt wurde: *Lehmann/Pannenberg (Hg.)*, Lehrverurteilungen I (s.*Leseempfehlungen* zum 6.Kapitel), 45 f.

[106] Vgl. *Pesch*, Gerechtfertigt aus Glauben. Luthers Frage an die Kirche, Freiburg i.Br. 1982, 46–51; 86–89; 143 f; Dogmatik im Fragment (s.Anm.57), 140 f.; Rechtfertigung und Kirche (s.Anm.70). Erfreulicherweise ist dies – erstmalig – nun festgeschrieben in *Lehmann/Pannenberg (Hg.)*, a.a.O. (s.Anm.105) 75. Vgl. jetzt auch *Johannes Brosseder*, Konsens im Rechtfertigungsglauben ohne Konsens im Kirchenverständnis? Zur Bedeutung des Rechtfertigungsstreits heute, in: Hermann Häring/Karl-Josef Kuschel (Hg.), Hans Küng. Neue Horizonte des Glaubens und Denkens. Ein Arbeitsbuch, München 1993, 344–363.

[107] Vgl. *Gottfried Maron*, Auf dem Wege zu einem ökumenischen Lutherbild. Katholische Veröffentlichungen zum Lutherjahr 1983, ThR 50 (1985) 250–283: 275 f.

[108] Vgl. *Eberhard Jüngel*, a.a.O. (s.Anm.70).

[109] Vgl. grundlegend *Friedrich Wulf*, Theologische Phänomenologie des Ordenslebens, in: MySal IV/2 (1973) 450–487.

[110] Vgl. ausführlicher bei *Kehl*, Die Kirche, 117–125; auch 443–459 (mit Literaturhinweisen).

Anmerkungen zum sechsten Kapitel

[1] Vgl. w.o. im 2.Kapitel, II. 1. und 2.

[2] Vgl. w.o. im 2.Kapitel, III. 2. und 4.

[3] Vgl. w.o. im 3.Kapitel, III. 3.

[4] Vgl. w.o. im 2.Kapitel, II. 2. und 3.; und im 3.Kapitel, II. 4.

[5] Vgl. *Karl Rahner*, Kirche und Atheismus, in: *ders.*, Schriften zur Theologie XV, Zürich 1983, 139–151: 150 f.

[6] Vgl. w.o. im 3.Kapitel, II. 7.

[7] Das Folgende knüpft teilweise an meine inzwischen vergriffene Darstellung an in: *Heinrich Fries/Otto Hermann Pesch*, Streiten für die eine Kirche, München 1987, 135–176; in den Anmerkungen S.185–190 auch ausführlichere Literaturangaben.

[8] Vgl. w.o. im 5.Kapitel, III. A. 1.

[9] Vgl. *Zweites Vatikanisches Konzil*, Dogmatische Konstitution über die Kirche. Authentischer lateinischer Text. Deutsche Übersetzung im Auftrag der deutschen Bischöfe. Mit einer Einleitung von *Joseph Ratzinger*, Münster 1965, 35. *Alois Grillmeier* interpretiert in seinem Kommentar, im Anschluß an *Heribert Mühlen*, im Sinne der früheren Übersetzung: LThK E I, 174.

[10] *Johannes Chrysostomos*, In Ioannem Homilia 65: PG 59, 361.

[11] Vgl. w.o. im 5.Kapitel, III., Exkurs, 2.

[12] Vgl. *Yves Congar*, Ökumenische Bewegung, in: LThK VII (1962) 1128–1137: 1133.

[13] WA 51, 469–572, bes. 474–524.

[14] Vgl. *Joannis Panagopoulos*, Luther außerhalb des Luthertums: Orthodoxe Sicht, Concilium 12 (1976) 497–501; *ders.*, Die Orthodoxie im Gespräch mit Martin Luther, in: Hans Friedrich Geißer u.a. Weder Ketzer noch Heiliger. Luthers Bedeutung für den ökumenischen Dialog, Regensburg 1982, 175–200.

[15] Vgl. *Reinhard Frieling*, Mit, nicht unter dem Papst. Eine Problemskizze über Papsttum und Ökumene, MD 28 (1977) 52–60; vgl. auch die einschlägigen Bei-

ZUM TEXT SEITE 219-225

träge von *Gottfried Maron*, Zum Gespräch mit Rom. Beiträge aus evangelicher Sicht, Göttingen 1988, 213-300.

[16] Vgl. w.o. im 5.Kapitel, III. A. 1.

[17] Vgl. repräsentativ *Gottfried Maron*, Kirche und Rechtfertigung (s.o. im 5.Kapitel, III. E.), 107-110.

[18] Vgl. w.u. 6. und w.u. im 8. Kapitel Anm. 3 den Buchtitel von *Sebastian Tromp*.

[19] Vgl. *Johannes Brosseder*, Ökumenische Katholizität, ÖR 41 (1992) 24-39.

[20] Vgl. bei *Luther* WA 23, 141,23; 50, 642,15; 40 I, 441,31. Zu den theologiegeschichtlichen Zusammenhängen in der Lutherforschung sowie zu den aktuellen Folgeproblemen vgl. *Pesch*, Dogmatik im Fragment, Mainz 1987, 116-127.

[21] Vgl. z. B. *Maron*, a.a.O. (s.Anm.17) 46-51; *Gerhard Ebeling*, Dogmatik des christlichen Glaubens III, Tübingen 1979, 315; vgl. auch w.o. im 5.Kapitel, III. E.

[22] So *Grillmeier*, LThK.E I, 174; *Heinrich Döring*, Grundriß der Ekklesiologie (s. 5. Kapitel, Anm. 6), 100-108. *Medard Kehl*, Die Kirche, Würzburg 1992, 79-82.

[23] Wir berühren hier das zur Zeit wieder heiß umstrittene Thema des sogenannten »Absolutheitsanspruchs« oder auch »Universalanspruchs« des Christentums. Zur Sache vgl. w.u. im 9.Kapitel, IV.1. Einstweilen sei verwiesen auf *Otto Hermann Pesch*, Der junge Mann aus Nazaret – Retter aller Menschen? Zum »Universalanspruch« des Christentums, in: Jürgen Thomassen (Hg.), Jesus von Nazaret. Neue Zugänge zu Person und Bedeutung, Würzburg 1993, 102-130 – dort Hinweis auf wichtigste Literatur aus den letzten Jahren.

[24] Ich habe daher Bedenken gegen die Deutung bei *Werner Löser*, Das Einheits- und Ökumenismusverständnis der römisch-katholischen Kirche, in: ders. (Hg.), Die römisch-katholische Kirche (= Die Kirchen der Welt XX), Frankfurt am Main 1986, 331-345. Löser legt die Formel dahin aus, daß die Kirche Roms »Einzigkeit in Offenheit« beanspruche. Dies Formel, beim Wort genommen, bezeichnet exakt das Konzept von »Rückkehr-Ökumene«, das für niemanden ernsthaft zur Debatte steht und auch kirchenamtlich immer wieder dementiert worden ist. Gewiß will Löser durch die »Offenheit« den Anspruch auf »Einzigkeit« relativieren. Aber wie soll die »einzige« Kirche anders »offen« sein als so, daß sie offen ist für alle, die zu ihr als der einzig wahren Kirche zurückkehren wollen? Ist Lösers Formel nicht kontraproduktiv für seine Absicht?

[25] Vgl. w.o. im 4.Kapitel, V. 3.

[26] Hier einige repräsentative Titel: *Ulrich Valeske*, Hierarchia veritatum, München 1968; *Heribert Mühlen*, Die Lehre des Vaticanum II über die »Hierarchia veritatum« und ihre Bedeutung für den ökumenischen Dialog, in: ThGl 56 (1966) 303-335; *Piet Schoonenberg*, Hierarchia veritatum, TTh 8 (1968) 293-298; *Karl Rahner*, Der Glaube der Christen und die Lehre der Kirche, in: ders., Schriften zur Theologie X, Zürich 1972, 262-287, bes. 276-279; vgl. auch ders., a.a.O. XI, 339-365; XII, 550-559; XV, 152-168; auch *Fries/Pesch*, a.a.O. (s.Anm.7) 30-35 (*Fries*); und jüngst *Armin Kreiner*, »Hierarchia veritatum«. Deutungsmöglichkeiten und ökumenische Relevanz, Cath 46 (1992) 1-30.

[27] Kurzinformation über die beiden gegensätzlichen Grundpositionen bei *Klaus Mörsdorf/Karl Rahner*, Kirchengliedschaft, in: LThK VI (1961) 221-225. Grundlegend und in Auseinandersetzung mit der Fachliteratur ist *Karl Rahner*, Die Gliedschaft in der Kirche nach der Lehre der Enzyklika Pius' XII. »Mystici Corporis Christi«, in: ders., Schriften zur Theologie II, Zürich 1954 u.ö., 7-94. Es ist nicht überraschend, daß sich auch *Mannes Dominikus Koster* (vgl. w.o. im 5.Kapitel, III. B. 2.) zu diesem Thema zu Wort gemeldet hat, und zwar in diesem Fall in Anknüpfung an Thomas von Aquin: Von den Grundlagen der Kirchengliedschaft (1950), in: ders., Volk Gottes im Werden, Mainz 1971, 115-130.

²⁸ *Baptismate homo constituitur in Ecclesia Christi persona cum omnibus Christianorum iuribus et officiis, nisi, ad iura quod attinet, obstet obex, ecclesiasticae communionis vinculum impediens, vel lata ab Ecclesia censura* (»Durch die Taufe wird ein Mensch zur Person in der Kirche Christi bestimmt mit allen Rechten und Pflichten der Christen, soweit nicht, was die Rechte betrifft, eine Sperre entgegensteht, die das Band der kirchlichen Gemeinschaft behindert, oder eine von der Kirche verhängte Strafe«). Der entsprechende canon 96 CIC 1983 lautet: *Baptismo homo Ecclesiae Christi incorporatur et in eadem constituitur persona, cum officiis et iuribus quae christianis, attenta quidem eorum condicione, sunt propria, quatenus in ecclesiastica sunt communione et nisi obstat lata legitime sanctio* (»Durch die Taufe wird der Mensch der Kirche Christi eingegliedert und wird in ihr zur Person mit den Pflichten und Rechten, die den Christen unter Beachtung ihrer jeweiligen Stellung eigen sind, soweit sie sich in der kirchlichen Gemeinschaft befinden und wenn nicht eine rechtmäßig verhängte Strafe entgegensteht«). Unter den abweichenden Formulierungen verbergen sich, für Nicht-Fachleute nicht auf Anhieb erkennbar, bedeutsame Änderungen, vor allem in Verbindung mit can. 204 § 1. Vgl. HKKR, 166–168 (*Peter Krämer*), und *Knut Walf,* Einführung in das neue katholische Kirchenrecht, Zürich 1984, 144–150.

²⁹ Vgl. w.o. im 5.Kapitel, I. 3.

³⁰ Vgl. etwa *Eilert Herms,* Einheit der Christen in der Gemeinschaft der Kirchen. Die ökumenische Bewegung der römischen Kirche im Lichte der reformatorischen Theologie. Antwort auf den Rahner-Plan, Göttingen 1984. Die Formulierung im Titel begegnet im Buch immer wieder.

³¹ So z.B. der Berichterstatter der Europa-Synode der katholischen Bischöfe, der römische Kardinal Ruini, in einem Interview nach Abschluß der Synode 1991; ich stütze mich auf die Nachricht in: Kirche intern. Forum für eine offene Kirche, für Gesellschaft, Politik und Kultur, 6.Jg. Nr.4, April 1992, S.22. Aber schon Jahre vorher ist dieselbe, vom Konzil ausdrücklich zurückgenommene Formulierung – unbedacht, mit Bedacht? – selbst *Kardinal Ratzinger* entschlüpft; vgl. *ders.,* Luther und die Einheit der Kirchen. Fragen an Joseph Kardinal Ratzinger, IkaZ 12 (1983) 568–582: 581; abgedruckt mit einem Nachwort zur Kritik an dem Interview in *ders.,* Kirche, Ökumene und Politik. Neue Versuche zur Ekklesiologie, Einsiedeln 1987, 97–127: 114.

³² Vgl. die kritischen Analysen bei *Dietmar Eickelschulte,* Kirchenamtlicher »Dialog«, WuA 10 (1969) 185 f; *August Hasler,* Rom – Wittenberg – Genf. Kirchenamtlicher Dialog in der Krise, in: Max Seckler u.a. (Hg.), Begegnung. Beiträge zu einer Hermeneutik des theologischen Gesprächs (Festschrift für Heinrich Fries), Graz 1972, 389–401; *Georg Denzler,* Der Dialog im Verständnis Papst Pauls VI., a.a.O. 779–789. Weniger pessimistisch jetzt *Lothar Ullrich,* Dialog und Identität. Philosophische und theologische Aspekte, in: Wilhelm Ernst/Konrad Feiereis (Hg.), Denkender Glaube in Geschichte und Gegenwart, Leipzig 1922, 320–341.

³³ Vgl. *Lukas Vischer,* Wie weiter – nach den ersten zehn Jahren?, in: Gerard Békés/Vilmos Vajta (Hg.), Unitatis redintegratio 1964–1974. Eine Bilanz der Auswirkungen des Ökumenismusdekretes, Frankfurt am Main 1977, 141–157.

³⁴ Vgl. die Dokumentationen der Konsenstexte auf Weltebene und auf regionaler Ebene w.u. in den *Leseempfehlungen.*

³⁵ Vgl. *Heinrich Fries,* Einheit in Sicht? Die Ökumene 20 Jahre nach dem Konzil, StdZ 203 (1985) 147–158: 150; nachgedruckt unter dem Titel: Zum gegenwärtigen Stand der Ökumene aus katholischer Sicht, in: *ders.,* »Damit die Welt glaube«. Gefährdung, Ermutigung, Erneuerung, Frankfurt am Main 1987, 177–196: 182f.

³⁶ Vgl. CIC 1917, can.542 n.1; 693 § 1.

ZUM TEXT SEITE 232-242

[37] Vgl. Enzyklika *Mystici Corporis* Nr.21: DH 3802; NR 403.
[38] Vgl. a.a.O. Nr.107: DH 3821; nicht in NR.
[39] Zum folgenden vgl. LThK.E II (1967) 50–58; und Gregory Baum, Die ekklesiale Wirklichkeit der anderen Kirchen, Concilium 1 (1965) 291–303; Peter Neuner, Kirchen und kirchliche Gemeinschaften«, MThZ 36 (1985) 97–109; Döring, Grundriß der Ekklesiologie (s. Anm. 22), 200–210.. Eine frühe Stimme zum Thema, noch vor Konzilsbeginn, ist *Heinrich Fries*, Der ekklesiologische Status der evangelischen Kirchen in katholischer Sicht, MThZ 13 (1962) 85–98.
[40] Vgl. w.o. II. 3. und 5.
[41] Zitiert nach *Baum*, 297 f.

Anmerkungen zum siebten Kapitel

[1] Vgl. w.o. im 5.Kapitel, II. 5.
[2] Vgl. DH 3059–3063; NR 445–447.
[3] Vgl. w.o. im 1.Kapitel, II. 3.
[4] Vgl. Kurzinformation in LThK II (1958) 495 (*Michael Schmaus*); Johann Auer, Die Sakramente der Kirche (*Johann Auer/Joseph Ratzinger*, Kleine Katholische Dogmatik VII), Regensburg 1972, 351; *Joseph Kardinal Ratzinger*, Theologische Prinzipienlehre, München 1982, 259–263; wichtiger Quellentext: *Thomas von Aquin*, STh, Suppl 37,2; 40, 5.
[5] Vgl. *Pesch*, Hinführung zu Luther, Mainz ²1983, 217–219; 221–223. Eine erschütternde Fallstudie zur Lage im Erzbistum Köln liefert der – bekanntlich von besonderen Sympathien für die Reformation völlig freie – katholische Historiker *Konrad Repgen*, Der Bischof zwischen Reformation, katholischer Reform und Konfessionsbildung (1515–1650), in: Peter Berglar/Odilo Engels (Hg.), Der Bischof in seiner Zeit. Bischofstypus und Bischofsideal im Spiegel der Kölner Kirche. Festgabe für Joseph Kardinal Höffner, Erzbischof von Köln, Köln 1986, 245–314. Die nüchternen Daten dort S.290 Anm.27a: Von den neun kurfürstlichen Erzbischöfen dieser Zeit waren nur vier zu Priestern, nur zwei zu Bischöfen geweiht. Von diesen beiden war immerhin einer der umstrittene, vom Papst abgesetzte Hermann von Wied (Erzbischof von 1515–1547, gest. 1552), dem es um ein Haar gelungen wäre, in Köln die Reformation einzuführen und der deshalb in der katholischen Reformationsgeschichtsschreibung sehr schlecht wegkommt.
[6] Für das alte Recht vgl. das Dekret des (damaligen) Sacrum Officium *De consecratione episcopi sine canonica provisione* (»Über die Weihe ohne rechtsgültigen Auftrag«) vom 9.4.1951, AAS 43 (1951) 217f. Anlaß waren damals illegale Bischofsweihen im kommunistischen China; vgl. dazu *Hans Waldenfels*, Religion in China, StdZ 201 (1983) 95–109. Für das neue Recht vgl. CIC 1983, can. 1382.
[7] Vgl. w.o. im 5.Kapitel, III. A. 3.
[8] Dazu jetzt zusammenfassend *Walter Kasper*, Die apostolische Sukzession als ökumenisches Problem, in: Pannenberg (Hg.), Lehrverurteilungen – kirchentrennend?, III: Materialien zur Lehre von den Sakramenten und vom kirchlichen Amt, Freiburg i.Br.-Göttingen 1990, 329–349.
An dieser Stelle ist auf das w.o. im 5. Kapitel bei Anm. 35a angezeigte Problem zurückzukommen, das die Formulierung von Art. 22 im Ökumenismusdekret aufwirft, wegen des *defectus ordinis* hätten die Kirchen der Reformation »die ursprüngliche und vollständige Wirklichkeit *(substantia)* des eucharistischen Mysteriums nicht bewahrt«. Während »die ursprüngliche und vollständige *substantia* des eucharistischen Mysteriums« (statt »die volle Wirklichkeit *[realitas]* der Euchari-

stie«) zu den umstrittenen, vom Papst verfügten nachträglichen Textänderungen gehört, hat man mit dem *defectus ordinis* offenbar nirgendwo Probleme gehabt – erst *nach* dem Konzil hat die Wortwahl ihre ökumenische Tragweite enthüllt. Lexikalisch bedeutet *defectus* entweder das (vollständige) Fehlen oder den Mangel an etwas, was als solches gegeben ist. Wer den Reformationskirchen ein gültiges Amt – und darum auch eine gültige Eucharistie – absprechen will, wird mit »Fehlen des Weihesakramentes«, wer es ihnen zuerkennen und trotzdem die katholische Anfrage an das evangelische Amt aufrechterhalten will, wird mit »Mangel beim – als solchem vorhandenen – Weihesakrament« übersetzen – oder dann gleich besser mit »Mangel an der Vollgestalt des kirchlichen Amtes«, um hinsichtlich der »Ordination« nichts vorzuentscheiden, da es bei dem »Mangel« ja gerade um die strittige Sakramentalität geht. Nun übersetzen alle offiziellen Ausgaben – auch die deutsche – ganz selbstverständlich mit »Fehlen des Weihesakramentes« und kommentieren entsprechend; vgl. LThK.E II, 34 *(Werner Becker)* und 118 *(Johannes Feiner);* auch *Rahner/Vorgrimler,* Kleines Konzilskompemdium, 226. Es ist klar, daß an einer solchen Auffassung jeder Konsens mit den Kirchen der Reformation scheitern muß – sie müßten ja dann zum Zwecke der Anerkennung ihrer Ämter durch die katholische Kirche irgendeiner Form von Nach-Ordination und für die Vergangenheit der vollständigen Ungültigkeit ihres Kircheseins zustimmen. Aber ist eine solche Auslegung zwingend? *Walter Kasper,* a.a.O. (s.o.) 344 f., plädiert für »Mangel« und folgt darin dem Bericht der [internationalen] Gemeinsamen Römisch-katholischen/Evangelisch-lutherischen Kommission »Das geistliche Amt in der Kirche« von 1981, Nr. 75–77: Dokumente wachsender Übereinstimmung I (siehe *Leseempfehlungen* zum 6. Kapitel), 353 f. Im gleichen Sinne urteilt das Gutachten des Einheitsrates zum Lehrverurteilungsdokument (s.w.u. um 11. Kapitel, Anm. 51). Dafür gibt es, wie *Kasper* ebd. resumiert, gute Gründe, vor allem den, daß der Heilige Geist nach Art. 3 des Ökumenismusdekretes sich (auch) der nichtkatholischen Kirchen und ihrer Wirksamkeit als Mittel des Heiles für die ihnen angehörenden Gläubigen bedient. Da diese »Wirksamkeit« mit Vorzug durch ihr Amt erfolgt, enthält diese Formulierung indirekt eine Anerkennung des Amtes auch in denjenigen Kirchen, bei denen nicht, wie im Fall der orthodoxen Ostkirchen, eine direkte Anerkennung seitens der katholischen Kirche ausgesprochen wird (vgl. Ökumenismusdekret Art. 15, 3. Abschnitt). An dieser offenen Stelle muß die Diskussion ansetzen und weiterzukommen suchen – wie es in dem Bericht der genannten internationalen Kommission »Einheit vor uns« von 1984 Nr. 92–148: Dokumente wachsender Übereinstimmung II, 487–505, schon mit konkreten Vorschlägen versucht, bisher aber noch kaum ökumenisch rezipiert wird. Den Weg, den *Walter Kasper,* a.a.O. 346–349 einschlägt, möchte ich, trotz der befreiend offenen Argumentation seines Beitrags, mit einem Fragezeichen versehen. Soll die Zukunft der ökumenischen Beziehungen wirklich an der Verständigung über eine erfolgreiche tertiäre Verwendung des theologischen Reflexionsbegriffs »Sakrament« hängen? Zudem müßte die römisch-katholische Kirche sich der Frage stellen, ob nicht auch ihrem Amt ein *defectus* anhaftet: eben jener »Mangel« am Katholizität«, der der ganzen Kirche zu bescheinigen ist, solange sie nicht mit den Trägern jener »Elemente der Heiligung und Wahrheit« (Kirchenkonstitution Art. 8) in Einheit lebt, die doch auch Gaben für sie selbst sind; vgl. dazu w.o. im 6. Kapitel, II. 2. bei Anm. 19. – Ebenso ist mir fragwürdig, wie *Georg Hintzen* – in der besten Absicht, eine möglichst offene Position zu beziehen – die Diskussion um den *defectus ordinis* im Blick auf eine mögliche Verständigung über das Herrenmahl auswertet; vgl. *ders.,* Das reformatorische Abendmahl aus katholischer Sicht. Überlegungen zur Auslegung von UR [= Unitatis redintegratio = Ökumenismusdekret] 22, Cath 40 (1986) 203–228; vgl. das *Heinrich Fries/Otto Hermann Pesch*, Streiten für die eine Kirche, München 1987, 188 f. Anm. 42. Zum Ganzen vgl. *Harald Wagner*, Das Amt vor dem Hintergrund der Diskussion um eine evangelisch-katholische Grunddifferenz, Cath 40 (1986) 39–58.

[9] Vgl. w.o. im 5.Kapitel, II. 2.

[10] Vgl. w.o. im 2.Kapitel, III. 4, und LThK.E III (1968) 620 f. Ein anderer Anwendungsfall der *Quaesitum* ergab sich bei der Debatte über die Liturgiekonstitution; vgl. w.o. im 4. Kapitel, III. 2.

[11] Vgl. LThK.E I (1966), 144 f.; dort auch die Abstimmungsergebnisse.

[12] Vgl. w.u. III. 6.

[13] Vgl. w.o. im 3.Kapitel, III. 2. und w.u. im 11.Kapitel, III. 1. c) und d).

[14] Vgl. *Joseph Kardinal Ratzinger*, Zur Lage des Glaubens. Ein Gespräch mit Vittorio Messori, München-Zürich-Wien 1985, 49 f.

[15] Zur Zeit bester historischer und sachlicher Problemdurchblick bei *Peter Eicher*, Hierarchie, in: NHthG II, ²1991, 330–349.

[16] Vgl. w.o. im 5.Kapitel, I. 2.

[17] Zur Herkunft des Namens vgl. *J.H.Emminghaus*, Tiara, in: LThK X (1965) 177 f.

[18] Vgl. w.o. im 1.Kapitel, V. 1.

[19] Vgl. die Hinweise im 5.Kapitel, Anm.5; zu Calvin im Vergleich mit dem Zweiten Vatikanischen Konzil vgl. *Alexandre Ganoczy*, Ecclesia ministrans. Dienende Kirche und kirchlicher Dienst bei Calvin, Freiburg i.Br. 1968, 177–206; 246–430.

[20] Vgl. w.o. im 1.Kapitel, II. 1.

[21] Vgl. w.u. 5.

[22] Vgl. w.o. im 5.Kapitel, II. 5.

[23] DH 3050 f.; NR 436.

[24] Nur wenige ausgewählte Titel aus einer reichhaltigen Literatur (in der Reihenfolge des Erscheinens): *Hans Küng*, Die Kirche, Freiburg i.Br. 1967 u.ö., 518; 531; 559 (mit erkennbarer Zurückhaltung gegenüber dem Begriff der Repräsentation); *Gisbert Greshake*, Priestersein. Zur Theologie und Spiritualität des priesterlichen Amtes, Freiburg i.Br. 1982, erw. ⁵1991, 63–73 (Grundbegriff eines theologischen Amtsverständnisses); *Paul Weß*, Ihr alle seid Geschwister. Gemeinde und Priester, Mainz 1983, 110–119 (gegen Greshake: das repräsentative Gegenüber von Amtsträger und Gemeinde gilt nur für die Gründungszeit einer Gemeinde und entfällt, wenn diese mündig geworden ist); *Edward Schillebeeckx*, Christliche Identität und kirchliches Amt. Plädoyer für den Menschen in der Kirche, Düsseldorf 1985, 140–148; 248–253 (vermeidet den Begriff der Repräsentation ganz, konsequent im Rahmen der Zielsetzung seines Buches); *Heinrich Döring*, Grundriß der Ekklesiologie, Darmstadt 1986, 250–263, bes. 251 f. (mit Zustimmung zu Greshake); *Medard Kehl*, Die Kirche, Würzburg 1992, 306–310; 317–319; 433; 457 f. (biblisch-theologische Begründung und Deutung des Repräsentationsgedankens). Zur evangelischen Kritik vgl. *Per Erik Persson*, Repraesentatio Christi. Der Amtsbegriff in der neueren römisch-katholischen Theologie, Göttingen 1966; *Gottfried Maron*, Kirche und Rechtfertigung (s.w.o. im 5.Kapitel, III. E.), 48–51; und in anderem, aber »repräsentativen« Zusammenhang *Joachim Lell*, Mischehen? Die Ehe im evangelisch-katholischen Spannungsfeld, Gütersloh 1967, 159: Gottes Wahrheit läßt sich »wohl verkündigen, nicht aber repräsentieren«; vgl. *ders.*, Evangelische Fragen an die römisch-katholische Kirche, Göttingen 1967, 22–28.

[25] Vgl. *Ignatius von Antiochien*, Brief an die Gemeinde von Smyrna 8, 10; vgl. An die Epheser 5, 1; An die Magnesier 7; An die Philadelphier 4 (alle Zitate in MySal IV/1 (1972) 371 Anm.14 und 479).

[26] Vgl. im 3.Kapitel der Kirchenkonstitution die Anmerkungen 36, 51, 54, 57, 75,

99, 101, 103. Die Anmerkungen sind Bestandteil des Textes, wenn auch nicht unmittelbar Bestandteil seiner Aussage – weshalb man ja auch gelegentlich die Möglichkeit nicht ausließ, strittige, aber nicht zu übergehende Aussagen einfach in die Anmerkungen zu »verbannen«; berühmte Fälle: Kirchenkonstitution Art.8 Anm.13 (dazu w.o. im 6.Kapitel II. 3.); die Sternchen-Anmerkung in der Pastoralkonstitution (dazu w.u. im 10.Kapitel, II. 1. c.; vgl. IV. 1.); und ebendort die Anm.2 bei Art.80 (dazu w.u. im 10. Kapitel, IV. 5.).

[27] Vgl. w.o. im 1.Kapitel, II. 3.

[28] Vgl. DH 3011; NR 34 und 97.

[29] Hinweise w.u. im 11.Kapitel, III. 1. in den Anm. 19–21.

[30] Anm.2 zu Art.12 verweist auf Trient, Sessio V, Reformdekret cap.2: ed.Mansi 33, 30; Sessio XXIV, Reformdekret cap.4: Mansi 33, 159.

[31] Vgl. LThK.E II, 146; und HKKR, 329–348 (*Hubert Müller, Heribert Schmitz*).

[32] Dokumentation: Gemeinsame Synode der Bistümer in der Bundesrepublik Deutschland. Offizielle Gesamtausgabe, I: Beschlüsse der Vollversammlung [mit Einleitungen], Freiburg i.Br. 1976; II: Ergänzungsband: Arbeitspapiere der Sachkommissionen, 1977. Würdigung: *Manfred Plate*, Das deutsche Konzil. Die Würzburger Synode, Bericht und Deutung, Freiburg i.Br. 1975; *Dieter Emeis/Burkard Sauermost (Hg.)*, Synode – Ende oder Anfang. Ein Studienbuch für die Praxis in der Bildungs- und Gemeindearbeit, Düsseldorf 1976.

[33] Daran erinnert *Hermann Josef Pottmeyer*, Was ist eine Bischofskonferenz? Zur Diskussion um den theologischen Status der Bischofskonferenzen, StdZ 206 (1988) 435–446: 436–438.

[34] Vgl. außer *Pottmeyer* (wie Anm.33) und der dort angegebenen Literatur den Sammelband von *Hubert Müller/Hermann J.Pottmeyer (Hg.)*, Die Bischofskonferenz. Theologischer und juridischer Status, Düsseldorf 1989.

[35] Vgl. *Ratzinger*, Zur Lage des Glaubens (s.Anm.14), 55–66.

[36] Vgl. Anm.24. In der erweiterten 5.Auflage (1991) bilanziert Greshake die Diskussion und nimmt Stellung.

[37] Vgl. w.o. I. 2. bei Anm. 10.

[38] Neben den (verheirateten) Diakonen hat sich in Deutschland seit den späten 60er Jahren das Amt des »Pastoralassistenten« und in manchen Diözesen auch der »Pastoralassistentin« gefestigt (auch »Pastoralreferent/Patoralreferentin« genannt). Dies sind Männer und Frauen – die selbstverständlich heiraten können –, die faktisch alle Aufgaben der verheirateten Diakone übernehmen mit Ausnahme der liturgischen Funktionen und inzwischen, wo man das römische Verbot der Laienpredigt im eucharistischen Gottesdienst streng anwendet, auch der Predigt in der Eucharistiefeier. Sie sind also wie die Diakone sozusagen Ersatz-Kapläne mit nochmals eingeschränkten Funktionen, obwohl sie nach den geltenden Rahmenordnungen gerade diesen Eindruck nicht erwecken sollen. Die Entstehung dieses neuen Amtes verdankt sich einem notvollen Zufall: Ende der 60er Jahre verzichtete ein examinierter Theologenjahrgang in München auf den Eintritt ins Priesterseminar und die Weihe. Der damalige Erzbischof, Julius Kardinal Döpfner, wollte das geistige und menschliche »Kapital« nicht ungenutzt lassen und setzte die jungen Leute als »Pastoralassistenten« ein. Das fand Nachahmung auch anderswo, so daß es dafür heute schon eigene Ausbildungsgänge gibt. In den immer zahlreicher werdenden priesterlosen Gemeinden versehen sie als »Bezugsperson« faktisch oft die Stelle des Pfarrers, predigen dann auch in den priesterlosen Wortgottesdiensten am Sonntag – denn *das* ist nicht verboten. Das Problem dieses neuen Amtes besteht darin, daß es eine berufliche Sackgasse ist: Am Ende tut ein vielleicht 63jähriger Pastoralassistent weisungsgebunden seinen Dienst unter einem 29jähri-

ZUM TEXT SEITE 266–275

gen Pfarrer. Vieles ließe sich schon lösen, wenn sich die Pastoralassistenten zu Diakonen weihen ließen - wovon allerdings trotz enstprechender Voten der Würzburger Synode die Frauen immer noch ausgeschlossen wären. Aber die Pastoralassistenten wollen bewußt nicht Diakone werden, weil sie, wie sie sagen, die »Klerikalisierung« ihres Amtes ablehnen und lieber ein anderes Berufsbild ihres Amtes gestalten wollen. Das Argument ist schwer verständlich, denn es zementiert einen Begriff von »Kleriker«, den zwar immer noch die kirchliche Wirklichkeit, nicht aber das Konzil zu verantworten hat. Zu den in Deutschland geltenden Regelungen vgl. HKKR, 418 f. Siehe auch w.u. im 11. Kapitel, III. 1. a).

[39] Vgl. die erhellende Skizze bei *Franz Xaver Kaufmann*, Kirche begreifen. Analysen und Thesen zur gesellschaftlichen Verfassung des Christentums, Freiburg i.Br. 1979, 15–22.

Anmerkungen zum achten Kapitel

[1] Mit der Journalistenfloskel: »Name ist der Redaktion bekannt!«

[2] Zu Beginn seines »Dialog über die Vollmacht des Papstes gegen Luthers Thesen«, im *Fundamentum III*, schreibt der *Magister Sacri Palatii* Sylvester Prierias: Wer abweicht von der Autorität des römischen Bischofs »als der unfehlbaren Regel des Glaubens, von der auch die Heilige Schrift ihre Kraft und Autorität bezieht (*a qua etiam sacra Scriptura robur trahit et autoritatem*), ist ein Häretiker«: *Carl Mirbt/ Kurt Aland (Hg.)*, Quellen zur Geschichte des Papsttums und des römischen Katholizismus, I, Tübingen [6]1967, Nr.760, S.472. Zu den historischen Zusammenhängen vgl. *Pesch*, Hinführung zu Luther, Mainz [2]1983, 107 f.; zur genauen Auffassung des Prierias, die in dem genannten *Dialogus* nur unzureichend (und darum um so verhängnisvoller!) zum Ausdruck kommt, vgl. jetzt *Ulrich Horst*, Zwischen Konziliarismus und Reformation. Studien zur Ekklesiologie im Dominikanerorden, Rom 1985, 127–146.

[3] Vgl. *Sebastianus Tromp SJ*, Corpus Christi quod est Ecclesia, I: Introductio Generalis, Rom 1937; II: De Christo Capite, Mystici Corporis, Rom 1960; III: De Spiritu Christi Anima, Rom 1960; zu diesem Werk vgl. *Heribert Schauf*, Der Geist Christi und die Kirche, Cath 15 (1961) 70–76; ders., Christus, das Haupt seiner Kirche, Cath 16 (1962) 38–58.

[4] Vgl. w.o. im 5.Kapitel, III., Exkurs, 2.

[5] DH 3004–3007; 3026–3029; NR 27–30; 94–96; 45–48; 98.

[6] Vgl. w.o. im 1.Kapitel, V. 2.; VI. 1. und 2.; im 2.Kapitel, III. 2. und 3.; im 3.Kapitel, III. 1.

[7] Vgl. LThK.E II (1967) 498–503 (*Joseph Ratzinger*); aus sachlichen und didaktischen Gründen behandle ich die Motive hier gegenüber Ratzinger in der umgekehrten Reihenfolge.

[8] Vgl. w.o. im 4.Kapitel, II. 2.

[9] Vgl w o. im 6.Kapitel, II. 2.

[10] Vgl. Kurzinformation und Literatur bei *Oskar Köhler*, Jugendbewegung, in: LThK V (1960) 1181 f.; ausführlich: *Franz Henrich*, Die Bünde katholischer Jugendbewegung. Ihre Bedeutung für die liturgische und eucharistische Erneuerung, München 1968.

[11] Vgl. *Otto Hermann Pesch*, »Der mitgehende Anfang«. Die Bedeutung von Bibel und Bibelauslegung für Glaube und Theologie, in: Heinz-Josef Fabry u.a., Bibel und Bibelauslegung. Das immer neue Bemühen um die Botschaft Gottes, Regensburg 1993, 117–145: 117–121; dort auch weitere Literatur.

ZUM TEXT SEITE 275–280

[12] Die Entscheidungen der Bibelkommission beginnen DH 3372 und sind von da an leicht auffindbar. Sie sind außerdem gesammelt in: Enchiridion Biblicum. Documenta ecclesiastica Sacram Scripturam spectantia auctoritate Pontificiae Commissionis de Re Biblica edita, Rom 1927, [4]1961.

[13] Vgl. *Alfred Wikenhauser*, Einleitung in das Neue Testament, Freiburg i.Br. [1]1952 – in dieser Fassung laut Vorwort selbst schon eine Neufassung der bis dahin führenden katholischen NT-Einleitung von *Joseph Sickenberger* (+ 1945). Nach mehreren immer wieder ergänzten Neuauflagen besorgte *Joseph Schmid* die 6., völlig neu bearbeitete Auflage, Freiburg i.Br. 1973, und vermerkt im Vorwort, daß er inzwischen aufgrund der Entwicklungen in der Einleitungswissenschaft einerseits und der »stürmischen Bewegung« in der katholischen Kirche anderseits in manchen Fragen entschiedener urteile als der noch vorsichtige Wikenhauser. Schmid schildert auch a.a.O. 9–11 das Schicksal der Bibelkommission und das Schicksal der katholischen Exegese in dessen Gefolge.

[14] DH 3825–3831; NR 132–134 (gekürzt).

[15] Angesichts sovieler zerbrochener und gedemütigter katholischer Bibelwissenschaftler seit dem Modernismus-Streit ist dieser Satz, mit Verlaub, eine Frechheit. Aber so ist das bis heute: Römische Amtsträger und Behörden sind unfähig, halten es zumindest für »protokollwidrig«, eine Fehlentscheidung zuzugeben und öffentlich zu korrigieren. Vgl. dazu jetzt auch den erschütternden Erfahrungsbericht von *Bernhard Häring*, Meine Erfahrung mit der Kirche, Einleitung und Fragen von Gianni Licheri, Freiburg i.Br. 1989, 105–188.

[16] DH 3840; NR 134 (von dort ist die Übersetzung übernommen).

[17] DH 3862–3864; NR 135 (= DH 3863).

[18] DH 3887; 3898; NR 136f.

[19] DH 3899; 3899a-e; NR 139–144.

[20] A.Romeo, L'enciclia »Divino afflante Spiritu« e le »opiniones novae«, Divinitas 4 (1960) 387–456; Bericht darüber in HerKorr 15 (1961) 287.

[21] Vgl. *Karl Rahner*, Exegese und Dogmatik, in: *ders.*, Schriften zur Theologie V, Zürich 1962, 82–111: 83.

[22] Zusammenfassung des Diskussionsstandes zum Problem der Tradition jetzt bei *Dietrich Wiederkehr*, Das Prinzip der Überlieferung, in: HFTh IV (1988) 100–123; *ders.(Hg.)*, Wie geschieht Tradition? Freiburg i.Br. 1991; *Rainer Kampling*, Tradition, in: NHthG, Bd.5, [2]1991, 169–182. Von den älteren Arbeiten sei besonders verwiesen auf *Yves Congar*, Die Tradition und die Traditionen, Mainz 1965; *Walter Kasper*, Schrift – Tradition – Verkündigung, in: *ders.*, Glaube und Geschichte, Mainz 1970, 159–186; siehe auch w.u. Anm.29. Aus evangelischer Sicht: *Gerhard Ebeling*, »Sola Scriptura« und das Problem der Tradition (1963), in: *ders.*, Wort Gottes und Tradition. Studien zu einer Hermeneutik der Konfessionen, Göttingen 1964, 91–143.

[23] Vgl. w.o. im 5.Kapitel, I. 3.

[24] Vgl. dazu *Walter Kasper*, Die Lehre von der Tradition in der Römischen Schule, Freiburg i.Br. 1962.

[25] DH 2800–2804, bes. 2802; NR 871–874, bes. 872.

[26] DH 3902; NR 486.

[27] Ebd.

[28] Vgl. LThK.E II, 498.

[29] Vgl. *Josef Rupert Geiselmann*, Die Heilige Schrift und die Tradition. Zu den neueren Kontroversen über das Verhältnis der Heiligen Schrift zu den nichtgeschriebenen Traditionen, Freiburg i.Br. 1962; und gleichzeitig *Johannes Beumer*, Die mündliche Überlieferung als Glaubensquelle (HDG I/4), Freiburg i.Br. 1962.

ZUM TEXT SEITE 280-287

[30] DH 1501; NR 87.
[31] Vgl. *Bruno Decker*, Sola Scriptura bei Thomas von Aquin, in: L.Lenhart (Hg.), Universitas. Dienst an Wahrheit und Leben. Festschrift für Bischof Albert Stohr, Mainz 1960, I, 117–129; *ders.*, Schriftprinzip und Ergänzungstradition in der Lehre des hl. Thomas von Aquin, in: H.J.Brosch (Hg.), Schrift und Tradition, Essen 1962, 191–221; vgl. auch *Otto Hermann Pesch*, Das Gesetz. Kommentar zu Thomas von Aquin, Summa Theologiae I-II 90–105 (DThA Bd.13), Graz 1977, 682–716, bes. 701 f.; *ders.*, Dogmatik im Fragment, Mainz 1987, 301 f.; *ders.*, Hinführung zu Luther, Mainz ²1983, 57–70.
[32] Kurzbericht und die wichtigsten Stimmen bei *Ratzinger*, LThK.E II, 498 f.
[33] Vgl. die in Anm.22 genannten Titel.
[34] Vgl. dazu *Karl Rahner*, Über die Schriftinspiration, Freiburg i.Br. 1958 u.ö.; vgl. auch die leider etwas versteckte, aber wegen ihrer Allgemeinverständlichkeit nach wie vor instruktive Beitragsserie von *Diego Arenhoevel*, Die Bedeutung der Heiligen Schrift, WuA 10 (1969) 116–121; 146–148; 173–179; 11 (1970) 14–16; 3944; 87–90. Die Serie knüpft an Rahner an, vor allem der vierte Beitrag.
[35] Vgl. *Ratzinger*, a.a.O. (s.Anm.32) 500.
[36] Ebd. Evangelische Theologen sehen den Durchbruch der historisch-kritischen Methode vollzogen mit dem Erscheinen des ersten beiden Faszikel von *Otto Kuss*, Der Römerbrief, Regensburg 1957/59 (Faszikel 3: 1978), und mit dem programmatischen Buch von *Rudolf Schnackenburg*, Neutestamentliche Theologie. Der Stand der Forschung, München 1963, ³1965.
[37] Vgl. w.o. im 3.Kapitel, III. 1.
[38] Vgl. dazu jetzt zusammenfassend und aufgrund langjähriger Vorarbeiten *Max Seckler*, Der Begriff der Offenbarung, in: HFTh II (1985) 60–84; *Heinrich Fries*, Fundamentaltheologie, Graz 1985, 153–317, bes. 305–317; *Harald Wagner*, Das Verständnis von Offenbarung im Zweiten Vatikanischen Konzil und bei Rudolf Bultmann, in: Bernd Jaspert (Hg.), Rudolf Bultmanns Werk und Wirkung, Darmstadt 1984, 396–407.
[39] Siehe w.u. IV.
[40] Vgl. *Max Seckler*, Theologie als Glaubenswissenschaft, in: HFTh IV (1988) 180–241: 218–225, bes. 225; zum Hintergrund vgl. auch *ders.*, Kirchliches Lehramt und theologische Wissenschaft (1982), in: *ders.*, Die schiefen Wände des Lehrhauses. Katholizität als Herausforderung, Freiburg i.Br. 1988, 105–135;,230–241 (Anmerkungen).
[41] LThK.E II, 503 f.
[42] Eine besonders kritische Stimme: *Hermann Häring*, Eine katholische Theologie? J.Ratzinger, das Trauma vom Hans im Glück, in: Katholische Kirche – wohin? (s.*Leseempfehlungen* zum 11.Kapitel), 241–248. Kardinal Ratzinger werden die dort ausgesprochenen Urteile nicht anfechten; vgl. *ders.*, Zur Lage des Glaubens. Ein Gespräch mit Vittorio Messori, München 1985, 16. Einen beeindruckenden Versuch, den gemeinsamen Nenner zwischen dem »jungen« und dem »späteren« Ratzinger aufzuweisen, unternimmt *Michael Fahey*, Joseph Ratzinger als Ekklesiologe und Seelsorger, Concilium 17 (1981) 79–85. Auch ich will mich nicht einfach mit den kritischen Urteilen identifizieren. Freilich, eine »Kehre« in Ratzingers Denken scheint mir schwer zu bestreiten, und sie wird spürbar bei aufmerksamer Lektüre des Vorwortes seiner Einführung in das Christentum, München 1968. Inzwischen sind seine kritischen Äußerungen über das Konzil selbst – keineswegs nur über manche seiner späteren Interpreten! – kaum noch zu zählen. Vgl. stellvertretend und zusammenfassend: Theologische Prinzipienlehre (s. 7. Kapitel, Anm. 4), 383–411; Zur Lage des Glaubens, 25–44; vgl. w. o. S. 103.

⁴³ Vgl. *Max Seckler*, Die Theologie als kirchliche Wissenschaft – ein römisches Modell (1969), in: *ders.*, Im Spannungsfeld von Wissenschaft und Kirche. Theologie als schöpferische Auslegung der Wirklichkeit, Freiburg i.Br. 1980, 62–84; 205–212 (Anmerkungen).
⁴⁴ Vgl. jetzt *Otto Hermann Pesch*, Die Unfehlbarkeit des päpstlichen Lehramtes. Unerledigte Probleme und zukünftige Perspektiven, in: Hermann Häring/Karl-Josef Kuschel (Hg.), Hans Küng. Neue Horizonte des Glaubens und Denkens, München 1993, 88–128: 88–93; 99–114. Vgl. auch w.o. im 1.Kapitel, IV. 1. und 2.; und w.u. im 11.Kapitel, III. 1.
⁴⁵ Vgl. *Sekretariat der Deutschen Bischofskonferenz (Hg.)*, Papst Johannes Paul II. in Deutschland, 15.–19.November 1980 (Verlautbarungen des Apostolischen Stuhls 25A), Bonn 1980, 169–174, bes. 173.
⁴⁶ Vgl. *dass.(Hg.)*, Kongregation für die Glaubenslehre: Instruktion über die kirchliche Berufung des Theologen (Verlautbarungen des Apostolischen Stuhls 98), Bonn 1990, bes. Nr. 32–40.

Anmerkungen zum neunten Kapitel

¹ Diese Begebenheit entnehme ich der Johannes-Biographie von *Lawrence Elliot* (s.*Leseempfehlungen* zum 1.Kapitel), 263; bei *Hebblethwaite* (s.ebd.) ist sie nicht zu finden.
² Zum Stand des christlich-jüdischen Gesprächs im allgemeinen siehe die *Leseempfehlungen* am Ende dieses Kapitels. Über die Konsequenzen für die Christologie wird man sich eindrucksvoll klar etwa bei *Laurenz Volken* (kath.), Jesus der Jude und das Jüdische im Christentum, Düsseldorf 1983; und *Friedrich-Wilhelm Marquardt*, Das christliche Bekenntnis zu Jesus, dem Juden. Eine Christologie, 2 Bde., München 1990/92. Einen auch von Alttestamentlern vielbeachteten Versuch, die Geschichte Jesu einmal ganz aus der Perspektive des Glaubens und der religiösen Überzeugungen Israels nachzuerzählen, hat der katholische Dogmatiker *Raymund Schwager* gemacht: Dem Netz des Jägers entronnen. Das Jesusdrama nacherzählt, München 1991. – Die beiden ersten Bücher verzeichnen die einschlägige Jesus-Literatur jüdischer Theologen. Wie viel oder wie wenig man von diesen Bemühungen auch hält, Einklang mit jüdischen Gelehrten über die Gestalt Jesu zu erzielen – sicher ist jedenfalls: angesichts des theologischen Gesprächsstandes zwischen Juden und Christen wird es nie wieder möglich sein, Christologie so ohne Rücksicht auf jüdisches Denken und jüdische Bedenken zu treiben wie in der Tradition. Vgl. dazu jetzt auch Concilium 29 (1993) Heft 1: Messias und Messianismus.
³ Das Folgende stützt sich auf die detailreiche Darstellung in LThK.E II, 405–495.
⁴ Vgl. die in den *Leseempfehlungen* zum 1.Kapitel genannten Biographien: *Elliot*, 160–163; *Hebblethwaite*, 241–245; 249–254.
⁵ Daher ist Oesterreicher auch der Kommentator der Erklärung in LThK.E II.
⁶ LThK.E II, 426.
⁷ Ebd.
⁸ A.a.O. 448.
⁹ Vgl. w.o. im 3.Kapitel, II. 3.
¹⁰ Ausführliche Zitate bei *Oesterreicher*, LThK.E II, 458–461.
¹¹ *Rahner/Vorgrimler*, Kleines Konzilskompendium (s.*Leseempfehlungen* zum 3.Kapitel), 350f.

ZUM TEXT SEITE 304-308

[12] Vgl. w.o. im 5.Kapitel, III. B. 3.
[13] Einer von ihnen muß hier genannt werden: *Gustav Mensching*, Die Religion. Erscheinungsformen, Strukturtypen und Lebensgesetze, Stuttgart 1959.
[14] Persönliche Mitteilung von Prof.Dr.*Hans Waldenfels*.
[15] Siehe die Hinweise unten in den *Leseempfehlungen* zu IV.1. – Die neue Fragestellung betrifft aber nicht nur das konkrete Gespräch zwischen Christentum und (einzelnen) Weltreligionen, sondern weitet sich bald zu einer grundlegend »pluralistischen Religionstheologie«. Diese Diskussion wird seit mehr als 20 Jahren vor allem in der englischsprachigen Welt geführt und in Deutschland erst in den letzten Jahren durch mehr oder weniger zufällig zustandegekommene Übersetzungen zur Kenntnis genommen, so daß Kenner der Diskussion vor irreführenden Eindrücken warnen, die entstehen müssen, wenn man sich nur auf die deutschsprachigen Übersetzungen und Berichte verläßt. Es sei immerhin auf folgende deutschen Titel hingewiesen: *John Hick* – der führende Vertreter dieser Fragestellung –, Jesus und die Weltreligionen, in: *ders.*, Wurde Gott Mensch? Der Mythos vom fleischgewordenen Gott, Gütersloh 1979, 175–194; *ders.*, Gott und seine vielen Namen, Altenberge 1985; *ders.*, Religiöser Pluralismus und Erlösung, in: R.Kirste/P.Schwarzenau/U.Tworuschka (Hg.), Gemeinsam vor Gott. Religionen im Gespräch, Hamburg 1990, 41–60; *Paul F. Knitter*, Ein Gott – viele Religionen. Gegen den Absolutheitsanspruch des Christentums, München 1988 (gekürzte Übersetzung von: No other Name?); *Leonard Swidler*, Die Zukunft der Theologie. Im Dialog der Religionen und Weltanschauungen, Regensburg-München 1992. Berichte: *Gavin D'Costa*, Das Pluralismus-Paradigma in der christlichen Sicht der Religionen, ThG 30 (1987) 221–231; *R.Bernhardt*, Der Absolutheitsanspruch des Christentums. Von der Aufklärung bis zur pluralistischen Religionstheologie, Gütersloh 1990; *ders.(Hg.)*, Horizontüberschreitung. Die Pluralistische Theologie der Religionen, Gütersloh 1991; *G.Rosenstein*, Die Stunde des Dialogs. Begegnung der Religionen heute, Hamburg 1991; *J.Zehner*, der notwendige Dialog. Die Weltreligionen in katholischer und evangelischer Sicht, Gütersloh 1992. – Neben diesen Einblicken in eine außerdeutsche Diskussion müssen ältere und neuere deutsche Beiträge nicht vergessen werden, z.B. – wieder einmal – *Karl Rahner* in einer Reihe von Beiträgen in seinen Schriften zur Theologie, so VIII, Zürich 1967, 355–373; IX (1970) 498–515; XII (1975), 370–383; XV (1984) 171–184; *Heinrich Fries (Hg.)*, Jesus in den Weltreligionen, St.Ottilien 1982; *Max Seckler*, Theologie der Religionen mit Fragezeichen, ThQ 166 (1986) 164–184; *Bernd Jochen Hilberath*, Ist der christliche Absolutheitsanspruch heute noch vertretbar?, in: Bernd Jochen Hilberath/Christopher Linden (Hg.), Erfahrung des Absoluten - Absolute Erfahrung? Beiträge zum christlichen Offenbarungsverständnis, Düsseldorf 1990, 105–131; die die Weltreligionen betreffenden Beiträge in *Hermann Häring/Karl-Josef Kuschel (Hg.)*, Hans Küng. Neue Horizonte des Glaubens und Denkens, München 1993, 454–477; 589–690; und jetzt Concilium 29 (1993) Heft 2: Christus in Asien? Aus der evangelischen Theologie stellvertretend für zahlreiche Beiträge *Wolfhart Pannenberg*, Erwägungen zu einer Theologie der Religionsgeschichte, in: *ders.*, Grundfragen Systematischer Theologie, Göttingen 1967, ²1971, 252–295; *ders.*, Systematische Theologie I, Göttingen 1988, 133–206; *Hans Jochen Margull*, Zeugnis und Dialog. Ausgewählte Schriften, Hamburg 1992, 247–367.
[16] Vgl. *Thomas von Aquin*, Summa Theologiae II-II 10,8, deutsch in DThA Bd.15, Graz 1950, 211–215.
[17] Zwei Titel für viele, beide mit weiterführender Literatur: *Max Seckler*, Toleranz, Wahrheit, Humanität, in: Hermann J.Vogt (Hg.), Kirche in der Zeit. Walter Kasper zur Bischofsweihe. Gabe der Katholisch-Theologischen Fakultät Tübingen,

ZUM TEXT SEITE 311-336

München 1990, 126-149; *Eberhard Schockenhoff,* Das umstrittene Gewissen. Eine theologische Grundlegung, Mainz 1990.

Anmerkungen zum zehnten Kapitel

1 Vgl. w.o. im 1.Kapitel, VI. 1. und 2.; im 2.Kapitel, II. 1.-4.
2 *Hans Küng,* Konzil und Wiedervereinigung. Erneuerung als Ruf in die Einheit, Freiburg i.Br. 1980, ⁷1964; *ders.,* Kirche im Konzil, Freiburg i.Br. 1963, erw. ²1964.
3 So *Charles Moeller* in seiner Einleitung zur Pastoralkonstitution in LThK.E III (1968), 242-279: 245.
4 Vgl. w.o. im 2.Kapitel, III. 2. und 3.
5 Vgl. w.o. im 3.Kapitel, I.
6 Vgl. w.o. im 2.Kapitel, III. 4. Das ist auch im Vergleich mit den mittelalterlichen Konzilien des *Corpus Christianum* eine Neuheit; vgl. w.o. im 1.Kapitel, II. 4.
7 Vgl. w.o. im 3.Kapitel, II. 5.
8 Vgl. LThK.E III, 247.
9 Vgl. w.o. im 2.Kapitel, IV.
10 Über die »literarkritischen« Probleme des Textes der Ansprache s.ebd.
11 Vgl. w.o. im 2.Kapitel, II. 3. Einzelheiten bei *Hebblethwaite,* Johannes XXIII. (s.*Leseempfehlungen* zum 1.Kapitel), 277-280; 290-296.
12 Siehe die Darstellung von *Moeller* in LThK.E III (s.Anm.3).
13 Vgl. w.o. im 6.Kapitel, I. 1.
14 Vgl. LThK.E III, 252.
15 DH 2980; 3466; beide Texte schamvoll in NR ausgelassen.
16 Vgl. w.o. im 3.Kapitel, II. 5.
17 Zitiert nach LThK.E III, 263.
18 LThK.E III, 272.
19 *Moeller,* a.a.O. 277.
20 Vorerst bei *Moeller,* a.a.O. 273f. Anm.89. und 277f.
21 *Moeller,* a.a.O. 277.
22 Vgl. w.o. II. 1.
23 Vgl. dazu Hintergrundinformationen und Analyse bei *Johann Figl,* Atheismus als theologisches Problem. Modelle der Auseinandersetzung in der Theologie der Gegenwart, Mainz 1977, 31-81; in umfassender Auseinandersetzung *Hans Küng,* Existiert Gott? Antwort auf die Gottesfrage der Neuzeit. München 1979, 221-380; 529-640; ferner zusammenfassend *Walter Kasper,* Der Gott Jesu Christi, Mainz 1983, 29-91; vielleicht auch *Otto Hermann Pesch,* Heute Gott erkennen, Mainz ³1988; und im Blick auf die ethischen Konsequenzen für die Christen auf jeden Fall *Bernhard Häring,* Frei in Christus. Moraltheologie für die Praxis des christlichen Lebens, II, Freiburg i.Br. 1980, 322-361.
24 Vgl. DH 3004; 3026; 3538; NR 27f.; 45; 61.
25 *Rahner/Vorgrimler,* Kleines Konzilskompendium (s.*Leseempfehlungen* zum 3.Kapitel), 429.
26 Dieser neue Ton widerlegt allerdings noch nicht das kritische Urteil über die katholische Auffassung von der Ehe als (sakramental besiegeltem) Vertrag bei *Oswald Bayer,* Die Ehe zwischen Evangelium und Gesetz, ZEE 25 (1981) 164-180. Wohl aber täuscht sich Bayer gegenüber der katholisch-*theologischen* Diskussion, indem er als *die* katholische Lehre hinstellt, was nur *eine* katholische Stimme ist, und zwar die von der übrigen Diskussion als theologisch und anthropologisch un-

ZUM TEXT SEITE 336-343

zulänglich kritisierte. Vgl. dazu *Otto Hermann Pesch,* Ehe im Blick des Glaubens, in: CGG 7 (1981) 8-43; 76-81. Umfassend, wenn auch Anlaß zu neuer Diskussion gebend jetzt *Urs Baumann,* Die Ehe – ein Sakrament?, Zürich 1988.

[27] Vgl. CIC 1983 can.1055 § 1.

[28] Vgl. *Petrus Lombardus,* Quattuor Libri Sententiarum, IV, distinctio 31 cap.1.

[29] Vgl. *Michael Müller,* Die Lehre des hl. Augustinus von der Paradiesesehe und ihre Auswirkungen in der Sexualethik des 12. und 13.Jahrhunderts bis Thomas von Aquin, Regensburg 1954; *Stephan H.Pfürtner, Kirche und Sexualität,* Reinbek 1972, bes. 41-90; *ders.* Sexualfeindschaft und Macht. Eine Streitschrift für verantwortete Freiheit in der Kirche, Mainz 1992; *Georg Denzler,* Die verbotene Lust. 2000 Jahre christliche Sexualmoral, München 1988; *Peter Brown,* The Body and Society. Men, Women and Sexual Renunciation in Early Christianity, New York 1988, deutsch unter dem Titel: Die Keuschheit der Engel, München 1991; vgl. auch *Otto Hermann Pesch,* Thomas von Aquin. Grenze und Größe mittelalterlicher Theologie, Mainz ²1989, 208-227.

[30] Vgl. w.u. im 11. Kapitel, III. 1. bei Anm. 19-21.

[31] Es ist unmöglich, hier in repräsentativ gerechter Form Literatur anzugeben. Immerhin: vgl. zur Einführung *Stephan H.Pfürtner/Werner Heierle,* Einführung in die katholische Soziallehre, Darmstadt 1980 (Lit.); Dokumentation: *Arthur F.Utz/Brigitta von Galen (Hg.),* Die katholische Sozialdoktrin in ihrer geschichtlichen Entfaltung. Eine Sammlung päpstlicher Dokumente vom 15.Jahrhundert bis in die Gegenwart, 4 Bde., Aachen 1976; *Arthur F.Utz/Joseph-Fulko Groner (Hg.),* Aufbau und Entfaltung des gesellschaftlichen Lebens. Soziale Summe Pius' XII., 3 Bde., Fribourg (Schw.) 1954-1961; *Bundesverband der Katholischen Arbeitnehmer-Bewegung (KAB) Deutschlands (Hg.),* Texte zur katholischen Soziallehre. Die sozialen Rundschreiben der Päpste und andere kirchliche Dokumente, Köln ³1976 (darin auch die Sozialenzyklika Papst *Pauls VI. Populorum progressio* (»Fortschritt der Völker« von 1967. Die beiden Sozialrundschreiben *Johannes Pauls II., Laborem exercens* (»Arbeit verrichtend« [»muß sich der Mensch sein tägliches Brot besorgen«] und *Centesimus annus* (»Das hundertste Jahr«, nämlich nach der Sozialenzyklika *Rerum novarum* Papst *Leos XIII.)* sind erreichbar in: *Sekretariat der Deutschen Bischofskonferenz (Hg.),* Verlautbarungen des Apostolischen Stuhls, Nr. 32 und 101 (Bonn 1981 und 1991). Schwerpunktthema der aktuellen Diskussion ist das Verhältnis bzw. der Gegensatz zwischen Katholischer Soziallehre und der Theologie der Befreiung; zum Diskussionsstand vgl. Concilium 27 (1991) Heft 5: *Rerum novarum* 100 Jahre später; und: *Friedhelm Hengsbach/Bernhard Emunds/ Matthias Möhring-Hesse (Hg.),* Jenseits katholischer Sozialethik. Neue Entwürfe christlicher Gesellschaftsethik, Düsseldorf 1993.

[32] Text und Kommentar bei *Friedhelm Hengsbach,* Gegen Unmenschlichkeit in der Wirtschaft. Der Hirtenbrief der katholischen Bischöfe der USA »Wirtschaftliche Gerechtigkeit für alle« aus deutscher Sicht kommentiert von Friedhelm Hengsbach, Freiburg i.Br. 1991. Zum gedanklichen Kontext dieses Hirtenbriefs vgl. *Michael Novak,* The Spirit of Democratic Capitalism, London 1991; deutsch unter dem Titel: Der Geist des demokratischen Kapitalismus, Frankfurt am Main 1992.

[33] Vgl. CGG 13 (1981) 48-54.

[34] *Rahner/Vorgrimler,* Kleines Konzilskompendium (s.*Leseempfehlungen* zum 3.Kapitel), 442.

[35] A.a.O. 442.

[36] A.a.O. 443.

[37] Zur »alten« Auffassung vgl. *Eberhard Welty,* Herders Sozialkatechismus II: Der Aufbau der Gemeinschaftsordnung, Freiburg i.Br. ²1957, 304-352, hier besonders

ZUM TEXT SEITE 344–352

327–329; *Bernhard Häring,* Das Gesetz Christi. Moraltheologie, dargestellt für Priester und Laien, Freiburg i.Br. 1954 u.ö., 972–978; zum Vergleich: *ders.,* Frei in Christus (s.Anm.23) III, Freiburg i.Br. 1981, 428–467, bes. 446–457. Historisch: *Gerhard Beestermöller,* Thomas von Aquin und der gerechte Krieg, Köln 1991; *Heinz-Gerhard Justenhoven,* Francisco de Vitoria zu Krieg und Frieden, Köln 1991. Durch die jüngsten politischen Entwicklungen ist das meiste, was in den letzten Jahrzehnten seit dem Konzil zum Thema »Krieg und Frieden« geschrieben wurde, nicht mehr von unmittelbarer politischer Durchschlagskraft, wenn nicht veraltet – und stellt die Frage, ob die christliche Friedensethik zumindest im Blick auf die konkrete Problemlage neu geschrieben werden muß. Allerdings kaum die grundlegenden Neubesinnungen! Eine immer noch instruktive Bündelung der Probleme und Antwortversuche findet sich in: *Anselm Hertz/Wilhelm Korff u.a. (Hg.),* Handbuch der christlichen Ethik III: Wege ethischer Praxis, Freiburg i.Br.- Gütersloh 1982, 425–507; vgl. ferner den in der ganzen Welt beachteten Hirtenbrief der US-amerikanischen Bischöfe: Die Herausforderung des Friedens – Gottes Verheißung und unsere Antwort – erreichbar (zusammen mit entsprechenden Hirtenbriefen anderer Bischofskonferenzen) in: *Sekretariat der Deutschen Bischofskonferenz (Hg.),* Bischöfe zum Frieden (Stimmen der Weltkirche 19), Bonn 1983, 5–130.
[38] Vgl. w.o. im 3.Kapitel, II. 3 und *Heblethwaite,* Johannes XXIII., 562–566.
[39] Vgl. w.o. II. 4.
[40] Vgl. w.o. im 3.Kapitel, II. 1.
[41] *Rahner/Vorgrimler,* a.a.O. (s.Anm.35) 445.
[42] Zitiert nach *Hansjakob Stehle,* Wo steht Gott am Golf?, DIE ZEIT Nr.5, 25.Januar 1991, S.14, Kolumne »Weltbühne«. Vgl. auch *Max Seckler,* Der Papst und der Krieg, ThQ 171 (1991) 130 f.
[43] Vgl. ausführlicher *Karl Rahner,* Zur theologischen Problematik einer »Pastoralkonstitution«, in: *ders.,* Schriften zur Theologie VIII, Zürich 1967, 613–636; und jetzt *Walter Kasper,* »Die Kirche in der Welt von heute«. Über die Möglichkeiten kirchlicher Weisung in einer pluralen Welt, in: Michael Kessler/Wolfhart Pannenberg/Hermann J.Pottmeyer (Hg.), Fides quaerens intellectum. Beiträge zur Fundamentaltheologie. Max Seckler zum 65 Geburtstag, Tübingen 1992, 268–287. Einen Überblick über die nachkonziliare Diskussion über die Pastoralkonstitution vgl. bei *H.Halter,* Taufe und Ethos. Paulinische Kriterien für das Proprium christlicher Moral, Freiburg i.Br. 1977, 13–28. Ein Beleg für entschiedene Rezeption der Pastoralkonstitution an einem zentralen Thema liegt vor bei *Thomas Gertler,* Jesus Christus – die Antwort der Kirche auf die Frage nach dem Menschsein. Eine Untersuchung zu Funktion und Inhalt der Christologie im Ersten Teil der Pastoralkonstitution »Gaudium et spes« des Zweiten Vatikanischen Konzils (Erfurter Theologische Studien Bd.52), Leipzig 1986.

Anmerkungen zum elften Kapitel

[1] Vgl. w.o. im 2.Kapitel, I. 2.
[2] Vgl. *Karl Rahner,* Theologische Grundinterpretation des II.Vatikanischen Konzils, in: *ders.,* Schriften zur Theologie XIV, Zürich 1980, 287–302; Die bleibende Bedeutung des II.Vatikanischen Konzils, a.a.O. 303–318; Vergessene Anstöße dogmatischer Art des II.Vatikanischen Konzils, a.a.O. XVI, Zürich 1984, 131–142; das Zitat vom »amtlichen Großakt«: XIV, 288; 317.
[3] Der Vortrag ist nicht in den Schriften zur Theologie, sondern als Broschüre er-

ZUM TEXT SEITE 352–358

schienen: *Karl Rahner*, Das Konzil – ein neuer Beginn. Vortrag beim Festakt zum Abschluß des II.Vatikanischen Konzils im Herkulessaal der Residenz in München am 12.Dezember 1965, Freiburg i.Br. 1966, das Zitat: 21. Ich danke dem Leiter des Karl-Rahner-Archivs an der Universität Innsbruck, Herrn Roman Siebenrock, daß er mir den vergriffenen Text zugänglich gemacht hat. Liest man Rahners bewegenden – und doch an keiner Stelle blauäugig euphorischen – Text heute, so wird man inne, *wie sehr* unsere Hoffnungen ernüchtert, wie bescheiden unsere Ansprüche an eine gehorsame Rezeption des Konzils in der Kirche und bei ihren Amtsträgern inzwischen geworden sind.

[4] Vgl. w.o. im 1.Kapitel, I. 2. und im 7.Kapitel, I. 1. bei Anm.6.

[5] So möge denn der Name des Leserbriefschreibers in die Kirchengeschichte eingehen: Alfred Prenschke aus Inzigkofen I; vgl. Südkurier, Jg. 46 Nr.178, 4.August 1990. Im Gleichklang damit eine Stimme aus der Theologie: *Georg May*, Religiöses Leben in vorkonziliarer Zeit, in: Der Fels 7 (1976) 267: »Gewiß war vor dem Konzil nicht alles gut in der Kirche. Doch war fast alles besser als heute... Zusammenfassend kann man sagen: Das Konzil war ein einziger Fehlschlag, die nachkonziliare Bewegung ist geradezu ein Verhängnis. Die einzige Rettung ist eine Rückkehr zu vorkonziliaren Haltungen.«

[6] Vgl. w.o. im 1.Kapitel, I. 1.

[7] Vgl. w.o. im 2.Kapitel, I. 1.

[8] Vgl. w.o. im 10.Kapitel, Anm.41.

[9] *Hansjakob Stehle*, Verlegene Formeln, DIE ZEIT Nr.43, 16.Oktober 1992, S.12.

[10] Vgl. *Karl Rahner*, Schriften zur Theologie, XVI, Zürich 1984, 268 (vgl. Anm. 72).

[11] Vgl. w.o. im 1.Kapitel, II. 4. und III. 2.

[12] *Karl Rahner* spricht in dem in Anm.3 genannten Vortrag vom »synodalen Prinzip« der Kirchenstruktur, das auf dem Konzil neben dem petrinischen Prinzip zum Vollzug gekommen sei und das es nun zu festigen gelte – wobei Rahner damals noch ganz auf die neu eingerichtete Bischofssynode setzte. Zur Sache vgl. *Hans Küng*, Strukturen der Kirche, Freiburg i.Br. 1962, Neuausgabe München 1987; *Johannes Neumann*, Synodales Prinzip. Der größere Spielraum im Kirchenrecht, Freiburg i.Br. 1973. Diese Erwägungen stehen im Hintergrund der 1970 durch das Buch von *Hans Küng*, Unfehlbar? Eine Anfrage, Zürich 1970 u.ö., erweiterte Neuausgabe mit einem Vorwort von Herbert Haag, München 1989, ausgelösten Diskussion. Zur Debatte und schon »Wirkungsgeschichte« dieses Buches vgl. Literatur und Einblick bei *Otto Hermann Pesch*, Dogmatik im Fragment, Mainz 1987, 245–252; und jetzt im Rückblick *ders.*, Die Unfehlbarkeit des päpstlichen Lehramtes. Unerledigte Probleme und zukünftige Perspektiven, in: Hermann Häring/ Karl-Josef Kuschel (Hg.), Hans Küng. Neue Horizonte des Glaubens und Denkens, München 1993, 88–128.

[13] Vgl. w.o. im 5.Kapitel, Exkurs, 6.

[14] Vgl. *Klaus Schäfer*, Zum Thema Priestergruppen, StdZ 185 (1970) 34–46; dagegen *Karl Rahner*, Chancen der Priestergruppen, a.a.O. 172–179; gegen Rahners Vorwurf, Schäfer bekunde mangelnden Sinn für ein persönliches Verhältnis zu Christus, zu Gott, zugunsten gesellschaftlicher Befreiungsprojekte, antwortete *Klaus Schäfer*, Nochmals: Zum Thema Priestergruppen, a.a.O. 361–378, und bekannte Farbe: Er investierte staunenswerten Scharfsinn, um die einfache Tatsache vom Tisch zu bringen, daß Jesus selbstverständlich mit der Wirklichkeit eines ihm personal gegenüberstehenden Gottes gerechnet, ihn als solchen »Abba« genannt und zu ihm gebetet hat: a.a.O. 365–371, bes. 369f. Das paßte damals sehr in die theologische Landschaft der sog. »Gott-ist-tot«-Theologie – wobei ich weit davon entfernt bin, Schäfers Aufrichtigkeit zu bezweifeln und ihm sinistre Absichten zu unterstellen.

[15] Vgl. w.o. im 2.Kapitel, I. 2.
[16] Vgl. HKKR 288 f.; 548 f.
[17] Im ersten der in Anm.2 genannten Aufsätze, 289.
[18] Siehe dazu die Beiträge zum jüdisch-christlichen Gespräch über Jesus; Hinweise w.o. im 9.Kapitel Anm.2.
[19] Für jüngere Leserinnen und Leser »eine Generation danach« ist es gar nicht mehr so einfach, an den Text der Enzyklika, die doch nach wie vor in aller Munde ist, noch heranzukommen. Der Originaltext liegt vor in AAS 60 (1968) 481–503. Er wurde damals sofort in einer lateinsch-deutschen Ausgabe (mit von den deutschen Bischöfen autorisierter Übersetzung) zugänglich gemacht in Nachkonziliare Dokumentation Nr.14, Trier 1968. Die deutsche Übersetzung findet sich auch in HerKorr 22 (1968) 418–424 sowie bei Böckle/Holenstein (s. unten), 9–27, und bei Noonan (s. unten), 671–687. Auszugsweise wurde der lateinische Text auch in die nächste Ausgabe von DS übernommen und findet sich daher jetzt auch mit deutscher Übersetzung in DH 4470–4479. - Aus der sofort einsetzenden Diskussion seien folgende, noch heute instruktiven Titel verzeichnet: *Ferdinand Oertel (Hg.)*, Erstes Echo auf Humanae vitae. Dokumentation zur umstrittenen Enzyklika über die Geburtenkontrolle, Essen 1968; *Franz Böckle/Carl Holenstein (Hg.)*, Die Enzyklika in der Diskussion. Eine orientierende Dokumentation zu »Humanae vitae«, Zürich 1968; *Heinrich Fries*, Ärgernis und Widerspruch. Christentum und Kirche im Spiegel gegenwärtiger Kritik, Würzburg erw. ²1968, 175–190; *Albert Görres (Hg.)*, Ehe in Gewissensfreiheit, Mainz 1969; *Otto Hermann Pesch*, Über die Verbindlichkeit päpstlicher Enzykliken. Dogmatische Überlegungen zur Ehe-Enzyklika Papst Pauls VI. (1969) in: ders., Dogmatik im Fragment, Mainz 1987, 253–265; *John T.Noonan*, Empfängnisverhütung. Geschichte ihrer Beurteilung in der katholischen Theologie und im kanonischen Recht, Mainz 1969 (amerik. Cambridge, Mass. ²1967), 661–668; *Hans Küng (Hg.)*, Fehlbar? Eine Bilanz, Zürich 1973, 362–367.
[20] Ein deutliches Vorzeichen der Verhärtung der Fronten und der Diskussionsverweigerung römischerseits war die Erklärung der Kongregation für die Glaubenslehre zu einigen Fragen der Sexualethik von 1975 - hg. vom *Sekretariat der Deutschen Bischofskonferenz* (Verlautbarungen des Apostolischen Stuhls 1), Bonn 1975. Kurzbericht über die dramatischen Zuspitzungen des Jahres 1988 (20.Jahrestag des Erscheinens von Humanae vitae) bei *Otto Hermann Pesch*, Begriff und Bedeutung des Gesetzes in der katholischen Theologie, JBTh 4 (1989), 171–214: 193–196; ausführlicher aus Augenzeugenschaft und persönlicher leidvoller Betroffenheit *Bernhard Häring*, Meine Erfahrung mit der Kirche. Einleitung und Fragen von Gianni Licheri, Freiburg i.Br. 1989, 84–188; 220–231.
[21] Bezeichnende Beiträge aus den letzten Jahren: *Stephan H. Pfürtner*, Kirche und Sexualität, Reinbek ²1973, 124–161; ders., Sexualfeindschaft und Macht. Streitschrift für verantwortete Freiheit in der Kirche, Mainz 1992, 32–37; 89–102; *Raymund Schwager*, Kirchliches Lehramt und Theologie, ZkTh 111 (1989) 163–182 (bes. 178); *Franz Böckle*, Humanae vitae als Prüfstein des wahren Glaubens? Zur kirchenpolitischen Dimension moraltheologischer Fragen, in: StdZ 208 (1990) 3–16; *Dietmar Mieth*, Geburtenregelung. Ein Konflikt in der katholischen Kirche, Mainz 1990; vgl. auch meinen Aufsatz zur Unfehlbarkeit des päpstlichen Lehramtes (s.Anm.12), 90 f.; 112–114.
[22] Vgl. *Hebblethwaite*, Johannes XXIII (s.*Leseempfehlungen* zum 1.Kapitel), 447 f.
[23] Die sakramentale Weihe selbst kann dem Geweihten nach katholischem Verständnis nie wieder entzogen werden, sie gilt lebenslang. Die umgangssprachlich so genannte »Laisierung« bedeutet das Verbot, die aus der Weihe sich ergebenden Voll-

machten auszuüben – vor allem die Sakramentenspendung (außer im Notfall). Die »Laisierung« ist vergleichbar mit dem »Entzug der Rechte aus der Ordination« in der evangelischen Kirche oder mit einem »Berufsverbot« im staatlichen Bereich. Die Verfahrensregeln stehen nicht im CIC, vielmehr werden die Verfahren von der Glaubenskongregation durchgeführt, die dafür eigene Normen aufgestellt hat; vgl. HKKR 1015 Anm.5.

[24] Zugänglich in den vom *Sekretariat der Deutschen Bischofskonferenz* herausgegebenen Veröffentlichungen des Apostolischen Stuhls, Nr. 7, 36, 45, 54, 62, 69, 76, 84, 88; vgl. Nachsynodales Apostolisches Schreiben Pastorem dabo vobis (»Ich werde euch einen Hirten geben« [Jer 3, 15]) über die Priesterbildung im Kontext der Gegenwart, a.a.O. Nr.105, Bonn 1992, Nr.29, S.51–53. Reaktionen von Priestern: *Georg Denzler (Hg.)*, Priester für heute. Antworten auf das Schreiben Papst Johannes Pauls II. an die Priester, München 1980. Zur problematischen Geschichte des Zölibatsgesetzes vgl. *Heinz-Jürgen Vogels*, Pflicht-Zölibat. Eine kritische Untersuchung, München 1978, überarbeitete Auflage unter dem Titel: Priester dürfen heiraten. Biblische, geschichtliche und rechtliche Gründe, Bonn 1992; *Georg Denzler*, Die Geschichte des Zölibats, Freiburg i.Br. 1993.

[25] Vgl.etwa *Ursula Goldmann-Posch*, Unheilige Ehen. Gespräche mit Priesterfrauen, München 1985; *Georg Denzler (Hg.)*, Lebensberichte verheirateter Priester. Autobiographische Zeugnisse zum Konflikt zwischen Ehe und Zölibat, München 1989 (dort in der Einleitung Verzeichnis älterer ähnlicher Berichte); *David Rice*, Kirche ohne Priester. Der Exodus der Geistlichen aus der katholischen Kirche, München 1991; *Karin Jäckel*, Sag keinem, wer dein Vater ist. Das Schicksal von Priesterkindern. Zeugnisse – Berichte – Fragen, Recklinghausen 1992. Auf *Eugen Drewermann*, Kleriker. Psychogramm eines Ideals, Olten-Freiburg i.Br. 1989, muß wohl kaum noch aufmerksam gemacht werden. Gerade wer *nicht* der Meinung ist, daß der Zölibat das Herzstück der Krise von Kirche und Priesteramt ist, muß wünschen, daß alle, die etwas bewirken können, diese zum Teil erschütternden Berichte zur Kenntnis nehmen und sich ganz einfältig fragen (lassen), mit welchem Recht vor Gott und den Menschen die Kirche soviel vermeidbares Elend um einer reinen Menschensatzung willen heraufführt und in Kauf nimmt.

[26] Vgl. Literatur und Problemaufriß bei *Otto Hermann Pesch*, , Bußfeier und Bußgeschichte (1976), in: *ders*, Dogmatik im Fragment, Mainz 1987, 362–376; eine umfassende historische Untersuchung der hier einschlägigen Lehre des Konzils von Trient, auf die sich die Gegner der gemeinsamen Buße immer wieder berufen, hat inzwischen *Hans-Peter Arendt* vorgelegt: Bußsakrament und Einzelbeichte. Die tridentinischen Lehraussagen über das Sündenbekenntnis und ihre Verbindlichkeit für die Reform des Bußsakramentes, Freiburg i.Br. 1981. Zur ökumenischen Gesamtproblematik vol *Dorothea Sattler*, Gelebte Buße. Das menschliche Bußwerk (satisfactio) im ökumenischen Gespräch, Mainz 1992.

[27] Aus der nicht mehr übersehbaren Fülle der Diskussionsbeiträge seien die folgenden hervorgehoben: *Hanno Helbling u.a.*, Interkommunion. Hoffnungen – zu bedenken. Ökumenische Beihefte zur Freiburger Zeitschrift für Philosophie und Theologie, Nr.5, Fribourg (Schweiz) 1971 (mit Verzeichnis der Literatur bis 1971 – mehr als 1100 Titel!); *Ernst Chr.Suttner (Hg.)*, Eucharistie – Zeichen der Einheit. Erstes Regensburger Ökumenisches Symposion, Regensburg 1970; *Josef Höfer u.a.* , Evangelisch-katholische Abendmahlsgemeinschaft?, Regenburg-Göttingen 1971; *Heinrich Fries*, Ein Glaube. Eine Taufe. Getrennt beim Abendmahl? Offene Fragen, Graz 1971; *Karl Lehmann*, Dogmatische Vorüberlegungen zum Problem der »Interkommunion«, in: *ders.*, Gegenwart des Glaubens, Mainz 1974, 229–273; *Josef Blank u.a.*, Was hindert uns? Das gemeinsame Herrenmahl der Christen, Re-

ZUM TEXT SEITE 364–366

gensburg 1979; *Johannes Brosseder*, Abendmahlsgemeinschaft als Weg zur Kirchengemeinschaft?, in: Peter Neuner/Franz Wolfinger (Hg.), Auf Wegen der Versöhnung. Beiträge zum ökumenischen Gespräch, Frankfurt 1982, 220–230; *Lothar Lies*, Ökumenische Erwägungen zum Abendmahl, Priesterweihe und Meßopfer, ZkTh 104 (1982) 385–410; *Damaskinos Papandreou*, Verwirrung im Geflecht der bilateralen Dialoge, Una Sancta 40 (1985) 309–311; *Ernst Volk*, Mahl des Herrn oder Mahl der Kirche? Theologische Anmerkungen zu einem ökumenischen Dokument, KuD 31 (1985) 33–64; *Bernd Jochen Hilberath*, Abendmahlsgemeinschaft – Station auf dem Weg zur Kirchengemeinschaft? Thesen aus katholischer Sicht, Cath 43 (1989) 95–116; *Peter Niederstein*, Christen am Runden Tisch. Ermutigungen zur ökumenischen Bewegung. Mit einem Nachwort von Kurt Koch, Zürich 1990. Überblick über die Dialogdokumente und die kirchenamtlichen Stellungnahmen bei *Heinz Schütte*, Ziel: Kirchengemeinschaft. Zur ökumenischen Orientierung, Paderborn 1985, 119–136. Dies ist nur eine *kleine* Auswahl aus einer nach wie vor andauernden Diskussion!

[28] Vgl. w.o. im 10.Kapitel die Hinweise in Anm.26. Zu den praktischen Erfahrungen, die auch unter dem neuen Kirchenrecht zu machen und zu den Problemen, die zu bewältigen sind, vgl. *Beate und Jörg Beyer*, Konfessionsverbindende Ehe. Impulse für Paare und Seelsorger, Mainz 1991.

[29] Vgl. w.o. im 4.Kapitel, V. 1.

[30] Jüngst hat sich nun doch eine Tür aufgetan, vgl. ebd. Anm.14. Zur Dringlichkeit dieser Aufgabe vgl. *Rahner* in den beiden in Anm.2 genannten Aufsätzen, 291; 305 f.

[31] Der reine Text mit einer Einleitung von Max Thurian liegt vor als Sonderdruck aus *Max Thurian (Hg.)*, Ökumenische Perspektiven von Taufe, Eucharistie und Amt, Frankfurt am Main-Paderborn 1983; eine Vertonung der deutschen Textfassung durch den russischen Komponisten *Maxime Kovalevsky* – der sich lebenslang um die Zusammenführung ostkirchlicher und westkirchlicher kirchenmusikalischer Traditionen bemüht hat – liegt vor in: *Klaus Meyer zu Uptrup/Michael Jungo OSB (Hg.)*, Lima-Liturgie. Vertont von Maxime Kovalevsky, Stuttgart-Mainz 1990. Der Band enthält auch ein reiches Angebot von musikalischen und textlichen Varianten, wodurch ein Höchstmaß an ökumenischer Verwendbarkeit erreicht wird.

[32] Text der sog.»Lima-Erklärung«, benannt nach dem Ort ihrer Verabschiedung (offizieller Titel: Taufe, Eucharistie und Amt. Konvergenzerklärungen der Kommission für Glauben und Kirchenverfassung des Ökumenischen Rates der Kirchen 1982) in: Dokumente wachsender Übereinstimmung (s.*Leseempfehlungen* zum 6.Kapitel) I, 549–585; zum Stand der zwischenkirchlichen Diskussion vgl. *Ökumenischer Rat der Kirchen, Kommission für Glauben und Kirchenverfassung (Hg.)*, Die Diskussion über Taufe, Eucharistie und Amt 1982–1990. Stellungnahmen, Auswirkungen, Weiterarbeit, Frankfurt am Main-Paderborn 1990.

[33] Vgl. w.o. im 8.Kapitel, III. 2.

[34] Vgl. *Sekretariat der Deutschen Bischofskonferenz (Hg.)*, Instruktion der Kongregation für die Glaubenslehre über einige Aspekte der »Theologie der Befreiung« (Verlautbarungen des Apostolischen Stuhls 57), Bonn 1984, VI. 9f. und X. 7.-14., S.13f. und S.23f. Bultmann wird in der Instruktion nicht namentlich genannt, ist aber eindeutig gemeint, wie *Reinhard Frieling*, Gegen Marx, Bultmann und »manche«. Römische Aspekte zur Befreiungstheologie, MdKI 35 (1984) 85f. aus gleichzeitigen Äußerungen *Kardinal Ratzingers* belegt und wie es dieser in seinem Interview: Zur Lage des Glaubens, München 1985, 179–204: 189–193, in einer »persönlichen Stellungnahme« noch einmal ausdrücklich bestätigt hat. Ratzingers

ZUM TEXT SEITE 366–369

Argumentation klingt aufs erste Lesen bestechend scharfsichtig – und ist doch Konstruktion. Als ob nicht die Befreiungstheologen den »historischen Jesus« gerade auf der Linie derjenigen Exegeten für sich entdeckt hätten, die sich dezidiert von Bultmanns Scheidung zwischen dem historischen Jesus und dem Christus des Glaubens *abgekehrt* haben!

[35] Vgl. *Joseph Kardinal Ratzinger*, Schriftauslegung im Widerstreit. Zur Frage nach Grundlagen und Weg der Exegese heute, in: *ders.(Hg.)*, Schriftauslegung im Widerstreit, Freiburg i.Br. 1989, 15–44.

[36] Vgl. *Sekretariat der Deutschen Bischofskonferenz (Hg.)*, Kongregation für die Glaubenslehre: Instruktion über die kirchliche Berufung des Theologen (Verlautbarungen des Apostolischen Stuhls 98), Bonn 1990; zum Treueid vgl. *Gustave Thils/ Theodor Schneider*, Glaubensbekenntnis und Treueid. Klarstellungen zu den »neuen« römischen Formeln für kirchliche Amtsträger, Mainz 1990 (enthält die Texte und Stellungnahmen der beiden Autoren).

[37] Vgl. dazu die erhellende Untersuchung von *J.Robert Dionne*, The Papacy and the Church. A Study of Praxis and Reseption in Ecumenical Perspective, New York 1987; Dionne untersucht den Wandel der»«authentischen« kirchlichen Lehre an den Themenkreisen Soziallehre, Kollegialität der Bischöfe, katholische Kirche und nicht-christliche Religionen, Verhältnis zwischen Kirche und Staat, Religionsfreiheit, Mystischer Leib Christi und römisch-katholische Kirche, Glieder der Kirche. Siehe auch den in Anm.21 genannten Aufsatz von *Schwager*.

[38] Vgl. zum Beispiel das Neuverständnis des Bischofsamtes als Vollgestalt des kirchlichen Amtes (Kirchenkonstitution Art.21; Bischofsdekret Art.2; s.w.o. im 7.Kapitel, II. 3. und 4.); die Aufhebung des alten Satzes, außerhalb der Kirche sei kein Heil (Kirchenkonstitution Art.16; Religionenerklärung Art.2; s.w.o. im 5.Kapitel, III. B. 3.; im 9.Kapitel III. 4. und IV. 1.); das Neuverständnis der »Letzten Ölung« als »Krankensalbung«, im Konzil angelegt (Liturgiekonstitution Art. 73–75; Kirchenkonstitution Art.11), in der nachkonziliaren Neuordnung ausgefüllt in einer Weise, die sachlich nicht weniger eine Zurücknahme der Aussagen des Trienter Konzils bedeutet als beim Bischofsamt; vgl. Einzelheiten bei *Theodor Schneider*, Zeichen der Nähe Gottes. Grundriß der Sakramententheologie, Mainz 1979, ergänzt ⁵1987, 227–236; und die ökumenischen Konsequenzen jetzt bei *Karl Lehmann/Wolfhart Pannenberg (Hg.)*, Lehrverurteilungen – kirchentrennend?, I (s.*Leseempfehlungen* zum 6.Kapitel), 133–140. Bei der Reform der Krankensalbung ist nicht weniger geschehen als eine fast vollinhaltliche Beherzigung der Kritik, die Luther 1520 in De captivitate Babylonica an der damaligen Theorie und Praxis dieses Sakramentes aus exegetischen, dogmatischen und pastoralen Gründen geübt hat; vgl. WA 6, 567–572.

[39] Vgl. die Hinweise w.o. in Anm.12

[40] Jüngstes Beispiel: das päpstliche Schreiben *Pastorem dabo vobis* (s.w.o. Anm.24).

[41] Vgl. den Bericht von Bischof *Lehmann* über die Bischofssynode 1990 (s.w.o. *Standortbestimmung* zu Beginn dieses Buches) und den Bericht von *Walter Kasper* über die Sondersynode 1985 (vgl. w.u. Anm.71.

[42] Vgl. *Knut Walf*, Einführung in das neue katholische Kirchenrecht, Düsseldorf 1984, 74–77; *ders.*, Kirchenrecht (Leitfaden Theologie 13), Düsseldorf 1984, 104–122; vgl. auch die Erklärung der Stiftung Concilium dazu in Concilium 19 (1983) Heft 8/9, 585 f.: Sorge um das Konzil. Das ganze Heft hat behandelt das Thema: Das ökumenische Konzil: Seine Bedeutung für die Verfassung der Kirche.

[43] Vgl. *Fu-Long Lien*, Die Ekklesiologie in der Theologie Karl Rahners. Mit besonderem Hinblick auf das Problem der interkulturellen und interreligiösen Vermitt-

lung des Christentums, Hamburg 1990, bes. 123–205. Zur Klärung vgl. jetzt *Walter Kasper*, Evangelisierung und Neuevangelisierung. Überlegungen zu einer neuen pastoralen Perspektive, in: Peter Neuner/Harald Wagner (Hg.), In Verantwortung für den Glauben. Beiträge zur Fundamentaltheologie und Ökumenik (Festschrift für Heinrich Fries zum 80.Geburtstag), Freiburg i.Br. 1992, 231–244. Man kann nur hoffen, daß Kaspers Überlegungen auch die wirklichen *Hintergedanken* derer treffen, die die »Karriere« (a.a.O. 232) dieses Begriffs in die Wege geleitet haben. Zur kirchenamtlichen Perspektive kann man sich jetzt ein Bild machen in: *Sekretariat der Deutschen Bischofskonferenz (Hg.)*, Bischofssynode, Sonder-Versammlung für Europa: Damit wir Zeugen Christi sind, der uns befreit hat. Erklärung mit lateinischem Originaltext (Verlautbarungen des Apostolischen Stuhls 103), Bonn 1991. Es besteht Hoffnung, daß nicht aller Tage Abend ist; vgl. *Hermann Goltz*, Tauwetter in europäisch-ökumenischer Eiszeit? KEK/CCEE in Santiago, ÖR 41 (1992) 66–74.

[44] Vgl. *Sekretariat der Deutschen Bischofskonferenz (Hg.)*, Kongregation für die Glaubenslehre: Schreiben an die Bischöfe der katholischen Kiche über einige Aspekte der Kirche als Communio (Verlautbarungen des Apostolischen Stuhls 107), Bonn 1992.

[45] Um nur folgende Wortmeldungen zu nennen: *Hans Vorster*, Geht es wirklich nur so? Die Glaubenskongregation zur Kirche als Communio, ÖR 41 (1992) 464–475; *Jörg Haustein*, Entmythologisierung einer Zauberformel. Schreiben der Glaubenskongregation über die Kirche als Communio, MdKI 43 (1992) 61 f.; *Jürgen Moltmann*, Kirche als Communio, Concilium 29 (1993) 94 f.; *Peter Beier* [Präses der Evangelischen Kirche im Rheinland], Brief an Kardinal Ratzinger vom 25.November 1992, abgedruckt in MdKI 44 (1993) 36 f. Ebenso entsetzt und kritisch haben sich sofort katholische Theologen geäußert; vgl. Nachbemerkungen zum Beitrag von Hans Vorster seitens der katholischen Mitherausgeber der ÖR, a.a.O. 475–478; *Hermann J. Pottmeyer*, Geeignetes Signal für den Willen der Kirche zum Ökumenismus? Anmerkungen zum Schreiben »Über einige Aspekte der Kirche als Communio«, KNA-ÖKI 29, 15.Juli 1992; ders., Kirche als Communio. Eine Reformidee aus unterschiedlichen Perspektiven, StdZ 117 (1992) 579–589. Aus hohen und höchsten Kreisen der Hierarchie verlautete inzwischen betretenes Erstaunen über die erregten Reaktionen und verlegenes Herunterspielen (»Nur *einige Aspekte*, nur *ein Brief*«) – was beides den Vorwurf mangelnder ökumenischer Sensibilität nur bestätigt!

[46] Vgl. w.o. im 6.Kapitel, III. 1. bei Anm.35. Ein Beispiel ist die Ansprache Johannes Pauls II. vor dem Rückflug nach seinem ersten Deutschland-Besuch 1980, zitiert bei *Heinrich Fries/Otto Hermann Pesch*, Streiten für die eine Kirche, München 1987, 176; der ganze Text in der im 8.Kapitel, Anm.45 genannten Dokumentation, 202–206.

[47] Wenn diese durch die Presse am Tag nach der Amtseinführung von Maria Jepsen verbreitete Stellungnahme des Vatikan-Sprechers *Piero Pennacchini* stimmt, muß dem zweierlei entgegengehalten werden: 1. Seit langem läßt man sich in der katholischen Kirche trotz unverändert ablehnender Haltung den ökumenischen Dialog nicht belasten durch die Tatsache, daß die evangelischen Kirchen Frauen ordinieren. Die Wahl einer Pastorin zur Bischöfin stellt aber nach evangelischem Amtsverständnis *theologisch* keinen zusätzlichen Schritt dar, weil es *theologisch* keinen Unterschied zwischen Pfarramt und Bischofsamt gibt; vgl. dazu auch w.o. im 7.Kapitel, II. 3. bei Anm.4 und 5. Wer den Vorgang vom 30.August 1992 als eine neue *theologische* Hürde für den ökumenischen Dialog ansieht, erweist sich als sachunkundig. 2. Gleichviel, was die Motive sind: Objektiv ist die vatikanische

Kritik der Versuch, den »schwarzen Peter« für jahrzehntelange ökumenische Reserve der Gegenseite zuzuschieben.

[48] Wer auf sie nicht verzichten mag, sei hingewiesen auf *Otto Hermann Pesch*, Zum gegenwärtigen Stand der Verständigung [über Luther], Concilium 12 (1976) 534–542; *ders.*, »Ketzerfürst« und »Vater im Glauben«. Die seltsamen Wege katholischer »Lutherrezeption«, in: Hans-Friedrich Geißer u.a., Weder Ketzer noch Heiliger. Luthers Bedeutung für den ökumenischen Dialog, Regensburg 1982, 123–174: 136–152; *Peter Manns*, Zur Lage der Ökumene nach dem Luther-Jahr, in: *ders.(Hg.)*, Martin Luther »Reformator und Vater im Glauben«, Stuttgart 1985, 293–366; *Heinrich Fries*, Einheit in Sicht? Die Ökumene 20 Jahre nach dem Konzil, StdZ 203 (1985) 147–158, nachgedruckt unter dem Titel: Zum gegenwärtigen Stand der Ökumene aus katholischer Sicht, in: *ders.*, »Damit die Welt glaube«. Gefährdung, Ermutigung, Erneuerung, Frankfurt am Mainz 1987, 177–196: 177–180; *Fries/Pesch*, a.a.O (s.Anm.46), 61–67; 135–137.

[49] Vgl. w.o. Anm.32.

[50] Vgl. Bericht und Analyse bei *Otto Hermann Pesch*, Erträge des Luther-Jahres für die katholische systematische Theologie, in: Peter Manns (Hg.), Zur Bilanz des Lutherjahres, Stuttgart 1986, 81–146: 132–141.

[51] Siehe *Leseempfehlungen* zum 6.Kapitel. Die bisher vorliegenden *kirchenamtlichen* Stellungnahmen aus der evangelischen Kirche finden sich in: Lehrverurteilungen im Gespräch. Die ersten offiziellen Stellungnahmen aus den evangelischen Kirchen in Deutschland, Göttingen 1992; ferner liegt der Synodenbeschluß der Evangelischen Kirche im Rheinland vom 12.Januar 1993 vor; auszugsweise veröffentlicht in MdKI 44 (1993) 37. Von römisch-katholischer Seite gibt es inzwischen ein vom Rat für die Einheit in Rom in Auftrag gegebenes Gutachten, das dieser sich zu eigen gemacht hat, das aber noch nicht veröffentlicht ist. Bericht darüber in KNA und ebenfalls in MdKI 44 (1993), Heft 3. Zur *theologischen* Diskussion vgl. *Jörg Baur*, Einig in Sachen Rechtfertigung?, Tübingen 1989; *Ulrich Kühn/Otto Hermann Pesch*, Rechtfertigung im Disput. Eine freundliche Antwort an Jörg Baur, Tübingen 1991; dort 3 f.und 9 Verzeichnis wichtiger Wortmeldungen in der Diskussion.

[52] Vgl. *Otto Hermann Pesch*, Rezeption ökumenischer Dialogergebnisse. Ungeschützte, aber plausible Vermutungen zu ihren Schwierigkeiten, ÖR 42 (1993) (im Druck). Zum komplizierten Diskussionsstand vgl. *André Birmelé/Harding Meyer (Hg.)*, Grundkonsens – Grunddifferenz. Studie des Straßburger Instituts für Ökumenische Forschung. Ergebnisse und Dokumente, Frankfurt am Main/Paderborn 1992; und, teilweise gegenläufig, *Eilert Herms*, Von der Glaubenseinheit zur Kirchengemeinschaft. Plädoyer für eine realistische Ökumene, Marburg 1989 (Aufsätze 1984–1989); *ders.*, Einigkeit in Fundamentalen. Probleme einer ökumenischen Programmformel, ÖR 37 (1988) 46–66.

[53] Am deutlichsten aktenkundig in der Zurückweisung des anglikanisch-katholischen Final Report; siehe w.o. im 5.Kapitel Anm.45.

[54] Vgl. die *Leseempfehlungen* zum 6.Kapitel. Zu I., sowie den Überblick und weitere Literaturangaben bei *Otto Hermann Pesch*, Rom und Genf. Die »Weltkirche« und der »Weltrat der Kirchen«, WuA 21 (1980) 76–80; 100–105.

[55] Vgl. die Hinweise w.o. im 5.Kapitel, Anm.36.

[56] Vgl. w.o. im 5.Kapitel, Anm. 44.

[57] Vgl. w.o. im 5.Kapitel, Anm.37.

[58] Vgl. a.a.O. (w.o. Anm.36), Nr.24, S.15.

[59] So *Knut Walf* in einem Diskussionsbeitrag bei einer Tagung der Katholischen Akademie in Bayern aus Anlaß des Inkrafttretens des CIC 1983; vgl. Zur Debatte.

Themen der Katholischen Akademie in Bayern 14 (1984) Nr.1, S.16 mittlere Spalte. Vgl. auch die in Anm.42 genannten Bücher von Walf.
⁶⁰ Bericht und Auszüge aus den Reden in MdKI 35 (1984) 76–79; und in HerKorr 38 (1984) 300 f.
⁶¹ Vgl. w.o. im 6.Kapitel, III. 1.; und *Johannes Brosseder*, Verdoppelt das Bemühen! Die Einstellung Papst Johannes Pauls II. zur ökumenischen Arbeit, ÖR 31 (1982) 60–68.
⁶² Vgl. die Hinweise in Anm.51.
⁶³ Vgl. w.o. Anm.2.
⁶⁴ Vgl. w.o. im 10.Kapitel, IV. 2.
⁶⁵ So wörtlich im zweiten der in Anm.2 genannten Aufsätze, 315 im Zusammenhang von 314–317. Zur Sache vgl. *Karl Rahner*, Grundkurs des Glaubens. Einführung in den Begriff des Christentums, Freiburg i.Br. 1976 u.ö., 143–173; *ders.*, Jesus Christus in den nichtchristlichen Religionen, in: *ders.*, Schriften zur Theologie XII, Zürich 1975, 370–383; Über die Heilsbedeutung der nicht christlichen Religionen, a.a.O. XIII, Zürich 1978, 341–350; Einheit der Kirche – Einheit der Menschheit, a.a.O. XIV, Zürich 1980, 382–404; Kirche und Atheismus, a.a.O. XV, Zürich 1983, 139–151; vgl. auch *Fu-Long Lien*, a.a.O. (s.Anm. 43) 162–175.
⁶⁶ Diese Rechenschaft ist in Gang gekommen, ohne daß schon ein Anlaß zur Beruhigung besteht; vgl. die w.o. im 10.Kapitel, Anm. 23 genannte Arbeit von *Figl.*
⁶⁷ Vgl. w.o. im 4.Kapitel, V. 3.
⁶⁸ Vgl. aber die Hinweise w.o. im 4.Kapitel, Anm.14.
⁶⁹ Vgl. w.o. bei Anm.42.
⁷⁰ In einem Interview gegenüber der römischen Zeitung *Il Sabato*, zitiert nach Publik-Forum 21 (1992) Nr.21, 6.November 1992, S.29, 3.Spalte (Rubrik Personen & Konflikte).
⁷¹ Vgl. *Walter Kasper (Hg.)*, Zukunft aus der Kraft des Konzils. Die außerordentliche Bischofssynode '85. Die Dokumente mit einem Kommentar von Walter Kasper, Freiburg i.Br. 1986.
⁷² Vgl. *M.Krauß (Hg.)*, Ich habe einen Traum, Stuttgart 1978 – darin übrigens auch der Traum von *Karl Rahner*, Der Traum von der Kirche, in: *ders.*, Schriften zur Theologie XIV, Zürich 1980, 355–367; vgl. *ders.*, Die unvergängliche Aktualität des Papsttums, in: Schriften zur Theologie XVI, 1984, 249–270; und *Norbert Lohfink*, Kirchenträume. Reden gegen den Trend, Freiburg i.Br. 1982.
⁷³ Vgl. *Otto Hermann Pesch*, Der Stellenwert der Kirche. Lehren aus dem Luther-Jahr, in: Claus-Jürgen Roepke (Hg.), Luther '83. Eine kritische Bilanz, München 1984, 16–53: 44 f.
⁷⁴ Vgl. den w.o. im 5.Kapitel, Anm. 108 genannten Aufsatz von *Eberhard Jüngel*.
⁷⁵ Vgl. meinen Versuch über: Gesetz und Gnade, in: CGG 13 (1981) 8–77: 62–71.

Abkürzungen

AAS	Acta Apostolicae Sedis. Commentarium Officiale [Offizielles Gesetzes- und Verordnungsblatt des Papstes und der Römischen Kurie]
Art.	Artikel [numerierte Abschnitte in den Konzilstexten]
BSLK	Die Bekenntnisschriften der evangelisch-lutherischen Kirche. Hg. im Gedenkjahr der Augsburgischen Konfession 1930, Göttingen 1930, überarbeitet ⁶1967 u.ö.
can.	canon [Einzelgesetz im CIC; dogmatischer Lehr- oder Verwerfungssatz in einem kirchlichen Lehrentscheidungsdokument]
Cath	Catholica (Münster). Vierteljahresschrift für ökumenische Theologie
CGG	Christlicher Glaube in moderner Gesellschaft. Enzyklopädische Bibliothek in 30 Teilbänden, hg. von Franz Böckle/Franz-Xaver Kaufmann/Karl Rahner/Bernhard Welte, Freiburg i.Br. 1980–1982
CIC	Codex Iuris Canonici [siehe im 1.Kapitel, Anm.2]. Lateinisch-Deutsche Ausgabe des CIC 1983 Kevelaer 1983
Concilium	Concilium. Internationale Zeitschrift für Theologie (Deutsche Ausgabe)
DH	Heinrich Denzinger, Enchiridion symbolorum definitionum et declarationum de rebus fidei et morum. Kompendium der Glaubensbekenntnisse und kirchlichen Lehrentscheidungen. Lateinisch-Deutsch, hg. von Peter Hünermann, Freiburg i.Br.-Basel-Rom-Wien ³⁷1991 [= 36. verbesserte Aufl. von DS mit unverändertem Textbestand, aber erweitert um eine Auswahl aus den Texten des Zweiten Vatikanischen Konzils]
Divinitas	Divinitas. Pontificae academiae theologicae Romanae commentarii
DS	Heinrich Denzinger, Enchiridion symbolorum definitionum et declarationum de rebus fidei et morum. 32. erw. und verbesserte Auflage von Adolf Schönmetzer, Barcelona- Freiburg i.Br.-Rom 1963 u.ö.[deutsch in DH]
DThA	Die Deutsche Thomas-Ausgabe. Vollständige, ungekürzte deutsch-lateinische Ausgabe der Summa theologica [des Thomas von Aquin]. Übersetzt und kommentiert von Dominikanern und Benediktinern Deutschlands und Österreichs. Hg. von der Philosophisch-Theologischen Hochschule Walberberg bei Köln, noch nicht abgeschlossen, Heidelberg-Graz-Wien-Köln (inzwischen Graz-Wien-Köln) 1933 ff.
FZPhTh	Freiburger Zeitschrift für Philosophie und Theologie (Fribourg/Schweiz)
HDG	Handbuch der Dogmengeschichte, hg. von Michael Schmaus/Alois Grillmeier/Leo Scheffczyk/Michael Seybold,

	4 Bde. in Faszikeln, noch nicht abgeschlossen, Freiburg i.Br.1951ff.
HerKorr	Herder-Korrespondenz (Freiburg i.Br.)
HFTh	Handbuch der Fundamentaltheologie, 4 Bde., hg. von Walter Kern/Hermann Josef Pottmeyer/Max Seckler, Freiburg i.Br. 1985–1988
HKKR	Handbuch des Katholischen Kirchenrechts, hg. von Josef Listl/Hubert Müller/Heribert Schmitz, Regensburg 1983
IkaZ	Internationale katholische Zeitschrift Communio
JBTh	Jahrbuch für biblische Theologie (Neukirchen/Vluyn)
KNA	Katholische Nachrichten Agentur GmbH
KNA-ÖkI	KNA, Ökumenische Information
KuD	Kerygma und Dogma (Göttingen)
LThK	Lexikon für Theologie und Kirche, Zweite, völlig neu bearbeitete Auflage, hg. von Josef Höfer und Karl Rahner, 10 Bde. und 1 Registerband. Freiburg i.Br. 1957–1965.
LThK.E	LThK, 3 Erg.Bde.: Das Zweite Vatikanische Konzil, Konstitutionen, Dekrete und Erklärungen, lateinisch und deutsch, Kommentare, Freiburg i.Br. 1966–1968
MdKI	Materialdienst des Konfessionskundlichen Institutes des Evangelischen Bundes, Bensheim
MThZ	Münchener Theologische Zeitschrift
MySal	Mysterium Salutis. Grunriß heilsgeschichtlicher Dogmatik, hg. von Johannes Feiner und Magnus Löhrer, 5 Bde. in 7, Zürich 1965–1975
NHthG	Neues Handbuch theologischer Grundbegriffe, hg. von Peter Eicher, 2.erw.Aufl. 5 Bde., München 1991
NR	Josef Neuner/Heinrich Roos, Der Glaube der Kirche in den Urkunden der Lehrverkündigung. Neubearbeitet von Karl Rahner und Karl-Heinz Weger, Regensburg ⁹1971
ÖR	Ökumenische Rundschau (Frankfurt am Main)
ÖRK	Ökumenischer Rat der Kirchen (Weltrat der Kirchen)
PG	J.P.Migne (Hg.), Patrologia, Series Graeca, 161 Bde., Paris 1857–1866
PL	J.P.Migne (Hg.), Patrologia, Series Latina, 217 Bde., Paris 1878–1890
StdZ	Stimmen der Zeit (München)
Suppl	Supplementum [zur Summa Theologiae des Thomas von Aquin]
ThG	Theologie der Gegenwart (Hennef/Sieg)
ThGl	Theologie und Glaube. Zeitschrift für den katholischen Klerus (Paderborn)
ThQ	Theologische Quartalschrift (Tübingen)
ThR	Theologische Rundschau (Tübingen)
TTh	Tijdschrift voor theologie (Nijmegen)
TThZ	Trierer Theologische Zeitschrift
WA	Weimarer Ausgabe = D.Martin Luthers Werke, Kritische

	Gesamtausgabe, Weimar 1883 ff. [siehe im 4.Kapitel, Anm.12]
WuA	Wort und Antwort. Zeitschrift für Fragen des Glaubens (Walberberg-Mainz)
ZEE	Zeitschrift für Evangelische Ethik (Gütersloh)
ZkTh	Zeitschrift für katholische Theologie (Innsbruck)
ZThK	Zeitschrift für Theologie und Kirche (Tübingen)

Personenverzeichnis

Acerbi, A. 397
Adam, K. 136, 175 ff, 390, 394
Aland, K. 406
Alberigo, G. 17, 48, 103, 207, 383, 397
Albus, M. 383
Alexios (Patriarch) 89
Alfrink, B. 71, 73 f, 118
Amalarius von Metz 388
Anderson, H.G. 398
Arendt, H. 49
Arendt, H.-P. 417
Arenhoevel, D. 408
Athenagoras (Patriarch) 102
Aubert, R. 48, 393
Auer, J. 402
Augustinus 165, 178, 336, 396, 412

Bacci, A. 83, 387
Bach, J.S. 109
Balthasar, H.U.v. 397
Barth, H.-M. 395
Bauch, A. 350, 383
Baum, G. 295, 402
Baumann, U. 412
Baur, J. 421
Bayer, O. 399, 412
Bea, A. 54, 58, 68, 89, 100, 209, 282, 292 f, 295, 297 f, 300 f, 312
Beaudin, L. 113
Bechert, H. 309
Becker, H. 18, 130, 389
Becker, W. 403
Beestermöller, G. 413
Beier, P. 420
Beinert, W. 207, 396, 398
Békés, G. 402
Bellarmin, R. 136, 226, 390
Benedikt XIV. 78
Ben Gurion 386
Berger, T. 237
Berglar, P. 402
Bernanos, G. 23
Bernards, M. 393
Bernhardt, R. 410
Bertsch, L. 389
Betti, U. 282
Bevilacqua, G. 52
Beumer, J. 408

Beyer, B. u. J. 417
Biemer, G. 308, 397
Bielefeld, H. 309 f
Birmelé, A. 421
Bismarck, O.v. 30, 37
Bitter, G. 290
Blank, J. 417
Böckle, F. 415 f
Boff, L. 207
Bonhoeffer, D. 43
Bonifaz VIII. 134, 260
Brosch, J.J. 408
Brosseder, J. 18, 237, 389, 399 f, 417, 421
Brown, P. 412
Brück, M.v. 309
Brück, R.v. 309
Buddhismus 304
Bühlmann, W. 349
Bugnini, A. 116, 130, 388 f
Bujo, B. 389
Bultmann, R. 366, 408, 418
Burgess, J.A. 398
Bush, G. 347
Butler, C. 48

Cajetan, Thomas de Vio 271
Calvin, J. 404
Camara, H. 319 f
Casper, B. 397
Chenu, M.-D. 320
Christen, E. 207
Chruschtschow, N. 89, 344
Ciappi, L. 317
Cicognani, A. 84, 300 f
Cicognani, G. 84, 116
Coelestin V. 260
Congar, Y. 104, 134, 145 f, 178, 207 f, 320, 330, 390, 395, 400, 408
Connor, P. 310
Cyprian 162, 393

Daniélou, J. 330
Dantine, W. 198
D'Costa, G. 410
Decker, B. 408
Denzinger, H. 104
Denzler, G. 396, 401, 408, 412, 416

Dibelius, O. 232
Dionne, J.R. 418
Döpfner, J. 54, 73, 91, 102, 351
Döring, H. 390, 393, 396, 400, 402, 405
Drewermann, E. 417
Dulles, A. 290, 391
Dunde, S.R. 384
Dwyer, R.J. 90
Dykema, P.A. 395

Ebeling, G. 170, 394, 400, 408
Eberts, G. 383
Ehrlich, E.L. 308
Eicher, P. 237, 290, 404
Eickelschulte, D. 401
Einig, M. 105, 131, 387
Elchinger, L. 142
Elliot, L. 48 f, 409 f
Emeis, D. 405
Emminghaus, J.H. 404
Emunds, B. 413
Engels, O. 402
Erharter, H. 350
Ernst, W. 402
Ess, J.van 309

Fabry, H.-J. 407
Fahey, M. 409
Feiereis, K. 402
Feiner, J. 388, 403
Felici, P. 85 ff, 99 f, 102, 137, 300
Figl, J. 412, 422
Finkenzeller, J. 394
Fischer, H. 396
Fisher, G.F. 88
Forte, B. 188, 397
Francisco de Vitoria 413
Frieling, R. 236, 400, 418
Frings, J. 71, 84 f, 90, 98, 101, 142, 146, 194, 287
Fries, H. 133, 206, 236 f, 390, 392, 394, 399, 401 f, 404, 408, 411, 415, 417, 419 f
Furger, F. 398

Gabriel, K. 384
Galen, B.v. 412
Galli, M.v. 103
Ganoczy, A. 404
Geiselmann, J.R. 280 f, 393, 408
Geißer, H.F. 400, 420

Gelasius I. 80, 133
Geldbach, E. 237
Gertler, T. 414
Ghattas, I. 142
Gläßer, A. 350, 383
Görres, A. 415
Goethe, J.W.v. 127
Goldmann, N. 296
Goldmann-Posch, U. 416
Goldstein, H. 392
Goltz, H. 419
Gorski, H. 208, 398
Gratianus 80
Gregor VII. 134
Greinacher, N. 310, 384
Greshake, G. 265, 270, 392, 395, 404 f
Grillmeier, A. 397, 399 f
Groner, J.F. 412
Groscurth, R. 394
Grote, H. 398
Guano, E. 210, 321, 324
Guardini, R. 115, 131, 136, 168, 390, 398
Guéranger, P.-L.-P. 113

Haag, H. 415
Hänggi, A. 388
Häring, B. 237, 324, 385, 407, 412 f, 416
Häring, H. 399, 409, 411, 415
Hakim, G. 142 f
Halter, H. 414
Hampe, J.C. 104
Hasler, A.B. 48, 401
Haubtmann, P. 322
Haustein, J. 420
Hebblethwaite, P. 44, 48, 68, 77, 308, 385 ff, 409 ff, 413, 416
Heierle, W. 412
Heinrich (Herzog von Braunschweig-Lüneburg) 218
Helbling, H. 417
Helmschrott, R.M. 388
Hengsbach, F. 313, 413
Henrich, F. 407
Henrix, H.H. 308 f
Herms, E. 401, 421
Hertz, A. 413
Herwegen, I. 113
Hick, J. 410
Hieronymus 161
Hilberath, B.J. 130, 389, 411, 417

Hintzen, G. 404
Höfer, J. 385, 417
Höffner, J. 402
Hoffmann, J. 237
Holenstein, C. 415
Horst, U. 390, 406
Hünermann, P. 104, 389

Ignatius von Antiochien 251, 405
Innozenz IV. 135
Isaac, J. 293

Jäckel, K. 417
Jaeger, L. 56, 68, 71, 386
Jaspert, B. 408
Jedin, H. 16, 33, 48, 77, 103, 385 f, 391
Jepsen, M. 420
Joachim von Fiore 134
Johannes XXIII. 22 ff, 26, 41–80 passim, 82 ff, 87 f, 91 ff, 98, 101, 119, 142, 149, 152, 164, 167, 196, 209, 211, 245 f, 274, 288, 291 ff, 297, 311 ff, 318 ff, 324 ff, 339, 341, 344, 346, 351, 359, 363, 380, 386
Johannes Chrysostomos 400
Johannes Paul II. 128, 167, 203, 339, 347, 349, 353, 362 f, 372 f, 375, 380, 409, 413, 421
Jüngel, E. 170, 204, 394 f, 399, 422
Jungo, M. 418
Justenhoven, H.-G. 413

Käsemann, E. 394
Kampling, R. 408
Karrer, A. 237
Kasper, W. 186, 188 f, 192, 207, 383, 396, 391 f, 395, 397, 403 f, 408, 411 f, 414, 419, 422
Kaufmann, F.X. 406
Kaufmann, L. 49, 77, 386
Kehl, M. 207 f, 390, 392 f, 395, 397, 399 f, 405
Keißig, M. 208, 398
Keller, M. 208
Kennedy, J.F. 89
Kern, W. 308
Kertelge, K. 390
Kessler, M. 290, 414
Kirste, R. 410
Klein, N. 49, 77, 386
Kliem, R. 131
Klinger, E. 350, 392

Klinger, K. 49
Knitter, P.F. 410
Koch, K. 237, 417
Koch, T. 394
Köhler, O. 394, 407
König, F. 87, 235, 384
Konstantin 133
Korff, W. 413
Koster, M.D. 176 ff, 393–396, 401
Kovalevsky, M. 418
Krämer, P. 401
Krauß, M. 422
Kreiner, A. 401
Kremer, J. 384
Kretschmar, G. 394
Krol, B. 388
Kühn, U. 197, 203, 421
Küng, H. 42, 56 f, 104, 159, 167, 200, 207, 309, 312, 374, 384, 386, 393, 398 f, 404, 409, 411 f, 415 f
Kuschel, K.-J. 399, 409, 411, 415
Kuss, O. 408

Lang, H. 48
Langer, H.-D. 393, 395
La Valle, R. 385
Lefebvre, M. 22, 118, 128, 241, 129 f, 352
Léger, P.E. 100
Legrand, H.-M. 386
Lehmann, K. 15, 131, 236, 391, 399, 417, 419
Lell, J. 391, 405
Lenhart, L. 408
Leo XIII. 40, 59, 61, 292, 313, 413
Lercaro, G. 52
Licheri, G. 385, 416
Lien, F. 394, 419, 421
Liénard, A. 90, 272, 282
Lies, L. 417
Limbeck, M. 290
Link, H.G. 237
Listl, J. 386
Löser, W. 400
Loewenich, W.v. 48
Lohfink, G. 308, 390, 392
Lohfink, N. 422
Lohse, B. 394 f
Luther, M. 33, 107, 125, 132–135, 169, 180 f, 200 f, 203, 205, 218, 241, 246, 271, 388 f, 395, 400, 419

Marcus, M. 309
Manns, P. 420
Margull, H.J. 411
Maron, G. 197ff, 394, 398ff, 405
Marquardt, F.-W. 409
Marsilius von Padua 135
Marx, K. 418
Maximos IV. Saigh 142f, 298, 300
May, G. 414
Méndez Arceo, S. 297
Mensching, G. 410
Messori, G. 103, 404, 409f
Meyer, A.G. 100
Meyer, H. 236, 328, 396, 421
Meyer zu Uptrup, K. 418
Mieth, D. 310, 416
Miller, G. 290
Mirbt, C. 406
Möhler, J.A. 168, 171, 222, 393
Möhring-Hesse, M. 413
Moeller, B. 395
Moeller, Ch. 312, 314, 322, 324, 330, 411f
Mörsdorf, K. 226, 386, 401
Moltmann, J. 420
Montini, G.B. 22, 26, 52, 71, 92f, 110, 140f, 319; als Papst: s.Paul VI.
Moos, A. 393
Moosbrugger, B. 103
Mühlen, H. 399f
Müller, A. 207, 398
Müller, G.L. 398, 405
Müller, J. 397
Müller, M. 412
Murphy, F.X. 87, 387

Neumann, J. 415
Neuner, P. 394, 402. 417, 419
Niederstein, P. 237, 417
Niewiadomski, J. 398
Noonan, J.T. 415f
Novak, M. 413

Oberman, H.A. 395
Ockham s.Wilhelm
Oertel, F. 415
Oesterreicher, J. 295, 299, 410
O'Hanlon, D. 104
Ottaviani, A. 45, 73f, 76, 98, 101, 117f, 141, 143ff, 281f, 313, 347

Palaver, W. 398
Panagopoulos, I. 400

Pangrazio, A. 309
Pannenberg, W. 236, 290, 393, 399, 403, 411, 414, 419
Pannikar, R. 309
Papandreou, D. 236, 417
Paul VI. 22, 26, 52, 54, 60, 65, 93f, 97ff, 1o1ff, 109, 116, 128, 140, 145, 167, 235, 246, 260, 283, 285, 288, 299, 301, 318, 320, 328, 361ff, 367, 369, 401, 413, 416
Paulus 328
Pavan, P. 313
Pemsel-Maier, S. 393
Pennacchini, P. 420
Persson, P.E. 405
Pesch, A. 387
Peters, A. 391
Petersen, B. 309
Petrus Lombardus 412
Pfammatter, J. 207, 398
Pfürtner, S.H. 412, 416
Philips, G. 322, 330, 391, 397
Pieper, J. 390
Pius V. 32, 110, 118, 128
Pius IX. 31, 34, 36, 64, 325
Pius X. 113, 326
Pius XI. 22, 40, 44, 141, 205, 292, 313f, 324, 359
Pius XII. 22, 40ff, 44f, 53, 59, 79, 113, 120, 136f, 140f, 145, 155f, 163, 167, 175, 182, 184, 220, 232, 272, 276, 286, 288, 313, 325, 341, 358, 395, 412
Pizzardo, G. 83
Plate, M. 405
Pottmeyer, H.J. 207, 290, 308, 391, 397, 405, 414, 420
Prenschke, A. 414
Prierias, S. 271, 406

Raas, F. 130
Rahner, K. 19, 104, 126, 146, 165, 168, 170, 183, 200, 207, 212, 227, 236, 278, 335, 349ff, 352, 354, 359f, 377, 387ff, 392ff, 396, 399, 400f, 403, 407f, 410–415, 418f, 421f
Raskop, H. 390
Ratzinger, J. 103, 130, 159f, 207, 262, 279, 282, 287, 350, 357, 366, 379, 383, 389–392, 398f, 401f, 404f, 407ff, 418
Rauter, H.-M. 350

Rendtorff, R. 308 f
Repgen, K. 402
Rice, D. 416
Richter, K. 131, 384
Ritter, J.E. 100
Roepke, C.-J. 422
Romeo, A. 278
Roncalli, A. s.Johannes XXIII.
Rosenstein, G. 410
Rudloff, L. 295
Ruffini, E. 45
Rugambwa, L. 54
Ruini (Kard.) 401
Rynne, X. 87, 387

Saier, O. 352, 397
Santos, R. 54
Sartre, J.-P. 335
Sattler, D. 207, 335, 398, 417
Sauermost, B. 405
Schäfer, K. 415
Schaeffler, R. 394
Schauf H. 407
Scheeben, M.J. 38, 385
Schieri, F. 388
Schillebeeckx, E. 270, 405
Schilling, H.L. 388
Schilson, A. 397
Schlink, E. 88
Schmaus, M. 393, 395, 402
Schmid, J. 275, 407
Schmitz, H. 405
Schnackenburg, R. 390, 408
Schneider, T. 104, 207, 389, 391, 393 ff, 397, 418 f
Schockenhoff, E. 310, 411
Schoonenberg, P. 400
Schott, A. 113
Schubert, H. 388
Schütte, H. 236, 417
Schulte, H. 390
Schwab, W. 399
Schwager, R. 410, 416, 418
Schwartländer, J. 309 f
Schwarzenau, P. 410
Seckler, M. 151 ff, 287 f, 290, 308, 390 f, 396, 401, 408 f, 411, 413 f
Seeber, D.A. 103
Semmelroth, O. 165, 393
Seybold, M. 350, 383, 396
Siebenrock, R. 414
Sickenberger, J. 407

Siri, G. 52, 351
Sixtus V. 54
Söll, G. 398
Spellman, F. 52, 82
Spener, P.J. 373
Staffa, D. 53, 385
Stafford, J.F. 398
Stegemann, E.W. 309
Stehle, H. 413 f
Stietencron, H.v. 309
Stirnimann, H. 398
Stockmeier, P. 206
Stohr, A. 408
Suenens, L.J. 91 ff, 146, 319 ff, 324
Suhard, E. 277
Suttner, E.C. 417
Swidler, L. 309 f, 410

Tardini, D. 22 ff, 44, 50, 58, 66, 84,
Tavard, G.H. 236
Thils, G. 418
Thomas von Aquin 53, 135 f, 143, 169, 280, 366 f, 388, 390, 394, 401 f, 408, 411 ff
Thomassen, J. 400
Thurian, M. 418
Timpe, N. 206
Tisserant, E. 75, 100
Trexler, G. 388
Trippen, N. 387, 394
Tromp, S. 139, 271 f, 281 f, 321, 400, 406
Tworuschka, U. 410
Tyrell, G. 168 f, 394

Ullrich, L. 402
Urban, H.-J. 236, 396
Utz, A.F. 412

Vajta, V. 402
Valeske, U. 400
Verscheure, J. 391
Vischer, L. 210, 236, 323 f, 388, 396, 402
Visser t'Hooft, W. 28
Vogels, H.-J. 416
Vogt, H.J. 411
Volk, E. 417
Volken L. 409
Vorgrimler, H. 104, 335, 341, 347, 389, 396, 403, 410, 412 f
Vorster, H. 419 f

Wagner, H. 393, 404, 408, 419
Wagner, J. 130
Waldenfels, H. 309, 403, 410
Walf, K. 392, 401, 419 421
Wardi, Ch. 296
Weinrich, M. 237
Weinzierl, E. 394
Welty, E. 413
Wessenberg, J.H.v. 112
Weß, P. 270, 404
Wied, Hermann v. 402
Wiedenhofer, S. 207, 290
Wiederkehr, D. 391, 396, 408

Wikenhauser, A. 275, 407
Wilhelm von Ockham 135
Willebrands, J. 89
Willers, U. 130, 389
Wittstadt, K. 350
Wolfinger, F. 396, 417
Woll, E. 388, 399

Zehner, J. 410
Zenger, E. 309
Zirker, H. 309
Zulehner, P,M. 349, 383 f

Sachverzeichnis

Im folgenden Sachverzeichnis bezeichnen *kursiv* gedruckte Seitenzahlen eine ausführlichere thematische Erörterung des betreffenden Stichwortes; für diese Seiten entfallen weitere, unmittelbar zum Hauptstichwort gehörige Gliederungsstichworte – es werden also für diese Seiten nur noch solche Stichworte aufgeführt, die im Rahmen der thematischen Erörterung des Stichwortes nicht ohnehin zu erwarten sind. Unter einem bestimmten Stichwort werden nicht selten auch solche Seiten aufgeführt, wo zwar nicht das Stichwort fällt, wohl aber von der gemeinten Sache die Rede ist. Außertheologische Sachverhalte/Stichworte sind jeweils auch hinsichtlich ihrer Beziehung zu Glaube/Kirche/Theologie unter ihrem eigenen Namen aufgeführt – also nicht z. B. »Kirche und Kultur«, sondern »Kultur und Kirche«, u. ä. Gleichsinnige oder eng zusammengehörige Stichworte sind durch / verbunden, z. B. Bischof/Bischöfe/Bischofsamt. Das Stichwort »Zweites Vatikanisches Konzil« bzw. »Vaticanum II« ist nicht ausgewiesen. Vorgeschichte, Verlauf und Nachgeschichte sind durch das Inhaltsverzeichnis aufgeschlüsselt, Ergebnisse und Sachaussagen durch die entsprechenden Sachstichworte.

Abendmahl s. Eucharistie; Herrenmahl; Messe
Abendmahlsgemeinschaft 102, 130, 153, 159, 364 f
Ablaß 371
Absolutheitsanspruch des Christentums 179 f, 400
Abtreibung 338
Ad-limina-Besuch 263
Ärgernis 223
Aggiornamento 60 f, 63
Amt, kirchliches, allgemein
– der Heiligung und Leitung 251 f
– in der evangelischen Kirche 267, 403 f
– Repräsentation Christi 185, 250 f, 405
– im einzelnen: s. Bischof; Diakon; Papst; Priester; Pastoralassistent
Amtsbekleidung 133
Amtsnachfolge s. Successio apostolica
Anthropologie, theologische 201, 315, 333 ff; s. auch Mensch
Antimodernismus s. Modernismus
Antisemitismus *291–310*
Apostel/kollegium 216, 242, 245, 250, 284
Apostolischer Stuhl s. Kurie, römische
Apostolische Sukzession s. Successio apostolica

Arbeit 328, 339
Arbeiterpriester 60, 320, 325
Armut 134 f, 143, 319 f, 333, 340, 376 f
Atheismus 212, 304, 328, *334 f,* 349, 377 f,
Auditores 72, 318 f
Augsburger Bekenntnis 371

Basel, Konzil v. 33
Benediktiner 25, 113
Bergpredigt 315
Bibel 56 f, 80, *271–290*, 327
Bibelbewegung 136, 274 f
Bibelkommission 275 ff, 407
Bildrede 177
Bischof/Bischöfe/Bischofsamt 25, 27, 30 ff, 56, 71, 80, 139, 141, 190, *238–270*, 317 f, 353, 359, 367 f, 371–374, 378, 402 f
– Kollegialität 37, 75, 94, 99, 159, 189, 193, 418 f
Bischofsdekret, allgemein 80 f, 94, 96
Bischofskonferenzen 66, 81, 120, 126, *260–263*, 365
Bischofssynode/n, allgemein 101, 257, 367 f, 380 f
– 1985: 15, 182, 380 f, 383, 419
– 1990: 15 f, 419
Bistumssynode 239 f, 261; s. auch Synode

Brevier s. Stundengebet
Buddhismus 304
Bund, Alter/Neuer 135, 179, 216, 291
Buße/B.sakrament 170, 178, 266 f, 364

Canon 79
Casti connubii (Enzyklika) 324
Chalkedon, Konzil v. 151, 221 f, 397
China 304, 403
Christologie s. Jesus Christus
Città del Vaticano 37
Codex Iuris Canonici
– 1917: 24 ff, 29, 39, 53, 78, 137, 143, 206, 226, 368, 375, 385
– 1983: 29, 60, 96, 159, 336, 359, 364, 368, 375, 385, 403, 416, 421
Communio hierarchica 189 ff
Corpus Christianum 33

Demokratie 36
Depositum fidei 228, 288
Dialog 228 ff, 317 ff, 325, 335, 371
Dekret/e 78, 80 f
Diakon/at 206, 243 f, 248 f, 257, 265 f, 268 f, 406
Dictatus Papae 133
Divino afflante Spiritu (Enzyklika) 276 f
Dogma/Kirchliche Lehrverkündigung 21, 62, 64, 76, 78–81, *148–160*, 166 f, 183 ff, 196, 200 f, 217, 275, 279 f, 289, 308, 315 ff, 325, 332, 335, 348 f, 354, 366 f, 374, 379, 396 f, 418
Dogmatik und Exegese 278
Dominikaner 25, 204
Domkapitel 224
Dritte Welt 319 f, 360

Ecclesiam suam (Enzyklika) 301, 320, 328
Ehe/Ehesakrament 96, 170, 266, 269, 316, 318 f, 328, 333, *335–339*, 349, 362, 364, 375, 412
– konfessionsverschiedene E. 364, 372
Einheit
– der Kirche s. Kirche
– der Völker s. Völkergemeinschaft
Einheitssekretariat 68 f, 72, 89, 100, 209, 211, 292 f, 295–302, 312
Ekklesiologie s. Kirche
Entklerikalisierung 126; s. Kleriker
Enzyklika
– allgemein 40 f, 314, 349

– einzelne Enzykliken s. unter deren Eingangsworten
Ephesus, Erstes Konzil v. 397
Episkokat s. Bischof
Erbsünde 157, 337
Erfahrung, geistliche 284
Erklärung (als Form von Konzilsdokumenten) 78, 80 f, 316
Erstes Vatikanisches Konzil s. Vaticanum I
Erziehung/Erklärung über die christl. E. 17, 80 f, 96, 339, 347
Eschatologie 142, 155, 163, 171, 193, 329
Eucharistie/feier *105–131*, 170, 187, 204, 256, 264, 358, 365, 388 f
Eurozentrik 56, 66, 365; 359 ff
Evangelium s. Bibel; Offenbarung; Schrift, Heilige; Wort Gottes; Wortverkündigung
Exegese, historisch-kritische 40, 272, *274–278*, 286, 289, 366, 408
Exkommunikation 226, 375

Fakultät/en, theologische 82 f, 259, 374, 387
Familie s. Ehe
Fegfeuer/Reinigungsort 162, 193
Ferrara s. Florenz, Konzil v.
Festkalender 119
Fleischwerdung s. Jesus Christus, Inkarnation
Florenz, Konzil v. 33, 57
Fortschrittsoptimismus 325 f, 329 f, 350
Frau/en in der Kirche 72, 318, 336, 364, 372 f
Frauenorden 121
Frauenordination/Priestertum der F. 155, 167, 371 f, 392, 406, 420
Franziskaner 25
Freiheit 179, 335, 372, 382
– in der Kirche 64, 356
Friede/und Krieg 157, 316, 319, 323, 326, 328, *342–348*, 349, 376, 413
Fundamentalismus 305

Gebet- und Gesangbuch 108, 111 ff
– evangelisches 115, 124 f
Geburtenregelung 324, 337 ff, 362; s. auch *Humanae vitae*
Gehorsam 39, 51, 127, 191, 240, 244, 340, 352 f

Geist, Heiliger/Geist Gottes/Geist Jesu Christi 28, 55f, 64, 75, 134, 138, 179, 212, 231, 251, 279, 306f, 315, 334, 381
Geistesgaben/Charismen 267
Gemeinde 106f, 110f, 114ff, 125f; s. auch Kirche; Pfarrei
Gemeindeleitung 264; s. auch Bischof; Priester
Gesetzgebungsvollmacht 25
Gewissen/G.sfreiheit 307f, 313, 337, 355, 364; s. auch Religionsfreiheit
Glaube 36, 62, 121, 173, 204, 254, 267ff, 280, 283f, 308, 327, 333, 352f, 355, 360, 373, 382
Glaubensbekenntnis 121, 219, 225
Glaubensgehorsam 283f
Glaubenskongegration 40, 144, 262, 287, 366, 372, 416; s. auch Sanctum Officium
Glaubenslehre/Glaubensinhalte 38, 284f, 288; s. auch Dogma
Glaubenssinn der Gläubigen 16, 158, 183ff, 285f
Glaubenssprache 63; s. auch Sprache/Sprachproblem
Glaubenswahrheit 62f
Gnade/nwahl 162–165, 172, 227, 355, 382
Gott
– dreieiniger Gott 161f, 188, 194, 214
– Ewigkeit 162f
– Gottsein Gottes 362
– Heiligkeit 118
– Heilsplan/Heilshandeln 121, 162, 202, 213f, 216
– Geheimnis/Mysterium 161f
– Volk Gottes s. Juden; Kirche
Gotteserfahrung 303f
Gottesdienst s. Liturgie
– hochkirchlich-lutherischer 118
Grundsakrament s. Kirche

Häresie 143
Hauseucharistie 129
Hebräerbrief 259
Heiden 132, 162
Heilsgeschichte s. Gott
Heilsoptimismus 304
Heilsplan s. Gott
Herrenmahl 365, 371; s. auch Eucharistie

Hierarchie/Hierarchische Verfassung der Kirche 25ff, 132ff, 142, 147, 188–191, 205, *244–263*, 264
Himmel s. Eschatologie
Hinduismus 301f, 327
Historisch-kritische Methode s. Exegese
Hölle 193, 378
Hoffnung 62, 309, 323, 333, 358, 371, 373
Humanae vitae (Enzyklika) 256, 362, 368, 379, 415f
Humani generis (Enzyklika) 40, 45, 140, 167, 277f
Humanwissenschaften 258

Inspiration/Irrtumslosigkeit, der Bibel 281f, 284, 286
Irrtum 156f, 307
Islam 54, 298
Israel (heutiger Staat) 295ff, 299

Jakobus d. Ä. 242
Jesuiten 25
Jesus Christus
– Ämter Christi 183, 246
– »Atheist«? 358
– Auferstehung 323f
– Autorität 185
– beruft ins kirchl. Amt 27f, 32, 185
– Bruder der Menschen 334
– Christologie 151, 201, 219–224, 409f
– Erlöser der ganzen Welt 223, 319
– Fülle des religiösen Lebens 304
– für *alle* gestorben 306
– Geheimnis Christi 195
– Geist Christi s. Geist
– gekommener Messias 294
– Herrschaft Christi 322f, 328, 340
– historischer J. 169, 223, 397f, 418
– Hoherpriester 259
– Inkarnation 187, 221
– Jude 296, 360
– Leib Christi s. Kirche
– Mittler 194, 196
– Reich-Gottes-Predigt 163
– Stiftung der Kirche? 163
– Stiftung der Sakramente? 169
– Tod als Opfer 195, 397
– Vollendung der Offenbarung 284
Journalisten s. Presse
Juden 94, 132, 162, 212, *291–310*, 355

Jugendbewegung 113, 115, 136, 275
Juridismus 142, 235
Jurisdiktion s. Papst, Primat; Bischof; Konzil
Juxta-modum-Stimmen 71–75, 118

Kaplan 266, 406
Karfreitagsliturgie 291 f
Katechese/Religionsunterricht 183, 258, 265 f, 267, 293
Katholizismus 21
Kirche/Ekklesiologie 132–208
- als Communio 43, 154, 186–192, 369 f, 419 f
- als Institution 171, 267 f
- als Leib Christi 136, 163, 172–178
- als Sakrament/Grundsakrament 161–173, 180, 204, 214, 404
- als Volk Gottes 27, 132 f, 137, 146, 172–185, 249
- als »vollkommene Gesellschaft« 61
- alte K. 127, 188, 211, 260 f, 263
- anglikanische 88, 159, 372
- Apostolizität 213
- »Demokratisierung«? 56, 128, 185, 358
- der Reformation 53, 57 f, 153, 235, 370 ff
- Dezentralisierung 71, 126; s. auch Teilkirchen
- Einheit 30 f, 53, 57 f, 68 f, 76 f, 162 f, 202, 213–230, 254, 311 f, 370, 400
- Ekklesiologie/Lehre von der Kirche 44, 135
- Erneuerung/Reform 56, 61 f, 94
- evangelische 88
- Gesamtkirche/Universalk. 30 f, 57, 71, 188–192, 253 ff, 263
- gegenwärtige röm.-kath. 15 f, 351–384
- Heiligkeit 146 f, 203, 213
- hierarchische Verfassung s. Hierarchie; Bischof; Konzil; Papst
- höchste Vollmacht in der Kirche 25 f; s. Konzil; Papst
- im 19. Jahrhundert 43
- im Mittelalter 57, 106, 144
- in Afrika 359
- in Asien 359
- in Deutschland 21, 35, 37, 58, 202, 259, 262, 266, 405 f
- in England 35, 307
- in Frankreich 23, 35, 37, 58 ff, 106, 312, 320, 375
- in Holland 58
- in Italien 23, 35, 234, 307
- in Lateinamerika 128, 312, 353, 359, 363, 376
- in Österreich 35, 37
- in der Schweiz 58
- in Spanien 307
- in den USA 58, 233, 259, 300, 307
- Jesu Christi 57; s. Gott, Heilshandeln
- Katholizität 179 f, 213, 219–224, 381 f, 404
- »K.n und kirchliche Gemeinschaften« 232–235
- Leben nach innen 80, 92, 319 f, 360
- lutherische 88, 370, 372, 381 f
- methodistische 372
- Missionstätigkeit s. Mission
- monarchische Struktur? 25, 30 f, 293
- Mysterium 92, 133, 138, 161 f, 172
- nicht-katholische K.n, allgemein 28 f, 58 f, 68 f, 88 f, 92, 371 f
- Ostkirchen s. Ostkirchen
- protestantische 34, 146
- rechtliche Struktur 53
- reformierte 88, 381
- römisch-katholische/K. Roms 57, 135 ff, 209, 311 f, 404, 418
- russisch-orthodoxe 88 f
- schweigende 143, 307
- sündige Kirche? s. Kirche, Heiligkeit; Sünde
- Teilkirchen/Ortsk.n 30 f, 39, 43, 188 f, 254 f, 263, 265, 367
- u. Israel 211 f, 291–310
- u. moderne Welt 23 f, 35 f, 47, 53, 58 ff, 76 f, 80 f, 92, 94, 140, 150, 311–350, 353
- u. Religionen 291–310
- Veränderung in der K. 21, 59 f
- verfolgte 143, 148, 257
- Verhältnis nach außen 92 f, 306, 319 f
- Vielfalt 254 f
- vorkonziliare 11 f, 109–116, 138–144, 352 f
- Weltkirche 56, 71, 158, 160, 183, 351–356, 359–361, 373, 378 ff
- Westkirche/abendländische K. 32 f, 209; s. auch Eurozentrik
- Zukunft 272; s. Kirche, Weltkirche

Kirchenbann 158; s. auch Exkommunikation
Kirchengeschichte 34, 55, 70, 150, 246, 249, 259f, 312f, 332, 360f, 373
Kirchenkonstitution 79, 81, 94f, 99, *138–208*, 213ff, 256f, 301, 314, 325f, 331, 370
Kirchengliedschaft 225ff, 303, 400
Kirchenmusik 40, 107f, 115, 388
Kirchenrecht 21, 27f, 31, 34, 39, 50f, 57, 80, 94, 135, 211, 257, 262, 318; s. auch Codex Iuris Canonici
Kirchenstaat 37
Kirchenväter 133
Kirchweihe 120
Kleriker/Klerus/Klerikalismus 126, 120, 126, 134, 137, 142; s. Amt; Priester; Bischof; Laie
Klöster 110, 121, 204; s. auch Orden
Kölner Erklärung 289
Kollegialität s. Bischof
Kommunismus 190, 341
Kommunikationsmittel/Erklärung über die K. 80f, 94
Kompromiß s. Pluralismus
Konfuzianismus 304
Kongregation für die Glaubenslehre s. Glaubenskongregation
Kongregation für die Glaubensverbreitung 359f
Konklave 41, 45, 260
Konkordate 341f, 369
Konstantinopel, Konzilien v.
– Erstes 32f, 397
– Viertes 32
Konstantinische Wende 133
Konstitution/en 78–81, 257, 315f, 329, 331f
Konzil/K.ien, allgemein *24–35*, 43–46, 57, 63ff, 71f, 76, 152, 253, 257, 261f, 315–318, 368
Konziliarismus 33, 35, 51, 135, 356
Konziliengeschichte 32–35, 48, 55ff, 151, 317
Konzilstheologen/Periti 16, 25, 44, 57, 72, 318, 325
Konzilsväter 149, 158, 161, 209
Koran 305, 354
Krankensalbung 170, 266f, 419
Kreuz 63
Kreuzweg 115
Krieg/Frieden s. Frieden/Krieg

Kultur/en u. Kirche 23, 57, 179f, 312, 314, 317, 328, 333, 361
Kunst 314, 326
Kurie, römische 22f, 25, 29, 35, 38ff, 44ff, 50–53, 57, 60, 66ff, 70f, 78, 85–90, 97f, 117, 144f, 159, 211, 261, 297, 318, 358, 369f, 373, 387
– bischöfliche 373
Kurienreform 98, 258, 361, 369

Laborem exercens (Enzyklika) 339
Laien 132, 137, 155, 190f, 204ff, 318, 322, 353f, 387
Laienapostolat 71, 139, 141, 205f, 210, 312, 314
Laienapostolat, Dekret 80f, 96, 205f
Latein als Kirchensprache 53, *82–85*, 105, 114, 117, 272, 346, 354, 387, 389
Lateran, Konzilien v. s. Lateranum
Lateranum I 33
Lateranum V 33, 156
Lefebvre-Bewegung s. Personenverzeichnis: Lefebvre
Lehramt/Lehrvollmacht 25, 35ff, 42, 183ff, 213, 255, 338, 358, 362, 379
– der Bischöfe 256, 289
Liebe 62, 102
Lima-Erklärung 418
Lima-Liturgie 365, 418
Liturgie 53, 57, 71, *105–131*, 293, 315, 378, 388
Liturgiekommission 83f
Liturgiekonstitution 79, 81, 91f, 94, *116–127*, 138, 224, 358, 365, 374
Liturgiereform 52f, 56, *105–131*, 133, 137f, 204, 352f, 360, 365, 374
Lyon, Zweites Konzil v. 57

Maria/Mariologie 139, 147, 155f, 167, 183f, *192–196*, 208, 296, 397f
Mariendogmen 45, 155f, 183, 279
Marxismus 325, 335, 366
Mater et magistra (Enzyklika) 339
Mediator Dei (Enzyklika) 113, 182
Mensch 314, 322, 329f, 333ff, 355
Menschenrechte/Menschenwürde 306ff, 314, 339, 355, 376
Messe/M.opfer 108–116, 129, 259, 389
Metropoliten 25
Mission/stätigkeit der Kirche 17, 80f, 96, 254, 303, 327, 354, 359f, 419

Missionsdekret 17
Modernismus 40, 45, 140, 168 f, 272 f, 276, 367, 393 f
Molinismus 282
Monstranz 115
Moraltheologie 237, 313
Moslems/Muslime 354
Motuproprio 386
Mysterienspiel 121
Mystici Corporis (Enzyklika) 136 f, 139, 163, 200, 225, 233, 272, 401 f
Mystik 161

Naturrecht 307, 315, 322 f, 340
Nationalismus 105
Nationalsozialismus 40, 292, 341
Neuprotestantismus 201
Nicht-Christen 174, 324, 327, 329, 333 f, 354; s. auch Religionen
Nikaia, Konzil v. 34, 397

Ökumene/Ökumenismus 41, 45, 56–59, 68 f, 77, 88 f, 94, 102, 130, 140, 153, 159, 192, 194, *209–237*, 275, 279, 311 f 323 f, 329 f, 353, 355, 364 f, 369, *370–372*, 375 f, 389, 400, 420 f
Ökumenismusdekret 80 f, 94 f, 100, 153, 159, *211–237*, 297 ff
Ökumenischer Rat der Kirchen 28 f, 34, 88, 196, 210, 229 ff, 296, 322 f, 365, 370, 372, 375, 308
Offenbarung *271–289*
Offenbarungskonstitution 65, 79, 81, 96 ff, *271–289*, 294, 313, 331, 365
Opfer 180
Opus Dei 25
Orden/Ordensleben/Ordensleute 25, 71, 83, 96, 120, 147, 204, 213
Ordensdekret 80 f, 204
Ordensobere 25, 261, 318
Ostkirchen
– orthodoxe 33 f, 57, 88 f, 102, 106 f, 158, 202, 209, 213, 241, 254, 311, 315, 360, 381, 403
– unierte 53, 117, 142 f, 217, 255, 302
Ostkirchendekret 80 f

Pacem in terris (Enzyklika) 320, 327 f, 341, 344, 346
Papst/Papsttum

– Auslegungskompetenz bzgl. der Hl. Schrift *271–289*
– Befreiung aus polit. Bindungen 57
– Bischof von Rom 30 ff, 47, 75, 133, 136, 375
– Lehramt 154, 184, 288
– päpstliches Protokoll 42
– Petrusamt/Petrusdienst 32, 65, 154, 202 f, 217 ff, 224, 249 f, 397
– Primat/Jurisdiktionsprimat 29 ff, 35 ff, 99–102, 133 f, 140, 142, 153 f, 215, 239, 242, 245, 248 f, *252–260*, 261 ff, 268, 356, 367–370, 378
– Unfehlbarkeit 30, 35, *38–41*, 184 f
– Reform des Papsttums 312
– Stellvertreter Christi 136
– Superiorität über das Konzil 25–28, 32, 34, 97, 301
– zentralistische Kirchenleitung *38–41*, 43 f, 368 ff
Pastoralassistent/in 373, 405 f
Pastoralkonstitution 79, 81, 96, 210 f, *311–350*, 355
Patriarchen 25
Patriarchat, als Teilkirche 254, 263
Paulus 242, 360
Periti s. Konzilstheologen
Person 307, 328, 338 f, 342
Petrus 242, 252 f
Petrusamt s. Papst
Pfarrei 105 f, 264 f, 325
Pius-Bruderschaft s. Personenverzeichnis: Lefebvre
Plenarkonzilien 261
Pluralismus, kontradiktorischer 151–155, 157, 255, 272 f
Pontifikalamt 108
Pontifikale 119
Presse *85–88*, 97, 335
Priester/Pfarrer 106 f, 127 ff, 180 f, 190, 206, 248 f, 251 f, *263 ff*, 268 f, 362 ff, 395 f, 420
Priesterausbildung, Dekret 80 f, 96
Priesterdekret 80 f, 96
Priestertum aller Getauften 57, 173 f, 180 ff
Provinzialsynoden 261

Quaesitum 119, 243, 266
Quadragesimo anno (Enzyklika) 205, 314
Quinquennalvollmachten 258

Recht, göttliches 245 f
Rechtfertigung/slehre 62, 80, 198, 201
Redemptoristen 25
Reformation 56, 133, 135, 352, 354, 375
Reformkonzilien 33, 156
Regionalsynode 261
Reich Gottes 163, 382
Relativismus 313
Religionen, nichtchristliche 211 f, *291–310*, 335, 355, 418–421
Religionenerklärung 80 f, 96, *291–310*, 355
Religionsfreiheit 36, 94, 212, 302, 319, 323 f, 353
Religionsfreiheit, Erklärung 80 f, 96, 100 f, 300
Religionspädagogik s. Katechese
Repräsentation Christi 185, 250 f, 405
Rerum novarum (Enzyklika) 59
Resazerdotalisierung 127, 181
Restauration 207, *361–374*
Rom/römisch 21 f, 27, 37 ff, 46 f, 144 ff, 278, 289, *361–374*
Rosenkranz 111
Rotes Kreuz 345

Säkularisierung 112, 358
Sakramente *105–131*, 164–171, 183, 280
Sakramentsverwaltung 252, 258 f, 264 ff
Sanctum Officium 98, 138
Schisma 150, 188, 241
Schrift, Heilige 75, 124, 196, *271–289*, 327, 308
Sekten, gnostische 218
Sexualethik *335–339*, 362
Seelsorge 145, 157, 183, 265 ff, 325, 368
Skotismus 152, 282
»Sola Scriptura« 279 ff, 285
Soteriologie 180, 201
Soziale Frage 59
Sozialismus 36
Soziallehre der Kirche 312 ff, 319, 326, 339, 418
Spiritualität 145
Sprache/Sprachproblem 63, 176 f, 276 f, 314 f, 326 f, 349, 360 f
Staat, und Kirche 259, 306 ff, 333, *339–342*, 369, 418

Staaten, arabische 295–299, 302
Stundengebet 105, 110, 113 ff, 119 f, 161
Subjektivismus 313
Succesio apostolica 241 f, 403 f
Sünde 217, 313
Syllabus 36, 325 f
Synode
– deutsche 159, 309, 373
– römische 47, 64
s. auch Bischofssynode; Bistumssynode; Provinzialsynode; Regionalsynode

Tabernakel 122
Taoismus 304
Taufe 120, 170, 226, 400
Technik 314
Teufel 47, 64
Theologie
– der Befreiung 23, 155, 159, 238, 340, 366, 376, 418
– der Religionen 304 f
– deutsche 56 f, 322, 325, 329 f, 333
– evangelische 43, 48, 146, 171, 181, *194–204*
– feministische 372, 392
– französische 145, 320, 322, 325, 330
– Freiheit *287–290*, 365 ff
– gegenwärtige 53, 61, 63, 267, 275, 283, *351–384*
– im 19. Jahrhundert 36
– katholische 34, 284
– Kreuzestheologie 329
– lutherische 395
– nachkonziliare 15, 158 ff, 336
– nachreformatorische 282
– neuscholastische 53, 62, 161, 313, 313, 326, 360
– »Nouvelle théologie« 40
– ökumenische 43, *213–237*, 279
– praktische 82
– reformatorische 178, 284
– römische 70, 281
– spätmittelalterliche 133, 282
– theologische Schulen 282
– u. Bibel 57
– u. Dogma 279
– u. Judenheit 293
– u. Lehramt *271–289*
– vorkonziliare 42, 67 f, 166 f; s. auch Kirche, vorkonziliare

Theologische Kommission 117, 138, 144, 210, 300 f, 313
Thomismus 53, 152, 176, 282
Tiara 42, 60, 245
Toleranz/Intoleranz 308
Tradition 61, 149 f, 154, 168 f, 194, 249, *271–289*
Traditionalisten 118
Trauung, ökumenische 364
Trient, Konzil v. 25, 33, 37, 57, 62, 80, 110, 151, 163, 165 f, 258, 273, 280 f, 289, 364, 405, 419
Trinitätslehre 134; s. auch Gott, dreieiniger

Unfehlbarkeit
– der Kirche 285
– des Lehramts s. Papst
Unionskonzil/ien 33, 57, 196
Universalanspruch des Christentums 179 f, 400
Universalkirche s. Kirche, Gesamtkirche
UNO/Vereinte Nationen 28 f
Usurpation 135

Vaticanum I 16, 25, 30 f, 34, *35–40*, 45, 47, 51, 57, 137, 140 f, 154, 159, 163, 185, 199, 201, 239, 249 f, 252, 256, 273, 288, 359, 370
Vatikan s. Città del Vaticano; Kurie, römische; Rom

Vergebung 202, 269, 382
Vernunft 335, 338
Verwerfungen/Lehrverurteilungen 79, 376
Veterum sapientia (Enzyklika) 82 ff
Völkergemeinschaft 179 f, 303, 319, 323, 326, 333 f, 347 f
Völkerrecht 342, 347
Vulgata 161

Wahl, zu kirchl. Ämtern 261
Waldenser 68
Wahrheit 224 f, 284, 307 f, 314
Weihesakrament 139, 153, 189, 240–245, 264 f, 416
Weihbischöfe 257, 261
Weisung, kirchliche 329 f
Weltrat der Kirchen s. Ökumenischer Rat
Weltepiskopat 117, 129
Wiedervereinigung der Kirchen s. Kirche, Einheit; Ökumene
Wirtschaft 326, 333, 339 f, 376, 413
Wissenschaft/en u. Kirche 314, 316, 325 f, 328, 346
Wort Gottes 184 f, 271, 285, 317
Wortverkündigung/Predigt 123, 128, 164, 187, 256, 258 f, 264 f, 267 ff

Zeichen der Zeit 319, 322
Zölibat 190, 266, 362 ff, 373, 416 f
Zwei-Reiche-Lehre (Luthers) 340

Verzeichnis der zitierten oder erwähnten Konzilstexte

Das folgende Verzeichnis hält sich an die Reihenfolge: Konstitutionen, Dekrete, Erklärungen – alle gemäß der Zeitfolge ihrer Verabschiedung. Dabei werden zuerst Verweise auf ganze Kapitel oder Kapitelfolgen aufgezählt, sodann Zitate aus und Verweise auf einzelne Artikel. Verweise auf die Konzilstexte im ganzen finden sich unter deren Namen im Sachverzeichnis. Gegebenenfalls werden wiederum nicht die offiziellen, sondern die umgangssprachlich eingebürgerten Titel der Konzilsdokumente verwenden (siehe oben S.18)

Liturgiekonstitution
Kap.2: 122
Art.
– 10: 121
– 24: 275
– 26: 167
– 35: 275
– 36: 120, 123
– 51: 275
– 55: 188
– 63: 120
– 73–75: 419 Anm.38
– 92: 275
– 101: 120 f

Kirchenkonstitution
Kap. 1: 146, 161, 175, 213 f, 219
Kap. 2: 173, 213
Kap.3–8: 99
Kap.3: 147, 153, 186, 213, 244, 248–256, 405 Anm.26
Kap.4: 204, 206
Kap.5: 213
Kap.6: 147
Kap.7: 147, 193
Kap.8: 147
Art.
– 1–4: 187
– 1: 162, 164 f, 167, 171, 173
– 2: 162, 187
– 3: 162, 188
– 4: 162
– 5: 163, 171
– 6: 163
– 7: 163, 178, 188
– 8: 162 f, 195, 213, 214 ff, 219, *221 ff*, 227, 235, 404 Anm.8, 405 Anm.26
– 9: 132, 167, 173, 179 f, 188, 214, 216, 389 Anm.3

– 10–13: 246
– 10: 174, 180 ff, 190, 205
– 11: 174, 183, 188, 336, 419 Anm.38
– 12: 184, 285
– 13: 159, 174, 191, 213 ff, 224
– 14–16: 174, 225
– 14: 203, 227, 234
– 15: 213, 220, 227
– 16: 227, 304, 419 Anm.38
– 17: 174
– 18–27: 249 f
– 19: 250, 259
– 20: 250, 259
– 21: 189, 250 ff, 419 Anm.38
– 22: 31, 189, 252 f,
– 23: 188, 235, 253 ff, 263
– 24: 255 f
– 26: 256
– 27: 256
– 28: 249, 263 ff
– 29: 249, 265 f
– 33: 205
– 35: 336
– 41: 336
– 48: 167, 171, 187
– 49: 167
– 55–59: 195
– 56: 196
– 58: 195
– 59: 196
– 60–65: 195
– 61: 195
– 62: 195 f
– 66–69: 195
– 67: 196
– Nota praevia 99 f, 148, 188 f, 244, 370

Offenbarungskonstitution
Kap.1: 273f
Art.
- 1: 187, 283
- 2: 187
- 4: 283
- 5: 283
- 7: 284
- 8: 284
- 9: 285
- 10: 271f, 285
- 11: 286
- 12: 286
- 18: 286
- 19: 286
- 21–26: 188

Pastoralkonstitution
Anmerkung zur Einleitung 316f, 405 Anm. 26
Kap.4: 340
Kap.5: 342
Art.
- 1: 333
- 2: 334
- 3: 334
- 4–10: 316
- 12: 336
- 19–21: 334
- 19: 187
- 21: 335
- 22: 187, 304
- 45: 168
- 48: 336, 338
- 50: 336f
- 51: 338f
- 61: 336
- 67: 336
- 74: 340
- 75: 340f
- 76: 341f
- 77: 345
- 78: 342
- 79: 342f, 345f
- 80: 343, 346, 405 Anm. 26
- 81: 346f
- 82: 343, 346f
- 87: 336
- 91: 317
- 92: 334
- 93: 334

Ostkirchendekret
- 13: 188

Ökumenismusdekret
Kap. 1: 227
Art.
- 2: 188, 191, 215
- 3: 216, 403 Anm.8
- 4: 227
- 6: 228
- 8: 153, 159, 224
- 11: 217, 229
- 12: 229
- 13: 215
- 14–18: 233
- 14f: 188
- 15: 403 Anm.8
- 17: 227
- 20–23: 234
- 21: 227,
- 22: 153, 188 403f. Anm.8
- 23: 227

Bischofsdekret
Kap.1: 257
Kap.2: 257, 260
Kap.3: 257, 260
Art.
- 2: 419 Anm.38
- 4: 189, 257
- 5: 257
- 6: 257
- 7: 257
- 9: 258, 369
- 10: 258, 369
- 11–21: 266
- 11: 258, 262
- 12: 258, 404 Anm.30
- 13: 258
- 14: 258
- 15: 258f, 262f
- 21: 258f
- 36: 260f
- 37: 240, 260f
- 38: 260ff

Erklärung über die christliche Erziehung
- 3; 6; 8: 336
Religionenerklärung
- 1: 303
- 2: 304, 419 Anm. 38

- 3: 305
- 4: 305f
- 5: 306

Dekret über das Laienapostolat
- 10: 336
- 18: 191
- 29: 336

Priesterdekret
- 4: 188

Missionsdekret
- 1: 168
- 3: 187
- 4: 187
- 5: 168
- 7: 304
- 9: 188

Erklärung über die Religionsfreiheit
- 4: 307

»Es ist eine Freude ... Medard Kehls Ekklesiologie«,
schreibt Otto Hermann Pesch
in Bücher der Gegenwart, und weiter:

»Hut ab vor dem Mut von Autor und Verlag, ein Buch herauszubringen mit dem lapidaren Titel ›Die Kirche‹ – erstmals seit Hans Küngs gleichnamigem Buch von 1967. Natürlich steht in dem Buch alles, was zu einer ›zünftigen‹ Ekklesiologie gehört, das Besondere aber ist der systematische Zugriff. Das Zweite Vatikanische Konzil steht jenseits aller Diskussion. Die sorgfältige und weiterführende Interpretation seiner Aussagen, unter dem Leitgesichtspunkt der Kirche als ›communio‹ und beleuchtet durch die Analogien aus der modernen Kommunikationstheorie, bildet den ersten Teil. Bibel und Kirchengeschichte kommen unter dem Gesichtspunkt der ›historischen Vergewisserung‹ zur Sprache. Das Buch mündet in eine ‚systematische Aktualisierung' entlang den klassichen Wesenseigentümlichkeiten der Kirche: eine, heilig, katholisch, apostolisch. Dieser Aufriß sorgt in allen Abschnitten für Überraschungen. Mit besten theologischen Argumenten, und unter intensivem Einbezug auch der pastoraltheologischen Forschung und der Einsichten der Sozialwissenschaften, kann Kehl dabei auch die ›heißen Eisen‹ anfassen – in manchmal geradezu unterkühlter Sachlichkeit, dafür aber mit der gebotenen Eindeutigkeit und ohne die geringste Verklausulierung. Es ist eine Freude, das Buch durchzuarbeiten. Gegen trostloses Beharren auf dem, was angeblich nicht hintergehbar und in Wahrheit nur eine problematische junge bis jüngste Entwicklung ist, wird hier das Bild einer katholischen Kirche gezeichnet, wie sie gut und gerne heute sein könnte – und sich um hörbereite Aufmerksamkeit der Welt dann nicht mehr sorgen müßte.«

Medard Kehl: Die Kirche. Eine katholische Ekklesiologie. 1992.
2. Auflage 1993. 472 Seiten. Zwei Ausgaben:
Broschur DM 48,– / öS 375,– / SFr. 48.– ISBN 3-429-01454-9;
gebunden DM 58,– / öS 453,– / SFr. 58,– ISBN 3-429-01455-7.

Ebenfalls von Medard Kehl: **Eschatologie.** 2. Auflage 1988. 370 Seiten.
Zwei Ausgaben:
Broschur DM 34,– / öS 265,– / SFr. 35.– ISBN 3-429-01020-9.
Gebunden DM 46,– / öS 359,– / SFr. 46.– ISBN 3-429-01033-0.

„echter"-Bücher erhalten Sie bei Ihrem Buchhändler!